충북의 구곡도와 구곡문화

이상주 지음

도서출판 다운샘

충북에 설정된 구곡을 그린 구곡도-
현재 세상에 드러난 구곡도는 화양구곡도 3종

① 충북대박물관 소장 화양구곡도

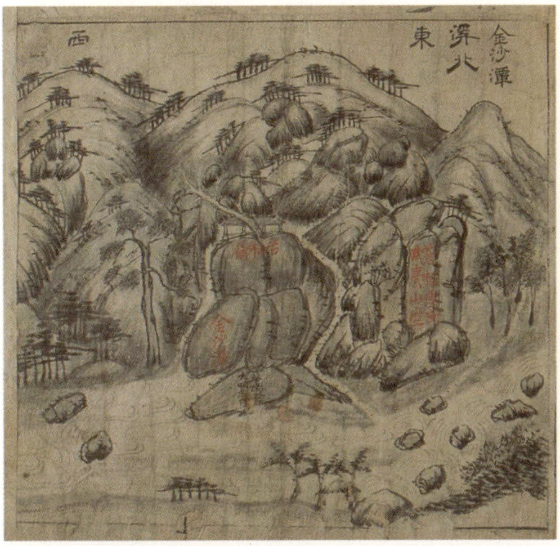

제1곡 경천벽

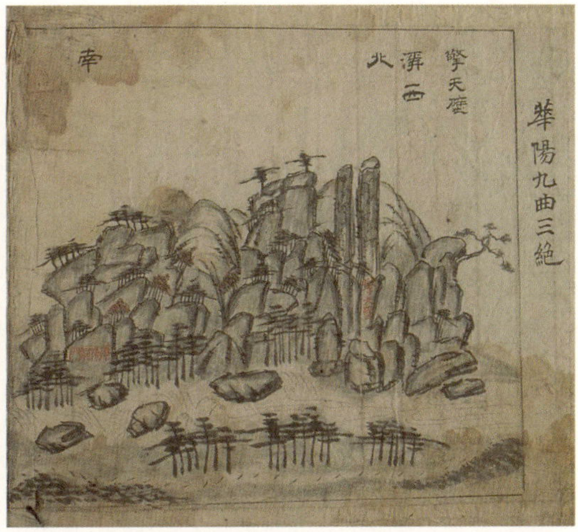

제2곡 운영담

제3곡 읍궁암

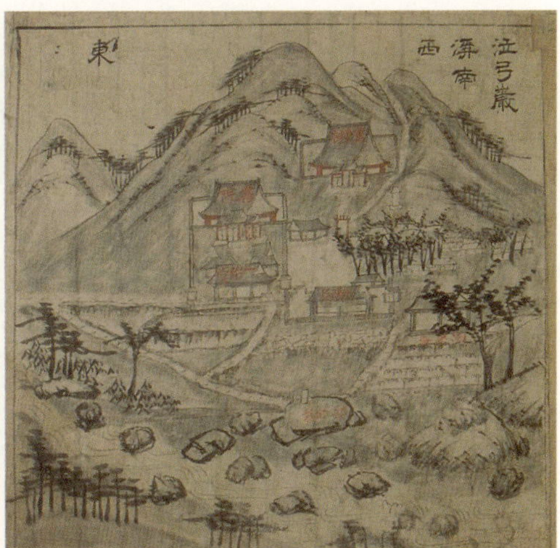

제4곡 금사담

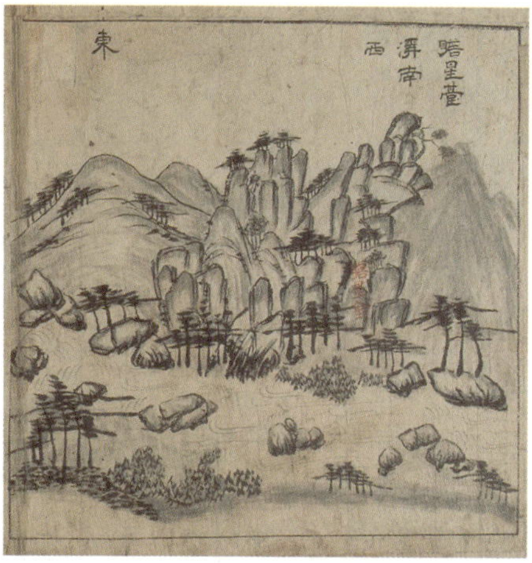

제5곡 첨성대

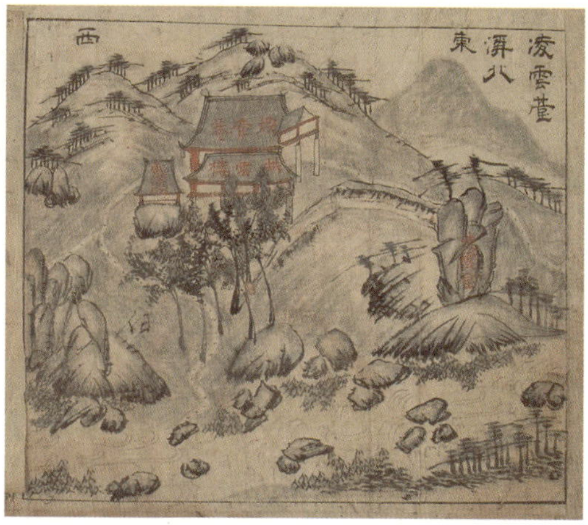

제6곡 능운대

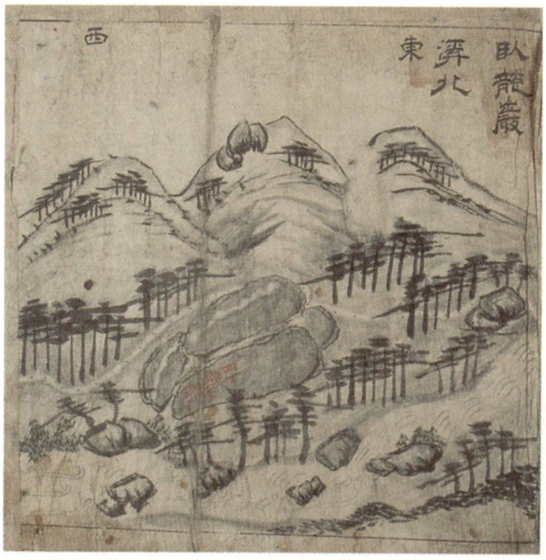

제7곡 와룡암

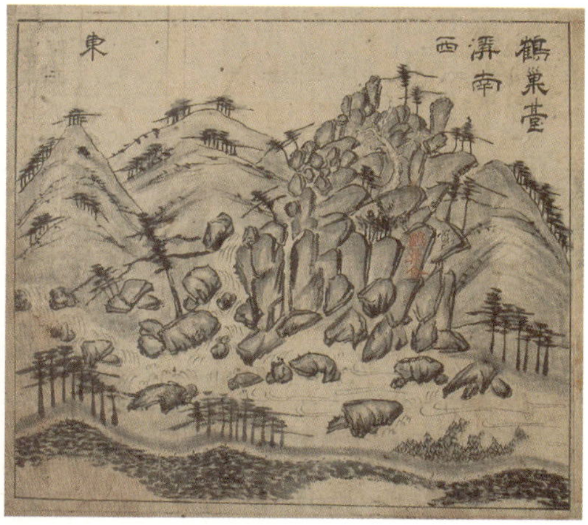

제8곡 학소대

제9곡 파곶

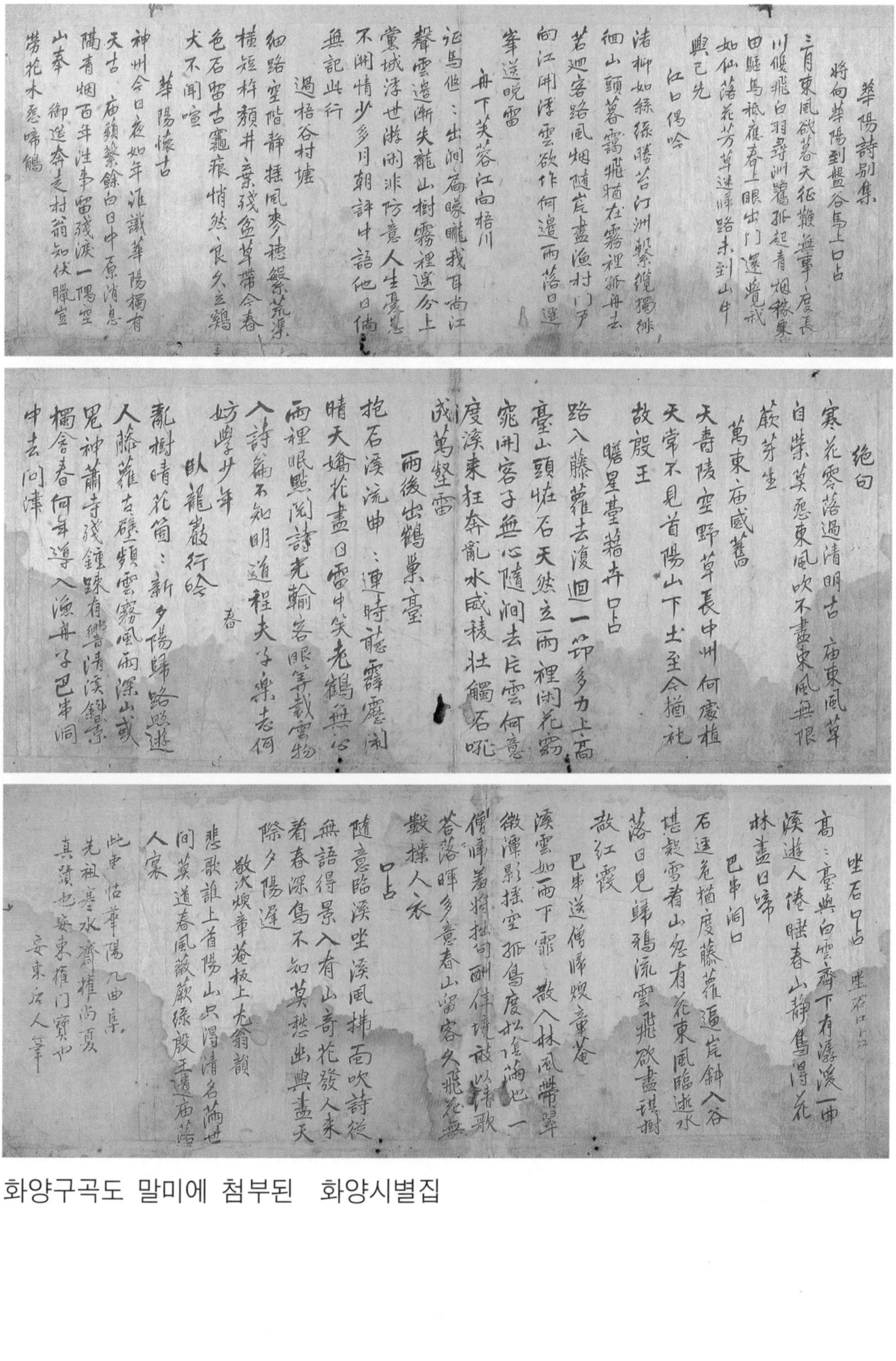

화양구곡도 말미에 첨부된 화양시별집

② 송준호가 소장하고 있는 이형부가 그린 화양구곡도

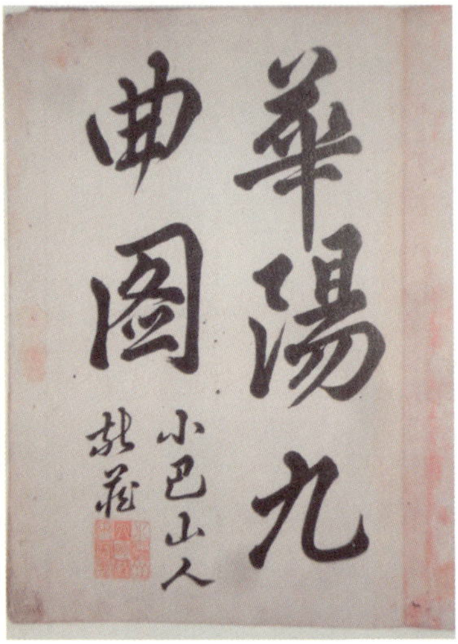

좌측 사진: 이형부가 그린 『화양구곡도』 앞표지: 1809년

우측 사진: 화양전도

앞표지 다음에 송낙헌(宋洛憲 1891~1944)이 화양구곡도(華陽九曲圖) '소파산인 경장(小巴山人 敬藏)'이라 행서체로 썼으며 '소파산인 대명헌 송낙헌(小巴山人 大明軒 宋洛憲)'이라는 네모난 인장을 적색으로 찍었다.

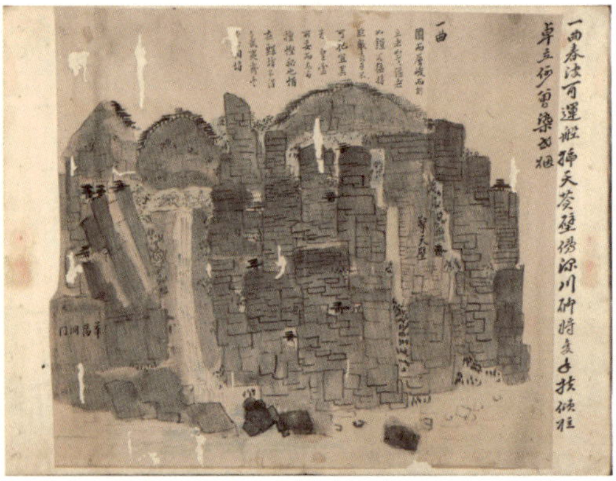

제1곡 경천벽

제2곡 운영담 · 제3곡 읍궁암

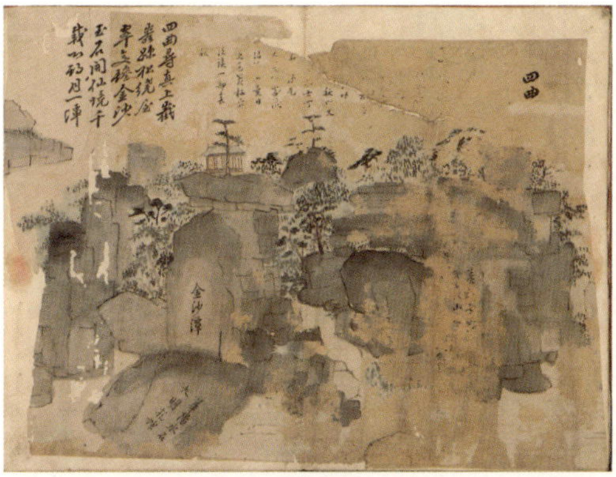

제4곡 암서재(금사담)

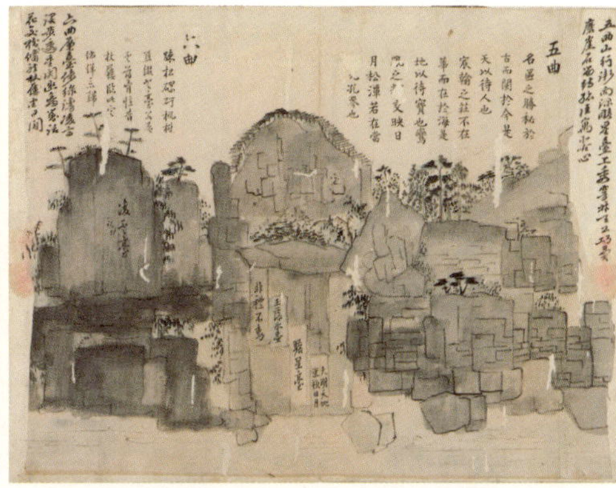

제5곡 첨성대 · 제6곡 능운대

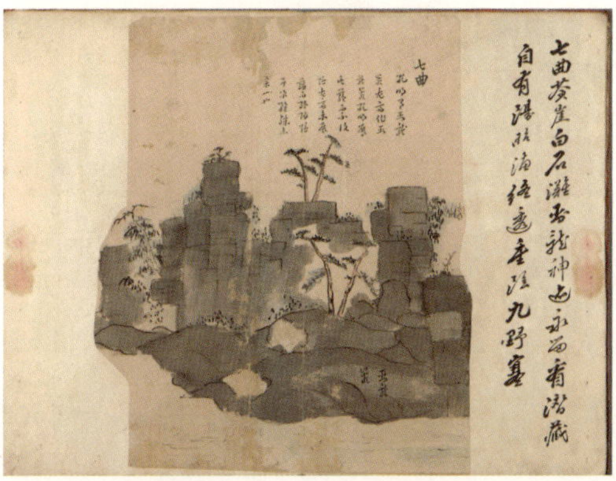

제7곡 와룡암

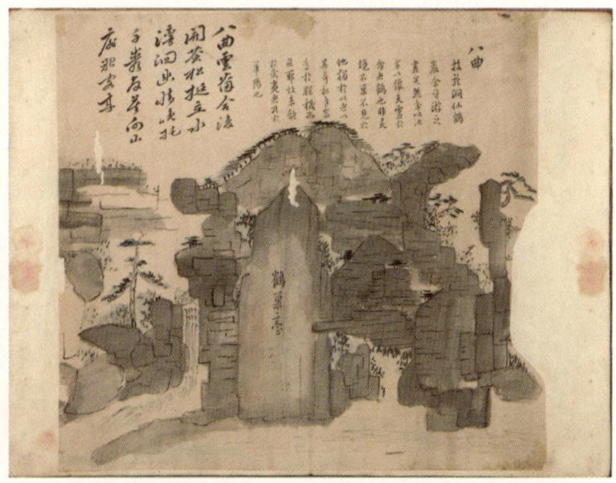

제8곡 학소대

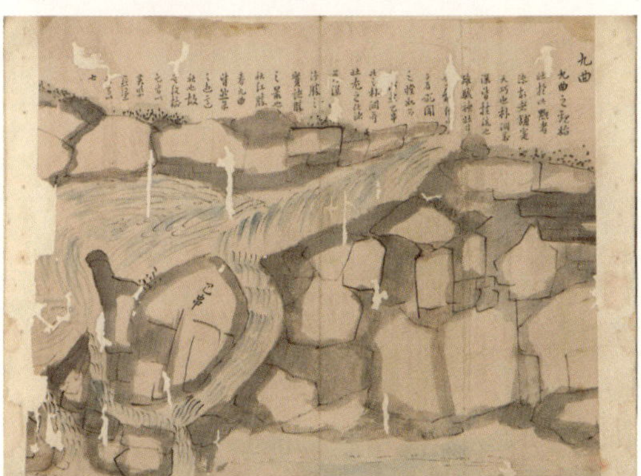

제9곡 파곶

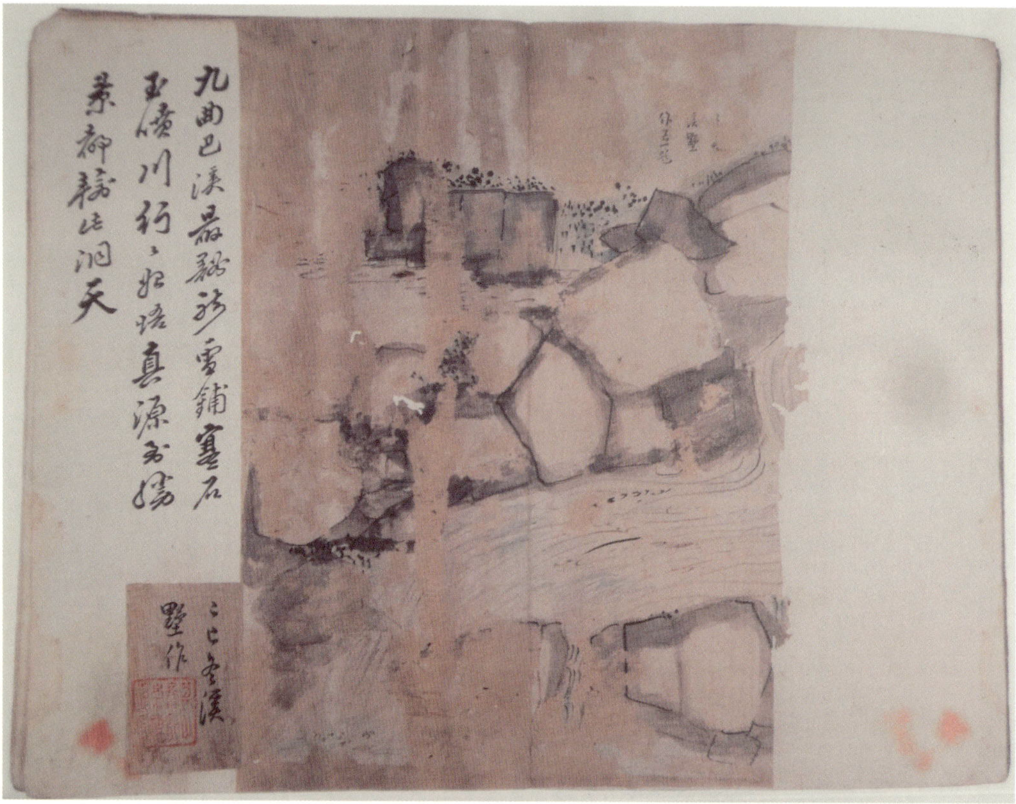

송준호가 소장하고 있는 이형부가 그린『화양구곡도』제9곡 그림 좌측 하단에 “기사 동 계서작(己巳 冬 溪墅作)” 이라 먹으로 썼다. 바로 그 아래 ‘기자구방(箕子舊邦) 숭정유민(崇禎遺民)’이라는 네모난 인장을 적색 먹[인주]으로 찍었다.

③ 조선민화박물관이 소장하고 있는 동은(東隱:호)이 그린 화양팔곡도: 2006년 이전

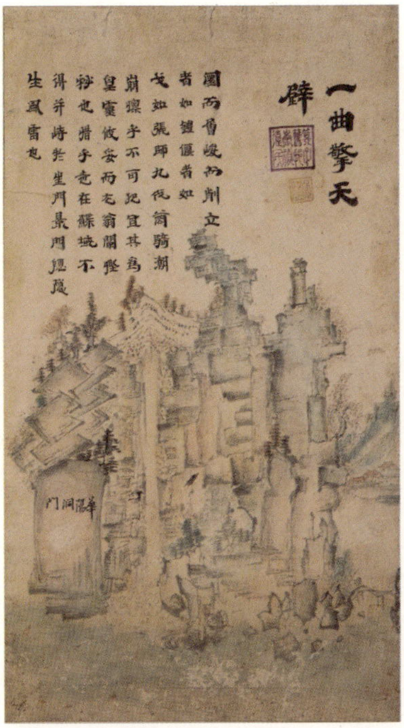

제1곡 경천벽

제2곡 운영담

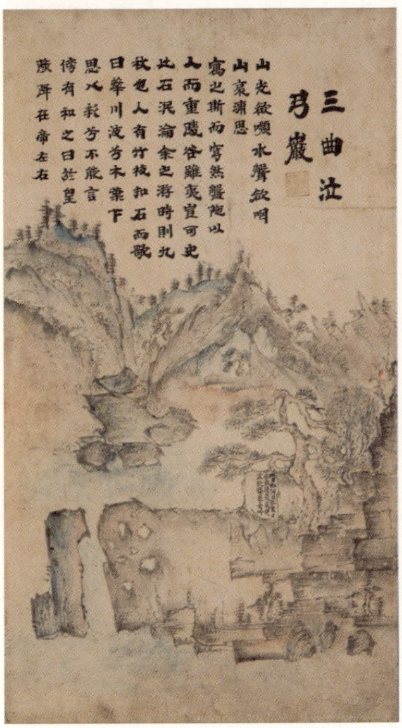

제3곡 읍궁암

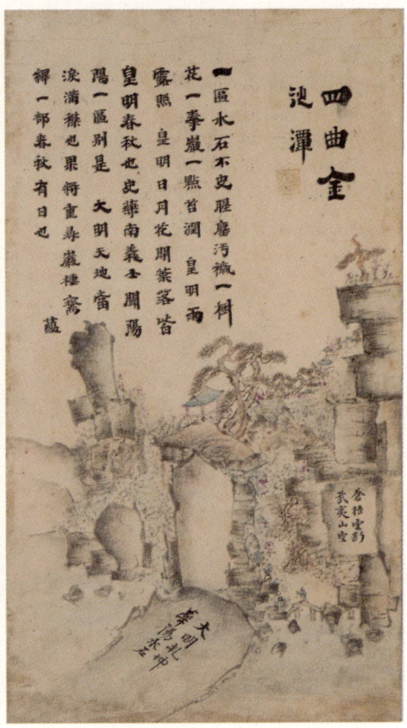

제4곡 금사담

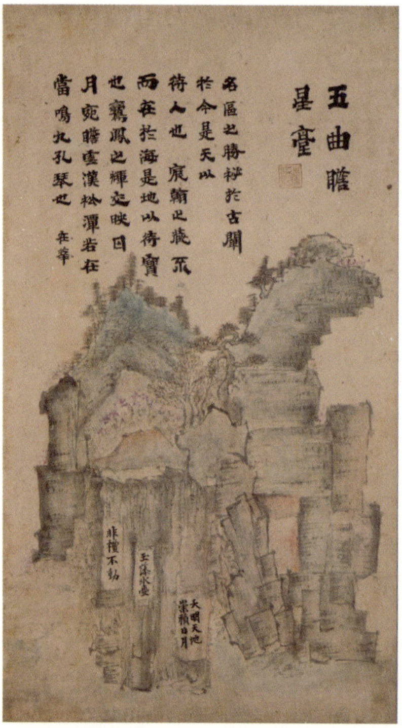

제5곡 첨성대

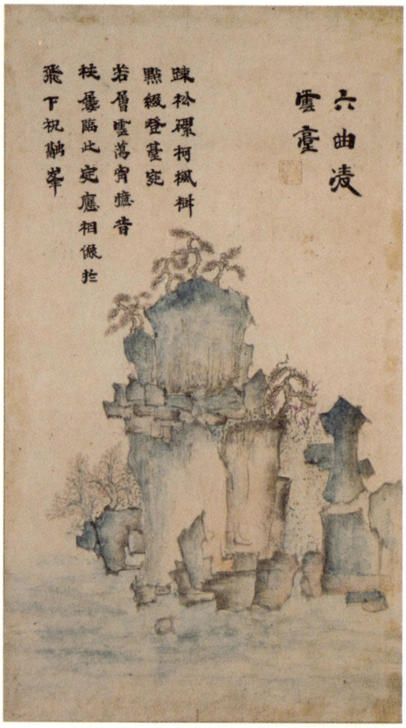

제6곡 능운대

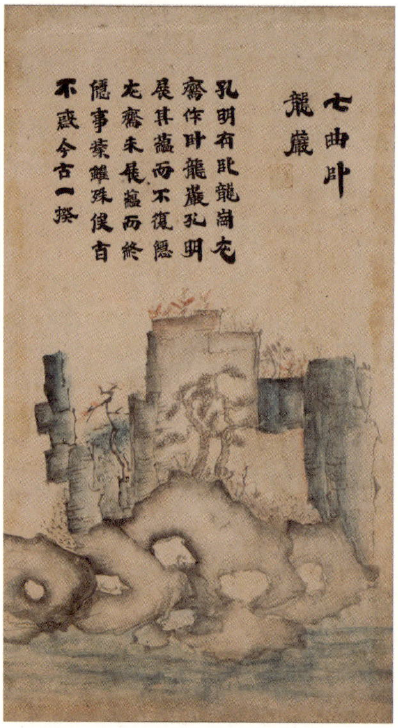

제7곡 와룡암

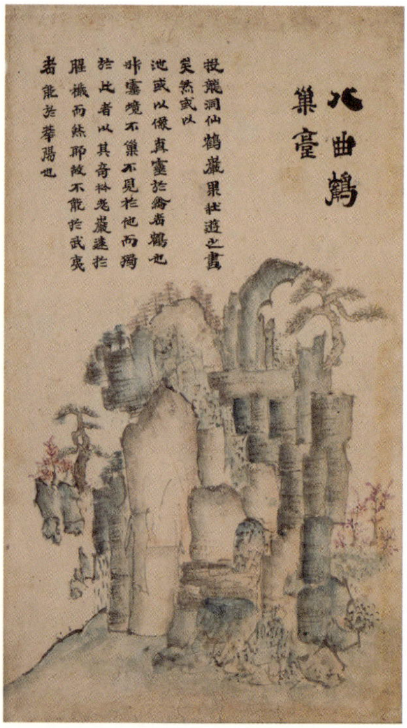

제8곡 학소대

율원구곡 제4곡 창병 가기 전 추소리 나루터. 율원구곡 제4곡 창병

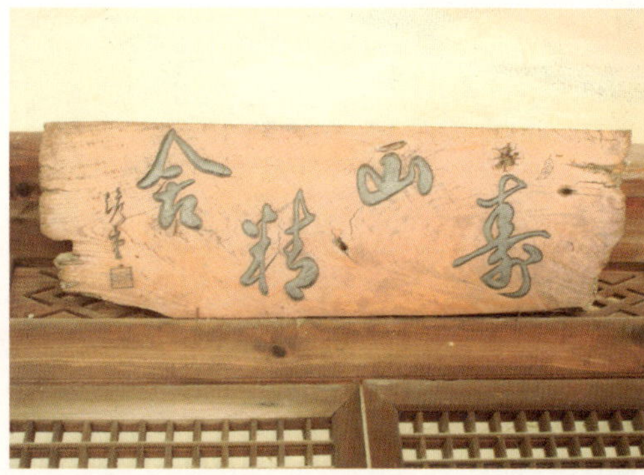

남기서가 소장한 '촌상구곡시(村上九曲詩)' 병풍: 송우용의 글씨
남기서 집의 수산정사(壽山精舍) 현판: 송우용의 글씨

영동군 상촌면 임산리 세심정 송우용의 '멱원(覓源)' 각자
영동군 상촌면 대해리 토항(흙목) 송우용의 '구로탄(九老灘)' 각자

청간정구곡 제1곡 모현대

군자구곡 제2곡 용두봉에 있는 매죽정

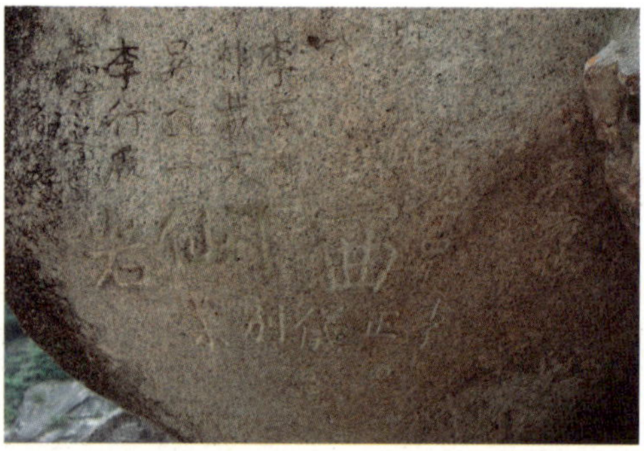

제1곡 하선암의 이정의 별업(李正儀 別業).

하선암의 암반

운선구곡 제3곡 수운정

운선구곡 제5곡 도광벽에 페인트로 써 놓은 구호.

운선구곡 제7곡 사인암
근처 청련암 뒤의 용두암

운선구곡 제7곡 사인암의
성씨별업(成氏別業) 글씨

용하구곡내의
세심폭(洗心瀑)

산중다연에서 100m 하류 쪽 산기슭에
박세화가 살던 집터. 석축 위 평지

제천시 덕산면 월악리
61번지 양재명의 집

용하구곡 입구의 푸른 물웅덩이

충북의 구곡 탐방 지도

충북 남부지역 지도 1). 속리구곡

속리구곡 (俗離九曲)	민우식 (閔禹植1885~1973)	충북 보은군 장안면 개안리 삼가리 서원계곡(書院溪谷) 일원

지도 2). 신안구곡. 청간정구곡

신안구곡 (新安九曲)	이규회 (李奎會1800~1867)	충북 영동군 황간면 신안리
청간정구곡 (聽澗亭九曲)	안흠(安欽 1863~1940)	충북 영동군 매곡면 수원리(水院里) 모현대(慕賢臺)

지도 3). 율원구곡

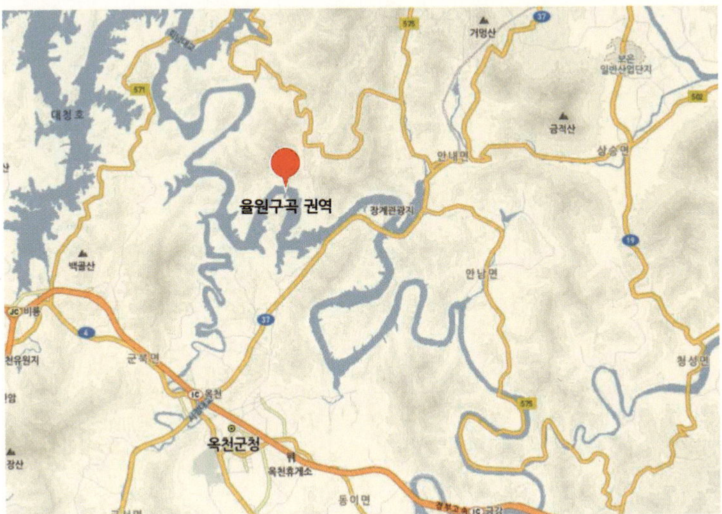

율원구곡 (栗原九曲)	조헌 (趙憲 1544~1592)	충북 옥천군 군서면 금산리 군북면 용호리

충북 중부지역

덕산구곡 (德山九曲)	이진옥 (李鎭玉1829~1899)	충북 청원군 오창면 성산리 덕대(德大) 용두천(龍頭川)일대

지도 5). 삼선구곡. 운선구곡

삼선구곡 (三仙九曲)	이정의 (李正儀1882~1957)	충북 단양군 단성면 가산리 일원
운선구곡 (雲仙九曲)	오대익 (吳大益1729~1803)	충북 단양군 대강면 황정리 · 직치리 · 사인암리 · 괴평리

지도 6). 용하구곡

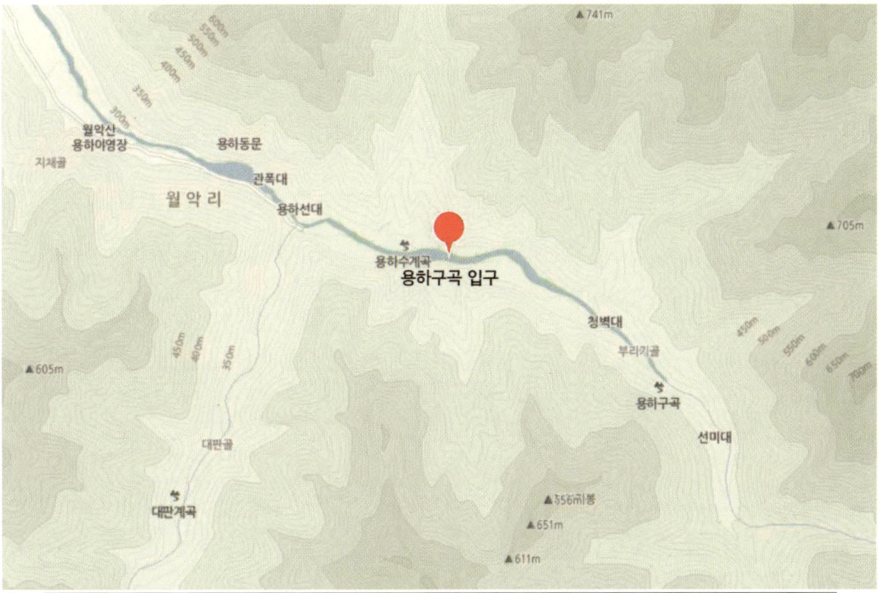

용하구곡 (用夏九曲)	박세화 (朴世和1834~1910)	충북 제천시 덕산면 억수리

지도 7). 명도구곡

명도구곡 (明道九曲)	이범식 (李範植1898~1962)	충북 충주시 동량면 지동리 산척면 명도리

『충북의 구곡도와 구곡문화』라는 책을 내기까지

구곡은 한국의 대표적인 문화산수(文化山水)이다. 즉 자연산수에 구곡문화를 접목 이입한 산수이다. 책이 책을 만든다. 좋은 책의 내용만을 뽑아서 모아놓아도 좋은 책이 된다. 좋은 책은 어떤 내용을 담고 어떻게 문장을 표현했는지를 알 수 있어야한다. 이런 사실을 알 수 있는 식견을 구비하는 것도 좋은 책을 많이 읽어야 가능하다. 따라서 독서수준이 학문수준이며 인생수준이다. 원시시대에도 지식의 힘이 앞선 부족(部族)은 낙후된 부족을 지배했다. 이것이 세상과 인생의 불변의 법칙이다. 시대가 바뀌고 사람이 바뀌는 것이지 그 법칙이 바뀌지 않는다. 그 법칙을 알고 정의롭게 적극적으로 능동적으로 역량을 배양해야한다. 자기가 못하면 후손 대에라도 할 수 있도록 그 기반을 구축해야한다. 천리 길도 한 걸음부터다. 벼락출세를 하고 벼락부자가 되는 비율이 극히 낮다. 또 제행무상이다. 자신이 기반을 닦아도 다음세대에 그것을 계승한다는 보장이 없다. 그래도 자신이 할 일을 해야 한다. 이런 성취정신과 계승의식 전수의식이 1차로 자기 가문을 발전시키고 나아가 사회, 국가를 발전시켜왔다.

모든 일이 힘들지 않은 일은 없다. 필자는 어머니(정순례鄭淳禮 1919~1996)가 늘 하셨던 말씀이 진리라 여기고 그대로 살았다. "고생을 낙을 알고 살아라." 자기 나름대로 노력하면 거기에 상응하는 결과를 얻을 수 있다. 학문도 그렇다. 역사에 남은 사람들은 거의 눈이 아프도록 복상씨에 물집이 잡히도록 공부했다. 그리고 홍익학문한 사람들이다. 필자는 나름대로 그것을 깨달았다. 필자가 중고등학교시절에는 '호사유피 인사유명'이란 말을 많이 들었다. 이도 필자가 학문에 집착하는데 일정한 영향을 주었다.

우리는 금수강산 대한민국 자유민주국가에 태어났다. 견문의 차이와 마음의 차이가 인생의 차이를 가져온다. 필자가 집요하게 학문에 몰두하게된 데에는 어린 시절의 체험이 큰 영향을 주었다. 1960년대에는 우리나라 사람들은 거의 살기가 매우 어려웠다. 그런데 필자는 그 시대 농촌에서 태어났지만 비교적 잘 사는 집에서 태어났다. 1963년 초등학교 4학년 겨울 날씨가 매우 추운 날이었다. 학교를 가는데 바람이 거세어 옷 앞자락이 뒤집혔다. 바람이 너무 차가워서 얼굴이 몹시 시려 바람을 피하려고 고개를 돌리고 걷기도 했다. 바람이 매섭게 불어오는데 마침 내 옆에 가던 친구의 교복 상의가 뒤집혔다. 그 순간 벌건 뱃살이 보였다. 내 눈을 의심했다. 이 추운 겨울에 설마 동내의를 입지 않고 학교를 오겠나라고 생각했다. 순간 내가 잘 못 보았나 확인하고 싶어 반사적으로 "얘 너 이렇게 추운데 동냉이도 안 입었니." 하며 교복 앞자락을 들쳐보았다. 그 순간 그 친구가 내 손을 탁 내리치며 가린다. 철이 없어 그 친구가 무안해할 것은 생각도 않고 내 생각만 하고 한 일이다. 분명히 안 입었다. 그 순간 일이 지금도 생생하다. 미안하고 멋쩍어 '정말 안 입구나.' 그 친구는 말을 하지 않았다. 학교에 와서 담임선생님께 "아무개 동냉의도 안 입었는데 난로 옆에 앉게 해주시기 바랍니다." 철이 없어 또 한 번 그 친구에게 미안한 일을 했다. 그 생각만 했지 그 친구가 자존심이 상해 할 거라는 생각은 못했다. 그 친구는 지금 기억하지 못 할 수 있다. 점심을 고구마를 싸온 친구도 있었다. 담임선생님께서 그 친구에게 당신께서 싸오신 점심밥을 덜어주시고 그 친구의 고구마 몇 개를 잡수시었다.

1966년 중학교에 입학했다. 나는 그때나 지금이나 김치를 잘 먹었다. 그때 우리동네에서는 '짠지'라 했다. 그때 짠지가 반 년 식량이라 했다. 배추가 지금처럼 통이 큰 것이 아니었다. 지금은 김치를 많이 먹지 않지만 그 당시에는 먹을 것이 부족하다보니 김치도 봄에 일찍 다 떨어졌다. 4월 초까지 도시락 반찬으로 짠지를 싸갔다. 왼쪽 옆의 친구가 "야 너 4월 달에도 노란 포기 김치 싸오는 걸 보니 너의 집 부잔게비다." 순간 4월에 김치를 싸온 걸 보고 부자인가 보다라로 말하니 재는 참 가난한가 보다라는 생각을 하면서 "아니 그냥 내가 좋아서 싸오는 거여." 물어보지는 않았다. 지금은 중학교 학교교육이 의무교육이라 무상으로 교육을 받지만 그 당시에는 중학교도 수업료를 내는 시대였다. 초등학교 동기 중에 공부를 잘하는데 가난하여 중학교에 가지 못하는 친구들이 늘 마음에 걸렸다. 중학교 졸업하고도 가난하여 고등학교, 대학교에 가지 못하는 친구들이 많았다. 늘 마음에 안됐다는 생각을 했다. 그래서 돈없는 사람도 학교에 다닐 수 있게 학교를 세우자는 목표를 세웠다. 이래서 내 인생의 목표 하나를 수립하게 됐다.

내 인생의 두 번째 이상을 세우게 된 동기는 다음과 같다. 1967년경 박정희 대통령이 4대 정강 정책을 공표했다. 내 기억에 '남북통일' '경제개발' '미신타파' '한글전용'이었다. 중학교에 진학하지 못한 사람들이 한문서당에 다녔는데 그것도 모두 중단했다. 그 무렵 스텐레스 용기와 프라스틱 제품이 생산시판되었다. 그 편리함 때문에 사람들이 놋그릇을 스텐레스와 바꾸고 전해오는 생활용구도 대개는 팔고 버리고 불 때버리기 시작했다. 모두 우리의 지혜가 담기고 필요해서 오랜 시간동안 공을 들여 만들은 것인데 보존하여 가치를 평가하고 후세에게 남겨주어야 한다고 생각했다. 그래서 1971년에는 사라져가는 우리 것을 보존하여 박물관을 만들자는 목표를 세웠다. 핵심은 돈이다. 그 때 우리집은 땅이 많았다. 도지를 받는 땅이 내가 아는 것만 5천 평이 넘었다. 이게 없어도 우리집 생계를 유지하기에 전혀 지장이 없었다. 이걸 팔아 청주인근에 부동산투자를 하여 돈을 마련하여 학교도 세우고 박물관도 세우자. 그러나 당시에 농업경제시대도 할아버지나 아버지를 설득해야하는데 쉽지 않았다. 그 이후 도시 부동산 값은 나날이 천정부지로 올랐다. 마음이 초조하고 몸이 달았다. 1974년 입대를 했는데 군대에 가서도 그 일을 추진했으나 안됐다. 1977년 제대하고도 노력했으나 여러 가지 사정상 실현하지 못했다. 그러다 대학을 졸업하면서 청주대학교 한문교육과 정종복(鄭鍾復 1929~) 교수님의 권유가 계기가 되어 학문의 길로 접어들게 됐다.

운명인지 학문의 길로 들어서고 보니 재주는 적은데 하고 싶은 것은 많아 남보다 더 열심히 학문에 전념했다. 천지신명과 조상님께서 박물관은 나중에 해도 되고 우리의 전통문화, 문학에 대한 연구가 시급하니 그것부터 하라고 계시를 내린 것이라 생각하고 우리의 전통문화, 문학, 역사의 연구에 몰두했다. 1979년부터 2019년 현재까지 거의 똑 같은 생활을 했다. 밥 먹고 잠자는 시간 이외는 학문과 관련된 일을 했다. 즉 자료를 수집하거나 답사를 다니고 탁본을 하고 논문을 썼다. 그간 박사과정까지 공부하느라 너무 마음과 시간의 여유가 없어 안타깝게도 사라져가는 우리의 생활도구를 수집하지 못했다.

1990년 1992년까지만 해도 사용하지 않는 물건은 말만 하면 주었는데 숫기가 없어 말을 하지 못했다. 1994년 박사학위를 취득한 후인 1995년부터는 더는 늦춰서는 안 된다고 생각하여 없어져가는 우리의 전통 생활용구 등을 틈틈이 수집했다. 그리고 요즘 물건이라도 남이 버린 물건 중에 쓸 만한 물건은 모았다. 한국전통문화의 현대화 세계화를 위해 박물관을 건립하기 위해서이다. 이렇게 해서 식견이 높아져갔다. 식견이 있으면 박물관을 찾게 되고 박물관을 찾으면 식견이 높게 된다.

내가 집요하게 학문에 몰입하는 이유는 앞에서 말한 체험 때문이다. 다른 친구들은 가난해서 공부를 못했는데 나라도 대신 열심히 하여 홍익학문하자. 부자집에 태어나서 대학에 진학했고 집사람이 가계를 꾸려주어 박사학위까지 받았다. 그래서 조상님의 은혜를 갚고 이 나라에 태어난 값을 하기 위해 공부했다. 대학 4학년까지 한자 1만자를 암기해야한다고 목표를 세웠다. 나중에 공부하다보니 한국의 전통문화와 역사, 문화를 제대로 연구하려면 '삼경사서'는 기본이며, 중국책 100여 종의 핵심 내용은 읽어야 된다는 걸 깨달았다. 역사 속에 이름을 남긴 사람들은 그렇게 했다는 사실을 한문 고전을 읽으면서 알았다. '우암을 읽으려면 우암이 읽은 책부터 읽어라'는 말을 했다. 공부를 하다 보니 공부를 잘하는 방법이 보였다. 학문도 '빈익빈 부익부'다. 평생 초지일관으로 공부하다 보니 오늘에 이르렀다. 특히 구곡이 중요한 문화관광 유산이자 문화경제자원이라는 점을 깨달았다. 1998년부터 본격적으로 구곡에 대해 연구했다. 2001년 '구곡문화관광특구'를 설정했다. 이와 관련된 연구를 『구곡문화관광특구와 구곡한시 연구』에 수록했다. 그 외에 충북에 존재하는 구곡과 화양구곡도에 대해서도 연구했다. 이 연구결과는 분량이 많아, 이번에 별도로 『충북의 구곡도와 구곡문화』라는 책으로 엮어 출간하는 것이다. 또한 한국의 구곡도중에 한국 최고의 구곡인 화양구곡을 그린 화양구곡도를 부각하고자 했다. 구곡은 도통계승의식(道統繼承意識)의 자연에 표상화한 것이다. 이런 사례는 세계에도 드물은 것으로 보인다.

구곡은 문화와 예술이 경제를 활성화하는 문화경제시대에 최상의 문화경제자산으로 미래 충북의 경제를 윤택하게 해줄 황금광산으로 개발할 가치가 있다. 경상북도에서는 속리산권구곡이라는 구곡문화권을 정하여 유네스코 세계문화유산에 등재하기 위해 2012년부터 준비하고 있다. 이런 시대적 정황에

병진 동행하기 위해서라도 충북도내 각 지자체에서는 충북의 구곡도와 구곡문화를 전국적으로 홍보하고 활용, 개발에 적극적으로 힘을 기울여야할 것으로 본다.

학문연구에 전념할 수 있도록 전임교수로 임용해준 중원대학교 여러 어른들께 감사한다. 2009년 시간강사로 중원대학교와 학문적 인연을 맺은 해에 「이범식(李範植)의 명도구곡(明道九曲)과 명도구곡가(明道九曲歌)」라는 논문을 썼다. 그후 후 2018년까지 80편 가까운 논저를 집필했다. 2014년부터 2018년까지 한국연구재단 등재지에 23편의 논문을 게재했다. 2013년 간행한 『괴산군지』에 「문학유산」을 집필했다. 2013년 『묵재 이문건의 문학과 예술세계』, 2015년 『낭성한문학』, 괴산 세계유기농산업엑스포기념으로 『화양구곡에 새긴 조선·명(明)나라 임금 암각글씨 탁본 특별전』, 2017년 『조선후기 산수평론과 화양구곡한시 연구』를 간행했다. 그 외 공저로 『낭성면지』, 『청주중학교 90년사』, 『청안교육 100년사』 등을 집필했다. 『제천 오티리』, 『단양 애곡리』, 『충주 하곡마을』, 『음성사정리 고갯길마을 강당말 용대동』에 참여 집필했다. 2014년 중원대학교 향토문화연구소에서 김근수 소장 등과 공동으로 『괴산인물지』를 발간했다. 2009년 KBS1TV 역사추적에 현존 최초의 육아일기인 『양아록』에 대해 해설을 했다. 『양아록』은 1997년 2월에도 KBS1TV 역사추리에 '조선시대 육아리포트 할아버지가 쓴 손자의 육아일기'라는 제목으로 극화방영했다. 여기서도 설명을 했다. 2010년 남권희교수가 직지심체요절보다 138년 앞섰다고 주장한 증도가자에 대해 최초로 가짜라고 주장하여 서울 KBS 1TV, KBS 2TV, MBC TV, 청주 CJB TV에 출현하여 설명했다. 구곡과 팔경에 대해 청주 KBS 1TV와 청주 CJB TV에도 2~3번 출현하여 설명했다.

이는 자랑하려고 하는 것이 아니라 그렇게 학문연구에 몰입할 수 있도록 여건을 마련해주어 학문연구를 통해 자신과 학교의 명예를 높일 수 있게해준된 데 대해 감사하는 마음을 표하는 것이다. 아울러 온고지신하여 홍익학문하려고 최선을 다한 결과라는 점을 강조하고자 하는 것이다.

이 책은 필자가 최근까지 충북의 구곡도와 구곡에 대해 연구 작성한 한 논문을 모아 엮은 것이다. 논문을 작성할 당시에 찾아내지 못한 자료들을 이번에 추가했다. 또 논문의 분량이 많아 줄이거나 수정한 경우도 있다. 이 책을 엮으면서 오류와 불찰을 최소화하려고 했다. 항상 느끼는 것이지만 신은 인간에게 완벽을 허용하지 않는다. 기억이 나지 않거나 본의 아니게 순간적으로 착각하여 오류를 감지하지 못하는 경우도 있다. 그리고 한문 번역도 쉽지 않다. 필자가 미처 인지하지 못한 오류가 있더라도 이해해주기 바라며 오류가 보이거든 알려주기 바란다. 아울러 이 책을 엮는데 참고한 자료만 보아도 상당한 지식을 얻을 수 있어 경제적 학습을 할 수 있는 책이라 여겨주기를 삼가 바란다.

'華陽九曲'식으로 한자로 표기한 논문을 화양구곡(華陽九曲)으로 변환하는 일은 청주대학교 한문교육과를 졸업한 박범수(朴範秀)선생과 박수언(朴壽彦)선생이 도와주었다. 중원대학교 한국학과 3학년 이지선군이 네이버지도에 구곡의 위치를 표시해주었다.

외람되지만 필자는 2009년 9월 9일 애향심과 온고지신의 실천으로 고향 도촌 앞 성황천에 군자구곡을 정하고 「군자구곡가」를 지었다. 2019년은 그 10주년이 되는 해이다. 2017년부터 성황천 확장공사를 하고 있다.

묵묵히 내조한 아내 박정규, 내 공부하느라 잘 해주지 못했는데 자력으로 잘 성장해준 세계적인 이용재목 아들 용재, 천사의 미소 딸 혜라에게 미안하고 고맙다.

대한민국을 위대한 나라로 만들고 금수강산을 지켜주신 호국영령들께 감사하며 온고지신하여 홍익학문 할 수 있도록 영감을 주신 천지신명과 조상님께 감사한다.

2019년 2월 7일

충북 괴산군 사리면 화산리 도촌 수동재(首峒齋)에서
영원한 이상주의자 이상주 삼가 적음

목 차

제1부
구곡(九曲)의 유래와 그 영향

제2부
충북의 구곡도

제3부
충북의 구곡문화

조헌(趙憲)의 율원구곡(栗原九曲)과 율원구곡시(栗原九曲詩)

영동(永同)의 구곡(九曲)과 구곡시(九曲詩)

제3장 충북 중부지역에 설정된 구곡

현존 최초의 구곡시(九曲詩) 창수집(唱酬集) 『덕산구곡시(德山九曲詩)』

군자구곡(君子九曲)과 군자구곡가(君子九曲歌)

제4장 충북 북부지역에 설정된 구곡

제1부

구곡(九曲)의 유래와 그 영향

구곡은 최고(最高)의 문화산수(文化山水), 한국은 구곡문화의 융창국(隆創國)

먼저 구곡도와 구곡에 대한 이해를 돕기 위해 구곡의 유래와 그 영향에 대해 간략히 제시한다. 자세한 내용은 『구곡문화관광특구(九曲文化觀光特區)와 구곡한시 연구(九曲漢詩 硏究), 「구곡(九曲)과 구곡시(九曲詩)의 연원」에 자세히 설명해놓았다. 필자는 문화산수인 구곡이 시대를 초월하여 항구적인 문화관광자원으로 최고최적의 대상이라 판단하여 1998년부터 구곡에 대해 집중적으로 조사연구해왔다. 그런데 충북의 속리산계(俗離山系) 남한강인 달래강(달천강: 㺚川江) 중·상류 100여리 사이에 9개의 구곡이 설정돼있다는 사실을 확인하게 됐다. 이런 경우는 전국적으로도 드물며 충북에서는 유일하다. 그래서 필자는 이를 하나의 특별한 문화권으로 설정하여 많은 사람들에게 홍보하고 그 문화적 가치를 함께 누리고 싶었다. 그래서 이에 대해 필자는 2001년 '구곡문화관광특구'라 명명하고 선포문을 작성했다.[1] '구곡문화관광특구'내에 확인된 구곡은 현재 9개소가 있는데, 하류로부터 답사하기 편리한 순서대로 그 명칭을 들어본다. 충북 괴산군 괴산읍 제월리 일원에 유근(柳根 1549~1627)의 고산구곡(孤山九曲), 괴산군 칠성면 갈론리 일원에 전덕호(全德浩 1844~1922)의 갈은구곡, 괴산군 칠성면 사은리 산막이 일원에 노

---

1) 이상주, 「"구곡문화관광특구"와 구곡시 연구」, 『동서어문연구(東西語文硏究)』제17집, 청주대학교 동서어문학회(東西語文學會), 2001, 195~232면.

성도(盧性度 1819~1893)의 연하구곡(煙霞九曲), 괴산군 칠성면 쌍곡리 일원에 정재응(鄭在應 1764~1822)의 쌍계구곡(雙溪九曲)이 있다. 괴산군 청천면 선유동에 김시찬(金時粲)·이보상(李普祥)·정술조(鄭述祚)·이상간(李尙侃) 등이 정한 선유구곡(仙遊九曲), 괴산군 청천면 화양리일원에 송시열(宋時列 1607~1689)과 그 문하생 권상하(權尙夏 1641~1721)와 민진원(閔鎭遠 1664~1736)이 완성한 화양구곡(華陽九曲)이 있다. 지금 청주시 상당구 미원면 가양리일원에 이득윤(李得胤 1553~1630)의 서계구곡(西溪九曲), 청주시 상당구 미원면 옥화리일원에 옥화구곡(玉華九曲)이 있다. 청주시 상당구 미원면 봉황리일원에 신득치(申得治 1592~1656))의 낙우당구곡(樂愚堂九曲)이 있다.

구곡은 계곡 하류에서부터 상류에 이르는 구간에 아홉 군데 아름다운 곳을 정하여 명칭을 붙였다. 송시열과 권상하 민진원이 완성한 화양구곡을 예로 들어본다. 제1곡(第一曲) 경천벽(擎天壁)~제9곡(第九曲) 파곶(巴串) 같은 방식으로 9개 곡(曲)의 명칭을 붙였다. 21세기는 '문화의 세기'라 한다. 21세기형 3대 관광요소는 '문화 역사, 체험 학습, 자연 건강'이다. '구곡문화'는 이 3요소를 만족시킬 수 있다.

1. 최초의 구곡 설정자

중국 송나라의 주자(朱子 1130~1200)는 『주역(周易)』구오(九五)의 원리를 적용하여 무이구곡(武夷九曲)을 설정하고 「무이도가(武夷棹歌)」를 지었다.

『주역(周易)』「계사전(繫辭傳)」 상(上)에, "천자(天子)의 지위이다. 역(易)의 구오(九五)는 군(君)의 자리를 본 뜻 것이다.[2]"라 했다. 즉 구오(九五)가 군(君)의 자리라 함은 제일의 자리, 으뜸의 자리인 것이다. 모든 것이 으뜸 또는 제일로 진행하는 상황으로 본 것이다. 『주역(周易)』「건(乾)」에, "공자가 말했다. …건(乾)의 큼이 구(九)를 쓰니 천하가 다스려지는 것이다.[3]"라고 했다. 즉 구(九)는 천하가 다스려지게 하는 숫자이다.

이상을 종합해보면 구오(九五)는 만물이 각각 그 기능과 역할을 다하여 원

---

2) 『周易』, 「繫辭傳」 上. 天子之位也. 易之九五, 象君位.(易 繫辭 上. 崇高莫大乎富貴, 疏).
3) 『周易』, 「乾」. 子曰 … 乾元用九, 天下治也.

만하고 활발하게 작용하는 상황이며, 모든 것이 으뜸 또는 제일로 진행하는 상황으로 본 것이며, 천하가 다스려지게 하는 숫자인 것이다. 결국 구오(九五)는 만물이 각각 그 기능과 역할을 다하여 원만하고 활발하게 작용하게 하여, 천하를 으뜸으로 잘 다스려지게 하는 상황을 표현한 괘(卦)이다. 그러니까 자연에 구곡(九曲)을 설정한 것은 순리대로 원만하게 천하가 으뜸으로 잘 다스려지기를 기원하는 천하관(天下觀)과 정치관(政治觀)의 자연에의 표현인 것이다.

2. 기호사림으로서 최초로 구곡을 설정한 사람

기호사림으로서 최초[4]로 구곡을 설정하고 구곡가를 지은 사람은 율곡 이이(李珥 1536~1584)다. 이이는 고산구곡(高山九曲)을 설정하고 한글로 「고산구곡가(高山九曲歌)」를 지었다.

3. 그 후세의 계승

송시열(1607~1689)은 이이의 '도통(道統)' 즉 '학통(學統)'을 계승하고 그 도통계승의 표상화로 이이의 서현손(庶玄孫)인 이석(李석[禾+奭])이 그린 「고산구곡도」를 보고, 지인 그리고 문인 등에게 율곡이 지은 「고산구곡가」를 한시로 번역하게 했다. 송시열 자신도 한역(漢譯)했으며 손자 송주석(宋疇錫 1650~1692)도 참여하게 했다. 도합 9명이다. 그 후 율곡과 우암의 도통을 계승한 기호사림은 자기가 사는 곳이나 인근에 구곡을 설정하고 구곡시를 지

4) 1998년부터 2007년 필자가 조사할 당시로는 율곡 이이의 고산구곡이 우리나라에서 최초의 구곡으로 알았다. 여러 가지 사정상 다른 지역의 자료를 모두 검토하지 못했다. 전국의 구곡을 조사했지만 본의 아니게 자세히 검토를 하지 못했다. 그런데 '문경구곡원림보존회[회장 김경식]' 초청으로 2017년 12월 18일 월요일 '구곡의 연원과 그 계승'이라는 제목으로 영강문화센터에서 특강을 하게 됐다. 사무국장 김영순 문화해설사가 전화로 특강을 제의했다. 특강자료를 열람한 이만유 前 회장이 逍遙堂 朴河淡(1479~1560)이 설정한 雲林九曲이 1536년에 설정됐다고 알려주었다. 감사하다. 기존의 논문을 묶어 책을 내거나 그를 토대로 논문을 쓸 때는, 최근에 나온 논문을 더욱 꼼꼼히 확인 검토해보도록 하겠다. 朴龜元(1442~1506)의 고야구곡이 우리나라 최초의 구곡원림이고 『고야구곡시』가 최초의 구곡시라고 밝혔다. 김문기, 「朴龜元의 姑射九曲園林과 姑射九曲詩」, 『退溪學과 儒敎文化』 제5집, 2013, 1~32면.

었다.

‘도통’은 오늘날의 ‘학통(學統)’이란 뜻과 유사하다.

퇴계 이황(李滉 1501~1570)은 구곡을 설정하지 않았다. 다만 이황은 생존시에 「일한거독무이지, 차곡도가운. 십수(一閒居讀武夷志, 九曲櫂歌韻. 十首)」[5]를 지었다. 앞에서 보았듯이 우암 송시열과 권상하 그리고 민진원이 화양구곡을 존화양이의식의 성지화(城地化) 하자, 기호사림들은 화양구곡을 성지로 여겨 탐방했다. 또한 화양구곡 설정이후 기호사림들이 도통(道統: 학통學統) 계승의 상징으로 구곡을 대거 설정했다.

영남지방에서도 퇴계 이황의 학통을 계승한 후학들과 퇴계 후손들이 구곡을 설정하고 구곡시를 지었다. 이황의 9세손 이야순(李野淳 1755~1831)이 1800년에 처음으로 도산구곡을 설정했으며, 1823년 경주 양동을 방문하고 옥산구곡(玉山九曲)을 설정할 것을 주창하고 돌아와 옥산구곡시를 지었다. 이이순(李頤淳 1754~1832)이 1818년에서 1820년 사이 독자적으로 도산구곡을 설정했다.[6] 퇴계 이황의 9세손 이가순(李家淳 1768~1844) 은 퇴계구곡(退溪九曲)과 소백산구곡(小白山九曲)을 설정했다. 이들은 학통계승의식을 강화하기 위해서 의도적으로 그렇게 했다고 볼 수 있다. 이렇듯 구곡 설정과 구곡시 창작은 학통 계승의지의 자연과 문학에의 표현이며 위대한 인물에 대한 존경심의 발현이다. 도통계승(道統繼承)은 학계발전을 위해 긍정적으로 계승한다면 좋은 풍조라 할 수 있다.

이렇듯 구곡 설정과 구곡시 창작은 학통 계승의지의 자연에의 표현이며 위대한 인물에 대한 존경심의 학문적 표현이다.

---

5) 李滉, 『退溪先生文集』卷1, 「一閒居讀武夷志,次九曲櫂歌韻.十首」.

6) 김문기, 「陶山九曲 園林과 陶山九曲詩 고찰」, 안동대학교 퇴계학연구소, 『退溪學』43권, 2008, 193~233면. 李鍾虎, 「한국 구곡문화 연구의 현황과 과제 : 구곡경영과 구곡시의 전개를 중심으로」, 『안동학연구』제10집, 2011, 9~67면. 崔錫起, 「陶山九曲 定立과 도산구곡시 창작배경」, 『한국한문학연구』, 53집, 한국한문학회, 2014, 319~351면.

제2부

충북의 구곡도

1. 충북에 설정된 구곡을 그린 구곡도 현황

우리나라의 구곡을 그린 구곡도는 『고산구곡시화십곡병(高山九曲詩畫十曲屛)』[1], 『곡운구곡도첩(谷雲九曲圖帖)』[2], 『무흘구곡도첩(武屹九曲圖帖)』[3], 『포천도지(布川圖誌)』[4], 『백련서사산수도(白蓮書社山水圖)』[5], 화양구곡도첩(華陽

1) 고산구곡시화십곡병(高山九曲詩畫十曲屛)』: 지금 북한의 황해도 해주군 고산면에 율곡(栗谷) 이이(李珥)가 설정한 고산구곡(高山九曲) 다른 이름으로 석담구곡(石潭九曲)의 경치를 그린 것이다. 『고산구곡도』는 이이가 별세한 뒤 후학들이 제작한 것으로 알려졌다. 권섭(權燮)의 「옥소장계(玉所藏𥁋)」에 수록된 「고산구곡도설(高山九曲圖說)」을 통해서 확인할 수 있다. 그 내용은 이이의 서현손(庶玄孫)인 이석(李석[禾+奭])이 그린 「고산구곡도」를 원만령(元萬齡)이 소장하고 있다가 김수증(金壽增)에게 주었다. 그리고 김수증으로부터 그 작품을 증여받은 송시열(宋時烈)은 김수증, 김수항(金壽恒), 권상하(權尙夏) 등 9명에게 「고산구곡가」의 차운시를 짓게 하여 그림과 함께 장정(裝幀)하였다고 한다. 한국학중앙연구원, 『한국민족문화대백과사전』참조.
권섭(權燮 1671~1759)이 「高山九曲圖六曲承乏充數 不題之」, 「石潭窮尋九曲用武夷權歌韻成十詩」, 「석담도(石潭圖)」 등의 시를 지은 것으로 보아 권섭도 『고산구곡도』를 보았다는 사실을 알 수 있다. 「석담도(石潭圖)」는 『고산구곡도』의 이칭이다. 이이가 황해도 해주군 고산면 석담에 고산구곡을 정했기 때문에 석담구곡이라고도 불렀다. 권섭(權燮), 『옥소고(玉所稿)』3, 다운샘, 2007, 211면, 「高山九曲圖六曲承乏充數 不題之」. 518면, 石潭窮尋九曲用武夷權歌韻成十詩」. 533면, 「石潭圖」. “中千嶂起, 蒼然舊釣石. 淸風日明遠, 白雲鎖空寂.”

2) 『곡운구곡도첩(谷雲九曲圖帖)』: 조세걸(曺世傑)이 그린 『곡운필구곡도첩(谷雲筆九曲圖帖)』이 국립중앙박물관에 소장돼있다. 곡운구곡은 김수증(金壽增 1624~1701)이 강원도 화천군 사내면의 용담리와 삼일리 일대에 설정했다.

3) 『무흘구곡도첩(武屹九曲圖帖)』: 한강(寒岡) 정구(鄭逑 1543~1620)가 정사를 짓고 학문과 강학에 매진한 공간을 후손과 문도들이 무흘구곡(武屹九曲)으로 조성하였다. 묵헌(默軒) 이만운(李萬運 1736~1820) 1784년에 그려진 ‘무흘구곡도’ 화첩을 보고 그에 대한 발문을 작성하였다. 2016 정기기획전: 산수와 벗하다. 한국국학진흥원.

九曲圖帖) 등이 있다. 이중에 화양구곡도가 가장 많이 그려졌다.

충북도내에 설정된 구곡을 그린 구곡도에 대해 알아보기로 하자. 현재 충북도내에 설정된 구곡을 그린 구곡도는 화양구곡도와 황강구곡도가 있다. 화양구곡도는 현재 실물이 3종이 전해오며, 문헌에 기술돼있으나 실물이 출현하지 않은 작품이 5종이 있다. 황강구곡도는 문헌에는 기술돼있으나 실물은 나타나지 않았다. 이제 그 실상을 살펴보기로 하자.

필자는 1999년부터 구곡과 구곡시 및 구곡도에 관련된 자료를 수집하고 조사 연구했다.[6] 필자는 생활근거지가 청주와 고향인 괴산이다. 그래서 우선 가까운 곳에 있는 자료부터 수집조사연구하는 것이 최선의 방법이라 여겨 충북지역에 소재한 자료를 우선적으로 조사 확인하였다.

먼저 화양구곡도에 대해 살펴보기로 하자. 화양구곡이 완성된 후 노론계 인물들은 화양구곡도를 그렸다. 화양구곡도는 노론계(老論系) 인물들의 학통계승의 회화적(繪畵的) 표상화(表象化)를 위해 제작한 것이다.[7]

2018년까지 필자가 확인한 실물과 문헌기록에 나타난 화양구곡도와 화양구곡병풍에 대해 나열해본다. 이제까지 확인된 실물과 기록에 나타난 화양구곡도는 8종인데 제작연대순으로 나열해본다.

① 김진옥(金鎭玉 1659~1736)의 『화양구곡도(華陽九曲圖)』: 권상하가 설정한 최초 화양구곡을 그린 화양구곡도이다. 아직 발견되지 않은 듯. 1721년 이후 작.

② 충북대박물관 소장 『화양구곡도(華陽九曲圖)』첩: 38×31.5cm. 『화양구곡도(華陽九曲圖)』9폭. 화양시별집(華陽詩別集) 시(詩) 14수와 권씨(權氏)의 기문(記文)을 쓴 부분 6폭. 민진원이 권상하가 정한 화양구곡의 위치와 명칭을 변경하고 곡의 명칭을 바위에 새기게 한 최종

---

4) 『포천도지(布川圖誌)』: 응와(凝窩) 이원조(李源祚1792~1871)가 경북 성주시 수륜면 일대에 정한 포천구곡(布川九曲)을 그린 그림이다. 『포천구곡도(布川九曲圖)』라고도 한다.

5) 『백련서사산수도(白蓮書社山水圖)』: 최남복(崔南復 1759~1814)가 울주군 두동면 천전리 일대에 백련구곡(白蓮九曲)을 설정하고 그린 그림이다. 오른쪽 화제에는 「백련서사산수도(白蓮書社山水圖)」라 썼다. 『백련서사산수도(白蓮書社山水圖)』라도 한다.

6) 그 결과 2018년 다음 책 등 40여 편의 논저를 통해 구곡과 구곡시에 대해 논했다. 이상주, 『충북의 구곡과 구곡시-선인의 길을 따라 한시와 자연속으로-』, 충북학연구소, 2007.

7) 다음 논문에서 구곡도(九曲圖)가 학통계승의 매개체의 역할을 한다는 점을 지적했다. 윤진영(尹軫暎), 「朝鮮時代 九曲圖 硏究」, 한국정신문화연구원 석사논문,1997 1~191면. 유준영(兪俊英), 「九曲圖의 發生과 機能에 대하여」, 考古美術 151, 1981,1~20면.

화양구곡을 그린 화양구곡도이다. 필자는 이 화양구곡도를 1756년 권신응이 그린 것으로 판단하여 최초로 학계에 소개했다.[8)]

③ 이형부(李馨溥 1791~1851)의 『화양구곡도(華陽九曲圖)』: 민진원이 정한 화양구곡을 그린 화양구곡도이다. 1809년작. 38cm×25.5cm 전 연세대 국문과 교수 송준호 소장. 2007년 공개.

정은주는 「화양구곡도를 통해본 우암 학통의 계승 양상」이라는 논문에서 "특히 이형보는 제9곡 화면 상단에 "乙巳冬溪墅作竝題"라고 써서 자신이 그리고 화제를 지었음을 밝혔고, 좌측 하단에도 "乙巳冬溪墅作[箕子舊邦崇禎遺民]"이라 낙관하여 화첩 그림의제작시기가 1845년 겨울임을 분명하게 밝혔다<그림 22, 22-1>."[9)]라고 서술했다.

『서도대자전』에 수록된 기(己)와 사(巳)을 대조해보자.

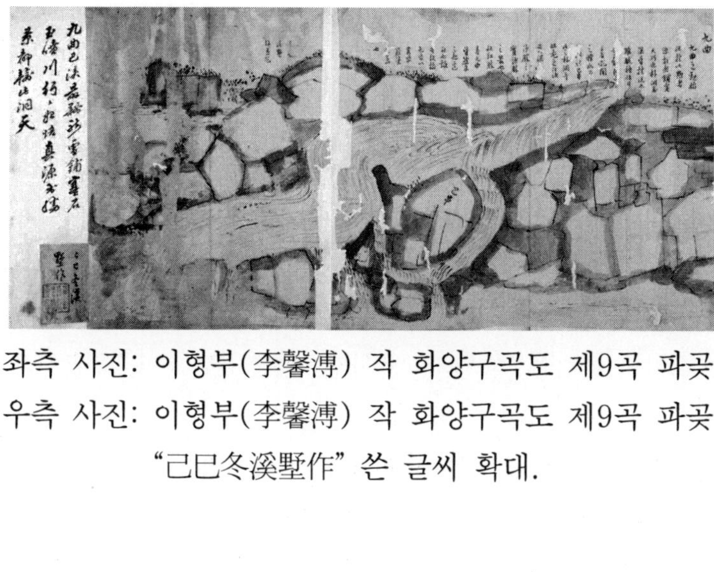

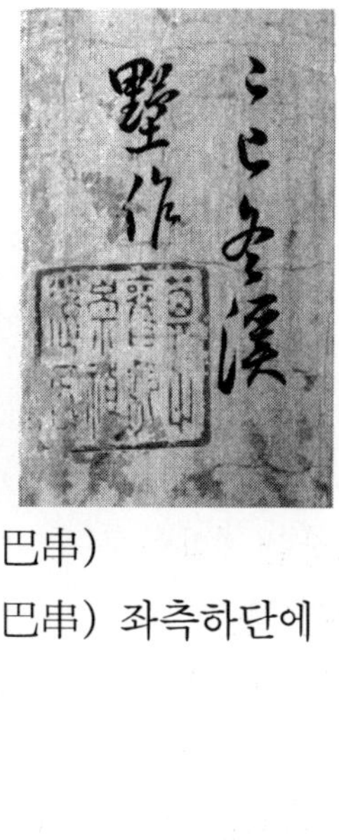

좌측 사진: 이형부(李馨溥) 작 화양구곡도 제9곡 파곶(巴串)

우측 사진: 이형부(李馨溥) 작 화양구곡도 제9곡 파곶(巴串) 좌측하단에 "己巳冬溪墅作" 쓴 글씨 확대.

8) 이상주(李相周), 「現存 最古의 華陽九曲圖」, 『年報』제17집, 충북대학교 박물관, 2008,106~130면.

9) 정은주, 「화양구곡도를 통해본 우암 학통의 계승 양상」, 『조선시대사학보』87, 조선시대사학사학회,2018, 115~161면.

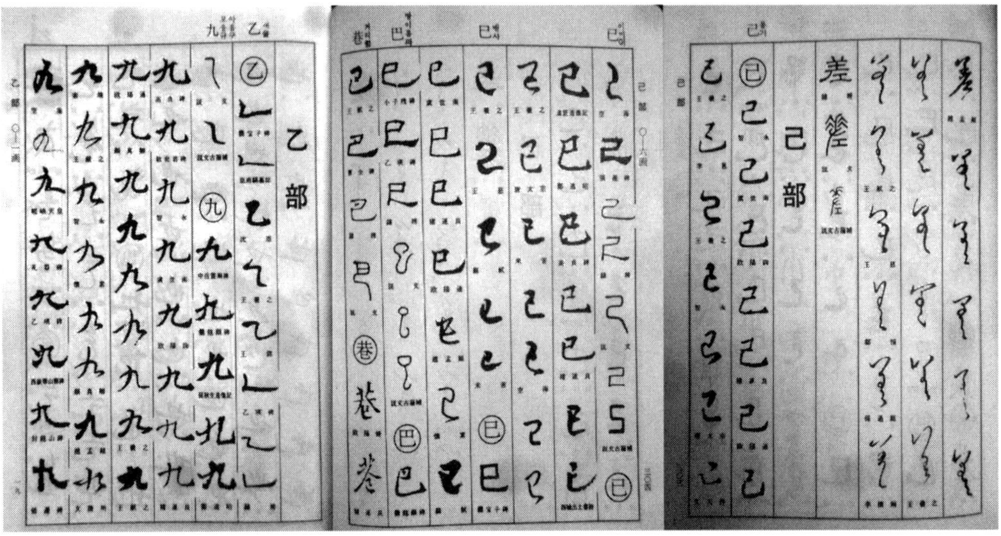

최광열편, 『서도대자전』, 미술문화원, 1985, 19면, 을(乙) 303~304면, 기(己)와 사(巳)

위에서 대조해보았듯이 을(乙)은 획을 끊지 않고 곡선으로 이어서 쓴다. 기(己)와 사(巳)의 륵(勒)획과 노(努)획 즉 'ㄱ'을 쓸 때 곡선이 아닌 직선으로 썼다. 또 'ㄱ'처럼 끊어서 쓰는 경우도 있다. '을사(乙巳)'이 아니라 '기사(己巳)'라 썼다고 분별할 수 있다. 따라서 이형부가 『화양구곡도』를 그린 연도는 을사(乙巳)가 아니라 기사(己巳) 즉 1845년이 아니라 1809년이 옳다.

④ 김녹휴(金祿休)가 소장했던 화양산수병(華陽山水屛)[10] : 안씨(安氏)가 소장한 『화양구곡도(華陽九曲圖)』를 곽씨가 모사한 작품이다. 아직 발견되지 않은 듯.

⑤ 안씨(安氏) 소장 『화양구곡도(華陽九曲圖)』: 김녹휴(金祿休 1827~1899), 「제화양산수병(題華陽山水屛)」, 『신호집(莘湖集)』에 언급함- 윤진영의 「조선시대 구곡도 연구(朝鮮時代 九曲圖 硏究)」 참고. 아직 발견되지 않은 듯.

⑥ 기동관(奇東觀) 소장 화양산수병(華陽山水屛) : 안씨(安氏)가 소장한 『화양구곡도(華陽九曲圖)』를 곽씨가 모사한 것으로 보임.

⑦ 소장자 성명 미상의 화양산수병(華陽山水屛) : 안씨(安氏)가 소장한 『화양구곡도(華陽九曲圖)』를 곽씨가 모사한 작품.[11]

10) 윤진영(尹軫暎), 「朝鮮時代 九曲圖 硏究」, 한국정신문화연구원 석사논문, 1997, 88면.

11) ①~⑦은 다음 논문에서 소개했다. 이상주, 「華陽九曲圖와 夏時贊의 華陽九曲屛風詩에 대한 고찰」, 「고전과 해석」 제21집, 고전문학한문학연구학회, 2016, 205~239면. 이상주, 「李馨溥의 「華陽九曲圖」에 대한 고찰」, 『온지논총』 제56집, 온지학회, 2018, 41~76면.

⑧ 조선민화박물관 소장 『화양팔곡도』병풍 : 분류 산수화. 규격 52 X 36. 수량 8. 재질 지본. 채색 수묵담채.

⑨ 유미숙(兪美叔) 소장 『화양도첩(華陽圖帖)』: 미숙은 자(字)로 보인다. 김윤식의 「제화양속리첩 신묘(題華陽俗離帖 辛卯)」에 "今見沔川人兪美叔家所藏華陽俗離兩帖" 즉 "지금 면천사람 유미숙의 집에 소장하고 있는 화양 소리 두 첩을 보다"[12]라는 내용이 있다. 이를 토대로 해서 편의상 필자가 『화양도첩(華陽圖帖)』이라 명명했다. 이 화양도첩이 있었다는 사실은 정은주의 논문 「화양구곡도를 통해본 우암 학통의 계승 양상」141면을 통해 알았다.[13] 이로 보아 화양구곡을 그린 그림과 속리산을 그린 그림이 있었다는 사실을 알 수 있다.

위에 제시한 화양구곡도와 화양구곡병풍 중에서 ②③⑧번의 작품만 발굴 소개되었으며 나머지 ①④⑤⑥⑦⑨번의 작품은 발굴되지 않았다. 이 6개 작품이 발굴된다면 화양구곡도 연구의 귀중한 자료가 될 것이다.

충북대학교박물관에는 『화양구곡도(華陽九曲圖)』[14]가 소장돼있다. 필자가 충북대박물관 소장 『화양구곡도(華陽九曲圖)』를 처음 알게 된 것은, 1999년 『충북학문헌목록집』[15]이 출간된 직후이다. 이 『화양구곡도(華陽九曲圖)』의 작자를 밝힐 수 있는 「화양구곡도설(華陽九曲圖說) 후기(後記)」와 「화양구곡도설(華陽九曲圖說)」을 보게 된 것은 2005년경이다[16]. 이 『화양구곡도(華陽九曲圖)』의 실물은 2008년 5월 14일 수요일 9시 조금 넘어서 충북대학교 박물관을 찾아가서 보았다.[17]

---

12) 金允植, 『雲養集』권12, 「題華陽俗離帖 辛卯」 a328_454a, (한국문집총간), 한국고전번역원, 2004.

13) 정은주, 「화양구곡도를 통해본 우암 학통의 계승 양상」, 『조선시대사학보』87, 조선시대사학사학회,2018, 115~161면.

14) 화양구곡도(華陽九曲圖) 충북 3247 수장연원일 1991년 2월 21일 충북 청주시 운천동 871 대덕상회 강형구에게 구입 가로 31,5 세로 37,5 두께 1. 가로와 세로가 바뀌었다.

15) 『충북학문헌목록집』, 충북학연구소, 1999, 58면 참조. 작자미상, 조선후기. 1첩(帖) 충북대 박물관. 화양구곡을 채색으로 그린 화첩으로 화양시별집(華陽詩別集)이 첨부되어 있음. 38 × 31,5cm

16) 「화양구곡도설(華陽九曲圖說)」, 「후기(後記)」, 「우서(又書)」, 「구곡시(九曲詩)」는 2005년 경 전(前) 한남대 국문과 박요순(朴堯淳)교수가 복사해서 보내주었다. 필자는 구곡시를 수집 번역해 왔다. 박요순교수가 권섭의 화양구곡시의 존재를 그의 논문에 밝혀놓았기 때문에 자료의 협조를 요청한 것이다.

17) 2006년 충북대학교 박물관 우종윤 연구관에게 열람하게 해줄 것을 정중히 요청했다. 그는 흔쾌히 응락했다. 2008년 5월 14일 수요일 9시 조금 넘어서 충북대학교 박물관을 찾았다. 우종윤 선생이 거의 10시가 다 될 때까지 박물관 수장고에서 찾느라 얼굴에 땀을 주르르 흘렸다. 그 정성과 온정에 숙연한 마음이 들고 미안하고 고마웠다. 이소영 선생이 소장목록카드와 슬라이

이 『화양구곡도(華陽九曲圖)』에는 작자를 기록해 놓지 않았다. 그리고 현존 화양구곡과 9개 곡(曲)의 내용은 같은데 제1곡부터 제9곡까지 차례로 배열되어있지 않다. 실물을 잘 관찰해보면 누군가 원작을 변조한 흔적이 있음을 알 수 있다. 화양구곡 9개의 화폭이 끝나는 다음에 화양시별집(華陽詩別集)이라 하여 15수의 한시를 수록했다. 시가 끝나는 다음에 "차화첩화양구곡집(此畵帖華陽九曲集), 선조한수재권하진적야(先祖寒水齋權夏眞蹟也). 안동권문보야(安東權門寶也). 안동후인필(安東后人筆)."라는 기록이 있다. 이 기록으로 보아 이 『화양구곡도(華陽九曲圖)』의 작자는 안동 권씨 가문의 인물이라는 사실은 분명하다. 이에 대해 필자는 2008년에 몇몇 기록을 근거로 해서 1756년에 권신응(權信應 1728~1787)이 그렸으며 현존 최고(最古)의 화양구곡도로 보았다. 그리고 화양구곡도(華陽九曲圖)』실물을 정밀하게 관찰, 분석한 결과 원본이 변조, 훼손됐다는 사실도 이미 논문에서 지적했다[18] 2018년 필자는 기존에 참고했던 기록을 재점검하고 추가로 『화양구곡도(華陽九曲圖)』말미에 부착된 「화양시별집(華陽詩別集)」의 서체와 권상하의 필적을 대비하였다. 아울러 권신응의 운필법과 충북대박물관 소장 『화양구곡도(華陽九曲圖)』의 운필법들을 대비하여 이 『화양구곡도(華陽九曲圖)』가 권신응의 작품이라고 재논증하고자 한다.

2. 김진옥(金鎭玉)의 화양구곡도(華陽九曲圖)
-권상하가 정한 화양구곡을 그림

화양구곡은 우암이 생존할 당시에 시작된 것이 많지만, 구곡을 정한 것은 즉 실제로 수암(遂菴) 권상하(權尙夏 1641~1721)가 명명한 것이며, 민진원(閔鎭遠 1664~1736)이 전서(篆書)로 새겼다는 사실을 알 수 있다. 이는 1747년 송주상(宋周相 1695~1752)이 간행한 『화양지(華陽誌)』[19], 송달수

드필름도 함께 갖다 주셨다. 인화를 해보니 글씨를 쓴 부분이 촬영이 안됐다. 필름을 반납할 겸해서 2008년 5월 15일 목요일 10시 충북대학교 박물관을 다시 들렀다. 이용선선생이 컴퓨터에 사용하기 편하도록 디지털카메라로 촬영해 CD에 담아주었다. 적극 협조해준 충북대학교박물관 학예실 우종윤·이소영·이수환·이용선·정금연 선생께 심사하며 학문의 대성을 빈다.

18) 李相周, 「現存 最古의 華陽九曲圖」, 『年報』제17집, 충북대학교 박물관, 2008,106~130면.

19) 송주상(宋周相), 『화양지(華陽誌)』, 1747년간. 「지명연혁(地名沿革)」. "九曲洞天. 今按九曲名號,

(宋達洙 1808~1858)의 「화양구곡차무이도가운(華陽九曲次武夷棹歌韻)」[20], 송낙헌(宋洛憲 1891~1944)의 「서화양구곡도후(書華陽九曲圖後)」[21] 등의 기록들을 통해 알 수 있다.

이제 권섭(權燮 1671~1759)의 「화양구곡도설후기(華陽九曲圖說後記)」와 「화양구곡도설(華陽九曲圖說)」을 통해, 화양구곡 최초의 9개 '곡(曲)'의 범위와 명칭, 그리고 범위와 명칭의 변경과정을 알아보자. 권섭의 문집은 필사 초고본이다. 그의 문집이 세상의 주목을 받아 연구하기 시작한 것은 1980년대 들어서이다. 필사 초고본이기 때문에 그가 생존했던 당시의 사람들은 물론 후대인들도 열람하기가 힘들었을 것이다. 2007년 도서출판 다운샘에서 영인본을 간행하여 편리하게 활용할 수 있다. 먼저 권섭(權燮 1671~1759)의 「화양구곡도설(華陽九曲圖說)」이다.

> 석년(昔年)에, 참의(參議)벼슬에 있는 백온(伯溫) 김공(金公)[22]이 구곡도(九曲圖)를 초 잡아 완성하여, 나에게 보여주며 말하기를 "내가 바야흐로 정군(鄭君)과 조군(趙君)에게 손수 본떠 그려내라고 청했는데, 한수선생(寒水先生)이 살아계실 때 완성하지 못한 것이 한스러우니, 기문(記文)은 그대가 짓는 것이 좋겠다." 하여 내가 즉 그것을 응락했다. 지금 백온공(伯溫公)은 아득히 멀리에 있다. 정군(鄭君)과 조군(趙君)에게 물었으나 즉 모두 알지 못하여, 내가 매우 서글프고 서글펐다. 대개 일찍이 그 그림의 형세를 논하니, 산으로 들어가는 입구에 어떤 물과 어떤 바위를 1곡과 2곡으로 삼고, 황묘(皇廟)서원(書院)서실(書室)을 마땅히 3곡으로 삼고, 암서재(岩栖齋)를 4곡으로 삼고. 운한각환장암(雲漢閣[23]煥章庵)을 5

或仍地名, 或取古義, 多昉於先生時, 而其定爲九曲, 卽實遂菴權公所命也. 丹巖閔相公鎭遠以篆鐫刻, 而惟泣弓岩並有隷字大刻字乃尹憲柱筆. 又金沙潭邊大石刻華陽水石大明乾坤八大字亦尹筆也."

20) 宋達洙, 『守宗齋集』, 「華陽九曲次武夷棹歌韻」, 韓國文集叢刊 313, 민족문화추진회, 2003.10~12면. "曲名未知昉於何時, 而其命名之義, 則或以其形, 或以其事, 或以其景歟. 其次第寒水權先生所定, 而每曲所刻篆, 丹巖閔文忠公筆也."

21) 예술의전당 서울서예박물관(2007), 304~305면. 김상환, 114 화양구곡도(華陽九曲圖) 해설. 「서화양구곡도후(書華陽九曲圖後)」. 우암 10대손 송낙헌(宋洛憲, 1891~1944)이 씀. "尤翁之華陽, 卽朱子之武夷也. 九曲山水, 未知孰爲上下. … 蓋武夷九曲, 得朱子之棹歌, 而山川草木, 增生光輝, 而尤翁之於華陽, 曾不如朱子之爲, 則 實此地之不幸也. 然其名播天壤, 則庶無不同矣."

22) 백온(伯溫) 김공(金公) : 김진옥(金鎭玉 1659~1736) : 조선시대 문관. 백온(伯溫)은 자(字). 호(號)는 유하(柳下). 본관은 광산(光山). 판서 익희(益熙)의 손자. 만균(萬均)의 아들. 송시열(宋時烈)의 문인. 음보(蔭補)로 기용된 뒤 1714년 청주 목사, 1718년 수원부사, 1725년 승지를 지내고 1727년 강원도 관찰사가 되었다.

23) 진준현은 다음 논문 19면에서 운한각이 1726년에 건립되었기 때문에 권섭이 기억상 착오일 것

곡으로 삼고. 선암(舡岩)을 6곡으로 삼고. 파곶(巴串)을 7곡으로 삼고. 칠송정(七松亭)을 8곡으로 삼고 선유동(仙遊洞)을 9곡으로 삼아 종결했다. 이를 써서 많은 선비들에게 그것을 보여주어, 만약 마음에 두는 사람이 있어, 백온공(伯溫公)의 뜻과 일체가 되어 화양구곡도(華陽九曲圖)를 완성하여 그려내면, 내가 마땅히 그 기록에 제문(題文)을 흔쾌히 쓰겠노라. 내가 지금 82세 노인이라. 누가 내가 죽기 전에 이 화양구곡도(華陽九曲圖)를 그리는 것을 힘쓰겠는가? 슬프고 슬프도다. 숭정후(崇禎後), 재임신(再壬申, 1752년), 동일(冬日) 후학(後學) 권섭(權燮)이 쓰다.24)

위 글은 권섭이 82세 되던 1752년에 쓴 것이다. 위의 글을 통해 김진옥(金鎭玉 1659~1736)이 그린 화양구곡도는 권상하가 설정한 9개'곡(曲)'을 그렸다는 사실을 알 수 있다. 이는 최초의 화양구곡의 범위와 명칭이다. 김진옥이 그린 화양구곡도는 비록 기록상 전하는 것이지만 최초의 화양구곡도이다. 권상하가 정한 초기 화양구곡을 그린 김진옥의 화양구곡도가 세상에 출현하기를 기대한다. 위 글을 통해 확인한 최초의 화양구곡의 명칭을 정리해본다. 1곡과 2곡은 입구의 어떤 물과 바위, 3곡은 황묘(皇廟) 서원(書院) 서실(書室)25), 4곡은 암서재(岩栖齋), 5곡은 운한각(雲漢閣) 환장암(煥章庵), 6곡은

이라 지적했다. 진준현, 「화양구곡도연구」, 『한국고지도연구』제9권 제2호, 한국고지도연구학회 2017,5~29면. 권섭이 「화양구곡도설(華陽九曲圖說)」을 지은 해가 82세인 1752년이니 공감된다. 『송자대전 부록』제12권, 「年譜 11」, [崇禎九十九年丙午]. "使華陽諸生營建小屋, 上從之, 遂建小屋於煥章之傍, 奉安皇筆及肅廟御筆, 華陽院額印本, 名其屋曰雲漢閣."

24) 권섭(權燮), 『옥소고(玉所稿)』11 제천본, 「화양구곡도설(華陽九曲圖說)」, 다운샘,2007. 453~454. "昔年, 金參議伯溫公, 草成九曲圖, 示我曰, 吾方請鄭趙諸君手模出, 而恨未及於寒水先生之日, 記可君作. 我卽應諾之. 今伯溫公杳杳矣. 問于鄭趙, 則皆不知, 我甚悵然慊然. 槩嘗論其畵圖形勢, 入山之口, 某水某岩, 爲一曲二曲, 皇廟書院書室當爲三曲. 岩栖齋爲四曲. 雲漢閣煥章庵爲五曲. 舡岩爲六曲. 巴串爲七曲. 七松亭爲八曲. 仙遊洞爲九曲而終耶. 書此示之多士, 如有有心人, 體伯溫公志, 成出華陽九曲之圖, 我當快題其記. 我今八十二老矣. 誰能趨我未死, 而辦此筆? 慨然慨然). 崇禎後, 再壬申, 冬日 後學 權燮書." 權燮, 『玉所稿』11 제천본, 다운샘, 2007. 「華陽九曲圖說」, 「後記」, 「又書」, 「九曲詩」 451~456면.
權燮, 『玉所稿』13 문경본, 「題華陽九曲圖下」, 다운샘, 2007. 231~236면에 「화양구곡도설(華陽九曲圖說)」이라는 제목 하에, 『옥소고(玉所稿)』11 제천본에 실린, 「화양구곡도설(華陽九曲圖說)」, 「후기(後記)」, 「우서(又書)」, 「구곡시(九曲詩)」의 내용이 연속적으로 수록해 놓았다. 한편 화양구곡시는 수록되어있지 않다. 대신 「제화양구곡도하(題華陽九曲圖下)」라는 글이 실려 있다. 「구곡시(九曲詩)」는 『옥소고(玉所稿)』3 제천본 183~185면에 「화양구곡시(華陽九曲詩)」라는 제목으로 실려 있다.

25) 2008년 당시 논문에 다음과 같이 잘못 번역하였다. "산으로 들어가는 입구에 어떤 물과 어떤 바위가 있는데 1곡을 황묘(皇廟)로 삼고 2곡을 서원(書院)으로 삼고, 서실(書室)을 마땅히 3곡으로 삼고,"

선암(舡岩). 7곡은 파곶(巴串), 8곡은 칠송정(七松亭), 9곡은 선유동(仙遊洞)이다. 또한 위 글을 통해 최초 화양구곡은 선유팔경을 정한 이녕(李寧 1514~선조 3년 1570년 이후 어느시기)이 거처했던 칠송정(七松亭)과 선유팔경(仙遊八景)에 속했던 선유동(仙遊洞)을 포함했다는 사실을 알 수 있다. 칠송정(七松亭)과 선유동(仙遊洞)은 지금 충북 괴산군 청천면 삼송4리이다. 또 김진옥이 한 말 "한수선생이 살아계실 때 완성하지 못한 것이 한스럽다"고 했다. 이 말은 김진옥 자신이 숭앙하는 권상하 생전에 그리지 못했다는 아쉬움을 표출한 것이라 볼 수 있겠다. 한편 권상하가 누군가 화양구곡도를 그렸으면 좋겠다는 소망을 김진옥을 비롯하여 주변 사람들에게 공언했을 수도 있다고 볼 수 있다.

김진옥이 화양구곡도를 그렸다는 사실은 채지홍(蔡之洪 1683~1741)의 『봉암집(鳳巖集)』, 「근차금수원 진옥 화양구곡화출시운(謹次金水原 鎭玉 華陽九曲畫出時韻) 기해(己亥)」[26]을 통해서도 증명된다. 이 시는 성해응(成海應 1760~1839)의 문집[27]에도 수록되어 있다. 이를 근거로 판단해볼 때, 권섭(權燮 1671~1759)의 「화양구곡도설(華陽九曲圖說)」에 '석년(昔年)'은 통상적인 뜻 '작년(昨年) 즉 지난 해'가 아니라 '오래 전 해'로 이해해야 할 듯하다. 권섭(權燮 1671~1759)의 「화양구곡도설(華陽九曲圖說)」에 의하면 김진옥이 『화양구곡도(華陽九曲圖)』를 그린 것은 권상하가 죽은 후이다. 권상하(1641~1721)는 1721년에 죽었다. 김진옥(1659~1736)은 1736년에 죽었다. 이로 볼 때 채지홍이 위의 시를 지은 연도인 기해년(己亥年, 1719년)은 이들의 생몰연대로 볼 때 부합이 되지 않는다. 신해(辛亥 1731)의 잘못인지 어떻게 된 것인지 알 수가 없다.

김도수(金道洙 1699~1733)는 29세 되던 1727년 9월 지리산(智異山), 가야산(伽倻山), 속리산(俗離山)을 거쳐 10월 1일 화양동(華陽洞)을 유람하고 「남유기(南遊記)」를 저술했다.[28] 여기에 민진원이 정한 화양구곡 9개 곡의

---

26) 蔡之洪, 『鳳巖集』, 「謹次金水原 鎭玉 華陽九曲畫出時韻 己亥」, 한국문집총간, 205, 민족문화추진회, 2003, 221면.

27) 成海應, 『研經齋集』, 「謹次金水原鎭玉華陽九曲畫出時韻」, 韓國文集叢刊 276, 민족문화추진회, 2001, 484면.

28) 金道洙, 『春洲遺稿』, 「南遊記」, 한국문집총간 219, 민족문화추진회, 1998, 19~32면. "丁未년 … 十月初一日癸未朝, 與柳生上巴串. … 盖鳥嶺之山, 犇騰蹲舞而來, 一肢爲落影山, 一肢爲歡喜山, 蘊靈蓄異. 中決爲巴串之水, 而是洞有九曲之號, 象武夷之山. 曰擎天臺, 曰雲影潭, 曰泣弓巖, 曰金沙潭, 曰凌雲臺, 曰瞻星臺, 曰臥龍巖, 曰鶴巢臺, 第九曰巴串也. 自鶴巢稍下壁面, 刻萬曆崇禎兩皇

명칭을 다음과 같이 기술해놓았다.

> 경천대(擎天臺), 운영담(雲影潭), 읍궁암(泣弓巖), 금사담(金沙潭), 능운대(凌雲臺), 첨성대(瞻星臺), 와룡암(臥龍巖), 학소대(鶴巢臺), 파곶(巴串).

김도수(金道洙 1699~1733)는 『화양지(華陽誌)』가 간행되기 전인 1733년에 죽었다. 그는 제5곡을'능운대'로 기록해 놓았다. 민진원은 곡의 명칭은 새겨놓았지만 곡의 순서는 새겨놓지 않았다. 화양구곡 현장에 가보면 그 위치로 볼 때 능운대와 첨성대의 위치를 위쪽으로 보아야할지 아래쪽으로 보아야할지 좀 애매하다. 그래서 보는 사람에 따라 달라질 수가 있다. 민진원이 정한 화양구곡 9개 곡의 명칭은 1747년 간행한 송주상(宋周相 1695~ 1752)의 『화양지(華陽誌)』에 기록되어 있다. 이상을 종합해 볼 때 민진원(閔鎭遠 1664~1736)이 최종 화양구곡의 9개 명칭을 확정 완성한 연도는 권상하(權尙夏 1641~1721)가 죽은 1721년 후, 김도수(金道洙 1699~1733)가 화양구곡을 여행한 1727년 이전으로 보아야한다. 김도수는 「남유기(南遊記)」에 기술한 화양구곡의 명칭은 민진원의 정한 화양구곡 9개 곡(曲)의 명칭과 같다. 이런 정황을 토대로 판단해볼 때 김진옥이 『화양구곡도(華陽九曲圖)』를 그린 연도는 1721년 이후 1727년 이전으로 보아야한다.

다만 김도수의 기록을 근거로 본다면 채지홍이 「근차금수원 진옥 화양구곡 화출시운 기해(謹次金水原 鎭玉 華陽九曲畫出時韻 己亥)」라는 시를 지은 기해년은 1719년으로 보아야한다. 이렇게 되면 권상하가 1721년 죽은 사실과는 맞지 않는다. 어찌 된 일인지 판단 확인하기 매우 힘들다. 지속적으로 점검해야할 사항이다.

권섭(權燮 1671~1759)의 「화양구곡도설(華陽九曲圖說)」을 통해 김진옥이 화양구곡도를 그렸으며, 그의 화양구곡도에 그린 화양구곡을 명명한 사람은 권상하이다. 이 화양구곡도에 그린 화양구곡의 범위와 명칭을 정한 사람이 누구인지 점검해보기로 하자.

송주상(宋周相 1695~1752)의 『화양지(華陽誌)』에, "금사담 … 옛날에는 운영담이 2곡이고 읍궁암이 3곡이며 금사담이 4곡이었으나, 이 세 곡이 함께

帝御筆. 其下尤翁大書鑱之曰, 大明天地, 崇禎日月."

몇 번 부르면 들릴 수 있는 거리에 있고 읍궁암과 금사담이 또 한 곳에 있어 내의 남북을 각각 곡(曲)이라 일컫지 못하는 것이 한이다. 만약 내를 건너는 것으로 마땅히 1곡으로 한다면 운영담은 제2곡이되고 읍궁암과 금사답은 합쳐서 제3곡이 된다."[29]라는 기록이 있다. 이의 내용으로 보아, 우암 사후 그 제자 수암 권상하와 단암 민진원 등 제자들 사이에 화양구곡 9개의 '곡(曲)'의 범위와 명칭에 대해, 의견차와 논란이 있었던 것으로 추측된다. 이래서 단암은 수암 사후 이런 논란을 일축하고 재론의 여지를 방지하기 위해 범위와 명칭을 바위에 확실하게 새겨놓은 것으로 생각된다.

다음을 또 재점검해보자.

①. 앞에서 살펴보았듯이 송주상(宋周相 1695~1752)의 『화양지(華陽誌)』에, "선생이 생존할 당시에 시작된 것이 많지만, 구곡을 정한 것은 즉 실제로 수암(遂菴) 권상하(權尙夏)공이 명명한 것이다."라는 문구가 있다.

②. 앞에서 살펴보았듯이 권섭(權燮 1671~1759)의 「화양구곡도설(華陽九曲圖說)」에, "백온(伯溫) 김공(金公)이 구곡도(九曲圖)를 초를 잡아 그려서, 나에게 보여주며 말하기를 '내가 바야흐로 정군(鄭君)과 조군(趙君)에게 손수 그려내라고 청했는데, 한수선생(寒水先生)이 살아계실 때 완성하지 못한 것이 한이니, 기문(記文)은 그대가 짓는 것이 좋겠다." 라는 내용이 있다. ①과 ②의 내용으로 보아, 권섭의 글에 보이는 김진옥이 그린 『화양구곡도(華陽九曲圖)』의 9개 '곡'은, 권상하가 명명한 9개 '곡'을 그린 것으로 보는 것이 타당하다. 권섭의 「화양구곡시(華陽九曲詩)」[30]를 보기로 하자.

> 선유일동천(仙遊一洞天), 선유동(仙遊洞)은 하나의 동천(洞天),
> 별지성영롱(別地成玲瓏). 특별한 땅에 영롱(玲瓏)함을 이루었네.
> 파곡승어차(巴谷乘於此), '파곡(巴谷)이 이곳보다 낫다하는데,
> 차평공미공(此評恐未公). 이 평가는 공정(公正)하지 못할까 두렵네.'라는
> 선생차일제(先生此一題), 우암선생(尤庵先生)의 이 하나의 시제(詩題),
> 안목수이동(眼目誰異同). 안목(眼目)이 누가 다르고 같겠는가?

29) 한석수(韓石洙)외, 『譯註 華陽誌』, 충북대학교 우암연구소, 2007, 17면. "金沙潭 … 舊以雲影爲二曲 泣弓爲三曲 金沙爲四曲 而右三曲同 在數喚地 泣弓金沙又在一處 而只恨溪之南北未可以各稱曲 若以涉溪當一曲 則雲影爲第二曲 而泣弓金沙合爲第三曲矣."

30) 權燮, 『玉所稿』11 제천본, 다운샘, 2007. 183~185면

이 시는 '곡(曲)의' 명칭과 '곡(曲)'의 순서를 기록해 놓지는 않았으나 순서대로 지었다. 그래서 제1구에 선유동이라는 용어를 사용한 것으로 보아 선유동에 대해 지은 시라는 사실을 알 수 있다. 뒷부분에 "아아손작차화(我兒孫作此畵), 내옹음차구(乃翁吟此句), 천추기인인(千秋幾人人), 여아동첨모(與我同瞻慕)."라는 내용이 있다. 즉 "손자가 이 그림을 그렸다. 이에 노인이 이 시구를 읊조리니 천추(千秋)의 몇 사람들이 나와 같은 심정으로 흠모함이 같겠는가?"라는 뜻이다. 권섭의 손자 중에 권신응 이외에 화양구곡도를 그린 사람은 없다. 따라서 권섭의 손자는 전반적인 상황으로 보아 권신응으로 보아야한다. 위의 내용과 「화양구곡도설 후기(華陽九曲圖說後記)」를 참고하여 정리해본다. 위의 시의 내용을 보면 권섭은 권상하가 선유동을 포함해서 정한 화양구곡을 권상하가 죽은 후, 민진원이 선유동을 제외하고 화양구곡을 정한데 대해 아쉬움을 토로한 것이다. 즉 위 시의 내용을 보면, 권상하가 정한 최초 화양구곡에 포함된 '선유동'을 읊었다는 것을 알 수 있다. 권섭은 선유동을 하나의 동천(洞天)이며 별천지(別天地)로 인식하고 있다. 권섭의 「화양구곡시(華陽九曲詩)」제3구와 제4구는 우암의 시 「선유동(仙游洞)」[31] 의 제1구와 제2구,즉 "파곡승어차(巴谷勝於此), 차평공미공(此評恐未公)"를 인용했다. 권섭은 선유동의 아름다움이 파곡(巴谷)과 우열을 가리기 어려울 정도라고 예찬한 우암의 시구(詩句)를 인용하여 선유동의 절경을 강조했다. 권섭이 이렇게 선유동의 절승을 강조한 이유는, 자기의 큰 아버지 권상하가 설정한 최초의 화양구곡에서'선유동'을 제외하고, 민진원이 이를 변경하여 새로 화양구곡을 정하고 바위에 새겨놓아, 권상하가 정한 선유동이 제외된 점을 아쉬워했기 때문이라고 보아야한다.

다음은 수암 권상하의 증손자인 권진응(權震應 1711~1775)의 「화양구곡화무이도가십수(華陽九曲和武夷櫂歌十首)」이다. 권진응(權震應 1711~1775)이 읊은 '화양구곡'의 명칭을 제시한다.

> 제1곡: 경천벽(擎天壁), 제2곡: 운영담(雲影潭), 제3곡: 읍궁암(泣弓巖), 제4곡: 금사담(金沙潭), 제5곡: 첨성대(瞻星臺), 제6곡: 와룡암(臥龍巖),제7곡: 학소대(鶴巢臺),제8곡: 파곶(巴串),제9곡: 선유동(仙游洞).

---

31) 宋時烈,『宋子大全』,「仙游洞」, 한국문집총간 108. 민족문화추진회, 1995. 114면. "巴谷勝於此, 此評恐未公. 幽深兼洒落, 還憶石塘翁. 石塘在廬山北, 乃濂溪故宅, 而晦翁所歷訪也."

위 사실을 통해, 민진원의 글씨를 바위에 새겨놓음으로 해서 오늘날 화양구곡의 명칭으로 굳어진 화양구곡과의 차이점을 정리해보자. 권진응이 지은 화양구곡가는 민진원이 정한 화양구곡중에 제1곡부터 제4곡까지는 같다. 제5곡 '능운대'를 제외한 대신 제9곡에 '선유동'을 포함시켰다.

권진응이 지은 제9곡시 선유동(仙游洞)을 살펴보자.

> ⑨ 선유동(仙游洞)
> 구곡선유갱요연(九曲仙游更窅然), 구곡이라 선유동 다시 아득한데,
> 찬완봉벽사장천(巑岏峯壁瀉長川). 높고 높은 봉우리 긴 시냇물을 쏟아내네.
> 유인수해궁원파(游人誰解窮源派), 유람객 누가 무궁한 근원을 알리오?
> 제시화양일동천(除是華陽一洞天). 여기도 화양구곡의 한 구역이라네.[32]

권진응은 화양구곡에서 선유동이 포함되지 못하고 제외된 것을 아쉬워하는 심정을 시에 토로했다. 이렇듯 권진응은 화양구곡에서 선유동이 제외된 사실을 시로 읊어 남겨놓았다. 즉 권진응은 자기 증조부인 권상하가 선유동을 포함해서 화양구곡을 정했는데, 민진원이 선유동을 제외하고 화양구곡을 축소하여 정한 것을 아쉬워하여 자신은 선유동을 포함하여 시를 지은 것이다.

이상에서 살펴본 바, 최초 화양구곡의 범위와 명칭을 정한 사람은 권상하(權尙夏)이다. 권상하가 죽은 후 화양구곡의 범위와 명칭을 변경 확정하고 바위에 새겨놓은 사람은 민진원(閔鎭遠)이다. 이리하여 민진원이 확정한 화양구곡 9개 곡(曲)의 명칭을 지금껏 그대로 따르게 되었다. 지금 화양구곡 바위에 선명히 남아있으며, 1747년 간행한 송주상(宋周相 1695~ 1752)의 『화양지(華陽誌)』에 기록되어 있다.

송주상의 『화양지(華陽誌)』는 1747년 간행되었는데, 김도수(金道洙 1699~1733)는 『화양지(華陽誌)』가 간행되기 전에 죽었다. 앞에서 살펴보았듯이 김도수는 29세 되던 1727년 9월 지리산(智異山), 가야산(伽倻山), 속리산(俗離山)을 거쳐 10월 1일 화양동(華陽洞)을 유람했다. 그는 제5곡을 '능운대'로 기록해 놓았다. 이상을 종합해 볼 때 민진원(閔鎭遠 1664~1736)이

32) 權震應, 『山水軒先生遺稿』火, 「華陽九曲和武夷櫂歌十首」, 회상사, 1994. 成海應, 『研經齋集』外集 권30,韓國文集叢刊 276, 민족문화추진회, 2001, 496~497면.

최종 화양구곡의 9개 명칭을 확정 완성한 연도는 권상하(權尙夏 1641~1721)가 죽은 1721년 후, 김도수(金道洙 1699~1733)가 화양구곡을 여행한 1727년 이전으로 보아야한다.

3. 충북대박물관 소장『화양구곡도(華陽九曲圖)』

1) 충북대박물관 소장『화양구곡도(華陽九曲圖)』의 작자

다음 2가지 근거에 의해『화양구곡도(화양구곡도)』의 작자에 대해 논해보기로 한다.

(1)「화양구곡도설 후기(華陽九曲圖說 後記)」의 근거

권섭(權燮 1671~1759)의「화양구곡도설후기(華陽九曲圖說後記)」를 살펴보자. 이를 통해 권신응(權信應)이『화양구곡도(華陽九曲圖)』를 그렸다는 사실을 알 수 있다.

> 근래 단암(丹岩) 민상공(閔相公) 성유(聖猷)[33]가 곡(曲)을 둘러보고, 손수 전서(篆書)로 썼다. 경천벽(擎天壁)을 1곡으로, 운영담(雲影潭)을 2곡으로, 읍궁암(泣弓巖)을 3곡으로, 금사담(金沙潭)을 4곡으로, 능운대(凌雲臺)를 5곡으로, 첨성대(瞻星臺)를 6곡으로, 학소대(鶴巢臺)를 7곡으로, 와룡암(臥龍巖)을 8곡으로, 파곶(巴串)을 9곡으로 하여, 화양동(華陽洞) 한 구역을 9개의 숫자로 하고 칠송정(七松亭)과 선유동(仙遊洞)은, 화양동 밖에 있어 별도로 분리했다. 마땅히 이렇게 해서 화양구곡이 올바로 성립되었는데, 선유동(仙遊洞)에 9곡을 설정하지 않을 수 없게 한 것이다. 나의 손자 신응(信應)이 손수 그림을 그려, 스스로 아랫부분에 그 일을 기록하여 바야흐로 나에게 보여주었다. 내가 매우 기뻐서 또 써서 그림아래에 작게 기록한다. [①도리어 신응(信應)이 태어난 것이 또 늦어서 백부선생(伯父先生)[34]이 살아계실 때에 그 재질을 받들지 못한 것이 한스럽

33) 단암(丹岩) 민상공(閔相公) 성유(聖猷) : 성명은 민진원(閔鎭遠 1664~1736). 자는 성유(聖猷). 호는 단암(丹岩). 본관은 여흥(驪興). 민유중(閔維重)의 아들. 인현왕후(仁顯王后)의 동생.

34) 백부선생(伯父先生) : 권섭(權燮)의 큰아버지 권상하(權尙夏 1641~1721).

> 다.] 백온공(伯溫公)이 아셨다면 어떻게 생각했을까? 슬프도다. 또 쓰노라.[35]

권섭은 위의 글 말미에 글을 쓴 연도를 밝혀놓지 않았으나, 다음 「제화양구곡도하(題華陽九曲圖下)」를 통해 알 수 있다.

> 신응(信應)이 선생의 초상화를 그려 화양동으로 들어가니 그 마음이 도리어 사봉(思逢)이 있다. [②병자년(丙子年, 1756년), 이 구곡도(九曲圖)를 그려내니 그 뜻이 또한 슬프다. 백부선생(伯父先生)께서 살아계셔 이 작품을 보셨다면 그 마음이 어떠셨을까?] 신응의 그림 아래쪽에 이글을 쓰고 신응과 함께 읽어보도다. 아 슬프도다.[36]

위에서 살펴보았듯이 「화양구곡도설후기(華陽九曲圖說後記)」와 「제화양구곡도하(題華陽九曲圖下)」두 글을 통해 권신응(權信應 1728~1787)이 1756년 『화양구곡도』를 그렸다는 사실을 알 수 있다. 또 우리는 위의 「화양구곡도설후기(華陽九曲圖說後記)」를 통해 권상하가 처음 정한 화양구곡에는 칠송정과 선유동이 포함됐었다는 사실을 알 수 있다. 아울러 민진원(閔鎭遠 1664~1736)이 현재의 화양구곡의 구체적인 위치와 명칭을 확정했다는 사실을 분명히 확인할 수 있다. 즉 경천벽(擎天壁)을 1곡으로, 운영담(雲影潭)을 2곡으로, 읍궁암(泣弓巖)을 3곡으로, 금사담(金沙潭)을 4곡으로, 능운대(淩雲臺)를 5곡으로, 첨성대(瞻星臺)를 6곡으로, 학소대(鶴巢臺)를 7곡으로, 와룡암(臥龍巖)을 8곡으로, 파곶(巴串)을 9곡으로 확정했던 것이다. 앞에서 살펴보았듯이 김도수(金道洙 1699~1733)의 「남유기(南遊記)」를 통해서도 민진원이 확정한 화양구곡의 명칭을 확인할 수 있다. 지금 충청북도에서 발행한 모든 책과 논저[37]는 물론 인터넷에 화양구곡 제5곡을 첨성대라고 기술해놓고 있다. 이제

---

35) 權燮, 『玉所稿』11 제천본, 다운샘, 2007. 「華陽九曲圖說後記」, 454면. "近丹岩閔相公聖猷逐曲, 而手篆之. 擎天爲一曲, 雲影二曲, 泣弓三曲, 金沙四曲, 淩雲五曲, 瞻星六曲, 鶴巢七曲, 臥龍八曲, 巴串九曲, 以華陽一洞爲九數, 而七松仙遊, 以在洞外而別之. 當以此爲正,而不得不以仙遊爲九曲矣. 我孫信應手寫而爲圖. 自記其事于下, 方以示余. 余甚喜之, 又書小記于畫之下. 却恨信應生 且晩未得奉質於伯父先生在世之日. 伯溫公有知, 以爲如何. 愴哉 又書."

36) 權燮, 『玉所稿』13 문경본, 「題華陽九曲圖下」, 다운샘, 2007. 236면. "信應之寫先生像, 而入華陽, 其心却有思逢. 丙子歲, 而畵出此九曲, 其志亦悲矣. 伯父老先生, 而在當作何心? 題此文于信應畵下, 與信應, 而一讀. 烏烏."

37) 김종륜, 『괴산군지(槐山郡誌)』, 1969. 최기수, 『서울의 경(景)과 곡(曲)』, 서울시립대 부설 서울학연구소, 1994.

민진원이 최종확정한 대로, 권신응이 『화양구곡도(華陽九曲圖)』에 그린 그대로, 화양구곡 제5곡을'능운대(凌雲臺)'로, 제6곡을'첨성대(瞻星臺)'로 바로 잡아야한다.

또한 위에서 살펴본 「화양구곡도설후기(華陽九曲圖說後記)」와 「제화양구곡도하(題華陽九曲圖下)」를 통해 권신응이 그린 화양구곡도는 민진원이 정한 화양구곡을 그렸다고 보아야한다. 아울러 민진원은 권상하가 정한 초기 화양구곡에 포함시켰던 칠송정(七松亭)과 선유동(仙遊洞)제외했다는 사실을 알 수 있다. 그린 연도는 1756년이다. 그리고 화양구곡에서 제외된 선유동(仙遊洞)에 선유구곡(仙遊九曲)이 설정된 사실을 확인할 수 있다. 필자가 선유구곡의 설정자에 대해 치밀하게 추적한 결과, 그 단서를 두 곳에서 확인하게 되었다. 첫 번째, 선유구곡 제1곡 '선유동문(仙遊洞門)'에 새겨놓은'선유동문(仙遊洞門) 이보상서(李普祥書)'라는 글씨이다. 두 번째, 선유구곡 제9곡 '은선암(隱仙巖)'에 '은선암(隱仙巖)''김시찬(金時粲)·이보상(李普祥)·정술조(鄭述祚)·동주(洞主) 이상간(李尙侃) 임신(壬申) 구월(九月) 일(日)'이라고 새겨 놓았다. 괴산군 칠성면에 있는 연하구곡(煙霞九曲)의 설정자 노성도(盧性度)와 갈은구곡(葛隱九曲)의 설정자 전덕호(全德浩)도 암석에 자신의 이름을 새겨놓았다. 이런 사례로 보아 선유구곡의 설정자는 김시찬(金時燦 1700~1767)·이보상(李普祥 1698~1775)·정술조(鄭述祚 1711~1788)과 선유동주인(仙遊洞主人)인 이상간(李尙侃 1715~1765)으로 보아도 무리가 아니다. '임신(壬申) 구월(九月) 일(日)'은 그들의 생몰연대를 참고하여 환산해본 결과, 영조28년 서기로 1752년이다. 이 해가 이들이 선유구곡을 설정한 연대이다.[38]

앞에서 살펴보았듯이, 권섭(權燮 1671~1759)의 「화양구곡도설(華陽九曲圖說)」에 김진옥이 화양구곡도를 그린 연도를 "숭정후(崇禎後), 재임신(再壬申, 1752년), 동일(冬日) 후학(後學) 권섭(權燮)이 쓰다"라고 그 지은 연도를 기재해놓았다. 이미 살펴보았듯이 「화양구곡도설(華陽九曲圖說)」에 권상하가 "화양구곡 입구의 어떤 물과 산을 제1곡과 2곡으로 삼고 황묘(皇廟) 서원(書院) 서실(書室)을 마땅히 3곡으로 삼고, 암서재(岩栖齋)를 4곡으로 삼고. 운한각환장암(雲漢閣煥章庵)을 5곡으로 삼고. 선암(舡岩)을 6곡으로 삼고. 파곶

38) 李相周, 「'仙遊八景'의'華陽九曲'·'仙遊九曲'에로의 분화변천과정과 기타 관련문제」, 『中原文化論叢』제6집, 충북대학교 中原文化硏究所, 2002, 141~161면. 李相周, 「仙遊八景과 仙遊九曲에 대한 고찰」, 『漢文學報』제 7집,우리한문학회,2002, 201~238면.

(巴串)을 7곡으로 삼고. 칠송정(七松亭)을 8곡으로 삼고 선유동(仙遊洞)을 9곡으로 삼아 종결했다."는 내용이 들어있다.

또한 위의 「화양구곡도설후기(華陽九曲圖說後記)」의 인용문 [①]과 「제화양구곡도하(題華陽九曲圖下)」의 인용문 [②]안의 내용으로 보아, 김진옥이 그린 최초의 화양구곡을 설정한 사람은 권상하라는 사실을 재확인 할 수 있으며, 그는 또한 화양구곡도 제작에 매우 집착했던 것을 알 수 있다.

권신응은 「황강구곡도(黃江九曲圖)」도 그렸다. 이는 권섭(權燮 1671~1759)의 「황강구곡도기(黃江九曲圖記)」를 통해 알 수 있는데 살펴보기로 하자.

> 수(數)는 1에서 시작해서 9에서 다하는데, 9는 용덕(龍德)의 수이다. 예로부터 성현이 거처에 반드시 구곡의 이름이 있다. 예컨대 율곡의 고산구곡(高山九曲)·우옹(尤翁)의 화양구곡(華陽九曲)·운옹(雲翁)의 곡운구곡(谷雲九曲)은 그 연원이 다해 멈추었다. … 즉 나의 백부 한수재선생(寒水齋先生)이 황강에 거처했다. … 손잡고 마주 보며 아아(雅兒) 신응(信應)에게 황강구곡도를 그려내게 하고, 이 글을 아래쪽 윗머리에 쓰고 가시(歌詩)를 지어 그것을 베껴서, 무이(武夷)와 고산(高山)의 족자를 쌍벽에 마주보게 걸어 놓고 날마다 '가을 달이 차가운 물에 비치네'라는 구절을 읊조린다. 숭정후 재임신(崇禎後 再壬申 1752년) 여름날 선생의 조카 옥소산인(玉所山人) 섭(燮)이 82세에 적다.[39]

위 글에서 보듯이 권신응(1728~1787)은 숭정후 재임신(崇禎後 再壬申) 즉 1752년 『황강구곡도』를 그렸다. 위에서 살펴보았듯이 권신응 가문의 도통의식과 회화적 식견으로 볼 때 충북대박물관소장 『화양구곡도(華陽九曲圖)』는 권신응의 작품으로 보아도 정황적으로 무리가 없다.

이제 본고에서 논하는 충북대학교 박물관 소장 『화양구곡도(華陽九曲圖)』에 대해 좀 더 정리해보자. 이 『화양구곡도(華陽九曲圖)』에는 작자의 성명과 제작연대를 밝힐 기록이 남아있지 않다. 원본을 변조한 흔적이 많은데 실제 원본에는 작자와 제벌(題跋) 등을 기재해놓았을 것으로 본다. 필자는 다음과

39) 權燮, 『玉所稿』11, 제천본, 「黃江九曲圖記」 다운샘, 2007, 462~465면. "數始於一, 而窮於九, 九者, 龍德之數也. 從古聖賢之居, 泌皆以九曲名. 如栗谷之高山九曲 尤翁之華陽九曲 雲翁之谷雲九曲, 窮其源而止. 如朱子武夷九曲, 窮盡勝處而止, … 卽 我伯父寒水齋先生黃江之居, … 乃手携面令於雅孫信應寫去黃江九曲圖, 書此文於下方而上頭, 又有自作歌詩, 而寫之, 與武夷高山之簇, 對掛之於双壁, 日詠秋月照寒水之句. 崇禎後再壬申夏日 先生從子玉所山人 燮, 八十二歲書."

같은 근거를 들어 이 『화양구곡도(華陽九曲圖)』의 작자를 권신응으로 보고자 한다.

1) 앞에서 권섭의 「제화양구곡도(題華陽九曲圖)」와 「화양구곡도설후기(華陽九曲圖說後記)」를 통해, 1756년 권신응이 『화양구곡도(華陽九曲圖)』는 그렸다는 사실을 확인했다.

2) 충북대학교 박물관 소장 『화양구곡도(華陽九曲圖)』에는 권섭의 「화양구곡도설후기(華陽九曲圖說後記)」에 나오는 화양구곡(華陽九曲) 9개 곡을 그린 그림이 들어있다. 즉 1곡 경천벽(擎天壁), 2곡 운영담(雲影潭), 3곡 읍궁암(泣弓巖), 4곡 금사담(金沙潭), 5곡 능운대(凌雲臺), 6곡 첨성대(瞻星臺), 7곡 학소대(鶴巢臺), 8곡 와룡암(臥龍巖), 9곡 파곶(巴串)이다. 다만 권섭의 위 글에 기록한 곡(曲)의 순서대로 배치되어있지는 않다. 화첩을 배접하면서 원형을 변형한 흔적이 있는데 잠시 후 논하기로 한다.

3) 김진옥은 화양구곡도(華陽九曲圖)는 아직 발견되지 않았다. 이미 앞에서 살펴보았듯이, 그의 화양구곡도(華陽九曲圖)는 권상하가 정한 화양구곡을 그린 것이다. 따라서 충북대학교박물관 소장 『화양구곡도(華陽九曲圖)』는 김진옥이 그린 화양구곡도(華陽九曲圖)가 아니다.

4) 화양구곡도 5종 중 이형부(李馨溥)의 작품은 발견되었다. 송준호가 소장하고 있으며 2007년 공식적으로 공개했다.

5) 김녹휴(金祿休), 「제화양산수병(題華陽山水屛)」, 『신호집(莘湖集)』제목을 통해 볼 때 병풍에 쓴 글이다. 본고에서 소개하는 『화양구곡도(華陽九曲圖)』와 「제화양산수병(題華陽山水屛)」의 제목을 통해 볼 때 본고에서 소개하는 『화양구곡도(華陽九曲圖)』는 김녹휴(金祿休)가 소장했던 화양산수병(華陽山水屛)은 아니다. 『화양구곡도(華陽九曲圖)』는 병풍용이 아니라 화첩이기 때문이다.

6) 본고에서 소개하는 충북대박물관소장 『화양구곡도(華陽九曲圖)』의 끝머리에 남겨놓은 글을 살펴보기로 하자.

> 차화첩(此畵帖) 화양구곡집(華陽九曲集), 선조한수재권상하진적야(先祖寒水齋權尙夏眞蹟也), 안동권문보야(安東權門寶也). 안동후인필(安東后人筆).
>
> [이 화첩(畵帖) 화양구곡집(華陽九曲集)은 선조 한수재(寒水齋) 권상하(權尙夏)의 진적(眞蹟)으로], 안동(安東) 권씨(權氏)가문의 보배이다. 안동

후인이 붓으로 적다.

위의 글은 『화양구곡도(華陽九曲圖)』를 변조했다는 증거로 삼을 수 있기도 하다. 『화양구곡도(華陽九曲圖)』제9곡 '파곶(巴串)'이 끝나는 다음에 화양시별집(華陽詩別集)이라 하여 「장향화양도반곡마상구점(將向華陽到盤谷馬上口占)」 등 15수의 시를 붙여놓았다. 다음 항에서 권상하의 다른 글씨와 대조해보고자 한다. 이 15수의 시를 현존하는 『한수재집(寒水齋集)』에는 실려 있지 않다. 종이에 인쇄한 책과 인터넷으로 한국고전번역원에 들어가 『한수재집(寒水齋集)』에 검색해보았으나 실려있지 않다. 위의 내용을 써놓은 사람은 자신의 성명을 밝혀놓지 않았다. 그러나 충북대박물관 소장 『화양구곡도(華陽九曲圖)』는 권상하 가문의 사람이 그린 것이며 권상하 직계후손이 소장했던 것이 확실하다. 권상하의 손자 권섭의 「제화양구곡도(題華陽九曲圖)」와 「화양구곡도설후기(華陽九曲圖說後記)」를 통해, 1756년 권신응이 화양구곡도를 그렸다는 사실을 확인했다. 따라서 위에서 살펴본 사실들을 통해서도 충북대 소장 『화양구곡도(華陽九曲圖)』가 권신응이 그렸다고 보는 것이 무리가 아니라고 본다.

(2) 『화양구곡도(華陽九曲圖)』 서체(書體)의 근거

이번엔 『화양구곡도(華陽九曲圖)』그림에 쓴 글씨의 서체와 『화양구곡도(華陽九曲圖)』의 뒤에 실은 화양구곡시별집(華陽九曲詩別集)의 서체를 비교 검토해보자. 2009년 2월 29일 토요일 서예가 신상철선생에게 감식을 의뢰했는데, 감식한 말이다.

"『화양구곡도(華陽九曲圖)』의 빨간 글씨로 쓴 해서(楷書)는 『화양구곡도(華陽九曲圖)』에 먹으로 쓴 예서(隷書)와 서법(書法)과 서풍(書風)이 다르다."

『화양구곡도(華陽九曲圖)』와 『화양구곡도(華陽九曲圖)』의 화양구곡시별집의 서체(書體)와 서풍(書風)에 대해 비교해보자. 다음은 서예가 신상철선생이 감식(鑑識)한 말이다.

"조선후기 예서체(隷書體)는 선비 맛이 나는 단아한 당(唐)나라풍(風)의 예서체를 많이 썼다. 이인상(李寅祥)은 대표적 작가 중의 한 사람이며, 김수증(金壽增)과 권상하(權尙夏)의 예서도 그 계열에 속한다. 『화양구곡도(華陽九曲圖)』에 9개 곡을 그린 그림에 쓴 예서체(隸書體)와 『화양구곡도(華陽九曲圖)』에 첨부된 화양구곡시별집(華陽九曲詩別集)를 쓴 행서체의 서법과 서풍을 볼 때 제대로 서법을 배우고 글씨를 쓴 사람이다. 대다수 서예가들의 경우 세필(細筆)로 잔글씨를 쓸 때 역입(逆入)을 하지 않는 것이 보통인데, 이 사람은 글씨를 잘 배우려는 마음에서 역입을 한 것으로 이런 겸손한 자세가 글씨에 배어있다. 『화양구곡도(華陽九曲圖)』와 『화양구곡도(華陽九曲圖)』에 첨부된 화양구곡시별집(華陽九曲詩別集)의 글씨의 경우 '한 일(一)'자를 쓸 때 거의 역입을 해서 쓴 것이 이 사람의 서풍의 특징이다. 따라서 『화양구곡도(華陽九曲圖)』와 『화양구곡도(華陽九曲圖)』의 화양구곡시별집(華陽九曲詩別集)의 글씨를 쓴 사람은 동일인이 분명하다. 서예가들은 누구나 그렇게 평할 것이다."

글자를 대조하여 증명해보자.

① ② ③ ④ ⑤ ⑥ ⑦ ⑧

① 『화양구곡도(華陽九曲圖)』1면의 예서체 글씨 '화양구곡삼절(華陽九曲三絶)'

②~⑧ 『화양구곡도(華陽九曲圖)』에 첨부된 화양구곡시별집(華陽九曲詩別

集)를 쓴 행서체글씨

① 『화양구곡도(華陽九曲圖)』1면 '화양구곡삼절(華陽九曲三絶)'이라는 글씨 : 예서(隷書體)
② 『화양구곡도(華陽九曲圖)』 뒤쪽에 첨부한 '화양시별집(華陽詩別集)'이라는 글씨 : 행서체(行書體)
③ '화양시별집(華陽詩別集)' 첫 번째 시 제목 「장향화양도반곡마상구점(將向華陽到盤谷馬上口占)」을 쓴 글씨 : 행서체(行書體)
④ '화양시별집(華陽詩別集)' 다섯 번째 시 제목 「화양회고(華陽懷古)」를 쓴 글씨 : 행서체(行書體)
⑤ 「화양회고(華陽懷古)」 셋째 줄 '일(一)'를 쓴 글씨 : 행서체(行書體)
⑥ 화양시별집(華陽詩別集)' 세 번째 시 제목 「주하부용강향오천(舟下芙蓉江向梧川)」의 '주하(舟下)'를 쓴 글씨 : 행서체(行書體)
⑦ '화양시별집(華陽詩別集)' 여덟 번째 시 「첨성대자훼구점(瞻星臺藉卉口占)」의 '산두괴석천연립(山頭怪石天然立)'의 '천(天)' : 행서체(行書體)
⑧ 화양시별집(華陽詩別集)' 아홉 번째 시 「우후출학소대(雨後出鶴巢臺)」의 '천(天)' : 행서체(行書體)

①~④번의'화(華)'자의 '한 일(一)'자 '왼쪽 머리'를 기필(起筆)할 때 역입(逆入)을 강하게 한 점이 동일하다. 이것이 서풍(書風)의 한 특징이다. ⑤번의 '일(一)'과 ⑥번 '주하(舟下)''의'일(一)'도 똑 같은 서풍(書風)으로 썼다. ⑦번과 ⑧번의'천(天)'의 '일(一)'도 같은 서풍이다.

이제 권상하의 글씨와 『화양구곡도(華陽九曲圖)』 뒤 쪽에 첨부한 '화양시별집(華陽詩別集)의 글씨를 대조해보자. 앞에서 이미 살펴보았듯이 충북대박물관 소장 『화양구곡도(華陽九曲圖)』 말미에 "[이 화첩(畵帖) 화양구곡집(華陽九曲集)은 선조 한수재(寒水齋) 권상하(權尙夏)의 진적(眞蹟)으로], 안동(安東) 권씨(權氏)가문의 보배이다. 안동 후인이 붓으로 적다."라고 써놓았다. 그 진위를 판명하기 위해서이다.

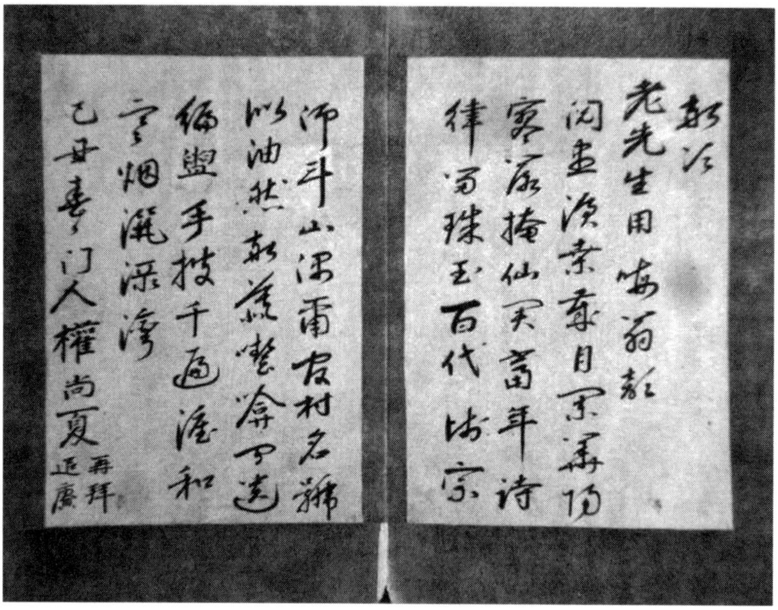

⑨ 권상하의 글씨: 『난자시첩(蘭字詩帖)』 1687년 42.3 27.5cm.경기도박물관 소장. 『2006·2007 同春堂·尤庵 선생 탄신400주년 기념 – 宋浚吉 宋時烈』, 예술의전당 한국서예사특별전 26, 2007, 267면. 수록.

먼저 '亅'을 운필한 모양을 보기로 하자. 위에 제시한 화양구곡집(華陽九曲集)의 시 제목을 보자.

「장향화양도반곡마상구점(將向華陽到盤谷馬上口占)」의 '향(向)자의 '亅'의 'ㅣ弩'부분을 내려빼는 기세를 자연스럽게 왼쪽으로 돌려서 '亅'의 '趯'획을 수평보다 조금 위쪽으로 삐쳐 마무리했다. 「주하부용강향오천(舟下芙蓉江向梧川)」의 향(向)자도 역시 '亅의 'ㅣ弩'부분을 내려빼는 기세를 자연스럽게 왼쪽으로 돌려서 '亅'의 '趯'획을 수평보다 조금 위쪽으로 삐쳐 마무리했다.

다음은 '을축 춘 문인 권상하(乙丑 春 門人 權尙夏)'의 '문(門)'과 '상(尙)'의 '亅'을 보자. 역시 '亅'의 'ㅣ弩'부분을 내려빼는 기세를 자연스럽게 왼쪽으로 돌려서 '亅'의 '趯'획을 삐쳐 마무리했다.

전반적으로 보아 충북대박물관 소장 화양구곡도의 화양구곡집(華陽九曲集)에 쓴 글자는 느리게 천천히 차분하게 써서 아직 노련한 필세와 필력이 느껴지지 않는다. 권상하의 글씨는 붓놀리는 속도가 빠르다. 일필휘지 속필로 써서 달필의 경지가 느껴진다. 따라서 『화양구곡도(華陽九曲圖)』와 화양구곡시별집(華陽九曲詩別集)은 권상하의 진적(眞蹟)이 아니라고 보아야한다.

“이 화첩(畵帖) 화양구곡집(華陽九曲集)은 선조 한수재(寒水齋) 권상하(權尙夏)의 진적(眞蹟)으로, 안동(安東) 권씨(權氏)가문의 보배이다. 안동 후인이 붓으로 적다.”라고 써놓았다. 이 문구는 화양구곡집이라는 시를 적어놓은 한지 안에 써놓지 않았다. 화양구곡집을 배접지 우측에 붙이고 화양구곡집이 끝나는 배접지에 써놓았다. 그런데 자신의 이름은 기재하지 않았다. 이 글을 적어놓은 사람의 필적과 화양구곡도 그림에 ‘경천벽’ 등 곡의 명칭과 화양시별집(華陽詩別集)의 서체는 같지 않은 것은 당연하다. 앞에서 권섭이 「화양구곡도설후기(華陽九曲圖說後記)에서 권신응이 그린 화양구곡도를 권상하가 보지 못하고 서거한 것을 아쉬워했다는 내용을 보았다.

이상에서 살펴보았듯이 비록 이 화첩에 작자에 대한 기록이 없더라도, 지금까지 제시한 근거만으로도, 본고에서 소개하는 충북대박물관 소장 『화양구곡도(華陽九曲圖)』는 권신응이 그린 것으로 보아도 무리가 없다고 본다.

여기서 잠시 권신응의 가계에 대해 알아본다.

안동권씨(安東權氏) 시중공파(侍中公派) 성원계(聖源系)

25세 성원(聖源) 26세 격(格)
27세 상하(尙夏)
27세 상명(尙明) 28세 섭(燮)
29세 초성(初性)
　　덕성(德性)
　　진성(盡性)
　　선성(善性)
　　도성(道性)　30세 신응(信應, 286면)
　　　　　　　　　운응(運應)
가응(嘉應)
수응(壽應)
구응(久應)
효응(孝應)

30세 권신응은 자는 중행(中行)이고 영조 4년 1728년에 나서 정조 11년 1787년 8월 2일에 60세로 졸했으며 묘소는 문경시 화지동(花枝洞) 간좌(艮坐) 3위 합부(合祔)이다.

배(配) 청주한씨(淸州韓氏) 배(配) 성주이씨(星州李氏)는 통덕랑 재(梓)의 딸이고 영조 8년 1732년에 나서 영조 39년 1763년 8월 17일에 32세로 졸했다.

30세 신응 31세 중택(中澤). 자는 백용(伯庸)이고 영조 30년 1754생이시다.

32세 회덕(懷德) 자는 사숭(士崇)이고 정조 6년 1782년에 나서 헌종 년 1842년에 61세로 졸했다.[40]

이상의 가계도에서 보듯이 권신응(權信應 1728~1787)은 수암(遂菴) 권상하(權尙夏 1641~1721)의 종증손(從曾孫)이요. 옥소(玉所) 권섭(權燮 1671~1759)의 친손자이다. 이런 가계도를 통해 보더라도 충북대박물관소장 『화양구곡도』는 권상하 후손이 그렸다고 보아야하며 권상하 직계후손이 소장했다고 보아야한다.

(3) 권신응의 화풍(畵風)과 충북대박물관 소장 『화양구곡도』의 화풍(畵風)

다음은 윤진영의 논문 「옥소 권섭의 소장 회첩과 권신응의 회화」[41]225면에 인용한 도판을 대비했다.

좌측 사진 (도1): 권신응, 「만폭동」 26,5 ×17.5cm
우측 사진 (도2): 정선, 「만폭동」 서울대박물관 22.0×32.0cm

윤진영은 「옥소 권섭의 소장 화첩과 권신응의 회화」 224~225면에 다음과 같이 평했다.

40) 『安東權氏大同譜』, 해돋이, 2004.
41) 윤진영, 「옥소 권섭의 소장 화첩과 권신응의 회화」, 장서각 제20집, 2008, 215~251면

"만폭동에는 나무를 묘사한 미점(米點)과 선묘(線描)를 살린 준(皴)과 선염(渲染) 등이 기본 화법으로 활용되었다. 정선의 그림 가운데 서울대 박물관 소장의 「만폭동」과 기본 구도가 유사하다. 특히 정선의 「만폭동」은 이외에도 몇 점이 전하지만, 가상의 높은 시점을 설정하여 내려다 본 시점에서 그린 것이다."

필자는 『삼천에 구백리 머나먼 여행길』[42]에 수록한 권섭이 그린 「만폭동」 그림을 복사해서 사용했다. 필자가 권신응이 그린 「만폭동」(도1)과 정선이 그린 「만폭동」(도2)을 관찰한 느낌을 피력한다. 위에서 살펴보았듯이 권신응이 그린 「만폭동」(도1)은 먼 산의 봉우리 정상부를 뾰족하게 그리고 나머지 바위봉우리는 둥그스름하게 원만하게 그렸다. 그런데 정선이 그린 「만폭동」(도2)은 최정상봉우리를 권신응처럼 뾰족하게 그리지 않고 거의 사다리꼴 상면부를 약간 비스듬하게 그리듯이 그렸다.

이번엔 권신응이 그린 「구룡폭」(도3), 정선이 그린 「구룡연」(도4)을 통해 그 화풍을 대비해보기로 하자. 다음은 윤진영의 논문 「옥소 권섭의 소장 화첩과 권신응의 회화」[43] 226면에 인용한 도판을 옮겨온 것이다.

(도3) 권신응, 「구룡폭」.

(도4) 정선, 「구룡연」

42) 문경새재박물관, 『삼천에 구백리 머나먼 여행길』, 도서출판 민속원, 2008,1~400면
43) 윤진영, 「옥소 권섭의 소장 황첩과 권신응의 회화」, 장서각 제20집, 2008, 215~251면

금강산 구룡연 절경. 현대그룹 제공.44)

윤진영은 다음과 같이 평했다.

> "권신응의 「구룡폭」(도3)은 정선의 「구룡연」(도4)과 비교할 수 있는데, 과감하고 거침없으며 속도감 있는 붓질이 인상적이다. 차분한 선묘보다 즉흥적으로 그려내는 회화적 요소가 강하게 나타나 있다. 권신응이 이러한 정선그림의 방작을 통해 얻은 것은 만폭동과 구룡폭에서 같은 구도와 포치, 그리고 운필이었다고 할 수 있다. 정선이 권신응의 그림을 보고서" 필력이 기건(奇健)하고 포치가 아담하다고 한 것도 사실은 이러한 힘찬 필격을 강조한 정선 그림의 특징을 정확히 지적한 것이라 할 수 있다. 권신응의 『영동열경』에는 대부분 거칠고 힘찬 필획이 잘 나타나있다. 17세의 소년에게서 이처럼 자신감 있는 필치가 나오는 것은 이례적이다."

필자는 이렇게 생각한다. 17세의 권신응이 "과감하고 거침없으며 속도감 있는 붓질"을 할 수 있었던 것은, 대가인 정선의 화풍과 화법을 배우고 나니 자부심과 자신감이 고조되어 한 번 자기 마음대로 그려서 자신의 소질을 드러내 자랑하고 싶었기 때문으로 본다. 그래서 부담을 갖지 않고 마음대로 단숨에 일필휘지로 자기가 그리고자하는 대로 힘차게 자신감이 있게 그렸다고 본다. 특히 할아버지 권섭이 적극 격려하고 기대하고 있었기 때문에 자신의 당

44) 본고의 학술논증상 구룡연 실경 사진이 필요하여 사용승락을 얻고자 인터넷으로 현대그룹에 들어가 검색했으나 홍보실 전화가 게시되어 있지 않아, 114에 문의하였는데 등록되어있지 않다 하여 부득이 제공자 표시를 하고 게재한다. 차후 연락이 닿으면 사용료를 지불하고자 하니 양해하기 바란다.

당하고 발전된 모습을 보여주고 싶었을 것이다.

그런데 필자가 권신응이 그렸다고 보는 충북대박물관 소장 『화양구곡도』는 달리 평해야한다고 본다. "잘 추던 춤도 멍석 깔아놓으니 주눅 든다." 권신응은 화양구곡도를 그릴 때 적지 않게 긴장했을 것이다. 화양구곡은 자신의 증조부 권상하의 스승이요 도통의식 형성 계승의 주도자인 우암 송시열과 관련이 있는 명소다. 즉 화양구곡은 존주대의 도통의식을 성지화한 곳이다. 또 권상하가 화양구곡도를 그리는 것을 희망했다. 따라서 이런 전반적인 상황을 아는 권신응도 인간이기 때문에 어느 정도 긴장한 상태에서 그림을 그렸을 것으로 본다. 그래서 권신응은 긴장한 상태에서 차분하게 충북대박물관 소장 『화양구곡도』를 그리다 보니, 권신응이 평소에 그릴 때보다 필세가 과감하고 빠르게 그리지 못한 것으로 이해할 수 있다. 필자는 전반적 정황으로 보아 충북대박물관 소장 『화양구곡도』를 권신응이 그린 것으로 보고자 한다.

이데일리 남궁민관기자가 찍은 구룡연 실경을 보면 오른쪽 바위봉우리가 둥그스름 원만하다. 그런데 정선의 「구룡연」(도4)은 오른쪽 바위봉우리를 뾰족하게 날카롭게 그렸다. 반면에 권신응의 「구룡폭」(도3)은 바위봉우리를 뾰족하게 하게 그리지 않고 둥그스름하게 부드럽게 그렸다. 바위봉우리를 그린 사실을 기준으로 평가하면 권신응의 그림이 정선보다 더 실경이 가깝게 그렸다.

진준현은 「화양구곡도연구」 23면에서 다음과 같이 논평했다.

> "충북대박물관 소장 화양구곡도첩은 이상주에 의해 권섭의 손자 권신응의 작품으로 주장되었고, 또 그렇게 소개되기도 했다. 이것을 권신응의 작품으로 본 근거는 크게 세 가지가 지적되었다. 첫째, 권섭의 「화양구곡도설 후기」와 「제화양구곡도」에 1756년 권신응이 화양구곡도 를 그렸다는 사실이 기록되었다. 둘째, 권섭의 「화양구곡도설 후기」에 나오는 9곡 그림이 충북대박물관본에 모두 수록되었다. 셋째, 화첩 끝의 기록, 즉 "此畵帖 華陽九曲集 先祖寒水齋權尙夏眞蹟也 安東權門寶也 安東后後人筆"를 이 화첩의 소장자였던 권상하의 직계후손이 방계인 권섭의 손자 권신응 필임을 없앤 증거로 보았다. 그런데 위 세 가지 근거는 모두 권신응이 그렸다는 확실한 증거가 되지 못한다. 그리고 특히 둘째는 근거가 될 수 없다. 즉 권섭의 「화양구곡도설 후기」에 나오는 권신응의 화양구곡도 의 내용은 민진원이 설정한 것과는 다른 것임은 앞에서 지적한 대로이고, 따라서 민진원의 구곡설정과 같은 충북대박물관 소장품은 권신응의

작품이 될 수 없는 것이다. 그리고 셋째에서 제시된 기록도 화첩이 변조 되었다는 직접적 증거가 될 수 없다."

진준현의 견해에 대해 필자의 견해를 밝힌다. 권신응의 할아버지 권섭이 지은 「화양구곡도설후기(華陽九曲圖說後記)」와 제화양구곡도하(題華陽九曲圖下)」 등의 내용으로 보아 권신응이 그린 그림은 민진원이 정한 화양구곡을 그린 그림으로 보아야한다. 충북대박물관 소장 『화양구곡도』는 민진원이 정한 화양구곡을 그렸다. 앞에서 이미 살펴보았듯이 『화양구곡도』말미에 부착한 「화양시별집」에 "此畵帖 華陽九曲集 先祖寒水齋權尙夏眞蹟也 安東權門寶也 安東后後人筆"라는 기록으로 보아 안동권씨 가문 출신이 그린 그림은 확실하다. 권상하의 필적과 대조해본 결과 『화양구곡도』 말미에 부착한 「화양시별집」의 글씨는 권상하의 글씨가 아니다. 그 외 권상하 후손이나 권섭 후손 중에 화양구곡도를 그린 사람이 있다는 기록은 없다. 따라서 필자가 위에서 제시한 근거만으로도 권신응이 그렸다고 보는데 무리가 없다.

진준현은 「화양구곡도연구」 23면에서 권신응이 그린 「죽서루」와 「내선유동」에 대해 다음과 같이 논평했다.

좌측 사진 도(6). 권신응, 「죽서루」, 모경홍기첩 중, 1744년, 지본수묵, 26.5×17.5㎝
우측 사진 도(7). 권신응, 「내선유동」, 모경홍기첩 중, 1744년, 지본수묵, 26.5×17.5㎝

"충북대박물관 소장 화양구곡도첩 이 권신응의 작품이 아님은 화풍 분석을 통해 더욱 분명히 드러난다. 권신응과 조부 권섭은 많은 화가들 중 진경산수화의 대성자 겸재 정선을 가장 중시했으며, 권섭은 명승지를 유람하며 사실적인 진경시를 많이 짓기도 했다.45) 그리고 권섭의 사실성을 중시하는 회화관은 권신응에게 그대로 전해졌으며, 권섭은 손자 권신응의 그림이 사실적인 데에 만족을 표시하는 글을 다수 남겼다. 이 화양구곡도는 경관의 묘사가 아주 비사실적이므로 권신응의 작품이 될 수 없다고 판단된다. 그리고 권신응의 남아있는 작품과 비교해도 화풍상 다르다46). 권신응의 「죽서루」를 보면 암벽의 표현에 정선 식의 적묵법과 날카로운 수직 필선이 보인다(도 6). 그리고 「내선유동」에도 정선 양식의 수직 준과 함께 계곡바닥에 좌우로 길고 각진 바위가 그려져 있다(도 7). 그런데 충북대박물관 화양구곡도에는 뚜렷한 정선화풍이 보이지 않고 암석들도 지나치게 동글동글하게 그려져 있어 같은 사람의 필치로 보기 어렵다.45)"

진준현은 "권신응의 「죽서루」를 보면 암벽의 표현에 정선 식의 적묵법과 날카로운 수직 필선이 보인다"라고 했다. 필자가 검토해본 결과를 말한다. 위의 권신응의 「죽서루」를 자세히 보자. 오른쪽 봉우리만 뾰족하게 날카롭게 그렸다. 그 왼쪽 산봉우리는 둥그스름하게 유연하게 그렸다. 「죽서루」를 제외한 다른 그림은 산이나 바위를 그릴 때 뾰족하게 그리지 않고 거의 부드럽고 완만한 곡선으로 그렸다. 진준현은 나무를 보고 숲이라 하는 격이다. 숲을 보면서 나무도 보고 나무를 보면서 숲도 보아야한다.

진준현은 권신응의 그림의 특징이 바위를 그릴 때 날카롭지 않게 그렸다는 사실을 기준으로 충북대박물관 소장 『화양구곡도』를 권신응이 그린 그림이 아니라고 주장했다. 학문과 인생은 온고지신이다. 그리고 사람은 남과 차별화하고 싶어고 다르게 새롭게 하고자한다. 청어람이다. 같은 스승에게 배우고 사숙(私淑)했다 하더라도 스승을 뛰어 넘는 제자도 있고 스승보다 색다르게 하고 싶어하는 제자도 있다. 충북대박물관 소장 『화양구곡도』에 그린 바위봉우리는 정선처럼 모나게 그리지 않고 둥그스름하게 그렸다. 권신응의 「구룡폭」

45) 진준현이 쓴 논문의 각주45)는 윤진영(2007), 「옥소 권섭(1671~1759)의 그림 취미와 회화관」, 정신문화연구 30(1), 141-171면. 또 권섭은 김창협, 김창흡의 진경시 운동의 영향을 받았다. 박이정(2002), 「18세기 예술사 및 사상사의 흐름과 권섭의 <황강구곡가>」, 관악어문연구 27, 283-304면이다. 또 각주 46)은 윤진영(2008), 「옥소 권섭의 소장화첩과 권신응의 회화」, 장서각 20, 215-251.

(도3)을 비롯하여 내선유동」과 「외선유동」을 그린 그림도 마찬가지로 둥그스름하게 그렸다.

이제 권신응이 그린 그림과 충북대박물관 소장 『화양구곡도』를 대비해보기로하자. 권섭의 그린 「내선유동」은 『삼천에 구백리 머나먼 여행길』46)에 수록한 그림을 사용했다.

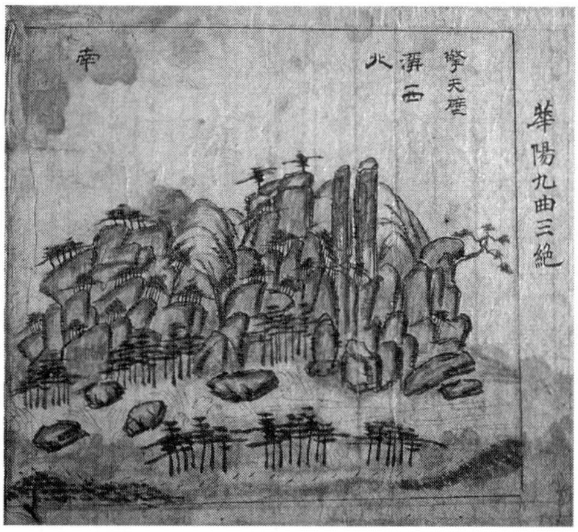

좌측 사진: 권섭소장 『모경홍기(暮景興寄)』문경십승 외선유동(外仙遊洞) 1744년 권신응이 그림

우측 사진: 충북대박물관 소장 『화양구곡도(華陽九曲圖)』, 「경천벽(擎天壁)」

외선유동(外仙遊洞) 지금 괴산군 선유구곡 제4곡 연단로(煉丹爐) 주변. 제5곡 와룡폭

권신응이 그린 「외선유동」을 보자. 「외선유동」도 현장과 대조해보면 「외선유동」이라는 글씨를 써넣지 않았다면 「외선유동」 어디를 그렸는지 알 수 없다. 상징적으로 윤곽을 그렸다고 본다. 권신응이 그린 그림 전체가 그런 식으

46) 문경새재박물관, 『삼천에 구백리 머나먼 여행길』, 도서출판 민속원, 2008,1~400면

로 그렸다고 본다.

권진응이 그린 외선유동(外仙遊洞)은 지금의 충북 괴산군 청천면 선유동이다. 권진응이 외선유동을 그린 위치가 어디인지 지금 선유동 입구에서 바라보아도 알 수가 없다. 시내물의 흐름을 보아도 어느 지점에서 그린 것인지 알 수가 없다. 권신응이 그린 그림에 있는 그와 같은 현장을 찾아보기 어렵다. 위에 제시한 사진은 선유구곡 제4곡 연단로(煉丹爐) 주변과 제5곡 와룡폭의 실경이다. 연단로를 찍어도 사진을 찍은 위치에 따라 달리 보일 수 있다. "외선유동(外仙遊洞) 지금 괴산군 선유구곡 제4곡 연단로(煉丹爐) 주변"이라고 설명해놓지 않으면 선유동도 어디인지 알 수 없다.

「외선유동」은 지금 충북 괴산군 청천면 삼송4리 선유동이다. 조선시대에 영남인들은 지금 경북 문경시 가은읍 완장리 선유동 마을 서남쪽 골짜기 있는 선유동 일명 문경선유동을 "내선유동"이라 하고 지금 충북 괴산군 청천면 삼송4리에 있는 선유동 일명 괴산선유동을 "외선유동"라 했다. 기호사림들은 그 반대로 괴산 선유동을 "내선유동"라 하고 문경선유동을 "외선유동"이라 했다. 다음 두 사람을 보자. 김창협(金昌協 1651~1708)의 「화양제승기(華陽諸勝記)」와 성해응(成海應 1760~1839)도 「仙遊洞」에서 괴산군의 선유동을 내선유동으로 보고 있다.47) 이중환(李重煥 1690~?)은 문경시의 선유동을 내선유동으로 보았다48). 지금 행정구역 명칭을 감안해서 문경선유구곡 괴산선유구곡이라 부르는 것이 합당하다.

권신응의 붓놀림 즉 운필법을 살펴보기로 하자. 소나무를 그릴 때 붓놀림 양상을 보자.

---

47) 成海應, 『硏經齋集』권50, 「仙遊洞」, 한국문집총간 275, 민족문화추진회, 2001, 52면. "仙遊洞有內外. 其外在聞慶曦陽山之西 二十里. 其內在巴串之上 十里. 盤瀑淸爽, 峯壑幽窈. 溪石大巖成臺,前對絶壁, 洞外李氏主之. 建數間亭子. 李氏卽東皐相國之後也. 洞中亂石羅列, 如龜伏如蟾蹲. 沿溪而下數百步. 又有高巖岌嶪. 衆巖戴之成門. 巖上有一線路可通. 川滙其底而成潭. 中多石磯可坐. 農巖品華陽諸僧, 而仙遊洞居葩谷之上. 然仙遊韞藉幽麗, 葩串雄渾奇節. 要在所樂如何. 恐難硬定高下也."

48) 李重煥 저, 노도양 역, 『擇里誌』, 「山水・山水總論」, 한국자유교육협회, 1973. 원문 90면. "自七星臺, 西踰嶺脊, 是爲外仙遊洞. 稍下爲葩串."

좌측 사진: 권섭소장 『모경흥기(暮景興寄)』 문경십승 구랑호(九郎湖) 1744년 권신응이 그림

우측 사진: 충북대박물관 소장 『화양구곡도(華陽九曲圖)』, 「와룡암(臥龍巖)」

좌측 사진: 권섭소장 『모경흥기(暮景興寄)』 문경십승 양산사(陽山寺) 1744년 권신응이 그림

우측 사진: 충북대박물관 소장 『화양구곡도(華陽九曲圖)』, 「운영담(雲影譚)」

위에 제시한 권신응이 그린 「구랑호」, 「외선유동」, 「양산사」와 충북대박물관 소장 화양구곡도의 운필법을 대조해보자.

첫째, 소나무 줄기를 그리는 운필법을 보자. 소나무 원줄기를 거의 일정한 굵기로 그려내려 가다가 소나무 밑둥을 그릴 때는 붓을 가볍게 살짝 누르거나 가볍게 역입하여 그렸다.

둘째, 소나무 원줄기를 먼저 그리고 가지를 그렸다. 그 다음 솔잎을 그릴 때에는 솔잎의 뾰족한 모양을 그리지 않고 가로로 줄을 긋듯이 그려 소나무라는 사실만을 알 수 있게 상징적으로 그렸다.

셋째, 산봉우리와 바위를 그릴 때도 각이 지게 그리지 않고 둥그스름하게 유연한 곡선으로 그렸다.

앞에서 살펴보았듯이 진준현은 "권신응의 「죽서루」를 보면 암벽의 표현에 정선 식의 적묵법과 날카로운 수직 필선이 보인다(도 6). 그리고 「내선유동」에도 정선 양식의 수직 준과 함께 계곡바닥에 좌우로 길고 각진 바위가 그려져 있다(도 7). 그런데 충북대박물관 화양구곡도에는 뚜렷한 정선화풍이 보이지 않고 암석들도 지나치게 동글동글하게 그려져 있어 같은 사람의 필치로 보기 어렵다.[49]"고 했다.

앞에서 살펴보았듯이 구룡폭의 실경은 바위봉우리가 둥그스름하다. 권신응은 바위봉우리정상은 거의 원형에 가깝게 그렸다. 그런데 정선은 구룡폭의 바위봉우리정상을 오히려 뾰족하게 그렸다. 권신응은 「구랑호」, 「외선유동」, 「양산사」를 그릴 때. 산봉우리와 바위를 그릴 때도 각이 지게 그리지 않고 둥그스름하게 유연한 곡선으로 그렸다.

충북대박물관 소장 『화양구곡도』의 운필법도 그렇다. 권신응이 「외선유동」과 「내선유동」을 그린 연도가 1744년이다. 권신응이 화양구곡도를 그린 연도는 1759년이다. 15년 차이가 난다. 청년은 시절의 운필법과 중장년시절의 운필법이 거의 같을 수 있으나 연륜이 쌓여 약간의 차이는 날 수 있다. 위에서 살펴보았듯이 필자가 보기엔 충북대박물관 소장 화양구곡도와 권신응이 그린 「외선유동」과 「내선유동」의 운필법이 같다고 본다. 이런 정황으로 보아 충북대박물관 소장 『화양구곡도』의 운필법은 권신응의 운필법과 같다. 따라서 필자는 충북대박물관 소장 『화양구곡도』를 운필법으로 보아도 권신응이 그린 것으로 보고자 한다.

---

49) 진준현이 쓴 논문의 각주45)는 윤진영(2007), 「옥소 권섭(1671~1759)의 그림 취미와 회화관」, 정신문화연구 30(1), 141-171면. 또 권섭은 김창협, 김창흡의 진경시 운동의 영향을 받았다. 박이정(2002), 「18세기 예술사 및 사상사의 흐름과 권섭의 <황강구곡가>」, 관악어문연구 27, 283-304면이다. 또 각주 46)은 윤진영(2008), 「옥소 권섭의 소장화첩과 권신응의 회화」, 장서각 20, 215-251.

이제껏 대조하여 논한 정선과 권신응 그리고 충북대박물관소장 『화양구곡도』의 운필법을 도표로 작성하여 일목요연하게 대비할 수 있게 했다.

도표: 정선의 그림, 권신응의 그림, 충북대박물관 소장 『화양구곡도』의 운필법 대조

작가	작품 이름	봉우리의 묘사	솔잎의 묘사	소나무 줄기와 밑둥의 묘사
정선	만폭동	먼 봉우리 하나를 사다리꼴 윗부분처럼 평면에 가깝게 그리고, 나머지는 원만하게 그렸다	뾰족뾰족하게 그리지 않고, 옆으로 '一'처럼 줄을 쳐 그려 이를 겹쳐 놓은 듯하다.	원줄기를 곧게 그리고 밑둥을 약간 뭉툭하게 그렸는데, 밑둥우측을 좌측보다 뭉툭하게 그려 뿌리가 실함을 알 수 있게 했다.
권신응	만폭동	먼 봉우리만 각이 지게 그리고, 나머지는 원만하게 그렸다	위와 같다	위와 같다
정선	구룡연	뾰족하고 날카롭게 그렸다.	위와 같다	위와 같다
권신응	구룡폭	구슬모양으로 둥글다	위와 같다	위와 같다
이데일리 남궁민관 사진	*구룡폭 실경*	오른쪽 봉우리 정상부가 사다리꼴 윗부분처럼 수평에 가깝다	위와 같다	위와 같다
권신응	죽서루	우측 봉우리를 날카롭게 그리고 좌측 봉우리는 둥그스름하다	위와 같다	위와 같다
권신응	내선유동	두 개의 봉우리가 모두 둥그스름하다	위와 같다	위와 같다
권신응	외선유동	세 봉우리가 모두 둥그스름하다	위와 같다	위와 같다
권신응	구랑호	두 봉우리가 모두 둥그스름하다	위와 같다	위와 같다
권신응	양산사	모든 봉우리가 모두 둥그스름하다	위와 같다	위와 같다
충북대박물관 화양구곡도	9곡 전체	모든 봉우리가 모두 둥그스름하다	위와 같다	위와 같다

앞에서 살펴보았듯이 남궁민관이 촬영한 사진에 의하면, 구룡연의 실경은 우측 봉우리 정상부가 사다리꼴 윗부분처럼 거의 평평하다. 정선은 실경과 다

르게 뾰족하게 그렸다. 권신응은 구슬처럼 동그랗게 그렸다. 세 사람의 작품을 통해 볼 때 실제 구룡연의 우측 봉우리는 평면에 가깝다고 보아야한다. 또한 권신응은 거의 실경대로 그렸다고 보아야한다. 솔잎을 그리는 운필법도 옆으로 줄을 긋듯이 그려 '一'를 겹쳐놓은 듯하다. 소나무 원줄기와 밑둥을 그리는 운필법도 밑둥 우측을 뭉툭하게 그려 뿌리의 실함을 알 수 있게 그렸다. 다른 권신응의 그림도 이런 운필법으로 그렸다. 충북대박물관소장 『화양구곡도』의 운필법은 위에서 살펴보았듯이 권신응의 운필법과 같다. 따라서 충북대박물관소장 『화양구곡도』는 권신응이 그린 것으로 보는 것이 타당하다.

(4) 건물 지붕 용마루 양쪽 끝 기와의 묘사 기법

좌측 사진: 권신응 「외선유동」 부분 확대
우측 사진: 충북대박물관 소장 화양구곡도 6곡 「능운대」의 건물 운한각(雲漢閣) 환장암(煥章菴) 공운루(拱雲樓) 부분 확대

왼쪽 사진은 권신응이 그린 「외선유동」의 건물 지붕을 선명하게 알아볼 수 있게 확대했다. 지붕 용마루 양쪽 끝 기와를 그린 부분을 그릴 때 위로 도드라지게 굵직하게 그렸다. 그린 부분의 기와가 치미인지는 알 수 없다. 사진 우측은 충북대박물관 소장 화양구곡도 6곡 「능운대」에 그린 건물 운한각(雲漢閣) 환장암(煥章菴) 공운루(拱雲樓) 부분을 확대했다. 지붕 용마루 양쪽 끝 기와를 그린 기법이 권신응이 그린 외선유동과 거의 비슷하다. 운한각(雲漢閣) 등의 건물은 당시 치미를 사용했을 가능성이 높다. 「외선유동」에 그려진 건물이 「능운대」에 그려진 건물 보다 화폭 전체를 차지하는 면적이 적어 건

물이 작게 보인다.

2) 『화양구곡도(華陽九曲圖)』에 있어서 변조의 징후

(1) 글자를 써넣은 화폭(畵幅) 공간의 문제

이제 이형부(李馨溥)가 1809년에 그린 『화양구곡도』와 충북대박물관 소장 『화양구곡도』에 글씨를 써넣은 실상을 대비해보자. 충북대박물관 소장 『화양구곡도』에 글씨를 써넣은 글씨가 그림을 그릴 당시에 써넣은 것이 아니라 변조자가 추가로 가필했다는 사실을 규명하기 위해서이다.

먼저 경천벽이다.

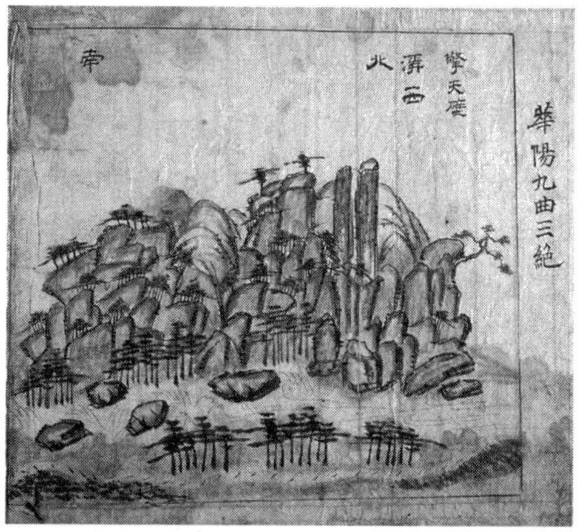

좌측 사진: 이형부(李馨溥)의 『화양구곡도』 제1곡 경천벽(擎天壁)
우측 사진: 충북대박물관 소장 『화양구곡도』 제1곡 경천벽(擎天壁)

이형부(李馨溥)가 그린 『화양구곡도』에는 경천벽(擎天壁)이라는 글씨를 처음부터 글씨를 써넣을 수 있게 배려하여 그렸다

충북대박물관 소장 『화양구곡도』에 경천벽(擎天壁)이라는 글씨를 보자. 원본에 써넣을 공간을 없는데 글씨를 써넣다보니 글씨가 바위여백을 벗어났으며 글씨도 작게 썼다. 이런 점을 보더라도 본래 작자는 써넣으려고 하지 않았다고 본다. 변조자가 글씨를 써넣은 것으로 보아야한다.

다음은 금사담이다

좌측 사진: 이형부(李馨溥)의 『화양구곡도』 제4곡 금사담(金沙潭)
우측 사진: 충북대박물관 소장 『화양구곡도』 제4곡 금사담(金沙潭)

이형부(李馨溥)가 그린 『화양구곡도』를 보자. 이 그림을 보면 처음부터 글씨를 써넣으려고 했다는 것을 알 수 있다. 금사담 개울가 45% 비스듬한 암반에 윤헌주(尹憲柱 1661~1729)가 쓴 글씨 '화양수석 대명일월(華陽水石 大明日月)'이라는 글씨를 알아볼 수 있게 써놓았다. 지금 이형부(李馨溥)의 『화양구곡도』'창오운단 무이산공(蒼梧雲斷 武夷山空)'이라는 쓴 글씨는 흐릿하지만 글씨를 알아 볼 수 있다. 잘 알아볼 수 있게 글씨를 써넣은 곳은 다른 부분보다 약간 흐리게 했다. 그래서 모든 글씨를 잘 알아볼 수 있다.

충북대박물관 소장 『화양구곡도』에 '창오운단 무이산공(蒼梧雲斷 武夷山空)'이라는 글씨를 써넣은 것을 보자. '창오운단'이라는 글씨를 써넣을 공간이 넉넉지 않아 바위 여백을 약간 벗어나 간신히 써넣었다.

충북대박물관 소장 『화양구곡도』가 변조했다고 볼 수 있는 근거를 또 제시한다. 충북대박물관 소장 『화양구곡도』를 그린 사람은 그림 안 바위에 새긴 글씨를 써넣을 생각을 하지 않은 것으로 보아야한다. 처음부터 바위에 새긴 '금사담'이라는 글씨를 써 넣으려고 마음을 먹었다면 써넣을 공간을 안배하여 바위를 그렸을 것이다. '암서재(巖棲齋)'라는 글씨는 '서(棲)'자가 소나무에 걸쳐서 써져있다. 처음부터 써넣으려고 했다면 바위에 써넣을 공간을 만들었을 것이다. 금사담 개울가 경사진 암반에 '화양수석(華陽水石)'이라는 글씨를 써넣은 것을 살펴보자. '화(華)'와 '양(陽)'이라 쓴 두 글자는 크기가 같다. 그리고 '수(水)'와 '석(石)'이라는 두 글자의 크기가 같다. '화(華)'와 '양(陽)' 두 글자 크기가 '수(水)'와 '석(石)'을 쓴 글자 크기보다 더 크다. '화(華)'와 '양(陽)'을 가필하다보니 암반 크기에 비해 너무 글자를 크게 써서 '수(水)'와 '석(石)' 작게 쓰게 된 것이다. 그림에 그려진 암반 안에 쓰려다보니 작아진 것이며 '석(石)'자는 암반을 그린 끝까지 간신히 써넣었다. 변조한 사람이 글씨를 가필했기 때문에 빚어진 현상이라고 판단한다.

그 외 다른 곡(曲)에 써넣은 글씨도 모두 그런 양상이다.

(2) 곡(曲)의 순서 변경 및 글자의 오려붙임

① 본고에서 논하는 충북대박물관소장 『화양구곡도(華陽九曲圖)』는 권신응 그린 『화양구곡도(華陽九曲圖)』와 곡(曲)의 내용은 같은데, 다음과 같이 순서를 바꿔서 배접한 흔적이 있다.

먼저 충북대박물관 소장 『화양구곡도(華陽九曲圖)』에 배열한 곡(曲)의 순서를 알아보자.

> 1면 화양구곡삼절(華陽九曲三絶) 경천벽(擎天壁). 2면 와룡암(臥龍巖). 3면 운영담(雲影潭). 4면 읍궁암(泣弓巖). 5면 첨성대(瞻星臺). 6면 금사담(金沙潭). 7면 능운대(凌雲臺). 8면 학소대(鶴巢臺). 9면 파곶(巴串).

원본은 변조하여 배접했기 때문에 권신응이 그린 그림의 화폭 수와 곡의 명칭은 같으나, 그 순서대로 배열되어있지 않다고 본다.

② 9개 곡의 순서를 써놓은 부분을 칼로 오려낸 흔적이 남아있다.

정은주는 「화양구곡도를 통해본 우암 학통의 계승 양상」 143면에서 "각 화면 좌측 상단에 원래 구곡의 순서를 적은 부분을 도려낸 흔적이 있으며, 오로지 제9곡의 파천 화면에만 '九曲'이라 쓴 첨지가 붙어있다. 이는 장황 과정에서 구곡의 순서가 서로 어긋났기 때문으로 추정된다."[50]라 했다.

---

50) 정은주, 「화양구곡도를 통해본 우암 학통의 계승 양상」, 『조선시대사학보』87, 조선시대사학사학회,2018, 115~161면.

좌측 사진: 첨성대.　　　　우측 사진: 파곶

필자의 견해를 밝힌다. 첨성대를 그린 그림 좌측을 살펴보자. 좌측 상단 동(東)자 왼쪽에 곡(曲)의 순서를 오려낸 자욱으로 보이는 직사각형 부분이 주변 색깔보다 밝다. 배접한 한지가 채색하지 않은 하얀 색 종이이기 때문이다.

충북대박물관 소장 화양구곡도 중에 곡의 순서를 기록한 글씨가 남아있는 것은 제9곡 '구곡(九曲)'이라 쓴 것 하나 뿐이다. 위의 사진 우측 파곶을 보자. 왼쪽 상단 북(北)자 좌측에 구곡(九曲)에 이것도 '구곡(九曲)'이라 쓴 부분을 오려냈다가 다시 붙이는 과정에서 제자리보다 약 1mm 위쪽으로 올려다 붙여놓았다. 이것도 변조의 증거이다.

지금까지 점검한 결과, 이 충북대박물관 소장 『화양구곡도(華陽九曲圖)』를 가지고 있던 권씨는 이 그림이 본래 권신응의 그림이라는 사실을 알고 있었다. 아마도 권상하·권진응으로 이어지는 직계후손으로 보인다. 권씨는 권상하의 작품으로 인식하도록 하게 하기위해, 권신응과 권섭의 기문(記文)을 제거하고'곡(曲)'의 순서를 써놓은 부분을 도려내고 배접한 것으로 보인다.

③ 충북대박물관 소장 『화양구곡도(華陽九曲圖)』 9개 곡의 명칭과 방위를 쓴 서체와 색깔을 살펴보자. 이는 먹물로 썼다. 서체는 예서체로 강건한 기상이 넘치며 절도가 있어 보인다. 이는 작자 즉 권신응의 친필로 보아야한다.

④ 충북대박물관 소장 『화양구곡도(華陽九曲圖)』각 그림내의 건물 이름과 바위에 새긴 '곡(曲)의' 명칭을 표기한 글씨의 서체와 먹의 색깔을 살펴보자. '경천벽(擎天壁)'부터 제9곡 '파곶(巴串)'까지 9개 '곡(曲)'에 새겨놓은 암각글

씨를 표기한 글씨를 보자. 붉은 색의 글씨의 해서체로 유연하고 완만하게 임서했다. 언뜻 보기에도 이 붉은 색 글씨는 '경천벽(擎天壁)'이라 구곡의 순서 쓴 예서체와는 서풍(書風)이 다르다는 사실을 알 수 있다.

⑤ 충북대 소장 『화양구곡도(華陽九曲圖)』를 변조했다는 점을 부인할 수 없는 결정적 단서가 있다.

탁본: 자면(字面)크기: 가로 74cm 세로 123cm 2001년 필자 이상주 탁본

'금사담(金沙潭)' 그림에 '창오운단(蒼梧雲斷), 무이산공(武夷山空)'이라는 암각글씨를 화폭에 써놓았다. 필자가 2001년 이를 암각 한 글씨를 탁본했다. 현장 수직의 암벽에 "창오운단(蒼梧雲斷), 무이산공(武夷山空)"은 매우 큰 글씨다. 맞은편 개울 건너에서도 알아볼 정도로 크게 썼다. 그 오른쪽에 "우팔자(右八字) 즉 노선생서증아증조문순공자야(卽老先生書贈我曾祖文純公者也), 의전어차산(宜傳於此山). 근부원유사임상주[어석주]모각(謹付院有司任相周[魚錫疇]摸刻). 숭정삼임오(崇禎三壬午), 후학(後學) 권진응지(權震應識).[51]은

작아서 맞은편 개울 건너에서는 보이지 않는다. 새긴 연도인 숭정(崇禎) 삼임오(三壬午)는 권진응(權震應 1711~1775)의 생몰년대와 간지로 보아 1762년이 분명하다. 앞에서 보았듯이 권신응이 그린 화양구곡도(華陽九曲圖)는 1756년에 그렸다. 이로보아 충북대박물관 소장 『화양구곡도(華陽九曲圖)』를 소장했던 권씨는 '창오운단(蒼梧雲斷), 무이산공(武夷山空)'이라는 글씨를 가필한 것이 확실하다. 뿐만 아니라 붉은 글씨는 모두 가필한 것으로 봐야한다. 앞에서 붉은 색 글씨와 『화양구곡도(華陽九曲圖)』말미에 부착한 「화양시별집(華陽詩別集)」의 운필법(運筆法)이 같지 않다는 사실을 지적했다. 이 『화양구곡도(華陽九曲圖)』의 변조하고 가필한 사람은 바위에 '창오운단무이산공(蒼梧雲斷武夷山空)'이라는 글씨를 새겨놓은 연도까지 새겨놓은 사실은 미처 인지하지 못한 것 같다.

앞에서 살펴본 권섭(權燮 1671~1759)의 「화양구곡도설후기(華陽九曲圖說後記)」의 다음 내용을 다시보자.

> "나의 손자 신응(信應)이 손수 그림을 그려, 스스로 아랫부분에 그 일을 기록하여 바야흐로 나에게 보여주니, 내가 매우 기뻤다. 또 써서 그림 아래에 작게 기록한다."

이 「화양구곡도설후기(華陽九曲圖說後記)」의 기록을 충북대 소장 『화양구곡도』 실물의 상태와 비교해보자. 위에서 살펴보았듯이 그 정도로 변조할 정도의 인물이라면, 권섭이 『화양구곡도』하단에 작게 써놓은 「화양구곡도설후기(華陽九曲圖說後記)」의 글도 오려내 제거했을 가능성을 배제할 수 없다. 전반적인 상황으로 보아 충북대학교 소장 『화양구곡도』는 권상하가 그린 것이 아니라 권신응이 그린 화양구곡도일 가능성이 높다고 본다.

선조가 남긴 저술이나 화첩을 변조 가필하는 사례가 종종 있다. 이는 가통을 중시여기고 가문의 명예를 소중히 여기는 시대에, 훌륭하고 명성 있는 선조의 유묵이나 화첩을 소장하고 있는 것만으로도 그 자체가 가문의 품격과

---

51) 다음 책에는 다음과 같이 기록했다. 권진응(權震應), 『산수헌선생유고(山水軒先生遺稿)』, 화(火), 회상사, 1994. "서화양애각후(書華陽崖刻後) 창오운단무이산공(蒼梧雲斷武夷山空) 우팔자즉노선생서증아증조문순공자야(右八字卽老先生書贈我曾祖文純公者也) 의전어차산(宜傳於此山) 근부원유사임[상]주모각 (謹付院有司任[尙]周模刻) 숭정삼임오후학권진응지(崇禎三壬午後學權震應識)." [상, 尙]은 바위에는 상(相), 실제로 상(相)이 옳다.[어석주(魚錫疇)]는 문집엔 빠져있다.

위상을 높여준다고 생각했기 때문이다. 따라서 이런 이유로 변조 가필을 자행한 것으로 보인다.

필자는 종중에 전해 내려오는 조상이 남긴 필사본 책을 변조한 사례를 두 건 목격 확인했다. 첫 번째는 지금 충북 괴산군 청안면 조천리 제비내 청안 인동장씨(清安 仁同張氏) 종중에 전해오는 『토역일기(討逆日記)』[52]이다. 이 『토역일기(討逆日記)』에는 글자를 오려내고 거기에다 종이를 붙이고 다시 글자를 써넣은 곳과 글씨를 쓴 종이의 표면을 얇게 긁어내고 이름을 고쳐 써넣은 곳도 있다. 맨 뒷부분은 두 장을 반씩 도려내고 서로 붙여놓았다. 『토역일기』에는 저술자의 이름이 기록된 부분이 있지 않다. 장담과 그 종제(從弟)인 장헌(張瀗) 두 사람의 후손 중에 누가 기록한 것으로 보이는데, 후대에 이들 후손 중에 누군가 필자를 삭제 변조 가필한 것으로 추측한다. 두 번 째는 충북 증평군 증평읍 남하리 염실의 주영근이 소장한 『첨지공시집 사(僉知公詩集 砂)』[53]이다. 시와 산문 그리고 회갑축하시를 모아놓은 필사본 시문집이다. 맨 뒷장 2장을 오려낸 흔적이 남아있다. 누군가 초록자와 초록연도를 기재한 부분을 오려버린 것 같다. 문중 후손끼리 서로 공(功) 다툼 과정에서 발생한 사례이다. 기록을 중시하고 남의 공적을 인정해주는 여유와 도량이 요구된다. 둘 다 필사자를 기록해놓지 않았으며 필사자를 기록했을 듯한 부분을 오려버렸다.

이상에서 살펴보았듯이, 본고에서 소개하는 충북대박물관소장 『화양구곡도(華陽九曲圖)』는 전반적인 정황으로 보아, 1756년 권신응이 그린 것으로 보

52) 영조 4년(1728년) 3월 15일, 소론(少論)의 일파인 이인좌(李麟佐)는 난을 일으켜 청주성을 함락시킨 후, 3월 17일 그 일당인 정중익(鄭重益)을 지금 충청북도 괴산군 청안면 청안현감(淸安縣監)으로 부임시켰다. 장담(張潭)과 그 형제들과 청안지방 사림들이 3월 29일, 정중익 일당을 완전 토벌한다. 이 전말을 일기로 기록한 책이 『토역일기(討逆日記)』이다. 이상주(李相周), 「討逆日記에 대한 고찰」, 『書誌學報』제 24호,韓國書誌學會, 2000, 83~102면. 이상주(李相周)2차 번역, 서동형(徐東亨) 1차 번역, 『淸安地域 英祖 戊申亂 討逆日記:討逆日記譯註』, 淸安 仁同張氏 宗中, 2001, 31~213면.

53) 2008년 9월 20일 토요일 증평군 증평읍 남하리 주영근(周永根 1938~)이 소장한 고서를 조사했다. 충북문화유산답사회 김태영 선생과 김상배 사장이 차량을 운행해주었다. 『첨지공집사(僉知公詩集) [鈔]』도 원본을 변조한 경우이다. 필사본 1책. 17×27. 주영근의 말에 의하면 정매라는 분의 글이라 한다. 주정매(周鼎梅, 1692~1773)는 봉암(鳳岩) 채지홍(蔡之洪, 1683~1741)의 문인(門人)이다. 주정매는 1773년 통정대부(通政大夫)가 되었다. 시와 산문 그리고 회갑축하시를 모아놓은 필사본 시문집이다. 학계에 소개 되지 않은 시문집이다. '염실'을 일컬어 글공부한 선비가 많았다하여 '글염실'이라고 '글'이라는 수식어를 붙였는데, 이 시문집이 남아있어 '글염실'이라는 호칭이 무색하지 않게 됐다.

고자 한다. 이는 현존 최고(最古)의 『화양구곡도(華陽九曲圖)』이다. 박학군자의 교시를 기다린다. 이 『화양구곡도(華陽九曲圖)』를 통해 가문의 권위와 명성에 집착한 일부 후손들이 문중의 선조가 남긴 창작품들을 고의로 훼손 변조할 가능성이 있다는 사례를 보여주는 자료이다.

3) 맺음말

최초의 화양구곡은 권상하(權尙夏, 1641~1721)가 설정했으며, 이를 그린 최초의 화양구곡도의 작자가 김진옥(金鎭玉 1659~1736)이라는 사실을 밝혔다. 이는 권섭(權燮 1671~1759)의 「화양구곡도설(華陽九曲圖說)」을 통해 알았다. 그 범위와 명칭은 다음과 같다. 1곡과 2곡은 입구의 어떤 산과 물, 3곡은 황묘(皇廟) 서원(書院) 서실(書室), 4곡은 암서재(岩栖齋), 5곡은 운한각환장암(雲漢閣煥章庵), 6곡은 선암(舡岩). 7곡은 파곶(巴串), 8곡은 칠송정(七松亭), 9곡은 선유동(仙遊洞)이다. 보다시피 지금 선유구곡 일대의 칠송정(七松亭)과 선유동(仙遊洞)이 포함돼있다. 그러나 김진옥이 초했다는 화양구곡도는 세상에 드러나지 않았고 있다.

또 현전하는 화양구곡 즉 최종 화양구곡의 설정자가 민진원(閔鎭遠, 1664~1736)이라는 점과 그 범위와 명칭을 변경 확정하여 화양구곡을 완성했다는 사실을 알 수 있다. 이는 권섭의 「화양구곡도설(華陽九曲圖說) 후기(後記)」를 통해 알았다. 그는 경천벽(擎天壁)을 1곡으로, 운영담(雲影潭)을 2곡으로, 읍궁암(泣弓巖)을 3곡으로, 금사담(金沙潭)을 4곡으로, 능운대(凌雲臺)를 5곡으로, 첨성대(瞻星臺)를 6곡으로, 학소대(鶴巢臺)를 7곡으로, 와룡암(臥龍巖)을 8곡으로, 파곶(巴串)을 9곡으로 변경 확정했다. 이리하여 오늘날의 화양구곡이 완성되었다. 또한 권상하가 포함시켰던 화양구곡 중 칠송정(七松亭)과 선유동(仙遊洞)이 제외했다는 사실을 알 수 있다. 그 후 화양구곡에서 제외된 선유동(仙遊洞)에 김시찬(金時粲 1700~1767) 등이 1752년 선유구곡(仙遊九曲)을 설정했다. 이런 과정을 거쳐 완성된 화양구곡은 노론의 세력을 결집하는 장소로 그후 기호 사림의 성지가 되었다.

민진원(閔鎭遠 1664~1721)이 최종 화양구곡 9개 곡(曲)의 범위와 명칭을 확정한 시기는 1721년 이후 1727년 이전 어느 시기이다. 지금 우리는 화양구곡 제5곡을 '첨성대(瞻星臺)'로, 제6곡을 '능운대(凌雲臺)'로 알고 있다. 화양구곡 제5곡을 '능운대(淩雲臺)'로, 제6곡을 '첨성대(瞻星臺)'로 바로 잡아야 한다.

지금껏 실물과 기록상에서 확인한 화양구곡도(華陽九曲圖)는 9종이다. 실물이 발견된 것은 다음 3종이다. 그 하나는 1809년 계서(溪墅) 이형부(李馨溥 1791~1851)가 그린 것이다. 이는 송준호가 소장하고 있다. 정은주는 「화양구곡도를 통해본 우암 학통의 계승 양상」이라는 논문 147면에서 이형부가 화양구곡도 제9곡 화면 좌측 하단에도 "己巳冬溪墅作"이라 쓴 친필을 "己巳冬溪墅作"이라 판독하여 『화양구곡도』를 그린 연도를 1845년이라 보았다. 글씨를 다시 보아도 을사(乙巳)가 아니라 기사(己巳)이다. 따라서 이형부가 『화양구곡도』를 그린 연도는 1845년이 아니라 1809년이 옳다. 다른 하나는 본고에 소개하는 충북대박물관소장 『화양구곡도』이다. 권섭의 「화양구곡도설후기(華陽九曲圖說後記)」와 「제화양구곡도하(題華陽九曲圖下)」를 통해 권신응이 화양구곡도를 그렸다는 사실을 알았다. 필자는 전반적인 근거로 볼 때 1756년 권신응이 그린 것으로 본다. 세 사람 모두 노론계 인물들이다. 따라서 화양구곡도는 노론계의 학통계승의 회화적 표상화로 제작된 것이다. 김녹휴(金祿休)가 소장했던 화양산수병(華陽山水屛)과 안씨(安氏)가 소장한 화양구곡도(華陽九曲圖)는 아직 존재가 확인되지 않은 듯하다. 또 다른 하나는 조선민화박물관에 화양팔곡도 병풍이 소장돼있는데 동은(東隱)이라는 호(號)를 쓰는 사람이 그렸다.

본론에서 충북대박물관 소장 『화양구곡도(華陽九曲圖)』가 권신응이 그렸다고 볼 수 있는 다양한 근거를 제시했는데 요약해본다.

첫째, 권섭의 글에 권신응이 화양구곡도를 그렸다는 내용이 세 군데 있다.

㉮ 「화양구곡도설후기(華陽九曲圖說後記)」

㉯ 「제화양구곡도하(題華陽九曲圖下)」

㉰ 「화양구곡시(華陽九曲詩)」

둘째, 글씨를 대조한 결과이다.

㉮ 충북대박물관 소장 『화양구곡도(華陽九曲圖)』말미에 붙인 「화양시별집」에 그림과 글씨를 권상하의 진적이라 했다. 필적을 대조해 본 결과 권상하의 필적이 아니다. 그러나 권상하 후손이 그렸으며 권상하 직계 후손이 소장했던 것은 확실하고 분명하다.

㉯, 충북대 소장 화양구곡도 별집의 시를 적은 글씨체와 그림에 금사담 등 곡의 명칭을 써넣은 예서체가 같은 사람의 글씨로 보인다.

㉰, 2009년 2월 29일 토요일 서예가 신상철선생에게 감식을 의뢰했는데, 감식한 말이다.

"『화양구곡도(華陽九曲圖)』의 빨간 글씨로 쓴 해서(楷書)는 『화양구곡도(華陽九曲圖)』의 먹으로 쓴 예서와 서법(書法)과 서풍(書風)이 다르다."

셋째, 『화양구곡도(華陽九曲圖)』를 변조한 증거가 화폭에 남아있다.

㉮, 『화양구곡도(華陽九曲圖)』의 작자는 화폭에 경천벽(擎天壁) 등 9개 곡의 명칭만 적고, 9개 곡 현장의 바위에 새겨놓은 화양수석(華陽水石) 등 글씨를 적어 놓지 않았다. 그런데 변조자가 붉은 색으로 9개 곡 현장의 바위에 새겨놓은 글씨를 적어 놓지 않았다.

㉯, 충북대 소장 『화양구곡도(華陽九曲圖)』를 변조했다는 점을 부인할 수 없는 결정적 단서가 있다. 화양구곡 제4곡 금사담 우측 수직의 암벽에 "창오운단(蒼梧雲斷), 무이산공(武夷山空)"을 새겨놓았다. 맞은편 개울 건너에서도 알아볼 정도로 크게 썼다. 필자가 2001년 이를 암각 한 글씨를 탁본했다. 그 좌측에 "우팔자(右八字) 즉 노선생서증아증조문순공자야(卽老先生書贈我曾祖文純公者也), 의전어차산(宜傳於此山). 근부원유사임상주[어석주]모각(謹付院有司任相周[魚錫疇]摸刻). 숭정삼임오(崇禎三壬午), 후학(後學) 권진응지(權震應識)."라 새겨놓았다. 작아서 맞은편 개울 건너에서는 보이지 않는다. 새긴 연도인 숭정(崇禎) 삼임오(三壬午)는 권진응(權震應 1711~1775)의 생몰년대와 간지로 보아 1762년이 분명하다. 앞에서 보았듯이 권신응이 그린 화양구곡도(華陽九曲圖)는 1756년에 그렸다. 이 『화양구곡도(華陽九曲圖)』의 변조하고 가필한 사람은 바위에 '창오운단무이산공(蒼梧雲斷武夷山空)'이라는 글씨를 새겨놓은 연도까지 새겨놓은 사실은 미처 인지하지 못한 것 같다. 이로보아 권씨는 '창오운단(蒼梧雲斷), 무이산공(武夷山空)'이라는 글씨를 가필한 것이 확실하다. 뿐만 아니라 붉은 글씨는 모두 가필한 것으로 봐야한다.

㉰, 곡(曲)의 순서가 민진원이 정한 곡의 순서대로 배열되지 않았다. 제9도에 구곡(九曲)이라는 글씨는 올렸다가 1mm 정도 아래로 옮겨 붙였다. 곡의 명칭을 써놓은 부분은 거의 그렇다. 전반적으로 변조가 확실하다.

넷째, 권신응의 운필법을 살펴보기로 하자.

㉮, 소나무를 그릴 때 소나무 원줄기 밑둥을 그릴 때 원줄기 보다 밑둥을 약간 뭉툭하게 운필했다.

㉯, 솔잎을 그릴 때에 솔잎을 상세히 그리지 않고 가로 줄을 긋듯이 그려 소나무라는 사실만을 알 수 있게 상징적으로 그렸다.

㉰, 산봉우리와 바위도 뾰족하게 날카롭게 그리지 않고 둥그스름하게 유연하게 그렸다.

㉱. 충북대박물관 소장 『화양구곡도』에 소나무와 솔잎 그리고 바위를 그린 붓놀림과 권신응이 그린 『모경훙기첩』에 수록돼있는 「내선유동」, 「외선유동」, 「어랑도」의 붓놀림이 같다고 본다. 즉 소나무 잎을 그릴 때에 솔잎을 상세히 그리지 않고 가로 줄을 긋듯이 그려 소나무라는 사실만을 알 수 있게 상징적으로 그렸다. 산봉우리와 바위도 뾰족하게 날카롭게 그리지 않고 둥그스름하게 유연하게 그렸다.

㉲. 『모경훙기첩』에 수록돼있는 「내선유동」, 「외선유동」, 「어랑도」는 1744년 권신응이 청년시절에 그리고 충북대박물관 소장 『화양구곡도』는 1756년에 그렸다. 『모경훙기첩』에 수록된 그림은 전체적인 붓놀림을 같은데 편안한 마음으로 그려 마음껏 붓을 휘둘렀다. 충북대박물관 소장 『화양구곡도』는 증조부 권상하와 송시열, 민진원 등 선현들과 관련이 있는 곳이라 긴장된 상태에서 조심스럽게 그리다보니 붓을 느리게 놀려 자유분방한 느낌이 적다. 그 대신 차분하고 정중하게 조심스럽게 그린 느낌이 있다.

다섯째, 충북대 소장 『화양구곡도』에 첨성대 등 곡의 명칭을 예서(隸書)로 썼다. 본래 예서는 정중하게 자신을 낮출 때 쓰는 서체로 알려졌다. 화양구곡이 권신응의 선조 권상하와 절대적으로 밀접한 관련이 있는 곳이다. 권신응은 자기가 그린 화양구곡도가 권상하가 정한 화양구곡이 아니고 민진원이 정한 화양구곡이라고 하더라도 송시열 등 훌륭한 선현들이 이룩한 성지라는 의식을 했을 것이다. 그래서 곡의 명칭을 예서로 쓴 것으로 본다.

여섯 째, 진준현은 「화양구곡도연구」라는 논문에서 충북대박물관 소장 『화양구곡도』가 사실적이지 못하고 비사실적이기 때문에 권신응의 그림이라고볼 수 없다고 했다. 권신응이 그린 「외선유동(外仙遊洞)」을 보자. 「외선유동(外仙遊洞)」 현장과 대조해보면 「외선유동(外仙遊洞)」이라는 글씨를 써넣지 않았다면 「외선유동(外仙遊洞)」 어디를 그렸는지 알 수 없다. 현장과 똑같게 사실적으로 그리지 않고 상징적으로 윤곽을 그렸다고 본다. 이미 앞에서 살펴보았듯이 필자가 보기엔 충북대박물관 소장 화양구곡도와 권신응이 그린「만폭동」,「구룡폭」,「구랑호」,「양산사」,「외선유동」,「내선유동」의 운필법이 같다고 본다. 즉 산봉우리를 각이 지게 그리지 않고 거의 둥그스름하게 그렸다. 충북대박물관 소장『화양구곡도』도 산봉우리를 둥그스름하게 그렸다.

이런 전반적인 정황으로 볼 때 필자는 충북대박물관 소장『화양구곡도』는 권신응이 그린 그림이라고 단정해도 무리가 아니라고 재주장한다. 아울러 이『화양구곡도』는 이후 화양구곡도를 그리게 하는 전범이 되었다고 화양구곡도사적(華陽九曲圖史的) 의미를 부여할 수 있다. 이는 존화양이의식(尊華攘夷意識)과 도통계승의식(道統繼承意識)을 그림으로 표현한 것이다.

『화양구곡도(華陽九曲圖)』는 충북대학교박물관에 소장되어있다. 소장처를 제시하지 않고 무단 전재 복사할 수 없다. 연구할 수 있도록 사진을 제공해준 충북대학교박물관에 감사한다.

4. 조선민화박물관 소장 동은(東隱)의『화양팔곡도』

조선민화박물관은『화양팔곡도』를 소장하고 있다. 8폭의 병풍이다. 필자가 조선민화박물관 소장『화양팔곡도』의 존재를 알게 된 것은 2018년 9월 경 진준현의「화양구곡도 연구」[54]라는 논문 26면을 통해서다. 진준현은 화양구곡도라 기술했다. 이『화양팔곡도』를 제외한 화양구곡도가 7종이라는 사실을 필자가「화양구곡도(華陽九曲圖)와 하시찬(夏時贊)의 화양구곡병풍시(華陽九曲屛風詩)에 대한 고찰」[55]이라는 논문에서 제시했다. 조선민화박물관 홈페이지에 들어 가보았다. "소장유물소개" 항에『화양팔곡도』라 했다. 그 내역을 살펴보자.

> 관리번호 : C-1-2-27. 작품명 : 화양팔곡도. 분류 : 산수화.
> 규격 : 52 X 36. 수량 : 8. 재질 : 지본. 채색 : 수묵담채.

---

54) 진준현,「화양구곡도연구」,『한국고지도연구』제9권 제2호, 한국고지도연구학회, 2017, 5~29면.
55) 현재 학계에 보고된 실물과 기록에 나타난 화양구곡도와 화양구곡병풍에 대해서는 다음 논문을 참고했다. 이상주(李相周),「화양구곡도(華陽九曲圖)와 하시찬(夏時贊)의 화양구곡병풍시(華陽九曲屛風詩)에 대한 고찰」,『고전과 해석』제 21집, 고전문학한문학연구학회, 2016, 221~222면.

위의 내용에 "수량: 8"이라 한 것을 보면 현재 화양구곡 9개 곡(曲) 중에 병풍용으로 8개 곡을 그린 것으로 보인다. 올려놓은 사진은 흐려서 전모를 정확히 알아보기가 힘이 들었다. 작가와 작자에 대해서는 소개되어 있지 않았다. 2018년 1월 30일 수요일 부득이 박물관에 문의하였다. 조선민화박물관 오석환관장이 연구에 참고하라고 배려하여 해상도가 좋은 사진을 이메일로 보내주었다. 그리하여 화폭에 써넣은 글씨와 인장의 내용과 그린 사람의 호(號)가 동은(東隱)이라는 사실을 알게 됐다.

조선민화박물관 소장 『화양팔곡도』에는 화제(畵題)로 이형부가 그리고 써놓은 「제화양구곡도(題華陽九曲圖)」[56]의 내용을 적어놓았다. 이형부의 『화양구곡도』에 대해서는 필자가 「이형부(李馨溥)의 「화양구곡도(華陽九曲圖)」에 대한 고찰」[57]에서 논했다. 제1곡 경천벽과 제4곡 금사담을 대비해 살펴보기로 하자.

먼저 제1곡 경천벽을 대조해 보자.

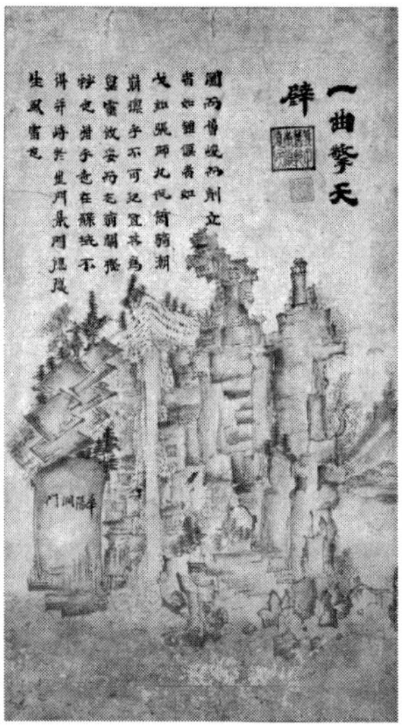

좌측 사진: 송준호 소장 이형부의 화양구곡도 제1곡 경천벽
우측 사진: 조선민화박물관 소장 동은(東隱)의 화양팔곡도 제1곡 경천벽

56) 李馨溥, 『溪墅稿』, 「題華陽九曲圖」[이세찬(李世燦), 『한산세고(韓山世稿)』24책, 권45, 계서고(溪墅稿)], 국립중앙도서관. 이형부(李馨溥), 『계서고(溪墅稿)』, 『한국역대문집총서』572, 경인문화사, 1993.

57) 이상주, 「華陽九曲圖와 夏時贊의 華陽九曲屛風詩에 대한 고찰」, 「고전과 해석」 제21집, 고전문학한문학연구학회, 2016, 205~239면. 이상주, 「李馨溥의 「華陽九曲圖」에 대한 고찰」, 『온지논총』제56집, 온지학회, 2018, 41~76면.

송준호 소장 이형부의 『화양구곡도』 제1곡 경천벽을 그린 그림에는 우측 상단 "일곡(一曲)"이라 쓰고 바위에 "경천벽(擎天壁)"이라 써넣었다. 그런데 조선민화박물관 소장 동은(東隱)의 『화양팔곡도』에도 제1곡 경천벽에 우측 상단에 "일곡 경천벽(一曲 擎天壁)"이라 먹으로 썼다. 그 옆에 "기자구방 숭정유민(箕子舊邦 崇禎遺民)"이라 인장(印章)과 "동은(東隱)"이라 전서(篆書)로 새긴 네모난 인장을 적색 인주로 찍어놓았으며 바위에는 곡(曲)의 명칭을 써넣지 않았다. 이형부가 그린 『화양구곡도』 제9곡 그림 좌측 하단에 "기사동 계서작(己巳 冬 溪墅作)"이라 먹으로 썼다. 바로 그 아래 '기자구방(箕子舊邦) 숭정유민(崇禎遺民)'이라는 네모난 인장을 인주로 찍었다. 앞표지 다음에 송낙헌(宋洛憲 1891~1944)이 '소파산인 경장(小巴山人 敬藏)'이라 붓으로 적고 '소파산인 대명헌 송낙헌(小巴山人 大明軒 宋洛憲)'이라는 네모난 인장을 적색으로 찍었다. 이런 정황으로 보아 조선민화박물관 소장 『화양팔곡도』를 그린 동은(東隱)은 이형부가 그린 『화양구곡도』의 체제를 모방하여 그렸다고 보아야한다.

2~8곡은 "이곡 운영담 동은(二曲 雲影潭 東隱)"이라고 곡의 순서와 곡의 명칭 그리고 "東隱"이라 전서로 새긴 인장을 적색으로 찍었으며 성명을 써넣지 않았다. 현재 필자가 조사한바 작자의 성명을 알아내지 못했다.

제1곡 경천벽을 읽어보자.

> "圜而層峻而削立者如弋, 偃者如鎧如張. 師九伐酋, 騎潮崩懍乎. 不可犯, 宜其爲皇靈攸妥, 而尤翁擅慳秘也. 惜乎! 地在鰈域, 不得幷峙於魚腹. 浦生門, 景門隱, 隱生風雹也. 右擎天壁."

다음과 같이 번역해본다.

> 둘러싼 층암절벽 높게 깎아지른 모양은 주살 같고, 드리워진 모습은 갑옷을 펼쳐놓은 것 같네. 육사(六師)가 괴수를 징벌했는데 조류를 타고 위엄을 무너뜨리겠는가? 범할 수 없는 것은 의당 황제의 영령이 있어 당연하게 된 것이니, 우옹이 오로지 아끼고 비밀로 여겼다. 애석하다! 화양의 땅이 우리나라[접역(鰈域)]에 있어 고기의 뱃속에 아울러 우뚝하지 않으니 포구가 생문(生門)이 되고 경문(景門)이 숨겨져 있으니, 숨겨진 곳에서 바람과 우박이 생겨나네.58)

이형부는 경천벽에 명(明)나라 황제의 업적과 우암의 숭명의식(崇明意識)에 대한 비유했다.

이번엔 제4곡 금사담을 대조해 보자.

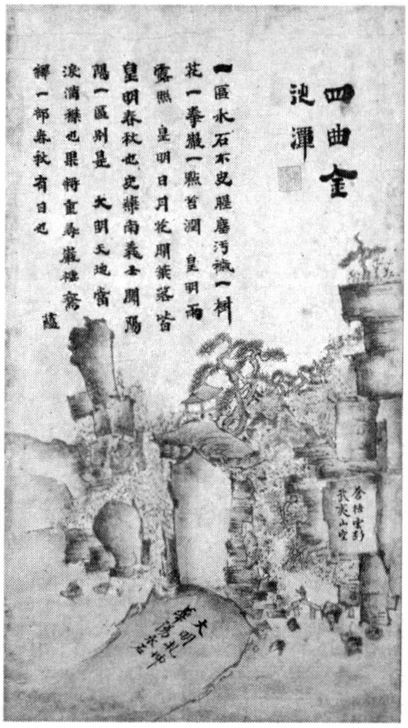

좌측 사진: 송준호 소장 이형부의 화양구곡도 제4곡 암서재
우측 사진: 조선민화박물관 소장 화양팔곡도 제4곡 금사담

민진원(閔鎭遠 1664~1736)이 현재 전하는 화양구곡 9개 곡의 명칭을 정하고 바위에 전서로 새겼다. 송준호 소장 이형부의 『화양구곡도』 제4곡은 암서재라 우측 상단에 써넣었다. 이형부가 그린 『화양구곡도』는 이형부는 제4곡 그림 좌측 중간 바위에 금사담이라 써넣었다. 그리고 그림 좌측 상부에 금사담(金沙潭)에 대한 제문(題文)을 적어놓으면서 그 말미에 금사담(金沙潭)이라 적어놓지는 않았다. 그런데 이형부는 그의 문집 『溪墅稿』, 「題華陽九曲圖」에는 제4곡에 대한 제문(題文)에 "우암서재(右巖棲齋)"라고 표기했다. 그 이유는 우암 송시열이 장수유식한 장소라는데 높은 의미를 둔 것으로 볼 수 있다. 조선민화박물관 소장 『화양팔곡도』의 작자 동은은 우측 상단에 "사곡 금사담(四曲 金沙潭)"이라 써넣었다.

58) 李馨溥, 「題華陽九曲圖」, 『溪墅稿』.

一區水石, 不使腥塵汚穢, 一樹花一拳巖一點苔潤明天, 雨露照明天日月, 花開葉落, 皆明天春秋也. 使燕南義士, 聞華陽一區, 別是大明天地, 當淚漏襟也. 異日重過巖棲齋, 溫繹一部春秋有日也. 右巖棲齋.

위의 문장을 다음과 같이 번역해본다.

한 구역의 수석이 오랑캐의 비린내 나는 먼지로 더럽혀지지 않으니 하나의 나무와 꽃, 주먹크기 만한 하나의 바위, 한 점의 이끼가 명나라의 하늘을 윤택하게하고, 비와 이슬이 명나라의 해와 달을 비치니, 꽃이 피고 잎이 지는 것이, 모두 명나라 하늘의 봄과 가을이다. 연경 남쪽 의로운 선비로 하여금 화양구곡 한 구역에 별도로 대명의 천지가 있다는 것을 듣게 하면 마땅히 눈물로 옷깃을 적시리라. 다른 날 거듭 암서재를 지나면 춘추(春秋) 1부를 온역(溫繹)[59]하는 날이 있으리라. 암서재.[60]

여기서 이형부는 우암이 화양구곡에 '존화양이(尊華攘夷)'사상을 성지화(聖地化) 시각화한 업적을 찬양했다.

이제 조선민화박물관은『화양팔곡도』을 그린 연도를 규명해보기로 하자. 이형부(李馨溥 1791~1851)의『계서고(溪墅稿)』,「제화양구곡도(題華陽九曲圖)」가 일반인이 열람할 수 있게 된 연도에 대해 알아보자. 이덕사(李德泗 1581~1636)의 아들 이태연(李泰淵 1615~1669)이 지금 충남 공주시 장기면 평기(坪基)에 터를 잡아 대대로 살았다. 그렇게 한 이유는 그가 공주현감과 당진현감을 지냈기 때문에 그곳에 정착한 것으로 보인다. 이태연(李泰淵)의 증손자 이사질(李思質 705~?)이 공주(公州)의 정계(淨溪)[61]에 새로 터를 잡아 그 다음 자손으로 이어졌다. 이덕사(李德泗)의 5대 손 이규상(李奎象 1727~1799)은 태성장구곡을 설정하고「태성장구곡가」를 지었다. 이규상의 7대손 이세찬(李世燦 1985~1961)은 1935년 이사질부터 대대로 남긴 시문집을『한산세고』라는 거질(巨帙)로 간행했다. 이후 이형부의『계서고』가 일반인

59) 온역(溫繹): 심오한 글뜻을 연구 해석하는 것.

60) 李馨溥,『溪墅稿』,「題華陽九曲圖」. "一區水石, 不使腥塵汚穢, 一樹花一拳巖一點苔潤明天, 雨露照明天日月, 花開葉落, 皆明天春秋也. 使燕南義士, 聞華陽一區, 別是大明天地, 當淚漏襟也. 異日重過巖棲齋, 溫繹一部春秋有日也. 右巖棲齋."

61) 충남 공주시 장기면 대교리 2구 148번지(지금 세종특별자치시 장군면 대교길 11-15)이다. 대지 면적은 약 2000평 정도라고 한다.

의 열람이 가능해졌다고 보아야한다. 필자가 이형부(李馨溥)의 「화양구곡도(華陽九曲圖)」에 대한 고찰」이라는 논문에서 처음 소개했다. 외람되지만 조선민화박물관 소장 『화양팔곡도』를 그린 동은(東隱)은 전반적인 상황으로 보아 위에 제시한 이형부(李馨溥 1791~1851)의 『계서고(溪墅稿)』, 「제화양구곡도(題華陽九曲圖)」를 보았을 가능성은 낮다고 본다.

이형부가 그린 『화양구곡도』는 처음 공식적으로 학계에 소개된 연도는 다음과 같다. 2007년에 간행된 『2006·2007 동춘당(同春堂)·우암(尤庵) 선생 탄신400주년 기념 - 송준길(宋浚吉) 송시열(宋時烈)』[62]이다. 그 개요는 다음과 같다.

이형부의 화양구곡도. 1809년작. 38cm× 25.5cm 전 연세대 국문과 교수 송준호 소장. 2007년 최초로 공개

이렇듯 2007년 전시하고 영인하여 도록을 발간한 이후 일반인들의 열람이 가능해졌다.

다음은 송준호 소장 이형부의 『화양구곡도』와 조선민화박물관 소장 동은(東隱)의 『화양팔곡도』도 화폭에 써넣은 글씨와 그 위치에 대해 대조해보기로 하자.

송준호 소장 이형부의 『화양구곡도』와 조선민화박물관 소장 동은(東隱)의 『화양팔곡도』의 비교표

	송준호 소장 이형부의 『화양구곡도』		조선민화박물관 소장 동은(東隱)의 『화양팔곡도』 병풍	
제 1 곡 경천벽	우측 상단 一曲이라 써넣음	바위에 擎天壁이라 써넣음	우측 상단 '一曲 擎天壁'이라 써넣고, '箕子舊邦 崇禎遺民 東隱'이라는 전서 인장을 찍음	바위에 곡의 명칭을 써넣지 않음
제 2 곡 운영담	우측 상단 二曲이라 써넣음	바위에 雲影潭이라 써넣음	우측 상단 '二曲 雲影潭'이라 써넣고, '東隱'이라는 전서 인장을 찍음	바위에 곡의 명칭을 써넣지 않음
제3곡	우측 상단 三曲이라 써넣음	바위에 泣弓巖이라 써넣음	우측 상단 '三曲 泣弓巖'이라 써넣고, '東隱'이라는 전서 인장을 찍음	바위에 곡의 명칭을 써넣지 않음
제 4 곡	우측 상단 四	바위에 金沙潭	우측 상단 '四曲 金沙潭'이라 써넣고,	바위에 곡의

62) 예술의전당 서울서예박물관, 예술의전당 한국서예사특별전 26 『2006 · 2007 동춘당(同春堂) · 우암(尤庵) 선생 탄신400주년 기념 - 송준길(宋浚吉) 송시열(宋時烈)』.2007, 1~333면. 전시기간 2007년 12월13일부터 2008년 2월 24일까지.

금사담	曲이라 써넣음	이라 써넣음	'東隱'이라는 전서 인장을 찍음	명칭을 써넣지 않음
제 5 곡 첨성대	우측 상단 五曲이라 써넣음	바위에 瞻星臺라 써넣음	우측 상단 '五曲 瞻星臺'라 써넣고, '東隱'이라는 전서 인장을 찍음	바위에 곡의 명칭을 써넣지 않음
제 6 곡 능운대	우측 상단 六曲이라 써넣음	바위에 凌雲臺라 써넣음	우측 상단 '六曲 凌雲臺'라 써넣고, '東隱'이라는 전서 인장을 찍음	바위에 곡의 명칭을 써넣지 않음
제 7 곡 와룡암	우측 상단 七曲이라 써넣음	바위에 臥龍巖이라 써넣음	우측 상단 '七曲 臥龍巖'이라 써넣고, '東隱'이라는 전서 인장을 찍음	바위에 곡의 명칭을 써넣지 않음
제 8 곡 학소대	우측 상단 八曲이라 써넣음	바위에 鶴巢臺라 써넣음	우측 상단 '八曲 鶴巢臺'라 써넣고, '東隱'이라는 전서 인장을 찍음	바위에 곡의 명칭을 써넣지 않음
제 9 곡 파곶	우측 상단 九曲이라 써넣음	바위에 巴串이라 써넣음	그리지 않음	그리지 않음

위에서 살펴본 바와 같이 전반적인 정황으로 보아 조선민화박물관이 소장하고 있는 『화양팔곡도』를 그린 동은(東隱)은 이형부가 그린 『화양구곡도』를 보고 모방하여 그렸다고 보아야한다. 그 이전엔 전반적인 상황으로 보아 개인이 송준호가 소장한 이형부가 그린 『화양구곡도』를 보기가 힘들었을 것으로 여겨진다.

2019년 2월 7일 목요일 오후에 조선민화박물관 오석환관장과 전화로 통화한 내용이다. "동은이 그린 화양팔곡도를 구입한 날짜가 2006년 1월 27일이다. 소장하고 있는 다른 유물과 함께 전문가들에게 감정을 의뢰한 결과 지질 안료 등을 기준으로 감정한 19세기 초에 그린 것으로 판정했다고 한다. 전반적인 상황으로 보아 조선민화박물관 소장 『화양팔곡도』는 구입한 날짜 이전 2~3년 전에 그렸다고 볼 수 있다." 이런 상황을 감안해볼 때 『화양팔곡도』그린 최하한연도는 2006년 이전은 확실하다고 보아야한다. 2019년 2월 12일 화요일 조선민화박물관 오석환관장이 정은주의 논문 파일을 메일로 보냈다. 필자가 잘못 검색해서 그런지는 얼마 전까지 인터넷에서 검색되지 않았다. 2018년 12월 말일에 간행된 논문집이라 인터넷에는 늦게 올라가는 경우가 있다.

정은주는 「화양구곡도를 통해본 우암 학통의 계승 양상」이라는 논문에서 東隱에 대해 다음과 같이 추정했다. "東隱은 한말 안동의 의병으로 활동한 李中彦(1850~1910)의 호로 추정된다. 이중언은 1879년(고종16)에 문과에 급제하여 정언, 지평 등을 지냈으나, 1882년에 벼슬을 버리고 봉화로 내려왔다. 1895년 明成皇后가 시해되고 단발령이 내려지자 의병을 일으켜 활약하였고,

1910년 경술국치 때 순국하였다. 집안 숙부인 향산 李晩燾(1842~1910)는 18세에 안동권씨 權承夏의 딸과 혼인한 뒤 처부 權承夏와 처숙부 頤齋 權璉夏의 문하에 출입하였다."[63] 위에서 필자가 조사확인하여 제시한 근거로 볼 때 연대와 부합되지 않는다.

5. 권신응(權信應)의 「황강구곡도(黃江九曲圖)」

이번엔 현재 드러나지는 않았으나 문헌에 기록돼있는 황강구곡도(黃江九曲圖)를 살펴보고자 한다. 황강구곡을 설정한 권섭(權燮 1671~1759)의 「황강구곡도기(黃江九曲圖記)」를 살펴보자.

> 수(數)는 1에서 시작해서 9에서 다하는데, 9는 용덕(龍德)의 수이다. 예로부터 성현이 거처에 반드시 구곡의 이름이 있다. 예컨대 율곡의 고산구곡(高山九曲)·우옹(尤翁)의 화양구곡(華陽九曲)·운옹(雲翁)의 곡운구곡(谷雲九曲)은 그 연원이 다해 멈추었다. 예컨대 주자의 무이구곡은, 아름다운 곳이 다하는데서 멈추고, 퇴계옹(退溪翁)의 「도산십이곡(陶山十二曲)」은, 승경이 다하지 않은 곳에서 멈출 수 없어 그래서 9라는 숫자에 구애받지 않았다. … 즉 나의 백부 한수재선생(寒水齋先生)이 황강에 거처했다. … 손잡고 마주 보며 아아(雅兒) 신응(信應)에게 황강구곡도를 그려내게 하고, 이 글을 아래쪽 윗머리에 쓰고 가시(歌詩)를 지어 그것을 베껴서, 무이(武夷)와 고산(高山)의 족자를 쌍벽에 마주보게 걸어 놓고 날마다 '추월조한수(秋月照寒水 가을 달이 차가운 물에 비치네)'라는 구절을 읊조린다. 숭정 후재임신(後再壬申 1752년) 여름날 선생의 조카 옥소산인(玉所山人) 섭(燮)이 82세에 적다.[64]

권섭은 주자·율곡·우암·곡운 김수증(金壽增) 등 앞 시대 도통을 이은 인

---

63) 정은주, 「화양구곡도를 통해본 우암 학통의 계승 양상」, 『조선시대사학보』87, 조선시대사학사학회, 2018,115~161면.

64) 權燮, 『玉所稿』11, 제천본, 「黃江九曲圖記」 다운샘, 2007, 462~465면. "數始於一, 而窮於九, 九者, 龍德之數也. 從古聖賢之居, 泌皆以九曲名. 如栗谷之高山九曲 尤翁之華陽九曲 雲翁之谷雲九曲, 窮其源而止. 如朱子武夷九曲, 窮盡勝處而止, 退溪翁之陶山十二曲, 不可勝未盡而止. 故亦不拘於九數矣. … 卽 我伯父寒水齋先生黃江之居, … 乃手携面令於雅孫信應寫去黃江九曲圖, 書此文於下方而上頭, 又有自作歌詩, 而寫之, 與武夷高山之簇, 對掛之於双壁, 日詠秋月照寒水之句. 崇禎後再壬申夏日 先生從子玉所山人 燮, 八十二歲書."

물이 필수적으로 구곡을 설정했다는 사실을 주목했다. 권섭은 손자 권신응(1728~1787)에게 『황강구곡도』와 『화양구곡도(華陽九曲圖)』를 그리게 했다. 이는 도통의식의 회화적(繪畫的) 계승의 산물이다. 현재 권신응 『황강구곡도』도 세상에 드러나지 않았다. 권신응이 그린 『화양구곡도(華陽九曲圖)』도 드러나기 않았다. 그 외 현재 필자가 확인한 바로는 충북도내에는 타지역에 설정되어있는 구곡을 그린 구곡도는 존재하지 않는 것으로 본다.

6. 이형부(李馨溥)의 『화양구곡도(華陽九曲圖)』에 대한 고찰

1) 머리말

이덕사(李德泗)의 5대손 이규상(李奎象 1727~1799)은 태성장구곡을 설정하고 「태성장구곡가」를 지었다. 이규상의 손자 이원순(李源順)은 화양구곡에 대한 시를 지었으며, 화양구곡도(華陽九曲圖)를 그릴 생각을 했다. 이원순의 아들 이형부(李馨溥 1791~1851)가 1809년에 『화양구곡도』를 그리고 이 그림에 「제화양구곡도(題華陽九曲圖」를 썼다. 이는 도통의식의 회화적 발현이다. 이 그림에 송시열의 10대손 송낙헌(宋洛憲 1891~1944)은 1924년 '화양구곡도(華陽九曲圖)'라 제목(題目)을 썼으며, 그 조부 송달수(宋達洙 1808~1858)가 지은 「화양구곡차무이도가운(華陽九曲次武夷棹歌韻)」 10수를 써넣었다. 이 모두 도통(道統)을 계승 발현한 결과이다. 이렇듯 혼인으로 맺은 두 가문이 여러 대를 거쳐 도통의식을 유지하고 구곡가와 구곡도를 완성한 사례는 학계에 보고된 것 같지 않다.

도통의식(道統意識)은 학파의 결속과 학문의 발전에 지대한 영향을 준다. 구곡은 조선시대 도통의식을 산수자연에 표상화한 대표적인 사례이다.

우암(尤庵) 송시열(宋時烈 1607~1689)은 율곡(栗谷) 이이(李珥 1536~1584)의 서현손(庶玄孫)인 이석(李석[禾+奭])이 그린 「고산구곡도」를 보고, 율곡 이이가 지은 한글 시가(연시조) 「고산구곡가(高山九曲歌)」를 문인 그리고 지인들에게 「고산구곡가」를 한시로 번역하게 했다. 송시열 자신도 한역(漢譯)했으며 손자 송주석(宋疇錫 1650~1692)도 참여하게 했다. 총 9명이다. 이렇게 송시열은 도통의식을 표상화하고 계승시켰다. 이렇듯 율곡 이이의 도통을 계승한 기호사림의 영수 우암 송시열은 기호사림의 도통계승의식을 조성하는데 절대적인 영향을 주었다. 그후 그를 추앙 흠모한 기호사림들은 그의 도통을 계승했으며, 그의 도통의식은 기호사림에 심대한 영향을 주었다.[65)]

권상하(權尙夏 1641~1721)는 초기(初期) 화양구곡 9개의 명칭을 정했다. 권상하의 조카 권섭(權燮 1671~1759)은 화지구곡(花枝九曲)과 황강구곡(黃江九曲)을 설정하였으며 그 구곡시를 지었다. 권섭은 손자 권신응(權信應 1728~1787)이 『화양구곡도』를 그렸다는 기록을 남겼다. 이와 더불어 몇몇 문헌기록을 근거로 하여 필자는 충북대박물관 소장 『화양구곡도』를 권신응이 그린 것으로 보았다.

도통의식(道統意識)에 대한 연구와 도통의식이 구곡도(九曲圖)에 끼친 영향에 대해서는 선행연구가 있다.[66)] 윤진영(尹軫英)은 송시열이 「고산구곡가」의 차운시와 『고산구곡도』를 제작하게 한 목적은 이이를 도통(道統)으로 한 서인계 문사들의 학통적 결속을 도모하여 당시 우위에 있던 서인세력들의 정치적 입지를 더욱 강화하는 데 있는 것으로 간주했다. 조규희는 김수증(金壽增)이 진채로 모사하게 한 『고산구곡도』는 단지 이이의 석담정사(石潭精舍)를 시각화한 것을 넘어 주자에서 이이, 그리고 송시열로 이어지는 서인 노론계의 도통의식을 발현한 것으로 논평했다.[67)] 이상원은 『고산구곡첩』이 노소(老少)대립의 정치상황하에서 정국의 주도권을 확보하고자 하는 당대 노론 핵심세력의 정치적 의도를 핵심적으로 보여주는 작품으로 평가했다.[68)] 김선기(金善祺)는 우암이 율곡의 「고산구곡가」를 한문으로 번역하고, 주자의 「무이도가」의 운을 써서 창작한 것은 주자-율곡-우암을 잇는 주자의 학통을 계승한다는 선언적 의미가 있다고[69)] 보았다.

---

65) 서원과 사당의 명칭에도 도통의식이 반영되어있다. 충북 괴산군 청천면 화양리에 화양서원이 있다. 대로사(大老祠)는 경기도 여주군 여주읍 하리 200-1에 우암을 제향하기 위해 1787년에 세웠으며, 정조(正祖)가 '대로사비(大老祠碑)'라는 글씨를 썼다. 충북 제천시 봉양읍 장담리에 1906년(고종 43) 유림들이 자양서원(紫陽書院)을 창건하여 주자·우암·화서·유중교·유인석 등을 제향한다. 도통사(道統祠)는 충주시 신니면에서 충북 음성군 생극면 차평리로 옮겨 세웠다.

66) 다음 논문에서 구곡도(九曲圖)가 학통계승의 매개체의 역할을 한다는 점을 지적했다. 유준영(兪俊英), 「구곡도(九曲圖)의 발생(發生)과 기능(機能)에 대하여」, 『고고미술(考古美術)』151호, 1981.1~20면. 윤진영(尹軫暎), 「조선시대(朝鮮時代) 구곡도(九曲圖) 연구(硏究)」, 한국정신문화연구원 석사학위논문, 1997, 1~191면.

67) 조규희, 「조선유학의 도통(道統)의식과 구곡도」, 『역사와 경계』61, 2006, 1~24면.

68) 이상원, 「조선후기 「고산구곡가(高山九曲歌)」 수용양상과 그 의미」, 『한민족어문학』제43호, 2003 147~167면.

지금까지 이형부(李馨溥 1791~1851)가 그린 『화양구곡도』에 대한 구곡도 사적(九曲圖史的) 의의에 대해서 논의되지 않은 것으로 안다. 본고에서는 이형부(李馨溥 1791~1851)가 『화양구곡도』를 그리게 된 이유가 도통의식의 계승발현이라는 점을 규명하고 그 구곡문학예술사적 의의를 부여하고자 한다.

2) 이형부가 『화양구곡도』를 그리게 된 배경

(1) 선대(先代)의 혼맥(婚脈)의 영향

이형부(李馨溥)가 『화양구곡도』를 그린 배경을 개략해보기로 한다. 그 8대 선조 이덕사(李德泗 1581~1636)의 딸이 우암(尤庵) 송시열(宋時烈 1607~1689)와 혼인한 사실이 일정한 영향을 주었다고 본다. 이후 그 후손들 간에 세교하면서 도통의식이 지속 공고화됐다고 본다. 이규상은 이덕사의 5대손이다. 본고에서는 두 가문의 혼인 이후 구체적으로 도통의식을 유지계승한 것으로 보이는 이규상부터 그 이후 화양구곡도를 그린 이형부까지 살펴본다.

송시열의 『연보』에 의하면 그는 인조 3년(1625년) 2월, 이덕사의 딸 한산(韓山) 이씨(李氏)와 혼인했다.[70] 우암은 효종의 신임으로 중앙에 진출하기 이전 청주에서 거처한 것으로 보인다. 그간에 이덕사의 딸과 혼인했다. 우암은 한산 이씨와 혼인하고 한 동안 청주에서 거처한 듯하다.

이규상의 5대조 이덕사(李德泗 1581~1636)는 지금 청주시 청원구(2014년 7월 1일 청원군과 통합했다) 주성동 수름재에 살았다. 광해군(光海君) 8년(1616) 병진(丙辰) 증광시(增廣試) 『사마방목』에도 거주지가 서원(西原) 즉 청주로 기재돼있다.

이덕사는 이유청(李惟靑)의 후손인데 이유청이 좌의정을 지내서 '의정공파(議政公派)'라 한다. 이덕사의 아버지 이도(李濤)의 묘표를 송시열이 썼다[71]. 이덕사의 생부인 이도(李濤)의 묘소와 이도(李濤)의 셋째 아우 이준(李浚) 즉 이덕수의 양아버지의 묘소, 이덕수(李德洙)의 형 이덕유(李德游)의 묘소가 지금 청주시 청원구 북일면 묵방리 유토구(柔土邱) 오좌(午坐)에 있다. 이덕사의 형 이덕수(李德洙)의 묘도 청주시 청원구 북일면 묵방리 유토구(柔土

69) 김선기, 「우암 송시열과 고산구곡도가에 보인 향의(向意)」, 『주자학논총』3, 1996, 102면.

70) 宋時烈, 『宋子大全』 附錄卷二 「年譜」. "[天啓五年乙丑] 五年乙丑 先生十九歲 115_204c二月, 聘韓山李氏, 都事諱德泗之女, 牧隱文靖公諱穡之後也."

71) 宋時烈, 『宋子大全』 권 198, 「贈左承旨李公墓表」. a_114_414b.

邱) 미좌(未坐)에 있다. 이덕사(李德泗)의 묘소는 처음 그 아버지 이도(李濤)의 묘소 근처에 썼는데, 1651년 공주시 장기면 평기리(지금 세종시 장군면) 평기리 산42-13번지로 이장했다. 이런 내용은 이태연(李泰淵 1615~1669)의 눌재고(訥齋稿)』, 「선고도사(先考都事) 증이조참판부군묘지(贈吏曹參判府君墓誌)」와 「조고증좌승지부군가장(祖考贈左承旨府君家狀)」 그리고 송시열(宋時烈)의 「증좌승지리공묘표(贈左承旨李公墓表)」 등을 통해 알 수 있다.

이덕사의 아들 이태연(李泰淵 1615~1669)이 지금 충남 공주시 장기면 평기(坪基)에 터를 잡아 대대로 살았다. 그렇게 한 이유는 그가 공주현감과 당진현감을 지냈기 때문에 그곳에 정착한 것으로 보인다.[72] 이태연(李泰淵)의 증손자 이사질(李思質 1705~?)이 공주(公州)의 정계(淨溪)[73]에 새로 터를 잡아 그 다음 자손으로 이어졌다. 세월의 변화로 이규상의 8대손 이도원(李度原 1939~)이 지금 충남 천안으로 이사했다. 이규상의 7대손 이세찬(李世燦 1985~1961)은 1935년 이사질부터 대대로 남긴 시문집을 『한산세고』라는 거질(巨帙)로 간행했다.

송시열과의 혼인한 가문의 내력 등으로 인해, 이형부(李馨溥 1791~1851)는 송시열 이후 그 제자들이 도통의식을 공고히 하는 성지(聖地)로 만든 화양구곡을 『화양구곡도』에 담고 그 도통의식을 담은 것으로 본다.

(2) 가문(家門)의 도통의식(道統意識)의 회화적(繪畵的) 발현

'도통(道統)'은 오늘날의 '학통(學統)' 또는 '학맥(學脈)'과 유사하다. 이규상과 이형부가 도통의식을 계승하게 된 배경을 살펴보자. 먼저 기호사림의 도

72) 1650년(효종 1) 공산현감·수찬을 지내고 낙당(洛黨) 금자점(金自點)의 일파로 탄핵을 받아 파직당하였다가, 1652년 당진현감에 등용되었다.

73) 충남 공주시 장기면 대교리 2구 148번지(지금 세종특별자치시 장군면 대교길 11-15)이다. 대지 면적은 약 2000평 정도라고 한다. 필자는 2015년 4월 4일 토요일 이규상의 9대손 이항수조선일보 사회부차장의 안내를 받아 서울대 국문과 석사과정 안준석(安埈奭), 한국한자문화연구원 김용일(金容一)연구원과 태성장구곡의 위치를 확인하기 위해 답사했다. 먼저 이규상의 생가터를 탐방했다. 전에 있던 건물을 모두 철거하고, 기독교계통의 종교단체에서 '배다니'라는 수련관을 지었다. 소나무 등은 전에 있던 그대로이며 우물 두 개도 전부터 있었던 것이다. 이규상이 '정계(晶溪)'라는 표석을 새겨놓았는데 집안에 보존하고 있다고 한다. 지금은 '정계(淨溪)'로 표기한다. 세종특별자치시 장군면 평기리에 있는 이태연(李泰淵)・이사질(李思質)묘소. 세종특별자치시 대교리 산 46~45번지 날등에 있는 이사질(李思質)・이규상(李奎象)・이장재(李長載)・이원순(李源順)의 묘소에 참배하고, 공주시 의당면 월곡리에 있는 승상(丞相) 김종서(金宗瑞)의 생가터를 탐방했다.

통의식(道統意識)의 형성과정을 살펴보자. 송시열이 도통계승의식을 조장했다. 송시열은 60세 되던 1666년 지금의 충북 괴산군 청천면 화양리 화양동에 거처한 후 81세 되던 1687년까지 수시로 와서 머무르며 제자들에게 강학을 했다. 또한 1674년 의종(毅宗)의 어필 '비례부동(非禮不動)'을 암벽에 새기게 했다. 그의 수제자 권상하(權尙夏 1641~1721)는 1717년 신종(神宗)의 어필 '옥조빙호(玉藻氷壺)'를 새긴 직육면체 돌을 '비례부동' 옆에 홈을 파고 안치했다. 권상하는 만동묘(萬東廟)를 건립하라는 우암의 유지를 받들어, 1704년 두 황제를 배향하는 만동묘를 건립했다. 권상하는 1695년 지금의 충북 괴산군 청천면 귀만리(歸晩里) 만경대(萬景臺) 근처에 우암을 제향하는 화양서원을 세웠었는데[74] 1710년 화양동 만동묘 오른쪽 앞으로 이건했다.

우암이 서거한 후 제자 권상하(權尙夏 1641~1721)와 민진원(閔鎭遠 1664~1736)에 의해 1721년 이후 1727년 이전 오늘날의 화양구곡이 완성되었다.[75] 이후 만동묘와 화양서원이 건립된 화양구곡은 '존주대의', '존화양이' 즉 '숭명배청'의식을 고취앙양하기 위한 성지(聖地)가 되었다.

조선시대 대다수 사대부들이 주자의 성리학적 사유체계와 세계관을 가지고 있었다하더라도 율곡 이전엔 거의 구곡을 설정하지 않았다. 조선후기 기호사림 노론의 영수 우암이 중앙조정에 영향력을 행사하면서 학통의 결속을 강화하기 위해 토통을 정립하고 이를 전승하려 했다. 이후 율곡과 우암을 추앙하고 학통을 계승한 상당 수의 기호사림들은 구곡을 설정하고 구곡시를 짓는다.[76] 이규상도 가문의 영향과 이런 시대의 조류에 부응하여 도통의식이 더욱 견고해졌던 것으로 보인다.

이제 이규상가문의 도통의식을 살펴보자. 선인들이 유교 경전의 문구나 성현과 관련된 내용을 차용하여 이름을 짓거나 건물의 이름을 짓는 것이 그 시대의 관행인데, 이규상의 5대조 이덕사(李德泗 1581~1636)와 그 형 이덕수(1577~1645)도 이름에 존현(尊賢) 도통의식(道統意識)을 반영해서 지었다.

74) 한석수(韓石洙) 외, 『역주(譯註) 화양지(華陽誌)』, 충북대학교 우암연구소, 2007, 296면. "서원사실(書院事實) [부(附) 어필선액사실(御筆宣額事實), 영정도찬(影幀圖贊), 제서원영당호액(諸書院影堂號額), 을해刱건만경대경인이건화양(乙亥刱建晩景臺庚寅移建華陽)]"

75) 이상주, 「'선유팔경(仙遊八景)의 '화양구곡(華陽九曲)'·'선유구곡(仙遊九曲)'에로의 분화변천과정과 기타 관련문제」, 『중원문화논총』 제6집, 충북대학교 중원문화연구소, 2002, 141~161면.

76) 이상주, 「조선후기 산수평론(山水評論)에 대한 고찰-화양구곡(華陽九曲)을 중심으로」, 『한문학보』 제14집, 우리한문학회, 2006, 215~244면. 이상주, 「"구곡문화관광특구"와 그 구곡 설정자들의 학맥」, 『중원문화논총』 제9집, 충북대학교 중원문화연구소, 2007, 101~139면.

이덕사(李德泗 1581~1636)는 5남 2녀중 5형제 중 막내로 바로 위의 형의 이름이 이덕수(李德洙 1577~1645)이다. 수사(洙泗)는 노나라 곡부(曲阜)에 있는 수수(洙水)라는 물줄기와 사수(泗水)라는 물줄기를 아울러 일컫는 말이다.

수사(洙泗)와 관련하여 율곡(栗谷) 이이(李珥)의 「과예안알퇴계이선생황잉정일률(過禮安謁退溪李先生滉仍呈一律)」[77]을 살펴보자.

계분수사파(溪分洙泗派) 시냇물은 수수(洙水)와 사수(泗水)에서 나뉘고
봉수무이산(峯秀武夷山[78]) 산봉우리가 무이산(武夷山)처럼 수려하네.
금회개제월(襟懷開霽月) 마음속은 비 개인 후 떠오르는 달빛처럼 맑고 깨끗하며,
담소지광란(談笑止狂瀾) 대화하며 웃는 소리는 거센 물결을 멈추게 하네.
활계경천권(活計經千卷) 생활의 계획은 경서(經書) 천 권을 보는 일이요
생애옥수간(生涯屋[79]數間) 돌아온 고향 집 방 몇 칸뿐이네.
소자구문도(小子求聞道) 제가 찾아 온 것은 도를 들으려고 찾아 온 것이요,
비투반일간(非偸半日間) 한가롭게 반나절을 허비하려 함이 아닙니다.

율곡의 위시 제1~2구에서도 주자를 숭상하는 것이 당시 도학자의 보편적 현상이라 하더라도 공자와 주자를 흠모하며 그 도통을 계승하려는 의식이 반영되어있다.

이제 이규상(李奎象)의 도통의식을 살펴보자. 이규상이 주자의 도학을 숭상하고 도통의식을 계승하는 데는, 도학적 사유체계가 당시의 주류 기본적 사상이었다 하더라도, 가학과 노론의 영수 송시열의 영향이 상당했을 것으로 본다. 이규상의 『병세재언록』 소재의 인물들이 거의 노론계열이라는 점도 그 하나의 증거이다.

---

77) 이이(李珥), 『율곡선생전서(栗谷先生全書)』권1 에는 제목만 실려 있고 시는 실려 있지 않다. 「연보(年譜)」.무오삼십무오삼십칠년(戊午三十戊午三十七年)선생이십삼세(先生二十三歲) a_044_016c와 『율곡선생전서(栗谷先生全書)』권14 「잡저(雜著)」1 쇄언(瑣言) 044_302a에 시(詩)가 실려 있다.

78) 무이산(武夷山): 중국(中國) 복건성(福建省)과 강서성(江西省)의 경계를 이루는 산으로 주자(朱子 1130~1200)가 학문을 강론하던 문공서원이 있으며 이 계곡에 무이구곡(武夷九曲)을 설정하고 「무이도가(武夷棹歌)」를 지었다.

79) 행장(行裝): 여행할 때 휴대하는 의류 등의 물품인데, 곧 조정에 나가 벼슬하거나 사직하고 고향에 돌아오는 것을 비유하였다.

이규상이 주자를 숭앙하고 도통의식이 강렬했다는 사실은 그 아들 이장재가 지은 「선고참봉부군가장(先考參奉府君家狀)」의 다음 내용을 통해 알 수 있다.

> 또 말씀하기를 "주자의 도학(道學)을 숭상해야한다. 경전의 오묘한 뜻을 명백하게 판명해놓았는데 거듭거듭 얼굴같이 중복(重復)되니 천년토록 길이 제향을 받으리라"했다. 또한 문(文)에는 그 하고자 하는 말을 기록했는데 감정표현[정상(情狀)]이 곡진(曲盡)하고 통창(通暢)함이 광명(光明)한 사람이 주자(朱子)이다.[80]

이렇듯 이규상은 주자의 도학을 숭상하고 그 학문정신과 글쓰기의 장점을 분명히 갈파하고 있었다.

이규상이 생존시에 새겨 놓은 암각문 "정계화석(晶溪花石) 흥가이씨(興家李氏) 초월물외(超越物外)"를 통해서도 그가 우암 송시열을 존모했다는 사실을 알 수 있다. 살펴보기로 하자.

사진: 이규상이 생존시에 새겨 놓은 암각문 "정계화석(晶溪花石) 흥가이씨(興家李氏) 초월물외(超越物外)" 이규상 9대손 이항수 촬영 전송.

---

80) 이장재(李長載), 「선고참봉부군가장(先考參奉府君家狀)」, 『나석관고(蘿石館稿)』, 46면. "又曰 朱子道學尙矣. 經典奧旨, 明白剖判, 申申重複若面, 血食千祀也. 且文能記其所欲言, 曲盡情狀, 光明通暢者, 朱子是爾."

'초월물외(超越物外)'는 박정일(朴貞一)의 「회덕심원기(懷德尋源記)」를 통해 이 글씨가 송시열의 의식을 담은 문구라는 사실을 알 수 있다.

> … 비래암(飛來庵)에 이르렀다. … 암(菴)앞에 옥류각(玉溜閣)이 있다. 우암(尤庵)과 동춘(同春) 두 선생이 도(道)를 강의하던 곳이다. 돌 표면에 큰 글씨로 '초연물외(超然物外)' 사자(四字)를 써놓았는데, 우암(尤庵)의 친필(親筆)이다. 송풍(松風) 나월(羅月)이 비천(飛泉)에 떨어지고 비쳐 일필(一筆)로 형상화하기 어렵다. 내가 그윽한 흥취를 이기지 못해 한 수의 절구에 "추녀 아래 솟아나는 샘물 급히 흐르고, 창 앞에 개인 달이 밝구나. 강학(講學)하고 경전에 통한 뜻은, 사물 밖에 초연(超然)한 정(情)일세"라고 읊었다. 81)

이렇듯 이규상은 송시열의 의식을 담은 문구를 자신의 집에 새겨놓고 물외 한적하게 학문에 몰두했다. 이와 같이 이덕사 가문과 송시열 가문은 혼인관계로 맺어 후손에 이르기 까지 도통의식을 계승발현했다.

이형부(李馨溥)가 『화양구곡도(華陽九曲圖)』를 그리게 되기까지는 가문의 도통의식이 작용했다. 도통계승의식의 회화적 표현으로 봐야한다. 이규상의 손자이자 이형부의 아버지인 이원순(李源順)의 『수헌고(壽軒稿)』에 실린 시를 통해 그의 도통의식을 살펴보자. 이원순(李源順)은 「화양서원(華陽書院)」 6수, 「읍궁암(泣弓巖)」, 「금사담(金沙潭)」, 「암서재차우옹운(巖棲齋次尤翁韻)」, 「능운대(凌雲臺)」, 「환장암(煥章庵)」, 「첨성대(瞻星臺)」, 「학소대(鶴巢臺)」, 「와룡암(臥龍巖)」, 「파곶(巴串)」 등의 시를 지어 구곡적으로 도통을 계승했다. 「화양서원(華陽書院)」 제1수를 읽어보자.

> 『수헌고(壽軒稿)』, 「화양서원(華陽書院)」 제1수
>
> 부자풍천비(夫子風泉[82]悲), 우암선생은 비풍(匪風)·하천(下泉)을 슬퍼하니,

---

81) 朴貞一, 「懷德尋源記」, 『率性齋遺稿』. "… 行至飛來庵 … 菴前有玉溜閣. 尤庵同春兩先生講道之所也. 石面大書 超然物外 四字 乃尤庵親筆也. 松風羅月落下飛泉一筆難形 余不勝幽興乃一絶曰 簷下飛泉急, 窓前霽月明. 講學通經義,超然物外情." 한국학중앙연구원, 한국민족문화대백과의 '옥류각(玉溜閣)' 설명에는 "건물 왼쪽의 암반에 새겨져 있는 '초연물외(超然物外)'라는 각자(刻字)는 송준길의 글씨라고 한다"고 기술했다.

82) 풍천(風泉) : 비풍(匪風)·하천(下泉)의 준말로, 비풍은 『시경(詩經)』 회풍(檜風)의 편명(篇名)이고, 하천은 『시경』 조풍(曹風)의 편명이다. 두 편 모두 주(周)나라 왕실(王室)이 점점 쇠약해짐을 현인(賢人)이 개탄하면서 옛날의 주(周)나라 왕실(王室)을 생각하는 내용이다. 여기서는 명(明)나라를 가리킨다.

수류거불갈(水流去不渴). 물은 흘러가도 마르지 않네.
초혼하의사(楚魂何意思), 초나라 망제혼은 무슨 맘으로,
종야우제읍(終夜又啼泣). 밤새도록 또 울부짖는고?

이런 비풍(匪風)·하천(下泉)의식은 효종이 초석을 놓았는데 영조대에 이르면 당시 사림들의 공론이 되었다.[83] 비풍(匪風)·하천(下泉)은 주(周)나라 왕실(王室)이 점점 쇠약해져가는 것을 현인(賢人)이 개탄하면서 옛날의 주(周)나라 왕실(王室)을 생각하는 내용이다. 여기서는 우암이 명(明)나라가 청나라에게 망한 것을 애통했다는 뜻이다.

「화양서원(華陽書院)」 제3수를 살펴보자.

「화양서원(華陽書院)」 기삼(其三)
선황묘우흘연신(先皇廟宇屹然新), 만동묘 새로 높게 지으니,
대노위충방초민(大老危衷倣楚民). 우암(尤庵)의 높은 충정은 굴원(屈原)을 방불케 하네.
협안유여홍척촉(挾岸猶餘紅躑躅), 언덕을 끼고 오히려 붉은 철쭉 남아돌고,
잔화유대대명춘(殘花猶帶大明春). 남은 꽃 오히려 대 명나라의 봄기운을 띠고 있네.

위에서 보았듯이 이원순은 화양서원 제3수에서 만동묘를 건립한 이유를 숭명사상의 건축적 발현으로 보았다.

다음은「화양서원(華陽書院)」 제4수를 살펴보자.

「화양서원(華陽書院)」 기사(其四)
유신대의시종주(儒臣大義是宗周), 유신(儒臣)의 대의(大義)는 주(周)나라를 조종(朝宗)으로 삼으니,
일념용사구혜수(一念龍蛇舊惠酬). 한결같이 임진란 때 옛 은혜를 갚을 생각했네.

---

83) 『영조실록(英祖實錄)』, 23年(년)(1747 정묘(丁卯) 청 건륭(乾隆) 12年(년) 11월(月) 4일(日)[경인(庚寅)] 1번째 기사. “庚寅 上御晝講, 講『周禮』. 冬至三使臣同入.上曰: “讀朝宗會同之文, 想使臣之所往, 卽皇朝舊地,『風泉』之思, 自不禁矣.” 檢討官李奎采曰: “上有『風泉』之思, 人而不忘『春秋』之義, 然後可以爲人,先正臣宋時烈扶植大義, 使東人昭然知春秋之義, 而時移事遠之後, 承此下敎, 亦可驗先正功效也.”

세계즉금존가한(世界卽今尊可汗), 세계는 즉 지금 청(淸)나라 칸(汗)을 존숭하니,
중원하처독춘추(中原何處讀春秋). 중국 어느 곳에서 춘추(春秋)를 읽겠는가?
천신응호화양댁(天神應護華陽宅), 천신(天神)이 화양댁을 응당 보호해 주리니,
성일장현고묘두(星日長懸古廟頭). 별과 태양이 오래된 사당 머리에 걸려 있네
척강황령여수재(陟降皇靈如水在), 황제의 영령이 물이 있는 것 같이 오르내리고,
사구건정상엄유(斯區乾淨徜淹留). 이곳이 깨끗한 곳에 머무르네.

이원순은 화양서원 제4수에서 임진란 때 원군을 보내주어 우리나라를 재조(再造)하게한 은혜를 갚을 생각했다는 점을 강조했다. 또 조선이 춘추대의를 유지하는 국가이며 만동묘에 중국황제의 영령이 머무르는 곳이라는 점을 묘사했다.

다음은 「환장암(煥章菴)」을 읽어보자.

「환장암(煥章菴)」
단확루전녹음차(丹雘樓前綠陰遮), 붉은 색 누대 앞에 녹음이 드리우고,
석문주책왈장사(石門住策曰將斜). 석문에 지팡이 짚고 머무니 해가 장차 지려하네.
소소향적공림우(疎疎響滴空林雨), 빈 숲속 나리는 빗소리 쏴아 들리고,
점점풍구고동하(點點風驅古洞霞). 오래된 골짝 노을이 점점이 바람에 날리네.
보묵장류선제필(寶墨長留先帝筆), 중국 황제의 보배로운 글씨 오래도록 남아있고,
쇠도유저대명화(衰桃猶著大明花). 시든 복숭아꽃 오히려 대 명나라 꽃으로 드러나네.
산승역해춘추의(山僧亦解春秋義), 산승(山僧)도 또한 춘추의 의리를 이해하여,
화도존주경수차(話到尊周競手叉). 존주(尊周)를 말하며 다투어 손을 마주 잡네.

이원순의 「환장암(煥章菴)」이라는 시를 통해, 중국 신종황제(神宗皇帝)의 글씨인 '비례불동(非禮不動)'과 의종황제(毅宗皇帝)의 글씨인 '옥조빙호(玉藻冰壺)'가 남아있으며, 산승(山僧)도 춘추의리와 존주대의를 알 정도로 존주대의가 당시의 보편적 사조였다는 사실을 알 수 있다.

「화양서원(華陽書院)」 제6수를 통해 이원순이 도통의식의 발현으로 화양구곡도를 그리고 싶어 했다는 사실을 알 수 있다.

「화양서원(華陽書院)」 제6수를 보기로 하자,

「화양서원(華陽書院)」 기육(其六)

일동명승령략진(一洞名勝領略盡), 한 골짝 화양동 명승이 모든 걸 대략 거느리며,
개중하자최사구(箇中何者最斯區). 그중에 어떤 곳이 가장 좋은 곳인가?
암서재하수천척(巖棲齋下水千尺), 암서재 아래 물 천척(千尺)이며,
운한각변도일주(雲漢閣邊桃一株). 운한각 가장자리에 복숭아 한 그루 나 있네.
낙락송음능장일(落落松陰能障日), 휘 늘어진 소나무 그늘 해를 가리며,
능릉석각자성곽(稜稜石角自成郭). 능릉한 암석의 모서리 자연 성(城)을 이루네.
나유해학용면필(那由解學龍眠[84]筆), 어찌 화가(畵家) 용면(龍眠)의 붓 솜씨를 배워,
구곡풍광상진도(九曲風光上盡圖). 구곡의 풍광을 모두 그림으로 그릴꼬?

위 시에서 보았듯이 이원순은 화양구곡을 그림으로 그릴 마음을 가졌다. 이 염원은 그 아들 계서(溪墅) 이형부(李馨溥 1791~1851)가 1809년 『화양구곡도』를 완성함으로서 이루어졌다.[85] 이는 가통으로 이어온 도통계승의식의 회

84) 용면(龍眠): 이공린(李公麟 1049?~1106)의 호(號). 중국 북송(北宋)의 문인화가이다. 박학다식하였으며 불교 이론에도 통하였다. 많은 기자(奇字)를 알고 있어 고증에 능했디. 서예는 진(眞)·행(行)·초(草)에 뛰어나 진송(晉宋)의 풍격을 갖추었다. 그림은 고개지(顧愷之)·육탐미(陸探微)·장승요(張僧繇) 및 전대의 대가들의 화법과 화풍을 연구하여 화가로서 일가를 이루었다.

85) 이형부(李馨溥 17911851)의 『화양구곡도(華陽九曲圖)』는 최종 완성된 현재와 같은 화양구곡을 그린 화양구곡도.이다. 1869년작 38cm×25.5cm - 송준호 소장, 2007년 공개. 2006년 3월 24일 금요일, 필자는 청주시 내덕동에 사는 이항복님의 부탁으로 그의 집에서 그의 아버지가 소장했던 고서를 정리했다. 이때 『한산세고(韓山世稿)』에서 『계서고(溪墅稿)』, 「제화양구곡도(題華陽九曲圖)」를 목격했다. 저자 이형부(李馨溥 1791~1851)와 김진옥(金鎭玉 1659~1736)의 생몰년은

화적 표현인 것이다. 이형부(李馨溥 1791~1851)가 그린 『화양구곡도(華陽九曲圖)』에 우암 송시열의 10대손 송낙헌(宋洛憲 1891~1944)은 1924년 '화양구곡도(華陽九曲圖)'라 제목(題目)을 썼으며, 그 조부 송달수(宋達洙 1808~1858)가 지은 「화양구곡차무이도가운(華陽九曲次武夷棹歌韻)」 10수를 써넣었다. 이렇듯 이규상가문은 누대에 걸쳐 도통의식을 구곡시(九曲詩)와 서예(書藝)와 구곡도(九曲圖)로 구현하여 구곡문학예술을 융성하게 했다.

3) 이형부의『화양구곡도』개괄

이형부(李馨溥)의 『화양구곡도』를 개괄해본다.[86] 이형부의 『화양구곡도』 실물은 앞에 제시한 천연색 사진을 참고하기 바란다. 앞표지 다음에 송낙헌(宋洛憲 1891~1944)이 화양구곡도(華陽九曲圖) '소파산인 경장(小巴山人 敬藏)'이라 행서체로 썼으며 '소파산인 대명헌 송낙헌(小巴山人 大明軒 宋洛憲)'이라는 네모난 인장을 적색으로 찍었다. 다음 장에 화양구곡전도를 그려놓았다. 상단에 '화양전도(華陽全圖)'라 적었다. 그림 중앙에 만동묘와 화양서원과 관련된 부대 건물을 그렸다. 그 만큼 중시했다는 증거다. 이를 통해서도 존주대의 도통의식이 투철했다는 사실을 알 수 있다. 주변의 산을 바위산으로 그리고 그 바위산 정수리에 소나무로 보이는 나무를 빼곡하게 그렸다.

제1곡부터 제9곡까지 그림의 특징을 정리해본다. 제1곡 경천벽도 바위가 쌓여 이룬 수직 암벽으로 그렸다. 정상부에 소나무로 보이는 나무를 촘촘히 그렸다. 오른쪽에 경천벽(擎天壁)이라 적었다. 오른쪽에 화양동문(華陽洞門)이라 적었다. 실제 바위에 새겨놓은 것이다. 화양동문이라는 글씨 오른쪽으로 물줄기가 폭포를 이루는 상황을 그려놓았다. 현장에는 폭포가 없는데 지주석

2008년 5월 15일 목요일 고려족보문화연구원 오재일(吳在鎰)원장이 전화로 알려주었으며, 그후 족보의 복사본을 보내주었다. 이때 이『화양구곡도』가 전시된 적이 있다는 사실도 알려주었다. 2008년 5월 28일 수요일,『2006·2007 동춘당(同春堂)·우암(尤庵) 선생 탄신400주년 기념 - 송준길(宋浚吉) 송시열(宋時烈)』, 예술의전당 한국서예사특별전 26, 2007, 304~305면. 을 통해 도록이나마 이 화양구곡도를 보게 되었다. 여기에 화양구곡 9개 '곡(曲)'에 대해 차례로 설명을 해놓았으나, '곡(曲)'의 순서를 써놓지 않았다.『계서고(溪墅稿)』,「제화양구곡도(題華陽九曲圖)」에 9개 '곡(曲)'마다 산문(散文)으로 '곡(曲)'에 특징에 대해 설명을 써놓았다. 특이한 점은 대개 제4곡을 '금사담(金沙潭)'으로 기술했는데, 제4곡을 '암서재(巖棲齋)'라 했다. 도록을 통해 보니 제3곡과 제4곡에 대한 설명을 써놓은 글씨가 흐리게 퇴색되고 훼손되어 판독이 힘들다.

86) 다음 책에 수록된『화양구곡도(華陽九曲圖)』를 참고했다. 송준길(宋浚吉) 송시열(宋時烈)』, 예술의전당 한국서예사특별전 26[동춘당(同春堂)·우암(尤庵) 선생 탄신400주년 기념], 2007, 74~89면. 303~305면.

(砥柱石)을 연상하여 추상적 의미를 부여한 듯하다.

2곡 운영담이다. 바위가 층층이 쌓인 산이다. 그 정상부에 소나무를 날렵하게 그렸다. 암벽 하단에 실제 새겨져 있는 운영담(雲影潭)이라는 글씨를 적어 넣었다.

제3곡 읍궁암이다. 시냇가 암반위에 비석 즉 읍궁암비(泣弓巖碑)을 표시하고 글씨도 적어 넣었다. 암반에 읍궁암이라는 글씨를 적었다. 역시 주변 산의 정상부에 소나무를 그렸다. 오른쪽 가장자리에 화폭 세로 길이의 반을 차지하게 낙락장송을 그렸다. 우암과 효종의 절개를 상징적으로 그린 것이다.

4곡 금사담이다. 중앙 암반위에 암서재를 작게 그렸다. 암서재 앞에 소나무를 그렸다. 암서재 아래 수직 암벽에 금사담(金沙潭)이라는 글씨를 적었다. 금사담이라 글씨를 적은 양 옆으로 나무를 무성하게 그렸다. 아마도 우암의 학문이 널리 퍼지고 제자들이 많다는 상징인 듯하다. 그 아래 경사진 암반 표면에 45도 비스듬하게 '화양수석(華陽水石) 대명건곤(大明乾坤)'이라는 윤헌주(尹憲柱)의 글씨를 적었다.

제5곡 첨성대 6곡 능운대를 한 폭에 그렸다. 전체가 암벽이다. 화폭 중앙 수직 암벽에 오른쪽부터 왼쪽으로 대명천지(大明天地), 숭정일월(崇禎日月), 첨성대(瞻星臺), 옥조빙호(玉藻氷壺), 비례부동(非禮不動)을 적어 넣었다. 첨성대 정상에도 소나무를 촘촘히 그렸다. 오른쪽 좀 낮은 곳에 나무를 무성하게 그렸다. 왼쪽에 능운대(凌雲臺)라 적었다. 능운대 정상에 네 그루의 소나무를 우뚝하게 그렸다. 만고상청(萬古常靑)하라는 뜻을 의탁했다고 본다.

제7곡 와룡암이다. 아래쪽에 와룡암이라 새겼다. 그 위로 중간지점에 V자로 두 그루의 소나무를 마주보듯이 그렸다. 암벽 정상에도 V자로 두 그루의 소나무를 그렸다. 절개를 지킨 우암이 제갈 량과 대등한 인물이라는 뜻을 그렇게 표현한 것이리라

제8곡 학소대이다. 바위가 층층이 쌓여서 바위산을 이루었다. 정상부에 소나무를 촘촘히 그렸다. 학소대라는 명칭이 걸맞게 하려고 했는지 둥우리로 감싼 듯한 느낌이다. 그런데 학소대(鶴巢臺)라고 글씨를 적은 부분의 바위는 통바위로 규모가 매우 크다. 화폭의 6분의 1정도다. 오른쪽에 직육면체로 된 바위를 5층으로 쌓았다. 맨 위의 바위 즉 다섯 번째의 바위가 1층에 있는 바위보다 커 안정감이 적은데도 불안하게 느껴지지 않게 했다. 그 이유는 다음과

같다. 5층에 있는 바위 옆에 소나무가 나있는 모습을 곁들여 그렸다. 그 모습이 학이 나는 듯하다. 신비로운 곳이라는 느낌을 주려고 그렇게 그린 것 같다. 왼쪽에 작은 폭포를 그렸다. 그 옆에도 소나무를 그렸다. 나무 원줄기 중간쯤에 양쪽으로 나뭇가지를 45도 정도 늘어지게 그려 안정감을 느끼게 한다. 그 나무 꼭대기에 양쪽으로 가지가 수평으로 나있다. 그리고 그 위에 약간 비스듬하게 Y모양의 가지를 그려 마치 새가 나는 듯하다.

제9곡 파곶을 보자. 오른쪽 하단부터 바위를 조밀하게 쌓았다. 그렝이법으로 돌을 쌓은 듯이 그림을 그렸다. 그 위로 개울물이 유유히 너울너울 춤추듯 흐른다. 물 가운데 파곶(巴串)이라 적은 바위가 타원형으로 들어있다. 물살이 거세지 않고 부드러우면서 온화한 느낌을 준다. 이물이 활수(活水)가 되어 하류로 흐른다.

지금껏 살펴보았듯이 이형부의 『화양구곡도』는 전체적으로 바위와 소나무로 구성했다. 바위는 불변한다는 의미를 내포하고 있다. 절개와 지조의 상징으로 지주석(砥柱石)을 염두하고 시에 인용한다. 소나무도 흔히 『논어』「자한(子罕)」 편의 "세한연후(歲寒然後), 지송백지후조(知松柏之後彫)"에 의거하여 절개와 지조를 대변한다. 이형부는 『화양구곡도』에서 바위와 소나무를 통해 우암이 존주대의의 의리와 존화양이의 지조를 중시했다는 점을 비유적으로 묘사했다고 할 수 있다.

이형부의 도통의식은 『화양구곡도』에 이르러 정점에 도달한다. 그의 존주대의의식과 도통의식은 「제화양구곡도(題華陽九曲圖)」와 그림에 찍은 인장에 극대적으로 나타난다. 「제화양구곡도(題華陽九曲圖)」 제9곡 그림 위에 '계서작병제(溪墅作並題)' 끝에 기사동(己巳冬) '계서(溪墅)'라 적고 그 아래에 '기자구방(箕子舊邦) 숭정유민(崇禎遺民)'이라는 네모난 인장(印章)을 적색 인주로 찍었다. 이렇듯 이형부도 존주대의 의식과 도통의식을 인장에 발현했다. 가문적으로 보나 혼맥적으로 보아 당시로서는 지당한 일이다.

『화양구곡도(華陽九曲圖)』 첩으로 만들 때, 송낙헌이 각각의 그림 폭에 그 조부 송달수가 지은 화양구곡에 대한 7언 절구 9곡까지 10수를 써넣었다. 끝에 송달수의 「화양구곡(華陽九曲) 차무이도가운(次武夷棹歌韻)」과 자신이 지은 「서화양구곡도후(書華陽九曲圖後)」라고 행초(行草)로 적었다. 앞표지에 '소파산인(小巴山人)'이라 적고 그 아래 '소파산인(小巴山人) 대명헌(大明軒)

송낙헌(宋洛憲)'이라는 네모난 인장을 적색 인주로 찍었다. '대명헌(大明軒)'이라는 용어에서도 송낙헌의 존주대의 존화양이의식을 알 수 있다. 우암이 '파산노부(巴山老夫)'라 자칭했다. 송낙헌은 우암의 이런 뜻을 본떠 '소파산인(小巴山人)'이라 한 것이다.

송낙헌이 이형부의 『화양구곡도』에 일련의 추기(追記)작업을 한 것은 일제강점기인 1924년이다. 송낙헌이 이렇게 한 이유는 후손들과 동료 지인들에게 전시홍보 효과를 얻기 위해서로 보인다. 이를 통해 그 존주대의의식과 도통의식이 어느 정도인지 짐작하고 남는다.

위에서 보았듯이 송낙헌은 이형부가 화양구곡도 제9곡 그림 위에 '기자구방(箕子舊邦) 숭정유민(崇禎遺民)'이라는 인장을 찍은 것을 보고, 자신과 의식이 일맥상통하는 동질감을 느껴, 그 그림에 자신의 조부 송달수의 「화양구곡(華陽九曲) 차무이도가운(次武夷棹歌韻)」, 그리고 자기의 생각인 「서화양구곡도후(書華陽九曲圖後)」를 적어 존주대의 도통의식을 대외에 천명 확산하고 싶었던 것으로 보아야한다. 송낙헌은 최소한 자기 가문과 학맥인물들의 결속과 단결을 위해 그렇게 한 것으로 보인다. 나아가서는 조선의 국론을 통일하고 백성을 총화 단결시키기 위해 세뇌최면을 걸은 것으로 보아야한다. 이런 행위를 사대 행위나 시대착오적 행위로 매도 치부하는 것도 옳지 못하다고 본다.

일제강점시대 최상의 시대정신이 무엇인가? 주권회복이다. 그렇게 하려면 국론을 통일하고 단결해야한다. 조선말 일제강점기 가장 맹렬하게 척왜(斥倭) 즉 항일운동을 적극적으로 전개한 사람들은 우암의 계승자 화서학맥인물들이 많다. 유중교(柳重教 1821~1893) 유인석(柳麟錫 1842~1915) 최익현(崔益鉉 1833~1907) 이강년(李康秊 1858~1908) 등이다. 존주대의 존화양이의식이 척양(斥洋) 척왜(斥倭)로 발현됐다. 박정희도 찬사와 비판을 동시에 받지만 '반공을 국시(國是)의 제일의로 삼아' 국론을 통일했다. 이렇듯 역사는 동일 양상이 반복된다.

4) 「제화양구곡도(題華陽九曲圖)」의 분석

구곡도나 산수도 또는 기타 그림에 제화시(題畵詩)나 제화문(題畵文)을 쓰는 것은 전통이요 관행이다. 권신응의 화양구곡도에는 제화시나 제화문을 적지 않았다. 따라서 현존하는 3종의 화양구곡도 중에서 제(題)를 적어놓은 것은 이형부의 화양구곡도이다. 이형부의 화양구곡도에는 산문으로 제(題)를 지었다. 조선민화박물관에 소장하고 있는 『화양팔곡도(華陽八曲圖)』 병풍에는 이형부가 지은 「제화양구곡도(題華陽九曲圖)」의 내용을 그대로 옮겨 적어놓았다.

이제 이형부(李馨溥 1791~1851)가 그린 『화양구곡도』에 기술한 「제화양구곡도(題華陽九曲圖)」를 통해 그의 도통의식을 살펴보고자 한다. 이형부가 그린 『화양구곡도(華陽九曲圖)』에 송낙헌이 추기한 내용은 논외로 한다.

제1곡 경천벽을 읽어보자.

(1) 명(明)나라 황제의 업적과 우암의 숭명의식(崇明意識)에 대한 비유

> 둘러싼 층암절벽 높게 깎아지른 모양은 주살 같고, 드리워진 모습은 갑옷을 펼쳐놓은 것 같네. 육사가 괴수를 징벌했는데 조류를 타고 위엄을 무너뜨리겠는가? 범할 수 없는 것은 의당 황제의 영령이 있어 당연하게 된 것이니, 우옹이 오로지 아끼고 비밀로 여겼다. 애석하다. 화양의 땅이 우리나라[접역(鰈域)]에 있어 고기의 뱃속에 아울러 우뚝하지 않으니 포구가 생문(生門)이 되고 경문(景門)이 숨겨져 있으니, 숨겨진 곳에서 바람과 우박이 생겨나네.87)

경천벽에서도 서두부터 비유로 시작했다. 높게 우뚝 솟은 층암절벽이 주살 같고 드리워진 모습을 갑옷에 비유했다. 그만큼 외부의 위협으로부터 안전하다는 의미를 담은 것이다. 그리고 이곳은 황제의 영령이 있어 범할 수 없는 성역이며 우암이 오직 비밀로 감춰 둔 곳이라는 점을 강조했다. 다만 이런 존주대의의 성지가 우리나라에 있어 제대로 널리 드러나지 않음을 안타깝게 여겼다. "포구가 생문(生門)이 되고 경문(景門)이 숨겨져 있으니, 숨겨진 곳에서 바람과 우박이 생겨나네."라 했다. 안전하다고 하는 곳이라도 때론 우박이 떨어지듯 예기치 못한 상황이 야기 될 수 있으니 조심하라는 경계심을 비유한 것이리라.

제2곡 운영담이다.

---

87) 李馨溥, 『溪墅稿』, 「題華陽九曲圖. "圜而層峻而削立者如弋, 偃者如鎧如張. 師九伐酋, 騎潮崩懍乎. 不可犯, 宜其爲皇靈攸妥, 而尤翁擅慳秘也 惜乎 地在鰈域, 不得幷峙於魚腹. 浦生門, 景門隱, 隱生風雹也. 右擎天壁."

(2) 주자(朱子)의 학문자세 강조

새긴 것이 신이 새긴 것 같으며 귀신이 깎은 것을 매달아 놓았으나 떨어질 듯한 것은 거꾸로 되어있네. 그 아래에 작은 못이 있어 바위 문양이 물빛과 더불어 펼쳐지니 어찌 네 못난 못에 하늘빛과 구름 그림자가 일렁이지 않겠는가. 주자가 그것을 보고 노닐며 말하기를 물이 웅덩이를 채우지 못하면 앞으로 나아갈 수 없다[88]라고 했네.[89]

이형부는 전반부에서 그 모습을 비유적으로 묘사한다. 제2곡 운영담이다. 바위 절벽이 깎아 세운 듯 우뚝한 모습에 대해 신이 세운듯하다고 그 신비로움을 비유적으로 표현했다. 이런 신비로운 절벽 아래 고인 물에 하늘빛과 구름 그림자가 비치는 것을 당연한 현상이라 보고 있다. 그 다음 거기에 담긴 의미를 부각했다. 이런 자연 현상 속에서 지속적으로 학문을 해야 한다는 자세를 강조한 주자의 언표를 표명했다. 이형부는 운영담이 주자의 학문자세를 인지할 수 있는 대상으로 여겼다.
제3곡 읍궁암이다.

(3) 효종(孝宗)에 대한 불망심(不忘心)의 비유적 표현

산이 얼굴을 찡그리려하고 물빛이 오열하는 듯하며 산이 슬퍼하고 나루가 마음을 쓰고 있는데 그것을 여기에 붙이니 높으며, 크고 넓고 평평한 바위에 사람이 능곡(陵谷)[90]을 중히 여기니, 비록 오랑캐라 하더라도 이 돌로 하여금 없어지게 하지 못할 것이다. 내가 노닐 때가 늦가을이다. 사람들이 대나무 가지로 돌을 두드리기에 내가 노래하노라. "화양의 물결이여 나뭇잎 아래서 팔채(八彩)[91]를 생각하노라. 감히 곁에서 화답하는

88) 『맹자』, 「진심상(盡心上)」에 "관수유술(觀水有術) …… 유수지위물야(流水之爲物也) 불영과(不盈科) 불행(不行)" 즉 "물을 보는 데에 방법이 있다. …… 흐르는 물이란 것은 웅덩이를 채우지 않으면 나아가지 못한다."했다. 「이루하(離婁下)」에 "원천혼혼(原泉混混) 불사주야(不舍晝夜) 영과이후진(盈科而後進) 방호사해(放乎四海)" 즉 "근원이 있는 물은 용솟음치며 밤낮으로 그치지 않고 웅덩이를 채우고야 나아가 사해로 쏟아진다"고 하였다. 쉬지 않고 실천함으로써 차근차근 학업을 성취할 것을 강조한 말이다.

89) 李馨溥, 『溪墅稿』, 「題華陽九曲圖. "雕鏤如神劖鬼剜懸, 而欲墜危者, 若倒. 下有小滙, 巖紋與水光, 共襯, 豈天光雲影徘徊, 方塘者耶. 朱夫子觀之, 徜曰盈科而進也. 右雲影潭."

90) 능곡(陵谷): 상전벽해(桑田碧海)처럼 세상이 엄청나게 변하는 것을 뜻하는 말이다. 『시경』, 「시월지교(十月之交)」에 "고안위곡(高岸爲谷) 심곡위릉(深谷爲陵)" 즉 "높은 언덕은 골짜기로 뒤바뀌고, 깊은 골짜기는 언덕으로 변했도다."라는 뜻이다.

91) 팔채(八彩): 임금을 가리키는 말이다. 옛날 堯임금이 눈썹에 팔채(八彩)가 있다 하였다.

사람이 있다고 말하지 말라. 황제가 오르내리며 임금의 좌우에 있네."읍궁암.[92]

읍궁암(泣弓巖)은 우암이 효종의 제삿날 올라가 통곡했다는 바위다. 읍궁암이라 명명한 유래를 알지 못하면 제(題)의 의미를 잘 이해할 수 없다. 대개의 유학자는 읍궁암이라 명명한 이유를 숙지하고 있다. 산이 얼굴을 찡그리고 슬퍼하며 물이 오열하고 나루터가 마음을 쓰는 정황을 이 바위에 의탁했다. 상전벽해 같은 큰 변화의 충격을 바위에 세긴 사람은 우암 송시열이다. 이런 충정은 오랑캐라고 하더라도 감히 없어버릴 수 없는 지고지선(至高至善)의 중대한 가치가 있다는 평이다. 그런데 사람들은 그 깊은 의미를 모르는 채 대나무가지로 돌을 두드릴 정도로 무지하다. 그래서 이형부는 경각심을 주고 자강불식하고자 노래를 지었다. 팔채(八彩) 즉 효종을 생각한다. 그리고 황제 즉 명나라 신종황제 의종황제가 보우(保佑)하고 있다는 내용을 고사를 써서 표현했다. 이렇듯 이형부의 제(題)의 특징은 비유를 많이 쓴 것이 표현의 장점이자 문예미적 특징이다.

다음 암서재를 읽어보자.

(4) 우암의 존주대의의식(尊周大義意識)의 성지화(聖地化)에 대한 찬양

한 구역의 수석이 오랑캐의 비린내 나는 먼지로 더럽혀지지 않으니 하나의 나무와 꽃, 주먹크기 만한 하나의 바위, 한 점의 이끼가 명나라의 하늘을 윤택하게하고, 비와 이슬이 명나라의 해와 달을 비치니, 꽃이 피고 잎이 지는 것이, 모두 명나라 하늘의 봄과 가을이다. 연경 남쪽 의로운 선비로 하여금 화양구곡 한 구역에 별도로 대명의 천지가 있다는 것을 듣게 하면 마땅히 눈물로 옷깃을 적시리라. 다른 날 거듭 암서재를 지나면 춘추(春秋) 1부를 온역(溫繹)[93]하는 날이 있으리라. 암서재.[94]

---

92) 李馨溥, 『溪墅稿』, 「題華陽九曲圖. "山光欲嚬, 水色欲咽, 山哀浦思, 寓之於斯而穹然, 盤陀以人而重陵谷, 雖夷不可使此石泯淪. 余之游時, 則九秋也. 人有竹枝叩石而歌曰 華川波兮, 木葉下思八彩兮, 不敢言旁有和之者, 於皇陟降, 在帝左右. 右泣弓巖."

93) 온역(溫繹): 심오한 글뜻을 연구 해석하는 것.

94) 李馨溥, 『溪墅稿』, 「題華陽九曲圖. "一區水石, 不使腥塵汚穢, 一樹花一拳巖一點苔潤明天, 雨露照明天日月, 花開葉落, 皆明天春秋也. 使燕南義士, 聞華陽一區, 別是大明天地, 當淚漏襟也. 異日重過巖棲齋, 溫繹一部春秋有日也. 右巖棲齋."

여기서도 이형부는 암서재와 관련해 '한 구역의 … 가을이다'라고 비유적으로 표현했다. 암서재는 청나라의 영향을 벗어나 명나라와 의리를 지키는 땅에 있다. 명나라가 패망했지만 의로운 선비들이 화양구곡에 별도로 명나라를 숭상하는 땅이 있다는 것을 알면 눈물을 흘리고 또 춘추의 의리를 지키는 날이 있을 것이라 했다. 이는 우암이 화양구곡에 '존화양이(尊華攘夷)'사상을 시각화한 업적을 찬양한 것이다. 그리고 언젠가 암서재를 지나면 춘추라는 책의 내용에 대해 더욱 심오하게 연구하리라 다짐했다. 이 역시 이형부가 춘추대의를 고수하고 연구하겠다는 의지를 비유한 것이다.

이번엔 「첨성대」를 읽어보자.

(5) 중국과 대등한 천장지비(天藏地秘)의 땅

> 이름이 나는 명승지는 예부터 비밀로 했는데 오늘날 드러났으니 이는 하늘이 그 합당한 사람을 기다린 것이다. 신한(宸翰)[95]을 감춰둔 곳은 중국에 있는 것이 아니라 우리나라에 있으니 이것은 땅이 보배를 기다린 것이다. 난새와 봉황의 빛남이 교대로 해와 달을 비치며 완연히 운한(雲漢)[96]을 바라보니 송담[97]이 마땅히 구공금(九孔琴)[98]을 울리는 것 같네. 첨성대.[99]

이형부는 여기서도 비유적으로 첨성대에 대해 묘사했다. 첨성대라고 명명한 내력을 모르면 그 담긴 의미를 알기 어렵다. 위의 글 중에 이름이 나는 명승지는 비밀로 했다가 그 적임자를 기다렸다는 말은, 화양동을 우암에게 주려고

---

95) 宸翰: 임금이 쓴 글을 말한다. 여기서는 명나라 신종이 쓴 글씨 '비례부동'과 의종이 쓴 '옥조빙호'를 말한다.

96) 雲漢: 『시경』, 「大雅 · 棫樸」에 "倬彼雲漢 爲章于天"라는 구가 있다. "찬란한 저 은하수 밤하늘을 수놓았네."라는 뜻이다.

97) 李保晩(?~?). 음악가. 본관 廣州. 자 處難. 호 淸潭 일명 白雲處士. 『韓國係行譜』에 의하면, 동고東皐 李浚慶의 후손이며 孤山 尹善道의 사위이다. 인조가 청나라에 항복한 1636년(인조14) 이후로는 벼슬하지 않고 숨어 살았다. 고산이 보길도로 유배되자 李保晩도 가족을 이끌고 康津의 白道 내려가 살게 되니 광주이씨 강진 지역 입향조가 되었다. 『聽竹別識』에 의하면, 李保晩의 인품이 瀟散하고 高趣를 지닌 인물로 彈琴을 잘 탔다고 한다. 九孔琴을 만들어 지금도 후손에 전한다. 참고문헌: 聽竹別識.韓國係行譜.

98) 成海應, 「九孔琴」, 『硏經齋全集』권3, a_273_059c. " … 九孔琴, 松潭李公保晩之琴也. 以有九孔故名. 有善彈者夜於驪江舟中彈之, 水鳥皆鳴, 嘗置余家. 松潭昔尊周, 欲採伯夷蕨, 器玩因人異. … "

99) 李馨溥, 『溪墅稿』, 「題華陽九曲圖」. "名區之勝, 秘於古, 而闡於今, 是天以待人也. 宸翰之藏, 不在華而在於海, 是地以待寶也. 鸞鳳之輝交 映日月, 宛瞻雲漢, 松潭 若在當鳴九孔琴也. 右瞻星臺."

기다렸다는 말이다. 조선 선비들은 아름다운 산수 그 자체로도 가치가 있지만, 유명한 인물로 인하여 산수의 명성이 드러난다는 의식은 보편적이라 보아야한다. 이런 관점은 유종원(柳宗元)은 「옹주마퇴산모정기(邕州馬退山茅亭記)」에서 그 유래를 찾아볼 수 있다. "무릇 아름다움은 절로 아름다운 것이 아니라 사람으로 인하여 드러난다. 난정(蘭亭)이 왕우군(王右軍)[왕희지(王羲之)]을 만나지 못했다면 맑은 여울과 수죽(脩竹)이 공산(空山)에 묻혔을 것이다"[100]라고 하였다. 이후 우리나라의 문인들은 산수는 그 산수에 인연을 맺은 훌륭한 인물에 의해 그 성가(聲價)가 증가된다고 여겼다.[101] "신한(宸翰)을 감춰둔 곳은 중국에 있는 것이 아니라 우리나라에 있으니 땅이 보배를 기다렸다"는 말은, 명나라 신종(神宗)이 쓴 글씨 '비례불동(非禮不動)'과 의종(毅宗)이 쓴 '옥조빙호(玉藻冰壺)'가 화양동에 있다는 사실을 가리키는 것이다. 화양구곡 제6곡 첨성대 기슭 시냇가 암벽에 조일전쟁(朝日戰爭)때 원군을 보내주어 조선을 '재조번방(再造藩邦)'하게 해준 명(明)나라 신종(神宗)과 마지막 황제인 의종(毅宗)을 숭모(崇慕)하여, 1674년 의종의 어필 '비례부동(非禮不動)'을 암벽에 새겼다. 그의 수제자 권상하(權尙夏 1641~1721)는 1717년 신종의 어필 '옥조빙호(玉藻氷壺)'를 새긴 직육면체 돌을 '비례부동' 옆에 홈을 파고 안치했다. 그런데 이 '옥조빙호(玉藻氷壺)'명석(銘石)은 1954년 경 누군가 빼내갔다.[102] 운한(雲漢)은 은하수가 밤하늘에 아름답게 펼쳐진 것을 말한다. 여기서는 신종(神宗)의 글씨 '비례불동(非禮不動)'과 의종(毅

---

100) 柳宗元, 『柳河東集』권27, 「邕州馬退山茅亭記」. "夫美不自美, 因人而彰, 蘭亭也不遭右軍, 則淸湍脩竹蕪沒於空山矣."

101) 張混, 「玉溪雅集帖序」, 『而已广集』권11, 『한국문집총간』 270,542면 "夫美不自美, 因人而彰, 自昔而然. 不有所作, 勝迹鬱湮, 盍亦寫而留覽乎?" 그 외도 상당 수가 있다.

102) 『전경(典經)』, 「교운(敎運)」 2장 50절 2장 50절, 대순진리회출판부, 1989, 214면. "갑오년(1954년) 삼월에 도주(道主)께서 안상익(安商翊) 외 네 명을 대동하고 청천에 가셔서 황극신(皇極神)이 봉안되어 있는 만동묘 유지(遺趾)(보통 유지(遺址)로 쓴다-인용자 주)를 두루 살펴보고 돌아오셨는데 돌아서실 때에 비가 내리기 시작하더니 밤중에 폭풍과 뇌성벽력이 크게 일어 산악이 무너지는 듯하니라. 다음 날에 숭정황제어필(崇禎皇帝御筆)의 비례부동(非禮不動)이 새겨있는 첨성대 아래쪽 암벽의 좌편에 닫혀있던 석문(石門)이 두 쪽으로 갈라져 내리고 그 안에 옥조빙호(玉藻氷壺)의 네 자와 만력어필(萬曆御筆)의 네 자가 나타났다는 소문이 전하였느니라." 도주(道主)가 조철제(趙哲濟 1895~1958)를 가리킨다는 사실을 중원대 종교문화연구소 하종필 선생이 알려주었다. 2010년 9월 19월 일요일 7시 30분 첫차를 타고 화양동엘 갔다. 문화해설사 김용운 선생이 들려준 내용이다. "화양민박을 운영하다 작년에 작고한 채춘섭이라는 분에게 들었다. 그 분이 어린 시절에 보았는데 청색 빛이 나는 돌로 문을 해달은 것 같다." 이상을 종합해볼 때 옥조빙호(玉藻氷壺)는 직육면체의 포르스름한 옥돌 즉 옥석(玉石)에 새긴 것은 분명하다고 보아야한다.

宗)의 글씨 '옥조빙호(玉藻冰壺)'를 예찬하여 표현한 것이다.

제6곡 능운대를 보자.

(6) 송시열의 주자(朱子)에 대한 흠모심

드물게 난 소나무 우거진 가지, 단풍나무가 무성하니 능운대에 오르면 층층이 쌓인 구름에 올라 간 것 같아 흉회가 호탕해지니 옛날 선현이 여기 와서 정녕 축융봉[103]에서 내려오는 걸 상상했으리라.[104]

여기서도 이형부는 비유적인 표현을 했다. 바위 주변에 소나무가 드물게 우거졌다. 소나무도 세한(歲寒)의 의절을 이입한 표현이리라. 능운대에 오르면 대의 이름 그대로 구름 위에 올라간 것 같다. 능운대가 높다는 사실을 표현한 과장법이다. 여기에 올라가면 가슴 속에 호탕해진다. 이런 능운대의 정경을 보면서 주자가 축용봉에 올랐다가 하산하며 읊은 시를 연상했다. 그 실제적으로 내포한 의미는 우암이 주자의 생활 학문자세를 본받았다는 뜻이다.

이번엔 제7곡 와룡암을 보자.

(7) 제갈 량과 우암의 동격화

제갈 공명에게는 와룡산[105]이 있고 우암에게는 와룡암이 있네. 공명은 쌓은 역량을 폈으나 은둔하는 것을 회복하지 못했으며 우암은 쌓은 역량을 펴지 못했으나 은둔으로 돌아갔네. 사업은 비록 다르나 그 뜻은 하나이네. 그 천지신명이 보증 질문하는 것을(質神) 의심할 수 없으니 백년을 기다려도 미혹되지 않네. 누가 고금의 하나로 통하는 법도라 말하지 않았나.[106]

제7곡 와룡암이다. 중국에는 와룡산의 정기를 받은 제갈 량이 있다. 화양구곡 와룡암은 우암을 와룡 제갈 량에 비유하여 명명한 것이다. 제갈 량은 유비

103) 중국 형산(衡山)의 최고봉인 축융봉(祝融峯)을 절승(絶勝)으로 꼽는다. 주자(朱子)가 「취하축융봉작(醉下祝融峯作)」 이라는 시에 "탁주삼배호홍발(濁酒三盃豪興發) 낭음비하축융봉(朗吟飛下祝融峯)" 즉 "막걸리 석 잔에 호기로운 홍이 일어, 낭랑히 시 읊으며 축융봉을 내려오네."라고 했다.

104) 疎松磥柯, 楓樹點綴, 登臺若層雲蕩胸憶, 昔杖屨臨此, 定應像想乎飛下祝融峯也. 右凌雲臺.

105) 와룡강(臥龍崗): 삼국 시대에 제갈량이 젊어서 살던 곳인데, 집 위의 산 이름이다.

106) 李馨溥, 『溪墅稿』, 「題華陽九曲圖. "孔明有臥龍崗, 尤齋作臥龍巖, 孔明展其蘊而不復隱, 尤翁未展蘊而終歸隱. 事業雖殊, 志槩一也. 其質神無疑, 俟百不惑, 孰不曰古今一揆乎. 右臥龍巖."

를 도와 천하를 통일했으나 은둔하지 못했다. 우암은 효종과 북벌을 실현하지 못했으나 화양동에 은거하며 존주대의를 조장 지속하게 했다. 두 사람 거국적인 사업을 한 사실은 같다고 평가한다. 이형부는 제갈 공명과 우암을 동일시할 정도로 우암의 역량을 높이 평가했다.
이번엔 제8곡 학소대를 보자.

(8) 무이구곡(武夷九曲)에 없는 신성하고 청정한 선경(仙境)

> 용동 선학암[107]에 들어가니 내가 거기서 노니는 것이 모두 그림과 같구나. 그러나 혹 못 같고 혹 상(像) 같으니 무릇 새 중에서 신령한 것이 학이다. 신령한 곳이 아니면 둥우리를 틀지 않으니 다른 곳에서 볼 수 없으며 유독 여기서 볼 수 있네. 기이한 소나무 오래된 바위 더럽고 비린내가 먼 것 자연 당연한 것이다. 그래서 무이(武夷)에는 없는 것이 화양에는 있는 것이다.[108]

이형부의 비유법은 학소대에서도 발휘된다. 이형부는 용동 선학암 즉 학소대에 들어가서 학소대를 평가하기를 내가 거기서 노니는 것이 모두 그림과 같다고 극찬했다. 그리고 새 중에서 신령한 것이 학이라고 학을 예찬하며 학소대를 극찬했다. 학은 신령한 곳이 아니면 둥우리를 틀지 않으니 다른 곳에서 볼 수 없으며 유독 여기서 볼 수 있다고 학소대기 신령한 곳이라 강조했다. 그래서 기이한 소나무 오래된 바위 더럽고 비린내가 먼 것은 자연 당연한 것이라고 한 것이다. 이런 것은 중국 무이구곡에는 없는 것이 화양구곡에는 있는 것이라고 학소대의 우월성을 강조했다.
이번엔 제9곡 파곶을 보자.

(9) 파관(巴串)의 승경에 대한 극대적 예찬

> 구곡의 경관 비로소 이겨 아늑한 곳에서 장관이니 깨끗하고 깎아 세운 것 이것은 하늘의 기교이다. 박연폭포와 만폭동도 모두 흐르는 물길에 걸려 있다. 비록 그 신이 장엄한 눈이나 어찌 물과 돌로 하여금 울리는 소

107) 전반적인 내용으로 보아 선학암은 학소대를 가리키는 것으로 보인다. 학소대는 와룡암 다음에 자리하고 있다.

108) 李馨溥, 『溪墅稿』, 「題華陽九曲圖. "投龍洞仙鶴巖, 余皆遊之畫矣. 然或以池, 或以像, 夫靈於禽者鶴也. 非靈境不巢, 不見於他, 而獨於此者, 以其奇松老巖, 遠於腥穢,而然耶. 故未能於武夷者, 能於華陽也. 右鶴巢臺."

> 리 들려 눈이 휘둥그레 나아가면 기쁘니. 파곶은 박연에 비유하면 기이하고 장엄하며 더욱 그것을 만폭동에 비교하면 맑고 깨끗하며 승경으로 따지면 실로 모든 승경 중에 최고이다.[109]

제9곡 파곶의 승경이 탁월한 것은 하늘이 기교를 부린 결과라는 사실을 강조했다. 이형부는 파곶의 경관을 박연폭포와 만폭동에 비교하여 산수평론(山水評論)을 했다. 파곶은 박연폭포에 비유하면 기이하고 장엄하며 더욱 그것을 금강산 만폭동에 비교하면 맑고 깨끗하다. 이런 장점으로 보아 파곶의 승경은 실로 모든 승경 중에 최고라고 평가했다. 이렇게 이형부는 파곶의 절경을 우리나라의 명승과 비유하여 최고의 승경이라 예찬했다.

이제껏 살펴보았듯이 이규상은 도학을 적극 수용 숭상했으며 그 손자 이원순과 이형부도 계승 발현했다. 우리는 이형부의 「제화양구곡도」를 통해 송시열이 화양구곡에 존화양이의식과 도통의식을 표상화했다는 점을 확인했다. 그 수사표현을 보면 직접적으로 서술하지 않고 그 내용을 비유적으로 표현하여 문예미도 양호하다.

5) 맺음말

조선시대 사제간이나 혼맥간에 사상과 의식을 계승발전시키는 것은 관행적이었다. 이상에서 살펴보았듯이 송시열은 이형부의 8대조 이덕사의 딸과 혼인했다. 이후 그 후손간에 도통의식을 발현하여 구곡을 설정하고 구곡시를 지었으며 구곡도를 그렸다.

우암의 수제자 권상하(權尙夏)의 손자 권섭은 화지구곡(花枝九曲)을 설정하고 「화지구곡시(花枝九曲詩)」를 지었다. 또 황강구곡(黃江九曲)을 설정하고 황강구곡시(黃江九曲詩)와 한글 「황강구곡가」를 남겼다. 권섭은 자신의 손자 권신응이 황강구곡도를 그렸다고 기록해놓았다. 권상하의 증손 권진응은 우암이 쓴 글씨 '창오운단 무이산공(蒼梧雲斷 武夷山空)'을 화양구곡 제4곡 김사담(金沙潭) 뒤 암벽에 새겼다. 이는 도학적 내용이며 도통의식과 관련이 있다.

---

109) 李馨溥, 『溪墅稿』, 「題華陽九曲圖. "九曲之觀, 始壯於此黝者, 潔削者[舍+甫], 寔天巧也. 朴淵萬瀑, 皆掛流也. 雖駭神壯目, 豈能使水與石 吼聞之瞠如, 卽之, 怡然, 巴串, 比之朴淵, 奇壯, 尤之, 比於萬瀑, 淸淨, 勝之. 實諸勝之最也." 이형부의 「제화양구곡도」, 『계서고』에는 여기까지 기록돼있다. 실제 『화양구곡도』에는 뒤에 30여 글자 이어지는 내용이 적혀있는데 행초로 적어놓고 글자가 잘 안 보이는 부분도 있다.

이원순은 화양구곡을 그림으로 그릴 마음을 가졌다. 이 염원은 그 아들 계서(溪墅) 이형부(李馨溥 1791~1851)가 1809년 『화양구곡도』를 완성함으로써 이루어졌다. 이는 가통으로 이어온 도통계승의식의 회화적 표현인 것이다. 우암 송시열의 10대손 송낙헌(宋洛憲 1891~1944)은 1924년 이형부(李馨溥 1791~1851)가 그린 『화양구곡도』에 '화양구곡도(華陽九曲圖)'라 제목(題目)을 썼으며, 그 조부 송달수(宋達洙 1808~1858)가 지은 「화양구곡차무이도가운(華陽九曲次武夷棹歌韻)」10수를 써넣었다. 이렇듯 이규상가문은 누대에 걸쳐 도통의식을 구곡시(九曲詩)와 서예(書藝)와 구곡도(九曲圖)로 구현하여 구곡문학예술을 융성하게 했다. 이렇듯 혼인으로 맺은 두 가문이 여러 대를 거쳐 도통의식을 유지하고 구곡가와 구곡도를 창작한 사례는 처음이다.

현재까지 학계에 보고된 바에 의하면 현존하는 화양구곡도는 3점이다. 그 하나는 충북대박물관 소장 화양구곡도이다. 이 화양구곡도는 권신응(權信應 1728~1787)이 그린 것으로 추정할 수 있는데 현존하는 최초의 화양구곡도이다. 그 다음이 이형부의 『화양구곡도』이다. 이형부는 산문으로 「제화양구곡도(題華陽九曲圖)」를 지었다. 조선민화박물관에 『화양팔곡도(華陽八曲圖)』 병풍이 소장돼있다. 여기에는 이형부가 지은 「제화양구곡도(題華陽九曲圖)」의 내용을 그대로 옮겨 적어놓았다.

이형부는 화양구곡도』 제9곡 그림 좌측 하단에 "기사 동 계서작(己巳 冬 溪墅作)" 이라 먹으로 썼다. 바로 그 아래 '기자구방(箕子舊邦) 숭정유민(崇禎遺民)'이라는 네모난 인장을 적색 먹으로 찍었다. 앞표지 다음에 송낙헌(宋洛憲 1891~1944)이 화양구곡도(華陽九曲圖) '소파산인 경장(小巴山人 敬藏)'이라 행서체로 썼으며 '소파산인 대명헌 송낙헌(小巴山人 大明軒 宋洛憲)'이라는 네모난 인장을 적색으로 찍었다. 이를 통해 이들의 존주대의의식과 도통의식이 어느 정도인지 짐작하고 남는다.

이형부의 『화양구곡도』는 전체적으로 바위와 소나무로 구성했다. 바위는 불변한다는 의미를 내포하고 있다. 절개와 지조의 상징으로 지주석(砥柱石)을 염두하고 시에 인용한다. 소나무도 흔히 『논어』, 「자한(子罕)」 편의 "세한연후(歲寒然後), 지송백지후조(知松柏之後彫)"에 의거하여 절개와 지조를 대변한다. 이형부는 『화양구곡도』에서 바위와 소나무를 통해 우암이 존주대의의 의리와 존화양이의 지조를 중시했다는 점을 비유적으로 묘사했다고 할 수 있다.

이형부는 「제화양구곡도」에 다음과 같은 내용을 담았다. 명(明)나라 황제의 업적과 우암의 숭명의식(崇明意識)에 대한 비유, 주자(朱子)의 학문자세 강조, 효종(孝宗)에 대한 불망심(不忘心)의 비유적 표현, 우암의 존주대의의식(尊周大義意識)의 성지화(聖地化)에 대한 찬양, 중국과 대등한 천장지비(天藏地秘)의 땅, 송시열의 주자(朱子)에 대한 흠모심, 제갈 량과 우암의 동격화, 무이구곡(武夷九曲)에 없는 신성하고 청정한 선경(仙境), 파관(巴串)의 승경에 대한 극대적 예찬 등이다. 이형부는 「제화양구곡도」에서 화양구곡 9개 곡과 관련해서 그 내용을 직접 서술하지 않고 비유적 표현을 써서 강조했다. 이런 점이 『화양구곡도』와 「제화양구곡도」의 특징이다. 따라서 그 구곡도사적 의의를 부여할 수 있다. 이렇듯 이형부는 『화양구곡도』와 「제화양구곡도」를 통해 존주대의의식과 도통의식을 발현하였으니 그 구곡문학예술사적 의의를 인정할 수 있다.

본고에서는 회화적 특징에 대해서는 논하지 않고 「제화양구곡도(題華陽九曲圖)」에 담은 존화의식과 도통의식을 중심으로 논했다.

7. 하시찬(夏時贊)의 화양구곡병풍시(華陽九曲屏風詩)에 대한 고찰

1) 머리말

앞에서 이미 언급했듯이 우리나라의 구곡을 그린 구곡도는 『고산구곡시화십곡병(高山九曲詩畫十曲屛)』, 『곡운구곡도첩(谷雲九曲圖帖)』, 『무흘구곡도첩(武屹九曲圖帖)』, 『포천도지(布川圖誌)』, 『백련서사산수도(白蓮書社山水圖)』, 화양구곡도첩(華陽九曲圖帖) 등이 있다. 이중에 화양구곡도가 가장 많이 그려졌다.

필자가 1998년부터 2007년까지 발굴 수집한 화양구곡시 10편을 번역 소개했다.[110] 이후 2016년 7월까지 수집 확인한 화양구곡시는 40여 편이다. 이렇듯 특정 구곡에 대해 차운 화운한 구곡시는 화양구곡이 최다이다. 화양구곡에 대해 전통조경학적 관점과 관광자원학적 시각으로 논한 논저는 여러 편이 있다.[111] 화양구곡시에 대한 논고는 그리 많지 않다.[112] 한국 구곡문화 연구

110) 이상주(李相周), 『충북의 구곡과 구곡시 - 선인의 길을 따라 한시와 자연속으로-』, 충청북도 충북개발연구원 부설 충북학연구소(忠北學硏究所), 2007, 1~310면.

의 현황과 과제에 대해서는 이종호가 상론했다.113)

도통의식(道統意識)에 대한 연구와 도통의식이 구곡도(九曲圖)에 끼친 영향에 대해서는 선행연구가 있다. 윤진영(尹軫英)은 송시열이 「고산구곡가」의 차운시와 「고산구곡도」를 제작하게 한 목적은 이이를 도통(道統)으로 한 서인계 문사들의 학통적 결속을 도모하여 당시 우위에 있던 서인세력들의 정치적 입지를 더욱 강화하는 데 있는 것으로 간주했다.114) 조규희는 김수증(金壽增)이 진채로 모사하게 한 『고산구곡도』는 단지 이이의 석담정사(石潭精舍)를 시각화한 것을 넘어 주자에서 이이, 그리고 송시열로 이어지는 서인 노론계의 도통의식을 발현한 것으로 논평했다.115) 이상원은 『고산구곡첩』이 노소(老少)대립의 정치상황하에서 정국의 주도권을 확보하고자 하는 당대 노론 핵심세력의 정치적 의도를 핵심적으로 보여주는 작품으로 평가했다.116)

이제껏 필자가 조사 확인한 바에 의하면 화양구곡시를 지은 사람은 직접 화양구곡을 순례하고 지은 화양구곡시가 많다. 통상적으로 화양구곡을 순례하고 화양구곡시를 짓는 사람들은 거의 기호사림이 많다. 또한 화양구곡도를 그린 사람들도 기호사림이다. 화양구곡도를 그린 병풍을 보고 지은에 차운한 시는 드러나지 않았다. 그래서 연구한 사례가 없다. 그런데 지금의 대구에서 출생한 하시찬(夏時贊 1750~1828)이 「차무이도가운, 제화양구곡병풍(次武夷棹歌韵,題華陽九曲屛風)」를 지었다. 전남 장성군 황용면 출신 김녹휴(金祿休 1827~1899)가 「제화양산수병(題華陽山水屛)」, 기우만(奇宇萬 1846~1916)이 「제화양산수병후(題華陽山水屛後)」를 지었다. 이렇듯 18세기 초에 영남사림과 18세기 말 19세기 초 호남 사림들 중에 화양산수병(華陽山水屛)에 관

111) 전영권, 한승희, 김용훈, 「속리산국립공원 내 화양구곡(華陽九曲)의 보존과 활용방안」, 『한국지역지리학회지』 제19권 제4호 통권78호, 한국지역지리학회, 2013, 683~696면.

112) 이상주(李相周), 「구곡시(九曲詩)의 전통(傳統)과 화양구곡시(華陽九曲詩)」, 『教育科學研究』 제13집, 청주대학교 교육문제연구소, 1999,75~98면. 이상주(李相周), 「조선(朝鮮) 후기(後期) 산수평론(山水評論)에 대한 일고찰(一考察) -화양구곡(華陽九曲_을 중심으로-」, 『한문학보』제14집, 우리한문학회, 2006, 215~244면.

113) 이종호(李鍾虎), 「한국 구곡문화 연구의 현황과 과제 : 구곡경영과 구곡시의 전개를 중심으로」, 『안동학연구』 제10집, 2011, 9~67면.

114) 윤진영, 조선시대 「(朝鮮時代) 구곡도(九曲圖)의 수용(受容)과 전개(展開)」, 『미술사학연구』 217·218, 한국미술사학회, 1998, 73~74면.

115) 조규희, 「조선유학의 '도통(道統)'의식과 구곡적(九曲圖)」, 『역사와 경계』61, 경남사학회, 2006, 19면.

116) 이상원, 「조선후기 <고산구곡가(高山九曲歌)> 수용양상과 그 의미」, 『한민족어문학』 제43호, 2003, 147~167면.

심을 갖는 사람이 늘어났다. 이 시기에 영남과 호남의 사림들이 화양구곡을 순례하고 화양구곡시를 창작하는 사람들이 증가했다. 본고에서는 하시찬이 왜 화양구곡병풍시를 지었는지 그 학연적(學緣的) 배경을 추적하고 하시찬의 「차무이도가운, 제화양구곡병풍(次武夷棹歌韵, 題華陽九曲屛風)」의 구곡문학적 의의를 규명하고자 한다.

2) 하시찬(夏時贊)의 화양구곡병풍시(華陽九曲屛風詩) 창작(創作) 배경(背景)

하시찬(夏時贊 1750~1828)은 지금의 대구광역시 수성구 화랑로(만촌동)에서 태어났다. 본관은 대구(大邱), 호는 열암(悅菴)이다. 대도독(大都督) 하흠(夏欽)의 후손이다. 1790년 41세 여름, 김천(金泉) 지례(知禮)로 가서 명성당(明誠堂) 이의조(李宜朝 1727~1805)에게 수학했다. 스승이 호를 '열암(悅菴)'이라 지어주고 명(銘)을 써 주였다. 홍직필(洪直弼 1776~1852)은 「열암문집서(悅菴文集序)」에 "처사(處士)는 달성(達城)의 만촌(晩村)에 세거하여 일찍이 성현(聖賢)의 학문을 기뻐하여 송심재(宋心齋), 이경호(李鏡湖) 양현(兩賢)을 종유하여 더불어 명리(名理)를 들었다."라고 서술했다.[117]

하시찬(夏時贊)은 왜 「차무이도가운(次武夷棹歌韵), 제화양구곡병풍(題華陽九曲屛風)」을 지었을까. 그 배경에는 학연적 학문적 배경과 밀접한 관련이 있다. 살펴보기로 하자. 그는 우암 송시열의 5대손인 심재(心齋) 송환기(宋煥箕 1728~1807)[118]에게 수학했다. 경호(鏡湖) 이의조(李宜朝, 1727~1805)[119]

---

117) 夏時贊, 『悅菴文集』, 「悅菴文集序[洪直弼]」, b_102_183c. "處士世居達城之晩村, 蚤悅聖賢之學, 從宋心齋, 李鏡湖兩賢遊, 與聞名理."

118) 송환기(宋煥箕 1728~1807). 조선 후기의 문신· 본관은 은진(恩津). 자는 자동(子東), 호는 심재(心齋) · 성담(性潭). 송시열(宋時烈)의 5대손이며, 인상(寅相)의 아들이다. 남달리 총명하여 어릴 때부터 『태극도설』· 『역학계몽』· 『가례』 등을 배웠다.1766년(영조 42) 진사가 되고 1772년 생원시에 합격하였다. 1799년(정조 23) 사도시주부(司䆃寺主簿)가 되고, 사헌부지평 · 시헌부장령 · 군자감정(軍資監正)을 거쳐 진산군수가 되었으나 병을 핑계로 사직하였다. 1807년(순조 7) 형조참의·예조참판, 1808년 공조판서, 1811년 의정부우찬성에 올랐다. 당시 심성(心性)의 변(辨)으로 성리학계에서 논쟁을 벌일 때 한원진(韓元震)의 주장을 지지하였다. 그는 학덕을 겸비하여 조야의 존경을 받았으며, 문하에 많은 선비가 모여들었다. 저서로는 『성담집』이 있다. 시호는 문경(文敬)이다. 참고문헌. 『순조실록(純祖實錄)』. 출처 한국민족문화대백과, 한국학중앙연구원.

119) 이의조(李宜朝 1727~1805)는 본관은 연안(延安). 자는 맹종(孟宗), 호는 경호(鏡湖) · 명성당(明誠堂). 아버지는 이윤적(李胤積)이다. 지금의 김천시 구성면 상좌원리에서 태어났다. 자신의 학문적 기반을 바탕으로 다양한 저술 활동뿐만 아니라, 방초정(芳草亭)을 교육장으로 활용하여 후진 양성에도 전력하였다. 부친의 유명을 따라 13년 동안 『가례증해(家禮增解)』 9권 10책을 완성하였다. 조정에서는 이의조의 학문적 공적을 인정하여 1799년(정조 23) 공릉참봉(恭陵參

에게도 수학했는데 같은 학맥이다. 다음 시 「배성담선생궤연拜性潭先生几筵」를 보기로 하자. 성담(性潭)은 송환기의 다른 호(號)이다.

「배성담선생궤연(拜性潭先生几筵)」

송죽의의약조애(松竹依依若助哀), 소나무 대나무 하염없이 슬픔을 조장하는 것 같고,

강사여몽소유개(絳紗如夢素帷開). 스승님 모습 본디 꿈에 장막을 펼치는 것 같네.

서림자고무궁통(西林[120]自古無窮痛), 예부터 서림원(西林院)의 학문자세 무궁한 고통이 있지만,

불부친배장구래(不復親陪杖屨來)[121]. 다시 스승어르신을 친히 모실 수 없네.

하시찬은 스승 송환기의 책상을 바라보고 그 심회를 읊었다. 스승에게 학문을 수학하느라 힘들었지만 이제 그런 스승을 다시 볼 수 없음을 애탄한 것이다.

다음은 「지알우암선생영정(祗謁尤菴先生影幀), 차남순상공철운(次南巡相公轍韵). 이수(二首). 칠월사일(七月四日)」[122]이다.

좌상춘풍황만당(座上春風恍滿堂), 자리에 부는 봄바람이 황홀하게 당(堂)에 가득하여,

사문여부견부망(斯文如復見扶亡). 사문(斯文)은 망한 걸 부조(扶助)시키고 자함을 다시 보는 것 같네.

은장표게전심록(恩章表揭傳心錄), 은장(恩章)은 「양현전심록(兩賢傳心錄)」

奉)을 제수하였지만 사양하였고, 다시 첨중추오위장을 제수하였다. 이의조가 작고한 후인 1824년(순조 24) 『가례증해』가 전국에 반포되었다. 1772년(정조 16)에 완성된 『가례증해』를 비롯해 『의요보유(義要補遺)』 2책과 『경의수차(經意隨箚)』 4책 등이 있다. 묘소는 김천시 구성면 상원리에 있다. 출처 한국학중앙연구원, 향토문화전자대전, 집필 남정원.

120) 서림원(西林院) : 절 이름을 가리킨다. 스승을 찾아가 가르침을 받으려는 정성을 뜻한다. 주자(朱子)가 연평(延平) 이동(李侗)에게 수학하면서 서림원의 달관헌(達觀軒)에서 유숙하였다. 『주자대전(朱子大全)』 권(卷)2 「제서림가사달관헌(題西林可師達觀軒)」. 송(宋)나라 유초游(酢)와 양시(楊時)가 처음 정이(程頤)를 뵈었는데, 정이가 눈을 감고 오랫동안 명상에 잠겨 있었다. 두 사람은 스승을 공경한 나머지 물러간다고 말씀드릴 수가 없어 그대로 모시고 있었다. 얼마 후 정이가 눈을 떠 두 사람을 보고는 "자네들 아직도 여기에 있었는가. 이제 나가게." 하였다. 두 사람이 그제야 나오니, 문밖에 눈이 한 자나 쌓여 있었다 한다. 이후 '정문입설(程門立雪)'이라 하였다. 『주자어류(朱子語類)』

121) 夏時贊, 『悅菴文集』, 「拜性潭先生几筵」, b_102_206b.

122) 夏時贊, 『悅菴文集』, 「祗謁尤菴先生影幀, 次南巡相公轍韻.二首.七月四日」, b_102_202a.

에 표 나게 올라있으니,

도통천년접자양(道統千年接紫陽). 천년 도통(道統)이 주자(朱子)에 통하네.
구의다사배승당(摳衣多士拜升堂), 수학(受學)한 많은 선비 당(堂)에 올라 절하고,
유상사존도불망(遺像斯存道不亡). 남아있는 초상이 여기 존재하니 도(道)가 망한 것이 아니네.
일부춘추성정학(一部春秋誠正學), 춘추(春秋) 책 일부(一部)가 진실로 정학(正學)이니,
존주당일독부양(尊周當日獨扶陽). 당일의 존주대의(尊周大義) 홀로 양(陽)을 받드네.

하시찬은 당시 대다수 사림들이 그랬듯이 우암이 주자의 도통을 계승한 인물로 보았다. 초상화를 봉안해 놓고 많은 선비들에 당에 올라가서 절을 한다는 사실을 도(道)가 망하지 않은 징표로 여긴 것이다. 하시찬 자신도 그중의 한 사람이다. 하시찬은 우암이 "주나라의 의리를 존중한다"는 존주대의(尊周大義) 즉 "중국을 높이고 오랑캐를 물리친다"는 '존화양이(尊華攘夷)'정신을 받들었다는 인식을 가지고 있었다. 이렇듯 하시찬은 우암 후손 송환기의 제자이며 우암의 존주대의정신을 숭앙했다. 이런 그의 의식이 화양구곡도에 애착을 가지고 화운했다고 본다.

다음은 「배송우암선생영정(陪送尤菴先生影幀) 신유(辛酉)」[123]이다.

태산교악칠분신(泰山喬嶽七分神), 태산과 높은 산봉우리 7분(分)의 신(神),
장구의연령외춘(杖屨依然嶺外春). 의연히 봄날 영남 밖에 나들이 하셨네.
협도분추천부유(夾道奔趍千婦孺), 좁은 길에 천 명의 아녀자가 바삐 달려오고,
망진지배기금신(望塵祗拜幾衿紳[124]). 찾아와 참배하는 선비 그 얼마인고?
상린서봉쟁간쾌(祥麟瑞鳳[125]爭看快), 상서로운 기린과 봉황이 상쾌하게

123) 夏時贊, 『悅菴文集』, 「陪送尤菴先生影幀 辛酉」, b_102_201d.
124) 비굴한 태도로 명리(名利)를 추구하는 것을 말한다. 진(晉)나라 반악(潘岳)이 "추세리(趨世利)" 즉 "세상의 명리를 축하여", 석숭(石崇) 등과 함께 당시의 권신인 가밀(賈謐)에게 아첨하고, 가밀이 외출할 때마다 "망진이배(望塵而拜)" 즉 "수레가 일으키는 먼지를 바라보며 절을 했다"는 고사가 있다. 『진서(晉書)』권55 「반악열전(潘岳列傳)」
125) 상린서봉(祥麟瑞鳳) : 인품이 출중함을 비유한 말이다.

	보는 걸 다투고,
제월광풍약자친(霽月光風若炙親).	제월광풍(霽月光風)은 친히 훈도를 주는 것 같네.
종차교남장일변(從此嶠南將一變),	이로부터 교남이 장차 한 번 변하리니,
명지유화화사인(明知遺化化斯人).	남긴 교화가 사인(斯人)을 변화하게 할 것을 명확히 알겠네.

위 시를 보면 하시찬이 우암을 매우 존숭(尊崇)했다는 사실을 알 수 있다. 하시찬은 우암이 영남을 다녀가고 나서 우암이 남긴 교화(敎化)가 사인(斯人)들을 변화하게 할 수 있다는 점을 명확히 알 수 있다고 우암의 영향이 지대함을 천명했다. 송시열은 1634년 4월, 송준길(宋浚吉)과 영외(嶺外)를 유람하고 인동(仁同)에 가 장현광(張顯光)을 방문하다.

다음은 하시찬의 학문자세와 학문대상에 대해 알아보자. 홍직필(洪直弼)이 지은 「열암문집서(悅菴文集序)」이다.

> 처사(處士)는 달성(達城)의 만촌(晩村)에 세거하여 일찍이 성현(聖賢)의 학문을 기뻐하여 송심재(宋心齋), 이경호(李鏡湖) 양현(兩賢)을 종유하여 더불어 명리(名理)를 들었다. … 언어문자를 다듬는데 있어[수사修辭]에 모름지기 성실(誠實)한 자세를 수립하는 것을 중요시하고 성실(誠實)한 자세를 수립하여 처세하니 이것을 실제 업(業)으로 삼았으니, 언어문자 표현의 정치하고 조잡한 것으로 처사(處士)를 논하면 처사(處士)를 아는 것이 얕은 것이다. 그래서 특히 그 수신대치(守身大致)를 거론하여 고하여 말하니 '구하는 것이 없어도 본디 수호함이 있는 것에 있어, 열암처사(悅菴處士)와 같은 이는, 바야흐로 경전을 수호한 선비가 된 것이라 할 수 있다.' 숭정 사갑오 한로절(崇禎 四甲午 寒露節), 당성(唐城) 홍직필서(洪直弼序).126)

위에서 보듯이 하시찬은 성현(聖賢)의 학문을 기뻐하고 경전의 내용을 지키는 선비였다. 또한 언어문장(文章)를 수사(修辭)하는데 있어 모름지기 성실

126) 夏時贊, 『悅菴文集』, 「悅菴文集序[洪直弼]」, b_102_183c. "處士世居達城之晩村, 蚤悅聖賢之學, 從宋心齋, 李鏡湖兩賢遊, 與聞名理. … 且修辭須要立誠, 立誠而可處, 是實居業, 論處士以修辭精粗者, 淺之知處士者也. 以故特擧其守身大致而告之曰, 無所求有素守, 如悅菴處士, 方許其爲守經之士也. 崇禎 四甲午 寒露節, 唐城 洪直弼序."

(誠實)하게 하는 것을 중시했다.

다음은 서능보(徐能輔 1769~1835)의 「열암문집발(悅菴文集跋)」이다.

> 후에 그 전체 원고를 얻어 살펴보니 대개 그 문학덕행(文學德行)이 안으로 쌓여 밖으로 발현되었으며, 그 의(義)는 즉 문로(門路)를 정대(正大)하게하고 사(詞)는 광화농욱(光華穠郁)하여 속유(俗儒)가 바라는 바가 아닌 것이 있다. … 지금 비록 당세에 빛이 잠겨져있더라도 후세에 그 책을 읽는 사람은 또한 마땅히 그 이름을 전파하여 그 전하는 것이 장수할 것이다.[127]

하시찬은 문학덕행(文學德行)이 안으로 온축되어 밖으로 발현되었으며, 그 의(義)는 즉 문로(門路)를 정대(正大)하게하고 사(詞)는 광화(光華)가 더욱 짙어 속유(俗儒)의 수준을 초월했다.

윤종대(尹鍾大)의 「열암문집발(悅菴文集跋)」을 읽어보자.

> 지금 그 유집(遺集)을 살펴보니, 도(道)에 독실한 군자(君子)라 할만하다. 문장은 화려(華麗)한 것을 힘쓰지 않고 사(辭)는 번다한 것을 추구하지 안고 반드시 나의 정립(定立)된 견해를 지니고 있다. 그런 후 비로소 그것을 언급했다. 그래서 말 한 바가 모두 적확(的確)하고 간요(簡要)했다. 비록 성리학(性理學)의 은미한 뜻도 그 분석하는 것이 매우 명확하고 사기(詞氣)가 평완(平緩)하여 대략 변박(辯博)한 뜻이 없다. 대개 경(敬)을 지니는 공(功)으로 내외(內外)를 관통했다.[128]

인용문에서 보았듯이 그는 도(道)에 독실하며 자신의 정립된 견해를 지니고 있어 한 말이 적확(的確)하고 간요(簡要)했다. 또한 성리학(性理學)의 은미한 뜻도 명확하게 분석했다.

이상에서 살펴보았듯이 하시찬은 우암 후손 송환기의 제자다. 또한 그는 우암의 존주대의(尊周大義) 즉 '존화양이정신(尊華攘夷精神)'정신을 추앙했다.

---

127) 夏時贊, 『悅菴文集』, 「悅菴文集跋[徐能輔]」, b_102_294a. "于後得其全稿而視之, 盖其文學德行, 102_294b蘊于中而發諸外, 其義則門路正大, 其詞則光華穠郁, 有非俗儒之所可企也. … 今雖潛光於當世, 後之讀其書者, 亦當播其名而壽其傳矣."

128) 夏時贊, 『悅菴文集』, 「悅菴文集跋[尹鍾大]_, b_102_294c "今觀其遺集, 斯可謂篤道之君子也. 文不務華, 辭不求多, 必有吾定見, 然後始言之, 故所言皆的確簡要. 雖於性理之微旨, 分析甚明, 而詞氣平緩, 略無辯博之意. 盖以持敬之功, 通貫內外."

우암의 제자 권상하와 민진원 등에 의해 화양구곡 9개의 명칭, 만동묘와 화양서원 그리고 암각자 등에 '존화양이의식'을 표상화 했다. 하시찬의 학연과 그 학연을 통해 심화된 '존화양이(尊華攘夷)'정신이, '존화양이(尊華攘夷)'정신을 고양할 수 있는 성지(聖地)인 화양구곡을 그린 화양구곡도 병풍을 보고 지은 시에 화운했다고 본다. 하시찬의 문집에 화양산수병을 소장한 사람에 대해 밝힌 글은 실려 있지 않다. 문집 편찬과정에서 제외했을 수도 있다.

3) 화양구곡병풍시(華陽九曲屛風詩)에 대한 분석(分析)

먼저 화양구곡도와 화양구곡병풍에 대해 지은 화운시를 살펴본다. 채지홍의 「근차금수원진옥화양구곡화출시운(謹次金水原鎭玉華陽九曲畫出時韻) 기해(己亥)」[129]를 살펴보기로 하자. 현재 김진옥의 문집에 자기가 그린 화양구곡도를 읊은 시는 남아있지 않다.[130] 채지홍이 화운시를 1수로 지은 것을 보면 김진옥이 1수로 시를 지었다는 것을 짐작할 수 있다.

화양수석폭중신(華陽水石幅中新),	화양(華陽)의 수석(水石) 화폭(畵幅)가운데 새로우니,
이석선생애완신(伊昔先生愛玩新).	전(前)에 선생이 사랑하고 즐긴 것이 새로워지네.
곡곡청계수사고(曲曲淸溪洙泗泒),	구비구비 맑은 시내 공자의 수사(洙泗)의 웅덩이며,
봉봉수색무이춘(峯峯秀色武夷春).	봉우리마다 빼어난 빛깔 주자의 무이(武夷)의 봄이로다.
상공차수풍류백(相公借手風流伯),	상공(相公)의 손을 빌려주었으니 풍류백(風流伯)이요,
조물귀공회화인(造物歸功繪畫人).	조물주가 공훈을 돌아가게 하였으니 회화인(繪畫人)이라.
종차와유해숙계(從此臥遊諧宿計),	이로부터 누워 놀려고 세운 오래된 계획과 맞아 들어가니,

129) 蔡之洪, 『鳳巖集』Ⅰ, 「謹次金水原 鎭玉 華陽九曲畫出時韻 己亥」, 韓國文集叢刊 205, 민족문화추진회, 1998, 221면. 成海應의 『硏經齋全集外集』에도 실려있다.

130) 그런데 김진옥(金鎭玉)의 문집으로 알려진 『온재유고(韞齋遺稿)』에는 김진옥 자신이 화양구곡도에 대해 지은 시는 실려 있지 않다. 국립중앙도서관 소장 古 朝46-가167.

불번진경몽심빈(不煩眞景夢尋頻). 진경을 꿈에도 자주 찾는 것이 번거롭지 않네.

위에서 보았듯이 채지홍은 시에서 김진옥이 화양구곡을 처음 새롭게 그렸다는 점을 지적했으며, 화양구곡이 공자의 사상과 주자의 무이구곡의 영향을 받아 조성했다는 점을 비유적으로 표현했다.

이번엔 화양구곡병풍의 존재를 알 수 있는 기록을 살펴보기로 하자. 김녹휴(金祿休)의 「제화양산수병(題華陽山水屛)」를 읽어보자.

> 주자와 송자는 몸은 둘이지만 마음은 하나요, 무이구곡과 화양구곡이 세대는 다르나 일치한다. 덕(德)을 높이고 도(道)를 즐긴 내용은 대전(大全)에 실려 있으며, 산을 좋아하고 물을 좋아한 것은 그림과 책을 통해서 상상할 수 있다. 무이구곡은 예부터 그림으로 남아있는데 화양구곡에 대한 그림은 누가 처음 그렸나. 나는 곽씨에게서 화양구곡도를 얻었는데 곽씨는 안씨의 화양구곡도를 본떠 그려서 다른 세 성씨에게 전해주었는데 본뜬 것 또한 한 사람의 손에서 나온 것이 아니니 어찌 더욱 그 진면목을 상실함이 없겠는가? 만약 그 책을 보면 그 뜻을 터득하고 그 그림을 살펴보면 그 정취를 터득하니, 그림과 글씨는 이미 잊어버린다고 한다[131].[132]

위에서 살펴보았듯이 김녹휴는 화양구곡도병풍을 소장하고 있었다. 이것은 곽씨가 안씨가 소장한 화양구곡도를 3점 모사한 것 중에 한 점이다. 이렇듯 김녹휴가 소유한 화양구곡도병풍와 관련된 화양구곡병풍은 4종이다.

곽씨가 그린 화양구곡도 3점 가운에 1점의 소장자를 추측할 수 있는 기록을 살펴보기로 하자. 기우만(奇宇萬 1846~1916년)의 「제화양산수병후(題華陽山水屛後)」이다.

---

131) 전제(筌蹄) : 전은 물고기를 잡는 통발이고, 제는 토끼를 잡는 올무이다. 곧 목적을 달성하고 나면 잊어버리는 방편을 이른다. 장자가 말하기를 "통발은 물고기를 잡는 도구인데 물고기를 얻으면 통발은 잊고, 올무는 토끼를 잡는 도구인데 토끼를 잡으면 올무는 잊는다." 하였다. 『장자(莊子)』, 「외물(外物)」.

132) 金祿休, 『莘湖集』, 「題華陽山水屛」. "朱宋夫子二身一心, 武夷華陽異世一致. 尊德樂道載於大全, 樂山樂水想於圖書. 武夷舊有圖, 華陽之圖, 始於何人. 我則得之於郭氏. 郭氏之模出於安氏, 傳之三姓. 模亦非出一手, 詎可無愈失其眞也哉. 若見其書而得其意, 按其圖而得其趣, 圖書已屬筌蹄云." 국립중앙도서관 분류목록에는 다음과 같이 김경휴저(金敬休著) 신호집(莘湖集)이라 본의 아니게 오류를 범했다.

우리나라의 회옹(晦翁)인 우암(尤翁)의 무이(武夷)는 화양(華陽)인데, 무이(武夷)는 옛 그림이 있는데 화양구곡도(華陽九曲圖)가 지속적으로 제작되지 않는 것이 괴이한데, 족숙(族叔)인 동관씨(東觀氏)의 가병(家屛)은 어느 곳에서 얻어왔나? 일수일석(一水一石)이 핍진(逼眞)한데 무이(武夷)에서 유래됐으나 다르다. 인사지회(人事之會)가 천물(天物)이 부합되지 않는 것이 아니다. 비록 그러나 달을 그릴 수 있어도 밝음을 그릴 수 없으며, 꽃을 그릴 수 있어도 향기를 그릴 수 없는데, 지금 이 구곡도의 그림은 달의 밝음과 꽃의 향기 같은 것을 얻지 못하니 어찌된 일인가? 화양(華陽)이 화양(華陽)이 된 까닭은 여기에 있고 저기에 있는 것이 아니다. 주인은 묵묵히 모아 마음으로 얻는 것이니 비로소 이 구곡도를 잘 감상했다고 할 것이다.133)

이 글을 통해 기우만의 족숙(族叔) 기동관(奇東觀)이 화양산수병을 소유했다는 사실을 알 수 있다. 두 글에 보이는 화양산수병(華陽山水屛)이라는 이름이 같다. 그리고 김녹휴와 기우만의 생존시대도 동시대이다. 김녹휴는 지금의 전라남도 장성군 황룡면에서 출생하였다. 15세 되던 해부터 조선시대 성리학의 6대가 중 한 명으로 꼽히는 노사(蘆沙) 기정진(奇正鎭 1798~1879)의 문하에서 수학하였다. 기우만은 전라남도 화순 출신이다. 참봉벼슬을 하였다. 호남에서 명성이 높은 참판 기정진(奇正鎭)의 손자로서 가학을 이어받아 소시적부터 문유(文儒)로 추앙받았다. 이렇듯 가계와 학연으로 보아 두 사람이 소장하고 있는 화양산수병(華陽山水屛)은 김녹휴(金祿休)의 「제화양산수병(題華陽山水屛)」을 통해서 알 수 있듯이 곽씨가 그린 것으로 추정할 수 있다. 이제껏 살펴보았듯이 기호사림 등이 화양구곡도를 그리고 화양구곡시를 지은 것은 도통의식과‘존화양이’의식을 회화적으로 표현한 것이며 시적으로 발현한 것으로 볼 수 있다.

이번엔 하시찬의 그림에 대한 안목에 대해 알아보자. 지금 하시찬의 문집에는 본고에서 논하는 화양구곡병풍시 이외는 다른 제화시가 수록되어 있지 않다. 다만 그의 회화적 식견을 알아볼 수 있는 「죽석도발(竹石圖跋)」이 수록되어있다.

---

133) 奇宇萬, 『松沙集』, 「題華陽山水屛後」, a_345_537a. “東人晦翁尤翁武夷華陽, 武夷舊有圖, 怪華陽無繼作, 族叔東觀氏家屛, 何處得來. 一水一石逼眞, 武夷來異哉. 人事之會, 天物之不能不符也. 雖然畫月不能畫明, 畫花不能畫香, 今此圖之畫, 不得如月之明 花之香者何事. 華陽之所以爲華陽, 在此而不在彼, 主人能默會而心得焉, 始可謂善觀是圖矣.”

'반드시 먼저 가슴 속에 대나무를 그려 놓고서 붓을 잡고 오랫동안 바라보다가 그리고자 하는 대나무가 보이면 급히 일어나 그것을 따라가면서 붓을 휘둘러 곧장 완성하되, 본 것을 쫓아가기를 마치 토끼가 일어나자마자 송골매가 낙하하여 채어 가듯이 하여야 한다'라고 했으니, 이것이 동파가 말한 대나무를 그리는 비결이다. 주부자(朱夫子)가 진광택(陳光澤)의 소장한 죽석도(竹石圖)에 제(題)하기를'동파노인(東坡老人)이 아름답고 빼어나서 뒤에 시드는 지조와 견고하고 확고하여 변하지 않는 자태는 죽군(竹君)과 석우(石友)가 거의 같으니, 백대의 세월이 흐른 뒤에도 이 그림을 보는 사람은 상상할 수 있을 것이다.'고 했다. 내가 매번 주부자(朱夫子)의 말을 암송하고 동파옹(東坡翁)이 마음을 붙여 붓을 친 묘법을 상상했다. 기사(己巳, 1809년) 초추(杪秋, 9월) 상사(上舍) 송상래(宋祥來)[134]를 만나서 금성지자사(錦城之子舍)를 지나, 일면(一面) 인사를 나누었다. 함께 10여일을 유숙하는데 문장에 대해 평하고 시에 대해 논설하다가 그림에까지 미쳤다. 드디어 종이를 찾아와서 오래된 돌 하나를 그리는데, 옆에 가느다랗게 야윈 대나무에 한 두 개의 가지를 그렸는데, 그 아름답고 빼어나서 뒤에 시드는 지조와 견고하고 확고하여 변하지 않는 자태가 섬세하고 정묘(精妙)하여 심득(心得)으로 부터 나온 것이니, 참으로 소위 붓을 휘둘러 곧장 그것을 쫓아 완성한 것이다. 돌아와 재실 벽에 걸어놓고 눈을 붙여 그것을 자세히 살펴보니 즉 삽상(颯爽)하고 고괴(古怪)한 것이 볼수록 더욱 기이하고 뛰어나다. 내가 비록 그림에 식견이 없지만 때로 상사(上舍) 송상래(宋祥來)가 그리는 방식을 모범(模範)으로 생각했으며, 죽군석우(竹君石友)는 거의 그와 같으니 그것이 여기에 있는 것이다. 마땅히 안목을 갖춘 사람이 그것을 평하길 기다린다. 금마(金馬) 청화절(淸和節, 4월)[135]

---

134) 송상래(宋祥來 1773~?): 자 원부(元復), 호 소산(蘇山), 본관 여산(礪山). 문록(文祿)의 아들이다. 1827년(순조 27) 문과 춘당대시(春塘臺試)에 합격하였으며, 1841년(헌종 7) 사헌부대사헌에서 사간원대사간이 되었다. 『잠영보(簪纓譜)』 의하면 "묵죽(墨竹)을 잘 그렸고 겸하여 글씨를 잘 썼다."고 하였으며, 그의 아들인 주헌(柱獻)도 묵죽에 능하였다고 한다. 그의 대나무 그림들은 전반적으로 뻣뻣한 느낌을 주고 있는데, 화면을 수직으로 가르며 서 있는 죽간(竹竿)들이 더욱 그러한 느낌을 자아낸다. 대표작으로 「묵죽도_ 연폭병풍이 국립중앙박물관에 소장돼 있으며, 이밖에도 그의 묵죽도들이 고려대학교와 간송미술관 등에 여러 점 소장되어 있다.

135) 夏時贊, 『悅菴文集』, 「竹石圖跋 庚午」, b_102_262b. "必先成竹於胸中,執筆熟視, 乃見其所欲畫者, 急起從之, 振筆直遂, 以追其所見, 如兎起鶻落, 少縱則逝, 此東坡畫竹訣也. 朱夫子題陳光澤家藏竹石圖曰, 東坡老人, 英秀後凋之操, 堅確不移之資, 竹君石友, 庶幾似之, 百世之下, 觀此畫者, 尙可想見也. 余每誦朱夫子之言, 而想像東坡翁寓心下筆之妙矣. 己巳杪秋, 宋上舍祥來, 元履於錦城之子舍, 一面相許. 同留十許日, 評文說詩, 仍及於畫. 遂索紙而寫一古石, 傍畫瘦竹一兩枝, 其英

위 인용문을 보면 평소 하시찬은 죽석도를 그리는 화법에 있어 주부자(朱夫子)의 말을 암송하고 동파옹(東坡翁)의 묘법을 신봉했었다. 그런데 송상래가 석죽도를 그린 것을 보고, 심득(心得)으로부터 나온 것으로 진짜 진필직수(振筆直遂)해서 추구한 작품이라 평가했다. 그리고 그 그림을 자세히 살펴보니 삽상(颯爽)하고 고괴(古怪)한 것이 볼수록 더욱 기이하고 뛰어나다고 했다. 또 상사(上舍) 송상래(宋祥來)가 석죽도(竹石圖)를 그리는 방식을 모범(模範)으로 생각했으며 석군석우(竹君石友)는 거의 그와 같이 그리는 것이라고 평가했다. 여기서 하시찬의 회화평론의 기준은 진필직수(振筆直遂)하더라도 심득(心得)하여 그린 그림을 높게 평가한다는 점을 알 수 있다. 하시찬의 이런 회화적 식견이 화양구곡병풍에 제(題)한 것을 보고 차운할 수 있었던 것으로 여겨진다.

이제 하시찬의 「차무이도가운, 제화양구곡병풍(次武夷棹歌韻, 題華陽九曲屛風)」을 살펴보고자 한다.

제1곡 경천벽(擎天壁)을 읽어보자.

일곡계무문죄선(一曲溪無問罪[136]船), 일곡이라 시내에 배 맬 일 물어볼 필요 없으며,
경천허벽영횡천(擎天虛壁影橫川). 하늘을 떠받든 빈 절벽이 가로지른 시내에 비치네.
하시오주능회운(何時鰲柱[137]能回運), 어느 때 자라 기둥을 회복하여 운영할꼬?
망리황화읍모연(望裏皇華[138]浥暮烟). 중국 황화(皇華)를 바라보노라니 저녁 안개 촉촉하네.

秀後凋與堅確不移者, 纖悉精妙, 出自心得, 眞所謂振筆直遂以追之者也. 歸而揭之齋壁, 寓目而諦審之, 則颯爽古怪, 看益奇絶. 余雖不識畫, 時想上舍之模範, 而竹君石友, 庶幾似之者, 其在斯歟. 當俟具眼者而評之爾, 金馬淸和節書.”

136) 원본에 죄(罪)로 돼있으나 괘(罫)가 옳을 듯하다.

137) 위태로운 시국을 만회한 탁월한 공을 세운 것을 말한다. 『회남자』, 「남명훈(覽冥訓」에 이르기를 “옛날에 사극(四極)이 폐해지고 구주(九州)가 갈라져서 하늘이 덮어 주지 못하고 땅이 실어 주지 못하였다. 이때에 여왜(女媧)가 오색(五色)의 돌을 정련해서 보천(補天)하고, 자라의 발을 잘라서 사극을 세웠다.” 하였다.

138) 『시경(詩經)』, 「소아(小雅) 황황자화(皇皇者華)」에, “재치재구(載馳載驅) 주원자순(周爰咨詢)” 즉 “달리고 또 달리며 두루 묻고 강구하네.”라는 말과, “재치재구(載馳載驅) 주원자추(周爰咨諏)” 즉 “달리고 또 달리며 두루 묻고 의논하네.”라고 했다. 사신의 노고를 위로한 시이다.

하시찬은 3~4구에 존화양이의 도(道)가 회복되기를 기대하는 마음을 은유적으로 표현했다.

제2곡 「운영담(雲影潭)」을 읽어보자.

이곡심심도중봉(二曲深深度衆峯),	이곡이라 깊고 깊은 많은 봉우리를 넘어,
만담운영선형용(滿潭雲影善形容).	못 가득 구름 그림자 그 모습 아름답도다.
허주범범무진사(虛舟泛泛無津涘),	빈 배를 나루 없는 곳에 띄우니,
활수원두격기중(活水源頭隔幾重).	세차게 흐르는 물 근원에서 몇 겹이나 떨어졌는고?

하시찬은 학연이나 의식을 보아 운영담이라 명명한 배경을 알고 있었다고 보아야한다. 운영담의 많은 봉우리에 못에 비치는 구름 그림자의 모습이 아름답다고 했다. 세차게 흐르는 물의 근원을 말했는데 주자의 「관서유감(觀書有感)」의 시상을 원용했다. 즉 자연현상을 통해 학문과 심성수양법을 터득해야 한다는 주자의 학문법을 의식한 표현이다.

제3곡 「읍궁암(泣弓巖)」을 보기로 하자.

삼곡산하입루선(三曲山河入漏船),	삼곡이라 산과 개울에 누선(漏船)[139]이 올라가는데,
창오애루인천년(蒼梧哀淚咽千年).	창오산의 구슬픈 눈물 천년을 목 메이네.
고암흘립창상계(孤巖屹立滄桑界),	높이 솟은 외떨어진 바위 상전벽해(桑田碧海)되어,
부진오동지사련(不盡吾東志士憐).	우리 우리나라 지사(志士)가 슬픔 다하지 못했네.

139) 어지럽고 위태로운 세상을 살아가면서 환란을 미리 대비하여 편안하게 지냈다는 뜻이다. 『주역』 「기제괘(旣濟卦) 육사(六四)」에 "유(繻) 유의녀(有衣袽) 종일계(終日戒)" 즉 "젖음에 옷과 헌 옷을 장만해 두고 종일토록 경계함이다."하였는데, 이에 대한 주를 보면, 이는 배가 샐 것을 대비하여 새는 것을 막을 옷가지 등을 미리 마련해 두고서 종일토록 경계하고 두려워해야 한다는 뜻이라고 하였다. 누선(漏船)은 물이 새는 배라는 뜻인데, 주자(朱子)가 여백공(呂伯恭)에게 답한 편지에 "우리들과 백만 생령의 운명이 모두 이 새는 배 위에 실려 있으니, 둘째가는 뱃사공이라도 구하여 그가 술에 취하지 않는다면 위급한 일을 믿고 맡길 수 있으리라."고 한 말이 보인다.

하시찬은 2구에서 효종이 붕어한 사실을 창오산(蒼梧山)의 구슬픈 눈물이라고 은유로 표현했다. 창오산(蒼梧山)은 요(堯)임금의 묘소가 있는 곳이다. 읍궁암은 효종이 승하한 날 우암이 이 바위에서 통곡했다하여 붙여진 이름이다. 읍궁암이라 명명한 것도 은유적으로 명명한 것이다. 읍궁암에서 우암이 효종의 승하로 인해 존화양이의 이상을 이루지 못한 통탄한 사실을 상기시켰다. 하시찬은 3구에서 세월이 변화무상하다는 점을 '상전벽해'라는 고사를 원용하여 은유적으로 표현했다.

제4곡시 「암서재(巖棲齋)」이다.

사곡유서의고암(四曲幽棲倚古巖), 사곡이라 아늑한 곳 오래된 바위에 의지해있는데,
만산화영조람삼(滿山花影照毿毶). 온 산에 꽃 그림자 흐드러지게 비치네.
회암미효우옹기(晦菴微效尤翁冀[140]), 우암은 주자(朱子)의 은미한 효험을 바랬으니,
심법천추월인담(心法千秋月印潭). 심법은 천추의 달빛이 연못에 박히네.

송시열이 주자의 은미한 효험을 바래서 심법이 달빛이 영원히 못에 박히듯 불변하다는 점을 비유화 했다. 4구는 주자의 「재거감흥(齋居感興)」시의 "공유천재심(恭惟千載心) 추월조한수(秋月照寒水)"라는 시구를 변용한 듯하다.

지금의 화양구곡은 1721이후 1727년 이전 민진원(1664~1736)이 최종적으로 결정하여 바위에 새겨놓은 9개 곡의 명칭을 준수하고 있다. 그런데 하시찬이 본 화양병풍에는 제4곡의 명칭을 암서재라고 했다. 필자가 본 바로는 이형부의 「제화양구곡도(題華陽九曲圖)」에 화양구곡 제4곡을 암서재로 기술했다. 이런 정황으로 본다면 하시찬(1750~1828)이 본 화양구곡도는 이형부(1791~1851)가 1809년에 그린 화양구곡도를 베낀 그림이거나 베낀 그림을 또 베낀 그림일 가능성이 있다.

제5곡 「첨성대(瞻星臺)」를 보자.

오곡산회곡전심(五曲山回谷轉深), 오곡이라 산이 감돌고 골짜기가 깊으며,

---

140) 주자의 「운곡이십육영(雲谷二十六詠)」에서 회암(晦庵)을 노래한 시 중에 "자신구미능(自信久未能) 암서기미효(巖棲冀微效)" 즉 "능하지 못함을 자신한 지 오래거니, 산속에 거처하며 은미한 효험 바라네."라고 한 구절이 있어 이를 인용한 것이다

고대천척출평림(高臺千尺出平林). 천 길 높은 첨성대 평평한 숲에 솟아있네.
월명야정무진사(月明夜靜無塵事), 달은 밝고 밤은 고요하여 속세의 일이 없어,
앙시소성공북심(仰視踈星拱北心). 우러러보니 듬성한 별들이 북극성을 안고 돌아가네.

첨성대라는 명칭은 『논어』, 「북진(北辰)」장에 뭇별이 안고 돌 듯 임금의 덕화가 온 천하에 미친다는 뜻을 원용했다. 아울러 조일전쟁 때 원군을 보내준 중국 명나라 만력황제 신종의 은택에 감사한다는 뜻을 내포시킨 것이다. 하시찬은 제4에 그 사연을 은유적으로 묘사했다.

제6곡 「능운대(凌雲臺)」[141]이다.

육곡층대부벽만(六曲層臺俯碧灣), 육곡이라 높은 능운대 푸른 물굽이 내려다보이고,
산비무사주상관(山扉無事晝常關). 산의 사립문 할 일 없어 낮에도 항상 잠가놓네.
불수교외전진적(不須教外傳眞的), 모름지기 교훈 밖에 참됨(眞的)을 전수하지 못하니,
서권부운일임한(舒卷浮雲一任閒). 책을 펴놓고 뜬구름에 한가함을 맡겨놓네.

능운대라는 명칭은 사마상여(司馬相如)의 「능운지부(凌雲之賦)」에서 원용한 것이다. 한나라 무제(武帝)는 사마상여(司馬相如)가 지은 「대인부(大人賦): 능운지부(凌雲之賦)」를 문장의 기세가 구름을 뚫고 하늘로 올라간다고 예찬했다. 하시찬은 능운대라고 이름을 붙인 연원을 알고 자신의 시에 응용했다. 제3~4구를 보자. 구름 밖에 진적(眞的)을 전할 수 없어서 책을 펴놓고 구름에 한가로움을 맡겼다고 했다. 이런 표현을 통해서 자기 시의 기교도 구름을 능가하는 수준이라는 점을 보여준 것이다.

제7곡 「와룡암(臥龍巖)」이다.

---

141) 화양구곡 제5곡과 6곡은 육안으로 보아 계곡 상하(上下)의 위치가 비슷하여 작가에 따라 제5곡을 첨성대(瞻星臺)로 보기도 하고 제5곡을 능운대(凌雲臺)로 보기도 한다. 앞에서 보았듯이 권섭(權燮)의 『화양구곡도설 후기(華陽九曲圖說 後記)』 제5곡은 능운대이다.

칠곡추심수락탄(七曲秋深水落灘), 칠곡이라 가을은 깊어가고 여울물 흐르는데,
와룡암고기회간(臥龍巖古幾回看). 와룡암 예부터 몇 번을 돌아보았는고?
기정천재흠유감(起亭千載欽遺感), 정자 세운지 천년 남긴 정감 흠모하노니,
하일중회한업한(何日重恢漢業[142]寒). 어느 날에 쇠퇴한 촉한(蜀漢)의 왕업을 다시 회복할꼬?

여기서도 하시찬은 와룡암이라 명명한 배경을 알고 있다. 중국 유비(劉備)의 참모였던 서서(徐庶)가 제갈량(諸葛亮)을 와룡이라 불렀다. 4구의 '어느 날에 쇠퇴한 촉한(蜀漢)의 왕업을 다시 회복할꼬?'라는 시구는 우암이 추구했던 존화양이 북벌의 염원을 성취하지 못한 것을 아쉬워하는 마음을 붙인 것이다.

제8곡 「학소대(鶴巢臺)」이다.

팔곡층층석세개(八曲層層石勢開), 팔곡이라 바위의 형세 층층이 펼쳐졌으며,
산공대고수영회(山空臺古水縈洄). 산은 비고 오래된 학소대에 물이 빙 돌아가네.
선금적막귀하처(仙禽寂寞歸何處), 선학이 어느 곳으로 돌아갔기에 적막한고?
유득소명인객래(留得巢名引客來). 학소대의 이름이 남아 나그네가 찾아오네.

학은 신선의 화신으로 보는 것이 상식이다. 하시찬은 학소대가 선경이라는 말 대신에, 제4구에 학소대의 이름이 남아 나그네가 찾아왔다고 표현했다. 하시찬 자신이 학소대를 찾아온 것으로 생각한 것이다. 따라서 하시찬 자신도 이미 신선격이라는 자부심을 의탁한 것이다.

제9곡 「파곶(巴串)」이다.

구곡청의수탄연(九曲淸漪水坦然), 구곡이라 맑은 물결 평탄히 흐르고,
여지백석작평천(如砥白石作平川). 숫돌 같이 납작한 백석(白石) 평평한 시내를 이루었네.
산중독조황명일(山中獨照皇明日), 산중에 유독 명나라의 태양이 빛나니
운한신장색동천(雲漢宸章色動天). 운한각(雲漢閣)의 임금의 글씨의 빛이 하늘을 감동 시키네

142) 촉한(蜀漢)의 제갈량(諸葛亮)이 유비(劉備)를 도와 왕업을 이룩하듯 중국 문물을 회복해야한다는 뜻이다.

최종 제9곡에서 화양구곡을 설정한 궁극적 목적은 조일전쟁 때 군사력(軍事力)을 지원해 준 만력황제와 마지막 황제 의종에게 제사지내며 춘추대의를 지키고 기호사림들의 결속을 도모하는 것이었다. 3~4구에서 하시찬은 "산중에 유독 명나라의 태양이 빛나니, 운한각(雲漢閣)의 임금의 글씨의 빛이 하늘을 감동시키네."라고, 화양동에 만동묘를 설정한 의의를 은유적으로 강조하여 대미를 장식했다. 화양동도 환장암(煥章庵)의 운한각에 명나라 의종(毅宗)이 쓴 '비례부동(非禮不動)'이라는 글씨를 봉안했었다.

주지하다시피 대개 시격(詩格)을 평가할 때 같은 내용이라도 직접 표현하지 않고 은유적으로 표현할 때 시격이 높다고 논평한다. 다시 말하면 시인은 하고 싶은 말을 직접 말하는 대신 어떤 사물이나 대상 속에 의탁해서 표하는 것을 말한다. 7언시라는 짧은 시에 자신이 하고 싶은 의미를 간접적으로 담기 쉽지 않기 때문에 고사를 은유적으로 사용하기도 한다. 흔히 은유적 표현을 강조할 때 "고인위시(古人爲詩), 귀어의재언외(貴於意在言外)"라는 말을 쓴다. 즉 "고인이 시를 지을 때 그 전하고자 하는 뜻을 말 밖에 두는 것이 귀중하다"라는 뜻이다. 대표적으로 두보(杜甫)의 「춘망(春望)」을 든다. 즉 "국파산하재(國破山河在), 성춘초목심(城春草木深)."을 논평 감상할 때, 사마광(司馬光)이 『온공독시화(溫公讀詩話)』에서 "'산하재(山河在)', 명무여물의(明無餘物矣). '초목심(草木深)', 명무인의(明無人矣)."라고 했다. 즉 "산하가 남아있다는 것은 그 나머지 물건은 없다는 것을 밝힌 것이요, 성에 초목이 무성하다는 것은 사람이 없다는 것을 밝힌 것이다"라는 뜻이다. 『장자(莊子)』의 「우언(寓言)」도 상징적 은유적 표현기법에 해당된다.

이상에서 살펴보았듯이 하시찬은 화양산수병 즉 화양구곡도병풍을 보고 9개 곡(曲)마다 그 명칭에 부합되는 시상을 피력했다. 또한 핵심내용을 은유적으로 표현하여 시격(詩格)이 높다. 그리하여 그림을 보지 않고 시를 읽더라도 화양구곡 9개의 곡의 명칭과 그 특징을 감지할 수 있다.

4) 맺음말

지금까지 실물과 문헌 기록을 통해 확인한 화양구곡병풍은 안씨(安氏)가 소장한 『화양산수병풍(華陽山水屛風)』, 김녹휴(金祿休)가 소장했던 『화양산수병풍(華陽山水屛風)』, 기동관(奇東觀)이 소장한 『화양산수병(華陽山水屛)』,

안씨(安氏)가 소장한 『화양산수병(華陽山水屛)』 등이다. 화양구곡도를 그리고 소장한 이유는 송시열을 존경하고 '존화양이(尊華攘夷)'의식과 학통계승의지를 회화적으로 강화하고자 했기 때문이다. 대개의 구곡도에는 구곡도를 그린 화폭(畫幅)에 지은 시를 써넣는다. 한편 화폭(畫幅)에 제(題)나 발(跋)을 써넣는다. 화양구곡병풍 즉 화양구곡을 그린 병풍을 보고 지은 시는 흔치 않다. 김진옥(金鎭玉)이 화양구곡도를 보고 지은 시에 채지홍(蔡之洪)이 차운해 시를 지었는데 1수이다. 그래서 화양구곡 9개 곡의 모습을 잘 알 수 없다. 그런데 하시찬(夏時贊 1750~1828)는 「차무이도가운, 제화양구곡병풍(次武夷棹歌韵 題華陽九曲屛風)」를 지었다. 즉 화양구곡병풍(華陽九曲屛風)을 보고 지은 시로 9수이다. 하시찬은 송시열의 후손 송환기에게 수학했다. 하시찬이 화양구곡병풍을 보고 시를 지은 이유는 우암과 스승 송환기에 대한 존경심과 존화양이의식을 가지고 있었기 때문이다.

김녹휴(金祿休)는 「제화양산수병(題華陽山水屛)」, 기우만(奇宇萬)은 「제화양산수병후(題華陽山水屛後)」를 남겼다. 화양구곡도를 그린 사람들은 거의 기호사림이다. 그런데 19세기 초에 영남 출신 하시찬이 「차무이도가운(次武夷棹歌韵), 제화양구곡병풍(題華陽九曲屛風)」를 짓고, 19세기말 호남 출신 김녹휴가 「제화양산수병(題華陽山水屛)」, 20세기 초 호남출신 기우만(奇宇萬 1846~1916)은 「제화양산수병후(題華陽山水屛後)」를 남겼다는 점이 주목된다. 이 3건의 기록은 당시 존재했던 화양구곡도병풍이 4건이 존재한다는 사실을 알 수 있다. 이는 화양구곡을 그린 병풍을 발굴할 수 있는 단서가 된다. 한편의 논문에서 현재까지 실물이 발굴되고 기록으로 확인된 화양구곡도중에 가장 많은 숫자이다. 또한 화양구곡도를 그린 그림을 보고 무이도가운에 차운하여 읊은 시도 흔치 않다.

이상에서 살펴보았듯이 하시찬은 화양구곡병풍을 보고 읊은 시에 차운하여 9수의 시를 읊었다. 그는 화양구곡병풍시(華陽九曲屛風詩)에 화양구곡 전체와 9개 명칭에 내포된 '존화양이'의 의미를 담았다. 그 핵심 내용은 고사 등을 원용하여 은유적으로 표현했다. 이런 점으로 평가할 때 하시찬이 지은 시는 시격(詩格)이 높다고 할 수 있다. 이렇듯 하시찬의 화양구곡병풍시(華陽九曲屛風詩)는 화양구곡 9개 곡(曲)에 담긴 의미를 은유적으로 잘 묘사하여 시격(詩格)이 높은 시라고 그 구곡문학적 의의를 부여할 수 있다.

제3부

충북의 구곡문화

여기서는 『구곡문화관광 특구와 구곡한시 연구』에 수록하지 않은 구곡에 대해 소개한다.

‘구곡문화관광특구’ 이외의 충북지역에 설정된 구곡에 대해서도 집중적으로 연구했다.

제1장 기호사림(畿湖士林)의 도통의식(道統意識)이 구곡문화(九曲文化)와 그 시대에 끼친 영향

1. 머리말

먼저 충북지역에 구곡문화가 융성하게 된 동인에 대해 살펴보기로 하자. 그 이유는 도통계승의식이 투철했으며 이를 실천했기 때문이다. 도통의식은 학문의 발전과 학파의 결속에 지대한 영향을 준다. 구곡은 조선시대 도통계승의 한 양상을 산수자연에 가시적으로 표상화한 대표적인 사례이다.

우암(尤庵) 송시열(宋時烈 1607~1689)은 율곡(栗谷) 이이(李珥 1536~1584)의 서현손(庶玄孫)인 이석(李석[禾+奭])이 그린 「고산구곡도」를 보고, 율곡 이이가 지은 한글 시가(연시조) 「고산구곡가(高山九曲歌)」를 문인 그리고 지인들에게 「고산구곡가」를 한시로 번역하게 했다. 송시열 자신도 한역(漢譯)했으며 손자 송주석(宋疇錫 1650~1692)도 참여하게 했다. 모두 9명이다. 이렇듯 율곡 이이의 도통을 계승한 우암 송시열은 당시 기호사림의 영수로 도통계승의식을 형성하는데 상당한 영향을 주었다. 그후 율곡과 우암을 흠모하는 기호사림들은 그 도통을 계승했으며, 도통계승의 상징으로 자기 고향이나 거주지에 구곡을 설정했다.[1)] '도통(道統)'은 오늘날의 '학통(學統)'이란 뜻과 유사하다.

송시열은 60세되던 1666년 처음 화양동에 거처한 후 81세되던 1687년까지 수시로 와서 머물렀다. 그는 이곳에서 제자들에게 강학을 했으며, 조일전쟁(朝日戰爭) 때 원군을 보내준 명(明)나라 신종(神宗)과 마지막 황제인 의종(毅宗)을 숭모(崇慕)하여, 1674년 의종의 어필 '비례부동(非禮不動)'을 암

1) 이 논문을 다음 책에 게재했었다. 이상주(李相周), 「기호사림(畿湖士林)의 '도통의식(道統意識)'이 구곡문화(九曲文化)와 그 시대에 끼친 영향」, 『청풍명월의 역사와 인물』, 경운[신철우]선생추모논총간행위원회, 황금알, 2013, 245~297면. (사)충북향토문화연구소 회원들과 충북지역 연구자들에게 공람의 기회를 주고자 다음 학술지에 재수록했었다. 李相周, 「畿湖士林의 '道統意識'이 九曲文化와 그 시대에 끼친 영향」, 『충향문화』 제27집, 충북향토문화연구소, 2016, 104~149면.

벽에 새기게 했다. 그의 수제자 권상하(權尙夏 1641~1721)는 1717년 신종의 어필인 '옥조빙호(玉藻氷壺)'를 새긴 직육면체 돌을 '비례부동' 옆에 홈을 파고 안치했다. 권상하는 만동묘(萬東廟)를 건립하라는 우암의 유지를 받들어, 1704년 두 황제를 배향하는 만동묘를 건립했다. 화양서원은 권상하가 주체가 되어 1695년 지금의 충북 괴산군 청천면 귀만리(歸晩里) 만경대(萬景臺) 근처에 세웠었는데[2] 1710년 화양동 만동묘 오른쪽 앞으로 이건했다. 이리하여 화양동은 그 문하생들과 노론 세력들의 결집과 영향력을 강화하는 본산이 되었다. 이렇듯 우암이 연고를 맺은 이후 화양동은 기호사림은 물론 우암을 숭상하는 사림들이 순례하는 성지가 되다시피했다. 그곳엔 우암과 그 문하생들과 관련된 유적이 많이 남아있다. 그는 화양동의 산수가 주자의 '무이구곡(武夷九曲)'과 비견된다고 여겼다. 그의 이런 심회를 갈파 존중한 그 문하생 권상하(1641~1721)와 1721년 권상하가 서거 한 후인 1727년 경 민진원(閔鎭遠 1664~1736)에 의해 현재와 같은 곡(曲)의 명칭으로 화양구곡이 완성되었다.[3] 이후 그를 추앙계승한 상당 수의 기호사림들은 구곡을 설정하고 구곡시를 짓는다.[4] 이런 도통의식은 조선말까지 지속되었는데, 우암의 후손은 물론, 우암의 적통(嫡統)을 표방한 화서 이항로(李恒老 1792~1868)의 문하생들에 와서 더욱 확산된다. 조선말 일제강점기에 이항로학맥의 기호사림들은 강원·경기·전북·충남·충북 등 기호지방과 평남·황해도 지방에 상당 수의 구곡을 설정했다. 이렇듯 기호사림에 있어서 구곡의 설정은 도통을 계승하려는 의지의 자연에의 표현이자, 위대한 인물에 대한 존경심의 학문적 표현이다.[5]

특히 화서학맥인물들은 도통계승의지를 강화하기 위해, '척사위정의식(斥邪衛正意識)'·'존화양이의식(尊華攘夷意識)'을 공고히하여 일제강점기에 항일의지(抗日意志)를 고취심화하기 위해, 지금 충북 괴산군 청천면에 있는 화양구곡을 순례했다.

---

2) 韓石洙 외, 『譯註 華陽誌』, 충북대학교 우암연구소, 2007, 296면. 書院事實 [附 御筆宣額事實 影幀圖贊 諸書院影堂號額 乙亥刱建晩景臺庚寅移建華陽]

3) 李相周, 「'仙遊八景'의'華陽九曲'·'仙遊九曲'에로의 분화변천과정과 기타 관련문제」, 『中原文化論叢』제6집, 충북대학교 中原文化硏究所, 2002.

4) 李相周, 「"구곡문화관광특구"와 그 구곡 설정자들의 학맥」, 『중원문화논총』제9집, 충북대학교 중원문화연구소, 2005.

5) 李相周, 「山水評論에 대한 고찰-華陽九曲을 중심으로」, 『한문학보』 제14집,우리한문학회, 2006. 241면.

도통의식이 '구곡도'의 제작에 영향을 주었다는 점을 밝힌 논고는 몇 편 있으나[6], 도통의식이 구곡 설정에 끼친 영향에 대한 심도있는 논고는 아직 없는 것으로 알고 있다.[7] 본고에서는 기호사림들이 도통의식의 발현으로 설정한 구곡 및 그들이 창작한 구곡시의 실상을 고찰하고, 그 구곡문화적·시대적 의의를 규명하고자 한다.

2. 기호사림과 도통의식(道統意識)

'도통의식'이란 도학(道學) 즉 주자(朱子 1130~1200)를 조종(朝宗)으로 하는 유학의 연원(淵源)을 계승전수하려는 의식을 말한다. 도통의식의 연원을 문헌에서 찾아보기로 하자. 본고에서는 율곡과 우암 등 기호사림의 도통의식을 논의하는데 필요한 사항만 점검하기로 한다. 중국 도학(道學)의 연원은 주돈이(周敦頤 1017 ~ 1073])→ 정호(程顥 1032 ~ 1085)·정이(程頤 1033 ~ 1107)→ 주희(朱熹)로 이어지는 것으로 본다.[8] 이런 학통의 집대성자인 주자가 '무이구곡'에서 「무이도가(武夷櫂歌)」를 짓고 후진을 양성하고 문예활동을 했다. 조선조의 유학자들은 이런 주자의 사상과 생활을 흠모하여 이를 구현하려했다.

기호사림과 관련하여 '도통'라는 용어를 사용한 몇몇 사례를 살펴보기로 하자.[9] "선조(1575, 만력 3). 9월 1일(병신). 부제학 이이가 『성학집요』를 바치다."를 보자. 조선왕조실록에서 인용한 도통에 관한 내용의 번역은 한국고전번역원의 번역을 인용했다.

> 위정(爲政)의 조목이 열 가지이니, 그 1장은 총론이고, 2장은 용현(用賢), 3장은 취선(取善)이라 하였는데, 이것은 곧 『대학』에 이른바 '어진이라야 제대로 사람을 사랑하고 미워할 수 있다.'는 것을 이른 것입니다.

6) 다음 논문에서 九曲圖가 학통계승의 매개체의 역할을 한다는 점을 지적했다. 兪俊英, 「九曲圖의 發生과 機能에 대하여」, 『考古美術』151, 1981. 尹軫暎, 「朝鮮時代 九曲圖 硏究」, 한국정신문화연구원 석사학위논문, 1997. 조규희, 「조선유학의 道統의식과 구곡도」, 『역사와 경계』61, 2006.

7) 김선기, 「우암 송시열과 고산구곡도가에 보인 向意」, 주자학논총3, 1996.

8) 黃嗣東編輯, 『道學淵源綠』 제14책 濂洛錄 上下, 光緖 戊申(1908) 九月, 鳳山學舍. 국립중앙도서관 소장, 古 第 9397.

9) 조선왕조실록과 弘齋全書·沙溪全書의 번역은 한국고전번역원의 자료를 내려받았다.

… 그 다섯째 편은 성현도통(聖賢道統)이라 하였는데, 이것은 『대학』의 실적(實跡)인 것입니다. 이를 합하여 이름을 『성학집요』라 하였습니다."

이이가 『성학집요』그 다섯째 편은 '성현도통'의 내용을 수록했다는 사실을 알 수 있다.

이번엔 "정조 1년 정유(1777, 건륭 42). 4월 15일(경술). 청주의 진사 채상섭이 문순공 권상하를 화양서원에 추배할 것을 건의하다"를 보자

청주(淸州)의 진사(進士) 채상섭(蔡商燮) 등이 상소하기를, "삼가 생각하건대 우리 효종대왕(孝宗大王)께서는 상성(上聖)의 자질로 구오(九五)의 대운(大運)을 당하여 장차 대의(大義)를 천하에 신명(伸明)하려 했는데, 이때 임금을 보좌할 재주를 지니고 어수(魚水)의 계(契)를 기탁하여 한결같이 공자 · 주자의 일을 자신의 책임으로 삼아 우뚝하게 백대(百代)의 유종(儒宗)이 될 사람이 있었으니, 곧 선정신 문정공(文正公) 송시열이 그 사람입니다. 정학(正學)을 전수받아 정서(統緖)를 계승하고 죽을 때까지 사모하여 지의(志義)가 찬연히 빛나 위로는 성조(聖祖)의 공업을 밝히고 아래로는 사문(師門)의 지사(志事)를 계술(繼述)한 데 이르러서는 또한 고(故) 문순공(文純公) 권상하가 곧 그 사람입니다. … 이 화양동은 곧 송시열이 만년에 도를 강론하던 곳이고 권상하가 그 문하에 종유(從遊)하여 발자취가 그 곁을 떠난 적이 없었습니다. 묘우(廟宇)를 지어 두 황제를 제향한 것도 권상하가 마음을 다해 경리(經理)하지 않았다면 송시열의 뜻이 이루어지지 않았을 것입니다. 도통을 전수받았으므로 예(禮)에 있어 의당 배식(配食)하게 해야 할 뿐만이 아니라 참으로 존주(尊周)의 한 가지 의리만 가지고도 여기에 배향할 수 있다는 것은 단연코 의심의 의지가 없습니다.

채상섭 등은 송시열이 건립하려고 계획했던 만동묘를 권상하가 건립한 것은 송시열의 도통을 전수받았기 때문이라 인식하고 있다. 따라서 권상하를 화양서원에 추가로 배향해야한다고 상소한 것이다. 이렇듯 '도통'은 '학통' 즉 '학파(學脈)' 또는 '학파(學派)'라는 뜻으로 사용했다. 일반적으로 조선시대 기호사림에서의 '도통' 즉 '도학연원(道學淵源)'이라는 개념은 주돈이→ 정호·정이→ 주희→ 이이→ 김장생→ 송시열로 이어지는 '도학연원' 즉 '학통'이라는 뜻이다.

다음은 이이와 관련된 '토통(道通)'이라는 용례를 살펴보자.

"정조 즉위년 병신(1776, 건륭 41) 5월 26일(병신) 정거하여 사문을 존숭하고 빗나가는 의논을 막도록 하다"에 보인다. 교리 심풍지(沈豐之)가 상소하기를, "선정신 송시열은 곧 우리 동방의 주자입니다."라고 했다.

이상에서 보았듯이 내용상으로 보아 '도통(道通)'과 '도통(道統)'을 서로 동일한 개념으로 썼다고 보아야한다.

3. 도통계승(道統繼承)으로서의 구곡 설정

1) 율곡(栗谷)·우암(尤庵)의 도통을 계승한 사림들의 구곡 설정

이제 구곡을 설정한 기호사림들의 도통의식을 구곡 설정자의 생몰연대순으로 살펴보기로 한다.

여기서는 율곡과 우암의 도통을 계승한 사람들 중에 조선말 일제강점기 이전에 활동한 사람들을 중심으로의 도통의식을 살펴본다.

(1) 율원구곡을 설정한 조헌(趙憲1544~1592)의 도통의식을 그 「연보」를 통해 살펴보기로 하자.

> 만력(萬曆) 12년 갑신년(1584) 선생 41세 정월, 율곡선생이 돌아가셨다는 소식을 듣고 신위(神位)를 만들어 곡하고 만시(挽詩)를 지었다. … 선생이 서울에 사는 것을 즐거워하지 않아, 보은(報恩)으로부터 옥천(沃川)의 안읍(安邑) 율치산중(栗峙山中)으로 이사하고, 그 숲과 골짜기의 아늑함과 인가의 연기가 드문 것을 사랑하여 날마다 그 사이를 어슬렁거렸다. 종유하는 선비들과 더불어 강론하는 것을 게을리 하지 않았으며, 때로 밭사이를 다녔다. 동복들에게 과업을 권장해, 산중에 서실(書室)을 지었다. 이름을 후율정사(後栗精舍)라 했는데, 율곡을 흠모했기 때문이다. 스스로 상량문을 지었는데, '정암(靜菴)의 충효(忠孝)와 퇴계의 학문(學問)이 있으며 하나의 맥의 밝고밝음이 석담(石潭)에 있도다.'라는 구절이 있다. 또 「무이도가」에 차운하여 그 뜻을 드러내보였다.[10]

10) 趙憲, 「年譜」, 『中峰集 附錄』권1, 한국문집총간 54, 민족문화추진회, 1992, 449면. "十二年 甲申 先生四十一歲 正月, 聞栗谷先生卒, 爲位而哭, 有挽詩. … 先生不樂居畿輔, 自報恩移寓沃川安邑栗峙山中, 愛其林壑幽邃. 人烟鮮少, 日徜徉其間.與從遊之士, 講論不怠, 時往田間. 勸課僮僕, 爲書室

위 연보의 내용을 통해 조헌의 「율원구곡시」는 1584년 41세 때 창작했다는 것을 알 수 있다. 조헌이 서실의 이름을 '후율정사'라 한 것은 율곡을 흠모하고 계승한다는 뜻을 붙인 것이다. 옥천의 안읍 율치산은 지금의 충북 옥천군 안내면 용촌리 도리밤티이다. 조헌이 1584년에 쓴 「후율정사상량문(後栗精舍上梁文)」이 문집에 전한다. 조헌은 충북 옥천군 옥천읍 이백리에 이지당(二止堂)을 짓고 유상(遊賞)했다. 이에 송시열은 「이지당기(二止堂記)」를 썼다. 이지당 인근 바위에는 "이지당(二止堂). 숭정(崇禎) 정묘일(丁卯日) 중봉(重峯) 조선생(趙先生) 유상지소(游賞之所) 우재선생서(尤齋先生書)"라 새긴 글씨가 남아 있다.

(2) 황강구곡(黃江九曲)을 설정한 권섭(權燮 1671~1759)의 도통의식을 「황강구곡도기(黃江九曲圖記)」를 통해 살펴보자.

> 수(數)는 1에서 시작해서 9에서 다하는데, 9는 용덕(龍德)의 수이다. 예로부터 성현이 거처에 반드시 구곡의 이름이 있다. 예컨대 율곡의 고산구곡(高山九曲)·우옹(尤翁)의 화양구곡(華陽九曲)·곡옹(雲翁)의 곡운구곡(谷雲九曲)은 그 연원이 다해 멈추었다. … 즉 나의 백부 한수재선생(寒水齋先生)이 황강에 거처했다. … 손잡고 마주 보며 아아(雅兒) 신응(信應)에게 황강구곡도를 그려내게 하고, 이 글을 아래쪽 윗머리에 쓰고 가시(歌詩)를 지어 그것을 베껴서, 무이(武夷)와 고산(高山)의 족자를 쌍벽에 마주보게 걸어 놓고 날마다 '추월조한수(秋月照寒水 가을 달이 차가운 물에 비치네)'라는 구절을 읊조린다. 숭정 후재임신(後再壬申 1752년) 여름날 선생의 조카 옥소산인(玉所山人) 섭(燮)이 82세에 적다.[11]

권섭은 주자·율곡·우암·곡운 김수증(金壽增) 등 앞시대 도통을 이은 인물이 필수적으로 구곡을 설정했다는 사실을 주목했다. 권섭은 손자 권신응

於山中. 名曰後栗精舍, 蓋慕栗谷也. 自製上梁文, 有靜菴忠孝退陶學, 一脈昭昭在石潭之句. 又次朱子武夷櫂歌以見志."
李相周, 「趙憲의 栗原九曲과 栗原九曲詩 해설」, 『重峯 趙憲 栗原九曲地誌』, 옥천문화원, 2006.
李相周, 「趙憲의 栗原九曲과 栗原九曲詩」, 『중원문화논총』제 10집, 충북대학교 중원문화연구소, 2006.

11) 權燮, 『玉所稿』11, 제천본, 「黃江九曲圖記」 다운샘, 2007, 462~465면. "數始於一, 而窮於九, 九者, 龍德之數也. 從古聖賢之居, 泌皆以九曲名. 如栗谷之高山九曲 尤翁之華陽九曲 雲翁之谷雲九曲, 窮其源而止. 如朱子武夷九曲, 窮盡勝處而止, … 卽 我伯父寒水齋先生黃江之居, … 乃手携面令於雅孫信應寫去黃江九曲圖, 書此文於下方而上頭, 又有自作歌詩, 而寫之, 與武夷高山之簇, 對掛之於双壁, 日詠秋月照寒水之句. 崇禎後再壬申夏日 先生從子玉所山人 燮, 八十二歲書."

(1728~1787)에게 『황강구곡도』와 『화양구곡도(華陽九曲圖)』를 그리게 했다. 이는 도통의식의 회화적(繪畵的) 계승의 산물이다. 따라서 권섭은 도통계승의 상징으로 황강구곡을 설정했다는 것을 알 수 있다.

(3) 이규상(李奎象 1727~1799)은 태성장구곡(台星庄九曲)을 설정하고 「태성장구곡가 차주부자운(台星庄九曲歌 次朱夫子韻)」을 지었다. 2006년 3월 24일 금요일, 필자는 청주시 내덕동에 사는 이항복(李恒福)국장의 부탁으로 그의 집에서 그의 아버지가 소장했던 고서를 정리했다. 『한산세고』를 열람하다가 이를 목격했다.

평양감사를 지낸 눌재(訥齋) 이태연(李泰淵 1615~1669)이 충청도 충남 공주시 장기면 평기(坪基)에 터를 잡아 대대로 살았다. 음직으로 인천부사를 지낸 그 증손 흡재(翕齋) 이사질(李思質 1705~1776)이 공주(公州)의 정계(淨溪)에 새로 터를 잡아 자손으로 이어졌다. 이태연(1615~1669)의 아버지 이덕사(李德泗 1581~1636)는 지금 충북 청주시 상당구 주성동에 살았다. 그의 사위가 송시열(1607~1689)이다. 1809년 그 손자 계서(溪墅) 이형부(李馨溥 1791~1851)가 「화양구곡도(華陽九曲圖)」를 그렸다. 이 「화양구곡도」에 우암의 10대손인 송낙헌(宋洛憲 1891~1944)이 「화양구곡도」라 제목(題目)을 썼으며, 그 조부 송달수(宋達洙 1808~1858)가 「화양구곡차무이도가운(華陽九曲次武夷棹歌韻)」10수를 썼다. 이형상이 쓴 「제화양구곡도(題華陽九曲圖)」가 『한산세고(韓山世稿)』24책, 권45, 계서고(溪墅稿)에 실려있다. 이런 정황으로 보아 이규상도 도통의식의 상징으로 구곡을 설정했다고 간주할 수 있다.

(4) 신안구곡(新安九曲)을 설정한 이규회(李奎會 1800~1867)의 도통의식을 살펴보자. 앞은 「신안구곡시(新安九曲詩)」제5곡 신안촌(新安村)이며, 뒤는 「무간재기(無干齋記)」의 내용이다.

> 대노석임차지관(大老昔臨此地寬), 우암(尤庵)께서 예전에 훤한 이곳에 오셔서,
> 촌명모고정신안(村名慕古定新安). 마을 이름을 옛일을 흠모하여 신안이라 정했네.
>
> [리지구명(里之舊名), 즉신흥(卽新興). 몽재선조시거지일(蒙齋先祖始居之日), 우옹개이신안(尤翁改以新安). 개방주부자촌호(盖倣朱夫子村號)]
>
> [마을의 옛이름은 즉 신흥리(新興里)였다. 몽재(蒙齋)[12] 선조가 처음

거주한 날에 우옹께서 고쳐서 신안이라 했다. 대개 주부자가 살던 마을이름을 모방한 것이다].

生色山川尙改觀 생색산천상개관(生色山川尙改觀), 산천이 빛나고 모습이 오히려 달라진 건,

자오선조승사훈(自吾先祖承師訓). 우리 선조가 스승의 가르침 받들고부터라네.

우암의 제자 이석견(李錫堅 1623~1689)은 스승이 '신안'으로 개명하라는 권유를 받아들였다. 이규회는 6대조 이석견에게 우암이 써준 휘호를 간직하고 재의 이름을 '무간'이라 했으니 그 사승(師承)을 숭상하고 도통을 계승하기 위해 신안구곡을 정한 것이다.

(5) 덕산구곡(德山九曲)을 설정한 이진옥(李鎭玉 1829~1899)과 교유했던 당시 사림들의 도통의식을 『덕산구곡시(德山九曲詩)』[13]의 글들을 통해 점검해보기로 하자. 『덕산구곡시』는 33명이 창수한 현존 최초(最初)·유일(唯一)의 구곡시창수시집(九曲詩唱酬詩集)이다. 창수자들의 글을 통해 도통의식을 살펴보자. 앞은 이희목(李熙穆)의 글이다

> 가만히 살펴보니 전대의 선현과 옛날의 군자들은, 산수의 아름다움을 장수유식(藏修遊息)하는 장소로 여기지 않음이 없으니, 그 가장 잘 드러난 것을 말하면, 회암(晦菴)의 무이·율곡의 고산·우재의 화양같은 곳이 일찍이 있지 않았다. 그래서 그 사제간 서로 경사로 여겨 각각 시가를 노래하여 화답했으니, 어찌 다만 당시의 아름다운 일이라고만 말할 수 있으랴? 이로 말미암아 천년의 시간이 흘렀어도 서로 숭상했다. 지금 우리 묵신(默信)선생이 목천(木川) 동쪽 덕산(德山)에 땅을 얻어, 우연히 구곡의 아름다움을 갖추고 있는데, 또한 들으니 우암선생이 일찍이 이곳을 지나면서, 말하기를 "군자가 살 만하다"라고 했으니, 앞시대에 아는 것과 같음이 있어, 그 땅의 아름다움은 모름지기 묻고 들어보지 않아도 아는 것

12) 蒙齋: 6대 선조인 李錫堅(1623~1689)의 호. 우암 송시열의 문인. 文學으로 일세에 矜式이 되었으며, 효행과 청렴함으로 벼슬에 나아가 恩津郡守를 지냈다.

13) 필자는 2007년 1월 15일(화)~16일(수) 충북대학교에서 개최하는 한국고전문학회 제244차 학술대회에 토론자로 참석했다. 1월 15일 화요일 학술대회에 참석한 이화여자대학교 정하영교수께 『德山九曲詩』를 복사해줄 것을 정중히 요청하자, 흔쾌히 협조를 약속했다. 최수현선생이 맡아 복사해 보내주었다. 배려해준 은혜에 深謝한다. 李相周, 「現存 最初의 九曲詩 唱酬集 『德山九曲詩』」, 『한문학보[임형택선생 정년퇴직 기념호]』제19집, 우리한문학회, 2008.

이다. 우리 선생의 도학(道學)의 연원은 이미 세 선생을 계승했으니, 산수명승도 또한 마침 서로 부합되니 어찌 우연이리오? 하늘이 사람을 모으고 땅이 신령함을 모으니 반드시 이유가 있는 것이다. 14)

위에서 보았듯이 이진옥은 주자·율곡·우암으로 이어지는 '도학연원'을 계승한 전형적인 기호 노론계 사림으로, 그는 우암이 군자가 살만한 곳이라 평한 적이 있는 덕산으로 1897년 이사하여 구곡을 설정하여 율곡·우암의 도통연원을 계승하였다. 안호(安灝)의 글에도 이희목(李熙穆)한 말한 내용이 들어있다. 이렇듯 덕산구곡과 「덕산구곡시」는 1800년대 말 즉 조선말 기호사림의 도통계승의식을 자연과 문학에 표상화한 대표적 사례이다.

(6) 용산구곡(龍山九曲)을 설정한 권중면(權重冕 1856~1936)15)의 도통의식을 살펴보자.

나의 선고(先考)께서 계룡산의 신야(莘野)에 들어오신지 이십년 만에 하세(下世)하시었다. 이 동천(洞天)에 구곡(九曲)을 설하시고 동구에 각왈(刻曰) 신야춘추(莘野春秋) 도원일월(桃源日月)이라 하여 말년의 은둔을 표(標)하시었다. … 단기(檀紀) 사이팔오(四二八五 1952년) 삼월(三月) 이십일(二十日) 유신정사(有莘精舍)에서 권태훈(權泰勳).16)

위의 내용으로 보아 권중면(權重冕)이 용산구곡을 설정한 연대는 1916년이다. '용산구곡(龍山九曲) 일(一+弋) 벽학동문(闢學洞門)'이라 새겨놓았는데, 화양구곡 입구 오른쪽 암벽에 '화양동문(華陽洞門)'이라 새긴 형식을 모방했다. 그는 을사오적(乙巳五賊) 권중현(權重顯 1854~1934)의 아우이다. 이런 가정 사정 때문에 고향을 떠나 계룡산에 은거한 것으로 보인다.

(7) 이산구곡(駬山九曲)을 설정한 이도복(李道復 1862~1938)의 도통의식

---

14) 李熙明編, 『德山九曲詩』, 24장 뒷면~25장 앞면. "竊觀夫先正前修, 莫不山水之勝以爲藏修之所, 而語其最著者, 則未有若晦菴之武夷·栗谷之高山·尤齋之華陽而已. 故其師弟相慶, 各爲唱和詩歌, 豈徒謂當時勝事? 由是而千載相尙矣. 今我默信先生得地于木東德山, 而偶有九曲之美, 且聞尤齋先生, 嘗過此, 有言曰君子可居, 有若前知而其地之美, 不須問見而知者也. 我先生道學淵源, 旣承接三先生, 山水名勝, 又適相符, 豈遇然哉. 天之鍾人, 地之鍾靈, 必有所以然者矣. 李熙穆."

15) 2008년 7월 11일 목요일 공주시 반포면 상신리에 거주하는 정재승이 권중면에 관한 다음 2종의 책을 보내줘 받아 보았다. 『翠陰先生詩選』, 翠陰 權重冕 著, 崔鍾恩鄭在乘 編譯, 단기 4330. 『봉우일기』1 - 봉우 권태훈 유고전집, 정재승 편, 정신세계사, 1998.

16) 『翠陰先生詩選』, 翠陰 權重冕 著, 崔鍾恩鄭在乘 編譯, 단기 4330,111면. 「九龍朝天」.

을 보자. 이산구곡가(駬山九曲歌)」[17]의 내용을 보자.

「이산구곡가」 … 이산(駬山)[18] 천석(泉石) 차자 가세. 무이구곡(武夷九曲) 귀로 듯고, 고산구곡(高山九曲) 가셔 보며, 파곶구곡(巴串九曲)을 역람(歷覽)하니, 이문목도(耳聞目睹)하던 중(中)에, 이런 명승 또 있으랴. … 일곡(一曲)은 어대인고 면암선생(勉庵先生)[19] 오시압고 천인강두(千仞崗頭) 봉황대(鳳凰臺)[20]에 동방일사(東方一士)[21] 올나쏘다.

다음은 「마이산기(馬耳山記)」이다.

마이산기(馬耳山記)」. … 암면(巖面)에 전에 연옹(淵翁)의 성명(姓名)을 새겼는데, 이끼가 침식하여 알아보기 어려워 지금 '마이동천(馬耳洞天)'에 옮겨 새겼으니 이곳이 제오곡(第五曲)이다. … 갑자년(甲子年 1924년) 여름 향중(鄕中)의 모든 장보(章甫)들이 서로 모여 도모하여 말하기를, 진안(鎭安)은 연재(淵齋)와 면암(勉菴)이 사시던 곳이며, 마이산은 호남의 명승이다. … 인하여 석담부자(石潭夫子)의 휘음(徽音)을 본떠, 「이산구곡가(駬山九曲歌)」 일결(一闋)을 계승하여 지어서, 당세(當世)의 지음자(知音者)에게 남겨주려고하니, 나에게 기록하기를 청하는 사람이 오채열(吳采烈)군이다.[22]

최익현은 이항로의 문인이다. 위에서 보듯이 이도복은 주자·율곡·우암, 다음으로 면암(勉庵) 최익현(崔益鉉 1833~1906)과 연재(淵齋) 송병선(宋秉璿 1836~1905)의 도통(道統)을 계승하고 있다. 1905년 5월 심석(心石) 송병순

---

17) 柳在永, 「駬山九曲歌에 대하여」, 『한실 이상보박사 회갑기념논총』, 1989, 187~199면. 가사체의 구곡가이다. 序歌에서 주자의 무이구곡, 율곡의 고산구곡, 우암의 巴串九曲(화양구곡을 가리킴) 못지 않은 승경지라 노래하고 있는데 이들의 영향을 받았다는 사실을 알 수 있다.

18) 駬山 : 馬와 耳 二字를 合字하여 만든 馬二山의 異稱. (駬는 周나라 穆王의 駿馬名 綠駬의 略稱)

19) 勉庵先生 : 崔益鉉(1833~1906)을 이름. 勉庵은 그의 號, 조선조 高宗때의 학자로 乙巳保護條約을 반대하고, 의병을 일으켜 항쟁하다가 對馬島로 잡혀가 객사했다

20) 鳳凰臺 : 聖壽面 龍浦里에 있는 산, 예전에 그 위에 千仞亭이 있었다고 한다.

21) 東方一士 : 淵齋 宋秉璿(1836~1905)의 一號. 淵齋는 조선조 고종때의 학자로 을사보호조약이 체결되는 걸 보고 朴齋純 등 5人을 斬하기를 상소하고 여의치 않자 고향에 돌아와 음독 자결했다.

22) 李道復, 『厚山集』, 「馬耳山記」. "… 巖面 舊刻淵翁姓名, 而苔蝕難看故, 今移刻于馬耳洞天, 是第五曲也 … 歲甲子夏 鄕中僉章甫相聚而謀曰 鎭安是淵勉兩翁杖屨之鄕, 而馬耳爲湖南之名勝也 … 因慕効石潭夫子徽音, 續成駬山九曲歌一闋, 以遺當世之知音者, 請余記者吳君采烈也."

(宋秉珣 1839~1912)과 함께 '만동묘'에 들어가 『연재집(淵齋集)』을 교감하여 간행하였다. 종합적으로 살펴볼 때, 이도복은 주자·율곡·우암의 구곡을 모방하고 그 도통의 구현으로 이산구곡을 설정하고 「이산구곡가」를 지은 것이다.

지금까지 살펴보았듯이, 기호사림들은 도통계승의식의 표상으로 구곡을 설정했으며, 주자·율곡·사계·우암·화서로 이어지는 도통의 정맥을 수용계승한 사람들이다.

(8) 다음은 정재응(鄭在應 1764~1822)의 「화양행중일기(華陽行中日記)」는 1801년경 화양구곡을 여행하고 쓴 기행일기이다. 정재응은 우암을 성인라고 평가한 수암의 말을 믿는다고 말한다. 그 이유는 화양동의 산수를 감상하고 난 후, 우암이 화양동을 일찍이 장수유식처로 삼은데 대한 선견지명에 감탄했기 때문이다. 그리고 자신도 이곳에 가족과 들어와 살고 싶었으나, 실천하지 못함을 아쉬움으로 토로한다.[23] 이 열망을 그는 그후 쌍계 지금의 괴산군 칠성면 쌍곡으로 이주하여 쌍계구곡을 설정하는 것으로 실현했다.

정재응은 송시열의 5대손 송환기(宋煥箕 1728~1807)에게 수학했다. 「상성담선생(上性潭先生)」 등 스승에게 올린 글이, 그의 문집 『잠재집(潛齋集)』에 14편 실려있다.

위에서 살펴본 사례이외도 몇몇이 있다. 이렇듯 기호 사림들에 있어 주자·율곡·우암으로 이어지는 도통계승은 자연 산수에 구곡설정으로 구체화된다. 조선후기 이후로 오면 화양구곡은 의(義)를 존숭하는 유학사상의 구현의 현장이요, 그 도통계승의지를 공고히하는 성지로 인식하게 된다.

2) 조선말 일제강점기(朝鮮末 日帝强占期) 화서학맥(華西學脈) 사림(士林)들의 구곡설정

우암이 화양동에 장수유식(藏修遊息)한 이후 건립된 만동묘와 화양서원은 기호사림들이 성지로 여겨 순례했다. 조선말 일제강점기에는 '척사위정'와 '존화양이'의 사상을 강화하는 학습장으로 활용된다. 이 점은 우암의 학통을 계

23) 鄭在應, 『潛齋集』권5, 「華陽行中日記」, 43장 후면~44장 전면. "丁卯 … 余語天敏曰昔遂菴有言尤庵可謂聖人矣. 吾今日益信尤翁之爲尤翁. 挈家入山, 乃吾宿願而措大事, 每不如意, 况乏買山錢何. 相顧歔欷." 李相周, 「鄭在應의 雙溪九曲과 雙溪九曲詩」, 『淸大學術論集』제3집, 청주대학교 학술연구소, 2004.

승한 화서 이항로(1792~1868)계열 문인들에게서 특히 짙게 나타난다.

화서 이항로(1792~1868)는 우암의 적통(嫡統)을 자처하며 율곡·우암으로 이어지는 기호사림의 도통의식을 계승했다. 그 문하생들은 조선말 도통계승의 방법으로 구곡을 설정하고 일제강점기에 '위정척사'와 '존화양이'의 사상을 견지하여 항일의식을 공고히하고 항일활동에 적극 가담하였다. 그 역사적 활동에 경의를 표하는 뜻에서 화서학맥 사림들의 도통의식과 구곡설정 상황을 별도의 항을 설정하여 논하는 것이다. 먼저 이항로의 도통의식을 살펴보자.

(1) 벽계구곡(蘗溪九曲)을 설정한 화서 이항로(1792~1868)의 도통의식을 그 연보를 통해 살펴보자.

> 갑신(甲申 1824년) 선생(先生) 32세 여름 가평((加坪) 조종암(朝宗巖)에서 노닐다. … 대명 의종황제 어필(大明 毅宗皇帝 御筆) '사무사(思無邪)' 삼자(三字)는 청음(淸陰) 김상헌金尙憲)공이 심양(審陽)에 억류되었을 때 구득한 것이다, 우리 선조대왕 '만절필동(萬折必東)' 사자(四字), '재조번방(再造藩邦)' 사자(四字)를 암면(巖面)에 받들어 새겼다. 또 우암(尤庵) 송문정공(宋文正公)이 쓴 효종대왕(孝宗大王)께서 백강(白江) 이경여공(李敬輿公)에게 답변(批辭)한 말, '일모도원, 지통재심(日暮途遠, 至痛在心): 날은 저물고 갈 길은 먼데, 지극한 아픔이 여기에 있다)'라는 팔자(八字)를 그 왼쪽에 새겼다. 또 장차 사당(祠堂)을 세워 신종황제(神宗皇帝)에게 제사지내려 한다. [24]

우암의 제자 권상하는 충북 괴산군 청천면 화양리 화양구곡에 만동묘를 건립하고 명나라 신종(神宗)과 의종(毅宗)에게 제향했다. 숭정황제 어필인 '비례부동(非禮不動)' 4자와 선조대왕의 '만절필동'을 제6곡 첨성대 바위에 새겼다. 이항로가 경기도 가평군 조종천일대에 글씨를 새기고 숭정황제를 숭상하려는 일련의 조치들을 보면, 이항로의 '조종천'은 '제2의 화양구곡'이라 평할 수 있으며, 이항로의 도통의식은 극치를 볼 수 있는 현장이다. 이항로는 1836년 지금 괴산군 청천면소재지에 있는 송자의 묘소를 배알하고, 화양동에 들어가서 만동묘를 살폈다. 그는 공자·주자·송자를 같은 반열에 두고 있다.

24) 李恒老, 『華西集』2, 年譜, 한국문집총간 305, 2003, 511면. "甲申 先生三十二歲 夏遊加坪朝宗巖 … 奉刻大明毅宗皇帝御筆思無邪三字(金淸陰拘審時, 所得), 及我宣廟萬折必東四字 再造藩邦四字於巖面. 又刻尤庵宋文正公所書孝廟賜白江李公批辭日暮途遠至痛在心八字於其左, 又將建祠, 以祀神宗皇帝."

또 우암이 "존양발반(尊攘撥反)"한 일을 높이 평가했다.[25]

(2) 옥계구곡(玉溪九曲)을 설정한 유중교(柳重教 1821~1893)의 도통의식을 「옥계동지서(玉溪洞誌序)」를 통해 살펴보자. 유중교의 문인(門人) 이성집(李聲集)이 『옥계동지(玉溪洞誌)』를 기술했는데 유인석이 서문을 쓴 것이다.

> … 오직 우리 중암(重庵)·성재(省齋) 두 분 선생이 … 고금에 천석(泉石)을 논하는 사람은, 반드시 무이·고산·화양 세 곳을 먼저 일컫는다. … 또한 화양동에는 만동묘가 있어 천하에 중요한 땅이 되었으며, 화양구곡은 더욱 오로지 중하게 되었다. 지금 이 옥계구곡이 또한 조종천경내에 그것을 얻었으니, 아 또한 특이하고 또한 오로지 중하게 될 것이다. 내가 들으니 명나라 조정 신하의 후손이, 대대로 그 의(義)를 지켜, 장차 천하의 맑음을 기다려 중국으로 돌아가려한다는데, 돌아가는 날, 반드시 중국 사람들에게 말하기를, 화양동에 '만동묘'가 있으며, 조종천에 '대통단(大統壇)'이 있어, 두 군데 구곡의 명승으로 인해, 즉 중국 사람들이, 반드시 모두 그 대의(大義)에 대해 듣고 이미 그것을 장엄하게 여길 것이다. 그 구곡에 대해서도 또한 혹 보고 그것을 칭송하기를 원하는 사람이 있으며, 또한 반드시 두 선생이 어떠한 분인지 알려고 하는 사람이 있을 것이다. 아! 두 분 선생이 아니었다면 누가 이것을 숭상하게함이 있으며, 두 분 선생이 일찍이 '존화'의 의에 뜻을 두지 않았다면 누가 조종천의 마을에 이것을 얻어 중하게 여기는지 알리오?[26]

유인석은 화양구곡의 만동묘가 존화의 의리를 숭상하여 소중한 곳이 되었듯이 조종천경내에 대통단이 있어 존화의 의리를 숭상할 수 있어 소중한 곳이 되었다는 점을 강조했다. 『옥계동지』는 주자의 『무이지(武夷誌)』를 모방한

---

25) 李恒老, 『華西集』2, 年譜, 한국문집총간 305, 2003, 515면. "丙申 先生四十五歲. … 往淸州, 拜宋子墓. 入華陽洞, 奉審萬東廟. 先生嘗曰孔·朱·宋三夫子, 天之養得, 最不尋常. 蓋春秋以前, 三綱五常, 如大明中天 … 若尤翁時, 自永曆以後, 並與一隅而無之, 大義宜無處可伸, 而猶惓惓於尊攘撥反, 至死不變.."

26) 柳麟錫, 『義菴集』2, 한국문집총간 339, 2004, 106면. "玉溪洞誌序. … 惟我重庵省齋二先生 … 而古今論泉石者, 必以武夷·高山·華陽三者先稱矣. … 且華陽之洞有萬東廟, 爲天下重地, 而華陽九曲, 益擅重焉. 今此玉系九曲, 又得之於朝宗川境內, 吁亦異矣, 亦可以擅重矣. 吾聞皇朝臣後孫, 世守其義, 將以待天下之淸而還歸中國, 歸之日, 必於中國之人曰 華陽洞有萬東廟, 朝宗川有大統壇, 而因以及兩處九曲之勝, 則中國之人, 必皆聞其大義而旣壯之. 其於九曲, 亦或有願見而稱之者, 亦必有欲知二先生之爲如何人者也. 噫 微二先生, 孰能有尙於此, 微二先生嘗致意於尊華之義者, 孰知得此於朝宗川之鄕, 爲可重也哉."

것이다.

다음은 유중교의 「동요율격(東謠律格)」의 내용을 살펴보자.

> 돌아보면 그중에 사악함과 바름을 느끼게 하는 것이 하나가 아니며 음악의 뜻이 외설스럽고 잡스런 것이 많다. 그러나 충신·효자·위인(偉人)·장사(壯士)의 노랫말이 또한 그 가운데 가끔 나오니 안목을 갖춘 자는 가려서 그것을 노래하면, 그 사람을 감동시키고 세속을 교화하는데 또한 도움이 되는 바가 없지 않을 것이니, 지금 특별히 율곡선생의 「고산구곡가」 일편을 천거하여 시율격(詩律格)을 대략 본떠 율조(律調)를 배정하여 가영(歌詠)의 체(體)를 보인다. 27)

이 글은 「동요율격」의 서문격으로 쓴 것이다. 유중교는 이글 다음에 이이의 「고산가」를 수록하고 그 노랫말의 소절마다 율격을 표시해놓았다. 그 주(註)로 쓴 글에 "…그후 우암선생이 우암선생번역문이 출간됐는데, 지금 『율곡전서』에 실려있다."28) 라고 했다. 유중교는 율곡의 「고산구곡가」에 내포된 음악의 뜻이 사람을 감동시키고 세속을 교화하는데 도움된다는 점을 공감하고 그를 계승하기 위해 옥계구곡을 설정하고 「옥계구곡가」를 지은 것이다.

위의 인용문을 통해 볼 때, 유중교가 주자·율곡·우암의 도통을 계승했다는 점을 인지할 수 있다.

(3) 용하구곡(用夏九曲)을 설정한 박세화(朴世和 1834~1910)의 도통의식을 「화양강회일, 서심제군자(華陽講會日, 書諗諸君子)」를 통해 살펴보자.

> 아! 사도(斯道)가 천지(天地)에 있어 그 사이에 '부(否)'괘와 '태(泰)'괘가 있는 것을 면할 수 없는데, 금일(今日) 즉 '부(否)'괘가 극에 달했다. 비록 '부(否)'괘가 극에 달했으나, 도(道)가 망(亡)한다고 말 할 수 없다. 만생(萬生)이 사도(斯道)를 함육(涵育)하니, 비록 요괴귀매연(妖怪鬼魅然)이나 또한 그것을 진멸(殄滅)하는 것은 부득(不得)하다. 아! 사도(斯道)가 망(亡)하겠는가? 강상(綱常)은 사도(斯道)의 명맥(命脈)이요, 화양은 사도

27) 柳重敎, 『省齋集』2, 「東謠律格」, 한국문집총간 324, 2004, 567면. "顧其中所感之邪正不一, 而音旨之猥雜者居多, 然忠臣 孝子 偉人 壯士之詞, 亦往往出於其間, 具眼者擇焉而歌之, 其於感人化俗, 亦不無所補, 今特擧高山九曲歌 一篇, 略倣詩律格配律, 以見歌詠之體."

28) 柳重敎, 『省齋集』2, 「東謠律格」, 한국문집총간 324, 2004, 567면. "… 其後尤庵先生飜文入梓, 今在全書中."

(斯道)의 본지(本地)이다. 무릇 화양은 신종 의종 두 황제에게 제향(祭享)하는 땅이며, 문정부자(文正夫子) 송시열의 장수유식(藏修遊息)한 장소이다 그 이른 바 명맥(命脈)과 본지(本地)라는 것이 이것이다. 지금 우리들이 이곳에서 도(道)를 칭(講)하는 것은, 어찌 무릇 명맥(命脈)과 본지를 감응(感應)한 바, 더불어 변화하려는 것이 아니겠는가? 아! 화(華)는 이(夷)가 될 수 없으며, 사람은 짐승이 될 수 없다. 청컨대 제군들은 각자 뜻에 힘쓰고 의를 지켜 서로 돕기 바란다. 도(道)는 망할 수 없으니 회복될 것이다. 숭정(崇禎) 277년 갑진(甲辰 1904년) 9월 16일 박세화(朴世和)가 삼가 말한다. [29]

이 화양강회(華陽講會)는 요즘 형식으로 표현하면 "박세화의 '존화양이(尊華攘夷)'사상 고취앙양을 위한 특강"이다. 이 화양강회(華陽講會)에 참석한 인원은 박세화의 연보와 윤응선의 연보에 의하면 200명이다.[30] 최근 학술발표대회에 가보면 보통 40~50명 정도이다. 그런데 당시 교통여건으로 보아 대단히 많은 인원이다. 그만큼 지역 사림의 호응이 컸다는 증거이다. 또한 사림들의 '소중화' '존화양이' 사상이 강렬했다는 증거이다.

1904년 9월 14일 강회의 내용을 「화양강회일기(華陽講會日記)」를 통해 화양강회 때 낭송한 내용을 살펴보자. 박세화는 만동묘정비문(萬東廟庭碑文)을 낭송하고 빈장(賓長)이 이하를 낭송했다. 내가 말하기를, '강원(講員)이 많아 사람사람마다 낭송할 수 없으니 청컨대 20세이하 동몽(童蒙)까지는 필명(畢命)을 송송(誦誦)하자' 하니, 사례(司禮)가 강안(講案)을 출취(出就)하고 앞서 백록동규(白鹿洞規)를 낭송했다. [31] 이는 '존화양이(尊華攘夷)'의식과 도

29) 朴世和, 『毅堂集』, 「華陽講會日, 書諗諸君子」, 내제문화연구회, 2002, 313~314면. "嗚呼! 斯道之在天地, 未免有否泰於間, 而今日 則 否之極矣. 雖否之極矣, 而不可曰 道亡也. 萬生涵育斯道者, 雖妖怪鬼魅然, 亦殄滅它不得. 噫! 斯道而可亡也耶. 綱常斯道之命脈也, 華陽斯道之本地也. 夫 華陽迺二皇帝陟降之地也, 而文正夫子 藏修之所也. 其所謂命脈本地者是已. 今吾輩得講道于是者, 豈不謂夫命脈本地之所感應, 以與化者耶? 嗚呼! 華不可爲夷也, 人不可爲獸也. 請諸君子各自勵志守義, 以相勖焉. 道不可亡也.其復乎. 崇禎 二百七十七年 甲辰 九月 旣望 朴世和謹言."

30) 朴世和, 『毅堂集』, 年譜., 내제문화연구회, 2002, 554면. "甲辰 先生 七十一歲. 九月 設講會于華陽洞. 門人從往者二百餘人. 賓友至者亦甚盛."
尹膺善, 『晦堂集』坤, 年譜, 내제문화연구회, 2005, 651면. "甲辰 先生 五十一歲. 九月 從毅翁參講于華陽洞. 會者二百餘人."

31) 朴世和, 『毅堂集』, 「華陽講會日記」.내제문화연구회, 2002, 327~330면. "翌明十五日也. 明燭作一篇文字, 諗于諸士友. … 余誦廟碑文, 賓長以下誦. 余曰講員衆, 不可人人誦, 請自二十歲以下童蒙誦誦畢命, 司禮出就講案 前誦白鹿洞規. 乃罷. 起還館. 眩甚臥少定, 四方士友辭去者衆, 亦臥, 不得面面告別, 亦悵缺也."

통의식을 공고히 하기 위한 조치이다.

화서학맥 사림들은 주자·율곡·우암의 도통 계승의 표상화로 구곡을 설정하고 구곡 9개 곡(曲) 각각의 명칭은 대개 도학적 내용을 담아 붙인다. 특히 조선말 일제강점기 화서학맥 사림들이 설정한 구곡의 명칭에는 이런 현상이 더욱 현저하다.

박세화(朴世和 1834~1910)가 1898년에 설정한 용하구곡(用夏九曲)은, 『맹자(孟子)』의 '용하변이(用夏變夷)'[32]의 구절에서 따서 구곡의 명칭으로 삼은 것이다. '존화양이(尊華攘夷)'와 '위정척사(衛正斥邪)'정신을 구곡의 명칭에 명확히 표명한 것이다. 그의 「활연대기(豁然臺記)」의 내용을 살펴보자.

> 옛날 회옹부자(晦翁夫子)가 무이(武夷)를 사랑하여 구곡시(九曲詩)를 지었는데, 지금 또 모방하여 구곡의 이름을 삼고 큰 글자로 '제일곡홍단연쇄(第一曲虹斷烟鎖)' … 를 새겼다.[33]

위에서 보듯이, 그는 1898년 용하구곡 제1곡부터 제9곡까지 곡(曲)의 명칭을 '제1곡 홍단연쇄(虹斷烟鎖)[34]'와 같은 방식으로 「무이도가」9수의 내용을 축약하여 바위에 새길 정도로 주자·율곡·우암을 숭상하는 정통 도학파였다. 용하구곡 입구 좌측 암벽에 '용하동문(用夏洞門)' 이라 새겼는데 화양구곡의 '화양동문(華陽洞門)'을 모방한 것이다. 따라서 '용하구곡(用夏九曲)'은 도통의식을 강화확산하기 위해 유교경전에 나오는 용어를 구곡의 명칭으로 삼은 현존 최초의 구곡이다.

화서학맥 사림들은 주자·율곡·우암의 도통 계승의 표상화로 구곡을 설정하고 구곡 9개 곡(曲) 각각의 명칭은 대개 도학적 내용을 담아 붙인다. 특히 조선말 일제강점기 화서학맥 사림들이 설정한 구곡의 명칭에는 이런 현상이 더욱 현저하다.

(4) 금계구곡(錦溪九曲)을 설정한 이근원(李根元 1840~1918)에 대해 살펴보자.

---

32) 『孟子』, 「滕文公」 上. "吾聞用夏變夷者, 未聞變於夷者也."

33) 朴世和, 『毅堂集』, 「豁然臺記」. 내제문화연구회, 2002, 370면. "昔晦翁夫子愛武夷, 作九曲詩, 今亦倣以爲九曲號, 用大字刻第一曲虹斷烟鎖 … "

34) 朴世和, 『毅堂集』, 「用夏九曲刻字事實」, 내제문화연구회, 2002, 314면. 551면, "年譜 戊戌 先生六十五歲. 刻用夏九曲."

> 정해(丁亥 1887년) 선생(先生) 48세 4월 이해산(李海山)[35] 제공(諸公)과 더불어 화양동(華陽洞) 여행을 작정했다. 화양동(華陽洞)에 들어가, 만동묘(萬東廟)를 살펴보고, 서당(書堂)에 이르러, 우암(尤庵)·수암(遂庵)두 선생(先生)의 진정(眞幀)을 우러러 참배하고 구곡(九曲)을 둘러봤다. [36]

> 기축(己丑1889년) 선생 50세 10월 장담(長潭)에 가서, 성재선생을 배알했다. 가을 성재선생이 가정(柯亭)으로부터, 제천 장담으로 거처를 옮겨, 선생이 찾아가서 배알하고 3일간 머물렀다. [37]

위의 인용문에서 보듯이 이근원은 우암과 성재를 숭상한 정통 기호사림의 인물이다. 이근원은 1887년에 이어 77세 되던 1916년에도 화양구곡에 찾아가서 만동묘에 참배하고 우암과 수암에게 제향했다.[38] 이근원은 1900년 61세에 황해도 해주에 있는 율곡의 석담서원을 배알했다.[39]

(5) 구곡리구곡(九曲里九曲)를 기록 정리한 정운오(鄭雲五 1882~1946년 이후 어느 시기)의 도통의식을 오완근(吳浣根)이 쓴 「직암집발(直庵集跋)」을 통해 살펴보자.[40]

> 돈후(敦厚)한 자질(資質)과 온화(溫和)한 기상(氣像)으로, 화서(華西)와 성재(省齋)의 연원(淵源)과 종유하며, 평생 근본을 돈독히하고 실질을 힘쓰는데 치력했다. … 그래서 의암(毅菴) 문하의 소당(小堂)[41]·직와(直窩)[42]·극와(克窩)·확암(確庵)[43]같은 제현(諸賢)들이 모두 독실한 군자(君子)라,

35) 海山: 李根壽의 호.

36) 柳興文, 『錦溪先生年譜』, 24면. "丁亥 先生四十八歲 四月與李海山諸公作華陽之行. 入華陽洞, 奉審萬東廟, 至書堂, 瞻拜尤庵遂庵兩先生眞幀, 歷覽九曲.

37) 柳興文, 『錦溪先生年譜』, 4면. "己丑 先生五十歲 十月往長潭, 謁省齋先生. 秋 省齋自柯亭, 遷皐比于堤川長潭, 先生往拜, 留三日."

38) 柳興文, 『錦溪先生年譜』, 59면. "丙辰. 至華陽洞, 參謁兩皇帝, 祭享退, 而展拜尤庵遂菴兩先生影像, 享禮, 先生爲初獻."

39) 柳興文, 『錦溪先生年譜』, 44면. "庚子 先生六十一歲. 閏八月, 至平山山斗齋, 奉安省齋先生影幀. 至海州拜淸聖廟, 過石潭謁栗谷先生祠板. 入松都審圃隱先生[艹松]陽書院, 曆滿月臺及善竹橋, 皆有詩."

40) '구곡리구곡'은 2005년경 禹九源(1957~)이 복사해준 『直庵集』을 통해서 알게되었다. 李相周, 「제천시 봉양읍 '九曲里九曲'에 대한 고찰」, 『충북문화재연구』창간호, 2008.

41) 小堂: 鄭海文(1888~1946).

42) 直窩: 柳濟咸(1884~1964)의 호. 충청북도 忠州 출신으로 을미의병을 일으켰던 毅菴 柳麟錫의 양자이다. 부친을 도와 국내외에서 의병활동을 전개하였다. 1990년 건국훈장 애족장이 추서되었다.

> 칭찬했으니, 헛된 예찬이 아니다. … 그 저술은 시문 수백편인데, 성도(聖道)를 밝히지 않은 것이 없으며 후학(後學)을 계도하지 않은 것이 없는데 아직도 책 상자 속에 있어 세상에 유행되지 않는다.[44]

그는 화서 이항로와 성재 유중교의 연원(淵源)과 종유했으며, 그 저술은 성인의 도(聖道)를 밝히고 후학을 계도하는 내용이다.

그는 '구곡'이라는 지명이 주자의 무이구곡과 부합된다는 점을 주목했다. 또한 그는 성옹 유중교가 도학의 스승으로서 사방에서 선비를 장담에 모아 도를 논하고 학문을 강한 사실을, 도학계승의 유풍으로 간주하였다. 그의 스승 이소응은 그 도통계승의 실천으로 자양서당에 우암·화서·성재를 배향했다.[45]

(6) 명도구곡(明道九曲)을 설정한 이범식(李範植 1898~1962)의 도통의식을 「입재선생묘갈명병서(立齋先生墓碣銘並序)」을 통해 알아보자.

> 약관시(弱冠時)에, 의암(毅庵) 유인석선생(柳麟錫先生)을 배알하니 매우 애중(愛重)하여 입재(立齋)라 호를 명했다. … 다시 '복양재(復陽齋: 양을 회복하는 집)이라는 큰 글씨 세 글자를 써주어 권면했다. 또 금계(錦溪) 이근원(李根元)선생과 경재(敬齋) 양두환(梁斗煥) 두 선생(先生)의 문하에 올라 공경(恭敬)을 위주로 하고 이치(理致)를 연구하는 요체(要諦)에 대해 득문(得聞)하여 진실(眞實)한 용공(用工)의 경지로 삼았다. … 사혈(師血)에 정성을 드러내기를 항상 만만(萬萬)하게 하니, 예를 들면 의옹(毅翁)선생의 요동으로부터 반장(返葬)의 예를 갖추었으며, 금계 이근원선생과 송서(宋書)를 대략 가려 뽑는 일, 경재선생의 유집(遺集)을 편찬하는 일에 혹 사우(師友)들을 통솔하여 합심협력하고 혹 홀로 스스로 감당하여 정신(精神)을 다하여 피곤했다. … 율곡 이이와 우암 송시열의 연원을 숭상하고 화서 이항로와 의암 유인석선생의 길을 쫓아 숭상하여 한결같이 천리

---

43) 確庵: 李弼雨(1881~1948).

44) 鄭雲五, 『直菴集』, 「直菴集跋」. "以敦厚資質 兼溫和氣像, 從遊華省淵源. 平生致力在於敦本務實. … 故毅門諸賢, 如小堂·直窩·克窩·確庵, 皆以篤實君子, 稱之非虛譽也. … 其所著詩文數百篇, 無非明聖道啓後學者, 而尙在布衍, 不行於世."

45) 鄭雲五, 『直菴集』, 「九曲記」. "九曲忠北堤南之一奧區地也. … 昔朱夫子定居武夷山, 有讚美九曲之詩, 此地之名, 何其相符耶? 或有生似朱夫子之大賢乎? … 抑有一說焉. 地近長潭, 而有紫陽影堂. 長潭 故省翁 游衍之所也. 省翁以道學之師, 致士四方, 論道講學, 完然有 鄒魯之遺風. 影堂我先生習齋翁之創建, 尤庵·華西·省齋三 先生配享焉."

> (天理)를 밝히고 인심을 바르게 하여 화맥(華脈)을 보전하고 이 도를 살피는 것을 필생의 준적(準的)으로 삼아 나아가 수양하는데 차례를 잘 지키고 그 올바름을 밟아 나가 처신하고, 안을 잘 다스리고 대인관계를 잘 했다.[46]

이상에서 보듯이 이범식은 의암 류인석(1842~1915)의 문하생이다. 그 후 금계 이근원(1840~1918)선생과 경재 양두환(1855~1921)선생 문하에서 학문을 하였으며, 스승에 대한 도리도 잘 했다. 이범식은 율곡 이이와 우암 송시열의 연원을 숭상하고 화서 이항로의 학맥을 계승한 정통 기호사림 노론계 도학자였다.

용하구곡을 설정한 박세화(1834~1910)와 명도구곡을 설정한 이범식(1898~1962)은 화서학맥계의 사림들이다. 두 사람이 설정한 구곡의 명칭을 보아도, 두 사람의 도통의식이 얼마나 강렬했는지 알 수 있다.

(7) 백운구곡(白雲九曲)을 설정한 안상섭(安商燮 1914~1984)의 도통의식을 알아보자.

그는 자신의 문집에 「직계원류파계(直系原流派系)」라는 글에 안유가 호는 회헌이며 시호는 문성공, 종사문묘(從祀文廟)이라 서술했다[47]. 이로보아 그는 주자학을 계승한 가문이라는 긍지를 지니고 있었던 것으로 여겨진다.

그는 1930년 17세에 광주학생사건이 발발하자 친구 2명과 함께 시위에 참가하여 "약소민족해방만세(弱小民族解放萬歲),"라 외치다 경찰에 연행되어 3일간 구류를 살았다[48]. 이때 이미 민족정신과 항일의식이 형성되었던 것이다.

---

46) 李明植, 『立齋集』, 「立齋先生墓碣銘並序_. "永曆 六丙辰(1976년) 仲秋下澣 光山 金容肅 謹撰. 弱冠時, 拜毅庵柳先生甚愛重, 命號立齋. … 又登錦溪・敬齋兩先生之門, 得聞居敬窮理之要, 以爲眞實用工之地, 師血誠出常萬萬, 如毅翁, 自遼返葬之禮, 錦門宋書略選之事, 敬老遺集編摩之役, 或率士友, 而合心幷力, 或獨自擔當, 而竭精疲神. … 慕仰潭巴之淵源, 推尙蘗柯之門路, 一以明天理正人心, 保華脈 存此道, 爲畢生準的, 而進修有序操履甚正, 律身治家也, 待人接物也."

47) 安商燮, 『錦雲年誌 上下 合編』, 「直系原流派系」, 靑雲社, 1981, 7면. "余籍順興, 名尙燮, 字敬禹. 謹按始祖諱子美 高麗 上護軍, 三傳 諱裕, 號晦軒, 諡文成公, 從祀文廟." 2012년 6월 7일 화요일 중원대학교 향토문화연구소 金根洙소장께서 누가 버린 것을 주워온 것이라 하며, 참고할 만한 내용이 있나 살펴보라고 건네주었다. 6월 8일 수요일 점검해보니 백운구곡시가 수록되어 있어 본고에 활용하게 되었다.

48) 安商燮, 『錦雲年誌 上下 合編』, 靑雲社, 1981, 25면. "庚午 十七歲 二月. 去冬 光州學生事件發生, 各處學生示威蜂起然, 因冬季放學保留, 而適時各校開學. 余與松高諸友示威參加, 呼弱小民族解放萬歲, 市街一周後, 避倭警, 登松岳山示威. 夜深後 散會. 翌夜 於市內, 避倭警, 夜襲洞房三人(呂運大 李三大 及 余)連行途中, 三人密謀合勢警官二名中倭警一名, 打倒舊學, 而逃走. 二日後於太平町, 被逮(余及呂友)於開城署. 四日拘留(放免日 好壽敦女校生多數慰問品內衣持參歡迎)."

17세 9월 중암(重菴) 김평묵(金平黙 1819~1891)의 증손인 김익증(金益曾) 문하에 들어가 수학했으며, 12월 김평묵의 기제사에 참석했다.[49] 1931년 18세에 김평묵의 유품인 숭정황제의 글씨 '비례부동'을 복사해서 족자로 만들어 걸었다.[50] 1932년 19세에 흥학계(興學禊)를 결성했다. 그에 앞서 기유년(己酉年1909년) 유림들이 김평묵의 묘비를 건립했다. 철원에 사는 사림 양두환과 합심하여 운담(雲潭) 유허지에 중암영당의 건립을 추진하여 을묘년(1915년) 여름에 준공했다. 여기에 중암의 영정뿐 만 아니라 중암이 가지고 있던 주자·우암·화서의 영정도 함께 봉안했다. 그리고 매년 춘추 상정일(上丁日)에 제사를 지냈다,[51] 위에서 살펴보았듯이 안상섭은 안유의 후손으로 주자·우암·화서·중암으로 이어지는 기호사림 화서의 도통을 계승한 인물이다.

(8) 원정(園丁) 우인규(禹仁圭 1896~1967)가 1914년에 쓴 「화양동기(華陽洞記)」를 통해 그의 도통의식을 살펴보자.[52] 우인규는 괴산군 출신으로는 최초로 화양동기를 썼다. 우인규는 기호사림으로 이항로계열 문인들에게 강학받고 교유했다.

> 이 낙영산의 기슭이 만동묘가 건축된 땅이인데, 이 묘를 건축한 사람이 즉 우암선생이라. 이는 성왕(聖王)의 의(義)를 추모한 것이다. 그래서 효종 때에 선생이 이 산 아래 암서재에 거처하며, 선대 성인(聖人)의 서적을 강구(講究)하며, 신종(神宗)과 의종(毅宗)의 의리를 항상 생각하고 조종(祖宗)이 자루를 붙들은 것이니, 연원(淵源)의 맥(脈)·한(漢)의 문장(文章)·송(宋)의 여러 현인(賢人)들을 이었으나 우암부자(尤庵夫子)에 미치

49) 安商燮,『錦雲年誌 上下 合編』, 青雲社 1981, 25면. "庚午 十七歲 九月, 行贄禮于雲軒金先生. 先生名 益曾, 字善卿, 卽 重菴先生之曾孫也. 雲潭影堂隣接舊宅遺室存. 故余募學徒, 開設私淑, 以大書雲潭書堂四字, 板刻揭額. 時(抱川 崔榮壽 加平 成洛瑞 鐵原 王熙豹 柳洞 兪泰集 芝青 金萬明 具仁植 李壽根 李亨根等)三十餘學徒 受學. 27~28쪽十二月 參重菴先生忌祭."

50) 安商燮,『錦雲年誌 上下 合編』, 青雲社, 1981, 29면, "辛未 十八歲. 三月 複寫重菴先生遺品崇禎皇帝御筆非禮不動四字, 爲簇子, 雲軒丈席題書掛外堂書齋, 朝夕警省焉."

51) 安商燮,『錦雲年誌 上下 合編』, 青雲社, 1981, 37~38면, "壬申 十九歲. 四月 興學禊特別捐金二十圓. 此禊金重菴先生下世後, 儒林爲其尊慕之事業. 嘗己酉春, 收士林議, 以結禊, 禊員各應分 醵出立石於重菴墓(書碑曰 朝鮮國處士重菴金先生之墓)及位土買入與管理, 遺集發刊等掌理也. 其後當時 興學禊長 具龍植交涉鐵原士人梁斗煥甫, 義捐家貲營建重翁影堂于雲潭遺趾. 乙卯夏, 竣工. 故興學禊代表等 發文于列邑, 從士林衆議重翁平日所藏之朱晦菴宋尤菴李華西三先生影幀, 及重菴先生影幀四位, 奉安, 每年 春秋 上丁日, 享祀也."

52) 우인규의 「華陽洞記」에 대해서는 다음 논문에서 논한 바 있다. 李相周, 「山水評論에 대한 고찰 -華陽九曲을 중심으로-」, 『한문학보』 제14집, 우리한문학회, 2006.

지 못했다. 땅이 이와 같이 문명(文明)하고 산이 이와 같이 높고 사람이 이와 같이 뛰어나고 높으니, 즉 현인을 흠모하는 후인이 누가 한 번 가서 완감(玩鑑)하지 않으며, 누가 한 번 찾아가서 받들어 찾지 않으리오? 대명일월(大明日月)이라 할 만하며 강상(綱常)을 세운 곳이라 할 만하다. 그러나 선생의 덕(德)이 더욱 낙영산이 높은 것보다 높고, 선생의 의(義)가 해와 달이 밝은 것보다 더욱 밝다. 그래서 선생의 덕(德)이 이와 같으며 선생의 의(義)가 이와 같아, 화양의 명성이 후세에 드러나니, 즉 무이가 무이가 된 것이 어찌 이곳보다 더하겠는가?53)

우인규가 일와 윤정학(1867~1933)선생을 모시고 화양동 찾은 이유는 만동묘와 화양서원을 참배하기 위해서다. 우인규는 화양구곡의 산수에 대해서는 지극히 간단히 언급했다. 거론할 필요가 없는 당연한 것으로 여긴 것이리라. 우인규는 우암이 화양동에 만동묘를 건립하고 신종과 의종의 의리를 숭모한 사실을 높이 평가한다. 우인규는 화양동이 문명(文明)하고 산이 이와 같이 높고 사람이 이와 같이 뛰어나고 높기 때문에, 현인을 흠모하는 후인은 누구나 한 번 가서 완감(玩鑑)하고 받드는 것이 당연하다고 본다. 그는 우암의 덕(德)과 의(義)로 인해 화양의 명성이 후세에 드러나게 되었다는 점을 강조한다. 이를 무이구곡이 유명하게 된 것과 대등하게 본다. 또한 화양구곡 9개의 명칭도 모두 우암의 사상과 의식 등이 반영된 사실을 강조했다.

지금까지 살펴보았듯이 기호사림의 도통계승의지는 조선말 일제강점기까지 계승된다. 특히 화서학맥 사림들은 조선말 일제강점기 '존화양이', '척사위정' 사상으로 무장하고 화양구곡을 항일의지를 견강하고 그 결의를 다지는 장으로 여기고 순례했다.

---

53) 禹仁圭, 『藏寶-丁巳課-』, 「華陽洞記」, 필사본. "是山之麓 卽 萬東廟建築之地也, 而是廟之建築者, 卽尤菴先生也. 此是追慕聖王之義也. 故孝宗之時, 先生居於是山之下巖棲齋, 講究先聖之書, 而恒念神毅之義, 扶朝宗之柄, 而繩淵源之脈, 漢之文章, 宋之諸賢,莫及於尤菴夫子也. 地如是文明, 而山如是崒巍, 人如是卓高, 則後人慕賢者, 孰不一往而玩鑑也. 孰不一去而奉審哉. 地可謂大明乾坤而 亦可謂綱常所樹之地也. 然則先生之德, 益高於影山之高, 先生之義, 益明於日月之明也. 故先生之德如是, 先生之義如斯, 而華陽之名益著於後世, 則 武夷之爲武夷, 何加於此哉."

4. 기호사림의 구곡 설정 현황과 그 의의

1) 기호사림의 구곡 설정 현황

필자가 1998년부터[54] 2012년 9월까지 발굴·수집한 자료를 통해 확인한 결과, 율곡·우암·화서의 도통을 계승한 사림들이 설정한 구곡은 다음과 같다.

구곡의 명칭에 따라 ① 구곡의 설정자 ② 구곡의 위치 ③ 구곡시의 존재여부 등을 구곡 설정자의 생몰연대순으로 제시한다. 구곡의 이름은 알려졌지만 설정자와 설정연대가 밝혀지지 않고 관련 구곡시도 드러나지 않은 구곡은 도표 하단에 통합하여 수록했다. 즉 충북 괴산의 '풍계구곡(豊溪九曲)', 충북 제천의 '능강구곡(綾江九曲)'과 '송계구곡(松溪九曲)', 충남의 '지천구곡(之川九曲)', 전북의 '봉래구곡(蓬萊九曲)'과 '봉래구곡(蓬萊九曲)'·'주자구곡(朱子九曲)', 평남의 '용강구곡(龍岡九曲)' 등 8개이다. 권중면(權重冕)의 용산구곡시(龍山九曲詩)와 서정세(徐廷世)의 금란구곡시(錦蘭九曲詩)는 1수(首)만 확인했다.

기호사림이 설정한 58개 구곡 일람표

번호	구곡명칭	설정자	위치	구곡시 유무	설정 연대
1	고산구곡(高山九曲)	이이(李珥 1536~1584)	황해도 해주군 고산면서담리(石潭里)	한글시가 1편. 구곡 한역시 2편. 구곡시 4편.	
2	용산구곡(龍山九曲)	정희맹(丁希孟 1536~1596)	전북 진안군 용담면 월계리 호계리 일원 (용담댐 수몰지역으로 추정)	구곡시 1편	
3	율원구곡(栗原九曲)	조헌(趙憲 1544~1592)	충북 옥천군 군서면 금산리 군북면 용호리	구곡시 1편	1584년
4	고산구곡(孤山九曲)	유근(柳根 1549~1627)	충북 괴산군 괴산읍 제월리 검승리	구곡시 1편	
5	서계구곡(西溪九曲)	이득윤(李得胤 1553~1630)	충북 청주시 상당구 미원면 가양리	미발견	1598년 이전
6	옥화구곡(玉華九曲)	이득윤(李得胤 1553~1630)	충북 괴산군 청천면 귀만리 청주시 상당구 미원면 옥화리 보은군 내북면 봉황리	구곡시 2편	1607년 이전

54) 李相周, 「九曲詩의 傳統과 華陽九曲詩」, 『教育科學硏究』제13집, 청주대학교 교육문제연구소, 1999.

7	낙우당구곡(樂愚堂九曲: 봉황정구곡)	신득치(申得治 1592~1656)	충북 청원군 미원면 보은군 내북면 주성리 일원	구곡시1편[추가확인, 합 2편]	
8	화양구곡(華陽九曲)	송시렬(宋時烈1607~1689) 권상하(權尙夏 1641~1721) 민진원(閔鎭遠 1664~1736)	충북 괴산군 청천면 화양리	구곡시 24편[추가확인, 합 40여편:]	
9	곡운구곡(谷雲九曲)	김수증(金壽增 1624~1701)	강원도 화천군 사내면 방지천	구곡시 4편	
10	침류정구곡(枕流亭九曲)= 구룡연구곡(九龍淵九曲)	황현일(黃玄一 1630~1716)	강원도 금강군 금강읍(?) 구룡폭포 구곡천 일원.	구곡시 1편	
11	도담구곡(島潭九曲)	이세구(李世龜 1646~1700)	충북 단양군 단양읍 상진리 매포읍 도담리 어상천면 일원	구곡시 1편	
12	남전구곡(藍田九曲)	이속(李涑 1647~1720	충남 보령시 웅천읍 대천리와 수부리(水芙里), 보령시 주산면 화평리와 동오리를 거쳐 보령호로 들어가는 웅천천 일원	구곡시 1편	
13	황강구곡(黃江九曲)	권섭(權燮 1671~1759)	충북 제천시 한수면 황강일원	한글 시조 1편. 구곡시 1편	
14	가야구곡(伽倻九曲)	윤봉구(尹鳳九 1683~1767)	충남 예산군 덕산면상가리	구곡시 1편	
15	선유구곡(仙遊九曲)	김시찬(金時粲 1700~1767). 이보상(李普祥 1698~1775). 이상간(李尙侃 1715~1765). 정술조(鄭述祚 1711~1788)	충북 괴산군 청천면 삼송4리 선유동	구곡시 1편[추가확인, 합 2편]	1752년
16	우이구곡(牛耳九曲)	홍양호(洪良浩 1724~1802)	서울특별시 우이동	구곡시 1편	
17	태성장구곡(台星庄九曲)	이규상(李奎象1727~1799)	충남 공주시 장기면 평기리 대교리 정계일원	구곡시 1편	
18	화암구곡(花庵九曲)	유박(柳璞 1730-1787)	황해도[지금 북한 황해남도] 백천군 금곡포(金谷浦)	한글 시조 9수	
19	운선구곡(雲仙九曲)	오대익(吳大益1729~1803)	충북 단양군 대강면 일원	구곡시 4편	1797년
20	쌍계구곡(雙溪九曲)	정재응(鄭在應1764~1822)	충북 괴산군 칠성면 쌍곡리	구곡시 1편	1813년경
21	벽계구곡(蘗溪九曲)	이항로(李恒老 1792~1868)	경기도 양평군 서종면 노문리(蘆門里) 수입리	미발견	
22	주산구곡(蛛山九曲)	최운식(崔沄植 확인중)	황해도평산군 세곡면 도천리(道川里)	유희영(柳曦永 1794~1879)구곡시 1편	

23	신안구곡(新安九曲)	이규회(李奎會1800~1867)	충북 영동군 황간면 신안리	구곡시 1편	
24	백마강구곡(白馬江九曲)	송달수(宋達洙 1808~1858). 이세연(李世淵 1801~1871)	충남 부여군 석성면 백마강 일원	구곡시 1편	
25	연하구곡(煙霞九曲)	노성도(盧性度 1819~1893)	충북 괴산군 칠성면 사은리 산막이 상하류	구곡시 1편	1865년
26	옥계구곡(玉溪九曲)	유중교(柳重敎 1821~1893)	경기도 가평군 가평읍 승안리	한글 1편. 구곡시 2편	
27	금강산구곡(金剛山九曲)	김인섭(金麟燮 1827~1903)	강원도 금강군 금강읍 내금강 만폭동 일원	구곡시 1편	
28	덕산구곡(德山九曲)	이진옥(李鎭玉1829~1899)	충북 청원군 오창면 성산리 덕대(德大) 용두천(龍頭川)일대	구곡시 35편	1897년
29	용하구곡(用夏九曲)	박세화(朴世和1834~1910)	충북 제천시 덕산면 억수리	구곡시 1편	1898년
30	무이구곡(武夷九曲)	송병선(宋秉璿 1836~1907)	전북 무주군 설천면 구산마을 월현동 일원	미발견	1893년
31	금계구곡(錦溪九曲)	이근원(李根元 1840~1918)	경기도 양평군 지제면 금리(錦里)	구곡시 1편	
32	니산구곡(尼山九曲)	유인석(柳麟錫 1842～1915)	강원도 춘천시 남면 가정리(柯亭里) 니구산(좌尼山) 만세사(萬世祠) 일원.	구곡한시 1편	1906년
33	석계구곡(石溪九曲)	유인석(柳麟錫 1842～1915)	평안남도 개천시(价川市) 석계(石溪)	구곡시 1편	
34	갈은구곡(葛隱九曲)	전덕호(全德浩1844~1922)	충북 괴산군 칠성면 갈론리	구곡시 1편	1899경
35	용산구곡(龍山九曲)	권중면(權重冕 1856~1936)	충남 공주시 반포면 상신리	구곡시 1수	1916년
36	청계구곡(淸溪九曲)	신종묵(愼宗默1856～1949)	경기도 과천시 문원동(文原洞), 별양동(別陽洞), 주암동(注岩洞) 등	구곡시 1편	
37	한계구곡(寒溪九曲)	신종묵(愼宗默1856～1949)	경기도 과천시 문원동, 과천동(寒內村), 막계동(莫溪洞) 등	구곡시 1편	
38	이산구곡(駬山九曲)	이도복(李道復 1862~1938)	전북 진안군 성수면 좌포리부터 진안군 마령면 마이산	한글시가 1편	1925년경
39	성남구곡(城南九曲)	박노중(朴魯重1863~1945)	충북 청주시 강서동 성남천	구곡시 1편	1928년
40	청간정구곡(聽澗亭九曲)	안흠(安欽 1863~1940)	충북 영동군 매곡면 수원리(水院里) 모현대(慕賢臺)	구곡시 1편	1921년
41	구룡리구곡(九龍里九曲)	박용림(朴龍琳1873~1954)	충북 제천시 금성면 구룡리 일원	구곡시 1편	

42	갑사구곡 (甲寺九曲)	윤덕영(尹德榮 1873~1940?)	충남 공주시 계룡면 중장리 일원	미발견	
43	삼선구곡 (三仙九曲)	이정의(李正儀1882~1957)	충북 단양군 단성면 가산리 일원	구곡시 5편	1928년
44	구곡리구곡 (九曲里九曲)	정운오 (鄭雲五1882~1946후)	충북 제천시 봉양읍 구곡리	미발견	
45	촌상구곡 (村上九曲)	송우용(宋友用 1884~1968)	충북 영동군 상촌면 임산리 물한리	1편	1957년
46	금란구곡 (金蘭九曲)	서정세(徐廷世1887~1955)	충남 공주시 정안면 대산리(大山里) 월산리(月山里) 문천리(文川里)일원	구곡시 1수	
47	속리구곡 (俗離九曲)	민우식(閔禹植1885~1973)	충북 보은군 장안면 개안리 삼가리 서원계곡(書院溪谷) 일원	구곡시 1편	
48	명도구곡 (明道九曲)	이범식(李範植1898~1962)	충북 충주시 동량면 지동리 산척면 명도리	구곡시 1편	1935년경
49	백운구곡 (白雲九曲)	안상섭(安商燮 1914~1984)	경기도 포천시 이동면 도평리 백운동 일원	구곡시 1편	1983년
50	松泉九曲	오재정(吳再挺 1641~1709).큰 조카 오정기(吳鼎基)와 바위에 새김	충북 청주시 현도면	구곡시 없음	2015년3월 28일 토요일 확인
				한글구곡시가 5. 한역 고산구곡가 2편. 구곡시 113편[추가 확인, 합 131편]	
총58개 구곡	설정자와 설정 연대 및 구곡 시 불명	충북 괴산: '풍계구곡'. 충북 제천: '능강구곡', '송계구곡'. 충남: '지천구곡'. 전북: '봉래구곡', '용호구곡', '주자구곡'. 평남: '용강구곡' 등 8개이다. * 황해도에 김효원(金孝元 1532~1590)이 설정한 '구절벽구곡(九折壁九曲)'은 기호지방 구곡 합계에는 포함했다.			

구차한 변명이지만 여러 가지 다른 연구도 병행하다 보니 본의 아니게 착각을 하였다. 화암구곡(花庵九曲)은 계곡 아홉 곳에 정한 구곡이 아니라 꽃에 대하여 지은 9개의 노래이다. 따라서 제외해야한다. 송천구곡은 2015년 3월 28일 토요일 그 존재사실을 새로 확인했다. [55] 그래서 2018년 현재 집계한 구곡의 총 수는 58개로 변함이 없다.

다른 연구도 병행하다보니 착각을 하여 위치를 잘못 추정했다. 정희맹이 지은 선양정(善養亭)이 지금 전남 영광군 불갑면 부춘리(富春里) 가오(佳吾)마을에 있다. 정희맹의 묘소가 지금 전남 영광군 불감면 순용리(順龍里) 용산

55) 2015년 3월 28일 토요일 그 존재사실을 확인했다. 오재정(吳再挺 1641~1709[인조 19~숙종 35]), 『한천당유고 (寒泉堂遺稿)』,1906, 오성수(吳聖秀) 오정수(吳正秀) 오한수(吳漢秀) 간행.

(龍山)마을에 있다. 이로 보아 이 일대에 용산구곡을 설정했다고 보아야한다. 2018년 12월 3일 월요일 영광문화원 정택근선생이 알려주었다.

외람되지만 필자는 정통 유학의 장점을 숭상하는 구곡연구가의 한 사람으로서, 2009년 9월 9일 고향 충북 괴산군 사리면 화산리 243번지 도촌을 중심으로 상하 5리 즉 10리 구간에 군자구곡(君子九曲)을 설정하고 한글로 「군자구곡가」를 지었다. 56)

위에서 살펴본 구곡을 지역별로 분류해본다

(1) 강원도: ① 곡운구곡 ② 금강산구곡 ③ 니산구곡 ④ 침류정구곡=구룡연구곡: 4개
(2) 경기도: ① 금계구곡 ② 벽계구곡 ③ 옥계구곡 ④ 청계구곡 ⑤ 한계구곡 ⑥ 백운구곡: 6개
(3) 서울: ① 우이구곡: 1개
(4) 전북: ① 무이구곡 ② 봉래구곡 ③ 용산구곡[2013년 이 논문을 작성할 당시 착각을 하여 위치를 전북 진안군 용담면 월계리 호계리 일원(용담댐 수몰지역으로 추정)으로 잘못 추정했다. 정희맹의 묘소가 지금 전남 영광군 불감면 순용리(順龍里) 용산(龍山)마을에 있다. 그가 지은 선양정(善養亭)은 지금 전남 영광군 불갑면 부춘리(富春里) 가오(佳吾)마을에 있다. 2018년 12월 3일 월요일 영광문화원 정택근소장에게 전화로 문의한 바 알려주었다. ④ 용호구곡 ⑤ 이산구곡 ⑥ 주자구곡: 6개
(5) 충남: ① 가야구곡 ② 갑사구곡 ③ 금란구곡 ④ 남전구곡 ⑤ 백마강구곡 ⑥ 용산구곡 ⑦ 지천구곡 ⑧ 태성장구곡: 8개
(6) 충북: ① 갈은구곡 ② 고산구곡 ③ 구곡리구곡 ④ 구룡리구곡 ⑤ 낙우당구곡 ⑥ 능강구곡 ⑦ 덕산구곡 ⑧ 도담구곡 ⑨ 명도구곡 ⑩ 삼선구곡 ⑪ 쌍계구곡 ⑫ 서계구곡 ⑬ 선유구곡 ⑭ 성남구곡 ⑮ 속리구곡 ㉮ 송계구곡 ㉯ 신안구곡 ㉰ 연하구곡 ㉱ 옥화구곡 ㉲ 용하구곡 ㉳ 운선구곡 ㉴ 율원구곡 ㉵ 청간정구곡 ㉶ 촌상구곡 ㉷ 풍계구곡 ㉸ 화양구곡 ㉹ 황강구곡 ㉺ 송천구곡: 28개
(7) 평남: ① 석계구곡 ② 용강구곡: 2개
(8) 황해도: ① 고산구곡 ② 구절벽구곡 ③ 주산구곡 ④ 화암구곡 4개

56) 李相周, 「君子九曲과 君子九曲歌」, 『괴산문화』 제36호, 괴산문화원, 2009,162~185면.

[3개. 2018년 화암구곡은 꽃에 대해 지은 노래로 제외한다.]

위에서 보듯이 기호사림들과 그 교유인물들이 설정한 58개 구곡 중에 충북지역에 설정된 구곡이 2018년 현재 28개이다. 이는 '화양구곡'을 전범으로 삼아 도통의식을 발현했기 때문이다. 화양구곡은 우암이 유거(遊居)했던 곳이며, 그 제자 권상하와 민진원이 화양구곡을 완성했으며, 권상하가 만동묘와 화양서원을 건립했다. 화양구곡은 우암이후 기호사림이 순례하는 성지가 되었으며, 구곡 설정에 지대한 영향을 주었다. 화양구곡은 산수가 수려할 뿐 아니라 전반적 여건으로 보아 '한국 최고(最高)의 구곡'이며, '한국 제일의 문화산수(文化山水)'라 할 수 있다.

속리산에서 발원하는 '달천강 상류지역'에 무려 9개의 구곡이 설정돼있다. '고산구곡'·'갈은구곡'·'연하구곡'·'쌍계구곡'·'선유구곡'·'화양구곡'·'서계구곡'·'옥화구곡'·'낙우당구곡' 등이다. 달천강유역인 청원군 미원면일대에 '옥화구곡'과 '서계구곡'을 설정한 사람은 우암 앞시대의 인물 이득윤(1553~1630)이다. 이렇듯 하나의 강을 따라 9개의 구곡이 밀집된 사례는 전국에서 드물다. 그래서 필자는 일찍이 이곳을 '구곡문화관광특구(九曲文化觀光特區)'[57]로 선포하고 선포문을 작성했다. 따라서 충북은 구곡과 구곡시의 양으로 보아 명실상부하게 '구곡문화의 본향'이라 할 수 있다.

2) 기호사림의 구곡설정과 구곡시 창작의 구곡문화적·시대적 의의

첫째, 구곡문화사적 의의를 부여해보자. 위의 도표에 수록한 기호사림계 인물들이 창작한 구곡시의 구곡문학적 의의를 규명하기 위해 구곡을 읊은 작품의 유형별로 분류해본다.

(1) 한글 구곡시가 5편[4편 화암구곡은 꽃에 대해 지은 노래로 2018년 제외한다]: 고산구곡가 한글시가 1편. 황강구곡가 한글시가 1편. 화암구곡(花庵九曲) 한글시가 1편[화암구곡은 꽃에 대해 지은 노래로 2018년 제외한다]. 옥계조 한글시가 1편. 이산구곡가 한글시가 1편

(2) 한역 고산구곡가 2편

57) 李相周, 「"구곡문화관광특구"와 구곡시 연구」, 『東西語文硏究』제17집, 청주대학교 동서어문학회, 2001.

(3) 구곡을 읊은 한시가 113편[추가 확인, 합 131편]이다.

구곡을 읊은 한시가 113편[추가 확인, 합131편]이다. 이렇듯 기호사림의 도통의식은 그 도통계승의 표상화로 구곡을 설정하고 구곡시를 창작하여 구곡문학자료를 상당량 남겨놓았다. 따라서 이 구곡시는 '팔경(八景)'과 더불어 동양의 2대 '산수문화'인 '구곡문화'의 진수를 음미할 수 있어 구곡문학사적으로 큰 의의가 있다.

구곡시 창작의 양상이 후대로 오면서 '창수집(唱酬集)'를 묶은 형태로 나타난다. 이진옥(1829~1899)의 『덕산구곡시(德山九曲詩)』는 현존 최초(最初)의 '구곡시창수집(九曲詩唱酬集)'이다. 1897년 그의 차남 이희명(李熙明 1874~1946)이 필사하여 완성했다. 덕산구곡시』는 1책 74면의 필사본 1책으로 창수시 33편이 수록돼있다.

기호지방에서 두 번 째로 오래된 구곡시 창수집은 이정의(1882~1957)가 1951년에 완성한 『삼선시문(三仙詩文)』58)이다. 확인한 것이 5편이다.

여기서 충북의 구곡문학을 정리해본다. 한글 구곡시가는 권섭의 「황강구곡가」가 있으며, 권섭의 「고산구곡가」 한역시 2편이 있다. 기호사림들이 설정한 구곡을 읊은 구곡시가 총 112편인데 그중 충북내에 설정된 구곡에 대해 읊은 구곡시가 총 87편이다. 필자가 충북에 거주하기 때문에 충북도내에 소재한 자료를 파악하기가 좀 쉬웠다하더라도 매우 많은 것이다. 그중 1897년에 설정된 덕산구곡을 읊은 시는 『덕산구곡시』에 수록된 33편을 비롯해 개인 문집에 수록된 2편을 포함해서 35편으로 최다이며, 그 다음으로 화양구곡을 읊은 구곡시가 24편[2018년 추가 확인하여 총40편이다]으로 두 번째로 많다. 본고에서 소개한 구곡중에 아직 연구하지 못한 구곡과 구곡시에 대한 연구는 후일로 미룬다.

이상에서 소개한 구곡시는 113편[2018년 18편 추가 확인하여 총 131여편이다]으로 어림잡아 절구 1,180 여수로 구곡시라는 단일분야의 시로는 적다고는 할 수 없다. 따라서 구곡문학이라 할 수 있으며, 구곡문화권을 설정할 수 있다.

---

58) 李正儀, 『三仙詩文』. 1권에 1928년에 구곡을 정하고 글씨를 새기고 「三仙九曲歌」를 지었다는 사실을 기록했으며, 李晋夏의 차운시가 실려있다. 3권에 1950년 林蒙洙 · 黃現性, 1951년 黃現性이 지은 시가 실려있다. 같은 해에 완성된 單冊이 아니다. 당시 단양군청에 근무하던 김동식이 2007년 5월 27일 토요일 『삼선시문(三仙詩文)』을 우송해 받아보았다.

다음으로 조선말 일제강점기에 구곡을 설정한 사실의 그 시대적 의의를 짚어본다. 조선말 일제강점기에 기호사림들의 '척사위정'·'존화양이'론을 기반으로 하는 도통연원(道通淵源)의 계승양상은 3가지로 표출된다.

첫째 이들은 항일투쟁을 적극 전개한다. 성재 유중교(1832~1893)와 의암 류인석(1842~1915)이 주동이 되어 제천에서 을미년(1895년)에 거병한다. 그 문하생들과 그들을 존숭하는 사림들은 일제강점기에 항일투쟁에 적극 참여하여 전사하거나 옥고를 치르는 사람이 많았다.

둘째, 이들은 항일의병항쟁을 위한 교육과 집회장소로 활용하고, 도학계승의 표상화로 삼기위해 심산유곡에 구곡을 설정하고 구곡시를 지었다. 우암을 숭상한 이항로가 '벽계구곡'을 설정한 후, 그 계열 사림들은 상당 수 구곡을 설정했다. 유중교는 '옥계구곡', 이근원(1840~1918)는 '금리구곡'을 설정했다. 화서계열 사림 박세화(1834~1910)는 1898년 '용하구곡'을 설정했다. 『맹자』의 '용하변이(用夏變夷)' 즉 '중국 하(夏)나라의 문명을 응용해 오랑캐를 변화시킨다'는 구절을 구곡의 명칭으로 삼은 것이다. '존양화이'와 '척사위정'의 도통의식을 구곡의 명칭에 명확히 표명한 것이다.

(1) 앞의 도표를 통해 볼 때 화서 이항로(1792~1868)와 그 이후 기호사림이 설정한 구곡은 다음과 같다.

> ① 벽계구곡 ② 주산구곡 ③ 신안구곡 ④ 백마강구곡 ⑤ 연하구곡 ⑥ 옥계구곡 ⑦ 금강산구곡 ⑧ 덕산구곡 ⑨ 용하구곡 ⑩ 무이구곡 ⑪ 금계구곡 ⑫ 니산구곡 ⑬ 석계구곡 ⑭ 갈은구곡 ⑮ 권중면의 용산구곡 (가) 청계구곡 (나) 한계구곡 (다) 이산구곡 (라) 성남구곡 (바) 청간정구곡 (사) 구룡리구곡 (아) 갑사구곡 (자) 삼선구곡 (차) 구곡리구곡 (카) 명도구곡 (타) 촌상구곡 (파) 금란구곡 (하) 속리구곡 가) 백운구곡 등 29개이다.

이중 1957년에 설정한 송우용의 촌상구곡과 1983년에 설정한 안상섭의 백운구곡을 제외하면 거의 1800년 중후반이후부터 일제강점기 사이에 설정한 구곡이다. 이렇듯 조선말 일제강점기에 화서학맥 사림들은 도통계승의식의 발현으로 사제간 결속을 강화하기 위해 구곡을 설정했다. 앞에서 살펴보았듯이 충북에는 총 28개의 구곡이 설정됐다. 이중 상당수는 화양구곡이 완성된 이후, 조선말 일제강점기에 설정된 것이다. 왜 이렇게 이 시기 구곡설정이 급증했을까? 이는 사상적 시국적으로 당시 사림들의 특수한 목적의식이 반영됐기 때문이다. 즉 구곡은 그 시대 상황하에서 화서 이항로(李恒老)계열 사림들이 지역의 사림들을 결속 교육하고 항일운동을 수행하기 위해 '위정척사'와 '존화양이'의 '도통계승'의 상징으로 설정했다.

(2) 조선말 일제강점기에 화서 이항로 학맥의 기호사림이 설정한 구곡을 살펴본다. 이항로(1792~1868)로부터 설정자의 생몰연대순으로 나열한다.

> ① 벽계구곡 ② 주산구곡 ③ 옥계구곡 ④ 용하구곡 ⑤ 무이구곡 ⑥ 금계구곡 ⑦ 니산구곡 ⑧ 석계구곡 ⑨ 이산구곡 ⑩ 구곡리구곡 ⑪ 명도구곡 ⑫ 백운구곡 등 12개이다.

주산구곡은 황해도에 있으나, 최운식도 이항로문인들과 교유한 것으로 보여 포함시켰다. 「주산구곡시」를 지은 유희영(1794~1879)이 유인석을 종유했기 때문에 화서학맥으로 간주한 것이다.

위에서 살펴보았듯이 조선조말 일제강점기 화서계열 사림들이 강원·경기·충남·충북·전북지방에 설정한 구곡이 12개이다. 이들은 '척사위정'·'존화양이' 사상을 견지하고 일제를 척결할 대안을 모색하는 장소로도 활용하기 위해 구곡을 설정하고 화양구곡을 순례하며 그 의지를 공고히했다. 이렇듯 그들은 자기시대의 사명과 역할을 충실하게 수행했다. 이들은 구곡의 명칭과 9개 곡(曲) 각각의 명칭에 도통의식은 반영한 명칭을 사용하였으며, 도통의식을 구곡시(九曲詩)에 이입하기도 했다. 그중 '용하구곡'과 '명도구곡'은 도통의식을 구곡의 명칭에 반영한 사례로, 그들의 투철한 도통의식을 알 수 있다. 이러한 기호사림의 도통의식은 학문 연구 발전과 사제간의 결속을 공고하는 원동력이 되었다. 이런 학풍은 오늘날도 학문의 발전과 학파의 발전과 결속을 도모하는데 적잖은 교훈을 준다.

화서 이항로의 문하생 유중교와 유중교의 제자 유인석이 은거하며 강학하고 의병활동을 논의했던 곳은 충북 제천시 봉양읍 공전리 장담이다. 예전에 오지로 교통이 불편했던 곳이다. 유중교(1821~1893)의 '옥계구곡'은 경기도 가평군 가평읍 승안리이다. 유인석(1842~1915)의 '니산구곡'은 강원도 춘천시 남면 가정리 두니산 만세사 일원이다. 유인석(1842~1915)의 '석계구곡'

은 평안남도 개천시 석계이다. 박세화의 '용하구곡'은 충북 제천시 덕산면 억수리로 지금은 상류에 마을이 없는 오지중의 오지이다. 정운오의 '구곡리구곡'도 충북 제천시 봉양읍 구곡리로 역시 오지이다. 이범식(1898~1962)의 '명도구곡'은 충북 충주시 동량면 지동리 산척면 명도리에 걸쳐 설정했다. 역시 오지이면서 장담의 하류이다. 의병활동을 하는데 있어 은거하기 적당하고 은밀하게 이동하고 연락하기가 용이한 지역이다.

이렇듯 화서학맥 사림들이 설정한 구곡은 산간오지에 있다. 일제의 감시를 피하기 좋은 지역으로 항일의식을 고취하는데 필요한 강학과 집회를 하기에 유리한 장소이다. 본고에서는 제반 여건상 그들의 항일활동을 다루지 못했다.

셋째 교육과 학문을 통해 구국활동에 동참할 인재를 양성하기 위해 학교를 창건한다. 유중교(1832~1893)는 1876년 가평군 하면 승안리(加平郡 下面 升安里)에 위치한 옥계동(玉溪洞) 자니대(紫泥臺)에 거처를 정하고 옥계정사(玉溪精舍)라 했다. 그리고 1879년 옥계정사 동쪽에 자양서사(紫陽書社)를 개설하였다.

몇몇 사림들이 강학한 사실을 살펴보자. 박세화는 1895년 11월 29일 쓴 「서시서사동지」1895년 명성황후시해사건과 단발령 공포이후, 서사의 동지들에게 동요하지 않는 것이 의(義)라는 점을 강조하고 경서(經書)를 안고 불억산으로 들어가 의관을 지키라고 권고한다. 이렇듯 박세화는 불억산을 의를 지키는 장소로 활용하라고 권고한다.[59] 우현정(禹顯鼎 1871~1935)은 유학의 도통연원(道通淵源)을 계승하는 인재를 양성하기 위해, 1906년 괴산군 사리면 사담리 255번지에, 연원화숙(淵源和塾)을 설립했다.[60] 그는 구곡을 설정하지는 않았지만 괴산군 출신으로는 최초로 화양구곡시를 지었다. 또한 그는 화서학맥 사림들과 교유했다. 즉 의당(毅堂) 박세화(朴世和 1834~1910), 일와(一窩) 윤정학(尹正學 1867~1933), 소운(少雲) 한성이(韓星履 1850~1926), 금계(錦溪) 이근원(李根元1840~1918), 윤응선(尹膺善1854~1924),

---

59) 朴世和, 『毅堂集』, 「書示書社同志」, 내제문화연구회, 2002, 312면. "以身殉道動不動, 是今日義也. 抱經入山保守衣冠, 而待一日吾道 一日華夏, 而畢命於先父母墓下足矣. 出門攬轡, 迢迢入望者, 茀億山也. 今不可無一語, 相告願諸賢守之, 無惑焉. 乙未 冬 十一月 二十八日朝 毅堂老人書."

60) 禹顯鼎, 『易雲集』, 「蓮洞學校刱建序」. "惟人最貴者, 以其有五倫也. … 忠淸北道 槐山郡 西面 普剛山下 沙場里蓮洞 亥坐之基, 創建講堂, 而欲務敎育士者, 世之標準, 國之元氣也. 無論何許姓氏, 若有向學之心, 來于本校, 物費時刻 日新學務, 各[盡: 진을 고쳤는데 판독하지 못했다]功成 誠意正心修身齊家 一心事君, 終身忠國, 國泰民安, 四方無事 則孝親 名傳千秋矣. 是豈非勉學之效哉. 嗟嗟. 芳年幸受此意, 銘心鏤骨焉. 大韓 光武 十年 丙午 七月 旣望, 丹陽 后人 易雲 禹顯鼎 謹撰."

송소용(宋炤用 1864~1946)과 교유하였으며 이들은 거의 연원화숙에서 강학을 했다.61)

위에 이름을 올린 우현정과 교유한 인물들은 물론, 그 외에 구곡을 설정하거나 도통을 계승한 인물들은 거의 개별적으로 서당을 열어 후학을 양성했다.

5. 맺음말

율곡 이이는 주자의 학문을 숭상하고 그의 학문적 구현의 하나인 무이구곡과 「무이도가」를 본떠 고산구곡을 설정하고 「고산구곡가」를 지었다. 기호사림 인물들은 주자·율곡·우암의 도통을 계승하고 그 학문과 문학을 계승했다.

이 도통계승의식은 조선말 일제강점기 이전과 이후 세 가지 양상으로 표출된다.

첫째, 조선말 일제강점기 이전에는 단순히 도통계승의 표상화로 구곡을 설정하고 구곡시를 지었다. 율곡이후 조선말이전까지 기호사림에 있어 구곡은 도통의식의 표상화로 설정되었다.

둘째, 조선말 일제강점기에는 구곡은 도통의식의 표상화이자 항일의지를 고취하고 항일운동을 필연성을 강학하는 장소로 활용하였다. 조선말 일제강점기 위정척사학파 화서학맥인물들이 설정한 구곡은 12개소이다.

셋째, 조선말 일제강점기에 교육과 학문을 통해 구국활동에 동참할 인재를 양성하기 위해 학교를 창건했다. 이들은 구곡이라는 자연에서 강학을 하기도 하고 구곡 안에 서사(書社) 등의 이름을 붙인 강학소를 건립했다.

조선말 일제강점기에는 위정척사학파 화서 이항로학맥 사림들은 '존화양이'와 '위정척사'정신을 공고히하고 결속을 다지고 항일활동의지를 견강히 하기 위한 강학의 장소로 활용하기 위해 구곡을 설정했다. 일제가 국권을 찬탈하려는 시기와 국권을 상실한 이후에도 국권을 수호회복하기 위해 결사항전의 결연한 자세를 견지한 기호사림들의 시대적 역할은 귀감이 된다.

기호사림들은 도통계승의식의 징표로 구곡을 설정했다. 기호사림의 도통의식은 사제간의 결속을 공고히하는 역할을 했으며, 학문 연구발전과 구곡문화

61) 李相周, 「일제 강점기 玉藻氷壺·萬東廟碑 탁본에 관한 고찰」, 『槐鄕文化』20, 2012, 99면.

의 계승발전에 상당한 기여를 했다. 그들의 도통의식을 중시한 학문적 문화적 풍조는 오늘에도 학문발전과 학풍조성 및 학계의 원만한 결집을 위해 응용할 만하다.

웰빙 문화관광시대를 맞아 도통계승의식의 산물인 구곡을 답사하면, 수려한 '구곡'산수는 물론 구곡문학의 진수와 구곡설정의 시대적 의의를 실감할 수 있어 매우 의미있는 구곡문화기행이 될 것이다.

제2장 충북의 남부지역에 설정된 구곡에 대한 연구

충북의 구곡문화에 대한 연구

충북의 구곡문화에 대해 인근에 설정된 구곡을 참고하고 탐방하기 편리하게 하기 위해 편의상 남부지역 중부지역 북부지역 등 충북을 3개 권역으로 나누어 수록하고자 한다. 남부지역에는 보은 옥천 영동을 묶고, 중부지역에는 청주를 묶고, 북부지역에는 단양 제천 충주를 묶기로 한다.

민우식(閔禹植)의 속리구곡시(俗離九曲詩)

1. 머리말

속리구곡은 화운(華雲) 민우식(閔禹植 1885~1973)이 지금 충청북도 보은군 장안면 개안리 서원계곡 입구부터 보은군 속리산면 삼가리 일원에 걸쳐 설정했다. 민우식의 속리구곡에 대해서는 김광수기자가 속리구곡 현지를 답사하고 그 위치를 확인하여 「보은사람들」이라는 지역신문에 소개했다.[1] 번역은 필자의 번역 취향에 맞춰 일부를 조정했으며 일부 오자를 바로잡았다.

민우식은 제1곡부터 제9곡까지의 명칭을 기존의 유적과 지명을 포함하여 유학의 도와 관련된 내용을 감안하여 명명했다. 유학자들은 글을 짓는데 있어 '재도지기(載道之器)'와 '관도지기(貫道之器)'의 관점을 가지고 있었다. '재도

---

1) 민우식의 문집 『화운유고(華雲遺稿)』에 실린 「속리구곡」은 1곡 화개동, 2곡 북두문, 3곡 서원촌, 4곡 황애동, 5곡 도치, 6곡 안도리, 7곡 흠앙곡, 8곡 용진, 9곡 삼가동이다. 민우식의 『화운유고』에 실린 제1곡부터 9곡까지 속리구곡시를 소개하며, 그 경관을 답사한 느낌 또한 함께 싣도록 한다. 편집자 주 - 보은사람들 19호, 승인 2009.10.22. 김광수, 「속리구곡시」, 『보은사람들』 17호, 2009.10.08.~34호, 2010.02.04

지기'는 글은 도(道)를 싣는 그릇이라는 뜻이며 '관도지기'는 도를 꿰는 그릇이라는 뜻이다. 즉 문학에는 유학(儒學)의 도(道) 즉 인생의 도를 담아야한다는 이론이다. 오늘날 주제가 있어야한다는 뜻인데 전통사회에서는 유학을 중시했으며 그 이론을 사회 전반에 적용해도 무리가 없기 때문에 유학의 이론을 문학을 통해 강조한 것이다.

2. 「속리구곡」의 분석

먼저 제1곡 화개동(花開洞)을 보자. 제1곡 화개동은 지금의 개안리이다.

일곡화개고동춘(一曲花開古洞春),	1곡이라 오래된 화개동에 봄이 왔는데,
삼산하처방선인(三山何處訪仙人).	삼산 어느 곳에서 신선을 찾을꼬?
중유홍류자원래(中有紅流自遠來),	그 가운데 멀리서 붉은 물결 흘러오니,
도원종차가심진(桃源從此可尋眞).	도원은 여기부터니 진리를 찾을 만하도다.

속리구곡 제1곡의 명칭이 화개동이다. 꽃은 꽃인데 복숭아꽃이다. 복숭아꽃은 신선의 세계를 상징하는 꽃이다. 잘 알다시피 도연명(陶淵明)의 「도화원기(桃花源記)」에 나오는 복숭아꽃을 염두한 표현이다. 제1~2구를 살펴보자. 1구에서 화개동은 오래된 마을이다. 여기에 봄이 왔으니 화개동에 꽃이 피는 것은 자연의 순리이다. 2구에서 삼산 어느 곳에서 신선을 찾을꼬 라고 묻는다. 삼산은 삼신산을 일컫는 말이다. 전설에 동해바다에 있다는 봉래산 방장산 영주산이다. 1~2구에서 여기가 신선의 세계라는 암시를 하고 있다. 3~4구를 보자. 3구에 시내 가운데 붉은 물결이 흘러온다. 붉은 물결은 바로 복숭아꽃이 흘러오는 것이다. 4구에서 무릉도원 바로 선경을 찾을 만하다고 결론을 내린다.

제2곡 북두문을 보자. 박광수는 제1곡 화개동(개안리)에서 장안리 북쪽으로 약 1km 지점. 두 산이 양쪽에 솟아 대문 같은 형상을 하고 있어 이곳을 북두문이라 한 듯하다고 했다.

이곡내유북두문(二曲來由北斗門), 2곡이라 북두문을 지나가니,
기암여립우여준(奇巖如立又如蹲). 기이한 바위가 서있는 듯, 또 걸터앉은 듯하네.
천성부여인간재(天星賦與人間在), 하늘의 별을 인간세상에 주어 남아있는데,
저리미망조화혼(這理微芒造花渾). 저 미묘한 이치, 조화옹이 만든 것이라네.

제2곡 북두문은 양쪽에 있는 산이 문설주 모양으로 보여 그렇게 명명한 것이다. 북두문이라고 명명한 철학적 연원은 『논어』, 「위정(爲政)」의 내용을 염두하고 지은 것이다. 즉 뭇별이 안고 돌 듯 임금의 덕화가 온 천하에 미친다는 뜻을 원용했다[2]. 여기서 민우식이 이런 의식을 가지고 있지 않다하더라도, 문처럼 생긴 지세에 걸맞는 이름을 구상하다보니 이미 알고 있는 경전의 문구를 활용한 것이다. 1~2구를 살펴보자. 북두문 일대를 지나가니 주변에 있는 바위가 기이하고 걸터앉은 듯하다. 3~4구를 살펴보자. 하늘에 있는 북두성을 인간세계에 내려 주어 남아있다. 그 오묘한 이치는 조화옹이 만들었다. 즉 인간이 만든 것이 아니라 조물주가 만들었기 때문에 기이하다는 말이다. 화양구곡 제6곡의 명칭이 첨성대이다. 첨성대 기슭 시냇가 암벽에 조일전쟁 즉 임진왜란 때 원군을 보내주어 조선을 '재조번방(再造藩邦)' 즉 조선을 재건하게 해준 명(明)나라 신종(神宗)과 마지막 황제인 의종(毅宗)을 숭모(崇慕)하여, 1674년 의종의 어필 '비례부동(非禮不動)'을 암벽에 새겼다.

제3곡 서원촌(書院村)을 보자. 충북 보은군 장안면 서원리는 제2곡 북두문에서 서북방향으로 약 500m 지점에 위치해 있다.

삼곡심심간일촌(三曲深深澗一村), 3곡이라 깊고 깊은 시냇가에 자리 잡은 한 마을,
상현서원차중존(象賢書院此中存). 상현서원은 이 마을 가운데 있네.
풍진불입청산온(風塵不入靑山穩), 풍진이 불어 들어오지 못하니 청산이 안온한데,

2) 『論語』「爲政」에, "爲政以德, 譬如北辰居其所, 而衆星共之" 즉 "정사(政事)를 덕(德)으로 하는 것은 비유하면 북극성이 자리를 잡고 있으면 여러 별들이 그 별을 안고 도는 것과 같다"라고 한 데서 유래했다. 백성들이 임금의 덕화(德化)에 돌아간다는 것을 비유했다. 곧 임금의 덕화가 두루 함께 미친다는 뜻이다.

백수한옹과치손(白首閑翁課穉孫). 흰머리의 한가한 노인, 어린 손자들 가르치고 있네.

제3곡은 서원촌이다. 상현서원(象賢書院)3)이 있어 서원촌이 됐다. 상현서원은 본래 1555년 현재의 삼년산성 안에 건립했었는데 1672년 장안면 서원리로 이전했다. 충암 김정(金淨), 동주 성제원(成悌元), 대곡 성운(成運)은 보은과 연고가 있으며 중봉 조헌(趙憲) 그리고 우암 송시열 선생은 옥천과 연고가 있다. 모두 도학과 관련이 있다. 상현서원에 이분들을 모셨다.

제1~2구를 보자. 깊고 깊은 시냇가에 자리 잡은 한 마을 안에 상현서원(象賢書院)이 있다. 서원은 지방의 인재를 유교사회가 희구하는 인간형으로 양성하기 위해 세운 지방 사립학교다. 3~4구를 보자. 풍진 즉 속세의 기풍이 없어 평안하다. 이곳에서 백발의 노인의 손자에게 강학을 한다. 민우식은 상현서원이 있는 마을을 제3곡으로 설정했다. 일면 교육의 중요성을 천명한 조치이리라.

제4곡 황애동(荒崖洞)을 보자.

사곡황애초수심(四曲荒崖艸樹深), 4곡이라 거친 언덕에 풀과 나무가 무성하며,
청산유벽주음음(青山幽僻晝陰陰). 청산이 깊고 외져서 낮인데도 어두컴컴하네.
하인벽파양장험(何人劈破羊腸險), 누가 이 양의 창자같이 험한 곳을 쪼개고 깨뜨렸나?
뢰유선양일로심(賴有線陽一路尋). 겨우 한줄기 햇볕 따라 한 가닥 길을 찾겠구나.

1~2구를 보자. 거친 언덕에 초목이 무성하다. 그래서 대낮인데 청산이 어

3) 충청북도 보은군 장안면 서원리 304에 있다. 1977년 12월 6일 충북기념물 제43호로 지정됐다. 1555년(명종 10) 동주 성제원이 삼년성 안에 충암(沖庵) 김정(金淨)을 향사하는 독향원(獨享院)을 세우고 '삼년성서원'이라 하였는데, 1610년(광해군 2)에 '상현'이란 이름의 사액을 받았다. 한국 최초의 서원인 소수서원 다음으로 세워졌으며, 충청북도에서는 첫 번째로 설립되고 사액을 받은 서원으로 해마다 음력 2월과 8월 중정일에 제사지낸다. 1672년(현종 13) 삼년성 안에서 서원리로 옮겨 세웠으며, 대곡(大谷) 성운(成運)을 을사명현으로 배향하고 보은현감을 지낸 동주 성제원과 중봉(重峯) 조헌(趙憲)을 1681년(숙종 7)에, 우암(尤庵) 송시열(宋時烈)을 1695년(숙종 21)에 추가 배향하였다. 두산백과.

둡컴컴하다. 3~4구를 보자. 누가 양의 창자같은 험난한 곳을 파내고 깨부수었느냐고 묻는다. 몰라서 묻는 것이 아니다. 깨버리고 나니 한 줄기 햇볕을 따라 한 가닥 길을 찾는다. 즉 어려움을 극복해야 밝은 햇빛처럼 밝음과 좋음을 볼 수 있다는 교훈을 이입했다.

제5곡 도치(道峙)로 가보자. 5곡 도치는 4곡 황해동에서 북동방향으로 약 500여 미터 지점에 위치해 있고 인가가 없는 U자형의 구비로 4곡 황해동의 좌청룡능선(회넘이재능선)너머에 있는 공간이다.

> 오곡행행입도치(五曲行行入道峙), 5곡이라 걷고 걸어 도치에 들어가는데,
> 첨전홀후황연성(瞻前忽後況然醒). 앞뒤를 바라보니 황홀함을 알겠네.
> 태고운심송유학(太古雲心松有鶴), 오래된 구름 속 소나무에 앉아있는 학이,
> 일성규파사산청(一聲叫罷四山靑). 한 번 우니 사방의 산이 푸르네.

제5곡은 도치이다 이름 그대로 도를 닦는 고개라는 뜻이다. 1~2구를 보자. 걷고 걸어 도치까지 왔다. 전후를 살펴보니 황홀하다. 도인의 세계이기 때문이다. 3~4구를 보자. 태고적의 구름 즉 오래 전부터 머물고 있던 구름 속에 소나무에 학이 있다. 이 학이 우니 사방의 산이 푸르게 된다. 이렇듯 학은 조화를 부린다. 예부터 신선의 화신으로 여겼다. 결국 민우식은 여기도 신선계라는 점을 강조했다.

제6곡 안도리(安道里)를 보자.1988년 4월30일 천연기념물 제352호로 지정된 정부인(貞夫人) 소나무이 있다.

> 육곡주공안도리(六曲住笻安道里), 6곡이라 지팡이를 안도리에서 멈추니,
> 양삼가재백운심(兩三家在白雲深). 두 세집이 흰 구름 깊은 곳이 있네.
> 소성자천균일리(所性自天均一理), 하늘로부터 받은 품성 모두 한 가지 이치인데,
> 연어비약본초심(鳶魚飛躍本初心). 솔개와 물고기 날고 뛰노는 것 본래의 초심이라.

1~2를 보자. 안도리까지 왔다. 두 셋집 즉 깊은 산속이라 사람은 많이 살지 않는다. 3~4구를 보자. 안도리(安道里) 즉 편안하게 도를 닦는 마을이다.

자연을 통해 도를 닦을 수 있다. 자연 속에 사는 평범한 동물과 솔개를 통해 자연의 이치를 각성할 수 있다. 『시경』과 중용(中庸)』에 나오는 내용을 염두한 표현이다. 도(道)는 천지간에 어디나 있는 것이며, 만물이 저마다 제 능력대로 움직이는 상태를 뜻하는 말이다. 즉 천지자연의 이치를 구현했다는 의미이다. 민우식 자신이 자연을 통해 도(道)를 배우는 수준을 의탁한 것이리라. 아울러 이런 도심이 확산되길 바라는 마음을 담은 것이리라.

제7곡 흠앙곡(欽仰谷)을 보자.

칠곡절연음앙외(七曲截然欽仰巍),	7곡이라 끊어놓은 듯 높음을 공경하니,
청산만첩수천회(青山萬疊水千回).	청산은 만 겹으로 둘러싸고 물은 천 번을 감도네.
엄엄덕립당우색(嚴嚴德立唐虞色),	높고높이 덕을 세우니 당우(唐虞)시대의 풍색,
지견비천하지래(秖見飛泉下地來).	다만 폭포가 땅 아래로 떨어지는 것을 보네.

1~2구를 살펴보자. 이곳의 청산은 만 겹으로 둘러싸이고 물은 천 번을 감돈다. 높은 산을 공경스럽게 우러러본다. 『시경』, 「소아(小雅) 차할(車舝)」에 들어있는 "고산앙지(高山仰止), 경행행지(景行行止)" 즉 "높은 산을 우러러봄이여, 큰길을 따라가도다"를 원용한 표현이다. 존경할 만한 선현(先賢)을 비유하여 쓰는 표현이다. 3~4구를 보자. 높은 산을 바라보며 높고 높이 덕을 세우니 당우(唐虞) 즉 요순(堯舜)시대의 덕을 풍색을 연상케한다. 다만 비천(飛泉)이 땅 아래 떨어지는 것을 본다. 민우식은 주자의 「무이도가(武夷櫂歌)」[4] 제7곡 3~4구 '각련작야봉두우(却憐昨夜峰頭雨), 첨득비천기도한(添得飛泉幾道寒)'.[5] 즉 '어제밤 봉우리에 나린 비로, 몇 갈래지 불은 물길 싸늘한 것을.'의 내용을 의식하고 지었다.

---

4) 「무이도가(武夷櫂歌)」: 원 제목은 다음과 같다. 『주자대전(朱子大全)』권9, 「순희 갑진 중춘 정사한거 희작 무이도가 십수 증제동유 상여일소(淳熙 甲辰 中春 精舍閑居 戲作武夷櫂歌十首 贈諸同遊 相與一笑」.

5) 성균관대학교 송재소교수의 번역을 참고했다. 송재소(宋載卲), 「응와(凝窩) 이원조(李元祚)의 포천구곡차무이도가(布川九曲次武夷棹歌)에 대하여」, 『한국의 경학과 한문학(죽부(竹夫) 이지형교수(李篪衡教授) 정년퇴직 논총)』, 태학사, 1996. 595~615면

제8곡 용진(龍津)을 보자.

팔곡용진수욕면(八曲龍津水欲眠), 8곡이라 용진은 수면이 잔잔해지려 하고,
잠가연심비가천(潛可淵深飛可天). 연못에 잠기기도 하고 하늘을 날 수도 있네.
흥운치우비무술(興雲致雨非無術), 구름을 일으켜 비를 나리게 하는 도술이 없는 것이 아니니,
출처수시임자연出(處隨時任自然). 나가는 곳 때에 따라 자연에 맡기네.

제8곡은 용진이다. 용은 상상의 동물이지만 전지전능한 능력을 지녔다. 제~2구를 보자. 용진의 물결이 잔잔해지려 한다. 용의 능력은 무궁무진해서 자신이 연못에 잠겨있고 싶으면 잠겨있고, 하늘을 날고 싶으면 하늘을 날기도 한다. 이게 용의 본성이다. 3~4구를 보자. 구름을 일으켜 비를 내리게 하는 도술을 부릴 수 있다. 그래서 나가는 곳 때에 따라 자연에 맡긴다. 자유자재로 용의 기상을 발휘한다. 여기에 오면 전지전능한 용의 기상을 받을 수 있는 신령한 곳이라고 암시했다.

제9곡 삼가동(三佳洞)을 보자.

구곡삼가별유춘(九曲三佳別有春), 9곡이라 삼가동 별다른 봄이 있으니,
도화유수차중진(桃花流水此中眞). 복사꽃 흘러내려오니 이 가운데 진경이 있네.
수연도골온여옥(粹然道骨溫如玉), 순수한 도인의 풍골이 옥처럼 따스하니,
완시선관강제신(宛是仙官降帝宸). 완연 여기가 바로 선관이 강림한 황제의 궁전인 것을.

제9곡의 명칭이 삼가동 즉 삼가리이다. 세 가지가 아름다운 마을이다. 1~2를 보자. 삼가동에 유별난 봄이 있다. 즉 복숭아꽃이 흘러 나리는 이 가운데에 참 경치가 있다. 참 경치는 무릉도원 즉 신선경이다. 민우식은 하류 제1곡에서 복숭아꽃을 통해 무릉도원을 예고했다. 제9곡 삼가동이 무릉도원이라는 결론을 내린다. 3~4구를 보자. 도인의 풍채가 옥처럼 따스하다. 삼가동에 신

선이 노니는 황제의 궁전이다. 민우식은 현실의 공간을 이상의 공간 즉 신선의 세계로 간주했다.

3. 맺음말

민우식의 속리구곡과 「속리구곡」시는 주자의 무이구곡과 「무이도가」를 본뜬 것이다. 민우식은 제1곡부터 제9곡까지의 명칭을 기존의 유적과 지명을 포함하여 유학의 도와 관련된 내용을 감안하여 명명했다.[6)]

첫째 속리산이 명산이라는 사실을 염두하고 구곡의 명칭을 인식하기 쉽게 하기 위해 속리구곡이라 명명했다. 둘째 속리구곡이 신선의 세계라는 점을 강조했다. 셋째 민우식(閔禹植 1885~1973)의 생존연대로 보아 1900년 중반 전후까지도 구곡에 대한 인식이 계승되었다는 사실을 알 수 있다. 이를 통해 구곡이 자연산수에서 문화산수로 전환하고 자신의 사실을 이입하는 문화 수단이라는 사실을 확인할 수 있다. 민우식은 쌍룡계곡(雙龍九曲)에 쌍룡구곡시도 지었다[7)]. 이런 점으로 보아 속리산에 구곡을 정하지 않은 사실을 알고 의도적으로 속리구곡을 정했다고 볼 수 있다.

---

6) 다음은 속리구곡시에 대한 김광수기자의 해설이다. "여기서 풍류객의 시와 도학자(道學者)의 시가 확연히 다른 점을 발견한다. 풍류객의 서시는 경물을 개인적인 감상을 기준으로 주관적으로 인식하여 갈등과 상상을 드러낸다. 도학자의 서시는 경물을 이념의 주체로 인식함으로써 객관적인 정심, 수신, 명덕 등 수도를 목적으로 하는 시를 읊는데, 속리9곡시는 경물을 통해 이념적, 수도적 서시라고 보겠다. 한 마디로 말한다면 민화운 선생은 자연의 아름다운 경물을 통하여 중생을 바른길, 밝은 길로 인도하여 함께 걸어가려 했다."

7) 민우식(閔禹植 1885~1973)은 경상북도 문경시 농암면 내서리의 도장산 쌍용계곡 입구에 사우정(四友亭)을 지었다. '사우(四友)'는 정자의 네 기둥에 적혀 있는 고산(高山)·유수(流水)·청풍(淸風)·명월(明月)을 가리키며, 이 네 가지를 벗하며 살아가고자 하는 의미를 담고 있다. 1936년에 간행된 『조선환여승람』에 따르면, 이곳은 민영석(閔泳奭 1868~1920)이 살던 곳으로 그의 아들 민우식이 아버지를 위하여 이 정자를 건립하였다고 한다. 네이버 지식백과(두산백과).

조헌(趙憲)의 율원구곡(栗原九曲)과 율원구곡시(栗原九曲詩)

1. 머리말

21세기는 문화의 세기라 한다. 구곡의 한국 최고의 문화산수(文化山水)다. 한국의 구곡과 구곡시에 대한 연구는 이런 시대사조에 부응병진하는 것으로 그 의미가 적지 않다. 구곡과 구곡시에 대한 연구를 통해, '구곡문화'를 국민적 '문화교양'으로 제고 확산하는 것도 매우 의미가 있는 일이다.

필자는 '구곡문화(九曲文化)'가 중요한 문화유산이라는 점을 인식하고 1999년 부터 구곡에 대한 논문을 썼다. 구곡과 구곡시가에 대한 자료를 수집이 과정에서 여러 개의 구곡과 구곡시를 새로 발굴했다. 따라서 이를 하나의 문화권으로 설정하여 '구곡문화관광특구' 라 명명하기도 했다. 조헌(趙憲 1544~1592)의 문집인 『중봉집(重峰集)』에서 「유율원차무이도가운(遊栗原次武夷棹歌韻)」를 보게됐다. 이에 의거하여 '율원구곡(栗原九曲)'과 '율원구곡시(栗原九曲詩)라 명명한다. 그런데 구곡의 명칭과 그 위치에 대한 기록은 없다. 시 자체만으로도 그 시가 담고 있는 정경인 시경(詩境)을 이해할 수 있다. 하지만 구곡을 읊은 시인만큼, 현지 사정을 정확히 알면 훨씬 더 효과적인 감상을 할 수 있다. 또한 구곡문화관광지로 홍보개발하려면 일차적으로 그 위치와 명칭을 밝히는 작업이 선행돼야한다. 그래서 필자는 시의 내용을 토대로 구곡 각각의 명칭과 그 위치를 밝히기 위해, 현지를 답사할 생각을 하고 있었다.

중봉 조헌은 세간에 임진란 때 활약한 의병장으로 널리 알려졌다. 조헌에 대한 연구는 적지 않다. 기존의 연구에서 그의 생애와 사상 등 그리고 임진란 때 그의 활동상에 대해 다루었다[1]. 박병헌(朴炳憲)이 시에 대한 연구를 했으나[2] 율원구곡시에 대해서는 다루지 않았다. 율원구곡시에 대해서는 농협대

1) 이석린(李錫麟), 「중봉 조헌 연구(重峰 趙憲 研究)」, 경희대 박사논문, 1984.
이석린(李錫麟), 『임란 의병장 조헌 연구(壬亂 義兵將 趙憲 研究)』, 신구문화사, 1994.
김용덕(金龍德), 「중봉 조헌 연구(重峰 趙憲 研究)」, 『조선후기사상사연구』, 을유문화사, 1977.
이동준(李東俊), 「중봉(重峰) 조헌(趙憲)의 역사의식과 국방대책」, 『동대논총』 제6집, 동덕여자대학, 1976.

교수를 지낸 금기(琴基)가 「중봉(重峯) 조헌선생이 후율정사(後栗精舍)에서 읊은 율원구곡시의 새로운 음미」[3]라는 논문을 발표했다. 그도 율원구곡의 위치를 확인하려는 계획을 세우고 있었다. 그러다 필자와 만나 공동답사를 하게 되었다.

이제 그간 현지 답사를 통해 확인한 정보에 의거하여 율원구곡의 명칭과 위치를 비정해보고 그 경관을 살펴본다. 아울러 율원구곡시를 분석한다. 이를 통해 율원구곡시[4]에 대한 올바른 감상을 확산하고 구곡문화에 대한 효율적 이해를 도모코자 한다.

2. 율원구곡(栗原九曲) 각각의 명칭 및 위치의 확인과정

조헌의 문집인 『중봉집』에 「유율원차무이도가운」이라는 제목으로 수록되어

---

2) 박병헌(朴炳憲), 「중봉(重峰) 조헌(趙憲)의 시세계」, 동국대 석사논문, 1991.

3) 금기(琴基), 「중봉(重峯) 조헌(趙憲)선생이 후율정사(後栗精舍)에서 읊은 율원구곡시(栗原九曲詩)의 새로운 음미」, 『문화관광부 선정 2004년 9월의 문화인물 중봉 조헌선생의 생애와 정신문화의 재조명』, 중봉 조헌선생 정신문화 선양추진회, 2004년 9월 13일, 프레스센터 20층 국제홀. 금기교수는 율원구곡의 시 제목과 그 위치를 확인하기 위해 학술조사단을 구성하여 현지 조사를 계획하고 있었다한다. 필자는 한국의 구곡은 물론 충북의 구곡에 대해 중점연구를 하고 있다. 조헌의 율원구곡도 그 대상의 하나였다. 그래서 율원구곡의 위치를 확인하기 위해 제2차 답사일을 2005년 7월 24일 일요일로 잡았다. 이때 필자는 옥천의 지리와 지명을 잘 몰라서, 안후영 옥천예총회장께 안내해 줄 것을 요청했다. 안회장은 옥천향토사연구회 회원들과 금기교수를 모시고 왔다. 필자는 이날 함께 오신 금기교수님을 이지당(二止堂)에서 뵈었다. 이날 이분들과 함께 율원구곡 제3곡·제4곡·제7곡의 위치를 확인했다. 아울러 「유율원차무이도가운(遊栗原次武夷棹歌韻)」을 토대로 현지답사를 하면 구곡의 위치를 확인할 수 있으며, 현지 상황을 감안하여 시를 번역하면 보다 더 정확하게 번역할 수 있을 것이라 판단했다. 또 이를 잘 정리하여 학술토론회에서 발표하여 중봉의 율원구곡과 율원구곡시를 널리 알리고 관광자원으로 활용할 수 있도록 해야한다는데 공감했다. 그래서 그분과 7번 함께 답사했다. 그 과정에서 얻은 결과를 정리하여 필자가 이번 학술대회에서 발표하게 된 것이다. 금기교수께서는 중봉 선생의 업적을 선양하기 위해 적극적으로 봉사하였으며, 율원구곡의 위치를 확인하기 위해 경기도 고양시에서 내려와 일곱 차례 답사하는 노고를 아끼지 않았다. 이번 율원구곡의 위치를 확인하고 그 명칭을 정리하는데 있어, 그분이 적극적으로 추진해주셨기 때문에 원활히 마무리할 수 있었다. 그분의 애향심에 삼가 경의를 표하고 그 노고에 감사한다. 아울러 함께 답사한 분들의 관심과 열정에 감사한다.

4) 이 논문은 옥천군·옥천문화원 주최, 옥천향토사연구회 주관으로 2006년 9월 22일 금요일 옥천군청 상황실에서 요약하여 발표했었다. 이상주, 「조헌(趙憲)의 율원구곡(栗原九曲)과 율원구곡시(栗原九曲詩) 해설」, 『중봉(重峯) (趙憲) 율원구곡지지(栗原九曲地誌)』, 옥천문화원, 2006. 이상주, 「조헌(趙憲)의 율원구곡(栗原九曲)과 율원구곡시(栗原九曲詩)」, 『중원문화논총』제 10집, 충북대학교 중원문화연구소, 2006.

있다. 우선 율원구곡 각각의 명칭과 위치를 추적해보기로 하자. 다음은 「연보」의 내용이다.

> 만력 12년 갑신년(1584) 선생 41세 정월, 율곡(栗谷)선생이 돌아가셨다는 소식을 듣고 신위(神位)를 만들어 곡(哭)하고 만시(挽詩)를 지었다. 겨울 끝에 대각(臺閣)5)에 계(啓)를 올린 것으로 파직되어 옥천(沃川) 안읍(安邑)에 거쳐했다. 말하는 자가 다시 전에 청했던 것을 거듭해서 그래서 마침내 연좌죄로 파직됐다. 이때 율곡이 이미 돌아갔는데 당파간(黨派間)의 논의(黨議)가 날로 격해지고 여러 음(陰)한 무리들이 날로 커져 많은 벌레들이 쏠려고 어금니를 벌려 율곡을 기중(奇中)6)하고자하는 것이 이르지 않음이 없었다. 선생이 서울에 사는 것을 즐거워하지 않아, 보은(報恩)으로부터 옥천(沃川)의 안읍(安邑) 율치산(栗峙山) 안으로 이사하고, 그 숲과 골짜기의 아늑함과 인가의 연기가 드문 것을 사랑하여 날마다 그 사이를 어슬렁거렸다. 종유하는 선비들과 더불어 강론하는 것을 게을리 하지 않았으며, 때로 밭 사이를 다녔다. 동복들에게 과업을 권장해, 산중에 서실(書室)을 지었다. 이름을 후율정사(後栗精舍)했는데, 율곡을 흠모했기 때문이다. 스스로 상량문을 지었는데, "정암(靜菴)의 충효(忠孝)와 퇴계(退溪)의 학문(學問), 일맥(一脈)이 밝고 밝음이 석담(石潭)7)에 있도다."라는 구절이 있다. 또 「무이도가」에 차운하여 그 뜻을 드러내보였다.8)

위 연보의 내용을 통해 율원구곡시는 1584년 조헌이 41세때 창작했다는 것을 알 수 있다.

위에서 보듯이, 조헌은 율곡이 서거한 후, 율곡에 대하여 실제 사실과 다른

---

5) 대각(臺閣): 사헌부(司憲府)와 사간원(司諫院).

6) 기중(奇中): 추측하여 말한 것이 일상적인 실정과 일상적인 이치와 다름. 『史記』, 「封禪書」. 少君資好方, 善爲巧發奇中.

7) 석담(石潭): 황해도 해주군 고산면(高山面) 석담(石潭). 율곡(栗谷) 이이(李珥)가 구곡을 설정했는데 석담구곡(石潭九曲) 또는 고산구곡(高山九曲)이라한다.

8) 조헌(趙憲), 『중봉집 부록(中峰集 附錄)』권1, 「연보(年譜)」,한국문집총간 54, 민족문화추진회, 1992, 449면. "十二年 甲申 先生四十一歲 正月, 聞栗谷先生卒, 爲位而哭, 有挽詩. 冬末, 因臺啓罷職, 居沃川之安邑. 言者復申前請, 故竟坐罷. 時栗谷異沒, 黨議日激, 群陰日長, 衆螫張牙, 欲奇中栗谷無不至. 先生不樂居畿輔, 自報恩移寓沃川安邑栗峙山中, 愛其林壑幽邃. 人烟鮮少, 日徜徉其間.與從遊之士, 講論不怠, 時往田間. 勸課僮僕, 爲書室於山中. 名曰後栗精舍, 蓋慕栗谷也. 自製上梁文, 有靜菴忠孝退陶學, 一脈昭昭在石潭之句. 又次朱子武夷櫂歌以見志."

내용을 거론하는 세태에 염증을 느껴 서울을 등지고, 1584년 첩첩산중인 옥천 안읍에 은거할 양으로 거처를 옮겼다. 이 연보에 기술한, '옥천(沃川)의 안읍(安邑) 율치산(栗峙山)' 의 현재의 위치를 추적해보았다. 지금의 충북 옥천군 안내면 용촌리 도리밤티(도레밤티)이다. 조헌이 이곳에 거처한 첫번째 이유는 오지라 은거하기 좋기 때문으로 보인다. 둘째 자신의 선조의 고향을 잊고 않기 위해, 지명이 유사한 곳을 택한 것으로 보인다. 그의 선조들은 황해도 백천(白川) 율원(栗原) 치악산(雉岳山) 근처에 살았다.[9)]

다음은 조헌이 1584년에 쓴 「후율정사상량문(後栗精舍上梁文)」을 보기로 하자.

> 봉산(蓬山)의 북쪽, 노악산(老嶽山)이 남쪽으로 이어지는데, 하나의 샘이 물의 근원을 이루어 졸졸 바다로 흘러간다. 네 봉우리가 잇달아 빼어나고 삼림이 울창하여 하늘에 닿는다. 비록 둘러 싸여 깊숙한 곳이라도 살 만한데, 어찌 거칠고 적막하다하여 가르치지 않으리? 땅에 영(靈)이 있으나 오래도록 감춰져 있었으며, 사람이 인재를 안고 있는데, 어찌 말라버리겠는가?[10)]

위에서 보듯이, 조헌은 봉산(蓬山)의 북쪽, 노악산이 남쪽으로 이어지는 아늑한 마을에 거처하며 서당을 열었다. 봉산은 지금 충북 옥천군 안내면 용촌리 도리밤티마을 뒷산이다. 노악산은 지금 충북 보은군 회남면과 회북면에 걸쳐 있는 노성산(老城山)이다. 따라서 방위상 노악산은 봉산의 북쪽이 맞다.

연보의 내용과 「후율정사상량문(後栗精舍上梁文)」의 내용을 참고하여 지금의 지명을 대조한 결과, 후율정사 터는 지금의 충북 옥천군 안내면 용촌리 도리밤티 '서당골'이 확실하다.

필자는 율원구곡의 위치와 명칭을 확인하기 위해 율원구곡시에 나오는 지형·지세·지명 등을 참고로 8차례 현지를 답사했다. 1차 답사 때 조헌이 거처했던 지금의 옥천군 안내면 용촌리 도리밤티를 찾아가 인근 지명과 지세를

---

9) 조헌(趙憲), 『중봉집 부록(中峰集 附錄)』권1, 「세덕(世德)」, 한국문집총간 54, 민족문화추진회, 1992, 440면. 七代祖 諱 珙. … 遯于栗原雉岳山也卒. 諡文忠. 六代祖 諱 于吉 … 已上墓在白川栗原.

10) 조헌(趙憲), 『中峰集』권12, 「후율정사상량문 갑신 십이월(後栗精舍上梁文 甲申 十二月)」, 한국문집총간 54, 민족문화추진회, 1992, 425면. 蓬山之北, 老嶽迤南, 一泉有源, 溜溜以放海. 四峰聯秀. 森鬱鬱以當天, 雖繚深而可居, 柰荒寂而無敎? 地有靈而久閟, 人抱材兮幾枯.

확인했다. 그런데 율원구곡시에 나오는 지명 지세와 부합되지 않아 율원구곡은 조헌이 거처했던 지금의 옥천군 안내면 용촌리 도리밤티 일대가 아니라는 사실을 알았다. 율원구곡은 지금의 금천계곡으로 부터 서화천(西華川) 하류에 걸쳐 설정됐다. 즉 지금 옥천군 군서면 금산리(金山里)부터 금천계곡부터 군북면 용호리(龍湖里)까지 60리 가량 된다. 그런데 제목은 「유율원차무이도가운(遊栗原次武夷棹歌韻)」라 했다. 「율원에서 노닐며 무이도가에 차운하다」라는 뜻이다. 왜 제목에 율원을 넣었을까. 기본적으로 조헌 자신이 당시 율원에 살았기 때문이다. 다음으로 그의 선조들이 황해도 백천(白川) 율원(栗原) 치악산 근처에 살았던 사실을 항상 잊기 않기 위함인 것 같다. 또한 스승인 율곡 이이를 존경하는 뜻을 담은 것으로 생각된다.

지금 서화천(西華川)이라 불리는 하천은, 『신증동국여지승람(新增東國輿地勝覽)』· 『호서읍지(湖西邑誌)』에는 보이지 않는다. 서화천라는 지명의 유래는, 필자가 점검한 결과 다음에서 유래된 것으로 보인다. 충북 옥천군 옥천읍에 거주했던 김정연(金鼎淵 1793~1855)의 「소화설(少華說)」[11]에 백화산(白華山)이 나온다. 백화산은 충북 옥천군 군북면 석호리에 있다. 서화천은 백화산 서쪽에 있다. 이와 관련하여 추정해볼 때, 백화산 서쪽에 있는 하천이라 서화천이라 했다는 사실을 짐작할 수 있다. 이렇듯 서화천의 유래를 밝힌 것도 이번 답사에서 얻은 수확의 하나이다. 그 후대 이병연(李秉延)의 『조선환여승람(朝鮮寰輿勝覽)』에 서화천에 대해 기사를 살펴보자. 서화천은 지금 옥천군 군북면 추소리 까지이다. 여기서부터 금강과 합쳐지는 합수머리까지는 용암천(龍巖川)이라 불렀던 것으로 보인다.[12]

구곡은 통상 산수가 수려한 하나의 작은 하천 또는 작은 강에 설정한다. 대개 하류로부터 1곡을 설정한다. 때로는 상류로부터 1곡을 설정하기도 한다.

---

11) 金鼎淵, 『少華集』권5, 「少華說」, 475~476면. "郡之北, 皆峽峽, 坼江流岸, 古有僧寺, 寺毁而亭. 亭卽吾家所構也. 其西南亂峰蒼黑可醜, 獨中間一小巒, 不知從何落來, 橫作前案, 而其頂上, 土白, 隱映若光華外浮, 近看如皓眉, 遠看如一條雲氣, 土人曰因名之曰 白華山. 余於乙未(1835년: 인용자 주)夏病, 避亭上, 而人病境僻, 無人來見者, 但朝夕坐臥, 所對只此, 耳目習心, 愛兩相不厭, 則思所以久, 吾不忘者(犭+市)不如坡翁之兩, 以名其亭也乎. 其時, 吾雖病, 而年尙少. 故以少華爲號云爾." 옥각리 출신으로 농협대 교수를 지낸 금기(琴基)선생께서 위 책을 제공해주어, 서화천의 유래를 밝히게 되었다. 감사한다.

12) 이병연(李秉延), 『조선환여승람(朝鮮寰輿勝覽)』, 1935. "沃川郡, 山川. 西華川. 在郡 西 十里. 源出於西岱山, 下流入于龍巖川. 龍巖川. 在郡 北 楸沼里." "서화천. 군 서쪽 10리에 있다. 근원은 서대산에서 흘러나와 아래 용암천으로 흘러들어간다. 용암천. 군 북쪽 추소리에 있다."

이런 원칙을 참고하여 조헌이 설정한 구곡의 위치를 시의 내용을 토대로 추정해보고자 한다.

필자는 조헌의 율원구곡시와 현지의 지형·지세·지명을 근거로 하여 그 구곡의 명칭과 구곡의 위치를 규명하고자 노력했다. 이제 그 답사일정과 성과에 대해 개략해본다.

1. 1차 답사

1) 답사일시: 2004년 10월 7일 목요일 2) 답사자: 이상주. 서옥림. 우원길.

3) 성과: 율원구곡시의 내용을 토대로 하여, 율원구곡의 위치를 확인하기 위해서였다.

옥천군 안내면 용촌리 도리밤티 일원으로 갔다. 조헌의 『중봉집』, 「연보」에, 조헌이 거기에 거처했다는 기록이 있기 때문이다. 그가 거처했다는 '집터'와 그가 마셨다는 '우물'을 살펴보았다. 그리고 천문을 관측했다는 널직하고 평평한 바위를 보았다. 그 앞에 '중봉 조선생 유상지석(重峰 趙先生 游賞之石)'라는 글자를 새긴 비석이 있다. 『호서읍지』에 "중봉선생이 여기서 천상을 봤으며, 우암이 중봉선생 유상지석(遊賞之石)이라 썼으며, 후손 석렬(石烈)이 비석을 세웠다."[13]는 기록이 있다. 최근에 정비하면서 바위 주위에 흙과 돌을 쌓아놓아 본래 모습을 알아볼 수가 없다. 암반의 전체적인 모양이 '고인돌'일 가능성이 있다. 원상 복구하여 정밀 조사를 할 필요가 있다.

시에 나오는 지명과 지형·지세를 현지에 가서 대조 확인한 결과, 전혀 부합되지 않았다. 따라서 조헌이 구곡을 설정한 위치는 이곳이 아니라고 결론내렸다. 여러 가지 여건상, 아쉽지만 1차 답사는 여기서 끝내고 후일을 기약했다.

2. 2차 답사

필자는 옥천읍내는 여러 번 다녔지만 옥천군 전역의 지명과 지리에 대해

13) 『호서읍지』, 국립중앙도서관, 아세아문화사, 1984, 130면. 沃川邑誌 樓亭. 觀天石. 在佳山. 重峰仰觀天象于此, 尤菴(庵으로 쓴다: 인용자 주)題其石曰 中峰先生遊(비석엔 '游'로 되어있다:인용자 주)賞之石. 後孫石烈竪碑. 2006년 8월 29일 화요일 저녁 용촌리 김완기리장께서 전화로 들려준 일화다. "(1950년) 6,25 동란 때 마을에서 군대 가는 사람이 있으며, 이 비석 앞에서 환송행사를 하고 무사를 비는 글을 낭독하면, 죽어서 오는 사람이 없었다. [3개 사단이 전멸하다시피했는데(영험하다는 점을 강조하는 것이지만 3개 사단인지는 확인이 필요하다.- 필자 주)], 해병대에 입대했던 최만성도 무사히 귀향했다. 가뭄이 매우 심할 때 돼지를 잡고 이 비석 앞에서 기우제를 지내면 3일 안에 비가 온다."

잘 알지 못했다. 그리하여 효율적인 답사를 위해 옥천군향토사연구회원들에게 안내해줄 것을 요청했다. 그런데 금기 전 농협대 교수를 제외한 대다수 사람들은 율원구곡의 존재를 알지 못하고 있었다.

1) 답사 일시: 2005년 7월 24일 일요일

2) 답사자

금기(琴基): 충북 옥천군 군북면 옥각리(玉覺里). 전 농협대 교수

안후영(安厚榮): 옥천 향토사연구회. 현재 옥천예총회장

이수암(李壽岩): 옥천향토전시관 명예관장

하동식(河東植): 옥천군청소년수련관 명예관장

김상배(金相培): 청주 길선중기(吉善重機) 사장

김태영(金泰英): 청주대학교 대학원 교학과. 현재 구매관리팀

지학근(池學根): 제천 의림공고 교사. 이상주(李相周): 필자. 구곡문화전문가

먼저 제3곡시에 나오는 정자의 위치를 확인하기 위해 현지를 찾아갔다. 다음으로 4곡부터 8곡의 위치를 확인하기 위해 옥천군 군북면 추소리 일대를 돌아봤다. 마지막으로 제2곡시에 나오는 장현봉, 즉 지금의 장용산과 금천계곡을 돌아봤다. 그 결과 해당 구곡의 위치를 확인하게 되었다.

3. 3차답사

1) 답사일시: 2005년 8월 27일 토요일

2) 답사자: 금기. 김상배. 김태영. 이상주

조헌의 후율정사터를 확인하기 위해 옥천군 안내면 용촌리 도리밤티를 다시 찾았다. 거기서 박태기(朴泰基 1958~)를 만났다. 그에게 봉산(蓬山)의 위치를 아느냐고 물었다. 「후율정사상량문」에 나온다. 봉산은 바로 자기네 밭 뒷산이라 한다. 그는 조헌이 거처했다고 전해지는 밭의 소유자이며, 그 인근에 가산농원을 경영하고 있다. 그 뒷산에서 토기편이 많이 떠내려 왔다한다.

금기교수가 다음과 같은 일화를 들려주었다. 관가에서 나졸들이 나와 중봉이 사는 데를 물으니, 마을 사람들이 “돌아가서 밤티재를 넘으면 된다” 하여 그 때부터 도리밤터라 했다 한다.

이날 구곡의 위치를 확인하기 위해 손용화가 운영하는 '막지 2호' 배를 탔다. 옥천군 군북면 소정리 선착장에서 옥천군 군북면 추소리까지 왕복 1시간 30분이 걸렸다. 금기교수님께서 배삯 10만원을 지불했다.

4. 4차 답사

1) 답사일시: 2006년 3월 22일 수요일

2) 답사자: 김종구. 유제구. 금기. 이상주

이날 답사에서는 이곳 지리에 밝은 유제구(柳濟求) 옥천향토사연구회 회장의 도움으로 다음과 같은 수확이 있었다. 금천계곡 상류쪽을 답사하였다. 그곳은 협곡으로 산수가 수려한 곳이다. 제5곡 동남곡의 정확한 위치를 확인했다. '골냄이' '아래골냄이'로 불린다. 4곡 창병, 6곡 문암, 7곡 은병의 위치를 보다 정확히 확인했다. 백화산의 위치도 확인했다. 옥천군 군북면 석호리에 있다. 흙 색깔이 흰색이라 백화산이라 했는데 지금 백토산이라 부른다. 박정희정권 시절 김종필국무총리가 헬기를 타고 가다가 산이 하얗고 나무가 없는 것을 보고, 나무를 심으라 지시했다. 이때 나무를 심어 지금은 수목이 울창하다.

5. 제5차 답사

1) 답사일시: 2006년 4월 12월 12일 수요일

2) 답사자

이응백(李應百): 전 서울대교수. 중봉조헌선생기념사업회 회장

윤병태(尹炳曦): 전 연세대교수. 중봉조헌선생기념사업회 상임이사

금기(琴 基): 전 농협대교수. 김정길(金貞吉): 옥천향토사연구회 회원

조원호(趙元浩): 배천조씨 문열공(文烈公)종회 회장.

조은준(趙恩濬): 김포 우저서원 국장. 유제구(柳濟求): 옥천향토사연구회회장

조종현(趙鍾紘): 배천조씨 문열공(文烈公)종회 총무

유순화(柳純花): 도리밤터에 거주했던 주민

김종구(金鍾九): 충북과학대[현 충북도립대] 교수

이상주(李相周): 필자. 구곡문화전문가; 청주대 강사

이날 '중봉조헌선생기념사업회' 임원진이 동행했다. 율원구곡의 명칭과 위치를 정확히 고증하려는 답사단의 노고를 격려하는 뜻이다.

후율정사가 있던 정확한 자리를 확인하기 위해, 충북 옥천군 안내면 용촌리 도리밤티로 갔다. 필자가 이 동네에서 태어났다는 유순화여사에게, 이 동네 앞산에 혹시 '서당골'이나 '모정(茅亭)'이라는 지명이 있느냐고 물었다. 점심을 먹으려하는데 좀 늦게 들어온 금기교수가 앉으면서 다음과 같은 말을 했다. 식당 근처에서 '삼성약방'을 경영하는 박난과(1930~)[14]씨가 말하는데, 도리밤터 앞산 너머에 '서당골'이 있으며 주초돌도 있다고 한다는 것이다. 그 분은 도리밤터에서 출생했다.

제9곡 삼봉을 확인하기 위해 배를 탔다. 유재범(柳在範 1940년생)이 배를 운전했다. 군북면 추소리에서 용호리 청풍정까지 왕복 3시간이 걸렸다. 청풍정에서 백화산이 지척에 보였다. 그런데 삼봉의 위치를 감지 할 수가 없었다. 충북 단양의 '도담 삼봉(島潭 三峰)'처럼 세 개의 봉우리로 이루어진 장소로 여겨진다.

6. 제6차 답사

1) 답사일시: 2006년 4월 18일 화요일

2) 답사자

금 기: 전 농협대교수. 유제구: 옥천향토사연구회회장

이상주: 필자. 구곡문화전문가; 청주대 강사

장용산 맞은 편 산에서 삼단으로 형성된 폭포가 있는 것을 확인했다. '장용폭포'라 명명하는 것이 좋을 것이라고 의견 통일을 봤다.

환산 세심원의 뒤편에 있는 폭포를 답사했다. '양지어귀폭포'라 한다.

14) 2006년 8월 29일 화요일 박난과님께 전화(043-732-6018)로 여쭈었다. 그 부인이 나물을 뜯으러 가다보면, 조헌 선생이 살던 집터에 기와장이 3~4개 씩 여러 군데 포개져있었다 한다. 조헌선생이 파놓은 우물을 동네사람 모두가 먹었다. 다음과 같이 어린 시절에 들은 얘기를 전했다. "조헌선생이 서당골에서 밭을 맬 때, 조헌선생을 찾아오는 손님이 오면, 자신은 아니라고 하고, 저 고개 돌아가면 만날 수 있다고 했다. 그 손님이 돌아가는 사이 얼른 집으로 내려와 세수하고 옷을 갈아입고 손님을 맞이했다. 손님이 아까 서당골에서 뵌 분 같다고 하면, 선생은 아니라고 했다. 손님을 정중하게 맞으려 노력했다는 거지"

7. 제7차 답사

1) 답사일시: 2006년 6월 17일 토요일

2) 답사자

금 기: 전 농협대교수. 유제구: 옥천향토사연구회회장

윤병휘: 연세대 명예교수. 중봉조헌선생기념사업회 상무이사

이안재: 옥천신문 사장. 송은경: 이안재 사장의 부인

이상주: 필자. 구곡문화전문가: 청주대 강사

충북 옥천군 안내면 용촌리 도리밤티 '후율정사'터 확인. 일명 서당골.

충북 옥천군 군북면 막지리 장고개(장현 帳峴) 답사.

8. 제8차 답사

1) 답사일시: 2006년 9월 10일 일요일

2) 답사자

금 기: 전 농협대교수. 유제구: 옥천향토사연구회회장

전순표(全舜杓): 옥천문화원부원장. 조재명(趙在明): 대전 중소기업은행

김상배: 길선중기 사장. 안후영: 옥천예총회장

이상주: 필자. 구곡문화전문가; 청주대 강사

율원구곡의 위치와 명칭을 조사하는데 참여한 분들이, 2006년 9월 22일 금요일 학술대회 개최 전에, 한 번 더 답사를 해서라도 제9곡에 나오는 삼봉의 위치를 정확히 확인하자는 의견을 내었다. 그래서 이날 손동철(孫東哲 1953년생)씨의 배로 '진걸나루'에서 출발하였다. 하류로 내려가면서, 송문흠(宋文欽 1710~1752)의 「선군자호상시후기(先君子湖上詩後記)에 나오는 '삼봉(三峯)= 선인봉(仙人峯)'의 위치는 지금 충북 옥천군 군북면 막지리 '오봉'이라는 것을 확인했다. 하류로 내려가 '석호(石湖)'인근 '새터' '꽃산' 근처까지 갔다가 돌아왔다. 그러나 조헌의 제9곡시에 나오는 삼봉의 위치는 가늠할 수 없었다.

이날 안후영 옥천예총회장의 주선으로 '세심원'의 무변대사와 전화(043-731-1387)로 통화했다. 삼봉은 지금 옥천군 군북면 추소리와 이평리 사이에 있는 '삼봉재'를 가리키는 것 같다고 한다. 시간 관계상 다음 기회에 확인할 수밖에 없다.

이제까지 조사해본 결과, 조헌이 살던 집터와 후율정사터 및 우물의 위치는 다음과 같다. 집터는 충북 옥천군 안내면 용촌리 전(田) 119번지. 박병대 소유 그 아들 박태기. 후율정사터는 충북 옥천군 안내면 용촌리 전 141번지 '서당골'. 박장술외 2인 명의. 우물은 충북 옥천군 안내면 용촌리 산 38번지이다.[15)]

3. 율원구곡(栗原九曲) 각각의 위치와 명칭 및 경관

「유율원차무이도가운(遊栗原次武夷棹歌韻)」의 내용을 토대로 8차에 걸쳐 답사한 결과, 율원구곡의 명칭과 위치는 다음과 같았을 것으로 생각된다. 이는 함께 답사한 분들이 시의 내용과 지형·지형를 대조하여 공통적으로 내린 결론이다. 이제 그 명칭과 위치 및 그 경관을 정리한다.

제1곡은 창강(滄江)이다. 지금 충북 옥천군 군서면 금산리에 장용산 휴양림 주차장이 조성돼있다. 지금 이 일대의 계곡을 금천계곡이라 부른다. 시의 내용으로 보아, 지금의 금천을 시에서 창강으로 표현한 것으로 보인다. 또한 『중봉집』에 「금천사, 차권여명[필지형야]운(琴泉寺, 次權汝明[韠之兄也]韻)」[16)]·「금천이총각문도(琴泉以總角聞道), 백수무성(白首無成). 분운득문자(分韻得聞字), 송주광문현중(送周廣文賢仲)」[17)]이라는 시가 있다.

장용산에서 발원하는 금천과 서대산에서 발원하는 물은 옥천군 군서면 동평리에서 만난다. 특히 장용산 휴양림 주차장 상류쪽으로 올라가면 양쪽으로 산이 높게 솟고 경사가 심하다. 뿐만 아니라 산과 산 사이의 거리가 짧아 협곡을 형성하고 있다. 산에 암석이 많으며 계곡의 바닥에도 크고 작은 검은 색 돌이 지천이다. 때론 바닥 자체가 암반으로 형성된 곳도 더러 있다. 군데군데 기암괴석이, 좀 넓게 형성된 소(沼)와 조화를 이루어 절경을 이루고 있다. 자동차 도로는 장용산 휴양림주차장에서 끝난다. 그 상류쪽은 개울가에 오솔길을 통해서 왕래할 수 있다. 이 금천계곡물은 장용산 기슭을 따라 흘러 내려간다. 전반적인 상황으로 보아 1곡은 '창강(滄江)'이라 부르는 것이 타당할 듯

15) 2006년 8월 29일 화요일 저녁 용촌리 김완기리장께 전화로 번지를 여쭤보았다.
16) 조헌(趙憲), 『중봉집(中峰集)』권1, 한국문집총간 54, 민족문화추진회, 1992, 144면.
17) 조헌(趙憲), 『중봉집(中峰集)』권1, 한국문집총간 54, 민족문화추진회, 1992, 145면.

하다.

제2곡은 장현봉(奬峴峰)이다. 지금 충북 옥천군 군서면 금산리에 일대에 있는 지금의 장용산이다. 제2곡시 제1구에 '이곡초요장현봉(二曲岧嶢奬峴峰)'라 하여, 장현봉(奬峴峰)이라는 지명이 보인다. 제3구에 '서대망료인첨북(西臺望了因瞻北)'이라 하여, 서대산(西臺山)이라는 산이름이 보인다. 조헌은 서대사(西臺寺)에 간 적도 있다.[18] 서대는 충북 옥천군 군서면과 충남 금산군 경계에 있는 서대산을 가리키는 것이 분명하다.[19]

『국역 신증동국여지승람』· 『호서읍지』[20] 등 지리지의 '옥천군 산천'에 장용산이라는 산이름은 보이지 않는다. 지금 충북 옥천군 군서면에 있는 마성산(馬城山)과 연결된 한 봉우리가 장용산이다. 장령산(藏靈山)이라고도 부른다. 전반적 상황으로 보아 이 산을 조헌 생존시에 장현봉이라 불렀을 가능성이 있다. 산세가 웅장하고 수목이 울창하다. 지금 등산객의 왕래가 잦다. 전반적인 정황으로 보아 제2곡은 '장현봉'은 지금의 '장용산'을 가리킨다는 것으로 보인다.

제3곡은 '임정(林亭)'이라 했을 것으로 보인다. 지금 충북 옥천군 옥천읍 이백리(二白里)에 있었던 것으로 여겨진다. 제3곡시 제1구에 '삼곡임정소사선(三曲林亭小似船)'라는 내용이 보인다. 숲속에 있는 정자가 작은 배와 같다. 통상적으로 임정(林亭) 즉 '숲속의 정자'라 불렀을 것으로 짐작된다. 조헌의 「연보」에 의하면 1591년 48세 때 서정(西亭) 하류에서 문인 박로(朴輅)·전승업(全承業) 등과 놀았다는 기록이 있다.[21] 『국역 신증동국여지승람』에는 '적등루'라는 정자 하나만 기술되어있다. 『호서읍지』에 여러 루정의 이름이 실려 있으나 '서정자'는 없다. '서정자[22]'터는 지금 충북 옥천군 옥천읍 서정리이

18) 조헌(趙憲), 『중봉집(中峰集)』권2, 「서대사, 우박습독 성견, 야도퇴계사암사심상, 시이기지(西臺寺, 遇朴習讀 成堅, 夜道退溪思菴事甚詳, 詩以記之)」, 한국문집총간 54, 민족문화추진회, 1992, 179면.

19) 『국역 신증 동국여지승람(國譯 新增 東國輿地勝覽)』, 민족문화추진회, 1971, 원문 159면. 옥천군, 산천조에 서대산은 고을 남쪽 20리에 있다고 기록돼있다. 같은 책, 원문(原文) 138면, 전라도, 진산군(珍山郡), 불우(佛宇)에 '서대사(西臺寺)는 서대산(西臺山)에 있다. 옛날에 상·중·하(上·中·下) 3개의 서대가 있었으나 지금 중 서대사(中 西臺寺)는 폐해졌다.'는 기록이 있다.

20) 『호서읍지(湖西邑誌)』, 규장각, 아세아문화사, 1984.

21) 조헌(趙憲), 『중봉집 부록(中峰集 附錄)』권1, 「연보(年譜)」, 한국문집총간, 54, 민족문화추진회, 1992, 456~457면. (萬曆)十九年 辛卯 先生 四十八歲. … 潤三月, 與諸生遊於郡地西亭下流. 是月之晦, 先生遊於西亭下流. 門人朴輅·全承業等從.

22) 서정자(西亭子)는 안사전(安嗣全 1459~1519)이 지은 정자이며, 그의 호이기도 하다. 1486년(성

다. 지금 도로 개설 등 지형이 변형되었다 하더라도, 전에 이곳의 경관이 좋았던 것 같지는 않다. 오히려 지금 이지당(二止堂) 앞 하천이 풍광이 더 좋다. 조헌이 놀았던 서정자 하류는 지금의 이지당 앞 하천을 가리키는 것으로 보아야 한다. 송시열의 「이지당기(二止堂記)」에 다음과 같은 기록이 있다.

> 중봉 조선생이 군의 동쪽 안읍(安邑)에 우거했다. 이씨[23)]가 사람에게 마당을 쓸고 물을 뿌리게 하여 선생을 받들어 모셨다. 선생이 왕래하며 유상한 것이 대개 수 년이다. 마을[24)]의 서쪽에서 특이한 곳을 찾았다. 바위와 골짜기가 빼어나게 아름다우며 개울이 못을 이루고 있다. 구릉이 있는데 갑짜기 끊어져 그 위는 올라가 의지하여 조망할 만하다. 그래서 선생이 가장 사랑하여 지팡이 짚고 신을 신고 여러 번 오셨다. 또 4운시를 지어 그 경치를 찬미했다.[25)]

이 기록을 보면 제3곡의 위치를 짐작할 수 있다. 지금 이지당은 서하천 개울가에 약간 높은 곳 축대를 쌓고 지었는데 매우 운치가 있다. 이지당 주변은 암반이 물속까지 이어져있다. 물이 고여있는 범위가 넓어 작은 배를 띄우거나 낚시를 할 수 있다. 암석들이 퇴적암이라 표면에 크고 작은 돌이 박혀있다. 산과 시내가 어우러져 경관이 좋다. 지금의 이지당은 한 켠에 누를 조성하여 운치있다.

이지당 가기 바로 전에 바위에 다음과 같은 내용을 한자로 새겨놓았다. "이지당(二止堂) 숭정 정묘 일((崇禎 丁卯) 일(日). 중봉 조선생 유상지소(重峰趙先生 游賞之所) 우재선생 서(尤齋先生 書)". 숭정 정묘년은 1687년이다. 이

종17년) 진사에 합격하였으며, 1512년(중종 7년) 추천을 받아 이인찰방(利仁察訪)에 임명되었다가 1517년(중종 12)에 제용감 직장(濟用監 直長)으로 승진했다. 사화가 일어날 조짐을 알고, 지금의 충북 옥천으로 내려와 정자를 짓고 자적하였다. 『순흥안씨세보(順興安氏世譜)』, 1969년, 참조. 사화는 1519년에 일어난 기묘사화. 그 후손 안후영 옥천예총회장이 족보에 수록된 관련 내용을 복사하여 제공해주었다.

23) 이씨(李氏): 이탁(李擢). 글 앞부분에 나온다.

24) 촌(村): 각신촌(覺新村). 글 앞부분에 나온다.

25) 송시열(宋時烈), 『송자대전(宋子大全)』VI, 「이지당기(二止堂記)」, 한국문집총간 113. 민족문화추진회, 1995, 86면. "重峯趙先生寓居郡東之安邑也. 李氏以掃灑人, 奉邀先生. 先生往來遊賞, 盖數年矣. 村之西, 得一異處焉. 巖壑秀美, 水川淵渟. 有丘斗斷而上, 可以徙倚而騁眺. 故先生最愛而杖屨屢及. 又有四韻詩以美之矣." 「이지당기(二止堂記)는 1674년에 지었다. 『시경(詩經)』, 「소아(小雅)·거할(車舝)」의 '고산앙지(高山仰止), 경행행지(景行行止)'라는 싯구에서 따왔다. '높은 산은 우러러 보아야하고, 큰 길은 가야하는 것이다.'라는 뜻이다. 중봉선생의 위업을 추앙하고, 그 뜻을 계승해야한다는 뜻을 담은 것이다.

글씨를 새겨놓은 윗쪽에 평평하고 전망이 좋은 곳이 있다.

율원구곡 제3곡시 3~4구에 "인휴조율정신양(人攜棗栗呈新釀), 노수풍류이역련(老守風流爾亦憐)"라는 싯구가 있다. "사람들이 대추와 밤, 새로 담근 술 가져다주니, 늙은 태수의 풍류 그 또한 아름다워라."라는 뜻이다. 다음 시 제목을 보자.

「이종철(李宗喆)과 함께 시냇가를 산보하는데, 마침 김대승(金大升) 생원과 현중(賢仲) 주헌민(周獻民)이, 술을 가지고 찾아와 취흥에 겨워 그것을 시로 읊었다.」

> 수려산명지(水麗山明地), 물이 곱고 산이 밝은 땅,
> 풍고락엽추(風高落葉秋). 바람 높이 불고 낙엽 지는 가을.
> 상양제독조(徜徉提督趙)[26], 산책하는 조제독(趙提督),
> 해후광문주(邂逅廣文周)[27]. 주광문(周廣文)을 만났네.
> 행치선옹집(幸值仙翁集), 다행히 신선같은 노인들 모여서,
> 인휴동자유(因携童子遊). 동자들과 손잡고 노니네.
> 유연성일취(悠然成一醉), 유연히 한껏 취해,
> 승월보장주(乘月步長洲). 달빛 타고 긴 모래톱 거니네.[28]

위 시의 제목에 술을 가지고 찾아왔다는 사실을 기술했는데, 율원구곡시 제3곡 3~4구의 내용과 부합된다. 위에서 살펴보았듯이, 전반적인 상황으로 보아, 정자를 지었던 곳이 정확히 어딘지 알 수 없으나, 이 근처에 정자가 있었다는 점을 확실하다.

앞에서 보았듯이, 송시열은 「이지당기」에서 조헌이 사운시를 지어 그 경치를 찬미했다고 했다. 위 시의 운자(韻字)가 '추(秋)'·'주(周)'·'유(遊)'·'주(洲)' 4

---

26) 제독조(提督趙): 조헌(趙憲) 자신. 43세때 공주목교수(公州牧敎授) 겸(兼) 제독속교관(提督屬敎官)이 됨.

27) 지금 이지당(二止堂)에 걸어놓은 시판(詩板)에는 '초췌주광문(憔悴廣文周)'으로 되어있다. 번역은 '파리한 주광문(周廣文)'이라 하면 된다.
광문주(廣文周): 광문(廣文)벼슬을 한 주헌민(周獻民)이라는 사람.

28) 조헌(趙憲), 『중봉집(中峰集)』권1, 「여이생종철, 산보천상, 적치김생원대승 · 주현중헌민, 휴주견방, 승취언지(與李生宗喆, 散步川上, 適値金生員大升 · 周賢仲獻民, 攜酒見訪, 乘醉言志)」, 한국문집총간 54, 민족문화추진회, 1992, 144~145면. 지금 이지당에 걸어놓은 시판(詩板)에는 이 시가 끝나는 바라보는 쪽에서 좌측에, '만력(萬曆) 병술(丙戌) 십월망후(十月望後), 여김진사대승(與金進士大升) · 주훈도헌민(周訓導獻民) · 이수재종철(李秀才宗哲), 동유우서정자하류(同遊于西亭子下流). 우 중봉선생친필(右 中峯先生親筆)'이라 새겨놓았다.

개로 되어있다. 위 시에 송근수(宋近洙 1818~1902)·송병선(宋秉璿 1836~1905)·김원행(金元行 1702~1772) 등이 차운한 시들을 목판에 새겨놓았다.

제4곡은 창병(蒼屛)[29]이다. 창병은 충북 옥천군 군북면 추소리(湫沼里) 부소머니에 있다. 수직의 암벽으로 이루어졌으며, 물굽이가 태극문 중앙분할선(☯)모양으로 감돈다. 수직의 암벽이 800여 m 이상 이어진다. 수면 위로 드러난 높이도 10m 정도는 될 듯하다. 대청댐으로 하부가 수몰되기 전에는 훨씬 높게 드러났을 것이다. 이 암벽 사이사이에 소나무·참나무·갈참나무 등이 세월을 안고 서있다. 이들이 조화를 이루어 경치가 매우 아름답다. 지금 속칭 '벼랑이'라 부른다. 지형 지세를 중시하여 지명을 삼은 것이다.

4곡 창병 인근은 물이 깊어서, '깊어서'라 부른다. 맞은 편 부소머니에 거북바위가 있어 가뭄 때 용왕제를 지냈다. 환산(環山)에 용구봉(龍龜峰)과 복호봉(伏虎峯)이 있다. 복호봉(伏虎峯)에 황룡사(黃龍寺)라는 절이 있었다.

제5곡은 동남곡(東南谷)이다. 지금 충북 옥천군 군북면 추소리 '골냄이'다. '윗골냄이' '아래골냄이'가 있다. 표준말로 '골남이' 즉 '골남쪽= 동남곡구(東南谷口)'이다. 창병(蒼屛) 하류 건너편 즉 동남쪽에 있는 골짜기다. 2006년 3월 22일 수요일 제4차 답사 때 확인했다. 그때 필자는 유제구(柳濟求 1934~)옥천향토사연구회 회장에게 인근 지명에 대해서 자세히 설명해 줄 것을 요청했다. 그는 옥천군 군북면 추소리 부소동 출신으로 이 인근 지명에 밝았다. 굽이도는 물가에 골짜기가 아늑하다. 주변에 나즈막한 산이 죽 이어져있어 평온한 느낌을 준다.

제6곡은 문암(門巖)이다. 지금 충북 옥천군 군북면 추소리 추동 이탄(梨灘) 연하봉 서당골 강기슭에 있었다. 옥천 구읍에서 고송재를 넘어 석문까지 약 4km이다.

제6곡시에 나오는 '벽만(碧灣)', 즉 '푸른 물굽이'는 구체적인 지명이 아니라 푸른 물결이 구비도는 지형인데 지명이 된 것이다. 이런 지형은 지금 충북 옥천군 군북면 이평리 이탄(梨灘)을 가리키는 것이다. 동남곡 하류이다. 지금 대청댐 건설로 수위가 높아져 일정 부분이 수몰되었다. 굽이쳐 내려오는 물이 여기서도 태극문양으로 구비쳐 흐른다. 마을 사람들이 평소에는 바지를 걷고 물을 건넜는데 장마가 지면 배를 타고 건너야한다. 원래 '배다리여울'로 '배

---

29) 창병(蒼屛): 부수머니 앞을 지나 추동으로 가는 일대. 추소팔경(湫沼八景) 제7경에 소금강(小金剛)이 설정돼있다. 우암 송시열이 이 일대를 소금강이라 했다는 말이 전해지고 있다.

주(舟)'로 써야하는데 일제강점기에 '배 이(梨)'로 써서 '이탄(梨灘)'이라 표기했다. '소소일경석위관(蕭疏一逕石爲關)'이라는 내용이 있다. 대청댐을 건설하기 전까지 존재했었으며, 이 지방에서 석문이라 불렀다. 대청댐 건설당시, 사람들이 석문의 돌을 옮겨가 남아있지 않다. 충북 옥천군 군북면 추소리에 있던 추소팔경의 하나에 '문암독성(門巖讀聲)'이 있다.

제7곡은 은병(隱屛)이다. 지금 충북 옥천군 군북면 이평리(梨坪里) 이탄(梨灘)여울에 있다. 은병은 주자의 「무이도가」7곡 '석당사(石唐寺)'의 '은병'을 원용한 것이다. 율곡 이이의 고산구곡 제5곡이 은병이다. 따라서 율원구곡 제7곡의 명칭은 '은병'이라 했을 것으로 보인다. 충북 괴산에 있는 유근(柳根 1549~1627)의 고산구곡(孤山九曲) 제4곡도 '은병'이다.

2006년 3월 22일 수요일 제4차 답사시 현장에 가보았다. 봄 가뭄으로 수위가 낮아져 윤곽이 어느 정도 드러났다. 시퍼런 물이 굽이도는 아늑한 물가에 수직의 암벽이 병풍을 펼쳐놓은 듯했다. 영문자 'w'의 형상이다.

제8곡은 환산성(環山城)이다. '환산성'은 충북 옥천군 군북면 이백리·환평리·추소리·이평리·증약리·환곡리에 걸쳐 있다. 고리처럼 보인다하여 '고리 환'자를 써서 '환산성'이라 했다한다. 세칭 '고리산성'이라 부르기도 한다.

환산성은 삼국시대 축조했다. 산의 높이가 581,4m이다. 남북으로 이어지는 산줄기를 따라 곳곳의 산봉우리에 고리형태의 보루성(堡壘城)을 쌓은 것이 6개이다. 급경사를 이용해서 환산 전체를 요새로 조성했다. 성벽의 높이가 20~30m이며 길이는 1,000m 가량 된다.

제9곡은 '삼봉(三峯)'이다. 제9곡의 위치를 확인하기 위해서만 5차례 답사했다. 서화천 하류인 지금 충북 옥천군 군북면 용호리 인근으로 여겨진다. 시의 내용으로 보아 '삼봉'은 지금 충북 옥천군 안내면에 있는 '가산봉(佳山峯)'과 충북 옥천군 안내면 답양리에 있는 태장봉(太將[藏]峯)과 충북 옥천군 군북면 막지리에 있는 고절산(高節山=높은 절)을 가리키는 것으로 보인다.

2006년 9월 10일 일요일 답사하기 전엔, 다음 글에 '삼봉'이 보여 그곳일 가능성이 있다고 생각했었다. 송문흠(宋文欽 1710~1752)의 「선군자호상시후기(先君子湖上詩後記)」라는 글에 '삼봉(三峰)'이 보인다. 그 아버지 송요좌(宋堯佐 1678~1723)가 지금 충북 옥천군 군북면 용호리 진걸마을 인근 마을에 거처하게 된 사연을 기록했다. 윗글 서두에 '송요좌'가 지은 7언 절구시를 삽입했다. 살펴보기로 하자.

제1구: 삼봉수색은장호(三峯秀色隱長湖), 삼봉의 빼어난 기색 장호(長湖)[30]
에 숨겨져 있는데,
제2구: 탕탕청파영불고(蕩蕩靑波影不孤). 출렁이는 푸른 물결 그림자 외롭
지 않네.[31]

이 시는 1722년에 지은 것이다. 제1구에서 '삼봉'이 '장호(長湖)'에 비친 모습을 고상하고 운치있게 표현했다. 제2구에서 '장호'의 물결과 물결 비친 산의 그림자가 서로 잘 어울리는 모습을 표현했다.

송문흠의 친형인 송명흠(宋明欽 1705~1768)의 「용호산수기(龍湖山水記)」[32]를 살펴보자. 송요좌가 위의 시를 지은 연도와 그 큰 아들 송명흠이 「용호산수기」를 지은 연도는 1722년이다. 여기에서도 '장호'를 하나의 고유명칭처럼 쓰고 있으며, '삼각'이라는 용어가 보인다. '삼각'이라는 용어는 글의 내용으로 보아 '삼봉'을 달리 표현한 말이다. 그래서 필자는 위의 글들에 나오는 삼봉이 율원구곡 제9곡시에 보이는 '삼봉'과 동일한 지명으로 여겼었다. 그러나 2006년 9월 10일 일요일 현장을 답사한 결과, 답사자 전원이 동일한 지형으로 보기는 어렵다고 판단했다.

참고로 송명흠과 송문흠의 위의 글과 그 문집에 실린 시·문들은, 17·8세기 당시 지금의 '진걸' '용호' '석호' '막지' 인근의 실상을 복원하는 중요한 자료이다. 이번 답사과정에서 얻은 또 하나의 의미있는 성과이다.

이제껏 율원구곡의 위치와 현장의 풍광을 확인하기 위해 8차례 답사했다. 율원구곡의 위치는 위에 제시한 지점으로 보면 어긋나지 않을 것이다.

율원구곡의 전체적인 풍광은 어떠한가? 제1, 2곡의 금천계곡과 장용산 일대는 아늑하고 장엄하다. 제3곡 즉 지금 이지당 건물 아래로 물가까지 암반으로 이루어 있으며 물이 고여있어 잘 조화를 이룬다. 2006년 4월 18일 화요일 답사 때 태봉산(胎封山)에서 율원구곡 제4~7곡 일대를 내려다 보았다. 태봉산은 충북 옥천군 군북면 추소리 절골에 있다. 물굽이가 태극문 중앙분할

30) 장호(長湖): '긴 호수'라 우리말로 풀어도 되며, 한자 용어 그대로 '장호(長湖)'라는 고유명칭화된 것으로 보아도 될 것 같다.
31) 송문흠(宋文欽), 『한정당집(閒靜堂集)』, 한국문집총간 225, 민족문화추진회, 1999. 426~427면.
32) 송명흠(宋明文欽), 『역천집(櫟泉集)』, 한국문집총간 221, 민족문화추진회, 1999, 275~276면.

선(☯)모양으로 몇 구비 휘돌아 흐른다. 높고 낮은 주변의 산들이 서화천을 따라 물가에 솟아있다. 그들이 조화를 이룬 풍광은 '별유천지'와 '선경'에 온 것 같은 착각을 느끼게 한다.

중국의 무이구곡은 산세가 기암괴석으로 이루어졌으며, 웅장하고 거대하여 장엄한 산수미를 느끼게 한다. 율원구곡은 산세가 유연하고 완만하여 사람으로 하여금 아늑하고 평온함을 주며 환상적인 분위기를 느끼게 한다.

4. 율원구곡시(栗原九曲詩)의 분석(分析)

이제 율원구곡시의 내용을 분석해본다. 이 시는 주자의 「무이도가」에 차운하여 율원구곡의 아름다운 산수명승을 읊은 시이다. 이제 이 내용을 구체적으로 분석해본다. 다음은 서시이다. 원문에 서시라 하지는 않았다.

천성노악비정령(天成老嶽閟精靈),	하늘이 노성산(老城山)[33]을 만들어 정령(精靈)을 숨겨놓았으며,
악하천류보보청(嶽下泉流步步淸).	산 아래 샘물 흘러 한결같이 맑아라.
행도율원기승처(行到栗原奇勝處),	율원(栗原)의 기이하고 아름다운 곳에 도달하니,
무이수속도가성(武夷須續棹歌聲).	모름지기 무이도가 이어보리라.

하늘이 조성한 노악산에 정령이 숨어있으며 산 아래 샘물이 한결같이 맑다. 노악산은 지금 충북 보은군 회남면과 회북면에 걸쳐 있는 노성산이다. 여기에 정령이 숨어있다. 신령한 산이라는 뜻이다. 조헌이 거처했던 도율리 인근에 있다. 당시 조헌이 파놓았다는 샘물이 지금도 남아있어 주민들이 사용하고 있다.

율원의 기이하고 아름다운 곳에 도달하니, 「무이도가」의 노젓는 소리 이어진다고 읊었다. 이는 이곳에 무이구곡처럼 승경지라는 점을 강조한 것이다. 조헌은 율원구곡을 설정하고 율원구곡시를 창작함으로 주자와 같은 생활을 실현하려 했던 것이다. 조헌은 서시에서 이런 점을 밝힌 것이다. 율원구곡의

33) 노악(老嶽): 지금의 노성산(老城山). 국사봉(國師峰), 좌월산(坐月山)이라도 한다. 충북 보은군 회남면 금곡리(金谷里)·노성리(老城里)·신추리(新秋里), 회북면 송평리(松坪里)·수한리(水汗里)·차정리(車井里)에 걸쳐있는 산. 552m.

설정은 주자의 학문과 생활면에 대한 숭상심을 자연에 표출한 것이다. 그가 강학소 이름을 후율정사라 한 것은 율곡의 뒤를 잇겠다는 의지의 표명이다. 이렇듯 조헌은 주자와 율곡의 학문과 문학을 추앙했다.

다음 제1곡 창강(滄江)을 살펴보자.

> 일곡창강유소선(一曲滄江有小船), 일곡이라 창강(滄江)에 작은 배 떠있는데,
> 발원남악작장천(發源南嶽作長川). 남쪽 산에서 발원하여 긴 강을 이루었네.
> 서귀금록인귀해(西歸錦麓因歸海), 서쪽으로 금록(錦麓)을 돌아 바다로 흘러들어가,
> 벽랑응통수사연(碧浪應通洙泗烟). 푸른 물결 응당 수사(洙泗)의 안개와 통하네.

제1곡은 창강이다. 지금 충북 옥천군 군서면 금산리 일대에 전개된 계곡이다. 남쪽 산에서 발원하여 긴 내를 이루었다. 지금 전북 덕유산을 비롯하여 충남 금산군 서대산에서 흘러내려오는 물줄기가 금천계곡으로 흘러든다. 곳곳에 기암괴석이 여기저기 자리잡고 있으며 소(沼)가 형성되어있다. 이 소에 굳이 배를 띄우려고 맘먹으면 띄울 수 있다.

금록(錦麓)은 금강기슭으로 보인다. 이 금천계곡의 물이 금록을 돌아 서해바다로 흘러들어 가서 수수(洙水)와 사수(泗水)의 안개와 통한다. 수수와 사수는 공자가 이 근처에서 제자들에게 도를 가르쳤으므로, 공자의 문하라는 뜻으로도 쓰인다. 산동성 곡부현(曲阜縣)에서 발원하여 기수(沂水)와 합쳐 사수로 들어간다. 사수는 중국 산동성에서 발원하여 강소성을 거쳐 회수로 흘러가던 강이다. 지금은 회수로 들어가지 않고 운하로 들어간다.

1곡에서는 금천계곡의 물길이 서해로 흘러들어가서 중국에서 발원하는 수수와 사수와 통하는 점을 표명했다. 조헌은 율원구곡의 물이 서해로 흘러들어가는 실상을 읊으면서, 자신의 학문이 공자의 학문, 즉 유학을 계승했다는 사실을 내포시켰다.

이번엔 제2곡 장현봉(獎峴峰)이다.

> 이곡초요장현봉(二曲岧嶢獎峴峰), 이곡이라 높디높은 장현봉(獎峴峰),
> 천암만학담추용(千巖萬壑淡秋容). 수 많은 바위와 골짜기 가을 모습 맑아라.

서대망료인첨북(西臺望了因瞻北),	서대산(西臺山)을 바라보다 북쪽을 쳐다보니,
면상봉래취만중(緬想蓬萊翠萬重).	만 겹의 봉래산(蓬萊山)푸른 봉우리생각나네.

제2곡 장현봉근처 장룡폭포와 필자. 금기 촬영. 유제구, 김상배, 조재명, 전순표, 금기, 이상주, 제8차답사. 촬영 안후영.

제2곡은 장현봉이다. 지금 충북 옥천군 군서면에 있는 마성산과 연결된 한 봉우리를 장용산, 또는 장령산이라고도 부른다. 장현봉은 높고 우뚝하다. 수많은 바위와 무수한 골짜기에 가을빛을 띄었다. 이곳은 서대산을 바라보다 북쪽을 바라보면, 봉래산을 생각나게 하는 곳이다. 서대산은 충북 옥천군 군서면과 충남 금산군 경계에 있는 산이다. 봉래산은 동해 바다에 있다는 삼신산(三神山) 중의 하나다.. 다른 둘은 방장산(方丈山), 영주산(瀛洲山)이다. 봉래산은 여름의 '금강산'을 일컫는 말이다. 북쪽이라는 방향으로 인해, '금강산'을 가리키는 것으로 보아도 될 듯하다. 이렇듯 장현봉을 보면 금강산이 생각날 만큼 장현봉의 경관이 수려하다는 점을 강조한 표현이다.

본래 봉래산은 신선이 산다는 산으로 동해 바다에 있다 한다. 여름의 금강산을 일컫는 봉래산도 본래 여기서 차용한 것이다. 방장산과 영주산와 더불어 삼신산이라 한다. 이 시에서는 장현봉의 전체적인 분위기가 금강산과 같을 정도로 경치가 빼어나며, 아울러 장현봉이 신선이 산다는 봉래산만큼 신선경이라는 점을 강조하기 위해 봉래산을 동원한 것이리라

장현봉 산기슭에 금천계곡 물이 흐른다. 이 계곡은 매우 좁은 골짜기로 이루어졌으며 경관이 아름답다. 장현봉은 지금 장용산이라 부르는데, 등산객이 많이 찾는다. 지금 옥천군 산림휴양소를 조성했다.

제2곡시에서 조헌은 장현봉의 산세와 풍광이, 금강산처럼 아름다우며 봉래산처럼 선선경이라는 점을 읊었다.

제3곡 임정(林亭)으로 가보자.

> 삼곡임정소사선(三曲林亭小似船), 삼곡이라 숲속의 정자 배와 같이 작은데,
> 일린모옥자하년(一隣[34]茅屋自何年). 이웃에 띠풀집(초가집) 언제부터 있었나?
> 인휴조율정신양(人攜棗栗呈新釀), 사람들이 대추와 밤, 새로 담근 술 가져다주니,
> 노수풍류이역련(老守風流爾亦憐). 늙은 태수의 풍류 그 또한 아름다워라.

제3곡은 임정이다. 이 정자는 배와 같이 작다. 정자가 허공에 떠있는 듯한 장소에 있으며 날렵한 형상을 하고 있다는 표현이다. 이웃에 모옥이 언제부터 있었느냐고 묻는다. 몰라서 묻는 것이 아니다. 그 만큼 오래됐다는 것을 강조하는 반어적 표현이다. 주민들이 대추와 밤을 가져다준다. 거기다가 담근 술을 들고 온다. 이렇게 인심도 좋다. 조헌은 산수 좋고 인심이 좋은 이곳에서 풍류를 즐기는 것을 노년에 큰 기쁨으로 여긴다. 조헌은 3곡시에서 이곳이 산수도 아름답고 인심도 좋은 곳이라는 점을 읊었다.

앞에서 보았듯이 조헌의 「연보」에 의하면 1591년 48세 때 서정 하류에서 문인 박로(朴輅)·전승업(全承業 1547~1596) 등과 놀았다는 기록이 있다. 앞에서 보았듯이 '서정자'터는 지금 충북 옥천군 옥천읍 서정리이다. 임정은 조헌이 지은 정자인지 누가 지은 정자인지 분명하게 알 수 없다. 지금 충북 옥천군 군북면 이백리 이지당 근처에 있었던 것으로 여겨진다.

제4곡 창병(蒼屛)이다.

---

34) 일린(一隣): 일린은 다섯 가구로 되어있다. 『周禮』「地官 · 大司徒」.

제4곡 창병 가기 전 추소리 나루터.

제4곡 창병

사곡창병대석암(四曲蒼屛大石巖), 사곡이라 창병(蒼屛) 큰 바위로 둘러쳤는데,
암전풍엽영람삼(巖前楓葉影毿毿). 바위 앞에 단풍잎 그림자 짙어라.
산용준수무인견(山容峻秀無人見), 산은 높고 빼어나지만 사람은 보이지 않는데,
알옥명천형벽담(戛玉鳴泉馨碧潭). 옥소리 나는 샘물(강물) 푸른 연못을 울리네.

제4곡은 창병이다. 지금 옥천군 군북면 추소리 부소머니에 있다. 바위가 푸른 병풍과 같은 형상을 하고 있다. 바위 앞에 단풍의 그림자가 짙게 드리워져 있다. 물이 돌아가는 형상이 태극문 중앙분할선(☯)의 구비를 넘어 Ω에 가깝다. 물가에 수직의 암벽이 800여 m 이상 펼쳐져있다. 물위로 드러난 높이도 10m 정도는 될 듯하다. 대청댐 건설로 수몰되기 전에는 수 십 m가 됐을 것이다. 지금 소나무 갈참나무가 암벽 틈에 뿌리를 내리고 있다. 암석이 기형괴상을 이루고 있다. 산은 높고 빼어나지만 사람은 없다. 물 부딪치는 소리가 옥 부딪치는 소리와 같다. 제4곡시에서는 고즈넉하고 한적한 절경이다. 산과 암벽 그리고 나무와 물이 조화를 이룬 절경을 잘 그려냈다.

제5곡 동남곡(東南谷)이다..

오곡동남곡구심(五曲東南谷口深), 오곡이라 동남쪽의 골짜기 입구 깊은데,
의희선려격운림(依俙仙侶隔雲林. 신선의 세계와 닮아 운림(雲林)속에 떨어져있네.
임변유객형용구(林邊有客形容癯), 숲가에 나그네 몸과 얼굴은 야위었어도,

산수고가천고심(山水高歌千古心). 산수(山水)속에서 천고심(千古心)을 큰 소리로 노래하네.

第5곡은 동남곡이다. 지금 충북 옥천군 군북면 추소리 '골냄이'이다. '윗골냄이' '아래골냄이'가 있다. 동남곡은 동남쪽의 골짜기로 깊숙하다. 신선의 세계와 닮았다. 이곳의 풍광이 절경이라는 점을 비유한 것이다. 개천가에 아늑한 골짜기가 전개돼있는 곳이다. 숲가에 앉은 나그네 몸과 얼굴은 가냘프다. 그러나 산수 속에서 천고심 즉 불변의 마음을 노래한다. 第5곡시에서는 동남곡이 신선의 세계와 같이 아름다운 곳으로, 불변의 마음으로 즐길 수 있는 절경이라는 점을 강조했다.

第6곡 문암(門巖)이다.

육곡송삼호벽만(六曲松杉護碧灣), 육곡이라 소나무 삼나무 푸른 물굽이 감쌌는데,
소소일경석위관(蕭疏一逕石爲關)[35]. 쓸쓸하고 한적한 오솔길 돌이 관문(關門)을 이루었네.
창애취벽고천척(蒼崖翠壁高千尺), 푸른 벼랑 비취빛 절벽 높이가 천 자인데,
부앙이유객의한(俯仰夷猶客意閒). 올려다보고 내려다보니 오히려 나그네 마음 한가하네.

第6곡은 문암이다. 지금 충북 옥천군 군북면 추소리 추동 연하봉 서당골 강기슭에 있었다. 서화천 물가에 바위가 문모양을 이루고 있는 곳이다. 그래서 문암이라 불렀다. 문의 형상을 한 바위가 있고 그 근처에 서당이 있어, 후대에 설정된 '추소팔경(湫沼八景)'에 '문암독성(門巖讀聲)'이 들어있다. 소나무 삼나무가 푸른 물가에 자라고 있다. 한적한 오솔길이 통하는 길목에 석문이 있다. 푸른 절벽이 천 길이라는 표현은 높다는 것을 강조하는 표현이다. 석문과 높은 절벽 그리고 소나무를 바라보는 심정은 한가롭다. 누구나 그런 경치를 보면 그런 기분을 느꼈으리라. 문암은 대청댐을 건설하기 전까지 존재했었다. 대청댐 건설당시, 사람들이 문암 즉 석문의 형상을 이루고 있는 돌을 옮겨가 남아있지 않다.

35) 석위관(石爲關): 대청댐으로 수몰되기 전 석문(石門)이라 불렀다. 충북 옥천군 군북면 추소리 추동(楸洞)에 설정된 '추소팔경(湫沼八景)'에 '문암독성(門巖讀聲)'이 있다.

제6곡시에서 조헌은 문암 주변의 한적한 분위기와 그 정경을 통해 느낄 수 있는 정감을 그려냈다.

제7곡 은병(隱屛)이다.

칠곡건상도벽탄(七曲褰裳渡碧灘)[36], 칠곡이라 바지 걷고 푸른 여울 건너며,
은병유곡비회간(隱屛幽谷費回看). 은병(隱屛) 깊은 골짜기 뒤돌아보곤 하네.
인어추우림음심(人語秋雨霖霪甚), 사람들 가을비가 장마비처럼 거세다 말하지만,
아애비천첨득한(我愛飛泉添得寒). 나는 날리는 샘물이 더 차거워져서 좋아라.

제7곡은 은병이다. 지금 충북 옥천군 군북면 이평리 이탄여울 근처에 있다. 여울물을 건너다가 은병 깊은 골짜기를 바라본다. 대청댐이 건설되기 전에 이곳은 바지를 걷고 건널 정도였다. 바위절벽이 병풍을 펼쳐놓은 것 같다. 깊은 곳에 숨어 있는 병풍 같다 하여 은병이라 했다. 본래 병풍은 여러 가지 용도로 쓰이지만, 아름다운 그림을 그려 가까이 둘러치고 감상하는 예술품이다. 아름다움의 비유적 표현으로 쓰였다. 병풍에 비유했으니 그 풍광의 아름다움이 어느 정도인지 짐작할 수 있다. 2006년 3월 22일 수요일 제4차 답사 때 현장에 가보았다. 수위가 낮아져 윤곽이 어느 정도 들어났다. 수직의 암벽이 병풍을 펼쳐놓은 듯했다. 영문자 'w'를 세로로 두 세 개 겹쳐놓은 형상이다.

보통 사람들은 장마비가 거세다고 다소 불만이다. 그러나 조헌은 이 강물이 시원해서 좋다고 긍정적으로 본다. 이 시에서 조헌은 시냇물의 청냉함과 병풍 같은 절벽의 조화미를 예찬했다.

제8곡 환산성(環山城)이다.

팔곡궁림안활개(八曲穹林眼豁開), 팔곡이라 높은 숲 눈앞이 탁 트였는데,
강만요곽수동회(岡巒寥廓水東廻). 높은 산의 고요한 성곽 물은 동쪽으로

36) 벽탄(碧灘): 충북 옥천군 군북면 이평면(梨坪里) 이탄(梨灘)을 가리킨다. 이탄에서 옥천 구장터로 가는 곳에 있는 여울. 여울 건너 '배고개'가 있음. '배일, 배여울'이라 부른다. 유제구(柳濟求) 옥천향토사연구회회장은 '비가 오지 않으면 걸어서 여울을 건너고, 비가 오면 배를 타고 건넜다.'다고 전해주었다. 금기(琴基) 전(前) 농협대 교수는 '대청댐이 건설되기 전에는 바지를 걷고 개울을 건넜다'고 당시의 정황을 전해주었다. 원래 '배다리여울'인데 일제강점기에 '배 주(舟)'로 써야하는데 '배 이(梨)'로 써서 이탄(梨灘)이라 표기했다. 지금 대청댐 건설로 수몰되었다.

감도네.

추원희문경운수(秋原喜問耕雲叟), 가을 언덕에서 구름을 갈고있는 노인에 기쁘게 물으니,

위도이삼가객래(爲道二三佳客來). 두 셋 멋진 손님이 와계신다 말하네.

제8곡은 환산성이다. 지금 옥천군 군북면 이백리와 환평리에 걸쳐있다. 산에 고요한 성곽이 자리잡고 있으며, 물이 동쪽으로 감돈다. 성곽이 나오는 것을 보면 지금 환산성일대를 가리키는 것으로 보인다. 돌아가는 강줄기와 강가에 펼쳐진 오밀조밀한 산세가 장관이다.

가을이 깊어가는 언덕에서 구름을 갈고 있는 노인이 어디 있느냐고 묻는다. 구름을 갈고 있는 노인이라는 표현에서 이곳이 인간세상이 아니라는 것을 암시한다. 두 사람의 가객이 와있다. 이들도 이미 속세의 사람은 아니다. 여기가 속세가 아니기 때문이다. 산수의 선취적 형상이 신선의 세계와 같다는 것을 강조했다.

조헌은 제8곡시에서 구름 속에 솟아있는 환산성의 신비로운 모습을 잘 그려놓았다.

다음은 제9곡 삼봉(三峯)이다.

구곡삼봉대숙연(九曲三峯對肅然), 구곡이라 삼봉(三峯)을 숙연하게 대하는데,

원산서무격남천(遠山西騖隔南川). 먼 산이 서쪽으로 내달려 남쪽 시내와는 막혔네.

암송계류장신항(巖松溪柳[37]裝新巷), 바위의 소나무 시냇가 버들 새 동네를 단장하니,

과시진환별개천(果是塵寰別箇天). 과연 여기가 속세의 별천지(別天地)로다.

제9곡은 삼봉이다. 지금 군북면 추소리 하류 어느 지점이다. 율원구곡 중 마지막 절승이다. 삼봉은 숙연한 마음으로 대하게 해주는 곳이다. 먼 산은 서쪽으로 내달리는 형상이며, 남쪽에 있는 하천과 막혔다. 이곳의 산수자연은

---

37) 계류(溪柳): 지금 충북 옥천군 군북면 용호리(龍湖里) '버들개'라는 지명이 있다. 강가에 버드나무가 많아서 붙여진 이름이다. '버들골'은 충북 옥천군 군북면 이평리에 있다. 두 마을을 오고 갈 때, 두 마을 사이에 있는 작은 고개로 넘어다닐 경우 약 500m 정도의 거리이다. 강가로 갈 경우는 약 1.5 km정도 된다. 버들개에서 옥천군 군북면 석호리 백련봉(白蓮峯)=백화산(白華山)=백토산(白土山)까지는 약 1km정도 된다.

인간의 심성을 순화시켜주는 현장이다.

이곳은 바위 틈 사이에 소나무가 자라고 있으며 버드나무가 무성하다. 조헌은 자생하고 있는 소나무와 버드나무를 보면서, 그와 관련된 고사와 상징성을 연상하면서 시를 구상했을 것이다.

『태평광기(太平廣記)』권 16, 「속현괴록(續玄怪錄)」에 다음과 같은 내용이 나온다. 두자춘(杜子春)은 도사인 노인을 만나 몇 차례 재정적 도움을 받는다. 그리고 그는 이 노인에게 보답하기 위해 만난다. 모든 일을 끝내고 약속한 날에 찾아갔다. 두자춘은 두 그루의 노송나무가 있는 곳에서 만나기로 했다. 노인과 함께 오른 화산(華山)은 섬서성에 있는 명산으로, 갈홍(葛洪)이 선도수련의 적격지로 첫 번째 꼽았던 명산이다. 과연 그곳엔 채운(彩雲)이 멀리 드리우고, 경학(驚鶴)과 약로(藥爐) 주위에 옥녀(玉女)가 아홉 명이나 있었다. 그리고 청룡과 백호 등이 전후에 있다.[38] 이렇듯 소나무는 십장생의 하나이며, 소나무가 있는 곳엔 선경도 존재하는 것으로 여겼다.

또한 소나무는 절의의 상징으로 표현되어 왔다. 『논어』, 「자한(子罕)」 "세한연후(歲寒然後), 지송백후조(知松柏後彫)."라는 구절이 이를 명증한다. 즉 선비는 궁할 때 절의를 알 수 있고, 세상이 어지러울 때 충신을 알 수 있다는 말이다. 이렇듯 소나무는 장수와 절의의 상징이다. 여기서도 그런 의지를 내재시키고 있어 소나무를 관심있게 시에 끌어들인 것 같다.

버드나무도 자연식물 그 자체이지만 도연명의 「오류선생전(五柳先生傳)」에 나오는 분위기를 의중에 두고 시어로 채택한 듯하다. 제4구는 도연명(陶淵明)의 「도화원기(桃花源記)」의 내용을 시화한 이백의 「산중답속인(山中答俗人)」에 나오는 "도화류수묘연거(桃花流水杳然去), 별유천지비인간(別有天地非人間)"를 염두한 표현이다. '복숭아꽃이 물에 아득히 흘러가는데, 별천지가 있어 인간세상이 아니더라.'라는 뜻이다. 주자 역시 「무이도가」제9곡에서 이런 시의(詩意)를 담아냈다.

이렇듯 조헌은 제9곡을 신선이 사는 별천지로 간주한 것이다.

---

38) 李昉 外, 김장환 外 옮김, 「續玄怪錄」, 『太平廣記』권16. 학고방, 2000, 426면. "旣畢事, 及期而往. 老人者方嘯于二檜之陰. 遂與登華山雲臺峯, 入四十里餘, 見一處, 室屋嚴潔, 非常人居. 彩雲遙覆, 驚鶴飛翔其上. 有正堂, 中有藥爐, 高九尺餘, 紫焰光發, 灼煥窗戶. 玉女九人, 環爐而立, 青龍白虎, 分據前後. 其時日將暮, 老人者不復俗衣, 乃黃冠絳帔士也." 회(檜)는 전나무, 또는 노송(老松)이라 한다. 내용상 노송(老松)으로 보는 것이 옳을 듯하다.

5. 맺음말

조헌은 1584년 41세때 율원구곡시를 창작했다. 율원구곡은 옥천군내 유일의 구곡이며, 율원구곡시는 옥천군내 유일의 구곡시이다. 그러나 그는 9곡의 명칭이나 9곡의 위치를 기록해놓지 않았다. 지금껏 학계에서는 그 구곡의 명칭과 위치를 추적 확인하여 고증해놓지 않았다. 율원구곡시에 대해서 전 농협대 금기교수가 소개한 바 있다. 그러나 위의 문제에 대해서는 구체적으로 심도있게 다루지 않았다. 지금까지 필자는 앞의 명단에서 밝힌 답사단과 함께 시의 내용을 토대로 총 8차례 현지를 답사했다. 그 결과 율원구곡은 지금의 서화천 약 60리에 걸쳐 설정됐다는 사실을 확인했다. 시내가 겹겹이 산으로 싸인 계곡 사이를 구비 돌아 아늑하며 포근한 느낌을 준다. 곡선의 물길이 유연하여 인간의 심성을 편안하게 해준다.

「유율원차무이도가운(遊栗原次武夷棹歌韻)」의 내용과 현지의 지형과 지명을 감안하여 추적해본 결과, 다음과 같이 율원구곡을 비정할 수 있다. 제1곡은 창강, 제2곡은 장현봉, 제3곡은 임정, 제4곡은 창병, 제5곡은 동남곡, 제6곡은 문암, 제7곡은 은병, 제8곡은 환산성, 제9곡은 삼봉이다.

조헌의 율원구곡시는 주자의 「무이도가」의 운에 차운하여, 지금 충북 옥천군 서화천 일대의 수려한 자연경관을 읊었다. 율원구곡이 선경과 같은 절경이라는 점을 부각하기 위해, 봉래산, 선려. 경운수 등 신선과 관련이 있는 용어를 사용했다. 또한 이백의 「산중답속인」과 주자의 「무이도가」9곡에 보이는 “별천지”라는 용어를 원용했다. 이는 율원구곡의 산수풍광이 매우 수려하다는 점을 강조하려는 표현들이다. 율원구곡시는 시의 내용이나 표현상으로 볼 때 일정한 수준에 도달했다.

중국의 무이산시(武夷山市)는 1998년 7월 중국에서 첫 번째로 ‘우수관광도시’로 선정되었으며, 2000년에는 ‘4A급관광구역’으로 선정되었다. 1999년 12월에는 유네스코 세계유산위원회의 승인을 얻어 세계유산목록에 등재되어 현재까지 중국에서 네 번째로 ‘문화와 자연 복합유산’으로 지정받았다. 2003년에는 ‘중화십대명산’과 ‘중국 차 문화예술의 고향’으로 선정되었다. 이렇듯 중국인들은 무이산과 구곡문화를 세계적인 문화유산화하고 관광자원화를 달성했다. 우리도 산수자연과 조화를 이룬 구곡문화를, ‘문화산수’로 선정하고 개발 홍보하여, 구곡문화에 대한 인식을 제고하고 문화관광자원으로 적극 활용화 여건을 마련해야한다.

율원구곡은 구곡문화의 한 현장이다. 율원구곡이 무이구곡처럼 웅장하고 험준하지는 않다. 율원구곡은 물굽이가 태극문 중앙분할선(◒)모양으로 몇 구비 휘돌아 흐른다. 높고 낮은 주변의 산들이 서화천을 따라 물가에 솟아있다. 그들이 조화를 이룬 풍광은 '별유천지'와 '선경'에 온 것 같은 착각을 느끼게 한다. 따라서 자연 산수미 감상과 구곡문화 이해의 현장으로 활용할 수 있다. 삼국시대에 축조한 환산성과 백제의 성왕(?~554)이 전사한 곳으로 전해지는 '구진벼루'가 율원구곡권에 있다. '향수'의 시인 정지용(鄭芝溶 1902~1950)의 생가가 옥천읍내에 있다. 정지용생가를 둘러보고 율원구곡 제1곡 '창강'을 유람한 후, 환산성에 올라 성을 답사하면서 눈 아래 전개되는 율원구곡 제4곡 '창병'일대를 감상해보라. 하산하여 배를 타고 나머지 구곡을 유람해보라. 환상적이리라. 이렇듯 조헌의 율원구곡과 율원구곡시 그리고 정지용의 시를 감상하고, 유서가 깊은 역사유적을 답사하면, 문화관광시대에 '구곡문화'와 더불어 효율적인 문화관광을 즐길 수 있다.

영동(永同)의 구곡(九曲)과 구곡시(九曲詩)

1. 머리말

조선말 일제강점기에 기호지방에 거주하는 사림들 중에 구곡을 설정하는 사람들이 지속적으로 나타난다. 이 시기 충북과 경북의 경계지역인 경북 문경과 김천에도 구곡을 설정한 사람이 몇몇 있다.[1] 2018년 현재까지 필자가 확인한 바, 충북지역에는 28개의 구곡이 설정됐는데, 영동군내에는 이규회(李奎會 1800~1867)의 신안구곡(新安九曲)·안흠(安欽 1863~1940)의 청간정구곡(聽澗亭九曲)·송우용(宋友用 1884~1968)의 촌상구곡(村上九曲) 등 3개 구곡이 설정됐다. 신안구곡은 조선말, 청간정구곡은 일제강점기인 1921년, 촌상구곡은 광복 후인 1957년에 설정되었다. 본고에서는 이렇듯 구곡이 지속적으로 설정된 사상적·시대적 요인을, 영동군내에 설정된 구곡과 구곡시를 중심으로 고찰하여 그 구곡문화적·시대적 의미를 규명하고자 한다.

2. 도통계승(道統繼承)과 학문적(學問的) 교유의 매개로서의 구곡

1) 도통계승의 상징으로서의 구곡

'도통의식(道統意識)'이란 도학(道學) 즉 위로는 공맹(孔孟)의 유학(儒學)을 연원(淵源)으로 하여 주자(朱子 1130~1200)를 조종(朝宗)으로 하는 유학(儒學)의 연원(淵源)을 계승전수하려는 의식을 말한다. 대개 중국 도학(道學)의 연원은 주돈이(周敦頤 1017~1073])→ 정호(程顥 1032~1085)·정이(程頤 1033~1107)→ 주희(朱熹)로 이어지는 것으로 본다.[2] 이런 학통의 집

---

1) 정태진(鄭泰鎭 1876~1959)이 경북 문경시 가은읍 완장리 둔덕산일원에 선유구곡(仙遊九曲), 민우식(閔禹植 1885~1973)이 경북 문경시 농암면 내서리(內西里)에 쌍룡구곡(雙龍九曲)을 설정했다. 이현택(李鉉澤1885~1964)이 지금 경북 김천시 구성면(龜城面) 상원리(上院里) 살았는데 수도구곡(修道九曲)을 설정했다.

2) 황사동편집(黃嗣東編輯), 『도학연원록(道學淵源綠)』 제14책 염락록(濂洛錄) 상하(上下), 광서(光

대성자인 주자가 '무이구곡'에서 「무이도가(武夷櫂歌)」를 짓고 후진을 양성하고 문예활동을 했다. 조선조의 유학자들은 이런 주자의 사상과 생활을 흠모하여 이를 구현하려했다. 조선시대 기호사림에서의 '도통' 즉 '도학연원(道學淵源)'이라는 개념은 위로는 공맹사상을 기저로 하여 주돈이→ 정호·정이→ 주희→ 이이→ 김장생→ 송시열로 이어지는 '도학연원' 즉 오늘날 '학통(學統)'이라는 뜻이다.

필자는 기호사림들이 구곡을 설정하는 이유를 도통계승(道統繼承) 즉 학통계승의식의 자연에의 표상화, 구곡시는 그 시문학적 상징화로 규명했다.[3] 이제 영동군내에 구곡을 설정한 사람들이 왜 구곡을 설정했는지 살펴보고자 한다.

(1) 이규회의 경우

성리학은 성리학 이념의 반복학습을 통해 유교사회가 희구하는 인간상으로 변모하게 유도한다.

먼저 이규회(李奎會 1800~1867)의 「무간재기(無干齋記)」를 살펴보자.

> 하루는 이규회친우가 집무실(公室)에 찾아 와서 소매자락에서 '요무여인간(了無與人干)' 다섯 글자를 꺼내 보여주며 말하기를, "이것은 우암 송선생께서 손수 쓰신 글씨인데 우리 선조 몽재공(蒙齋公)에게 주어 훈계의 뜻을 붙인 것이다. 지금까지 세세로 그 교훈을 지키고 영원히 죽을 때까지 잃지 않을 것이니 대저 백천만사(百千萬事)가 사람과 더불어 무간함이 처세하는 좋은 규범이라 여긴다. 그래서 내가 나의 집의 이름을 무간(無干)이라 했으니, 한 마디 말을 빌려 중(重)하게 해주기를 원하네."라고 했다. 내가 이르되, 우암옹(尤庵翁)은 대현(大賢)으로 몽재(蒙齋)같은 고제(高弟)를 두어 그 부수(傳授)하신 것이 이 다섯 글자이니 그 훈계(訓戒)가 얕아도 깊고 간략해도 다 했으니 나 같은 지식(知識)이 적은 사람으로 감(敢)히 엿보고 헤아릴 수 없으나, 자네가 말하는 백천만사(百千萬事) 모두를 무간(無干)하게하는 것을 동일하게 해야한다고 하는 것은 혹(或) 선생(先生)의 취지(趣旨)를 오해(誤解)하지 않았는가. 곧 천지(天地)의 사이에 가득한 것은 사물과 사람뿐이리라. 사물과 사물이 상간(相干)하는 것이 즉 사물의 이치(理致)요. 사람과 사람이 상간(相干)하는 것이 사람사이

緖) 무신(戊申)(1908) 구월(九月), 봉산학사(鳳山學舍). 국립중앙도서관 소장, 고(古) 제(第) 9397.

3) 이상주(李相周), 「기호사림(畿湖士林)의 '도통의식(道統意識)'이 구곡문화와 그 시대에 끼친 영향」, 『경운(景雲 신철우선생(申哲雨先生) 서거십주년추도기념논총』, 2013, 256~257면.

의 일이다.[4)]

이규회는 6대조 이석견(李錫堅 1623~1689)에게 우암이 써준 '요무여인간(了無與人干)'라는 휘호를 간직하고 재의 이름을 '무간(無干)'이라 했으니, 그 사제간의 의리를 존중하고 도통을 계승했다는 사실을 알 수 있다.

이어지는 내용을 살펴보자.

> 이규회친구가 이르되, '진실로 이 말과 같으면 선생(先生)의 다섯 글자의 훈계(訓戒)가 곧 무엇을 따라 실행해야 하는가.'라고 했다. 내가 이르되, '선생의 이 훈계(訓戒)는 반드시 환경(環境)에 따라 발휘하여야 하며, 일에 인(因)하여 성취하라는 것이네. 사람이 혹(或) 시비(是非)와 남을 헐뜯고 남을 기리는데 있어 그 바름을 얻지 못함은 자네가 곧 무간(無干)한 것이요. 사람이 혹(或) 윤리(倫理)에 어긋나고 의리(義理)를 져버려서 하늘에 죄려(罪戾)를 얻으면 자네가 곧 무간(無干)한 것이요. 사람이 혹(或) 중도(中途)에 궤철(軌轍)을 변경하여 처음과 같이 권여(權輿)를 계승(繼承)하게하지 아니 하면 자네가 곧 무간(無干)한 것이요.'라고 했다. … 병인(丙寅 1866년) 6월 하완(下浣) 안동(安東) 김병헌(金炳憲)[5)]이 기록하고, 임천(林川) 조단호(趙端浩)가 글씨를 쓰다.[6)]

위에서 보듯이 우리는 이규회가 자신의 6대조 이석견에게 내려준 5자의 교훈을 계승실천하려는 자세에서 그의 도통계승의식을 확인할 수 있다. 김병헌은 이 훈계(訓戒)는 반드시 환경(環境)에 따라 거기에 합당하게 간여(干與)하는 자세를 발휘하여야한다고 설명한다. 그 예로서 사람이 혹(或) 시비(是非)와 남을 헐뜯고 남을 기리는데 있어 그 바름을 얻지 못하는 것이 무간(無干)이라 설명했다.

---

4) 李奎會, 『無干集』, 「無干齋記」. "… 一日 李友至公室, 袖示余 了無與人干 五大字曰, 此 尤庵宋先生之手筆, 而遺我先祖蒙齋公, 以寓誡者也. 于今, 世守其訓, 永死勿墜, 而大抵百千萬事, 與人無干爲處世之良規. 故吾以名吾齋曰 無干, 願借一言而爲重. 余曰以尤翁之大賢, 有蒙齋之高弟,而其所傳授, 卽此五字, 其訓也淺而深, 約而盡, 非余譾謏所敢窺測然, 子所云百千萬事, 擧皆無干者同, 或誤解先生之旨歟. 夫充物乎覆載之間, 物與人而已, 物與物相干物之理也. 人與人相干人之事也."

5) 김병헌은 황간군수를 지낸 것 같다. 조선 太宗때 경상도에서 충청도로 이속시키고 靑山縣과 병합하여 黃靑縣이라 칭하고 감무를 두었으며 그후 황간군이라 하였다.

6) 李奎會, 『無干集』, 「無干齋記」. "李友曰誠如是言, 先生五字之訓, 將安所遵行乎? 余曰先生此訓, 必有遇境而發因事而成也. 人或是非毁譽,不得其正, 而此則無干. 人或斁倫敗義穫戾于天而子則無干. 人或中途改轍不承權輿, 而子則無干. … 丙寅 六月 下浣 安東 金炳憲記. 林川 趙端浩書."

이규회(李奎會 1800~1867)는 이항로(李恒老 1792~1868)와 동시대에 살았다. 두 사람이 교유했다는 단서는 현재 간행된 그의 문집에는 수록되어 있지 않다. 그러나 전통적으로 사림들은 사제간의 의리를 중시하고 선현을 흠모 숭앙하는 것이 기본이었다. 이규회도 그런 인물로 여겨진다.

이번에는 「제수종재송선생문(祭守宗齋宋先生文)」를 살펴보자.

> 슬프도다. 도통(道統)이 전(傳)함은 유래가 있다. 선생(先生)은 우옹(尤翁)의 초손(肖孫)이요. 오문(鼇門)의 적통(嫡統)으로, 선인(先人)에 덕(德)을 지키고 주자의 문하를 종주(宗主)삼는 훈계(訓戒)를 마음에 두고 심복(心腹)한 즉 여러 어진 분들의 도통(道統)을 접(接)함에 선생님은 사양하지 못했습니다. … 그 정대(正大)하고 고명(高明)하신 학문(學問)은 퇴폐된 풍속(風俗)에 기강이 되며 사문(斯文)에 긍지가 되고, 엄숙하고 간특함을 변별(辨別)하시며 훈유(薰蕕), 선악(善惡)이 같은 그릇이 되는 것을 슬퍼하시고, 올바른 것을 지키고 간사함을 물리치고 춘추(春秋)의 대의(大義)를 이어서, 안으로 의리(義理)의 분별(分別)을 익숙하게 강(講)하고, 밖으로 시비(是非)의 분별(分別)을 세우고 판단(判斷)하셨다.[7]

이규회는 송달수가 우암의 초손으로 선조의 덕을 지키며 주자를 조종으로 삼아야한다는 훈계를 마음에 품고 있는 인물로 간주했다. 또한 이규회는 송달수가, "올바른 것을 지키고 간사함을 물리치고 춘추(春秋)의 대의(大義)를 이어서 의리(義理)의 분별(分別)을 마음속으로 익숙하게 강(講)하고, 밖으로 시비(是非)의 분별(分別)을 세우고 판단(判斷)했다"는 점을 강조했다. '부정척사(扶正斥邪)'하고 '춘추지대의(春秋之大義)'를 준수하는 것, 이 자체가 우암이 강조한 도통의 핵심이다.

이어지는 다음 내용을 살펴보자.

> 슬프다. 회고(回顧)하건데 저의 천(賤)한 발걸음이 지난 병오년(丙午年 1846년) 가을에 비로소 선생님 집(문병門屏)에서 배알(拜謁)했는데, 후의를 베풀어주시고 비루하게 여기지 아니하시며 선대(先代)의 우의(友誼)가

7) 李奎會, 『無干集』, 「祭守宗齋宋先生文」. "嗚呼. 道統之傳, 有自來矣. 先生以尤翁肖孫鰲門嫡傳, 佩服守先德,宗朱門之訓, 則於接夫羣賢之統, 先生不得辭矣. … 其正大高明之學, 網紀乎頽俗, 矜式乎斯文, 而辨別淑慝, 痛薰蕕之同器, 扶正斥邪, 踵春秋之大義, 義理之分熟講於內, 而是非之別立判於外."

> 대대(代代)로 이어졌음을 말씀하시고, 대우를 더욱 관곡하게 해주시며, 오직 우리 선조(先祖)의 형제(兄弟) 분들이 선정(先正)의 문하(門下)에서 함께 배워 심학(心學)을 전수(傳授)하고 손수 글을 써주시어 힘써 가르쳐 주심이 보통에서 멀리 벗어났으며, 선생(先生)께서 철령(鐵嶺)의 음(吟)을 낭송하시고 남해(南海)의 화(禍)에 대해 말씀하실 때는 매양 길게 탄식하고 답답해하고 근심하셨으며, 저를 돌보아 주시고 저를 보호(保護)해 주시기를 한 집과 다름없이 하셨으니, 돌이켜 생각하건데 지금(只今) 세상(世上)에서 세의(世誼)를 능(能)히 돈독하게 지키는 분이 선생(先生)과 같은 사람이 무릇 몇 사람이나 되겠습니까? … 슬프다. 저의 집이 처음으로 황간(黃澗)땅에 사는 것은 즉 저의 선조(先祖)께서 한천(寒泉)에게 종학사사(從學師事)하신 이후이니, 후손(後孫)이 수(壽)를 못하고 고독(孤獨)하기가 특히 심했는데 집에 선정선생(先正先生)이 '요무여인간(了無與人干)'의 오자(五字)를 크게 써주신 것이 있다. 그런 연고로 대대(代代)로 지키는 경잠(警箴)으로 삼아 보관하고 간직하였다. 8)

이규회는 1846년 처음 송달수를 만났을 때 송달수가 선대의 우의가 대대로 이어졌다는 말을 했다는 점을 감명깊게 생각했다. 또한 자기 선조 형제들에게 우암이 심학을 전수하고 손수 글을 써 주어 비범하게 훈도해준 점을 매우 의미있게 생각했다. 또 송달수가 자기를 집안 식구처럼 대해주었다는 점에 감격한다. 이렇듯 이규회는 양가의 세교(世交)가 장구하고 각별한 점을 긍지로 여겼다. 앞에서 살펴본 「무간재기(無干齋記)」에서 이규회는 지금의 한천정사(寒泉精舍)가 있는 한천에서 우암과 6대조 이석견과 맺은 사제관계(師弟關係)를 언급하며 '요무여인간(了無與人干)' 5자를 대대로 경계로 삼을 잠언으로 삼고 보관해왔다고 토로했다. 이렇듯 이규회는 교훈과 우의가 담긴 우암의 유묵을 보존하는 것을 통해 도통을 유지계승하려 했다.

이번엔 「신안구곡시(新安九曲詩)」제5곡 신안촌(新安村)을 살펴보자.

> 대노석임차지관(大老昔臨此地寬), 우암(尤庵)께서 예전에 훤한 이곳에

8) 李奎會, 『無干集』, 「祭守宗齋宋先生文」. "嗚乎! 顧我賤踪, 去丙午之秋, 始拜門屛之下, 厚蒙不鄙, 而講到先誼, 接尤款曲, 惟我先祖之兄及弟矣, 俱遊於先正之門, 心學之傳授, 手蹟之勉諭, 逈出尋常, 而先生誦鐵嶺之吟, 語南海之禍,每長吁而於悒, 眷我護我, 無異一室, 顧今之世, 能篤守世誼如先生者, 凡幾人哉? … 痛矣. 生之家始居于澗土, 卽我先祖之從師於寒泉而後, 仍早世孤子特甚, 而家有先正了無與人干五字之大書. 故以爲葆藏世守之箴矣."

오셔서,

촌명모고정신안(村名慕古定新安). 마을 이름을 옛일을 흠모하여 신안이 라 정했네.

[이지구명(里之舊名), 즉신흥(卽新興) 몽재선조시거지일(蒙齋先祖始居之日), 우옹개이신안(尤翁改以新安). 개방주부자촌호(盖倣朱夫子村號)]

[마을의 옛이름은 즉 신흥리(新興里)였다. 몽재(蒙齋)[9] 선조가 처음 거주한 날에 우옹께서 고쳐서 신안이라 했다. 대개 주부자가 살던 마을이름을 모방한 것이다].

생색산천상개관(生色山川尙改觀), 산천이 빛나고 모습이 오히려 달라진 건,
자오선조승사훈(自吾先祖承師訓). 우리 선조가 스승의 가르침 받들고 부터라네.

이규회의 6대조인 이석견(李錫堅 1623~1689)은 스승인 우암이 신안으로 바꾸는 것이 좋다는 의견을 따라 지명을 신안으로 바꿀 정도로 스승의 유훈을 철저히 실천했다. 이렇듯 그는 도통의식이 강했다고 보아야한다.

이러한 전반적인 정황으로 보아 이규회는 우암의 도통을 계승하여 신안구곡을 설정했다고 간주할 수 있다.

(2) 안흠(安欽)의 경우

이제 안흠(安欽 1863~1940)의 「청간자서(聽澗自敍)」를 살펴보자.

계사년(癸巳年 1893년) 봄 종이에 붓으로 쓰고 신유년(辛酉年 1921년) 여름에 돌에 새겼다. 그러나 정자를 짓는 일은 아직 뜻대로 되지 않으니, 시는 완성했으나 집은 성취하지 못했다고 말 할 수 있다. 나는 간수(澗水)에서 사는 사람이다. 집이 간수의 북쪽 모현대에 있으며, 대의 남쪽에 정주개가 있어, 산을 우러러보고 흠모하는 마음을 붙였는데, 고개 남쪽에 긴 시내가 있으니 간수라 한다. 시간이 있을 때, 고개에 올라 바람 쏘이고 냇가에서 목욕하고 자맥질하는 즐거움이 있다. 간수란 산간의 물을 이름이니 즐겁도다. 간수여! 끝내 속이지 않도다. 주회옹이 이르기를 "나무 열매를 따 먹고 간수를 마신다."고 했으니, 몸을 정결히하고 세상에서 은

9) 몽재(蒙齋): 6대 선조인 이석견(李錫堅 1623~1689)의 호. 우암 송시열의 문인. 문학(文學)으로 일세에 긍식(矜式)이 되었으며, 효행과 청렴함으로 벼슬에 나아가 은진군수(恩津郡守)를 지냈다.

> 둔한 것이다. '푸른 물결 간수는 하루에 천 리를 흘러간다'하니, 그 자강불식에 힘쓰는 것을 뜻한다. 횡거선생 시에 이르기를 "흐르는 물은 본래 근원이 있어 끊임없이 줄기차게 들린다"라 했으니, 그 호연지기의 뜻을 가르친 것이다. 『시경』에 이르기를 "어슬렁거리며 간수에 살고 있다.[10]" 라고 함은 너그러움을 잊지 않게 함이다. 이제 이 간수가 삼도봉 아래에서 발원하여 모현대 정주개 남쪽 일대를 감돌아, 여러 물줄기를 받아들여 밤낮없이 쉬지 않고 흘러 바다로 들어간다. 그 여파는 채소밭과 농사에 물을 대게 하여 의식(衣食)을 마련해 하고, 벼루에 물을 대주어 한묵(翰墨)을 윤택하게해주고, 물이 흐리면 발을 씻고 물이 맑으면 갓끈을 씻으니, 부유하고 귀한 사람이라도 능히 옮기지 못하고, 더러운 사람이 목욕을 해도 받아들여, 넓게 포용함이 있으며, 풍뢰우설(風雷雨雪)과 조수초목(鳥獸草木)의 소리를 견제(牽制)함이 없이 모두 그 울림을 도와주니 냉냉하고 발발하고 유유하고 왕왕하다. 종과 북, 생황이 자연스레 절주하니, 이것이 대자연의 율려(律呂)가 크게 온전한 것이 아닌가? 내 귀먹어도 간수를 잊지 않을 것이며 모현대와 정주개 아래서 그것을 글로 쓰고 영원히 높은 산을 우러러 보고 굽어볼 것을 맹서한다. 때는 계사년(癸巳年 1893년) 삼월(三月) 상사일(上巳日)이다.[11]

안흠은 '청간정'이라는 정자의 이름을 지었다. 청간이라 이름은, 주자가 "나무 열매를 따 먹고 간수를 마신다."라고 한 대목에 내포한 의미를 원용한 것이다. 그 외 장재(張載)의 시와 『시경』의 "어슬렁거리며 간수에 살고있다."라는 시구를 인용했다.

---

10) 고반(考盤)은 고반(考槃)과 같다. 선비가 산림에 은거하며 안빈낙도하는 생활을 즐긴다는 말이다. 석인(碩人)은 현자(賢者)를 뜻한다. 『시경』「위풍(衛風)·고반(考槃)」. "고반재간(考槃在澗) 석인지관(碩人之寬)"

11) 安秉讚 編, 『慕賢臺 聽澗亭記』, 「聽澗自叙」, 1994. "癸巳春筆之於紙. 辛酉夏攻之於石. 然亭之結構姑不能如意, 可謂詩成而屋未就者也. 余澗人也. 家于澗之北慕賢臺, 臺之南 有程朱峴, 以之寓山仰之慕, 而峴之南, 有長川曰 澗. 有時, 風于峴, 而浴乎澗, 有游泳之樂焉. 澗山間水也, 樂哉澗乎, 終不可諼也. 晦翁夫子曰 木食澗飮, 或其潔身遯世也. 碧澗 日千里, 勉其自强不息也, 橫渠先生詩曰, 川流有本源源聽, 訓其浩然之志也. 經曰, 考槃在澗, 不忘其寬也. 今此澗也 發源於道峰之下, 涵佪于慕賢臺 程朱峴之南, 貫一帶而收衆流, 不舍晝夜而達于海. 其餘波, 灌之圃, 可以資衣食, 汲之硯, 可以潤翰墨, 濁可以濯足, 淸可以濯纓, 雖貴且富焉者, 莫能移, 汚者浴焉而納, 有容浩, 無牽製風雷雨雪鳥獸草木之聲, 皆助其鳴而冷冷也, 潑潑也, 瀏瀏也, 汪汪也. 鍾鼓笙簧, 自然節奏, 此非律呂之大全歟. 宜 余之聾, 余不負澗而書之于慕賢臺 程朱峴之下, 永矢高山之仰止. 時癸巳三月上巳日也."

그는 자기 집 앞으로 흐르는 간수가 삼도봉에서 발원한다는 점을 피력했다. 이 물이 흘러가면서 농경지에 물을 공급해 주며, 한묵장(翰墨場)의 풍류를 즐기는데도 도움을 준주는 등 간수가 주는 전반적인 혜택에 대해 제시했다. 그는 궁극적으로 자연에 학문과 인생을 의탁한 선현들의 학문자세와 학문방법을 구현하려는 심회를 피력했다.

다음은 「제화양동기(題華陽洞記)」를 살펴보자. 안흠(安欽 1863~1940)은 1887년 화양동을 탐방했다. 1895년 명성황후가 시해된 지 2년 후이다.

> 1887년 감히 스스로 연가(聯駕)를 사양하지 못하고 길을 떠나 청주를 인연으로 해서 화양동으로 들어갔는데 화양동은 우리나라의 무이이다. 선현이 지나간 산천이라 만물이 생동하여 빛남이 오히려 의연하다. 금일에 초야의 사람으로 하여금 평생의 소원을 이루게 되어 스스로 흥기되는 마음을 깨닫지 못했다. 만동묘를 배알하고 우암선생의 영정에 공경하는 맘으로 참배하고 물러났는데 또 감회가 있었다. 오직 나의 고조부 황명처사공께서 일찍이 이곳에 노닐은 후 산림아래 돌아와 누워 주자를 애도하고 흠모하니 존주(尊周)의 의리가 아니겠는가? 이를 기뻐하니 어찌 불초의 사사로운 말이겠는가? 도내 유림들이 함께 칭송하여 듣게 된 것이다. 아 천년 후에 이 땅에 찾아오니 더욱 슬프고 떨치는 감정이 간절하니 죽루장(竹樓丈)으로 인하여 삼가 수창(酬唱)을 그 시폭의 말미에 붙인다. 때는 건묘월 25일12)

안흠은 화양동을 탐방하는 것을 평생의 소원으로 여겼다. 그는 화양동을 우리나라의 무이구곡이라 평했다. 안흠은 만동묘와 우암의 영정에 참배했다. 그는 자기 고조부 황명처사공이 이곳을 다녀온 후 산촌에 은거하며 주자를 흠모한 것이 존주의 의리를 지킨 것으로 생각했다. 이런 평이 자신의 사사로운 평이 아니라 도내 유림들의 공통된 평가였다고 객관성을 부여했다. 이렇듯 안흠의 선조 황명처사도 주자와 우암의 도통을 계승했다는 사실을 밝히고 있다.

---

12) 安欽 著, 安秉讚 編, 『聽澗遺稿』170면. 「聽梧痴筆・題華陽洞記」. “歲春丁亥, 以我不祧廟 宗孫繼后事族叔, 其竹樓丈七旬之年, 請擬抵洛矣. 敢不自辭聯駕, 而行路, 緣淸邑, 因入華陽洞, 洞是東輔之武夷也. 先賢所過之山川, 物物生輝, 尙依然, 於今日, 使草莽之人, 以遂生平之願, 而自不覺興起之心矣哉. 因展謁皇廟, 祗拜先生之遺眞而退, 又有感焉. 惟我高祖 皇明處士公, 嘗遊此地之後, 歸臥林下, 悼慕朱氏, 其非尊周之義也. 欣是, 豈不肖之私言矣. 道內儒林之所共稱聞也. 噫, 於斯千載之下, 到此地, 而尤切愴奮之情, 因與其竹樓丈, 謹用酬唱, 以附幅尾. 時 建卯月 二十五日也.”

안흠은 화양구곡을 다녀온 후 「근차암서재운(謹次巖棲齋韻) 재즉우암선생강의지소(齋卽尤庵先生講義之所)」·「근차만동묘판상운(謹次萬東廟板上韻)」·「등낙영산(登落影山)」·「제화양동환장사(題華陽洞煥章寺)」 등 네 수의 시를 지었다.

이상에서 살펴본 바와 같이 안흠의 고조부인 황명처사가 화양동을 참배하고 존주의리를 지키는 도통을 계승했듯이, 안흠도 도통의식을 견지했다. 이렇듯 안흠은 정자와 주자를 흠모하고 주자의 학문자세를 숭앙하여 그 도통을 계승하기 위해 청간정구곡이라 명명했다.

(3) 송우용(宋友用)의 경우

먼저 송우용(宋友用)의 가계와 생애에 대해 살펴보자. 송우용(宋友用 1884~1968)은 충북 영동군 상촌면 임산리(林山里) 2리 안마을에서 태어나 거기서 살았다. 묘소는 영동군 상촌면 돈대리 '세심정(洗心亭)' 근처에 있다. 그 손자 송덕영(宋悳永)의 말에 의하면 외지에 나가 살다보니, 집안에서 그 중요성을 미처 깨닫지 못하여 할아버지의 유품이나 문집을 제대로 잘 보존하지 못해 아쉽다고 한다. 충북 영동군 상촌면 임산리(林山里) 2리 445번지에 사는 남기서(南基瑞 1938~)의 할아버지 남병수(南秉璲)와 교유했다. 그래서 남기서님이 「촌상구곡시(村上九曲詩)」병풍을 소장하게 된 것이다.

그의 가계와 생애를 알아본다. 안병찬(安秉讚)선생께서 찬한 「담당(澹堂) 송우용선생(宋友用先生) 행장(行狀)」을 요약하여 제시한다.[13)]

자(字)는 여현(汝賢), 호(號)는 담당(澹堂), 본관은 은진(恩津). 송담(松潭) 송담수(宋聃壽)의 후예이다. 송우용의 윗대 선조들이 충북 영동군 상촌면에 입향한 것은 1790년경으로 추정된다. 담당은 1884년 10월 9일 출생하여 1948년 3월 4일 졸하니 향년 84세이다. 담당선생은 소시(少時)로부터 학문을 좋아하여 서예(書藝)는 송원(松園) 김정필(金鼎弼)선생에게 사사(私事)하고 약관(弱冠)에 청간(聽澗) 안흠(安欽)선생이 세운 황간향교(黃澗鄕校) 명신학교(明新學校)에서 긍산(肯汕) 조중욱(曺重彧) 공(公)과 매천(梅川)에 강우영(姜友永) 공(公)과 동문수학(同門修學)했으며 특히 필재(筆才)가 뛰어나 향려(鄕閭)의 모범이 되었다. 항상 성리학에 힘쓰고 경서(經書)와 예서(禮書)

13) 安秉讚 찬, 「澹堂 宋友用先生 行狀」, 『澹堂 宋友用先生 遺墨集』, 安秉讚 편집, 담당 송우용선생 기념사업회, 시시울, 2010. 165~167면.

를 좋아하고 주자(朱子)의 『근사록(近思錄)』일부를 손수 필사해놓고 조석(朝夕)으로 표준(標準)을 삼았다. 문장은 민첩하고 굳세고 고와서 말과 이치가 갖추어져 있었다. 글씨 쓰는 수단은 감히 추종을 불허하고 그 필치는 운룡포효(雲龍咆哮)하는 기상과 자획(字劃)은 용이 춤추고 꿈틀거리는 것 같아 보는 이로 하여 감탄하지 않는 이가 없었다. 원래 선비의 기질이라 자지불자현(自知不自見)이니 자기를 알면서도 스스로를 드러내지 않으려고 애쓰고 수산(壽山)에 고민하고 운유하숙산림(雲遊霞宿山林)의 선비를 자처하고 살았다. 유학자라고 모두가 선비라 할 수 없듯이 선생은 생활을 참고 견디며 드러내지 않고 자기 도리를 다하는 것으로 평생 좌우명을 삼아 평생 많은 작품을 이룩했으나 공모전이나 많이 드러나는 곳에 출품을 꺼렸다.

영동군 상촌면 임산리에 있는 바위에 '구로조대(九老釣臺)'라 새겼다. 구로(九老)는 송우용(宋友用)선생 남병수(南秉璲)선생 김진원(金鎭源)선생 남병찬(南秉璨)선생 남명우(南命祐)선생 남강우(南岡祐)선생 남기문(南基文)선생 남규형(南圭馨)선생 남기영(南基榮)선생[14] 등으로 문우죽림칠현(文友竹林七賢) 같은 은거를 즐겼다. '구로조대(九老釣臺)'라 새긴 바위 인근에 '멱원(覓源)'을 새겼다. 영동군 상촌면 돈대리에 '세심정(洗心亭)'과 '삼괴당(三槐堂)'을 썼다. 영동군 상촌면 유곡(柳谷)리에 '고반대(考槃臺)'와 '영사각(永思閣)'을 썼다. 황간향교의 '가학루(駕鶴樓)'[15], 영동군 심천면의 '호서루(湖西樓)', 양강면 남전리 '빙옥정(氷玉亭)'을 썼다. 영동군 상촌면 매곡리 수원대에 '청간정(聽澗亭)', '모현대(慕賢臺)'를 썼다. 영동군 황간면 원촌리에 있는 '한천정사(寒泉精舍)'[16], 경북 순흥의 '추원재(追遠齋)'외 많은 편액(扁額)과 주련(柱聯) 시판(詩板)과 황간 역전에 있는 '대한(大韓) 의사(義士) 이건석(李建奭)의 추모비(追慕碑)' 등 유묵이 산재해있다.

---

14) 촌상구곡시의 내용을 통해 4곡으로 보이는 '이연(鸝淵)'은 영동군 상촌면 대해리(大海里) 토항(土項, 흙목)에 있다. 10여m 높이의 암벽에 '이연(鸝淵)'이라 새겨놓았다. '이연(鸝淵)' 이라 새겨놓은 암벽 아래에 바라보는 쪽에서 왼쪽부터 9명의 이름을 새겨놓았다. 정두용(鄭斗容) 남기영(南基榮) 송우용(宋友用) 남기정(南基正) 강한영(姜漢永) 남병찬(南秉璨) 김용찬(金容燦) 남병수(南秉璲) 남강우(南岡祐)이다. 그 약간 상류쪽 암벽에 '구로탄(九老灘)'이라 새겨놓았다. '구노조대(九老釣臺)'와 관련된 사람들과 다른 몇 사람이 들어있다. '구로조대(九老釣臺)'회원과 '구로탄(九老灘)'에 새긴 사람들이 양쪽에 동시에 활동한 사람도 있고 그렇지 않은 사람이 있어 그렇게 된 것으로 짐작되나 정확히 알 수 없다.

15) 충청북도 지방유형문화재 제22호 영동군 황간면 남성리.

16) 한천정사는 1999년 9월 15일 충북문화재자료 제28호로 지정되었다. "한천정사 담당 송우용 필(寒泉精舍 澹堂 宋友用筆"라 쓴 현판이 걸려 있다.

1928년 중화민국 산동성 곡부현 소재 공자묘(孔子廟)의 '도통사(道統祠)' 현판이 퇴락하여 한중일(韓中日) 동양삼국(東洋三國)에 도통사 3자(1자 규격 사방 육척)편액의 글씨 응모전(應募殿)에서 특선으로 당선되어 공자 72세 후손인 공소첨(孔小沾)선생으로부터 감사장과 부상 금반지 당시 시가(時價) 일백이십원(一百二十圓)을 받았으며, 공소첨(孔小沾)선생은 담당의 필법은 난정진본(蘭亭眞本)이라 극찬했다.

담당은 어려서부터 필재(筆才)가 뛰어나 행초예전(行草隷篆) 각 필체(筆體)가 수려했다. 1930년 일본 동경에서 개최된 서도전람회(書道展覽會)에서 주련(柱聯) 일폭(一幅)이 특선되고, 1960년 제2회 충청북도 서예부분에서 문화상을 수상했다. 1952년 5월 1일부터 5월 9일까지 대전문화원에서 대전 철도국서도회 주최로 담당(澹堂) 송우용선생서예전람회(宋友用先生書藝展覽會)를 개최하여 액자 22점, 병풍 3점, 주련 5점, 가리개 1점을 전시하였는데, 필법이 웅혼정묘(雄渾精妙)하여 관람객들의 극찬을 받았다. 1974년 6월 2일부터 6월 29일까지 서예(書藝) 대가(大家) 고(故) 담당(澹堂) 송우용(宋友用) 유묵전시회(遺墨展示會)가 대전 선화동 경은다실에서 그 문하생이 중심이 되어 전시하였다고 충남일보 1975년 5월 30일자 일간지에 소개되었다.

송우용의 서예작품의 수준에 대해 알아보자. 안병찬(安秉讚)선생께서 찬한, 「담당(澹堂) 송우용선생(宋友用先生) 유묵집서(遺墨集序)」를 요약하여 제시한다.[17] "선생의 필체는 중국 고대의 명필체와 우리나라 명필체들을 넘나들며 독특한 자체(字體)를 터득했으나 글씨의 자획(字劃)은 질투를 느끼리만큼 잘 조화된 점이다. 필압(筆壓)의 변화가 미묘하게 작용하고 그 결과가 태세(太細)를 스스로 되게 한 것이다. 상하좌우(上下左右) 또는 사상(斜上)에서 사하(斜下)로 한 글자 속에서도 필압(筆壓)의 변화를 가하여 그것이 속도와 관계되어 실로 교묘한 구성을 보인다. 행서(行書)에서의 붓의 움직임 속에 속도가 있고 따라서 선의 흐름이 생기어 리듬감이 강조되어 있다. 조형에서도 스스로 움직임이 생긴 자형(字形)이 힘차고 결구(結構)가 자유롭다."

『담당 송우용선생 유묵집(澹堂 宋友用先生 遺墨集)』에 수록되어 있지 않은 송우용의 필적을 몇 점 소개한다. 경상북도 문화재자료 제177호 의암고택(依巖古宅)의 "의암고택(依巖古宅)"이라는 현판이 있다. 의암고택의 당호는 의암

17) 安秉讚 撰, 「澹堂 宋友用先生 遺墨集序」, 『澹堂 宋友用先生 遺墨集』, 安秉讚 편집, 담당 송우용 선생 기념사업회, 시시울, 2010. 10~11면.

공(依巖公) 휘(諱) 범구(範九 1834~1896)의 호(號)에서 유래한다. 문경시 산북면 대하리 김용사 가는 길목에 황희(黃喜 1363~1452) 정승의 현손인 황시간(黃時幹 1558~1642)이 거주하면서 세거했다는 종택이 있다.'영모(永慕) 돈서(敦敍)'라는 현판이 있다. 인터넷 안동옥션 경매안내에 종이에 쓴 글씨 2건이 올라 있다. '화기만당(和氣滿堂)'과 '영모(永慕) 돈서(敦敍)'이다.

이제 담당(澹堂) 송우용의 도통계승의식을 살펴보자. 그의 도통의식은 그가 써서 남긴 유묵(遺墨)의 내용을 통해 감지할 수 있다. 송우용의 『담당시첩(澹堂詩帖)』에 「고산구곡가」의 한역시(漢譯詩)를 행초서(行草書)로 썼다. 이는 율곡 이이가 지은 「고산구곡가」를 우암을 비롯하여 기호학맥(畿湖學脈) 노론계(老論系) 인물들이 한역한 것이다. 송우용의 「고산구곡가(高山九曲歌)」의 한역시(漢譯詩)를 휘호했다는 사실만으로도 율곡 우암으로 이어지는 도통을 존숭하고 계승하려했다는 점을 인정할 수 있다.

송우용은 '모현(慕賢)'이라는 글씨를 안흠의 모현대에도 써줬다. '상현숭덕(尙賢崇德)', '견현사제(見賢思齊)'의 온고지신적 실천이다. 안흠의 정자 '청간정(聽澗亭)' 편액의 글씨를 송우용이 썼다. 주자의 경재잠(敬齋箴)을 행초로 썼는데 송문영이 소장하고 있다.

그는 영동군 상촌면 유곡리에 있는 '고반대(考槃臺)' 현판 글씨를 썼다. 영동군 상촌면 임산리 세심정 아래 '멱원([위 불(不)+ 아래 견(見)]源)'이라 행서로 바위에 새겼다. 주자의 「무이도가」 제9곡 제3구 "어랑갱멱도원로(漁郎更覓桃源路)"를 줄인 것이다. 즉 "어부는 다시 무릉도원을 찾는다"는 뜻이다. 무릉도원 즉 신선경을 찾자는 뜻인데 이 세상이 무릉도원 즉 여기서는 임산리 세심정 일대가 무릉도원이라는 자부심의 표현이리라. 송우용 등은 『주역』의 고사를 본받아 1916년 구로계(九老稧)를 결성하고 매년 시회를 열었으며 1939년 세심천변(洗心川邊)에 있는 바위에 '구로조대(九老釣臺)'라고 새겼는데 이 글씨를 송우용이 썼다. 구노회원들은 1961년 8월 9일 암벽에 '이연(鸝淵)라 새기려고 글씨를 쓴 백색의 한지를 바위에 붙여놓고 9명이 기념촬영을 했다. '이연(鸝淵)'은 촌상구곡시(村上九曲詩)」의 내용을 통해 4곡으로 보이는 장소다. 영동군 상촌면 대해리(大海里) 토항(土項-흙목)에 있다. 10여m 높이의 암벽에 '이연(鸝淵)'이라 새겨놓았다. '이연(鸝淵)' 이라 새겨놓은 암벽 아래에 바라보는 쪽에서 왼쪽부터 정두용(鄭斗容)·남기영(南基榮)·송우용(宋

友用)·남기정(南基正)·강한영(姜漢永)·남병찬(南秉璨)·김용찬(金容燦) 남병수(南秉璲)·남강우(南岡祐) 등 9명의 이름을 새겨놓았다. 그 약간 상류쪽 암벽에 구로탄(九老灘)이라 새겨놓았다. 이름을 새겨놓은 9명 즉 '구로(九老)'가 모두 「촌상구곡시(村上九曲詩)」를 화운하여 지었을 것으로 추정된다. 그러나 현재 찾아내지 못했다.

송우용은 우암이 강학했던 영동군 황강면 원촌리 한천에 영동의 유림들이 한천정사(寒泉精舍)를 건립하자 한천정사라는 현판의 글씨와 한천팔경 8개 명칭을 써서 한천정사 기둥에 걸었다.[18] 한천 팔경은 사군봉(使君峯), 월유봉(月留峰), 산양벽(山羊壁), 용연대(龍淵臺), 냉천정(冷泉亭), 화헌악(花軒嶽), 靑鶴窟), 법존암(法尊菴) 등이다. 송우용이 명필이기 때문에 지방 유림들로부터 글씨를 써달라는 요청을 받았겠지만, 우암이 강학했던 장소에 설정한 한천팔경 8개 명칭의 글씨를 쓰면서, 그는 우암에 대한 흠모심이 남달랐을 것이다.

남기서(南基瑞 1938~)가 소장하고 있는 병풍에 '촌상구곡시(村上九曲詩)'와 '팔군자화(八君子畵)'를 화제(畵題)와 함께 남겼다. 남기서가 소장하고 있는 '대상고반(臺上考槃)', 남기서 집의 '수산정사(壽山精舍)'와 주련을 썼다. 그 주련의 내용을 살펴보자.

대빈객당위관(待賓客當爲款),	손님을 접대할 때는 마땅히 정성을 다하고,
독서매사성현(讀書每師聖賢).	책을 읽을 때는 매양 성현을 스승으로 삼아라.
사아손만세영(使兒孫萬歲榮),	자손을 만세의 영화로 여기고,
처사필종관직(處事必從寬直).	일을 처리할 때는 반드시 관용과 정직하게 하라.

위 주련에서도 '사현(師賢)'의 중요성을 표명했다.

---

18) 1999년 9월 15일 충청북도문화재자료 제28호로 지정되었다. 우암(尤庵) 송시열(宋時烈1607~1689) 선생이 한때 은거생활을 하며 학문에 몰두했던 자리를 기념하여 건립하였다. 원래는 그를 배향하는 한천서원이 있었는데 내용1717년(숙종 43)에 지방유림의 공의로 송시열(宋時烈)의 학문과 덕행을 추모하기 위하여 창건하여 위패를 모셨다. 1726년(영조 2)에 '한천(寒泉)'이라는 사액을 받았다. 1868년 서원철폐령으로 철거되었는데, 그 후 후학들이 유림회(儒林會)를 결성, 한천정사를 건립하였다. 누각이 위치한 원촌리 일대는 경관이 아름답기로 유명한데, 이곳에 한천정사가 있어 한천팔경(寒泉八景)이라고 이름붙였다 한다.

이렇듯 송우용은 서예활동을 도통을 계승현시했다고 볼 수 있다. 송우용은 이현택이 수도구곡을 설정하고 수도구곡시를 지은 사실과 안흠이 청간정구곡을 설정하고 「청간정구곡가」를 짓는 것을 목격했다. 이런 모든 상황이 그로 하여금 촌상구곡을 설정하고 촌상구곡시를 창작하게 했을 것이다. 그는 안흠이 서거한 후인 1957년 촌상구곡을 설정하고 촌상구곡시를 지었다. 구곡을 설정하는 것을 온고지신한 것이다.

좌측 사진: 남기서가 소장하고 있는 병풍에 쓴 '촌상구곡시(村上九曲詩)'
우측 사진: 남기서 집의 '수산정사(壽山精舍)' 현판: 송우용의 글씨

좌측 사진: 남기서 집의 주련의 일부 : 송우용의 글씨. '대빈객당위관(待賓客當爲款): 손님을 접대할 때는 마땅히 정성을 다하라' '독서매사성현(讀書每師聖賢): 책을 읽을 때는 매양 성현을 스승으로 삼아라.'
우측 사진: 서시(序詩)와 제1곡시: 송우용의 글씨

좌측 사진: 영동군 상촌면 임산리 세심정 아래 새긴 '구노조대(九老釣臺)' 각자: 송우용의 글씨인데 도로 확장으로 훼손됨.
우측 사진: 영동군 상촌면 임산리 세심정 아래 새긴 '멱원' 각자: 송우용의 글씨인데 도로 확장으로 훼손되었다. 멱원은 주자의 「무이도가」 제9곡가 "구곡장궁안활연, 상마우로견평천. 어랑갱멱도원로, 제시인간별유천(九曲將窮眼豁然, 桑麻雨露見平川. 漁郎更覓桃源路, 除是人間別有天)"에서 따온 것이다.

좌측 사진: 영동군 상촌면 대해리 토항(흙목) '이연(鸝淵)' 각자: 송우용의 글씨
우측 사진: 영동군 상촌면 대해리 토항(흙목) '구로탄(九老灘)' 각자: 송우용의 글씨

이제껏 살펴보았듯이 기호사림들의 구곡설정이 학통계승의 상징화이듯이 영동지방의 사림들이 구곡을 설정한 이유도 도통의식의 상징화에 기인한 것이다.

2) 학문적 교유의 매체로서의 구곡

선인들은 시를 통해 우의를 돈독히 하는 것이 관행이었다. 자신이 지은 시에 지인들에게 화운해줄 것을 요청했다. 그런가하면 지인들의 애경사에 시를 지어 예를 표하기도 했다.

담당(澹堂) 송우용(宋友用)은 송담(松潭) 송담수(宋聃壽)의 손자인 계담(桂潭) 송국사(宋國士 1612~1690)의 후손으로 그는 어려서부터 서예에 천재적인 소질이 있어 평생을 서예공부에 몰두하여 해(楷), 행(行), 초(草), 예(隷), 전서(篆書)의 오체에 모두 능했다. 계담(桂潭) 송국사(宋國士)는 고창현감을 지냈으며 우암 송시열과 친분이 있었다. 대전 목상동(신일동) 갑천변에 송국사가 세운 풍월정이 있었다. 송시열이 계담(桂潭) 풍월정(風月亭)에 쓴 시를 보자.

「계담(桂潭) 풍월정(風月亭)에 쓰다」. 『송자대전』 제4권
갑천지하로봉남(甲川之下魯峯南), 갑천의 하류 노봉의 남쪽,
왕석수명차계담(往昔誰名此桂潭). 지난날 누가 계담이라 이름지었나?
오숙일경영동우(吾叔一卿營棟宇), 우리 숙(叔)이 경 벼슬로 집을 경영하니,
소송수개령연람(疎松數箇領烟嵐). 듬성한 솔 몇 그루가 산 기운을 관장하네.
풍래광야신혼상(風來曠野神魂爽), 바람 부는 넓은 들판에 오니 정신 상쾌하고,
월입징파상위함(月入澄波象緯涵). 달빛 물결에 비추니 삼라만상이 잠기었네.
자시쌍청오구업(自是雙淸[19]吾舊業), 이것이 우리 쌍청당의 옛 가업이거니,
염옹흉차경수탐(濂翁胷次[20]更須探). 염계옹의 흉중을 다시 더듬어 보세.

송우용의 선조 송국사와 우암은 서로 유대가 돈독했다. 앞에서 살펴보았듯이 송우용도 가문의 세교(世交)와 우암에 대한 학문적 숭모심이 도통의식으로 발휘된 것이다.

이제 구곡과 구곡시가 학문적 교유관계에 미친 영향을 살펴보자. 이현택(李鉉澤)은 안흠에게 자신이 지은 「수도구곡시(修道九曲詩)」에 차운시를 지어줄 것을 요청했다. 이현택은 지금 경북 김천시 구성면(龜城面) 상원리(上院里)에

19) 쌍청당의 옛 가업 : 쌍청당은 송유(宋愉)의 집 이름인 동시에 그의 호. 회덕(懷德)에 사는 송씨는 모두 그의 후손인데, 쌍청은 바로 바람과 달을 의미하므로 옛 가업이라 한 것이다. 『송자대전수차(宋子大全隨箚)』 권(卷)4

20) 염옹은 송나라 학자 염계(濂溪) 주돈이(周敦頤)를 말하는데, 정자의 스승으로서 송학의 원조가 된다. 그가 죽은 뒤에 황정견(黃庭堅)이 명하기를 "그 인품이 높고 마음이 명랑함이 광풍제월(光風霽月)과 같다." 하였다. 『송사(宋史)』 권(卷)427.

거주했다. 안흠은 이현택의 요청을 들어 「차수도구곡시(次修道九曲詩)」를 지어준다.[21] 안흠이 이현택에게 보낸 편지 「여이현택서(與李鉉澤書)」[22]를 살펴보자. 안흠은 명춘(明春) 사회(社會)에서 만나길 기대한다고 했다. 이 당시 시사(詩社) 활동의 실태를 가늠해볼 수 있는 대목이다. 충북 괴산군 청천면 삼송4리 선유동 일대에 1700년대 초를 전후(前後)하여 옥선회(玉仙會)라는 시사가 존재했으며, 1955년 괴산군 불정면을 중심으로 용문시사(龍門詩社)가 활동했다.[23] 1919년 진천군 초평에도 정인표가 중심이 되어 활약한 춘경대 시회가 있었다.[24] 청주에도 1953년 청주시사(淸州詩社)가 결성되었으며, [25] 그후 월륜시사(月輪詩社)가 활동했다. 일제강점기와 6,26 전후 격동기에 시사의 활동이 왜 활발이 전개됐는지 그 시대적 의미도 추적해볼 필요가 있다.

안흠은 이현택의 「수도구곡시(修道九曲詩)」에 차운시를 지어보냈다. 안흠은 『청간만록(聽澗謾錄)』, 「차수도구곡시(次修道九曲詩)」를 적어놓고 그 하단에 이현택이 보낸 편지의 원문을 필사해놓았다.[26] 이 편지는 기묘(己卯 1939년) 오월(五月) 십사일(十四日)이 쓴 것이다. 이현택(李鉉澤)은 구곡이 선대 유학자가 취했던 하나의 문화 유풍으로 간주했다. 이현택은 안흠이 차운시를 지어 보내자 안흠의 시가 매우 훌륭하다고 과찬했다.

---

21) 안흠(安欽), 『청간유고(聽澗遺稿)』권1, 시시울, 2005. 57~58면. 「차수도구곡(次修道九曲)」 이현택(李鉉澤) 계산(桂山) 지례군(智禮郡) 원기(院基)[(금(今)]금릉군(金陵郡) 구성면(龜城面) 상원리(上院里)]. 원전: 표지에 ' 『청간만록(聽澗謾錄)』 완(完) 정축(丁丑) 원월(元月).'이라 되어있다. 정축(丁丑)은 1937년.

22) 安欽 著, 安秉讚 編, 『聽澗遺稿』권1, 「與李鉉澤書」, 시시울, 2005, 80면. "菊月, 鶴樓上, 暫敍, 便是邯鄲夢境入海中, 忽忽情緖, 恨未能以繁得汽車之力, 悄倚欄干, 瞻歸雲流帳而已. 遽然 滅色看看漸薄, 則堆際此靜體宇, 益加庥, 旺渾節貞吉凶凶之祝如夜添長欽咳寒喘火. 雖曰老者之常崇良憐苦海, 幸因聽川南兄槪聞近節, 而得聆九曲原韻之示, 娓娓莊誦, 儘覺炅源烏石去人不遠也. 然以若拙者, 欲效東嚬, 未易而槿搆以呈, 直不過高山流水之唱, 幸加斤正哂收, 俾爲餘日記念之面目也. 握攄湖嶺分隔, 當在卽時節否, 倘於明春社會之席, 只以期遠爲缺也."

23) 이상주(李相周), 「괴산(槐山) 연고(緣故) 시사(詩社)와 용문시사(龍門詩社)의 문예활동(文藝活動)」, 『괴향문화(槐鄕文化)』 제20집, 괴산향토사연구회, 2012, 289~305면.

24) 박용만, 「20세기 아집(雅集)의 풍경-『춘경대아집첩(春耕臺雅集帖)』에 대하여」, 『한문학보』제27집, 우리한문학회, 2012,335~363면.

25) 임동철, 「1950년대 이후 청주지역 시사활동(詩社活動)」, 『경운(景雲) 신철우선생(申哲雨先生) 서거십주년추도기념논총』, 2013, 499~510면.

26) "所謂九曲, 敢效先儒之[取]哉也. 私自記題不免其眼者, 噴筍而未暇仰稟先聞於聽川[言+]伯轉示, 而俯[賜]瓊章如非眷愛之厚誼, 豈若是也. 恍若黃鐘大呂鏗[王+將]於聾[目+貴]之門, 斯可謂破天荒也. 万丈光紫有虹月之氣, 令人瓢瓢若立於物外, 莫收之丹靑入於詩中之畵矣. 價倍於伯樂一顧, 則[以]何辭敢陳於高明之下也. 餘万在日后, 晋探拜謝, 留不備上候[書]. 己卯 五月 十四日 侍生 李鉉澤"

안흠은 청간정을 짓고 교유인물들에게 화운시를 요청했다. 본고에서는 수도구곡을 설정한 이현택과 촌상구곡을 설정한 송우용의 시만 소개한다.

먼저 이현택의 시이다.

활수진원도기청(活水眞源道氣淸),	세차게 흘러오는 물의 진짜 근원 도의 기운 청아하고,
불문성시시비성(不聞城市是非聲).	속세의 시비소리 들을 수 없네.
서산유적응다취(捿山幽跡應多趣),	산수에 사는 그윽한 삶 응당 취미 다양하고,
둔세한정기조명(遯世閒情豈釣名).	세상 등진 한가한 정 어찌 이름을 낚을꼬?
청경연하수처재(淸景烟霞隨處在),	청아한 경치 노을과 안개 곳에 따라 감돌고,
유시원학자래명(有時猿鶴自來鳴).	때 맞춰 원숭이와 학 저절로 와서 우네.
모현대흘문비정(慕賢臺屹門扉靜),	모현대 높아 사립문 고요하니,
지애금서노일생(只愛琴書老一生).	다만 거문고와 독서하며 한 평생 늙으리.

계산(桂山) 이현택(李鉉澤)

다음은 송우용의 시이다.

석인재간간류청(碩人在澗澗流淸),	훌륭한 인물 간수에 사니 간수 맑게 흐르고,
관유기란청유성(觀有其瀾聽有聲).	그 여울 바라보니 물소리 들리네.
감여석혜유가어(堪與石兮惟可語),	풍수설에 수석이 뛰어나다 말했는데,
등사정야불허명(登斯亭也不虛名).	이 정자에 올라보니 헛된 명성이 아니도다.
원종옥탁지남출(源從玉沰地南出),	물 근원 옥석으로부터 땅 남쪽으로 흘러나가서,
파접금강천외명(派接錦江天外鳴),	여물물 금강에 닿아 하늘 밖에 울리네.
풍월천추광제호(風月千秋光霽好),	풍월은 천추에 맑게 개어 좋으니,
모현대하노평생(慕賢臺下老平生).	모현대 아래 한 평생 늙으리.

담당시생(澹堂侍生) 송우용(宋友用)

이때까지 송우용은 존상구곡을 설정하지 않았다. 그후 송우용도 나이기 들면서 구곡을 정해야한다는 생각을 한 듯하다. 존상구곡에 화운한 시첩도 있었듯 한데 추적확인이 요망된다.

송우용은 이현택이 수도구곡을 설정하고 수도구곡시를 짓고 안흠에게 화운시를 요청하자 화답한 사실을 알고 있었을 것으로 짐작된다. 또 안흠이 청간정구곡을 설정하고 「청간정구곡가」를 짓는 것을 목격했을 것이다. 또 안흠이 청간정시를 짓고 자신과 다른 사람에게 화운시를 부탁하는 것을 보고 모방심리가 작동했을 것이다. 이 모든 상황이 그로 하여금 존상구곡을 설정하고 존상구곡시를 창작하게 했을 것이다. 그는 안흠이 서거한 후인 1957년 존상구곡을 설정하고 존상구곡시를 지었다.

필자는 안흠의 「차수도구곡시(次修道九曲詩)」을 통해 이현택이 수도구곡을 설정하고 수도구곡시를 지었다는 사실을 알았다. 필자는 그 현장과 수도구곡시의 존재를 확인하기 위해 답사를 다녀왔다.[27] 그가 살던 곳은 지금 경북 김천시 구성면(龜城面) 상원리(上院里)이다.

이현택의 며느리이자 이응대의 모친인 송재삼(054-434-0758)이 그 아들 이응대의 전화번호(010-9949-5203)를 알려주었다. 상주시 성심중학교에 근무하는 이현택의 증손 이응대(李應大)와 통화했다. 1987년 경 사랑채에 불이 나서 고서가 모두 불타서 남은 것이 없다고 한다.[28]

4월 22일 일요일 김천시 구성면 상원리 수도곡에 사는 이준영(李晙永)(054-434-9677)이 무티실(수도곡)이 전화로 말했다. "이곳은 피난처로 활용됐다. 이현택이 충청도 유학자들과 교유했다. 그래서 10내지 30일을 여행했다. 그는 노론계열로 우암의 후손들과 교유했다. 이현택은 여자분들이 소매 없는 옷을 입고 다니면 혼을 냈다. 집에 걸려있는 현판 '수도유거(修道幽居)'라는 글씨가 여산 송씨 송우용(宋友用)의 글씨이다." 이 송우용이 바로 존상구곡을 설정한 사람이다.

---

27) 2007년 4월 27일 일요일 구곡답사회 김상배, 김욱조, 안창영, 지학근 회원과 동행했다.

28) 다음은 이현택에 관한 정보다. 『연안이씨세보』 권지하, 「청양공오세손 방초공파」 六六. 字 潤若 號 桂山 高宗 乙酉 四月 十三日生 甲辰 八月 二十七日卒. 配 京山李氏 甲申 九月 三十日生 癸酉 七月 八日 卒. 父 萬檜 祖 益竣 曾祖 炳祜 學稼齋[絲+寅}后. 外祖 李志憲. 本星山. 墓 知品路嶺 五代祖妣塋下巽坐 雙墳. 公天性仁厚, 接人以和, 奉先以睦. 工於詩, 禮行誼有度. 周窮恤孤, 隣里咸服, 有遺稿. 孺人在京時, 夫病癘瀕危, 夜深齋浴, 獨往白岳山, 祈天願, 以身代. 自是日, 夫病漸次, 身染其症, 竟不起. 人謂衣禱有驗. 이 족보에 '유유고(有遺稿)'라 기술한 것으로 보아 수도구곡시도 수록돼있을 것이나 화재로 고서가 소실됐을 때 함께 타버린 듯하다.

수도곡에 사는 광산 김씨인 김맹수(金盟洙1933~)가 말했다. “수두곡(水豆谷)에 고려시대에 암자가 있었다. 일제시대 수도곡(修道谷)으로 바꾸었다. 도를 닦을 만하다하여 그렇게 바꾸었다. 마을 앞에 있는 방초정(芳草亭) 옆에 이현택의 생가가 있었는데 20년 전 화재로 인해 집 한 채 가득 쌓였던 고서가 모두 소실됐다. 방초정에 모여 장수(藏修)했다.”

방초정(芳草亭)에 걸린 사자구(四字句)는 구곡답사회원 김욱조가 그 명칭을 이기했다. 방초정 10경으로 보인다. 수도모설(修道暮雪)도 있다.

수도모설(修道暮雪) 십리장정(十里長亭) 일대감호(一帶鑑湖) 송잠취림(松岑翠林) 굴대단풍(屈臺丹楓) 금오조운(金烏朝雲) 우평목적(牛坪牧笛) 나담어화(螺潭漁火) 응봉낙조(鷹峰落照) 미산반륜(眉山半輪)

참고로 안흠의 「차수도구곡시(次修道九曲詩)」를 통해 수도구곡 9개의 명칭을 열거해본다.

① 제1곡 은사대(隱士臺). ② 제2곡 심진동(尋眞洞). ③ 제3곡 옥류천(玉流川). ④ 제4곡 영천(靈泉). ⑤ 제5곡 선굴암(仙窟巖). ⑥ 제6곡 입암(立巖). ⑦ 제7곡 장수산방(長壽山房). ⑧ 제8곡 이도곡(履道谷). ⑨ 제9곡 무도현(舞蹈峴)

구곡의 위치를 확인하고자 했으나 바위에 새겨놓은 글씨도 없는 듯하며, 주민들에게 물어보았으나 그 사람들은 들어본 적이 없다 한다. 영천과 장수산이 있는 것은 확인했으나 너무 범위가 넓어 단정하기도 어려웠다.

문인학자가 자신이 지은 시에 대해 교유인물들에게 화운시를 지어줄 것을 요청하는 일을 관행이다.

우암이 주축이 되어 그와 그 문하생들은 율곡이 지은 「고산구곡가」를 한역했다. 이는 도통의식의 시문학적 계승의 표출이다. 기호사림에 있어서는 사림들에게 있어서는 매우 의미있는 일이다. 자기가 지은 구곡시에 지인들이게 차운해줄 것을 요청하는 것도 이런 전통이자 관행이다. 이런 현상은 조선말 일제강점기에 대두확산된다. 퇴계를 숭상하는 문인들도 구곡시를 짓고 차운하는 사례가 조선 후기 이후 산견된다.

조선말 일제강점기에 오면 구곡시에 화운을 요청하고 창수하는 사례가 대두되면 그 사례가 증가한다. 유중교(柳重敎 1832~1893)은 자신이 지은 「옥계구곡가」에 그 동료와 제자들에게 화운시를 지어 보내 줄 것을 요청했다. 김평묵(金平默 1819 ~ 1891)[29]과 정윤영(鄭胤永 1833~1898)[30]은 화운시를 지어주었다. 유중교의 제자 류린석(柳麟錫 1842~1915)의 「복화성재선생영옥계구곡(伏和省齋先生詠玉溪九曲)」[31]이 있다. 도학의 이념을 숙지하여 망각하지 않고 실천하기 위한 시각적 현장을 구축하기 위해 그 이념을 구곡 각각의 명칭으로 삼았다는 사실을 알 수 있다. 이렇듯 조선말에 일제가 조선에 무력적 압박을 가하는 상황하에서 기호사림 사이에는 도통계승의 상징으로 '존화양이' '척사위정'의 사상을 공고히하기 사제간 붕우간의 결속을 공고히 하기 위해 구곡을 설정하고 구곡시를 구곡시를 차운했다는 것을 알 수 있다.

이진옥(李鎭玉 1829~1899)을 보자. 이진옥은 홍익필의 제자로 우암을 숭상하는 정통 도학자였다. 이진옥은 1897년 충북 청원군 오창면 성산리(星山里) 덕대용두천(德大龍頭川)일대에, 덕산구곡(德山九曲)을 설정했다. 『덕산구곡시(德山九曲詩)』는 이진옥이 지인(知人)들에게 차운시를 지어주기를 부탁하여 완성됐다는 사실을 알 수 있다. 그 둘째 아들 이희명(李熙明 1874~1946)이 1897년 창수시를 모아 『덕산구곡시(德山九曲詩)』를 엮었다. 여기에 창수한 구곡시가 33편이다. 『덕산구곡시(德山九曲詩)』는 현존 최초의 구곡시 창수집이다. 이진옥이 설정한 덕산구곡에 대해 동료와 문하생들에게 화운시를 받은 이유는, 구곡을 설정한 뜻을 동료와 문하생들에게 각인확산시키기 위해서였다.

이상에서 살펴보았듯이 안흠과 송우용은 구곡과 구곡시를 통해 우의를 돈독히 하고 시창작활동도 활발히 했다. 이들에게 있어서는 구곡과 구곡시가 교유관계를 원활히 하는 일면 매체 역할을 했다. 송우용은 수도리에 가서 '수도유거(修道幽居)라는 현판을 써주었다. 송우용은 이현택이 수도구곡을 설정하고 수도구곡시를 짓는 것을 보고 안흠이 청간정구곡을 설정하고 청간정구곡가를 짓는 것을 목격했다. 그의 도통의식과 이런 견문이 그로 하여금 말년에 촌상구곡을 설정하게 했다.

조선말 일제강점기에 기호사림들의 '척사위정'·'존화양이'론을 기반으로 하는

---

29) 김평묵(金平默), 『중암집(重庵集)』1, 「옥계동구곡가(玉溪洞九曲歌)」 한국문집총간 319, 2003, 53~54면.

30) 정윤영(鄭胤永), 『후산집(后山集)』, 「화성재유치정중교(和省齋柳致程重教) 옥계구곡가(玉溪九曲歌)」.

31) 유인석(柳麟錫), 『의암집(毅菴集)』 권1, 「伏和省齋先生詠玉溪九曲」, a_337_061c. 丙子春, 先生子楊根, 移定几案于嘉陵郡北 玉溪之下 紫里村, 麟錫易從之. 溯溪十數里, 境甚幽深奇壯, 先生既通記山水. 又定九曲, 曰臥龍秋・撫松巖・濯纓瀨・鼓瑟灘・一絲臺・秋月潭・青楓峽・龜遊淵・弄湲溪, 而有詠 重庵先生荷塘族祖(嗲)有和, 和者更多, 小子玆有蕪搆.

도통연원(道通淵源)의 계승양상은 3가지로 표출된다. 첫째 이들은 항일투쟁을 적극 전개한다. 둘째, 이들은 항일의병항쟁을 위한 교육과 집회장소로 활용하고, 도학계승의 표상화로 삼기위해 심산유곡에 구곡을 설정하고 구곡시를 지었다. 셋째 교육과 학문을 통해 구국활동에 동참할 인재를 양성하기 위해 학교를 창건한다.

이규회는 우암과 누대로 이어지는 도통계승의식을 구곡으로 상징화였다. 안흠도 일제 강점기 존화양이 즉 항일의식의 치환적 표출이라 볼 수 있다. 1957년 송우용이 촌상구곡을 설정한 것도 북괴의 남침이 존화양이 위정척사와 연관시켜 생각한 소취일 수 있다.

3. 영동의 구곡과 구곡시 분석

이제 영동지방에 설정된 구곡과 구곡시를 살펴보고자 한다. 이 구곡의 명칭과 9개 곡의 명칭, 그리고 구곡시에 도통의식이 어떻게 반영됐는지 살펴보자.

1) 이규회의 신안구곡과 신안구곡시

이규회(李奎會 1800~1867)가 충북 영동군 황간면 신안리에 설정한 신안구곡시를 살펴보자.

「신안구곡시(新安九曲詩)」[32)]

제1곡 두앙리(斗仰里): 태산과 북두칠성처럼 우러르는 마을이다.

청황(靑黃[황간구호(黃澗舊號)])성북별천양(城北別天壤), 청황(靑黃:황간黃澗)의 옛이름)성(城) 북쪽에 별천지가 있는데,

인리가명산두앙(仁里嘉名山斗仰). 어진 마을 아름다운 이름나, 태산(泰山) 북두(北斗)처럼 우러르네.

---

32) 신안구곡시는 안병찬(安秉讚 1930~)화백님이 보내주셔서, 2006년 9월 11일 월요일 받아보았다. 이 분은 '청간정구곡(聽澗亭九曲)'을 설정한 안흠(安欽 1863~1940)의 손자이다. '신안팔경시(新安八景詩)'도 함께 보내주셨다. 우리 전통문화에 남다른 애정과 관심을 가지고 후의를 베풀어주신데 깊이 감사한다.

복축하년계후인(卜築何年啓後人)[선고축실차지(先考築室此址)], 어느 해에 터를 잡아 후세에게 열어주셨나?[돌아가신 아버지께서 이 터에 집을 지었다.]
오가유촉자향당(吾家遺躅玆鄕黨)[33]. 우리가문이 여기 향당(鄕黨)에 남긴 자취 있네.

이규회는 제1곡에서 자신의 거주하는 황간이 어진마을로 태산과 북두칠성처럼 우러러 받들어지는 마을이라 여긴다. 인의(仁里)와 북진(北辰) 모두 『논어』에 연원이 있는 말이니 전통 유학의 정신을 계승한 징표이다. 이규회는 아버지 때 터를 잡아 지금 고향이 되었다는 내력을 읊었다.

제2곡 독지평(篤志坪): 의지를 돈독히 하는 들이다.

소야유심인선지(小野幽深人鮮至), 작은 들 아늑하고 깊어 찾아오는 사람 드물은데,
탐진수독오심지(探眞須讀吾心志). 참됨을 탐구하자면 모름지기 내마음의 뜻을 읽어야하네.
가언래자물방황(駕言來者勿彷徨), 수레 타고 오는 사람 방황하지 마소라,
저리기관비일이(這裏奇觀非一二). 저 가운데 기이한 경치 한 둘이 아니네.

이규회는 제2곡의 이름을 뜻을 돈독히하는 평야라 이름을 지었다. 『중용』에 독행(篤行)을 강조했다. 진리를 탐구하는 요체로 내 마음의 뜻을 알아야한다고 했는데, 독지평에 오면, 들 가운데 기이한 자연 풍경에서 진리를 얻을 수 있다는 말이니, 오심(吾心) 즉(則) 타심(他心)이다. 성리학(性理學)이라 본래 인간이 본래부터 소유한 심성을 탐구하는 학문이다.

제3곡 오도령(吾道嶺): 나의 도를 닦는 고개이다.

초아동행일어보(招我同行一語報), 나를 불러 동행하니 한 마디로 말하기를,
승고막불유사도(升高莫不由斯道). 높은 곳 오르려면 이 길을 지나지 않을 수 없다 했네.
참천절령휴운미(參天[34]截嶺休云迷), 하늘에 솟은 깎아지른 고개 헷갈린

33) 향당(鄕黨): 부모와 종친이 계신 곳으로, 오늘날 고향으로 보면 됨. 『논어(論語)』「향당(鄕黨)」.

다 말하지 마소라,
승기당유위선도(乘騏當有爲先導). 말을 타고 당연히 앞장서 인도하리.

제3곡 자신의 도를 닦는 고개다. 산의 높음을 우러러보고 굽어보며 자연을 통해 도와 학문의 높낮이를 배우는 것이다. 『시경』의 고산앙지(高山仰止)이다.35)

제4곡 대길동(大吉洞): 크게 길한 마을이다.

동심하대추취율(洞深何待鄒吹律), 마을이 깊숙하니 어찌 추(鄒)땅의 피리소리를 기다릴손가?
난기인온자협길(暖氣氤氳自叶吉). 따스한 기운 서려 절로 길하게 화합하네.
차거가구기허여(此距佳區幾許餘), 여기서 아름다운 구역 얼마나 떨어져 있는고?
지회각파서경일(遲回却怕西傾日) 늦게 돌아보니 도리어 서산에 해가 지는 것이 두렵네.

크게 길한 땅이다. 추(鄒) 땅은 맹자가 태어난 땅이다. 대길동은 따스한 기운이 서려 길한 곳이다. 아름다운 구역이라서 서산에 해가 지면, 못 볼까 두려워해야할 정도로 승경지인 것이다.

제5곡 신안촌(新安村): 주자(朱子)의 신안촌과 같은 마을이 되라는 마을이다.

대노석임차지관(大老昔臨此地寬), 우암(尤庵)께서 예전에 훤한 이곳에 오셔서,
촌명모고정신안(村名慕古定新安). 마을 이름을 옛일을 흠모하여 신안이라 정했네.
[이지구명(里之舊名), 즉신흥(卽新興) 몽재선조시거지일(蒙齋先祖始居之日), 우옹개이신안(尤翁改以新安). 개방주부자촌호(盖倣朱夫子村號)]
[마을의 옛이름은 즉 신흥리(新興里)였다. 몽재(蒙齋) 선조가 처음 거주한 날에 우옹께서 고쳐서 신안이라 했다. 대개 주부자가 살던 마을이름을

34) 참천(參天): 공중에 높이 솟아난 모양. 杜甫, 「古柏行」. 霜皮溜雨四十圍, 黛色參天二千尺.
35) 『詩經』, 「小雅・車舝」에 "高山仰止 景行行止" 즉 "저 높은 산봉우리 우러러보며, 큰길을 향해 나아가노라."라는 말이 나온다.

모방한 것이다].

생색산천상개관(生色山川尙改觀), 산천이 빛나고 모습이 오히려 달라진 건,
자오선조승사훈(自吾先祖承師訓). 우리 선조가 스승의 가르침 받들고 부터라네.

본래 신홍리였는데 우암이 주자의 학문을 존숭하라는 뜻을 담아 주자가 살던 마을이름인 신안리로 개칭하라하여, 이석견이 마을이름을 신안리로 고쳤다. 장기적 지속적 최면을 걸은 것이다. 이처럼 이규회는 도통의식을 지명의 개명으로 실천했다. 이로써 고향산천이 빛나고 모습이 달라졌다고 이규회는 흡족한 심정을 싯구에 표현했다.

제6곡 구학암(九鶴巖): 아홉 마리 학이 사는 바위이다.

구인고산수궤작(九仞[36]高山誰簣作), 아홉 길의 높은 산 누가 삼태기로 쌓았나?
인전차지강선학(人傳此地降仙鶴). 사람들이 여기에 선학(仙鶴)이 내려왔다 전하네.
백파추몽일경여(百坡秋夢一驚餘), 많은 고개 가을 꿈에 놀래고도 남음이 있는데,
현호의형여재작(玄縞儀形如在昨). 학(鶴)의 거동하는 모습 그전과 같네.

『논어』, 「자한(子罕)」에 한 줌의 흙이 모여 산이 되었다고 했다. 구학봉이 그렇다. 여기에 선학이 내려왔다. 이 구학봉은 학이 여전히 날아오는 선경이다.

제7곡 원단현(圓丹峴) 원형의 단약(丹藥)을 달이는 고개다.

현체원여월영단(峴體圓如月影團), 고개 모양 둥글기 달처럼 둥글은데,
선아욕강도금단(仙娥欲降擣金丹[37]). 선녀(仙女)가 내려와 금단(金丹)을 찧으려 하네.

36) 구인(九仞): 『서경(書經)』, 「주서(周書)·여오(旅獒)」. 불긍세행(不矜細行), 종루대덕(終累大德), 위산구인(爲山九仞), 공휴일궤(功虧一簣). "세행(細行)을 삼가지 않으면 큰 덕(德)을 더럽히게 됩니다. 산 아홉 길을 만드는데 흙 한 삼태기에서 공이 이지러질 것입니다."라는 뜻이다.

37) 금단(金丹): 신선이 먹는다는 단약(丹藥), 유황과 수은의 화합물이라 한다.

여하세만무소식(如何歲晩無消息), 어찌하여 해는 저무는데 소식이 없는가?
행여개사상폐간(行旅皆思爽肺肝). 나그네 모두 속이 후련하게 해주기만을 생각하거늘.

제7곡은 고개의 형상이 달처럼 둥글다. 선녀가 단약을 찧으려 왔다. 선녀가 단약을 찧는다는 소식이 해가 저물어도 들리지 않는다. 그래서 신선의 세계다. 신선의 세계에서는 이루어지는 지 어떻지 아는 듯 모른 듯한 사이에 지나간다.

제8곡 부상동(扶桑洞): 부상나무가 보이는 마을이다.

차동개명최향양(此洞開明最向陽), 이 마을은 햇빛을 가장 많이 받아 밝은 곳으로,
원부상시근부상(遠扶桑是近扶桑[38]). 부상(扶桑)나무가 먼 곳에 있지만 이곳은 가까이에 있네.
지두완청금계창(枝頭宛聽金鷄唱), 나무가지 끝에 금계(金鷄) 울음소리 완연히 들리니,
서색령롱만피창(曙色玲瓏滿彼蒼). 새벽빛이 영롱하게 저 푸른 하늘에 가득하네.

부상나무는 동해바다 신선이 산다는 땅에 나는 나무이다. 이 마을에서는 가깝다. 바로 이곳이 선경이라는 비유다. 금계 울음소리가 완연히 들릴 정도이며 여명이 창공에 가득하다.

제9곡 복수곡(福壽谷): 수복을 누릴 수 있는 골짜기

곡리안한청복수(谷裏安閒淸福叟), 편안하고 한가로운 이 골짜기 노인들은 청복(淸福)을 누리고,
차생행제역인수(此生行躋域仁壽[39]). 이 생애 인수(仁壽)를 누릴 수 있는 곳에 이르렀네.

---

38) 부상(扶桑): 부상목(扶桑木). 해가 떠오르는 동해 바다에 있다는 신령한 나무.

39) 인수(仁壽): 『논어(論語)』, 「옹야(雍也)」. 인자수(仁者壽). "어진 사람은 장수한다."는 뜻이다. 어진 사람은 마음이 안정되어있기 때문에 장수한다고 한다.

자구변시동강미(玆邱便是東岡[40]美), 이 곳이 바로 동편 산 언덕이 아름다운 곳이니,
기어오가세세수(寄語吾家世世守). 부탁하노라 우리집안 대대로 지켜가길.

제9곡은 복과 장수를 누리는 골짜기다. 노인들이 청아한 복을 누리고 어진 사람이 장수하길 바라는 마음을 의탁했다. 아울러 자손 대대로 어짐과 장수를 누리기를 기원했다.

이번엔 구곡총론(九曲摠論)이다.

욕출가경기출타(欲朮[41]佳境豈朮他), 명승지를 기술하려면 어찌 다른 곳을 기술하리요?
아유신안구곡가(我有新安九曲歌). 나는 신안구곡가(新安九曲歌)를 가지고 있다네.
진보전두순차서(進步前頭循次序), 앞쪽으로 나아가며 차례대로 돌아보니,
기관부단재양아(奇觀不但在洋峨). 기이한 볼거리 큰 바다 높은 산에만 있는 것이 아닐세.

이규회는 신안구곡이 명승지라는 자부심으로 끝맺었다. 기이한 절경이 큰 바다 높은 산에만 있는 것이 아니라 한발 후퇴한다. 사실 신안구곡을 절경은 아니다. 제4구는 유우석의 누실명의 구절을 연상케한다. 즉 '산부재고유선즉명(山不在高有仙則名), 수부재심유룡칙영(水不在深有龍則靈)' 즉 "산은 높다고 이름이 나는 것이 아니라 신선이 있으면 이름이 나고, 물은 깊다고 이름이 나는 것이 아니라 용이 있으면 신령하다."라는 뜻이다. 이는 외양보다 내실의 중요성을 강조한 문구다.

---

40) 동강(東岡): 동쪽의 산언덕. 세상을 마다하고 은둔하는 곳으로 쓰임. 『후한서(後漢書)』, 「주섭전(周燮傳)」. "선세(先世)이후로 국가에 대한 공로와 임금의 은총으로 대를 이어왔는데, 어찌하여 그대 혼자 동강의 언덕만 지키려고 하는가" 하였음.

41) 출(朮) '짓는다'는 뜻을 지닌 술(述)과 같음.

2) 안흠의 청간정구곡과 청간정구곡가

모현대

청간정구곡(聽澗亭九曲)[42]은 안흠(安欽 1863~1940)이 충북 영동군 매곡면(梅谷面) 수원리(水院里) 모현대(慕賢臺) 일원에 설정했다. 대개의 구곡(九曲)은 어느 한 하천의 상류 또는 하류부터 하천가에 있는 아홉 군데의 명승지에 차례로 곡(曲)의 순서와 명칭을 붙였는데, 청간정구곡은 이 원칙을 지키지 않았다. 황학산이나 옥녀봉은 하천에서 멀리 떨어져있는 산이나 봉우리이다. '정주현(程朱峴)'을 제외하고는, 그 명칭이 '팔경(八景)'의 명칭을 붙이는 방식으로 명명했다. '응봉초가(鷹峰樵歌)'·'노천어적(鷺川漁笛)' 등이 그것이다. 원전에 곡(曲)의 차례를 붙여놓지 않았으나, 다음과 같은 순서로 되어있다. 곡(曲)의 순서는 편의상 필자가 붙인 것이다.

「청간정구곡가(聽澗亭九曲歌)」장단운(長短韻). 신유(辛酉)[1921년] 중추(仲秋) 일(日)

정주현(程朱峴): 정주고개이다. 충북 영동군 매곡면 수원리.

---

42) 필사본으로, 표지에 한자(漢字)로 '「모현대(慕賢臺) 청간정(聽澗亭)」, 신유(辛酉) 오월(五月) 자(子) 창준(昶濬) 근초(謹抄)'라 기술했다. 신유(辛酉)는 1921년. 안병찬(安秉讚), 「청간정구곡가(聽澗亭九曲歌)」, 『모현대(慕賢臺) 청간정(聽澗亭)』, 1994. 22~26면에 재수록했다. 2006년 6월 25일 일요일 구곡답사회 김욱조·김태영·박준이·송기호·왕영숙·이미숙·이상주·조선례·조재명·지학근 회원이 '청간정구곡'을 답사했다. 답사시 안흠의 생가에 거주하는 그 손자 안병찬화백이 한문원본을 보여주어 확인했다. 그분은 교직에서 정년퇴직한 후 고향을 지키며, 향토 관련 자료를 정리하고 있으며 숭조사업에도 열성이다. 또한 충청북도 미술대전 초대작가로 그림을 그리고 글씨를 쓰며, 예술적 취향을 즐기며 고향과 문화창달을 위해 보람있게 살고 있다.

모현대상정주현혜(慕賢臺[43]上程朱峴[44]兮), 모현대(慕賢臺)위쪽 정주(程朱)고개,
명불우연기돌올(名不偶然起突兀). 높이 솟았으니 이름이 우연이 아니네.
산앙어금단이인(山仰於今但二人), 지금 산을 우러르니 다만 두 분뿐인데,
발전현지소미발(發前賢之所未發). 앞 시대의 성현(聖賢)이 펴지 못한 것을 펴네.
사면춘풍문외설(四面春風門外雪), 사방에 봄바람 문 밖엔 하얀 눈,
천재한수천심월(千載寒水天心月). 천년토록 차가운 물 천심(天心) 머금은 달.
우이갱장혜(寓以羹墻[45]兮), 우러러 보고 흠모하노니,
백세지하여첨알(百世之下如瞻謁). 백 세대 후에도 우러러 보겠네.
척피방황불인거(陟彼彷徨不忍去), 저 고개에 올라 노니니 차마 돌아가기 싫은데,
지황수폐공무몰(地荒水廢恐蕪沒). 땅이 거칠어지고 물이 마르니 없어질까 두렵네.
시불망혜명이정(示不忘兮名以亭), 보여주노니 잊지 마소라 정자의 이름,
작지미취전우갈(作之未就篆于碣). 이름은 지었으나 건물은 짓지 못하고 돌에 새겼네.
어조비잠자천기(魚鳥飛潛自天機)[46], 물고기 헤엄치고 새는 나니 절로 천기(天機)를 발함이며,
송황창취성임월(松篁蒼翠成林樾). 소나무 대나무 푸르러 숲그늘 이루었네.
곡곡간여암암석(曲曲澗與巖巖石), 골골이 맑은 물과 우뚝한 바위들,
늑불마혜유불갈(泐不磨兮流不竭). 글씨 써도 닳아 없어지지 않으며 흘러도 마르지 않네.

43) 모현대(慕賢臺): 정자의 이름이자, 지금 마을의 이름이 됨. 여기서는 마을 이름.
44) 정주(程朱)고개: 중국 송(宋)나라시대 도학(道學)의 정통인 정호(程顥)·정이(程頤) 형제와 주자(朱子)를 숭상하는 뜻을 담아 고개 이름을 붙임.
45) 갱장(羹墻): 남을 경모(敬慕) 추념(追念)하는 일. 『후한서(後漢書)』, 「이고전(李固傳)」. 석요조지후(昔堯殂之後), 순앙모삼년(舜仰慕三年). 좌칙견요어장(坐則見堯於牆), 식칙도요어갱(食則覩堯於羹).
46) 천기(天機): 풀벌레가 우는 소리와 매미가 우는 소리처럼 천부적으로 우러나는 자연적인 기미(機微).

안흠은 정자와 주자를 흠모하여 고개이름을 정주현이라 붙였다. 명칭에서 이미 도학을 계승했다는 도통의식이 극명하게 표출되어있다. 이 산의 이름, 천년동안 변하지 않는 한수(寒水), 천심을 머금은 달, 거기 비유한 인간의 심상(心象)은 백세도록 우러봐야할 가치다. 그는 계곡에 흐르는 물 우뚝한 바위는 말라버리지 않고 닳아 없어지지 않듯 그 도학정신도 영원하리라 기원했다.

제2곡 장유벽간(長流碧澗): 길게 흐르는 푸른 시내이다. 충북 영동군 매곡면 수원리

> 일작유다천하지수(一勺猶多天下之水), 한 구기의 물 오히려 천하(天下)의 물보다 많은데,
> 청호탁부시비성(淸乎濁否是非聲), 맑은가 흐린가 시비하는 소리 있네.
> 산간류왈간야(山間流曰澗也). 산간에 흘러 '간수(澗水)'라 하니,
> 의아지청(宜我之聽), 마땅하도다, 내가 소리 듣는 것이.
> 일천리혜(日千里兮), 하루 천리를 흘러 가도다,
> 이변명(耳邊鳴). 귓가에 울리며.

간수라는 용어가 『시경』에 나오는 용어이며 주자가 그런 장소에서 강학과 문학을 했던 고사를 응용하여 시상을 전개했으니 역시 도통계승의식을 시에 의탁한 것이다.

제3곡 횡련평야(橫連平野): 가로 이어진 평야. 충북 영동군 매곡면 수원리

> 강구연월경전이식혜(康衢烟月[47]畊田而食[48]兮), 강구연월(康衢烟月) 태평성대에 밭을 갈아 식생활하니,
> 차막비요순기민(此莫非堯舜其民). 이것은 요(堯)·순(舜)시대 백성이 아닌 것이 아니로다.
> 신농이몰귀안적(神農[49]已沒歸安適), 신농씨(神農氏) 이미 돌아갔으니

47) 강구연월(康衢烟月): 정치가 잘 되어가면, 누구도 나라가 잘 다스려지는 어떤지 모를 정도가 된다는 것. 『열자(列子)』「중니(仲尼)」. 치천하오십년(治天下五十年), 부지천하치여(不知天下治歟), 불치여(不治歟). … 요내미복(堯乃微服), 유어강구(游於康衢), 문아동요(聞兒童謠), 입아증민(立我蒸民), 막비이극(莫匪爾極). 불식불지(不識不知), 순제지칙(順帝之則).

48) 경전이식(畊田而食): 너무도 태평성대가 지속되어 임금이 정치를 잘 해서 그런지도 모르는 상황을 일컬음. 『제왕세기(帝王世紀)』. 제요지세(帝堯之世), 천하태화(天下太和), 백성무사(百姓無事), 유팔구십로인격양이가왈(有八九十老人擊壤而歌曰) 일출이작(日出而作), 일입이식(日入而息), 착정이음(鑿井而飮), 경전이식(耕田而食), 제하력어아재(帝何力於我哉)?

49) 신농씨(神農氏): 반인반수(半人半獸)의 고대중국의 전설적인 제왕. 농사짓는 법을 가르쳤다고

누구를 따라 돌아갈꼬?

단견피서리이신(但見彼黍離[50]離新). 다만 저 기장밭이 새로 무성함을 보겠도다.

그는 펼쳐진 평야를 읊은 시에도 요순시대처럼 태평성대가 유지되길 염원하는 심정을 담았다. 기장 밭이 새로 무성하다는 말은, 일제강점기의 암울한 정국이 도래했다는 절망적 상황을 염두한 표현인 듯하다.

제4곡 둔덕봉제월(屯德峰霽月): 둔덕봉의 개인 달이다. 충북 영동군 매곡면 수원리

앙지호고봉제월혜(仰止乎高峰霽月兮), 우러러 보도다, 높은 봉우리 개인 달,
상상렴계옹(想像濂溪翁[51]). 염계옹(濂溪翁)을 상상하게 하네.
천추일태극(千秋一太極), 천추(千秋)에 하나의 태극(太極),
기덕야우광풍(其德也又光風)[52]. 그 덕(德)은 또 광풍(光風)같네.

안흠은 둔덕봉의 비 개인 후 떠오른 달을 바라보면서, 주돈이(周敦頤)의 인품을 생각한다. 송나라 황정견(黃庭堅)이 주돈이의 인품을 평가하여 한 말이 '광풍제월(光風霽月)'이다. 이후 도학에서는 고결하고 청아한 인품의 상징으로 광풍제월을 차용했다. 송규렴(宋奎濂)은 제월당이라 당호로 삼았다.

제5곡 무수정청풍(無愁亭淸風): 무수정의 맑은 바람이다. 충북 영동군 매곡면 수원리

절벽고정립(絶壁孤亭立), 절벽 위에 외따로 서있는 정자,

함.

50) 서리(黍離): "피서리리(彼黍離離)." 저 기장이 성하고 성하다." 『시경』「왕풍(王風)」의 편명인데, 동주(東周)의 대부(大夫)가 행역(行役)하다가 이미 멸망한 서주(西周)의 옛 도읍인 호경(鎬京)을 지나가다가 옛 궁전과 종묘가 폐허로 변한 곳에 기장과 피 등이 무성한 것을 보고 비통하여 탄식하며 부른 노래이다.

51) 염계옹(濂溪翁): 북송(北宋) 때 유학자(儒學者) 주돈이(周敦頤)의 호(號). 자(字)는 무숙(茂叔). 정호(鄭顥) 정이(鄭頤)의 스승이며 송학(宋學)의 비조(鼻祖)가 됨. 저서에 『통서(通書)』·『태극도설(太極圖說)』 등이 있다.

52) 광풍(光風): 황정견(黃庭堅)이 주돈이의 인품을 비유적으로 예찬한 말. 『송사(宋史)』권(卷) 427 「열전(列傳)」186 도학(道學) 일(一), 주돈이(周敦頤). 황정견칭(黃庭堅稱) 기인품심고(其人品甚高), 흉회쇄락(胸懷灑落), 여광풍제월(如光風霽月):황정견(黃庭堅)이 예찬하기를 "인품이 매우 높아, 가슴속과 마음이 상쾌하고 시원하기가, 비온 뒤에 부는 바람과 비 개인 뒤에 떠오르는 달과 같다."고 했다.

송탄협야통(松灘挾野通). 송탄(松灘)이 들을 끼고 관통하네.
작수명수위(作誰名誰謂), 누가 짓고 누가 그렇게 이름을 붙였나?
명명문태공(冥冥問太空)[53]. 아득하고 아득한 먼 하늘에 물어보네.
고수염천하(高睡炎天下), 무더운 여름 베개 높이 베고 잠자며,
피금가일중(披襟暇日中). 한가한 날에 옷깃을 떨치네.
회갈민여희황세(懷葛民[54]歟羲皇[55]世), 회갈민(懷葛民)인가 복희(伏犧)와 황제(皇帝)의 세상이로다,
취래북창처사풍(吹來北窓處士風). 북쪽 창가에 처사(處士)의 바람 불어오네.
기어상심노노객(寄語傷心勞勞客), 상심하고 피로한 나그네에게 말하노니,
등사공작무수옹(登斯共作無愁翁). 이곳에 올라 함께 근심없는 노인이 되어보세.

무수정 즉 근심이 없는 정자라는 뜻이다. 갈천씨와 같이 세상을 다스리는데 말하지 않아도 믿게 되고 교화(敎化)하지 않아도 저절로 교화가 행해지길 바라는 마음을 의탁했다. 복희(伏犧)와 황제(皇帝)같은 성군이 출현하여 다스리는 나라가 되길 바라는 동경심을 담았다.

제6곡 황학산백운(黃鶴山白雲) 황학산의 흰 구름이다. 충북 영동군 매곡면 공수리와 어촌리, 경북 김천시와 경계.

학비거산독립(鶴飛去山獨立), 학(鶴)은 날아가고 산(山)만 홀로 남았는데,
유유백운혜(悠悠白雲兮). 유유히 흰 구름만 떠가네.
옥적인하재(玉笛人何在), 옥피리 부는 사람은 어디에 있는고?

53) 태공(太空): 끝도 없고 가장자리도 없는 하늘. 소식(蘇軾), 「희우정기(喜雨亭記)」. 명명태공(冥冥太空). 관윤자(關尹子), 「이주(二株)」.일운지상(一運之象), 주호태공(周乎太空).

54) 회갈민(懷葛民): 무회씨(無懷氏)와 갈천씨(葛天氏): 갈천씨(葛天氏)는 중국 상고시대의 제왕. 세상을 다스리는데 말하지 않아도 믿게 되고 교화(敎化)하지 않아도 저절로 교화가 행해졌다. '갈천씨지민(葛天氏之民)'이란 욕심없고 순박한 사람이란 뜻. 무회씨(無懷氏)는 도덕으로 세상을 다스려 당시의 백성들이 모두 사욕(私慾)이 없고 편안했다. 도연명(陶淵明), 「오류선생전(五柳先生傳)」. 감상부시(酣觴賦詩), 이락기지(以樂其志), 무회씨지민여(無懷氏之民歟), 갈천씨지민여(葛天氏之民歟).

55) 복희(伏犧)와 황제(皇帝): 중국 상고시대 제왕. 복희(伏犧)는 백성들에게 고기잡이와 사냥, 농사와 가축기르기를 가르쳤으며, 처음으로 『주역(周易)』의 팔괘(八卦)를 만들었다함. 황제(皇帝): 삼황(三皇) 오제(五帝)의 약칭. 중국 고대의 성군(聖君)을 상징하는 말. 삼황은 희(犧)·신농(神農) 황제(皇帝) 또는 수인(燧人). 오제는 대개 소호(少昊) 전욱(顓頊) 제곡(帝嚳)·요(堯) 순(舜)을 침.

망지약운중군혜(望之若雲中君兮). 바라보니 구름 가운데 있는 그대 같구려.

학이 머문다는 황악산이다. 신선의 세계에 대한 이상을 표출했다. 학은 날아갔지만 구름가운데 있는 그대가 학을 대신한다. 대신하는 그 주인공은 안흠 자신일 것이다.

제7곡 옥녀봉단하(玉女峰丹霞): 옥녀봉의 붉은 노을이다. 충북 영동군 상촌면 교동리

봉두화영위수용(峰頭花影爲誰容), 옥녀봉 산봉우리 꽃 그림자 누구를 위해 얼굴 단장했나?

옥녀응장점점농(玉女凝粧點點濃). 옥녀의 화장 점점이 짙구나.

살포도원도일폭혜(撒佈桃源圖[56]一幅兮), 무릉도원도(武陵桃源圖) 한 폭을 펼쳐놓았도다,

차산의시무릉종(此山疑是武陵從). 이 산 무릉도원(武陵桃源)에서 왔나 의심했네.

옥녀봉의 붉은 노을을 옥녀가 화장한 것으로 비유해서 표현했다. 주자의 무이도가 제2곡에도 옥녀봉이 나온다. 안흠은 옥녀봉을 무릉도원에 비유했다. 여인이 얼굴을 단장하는 이유는 자명하다. 자기를 기쁘게 해주는 남자를 위해서다.

제8곡 응봉초가(鷹峰樵歌): 매봉의 나무꾼 노래소리이다. 충북 영동군 매곡면 수원리

노장팔순양목야(老將[57]八旬揚牧野)[58][59], 늙은 장수 팔순에 목야(牧野)에서 날리니,

해동청출입소요(海東青[60]出立[출(山)+소(召)]嶢). 해동청(海東青)이 가

56) 무릉도원(武陵桃源): 도연명(陶淵明)의 「도화원기(桃花源記)」에 나오는 무릉에 있는 인간의 세계를 벗어난 신선의 세계. 복숭아꽃이 피어있는 곳임.

57) 늙은 장수: 태공망(太公望) 여상(呂尙).

58) 목야(牧野): 주자는 은(殷)의 도읍인 조가(朝歌)의 남쪽 70리로 봄.

59) 태공망(太公望) 여상(呂尙)이 목야에서 매 같은 용맹으로 떨치고 일어나 무왕(武王)을 도와 은(殷)의 군사를 쳤음. 『시경(詩經)』, 「대명(大明)」. 목야양양(牧野洋洋), 단거황황(檀車煌煌). 사원팽팽(駟騵彭彭), 유사상부(維師尙父). 시유응양(時維鷹揚), 양피무왕(涼彼武王).

60) 해동청(海東青): 매과에 속하는 수리[조(鵰)=취(鷲)]의 일종.

파른 언덕에 우뚝 서있네.
물청득일곡초가봉갱벽(勿聽得一曲樵歌峰更碧), 들으려하지 마라, 한 곡조 나무꾼노래 소리에 봉우리 다시 푸른데,
양견추색동소소(兩肩秋色動蕭蕭), 양 어깨에 가을빛이 쓸쓸히 감도네.
하초하락부궁달유명혜(荷樵何樂否窮達[61]有命兮). 땔나무 지고와도 얼마나 즐거울까? 궁달(窮達)은 천명(天命)에 달려있는 것을,
원불문세외풍조(願不聞世外風潮). 원하노니 세상 밖의 풍조를 듣고 싶지 않도다.

나이 많이 먹었어도 명장(名將)은 목야(牧野)에서 기세를 떨친다. 응봉의 형상을 해동청에 비유했다. 산야에서 나무꾼으로 살면서 세상 밖의 혼란한 풍파 겪지 않고 사는 삶에 만족한다는 의지를 반영했다.

제9곡 노천어적(鷺川漁笛): 노천의 고기잡이 피리소리이다. 충북 영동군 매곡면 노천리

이역등한금하사(爾亦等閒今何事), 너는 지금 또 무슨 일로 그리 한가한고?
서색산전회갱비(西塞山前回更飛). 서쪽으로 산 앞이 막혀 빙 돌아 다시 날으네.
어적수성흥불승혜(漁笛數聲興不勝兮), 고기잡이 피리소리에 흥을 이길 수 없는데,
장천수도녹사의(長川隨到綠蓑衣). 긴 시내에 녹색 도롱이 따라 오도다.
노화추색편주만(蘆花秋色扁舟晩), 갈대꽃 가을 경치에 배 한 척 늦어지는데,
만재허정명월귀(滿載虛汀明月歸). 공허한 물가에 밝은 달빛 가득 싣고 돌아오네.

1구는 이백의 '문여하사서벽산(問余何事棲碧山)'을 연상케한다. 제4구에는 엄광(嚴光)이 낚시하는 형상[62]을 환골탈태했다. 제9곡시에는 「무이도가」의

61) 궁달(窮達): 치욕과 영달. 몰락과 출세 등.
62) 『후한서』권83 「엄광열전(嚴光列傳)」에 "광무제(光武帝)가 엄광과 함께 공부를 함께 했는데, 황

고기잡이 뱃노래에서 무릉도원의 신선경이 배경에 깔려있는 것과 같은 시상이 기초하고 있다. 제9곡시에는 선취적 싯구와 도가적 인물들의 행적, 그리고 주자의 「무이도가」의 시취(詩趣)가 전편에 녹아있다. 그래도 전혀 표절 도용이라는 느낌이 들지 않는다. 노련한 환골탈태의 기교가 돋보인다.

안흠은 「청간정구곡가(聽澗亭九曲歌)」에 도학의 내용을 담았다. 시는 그 내용을 명송하게 하여 지속적인 감발 효과를 높인다. 안흠은 「청간정구곡가(聽澗亭九曲歌)」라고, 「무이도가」처럼 노래라 명명한 것으로 보아 학동들에게 부르게 하여 도학적 기풍을 겸비한 인재를 양성하고자 했던 것이리라.

3) 송우용(宋友用)의 촌상구곡(村上九曲)과 「촌상구곡시(村上九曲詩)」[63]

송우용(宋友用 1884~1968)은 충북 영동군 상촌면 임산리(林山里) 2리 안마을에서 태어나 거기서 살았다. 묘소는 영동군 상촌면 돈대리 '세심정(洗心亭)' 근처에 있다. 송우용(宋友用 1884~1968)의 「촌상구곡시(村上九曲詩)」[64]는 이미 독립 논문에서 고구했기 때문에 여기서는 긴요한 내용만 요약하여 정리하고 시를 분석한 내용만 그대로 수록하기로 한다.

송우용(宋友用)의 가계와 생애, 그리고 그의 서예미학과 서예사적 위상을 안병찬이 편찬한 『담당(澹堂) 송우용선생(宋友用先生) 유묵집(遺墨集)』를 참고하면 된다.[65]

제가 되고 나서 그의 어짊을 생각하고 그를 찾으니, 얼마 후 제(齊)나라 땅에 한 남자가 아뢰기를 '염소 가죽을 만든 옷을 입고 못가에서 낚시질 하고 있다'고 했다 한다.

63) 이상주(李相周), 「송우용(宋友用)의 촌상구곡(村上九曲)과 촌상구곡시(村上九曲詩)」, 『어문논총(語文論叢)』제24집, 동서어문학회(東西語文學會), 2010, 35~50면.

64) 2010년은 '대충청방문의 해'였다. 그해 청주방송(CJB)에서는 특집으로 "옛 시인묵객의 여정 팔경과 구곡"을 제작 방영할 계획을 수립하고 필자의 동참을 제의했다. 이에 필자는 동양의 2대 산수문화인 팔경과 구곡을 전국적으로 널리 알릴 수 있는 절호의 기회로 여겨 기꺼이 응했다. 청주방송(CJB) 김경아 PD가 안흠(安欽 1863~1940)공이 써 놓은 「청간정구곡가(聽澗亭九曲歌)」 친필을 촬영하기로 계획했다고 전화로 알려주었다. 5월 16일 일요일 김경아 PD 이용준 노정호 등 청주방송촬영단과 함께 그 생가에 사는 후손 안병찬님을 찾아갔다. 촬영 후 안선생님과 「촌상구곡시(村上九曲詩)」 병풍을 소장한 임산리(林山里) 2리 445에 거주하는 남기서(南基瑞)님댁을 방문했다. 충북 영동군 상촌면 임산리(林山里) 1리에 사는 강석호(姜碩鎬)님이 안내했다, 송우용이 남기서(南基瑞)의 할아버지 남병수(南秉璲)와 교유했기 때문에 「촌상구곡시(村上九曲詩)」 병풍을 써준 것이다. 10폭 병풍(표구 가로 32cm 세로 127cm안쪽)으로 1957년에 쓴 것이다. 초서(草書)로 쓴 「촌상구곡시(村上九曲詩)」를 안병찬 선생님께서 많은 부분을 해서(楷書)로 풀어주셨다. 필자가 그 외 몇 글자를 판독하느라고 했으나, 나머지 여러 글자를 알 수가 없었다. 2010년 11월 12일 금요일 초서에 밝으신 충북대학교 우암연구소 이두희(李斗熙)선생님께서 나머지 통하지 못하는 글자를 해결해주셨다. 감사드린다. 한문학 연구의 어려움을 실감했다.

65) 안병찬(安秉讚) 찬, 「담당(澹堂) 송우용선생(宋友用先生) 행장(行狀)」, 『담당(澹堂) 송우용선생

이제 「촌상구곡시(村上九曲詩)」의 내용을 살펴보기로 하자.

삼도고봉상유령(三道高峰[66]上有靈), 삼도봉 높은 봉우리 위에 신령(神靈)이 있어,
봉전유수조인청(峰前流水照人淸). 봉우리 앞 흐르는 물 맑아 사람이 비치네.
계산곡곡유심처(溪山曲曲幽深處), 시내와 산 굽이굽이 아늑하고 깊은 곳,
진일행심독화성(盡日行尋讀畵聲)[67]. 종일토록 그림 감상하는 소리를 찾아다니네.

위시는 서시(序詩)이다. 서시 뿐 아니라 전체 10수의 운은 주자(朱子)의 「무이도가(武夷櫂歌)」의 운(韻)에 맞추어 지었다.

신령이 삼도봉 높은 봉우리에 있기 때문에, 그 신령함으로 인해 봉우리 앞 흐르는 물이 맑아서 사람의 모습이 비친다. 신령한 기운을 받은 계곡수가 맑게 흐르며 거기에 사는 사람들도 신령한 기를 받고 사는 것이다. 산수가 굽이굽이 아늑하고 깊은 곳으로 하루 종일 그림 감상하는 소리를 찾아다닌다는 표현을 통해, 촌상구곡의 산수 경관이 그림같다는 점을 강조했다. 따라서 서시에서는 촌상구곡 전체가 신령의 가호를 입어 산수가 수려하게 형성됐다는 점을 부각시켰다.

제1곡이다.

일곡소회암사선(一曲沼洄巖似船), 일곡이라 웅덩이 물 돌아나가고 바위는 배 같으며,

(宋友用先生) 유묵집(遺墨集)』, 안병찬(安秉讚) 편집, 담당 송우용선생 기념사업회, 시시울, 2010. 165~167면.

66) 삼도봉(三道峰): 충북 영동군 상촌면(上村面) 물한리(勿閑里), 전북 무주군 설천면(雪川面) 대불리(大佛里), 경북 김천시 부항면(釜項面) 해인리(海印里)의 경계에 있는 산이라서 '삼도봉'라는 이름을 얻게됐다. 원래는 민주지산의 한 봉우리로 화전봉이었다. 1,176m. 1989년부터 매년 10월 10일 삼도봉에서 해당 기관장과 주민들이 동참하여 삼도의 화합과 안녕을 기원하는 문화행사를 거행한다.

67) 독화(讀畵): 그림 속에 담긴 뜻을 음미 감상하는 일. 청(淸), 장유(張遺), 「독화록서(讀畵錄序)」. 연즉선생지의(然則先生之意), 이득화(以得畵). 당(當) 불추작가무중(不墜作家霧中), 득선생지의(得先生之意), 이작화필불이신화양고인의(以作畵必不以神化讓古人矣). 청(淸), 원매(袁枚), 『수원시화(隨園詩話)』 보유(補遺)6, 화가유독화지설(畵家有讀畵之說).

옥근비폭사장천(玉根飛瀑瀉長川). 옥뿌리인 양 날리는 폭포 긴 개울에 쏟아지네.
지전산치자문엄(芝田散置紫門掩), 지초밭은 방치하고 사립문은 닫아걸었는데,
만학월하반잡연(滿壑月霞半雜烟). 골짜기 가득한 달과 노을 반은 안개가 섞였네.

제1곡에서는 웅덩이 물이 구비 쳐 흘러나가고 바위가 떠나갈 듯한 배의 형상으로 서있으며, 구슬 같은 폭포수가 긴 시냇물에 쏟아져 내린다. 신령한 풀인 지초가 자라는 밭도 방치하고 사립문을 걸었다. 골짜기에 노을과 안개 낀 가운데 달이 환하게 온천지를 비춘다. 연하(烟霞)는 선경(仙境)과 명승(名勝)의 대명사로 쓰는 상투어이다.

제2곡이다.

이곡대원권상봉(二曲大源卷上峯), 이곡이라 큰 물근원이 윗 봉우리를 감싸고 있는데,
운출유유구시용(雲出猶有舊時容). 구름에서 솟아나오니 오히려 옛 모습 지니고 있네.
금인불복심진거(今人不復尋眞去), 지금 사람들 다시 참(眞)을 찾으러 가지 않으니,
법해심천격기중(法海[68]心天[69]鬲幾重). 법해(法海)와 천심(天心)은 그 몇 겹이나 막혔는고?

2곡은 물의 근원이 위쪽에 있는 봉우리를 감싸고 흐르는데, 그 봉우리가 구름 속에서 솟아나오니 옛 모습을 보게 된다. 그런데 지금 대다수 사람들은 물근원 같은 '참'을 찾지 않는다. 바다처럼 깊고 넓은 불법의 세계 즉 법해(法海)는 더 멀리 떨어져 있다. 하늘과 같은 마음 심천(心天)도 멀리 떨어져 있다. 진리를 찾기 힘들다는 점을 지적하고 있다.

제3곡이다.

삼곡교두불용선(三曲橋頭不用船), 삼곡이라 다리 근처에 배를 사용하지

68) 법해(法海): 바다처럼 깊고 넓은 불법(佛法)의 세계.
69) 심천(心天): 천심(天心)으로 보임. 하늘같이 넓은 마음.

	않는데,
한옹물외주하년(閒翁物外住何年).	한가한 노인 세상물정 밖에서 몇 년을 살았던고?
고괴현리당전수(古槐峴裏堂前樹),	고개 안의 오래된 느티나무 집 앞의 나무,
일임상풍정가련(一任霜風正可憐).	한결같이 서리바람을 맞아도 정말 사랑스럽도다.

3곡에서 다리 머리에 외부로 나다닐 수 있는 배를 사용하지 않을 정도로, 이 노인은 세상 물정 모르고 한가하게 산다. 고개에 서있는 느티나무 집 앞의 나무도 서리 맞아도 사랑스럽다. 오랜 세월이 흘러도 변함없이 아름다운 나무처럼 의연하게 장수하고자하는 모습이 그려진다.

제4곡이다.

사곡리연양편암(四曲鸝淵兩)[산(山)+편(片)](巖),	사곡이라 리연은 양쪽 언덕바위인데,
낙화수류영삼삼(落花垂柳映毿毿).	휘날리는 꽃잎 늘어진 수양버들 촘촘하게 비치네.
선현현송빙수문(先賢絃誦憑誰問),	앞 시대 현인들이 거문고 타고 읊던 일 누구에게 물어볼꼬?
풍만허루우만담(風滿虛樓雨滿潭).	바람은 빈 누대에 가득하고 빗방울 못에 가득하네.

4곡은 양쪽으로 바위 언덕으로 이루어진 곳이다. 지금도 마을 쪽으로 수양버들이 늘어져있다. 주변 풍광이 아름다워 앞 시대에 이곳에서 거문고 타며 시를 읊던 곳이다. 바람은 공허한 누대에 분다. 빗방울이 못을 채운다. 지금 한적한 이곳에 텅 빈 누대를 채울 시인(詩人)이 필요하다.

제5곡이다.

오곡산환동부심(五曲山環洞復深),	오곡이라 산이 둘러싸니 동네가 다시 깊숙하고,
거유촌외복송림(車踰邨外覆松林).	수레로 마을 밖을 나가니 송림이 덮었네.

거인당식휴금객(居人倘識携琴客), 거주하는 사람들 혹 거문고 품은 손님 알고 있으니,

자재아양태고심(自在峨洋[70]太古心). 스스로 아양(峨洋)의 태고심(太古心) 가지고 있네.

5곡은 산이 둘러싸 마을이 아늑하며, 수레를 타고 마을을 다니니 소나무 숲이 무성하다. 소나무는 절개와 지조를 상징한다. 거기에 살고 있는 사람들은 모두 거문고 타며 서로의 마음을 알아주는 지기자(知己者)들이 모여 산다. 불변하는 본연의 마음인 태고심을 지니고 있는 인격자들이다.

제6곡이다.

육곡막암장부만(六曲幙巖長俯灣), 육곡이라 막암(幙巖), 물굽이 길게 굽어보니,

망기어조약상관(忘機[71]魚鳥若相關). 기심(機心) 잊고 물고기·새와 서로 사귀는 듯하네.

영귀당하천추적(咏歸堂下千秋蹟), 영귀당(咏歸堂) 아래 천추의 자취 남아있는데,

별유건곤일월한(別有乾坤日月閒). 별천지가 있어 세월이 한가롭네.

6곡은 장막같은 바위가 물굽이에 펼쳐져있다. 이런 정경이 기심(機心)을 잊게해주어 물고기·새와 친하게 지낼 수 있는 경지에 도달하게 해준다. 영귀당 아래에 오랜 세월 자연의 자취 남아있으니, 여기가 별천지기 때문에 세월이 한가로운 것이다.

제7곡이다.

칠곡평천양옥탄(七曲平川漾玉灘), 칠곡이라 잔잔한 개울 옥같은 물결

---

70) 아양(峨洋): 거문고를 잘 연주하는 백아(伯牙)가 고산(高山)에 뜻을 두고 연주하면 그의 종자기(種子期)가 "좋구나, 높고높은 느낌이 태산(泰山)과 같도다." 하였고, '흐르는 물에 뜻을 두고 연주하면 "좋구나, 출렁출렁하는 느낌이 강하(江河)와 같도다."라고 평했다는 일화가 있다. 이를 지음(知音)이라 하여 친구 간에 서로 상대의 뜻이나 심정을 알아줌을 비유하게 되었다. 『열자(列子)』「탕문(湯問)」.

71) 기심(機心): 기심은 술수를 부려 남을 해치려는 마음이다. 해변에 사는 사람이 갈매기와 친해서 늘 그의 옆에 갈매기들이 와서 놀았다. 누가 갈매기 한 마리를 잡아달라고 해서 갈매기를 잡을 마음을 가지고 바닷가에 나갔더니, 갈매기들이 가까이 오려 하지 않더라 한다. 그때 그에게는 '기심(機心)'이 있었기 때문에 그런 일이 일어났다는 것이다. 『열자(列子)』, 「황제(黃帝)」.

튀는데,
도심여수호수간(道心如水好誰看). 도심(道心)이 물과 같으나 누가 살펴 보는 것을 좋아할꼬?
지시근일다정우(知旹近日多情雨), 때를 알고 가까운 날에 정겨운 비 나려,
혼습의건불각한(渾濕衣巾不覺寒). 옷과 두건을 흥건히 적셔도 차가운 줄 모르겠네

개울물이 평평하나 구슬같은 여울이다. 도통한 마음이 물과 같다. 그러나 사람들은 그것을 잘 알아보지 못한다. 때를 알아 시기에 맞추어 적절하게 단비가 내린다. 그래서 옷과 두건이 흥건하게 젖어도 기분이 좋다.

제8곡이다.

팔곡월라평포개(八曲月羅平浦開), 팔곡이라 달빛이 빛나 평평한 나루에 퍼지는데,
단애백랑자영회(丹崖白浪自縈回). 붉은 벼랑 하얀 물결 절로 감도네.
이주일야소요흥(理舟日夜逍遙興). 배를 타고 밤낮으로 어슬렁이며 흥을 즐기니,
범파중류임거래(泛破中流任去來). 중류에 배 띄우고 올라갔다 내려갔다 하네

8곡은 달빛이 빛나 평평한 나루터에 비치고 붉은 절벽아래 흰 물결이 감돈다. 밤낮으로 배를 타고 흥을 즐기려 중류에서 상류로 오르내린다. 달밤에 운치있게 풍류를 즐길 만한 승경이다.

제9곡이다.

구곡장간기호(九曲將看氣浩). 구곡이라 장차 기운이 호연함을 볼 수 있는데,
수산산색읍청천(壽山山色挹淸川). 수산(壽山)의 산모습 맑은 개울에 절하네.
피금독향임류좌(披襟獨向臨流坐), 옷깃 떨치고 홀로 개울가에 앉아있으니,
불시낙부천외천(不是樂夫天外天). 하늘 밖의 하늘을 즐기는 것이 아니겠는가?

세재정유조추칠십사세(歲在丁酉早秋七十四歲) 담당서(澹堂書)
해는 정유년(1957년) 이른 가을 74세된 담당(澹堂)이 쓰다.

9곡은 호연한 기운을 느낄 수 있는 곳으로 수산(壽山)의 산 모습 맑게 개울가에 이어져 있다. 수산(壽山)은 영동군 상촌면 임산리로 송우용이 태어서 살다간 마을이다. 옷깃 떨치고 홀로 개울가에 앉아서 하늘 밖의 하늘을 즐긴다. 제4구에 도연명(陶淵明)의 「귀거래사(歸去來辭)」의 "낙부천명부해의(樂夫天命復奚疑)" 즉 "주어진 천명을 즐길 뿐 무엇을 의심하고 망설이랴."라는 구절을 원용했다.

제9곡이 인간이 천명적으로 부여받은 즐거움을 누릴 수 있는 하늘 밖의 별천지라는 점을 노래했다. 송우용은 마지막인 제9곡 시에서 촌상구곡이 하늘이 조성한 별천지라는 점을 강조했다.

송우용(宋友用 1884-1968)은 1957년 촌상구곡(村上九曲)을 설정하고 「촌상구곡詩(村上九曲詩)」를 지었다. 촌상구곡(村上九曲)은 지금 충북 영동군 상촌면 임산리부터 물한계곡 일원에 설정했다. 구곡의 위치는 제4곡 '이연(鸝淵)'과 제9곡 '수산(壽山)'만 확인했다. 송우용(宋友用)은 충북 영동군 상촌면 임산리(林山里)에서 출생하였으며, 유학에 정통하고 글씨를 잘 썼다.

「촌상구곡시(村上九曲詩)」의 내용은 촌상구곡이 삼도봉(三道峰)의 신령함을 받아 산수 경치가 아름다우며 인간 세상 밖의 별천지로, 평안한 마음으로 친구들과 시문을 읊조리며 한가하게 장수(長壽)할 수 있는 이상세계라는 점을 읊었다.

「촌상구곡시(村上九曲詩)」는 시 형식상 주자(朱子)의 「무이도가(武夷櫂歌)」의 7언 절구(絶句) 형식과 운(韻)을 답습하였다. 그 내용은 촌상구곡의 산수가 신령의 가호를 받은 절경으로 하늘 밖의 별천지라는 점을 강조했다. 대개의 구곡시가 그러하듯이 선취적(仙趣的) 내용을 담고 있다. 이 시는 1957년에 지은 시로, 그 당시까지 기호사림의 학통(學統)과 구곡시 창작의 전통이 계승되었다는 점을 알 수 있는 구곡시이다.

4. 맺음말

지금까지 영동에 설정된 3개 구곡과 구곡시를 살펴본 바를 간단히 정리한다.

첫째, 이규회(李奎會 1800~1867)가 신안구곡(新安九曲)·안흠(安欽1863~1940)이 청간정구곡(聽澗亭九曲)·송우용(宋友用 1884~1968)이 촌상구곡(村上九曲)을 설정한 것은 도통의식의 계승발현의 표상화이다. 조선말에 이규회, 일제강점기에 안흠과 송우용이 이런 도통의식을 발현했다. 송우용은 좀 늦게 6,25가 종전된 후인 1957년 영동군 상촌면 수산리 임산리일대에 촌상구곡을 설정했다. 송우용의 경우 한천정사(寒泉精舍) 현판과 한천팔경 8개 명칭을 썼으며, 남지언(南知言)의 후손 남기서(南基瑞)의 집의 당호와 주련 등 많은 누정의 명칭, 그리고 많은 유묵은 유학자로서 당연하다하겠지만 주자(朱子)가 지은 글의 내용을 원용한 작품이 많다.

둘째, 유중교·이진옥 등 그 이전에는 구곡시에 차운을 요청한 사례는 흔하지 않은 듯하다. 차운시집도 거의 없는 듯하다. 이후 서서히 차운을 요청하는 사례가 보이기 시작하여 구곡과 구곡시가 교유인물들과 우의와 시적 교류의 매체로 대두되었다. 구곡과 구곡시는 교우인물들과 유대를 강화하는 매체로도 응용되었다. 충북 영동군 상촌면 임산리에 거주했던 송우용은 삼괴당을 중심으로 시사(詩社)를 운영했던 것으로 보인다. 안흠은 영동군 매곡면 수원리 모현대에 거주하며 「청간정구곡가」를 지어 도학적 내용을 담았다. 이는 학동들에게 교육적 자료로 활용했을 것이다.

안흠과 송우용은 경북 김천시 구성면(龜城面) 상원리(上院里)에 사는 이현택과 교유했다. 이현택은 수도구곡을 설정하고 「수도구곡시」를 짓고 안흠에게 차운을 요청하였는데 안흠이 응해주었다. 송우용은 그 마을에 가서 '수도유거(修道幽居)'라는 글씨를 써주었는데 연안이씨 이준영집에 남아있다.

셋째, 세 사람의 구곡시에는 도학적 내용이 녹아있다. 특히 안흠의 「청간정구곡가」는 내용의 비중에 따라 장단구(長短句)로 지었으며, 환골탈태의 기교를 잘 부려 문예미도 높다.

한천정사는 우암이 강학했던 곳에 재건한 건물이다. 이규회는 이곳을 매우 의미있게 여겼다. 그후 영동의 사림들이 한천정사를 세워 그 기풍을 이었다.

우암의 도통을 계승한 이규회·안흠·송우용이 조선말 일제 강점기 도통의식을 확산하기 위해 구곡을 정하고 강학을 했다. 이들은 '존화화이', '위정척사'의 정신을 교육과 구곡을 통해 발현했던 것이다. 이들 뿐 만 아니리 그들과 교유 동참했던 영동지역 사림들은 구곡시과 시창작을 통해 그 시대 사림으로서의 시대적 도리를 다했다. 그 구체적인 실상을 보다 심도있게 천착 규명해야할 것이다.

남지언의 후손 남기서가 사는 영동군 상촌면 임산리 삼괴당과 상촌구곡 가운데 '이연(鸝淵) 구로탄(九老灘)'은 이들이 강회와 시회의 장소로 삼아 지역의 문인들이 문예활동을 한 의미있는 명소인 것이다. 송우용의 집은 유학교육의 산실이요 문학서예창작 공간이었다.

조선후기 우암과 이석견 등이 영동군 황간면 원촌리 한천서원에서 강학을 시행한 후 조선말 이석견의 6대손 이규회가 그 도학강학의 기풍을 되살려 신안구곡을 설정하고 구곡시를 지었다. 조선말 일제강점기 안흠은 영동군 매곡면 수원리에서, 송우용은 충북 영동군 상촌면 임산리에서 도학의 학풍과 문예적 기풍을 진작하고 그 시대에 충실한 사림이었다. 이 세 곳은 구곡과 구곡시로 도통의식을 계승하여 영동군의 문학과 서예활동이 활발하게 이루어졌던 문학예술의 창작공간이자 교육의 현장이었다.

조선말 일제강점기와 광복 후 영동사림들의 문예활동과 교육활동, 그리고 시사활동(詩社活動)이 보다 심도있게 조명하게 되길 바란다.

제3장 충북 중부지역에 설정된 구곡

현존(現存) 최초(最初)의 구곡시(九曲詩) 창수집(唱酬集) 『덕산구곡시(德山九曲詩)』

1. 머리말

본고에서 논하는 덕산구곡은 이진옥(李鎭玉 1829~1899)이 1897년에 설정했다. 덕산구곡의 위치는 지금 충북 청원군 오창면 성산리(星山里) 용두천(龍頭川)일대이다. 2004년 박노중(朴魯重 1863~1945)의 「차덕산구곡원운(次德山九曲原韻)」통해서 덕산구곡의 존재를 알았다.[1] 덕산구곡의 창수시집인 『덕산구곡시(德山九曲詩)』의 존재를 확인한 것은 2007년 말이며[2], 이를 구독한 것은 2008년 2월 5일 화요일이다. [3]

『덕산구곡시(德山九曲詩)』는 현존 최초(最初)의 구곡시창수집(九曲詩唱酬集)이다. 1897년 그의 차남 이희명(李熙明 1874~1946))이 필사하여 완성했다. 『덕산구곡시』는 1책 74면의 필사본 1책으로 서문 2편, 구곡시, 창수시 33편, 만시 6수가 수록돼있다.

덕산구곡 9개 곡(曲)의 명칭은 다음과 같다. 제1곡 장인벽(丈人壁), 제2곡 망운대(望雲臺), 제3곡 미륵감(彌勒龕), 제4곡 진묵방(晋墨坊), 제5곡 잠룡담

---

1) 朴魯重, 『滄菴集』권1・2, 「次德山九曲原韻」, 대전 서진인쇄출판사, 1997.

2) 국사편찬위원회에 근무하던 이민원 박사가 2003년 경 '한국역사정보 통합시스템'을 운용하는 사실을 알려주어, 2007년 인터넷으로 '구곡'을 검색하다가, 『덕산구곡시(德山九曲詩)』가 이화여대 도서관에 소장돼있는 것을 알게 됐다.

3) 2007년 1월 15일(화)~16일(수) 충북대학교에서 개최하는 한국고전문학회 제244차 학술대회에 필자는 토론자로 참석했다. 1월 15일 화요일 학술대회에 참석한 이화여자대학교 정하영교수께 자료를 복사해 줄 것을 정중히 요청했더니, 흔쾌히 협조를 약속했다. 최수현선생이 말아 복사해 보내주었다. 배려해준 은혜에 심심한 사의를 표한다.

(潛龍潭), 제6곡 독성암(獨醒岩), 제7곡 약천암(藥泉庵), 제8곡 첨성대(瞻星臺), 제9곡 봉황산(鳳凰山)이다. 덕산구곡 9개 곡(曲)의 각각의 위치를 대강 짐작할 뿐 정확히 파악하진 못했다.[4] 그 경관과 지형지세를 살펴보자. 9개의 곡 가운데 5~6개의 곡(曲)은 암석으로 이루어진 수십 미터의 수직 절벽이 사행천(蛇行川)을 따라 몇 구비 이어진다. 몇 구비 층암의 절벽이 원통(圓筒)을 수직으로 반분(半分)하여 수직으로 세워놓은 듯한 형세이다. 그 구비의 거리가 가까워 금수(錦繡)의 병풍을 S자 형태로 몇 겹 세워놓은 듯하다. 바위틈으로 자란 각종 초목이 우거져 가을 단풍이 절경이다. 구비마다 소(沼)가 있는데 층암의 절벽이 물에 비쳐 장관을 이룬다. 이것이 덕산구곡의 특징이다. 필자가 2005년부터 전국의 대표구곡을 답사했지만 이런 지형과 지세는 보지 못했다. 아쉬운 것은 이 절경 바로 위쪽에 저수지를 축조하느라 물길을 변경하거나 정비하고 구곡 중앙으로 직선의 포장도로를 개설하여 고즈넉하고 아늑한 분위기가 깨졌다.

이제 이진옥의 가계를 살펴보고, 도통의식(道通意識)이 덕산구곡의 설정에 끼친 영향과 그 의미를 고찰한다. 아울러 『덕산구곡시』의 체제와 창수자 및 구곡시사적 의미를 규명하고자 한다.

2. 덕산구곡의 설정자 이진옥의 가계

이진옥(1829~1899)과 그 장남 이희창(李熙昌 1870~1933)과 차남 이희명(李熙明 1874~1946)의 신상정보를 『전의이씨성보(全義李氏姓譜)』[5]를 통해 알아본다.

시조(始祖) 이도(李棹) 고려초(高麗初) 전의 토호(全義 土豪) 중시조(中始祖) 이언충(李彦冲) 고려말(高麗末) 대제학(大提學) 25세 광근(光近). 자(字) 경능(景能). 호(號) 쌍백당(雙栢堂). 영조계사생(英祖癸巳生, 1773년).

---

4) 2008년 10월 26일 충북문화유산답사회원 김상배사장과 동행답사하고, 11월 15일 단독으로 재답사 하였다.

5) 『全義李氏姓譜』, 제2권 上編 文貞公派, 대전 회상사, 1992. 고려족보문화연구원 오재일원장이 복사해서 보낸 것을 2008년 5월 28일 수요일 받아보았다.

정해졸(丁亥卒, 1827년). 이효행(以孝行) 유삼강록(有三綱錄). 배(配) 경주이씨(慶州李氏). 부(父) 익원(翼源). 조(祖), 득곤(得坤). 외조(外祖), 하동(河東) 정필혁(鄭必爀). 묘(墓) 여산면(礪山面) 태성리(台城里) 전다곡(田多谷) 선영하(先塋下) 유좌합폄(酉坐合窆).

26세 장남 용규(龍圭). 자(字) 성구(聖九). 호(號) 송간(松[扌+鳥]). 정조 병진생(正祖丙辰生, 1796년). 계사졸(癸巳卒, 1833년). 유유고(有遺稿). 배(配) 은진송씨(恩津宋氏). 부(父) 현공(賢恭), 조(祖) 광유(光儒), 증조(曾祖) 유덕(儒德), 외조(外祖) 전주(全州) 이시휘(李時彙). 후배(後配) 청풍김씨(淸風金氏). 부(父) 통덕랑(通德郞) 종준(鍾俊), 조(祖) 외대찰방(外臺察訪) 치한(致翰), 증조(曾祖) 지추(知樞) 욱노(旭魯). 외조(外祖) 의령(宜寧) 남태규(南泰圭). 묘(墓) 상동(上仝).

27세 진옥(鎭玉). 자(字) 사온(士蘊). 호(號) 묵신재(默信齋). 순조기축(純祖己丑生, 1829년). 기해졸(己亥卒, 1899년). 수칠십이(壽七十二). 홍매산(洪梅山) 문인(門人). 이학행(以學行), 제성균관박사(除成均館博士) 불취(不就). 유문집(有文集). 배(配) 경주이씨(慶州李氏). 부(父) 철영(哲榮). 후배(後配) 해주최씨(海州崔氏). 부(父) 광태(光泰), 조(祖) 봉주(鳳柱), 증조(曾祖) 진사(進士) 계연(繼淵). 외조(外祖) 죽산(竹山) 박일환(朴一煥). 묘(墓) 여산면(礪山面) 태성리(台城里) 사자동(獅子洞) 전다곡봉(田多谷峯) 정좌(丁坐). 후배묘(後配墓) 동원(仝原).

1) 28세 이진옥의 장남 희창(熙昌) : 자(字) 경백(敬伯). 호(號) 연계(蓮溪). 고종경오생(高宗庚午生, 1870년). 계유졸(癸酉卒, 1933년). 중추참의(中樞議官). 배(配) 청주(淸州) 한씨(韓氏). 부(父) 일교(一敎), 조(祖) 진용(晋容), 증조(曾祖) 동구(東九). 외조(外祖) 본종(本宗) 윤회(潤會). 후배(後配) 전주이씨(全州李氏). 부(父) 영달(英達), 조(祖) 면주(勉周), 증조(曾祖) 일영(一榮). 외조(外祖) 안동(安東) 김병욱(金炳勖). 묘(墓) 여산면(礪山面) 태성리(台城里) 전다곡봉(田多谷上峯) 사좌(巳坐) 삼위합폄(三位合窆).

29세 교술(敎述) 생부(生父) 희명(熙明). 묘(墓) 여산면(礪山面) 태성리(台城里) 전다곡상봉(田多谷上峯) 사좌(巳坐) 삼위합폄(三位合窆).

30세 장남 이벽호(李璧鎬 1925~) 차남 철호(澈鎬 1937~) 삼남 충호(忠

鎬 1944~)

2) 28세 이진옥의 차남 희맹(熙明). 자(字) 회보(晦甫). 호(號) 성산(聲汕). 고종갑술생(高宗甲戌生, 1874년). 병술 일월 삼일졸(丙戌, 1946년 一月 三日졸). 배(配) 광산(光山) 김씨(金氏). 부재 전완(父在 田宛), 조(祖) 기회(箕晦), 증조(曾祖) 상휴(相休). 외조(外祖) 거창(巨昌) 신시흥(愼始興). 묘(墓) 여산(礪山) 사자동(獅子洞) 중상곡(中上谷) 경좌(庚坐). 배묘(配墓) 상동(上仝) 불당치(佛堂峙) 곤좌(坤坐).

29세 장남 교술(敎述, [창희(熙昌)에게 입양(入養)]) 차남 교성(敎性)

30세 규호(珪鎬 1927~) 차남 태호(台鎬 1934~ [3종숙(從叔) 교덕(敎德)에게 입양(入養)] 이관호(李官鎬 1936~) 완호(完鎬, 1943~)

위에서 살펴보았듯이 이진옥의 자(字)는 사온(士蘊), 호(號)는 묵신재(默信齋)이며, 매산(梅山) 홍직필(洪直弼 1776~1852)의 문인(門人)이다. 성균관 박사를 제수 받았으나, 취임하지 않았다. 이진옥은 별도의 문집을 남겼다. 여러 방면으로 수소문하여 후손들과 통화했다.6)

이진옥의 차남 이희명(李熙明)이 정리한 『덕산구곡시(德山九曲詩)』가 이화여대도서관에 소장돼있는 것을 보면, 후손 집에 온전하게 남아 있지는 않을 것 같다.

이진옥의 생애에 대해서는 문집이나 행장이 발견되면 소상히 알 수 있겠지만 현재로선 다음을 기약해야한다. 이진옥의 학문과 인품에 대해 『덕산구곡시(德山九曲詩)』 창수자들이 『덕산구곡시(德山九曲詩)』에 남긴 기록을 통해 개략적이나마 알아보자. 이진옥은 아름다운 규범과 탁월한 행실을 갖춘 인물이며, 문장이 심오하고 붓글씨가 전아(典雅)했다. 또한 자신의 명성이 알려지는 것과 남들이 미화하는 것을 원하지 않았다.7) 또 이진옥은 훈도(薰陶)의 공과

6) 2008년 11월 27일(목) 이관호(李官鎬 1936~), 28(금)·29일·30일, 이태호(李台鎬 1934~)·이벽호(李璧鎬 1925~)와 통화했다. 지금 충북 청원군 오창면 후기리 통점(방말)에 있던 이용규·이진옥 묘소를, 1992년 이전 지금 전북 익산군 여산면 태성리로 이장했다 한다. 이진옥의 손자 이교술(李敎術 1899~1945) 즉 이벽호(李璧鎬)의 아버지가 후기리 방말(통점)에 사는 김정태(金正泰)의 딸과 결혼했다. 이진옥의 종증손(宗曾孫) 이벽호(李璧鎬 1925~)는 6,26때 책을 분실하고, 할아버지 문집이 있는데 내용을 잘 몰라, 3년 전 장성(長城)에 사는 아우 철호(澈鎬 1937~)에게 보냈다고 한다. 유무를 확인하여 연락해준다고 한다.

7) 李熙明編, 『德山九曲詩』, 9장 뒷면~10장 앞면. "余早慕 默信齋李先生懿範卓行, 而恨不得追隨於

덕성(德性)이 있는 인물이었다.[8)]

3. 도통의식(道統意識)과 덕산구곡의 설정

도통의식(道統意識)이란 도학의 연원을 계승전수하려는 의식을 말한다. 기호사림에 있어서는, 주자·율곡·우암으로 이어지는 도학의 연원을 정맥으로 삼고 있다. 이 도학연원을 계승한 화서학파들의 위정척사론과 '중국을 숭상하고 오랑캐를 물리쳐야한다'는 존화양이론(尊華攘夷論)은 항일운동으로 적극 발현되었다. 이들은 안전하고 은밀한 계곡에 도통계승의 상징으로 구곡을 설정하고 사림들의 결속을 공고히 했으며, 항일운동을 논의하는 집회의 장소로 활용하기도 했다.

이진옥(1829~1899)이 살던 조선말의 시대상황을 개괄해보자. 1866년 병인양요, 1871년 신미양요를 겪었으며, 1876년 일본과 강화도 조약을 체결했다. 1882년 임오군란이 일어났으며 1884년 갑신정변이 일어났다. 일본은 1894년 동학농민전쟁을 빌미로 청일전쟁을 도발하였는데 1895년 일본이 승리했다. 1895년 단발령을 시행했다. 1895년 일제는 명성황후를 시해했다. 이에 충북 제천 장담에서 거주하던 화서학맥의 유인석(柳麟錫 1842~1915)을 중심으로 을미년(1895년) 1월에 의병들이 봉기하였다.

조선말부터 일제강점기하에 주자·율곡·우암·화서를 계승한 기호사림 노론계 인물들의 도통연원을 발현하는 유형은 크게 3가지로 나타나는데 다음과 같다. 첫째 이들은 존화양이(尊華攘夷)·위정척사론(衛正斥邪論)으로 항일투쟁에 가담한다. 둘째 이들은 도통계승의 표상화로 구곡을 설정하고 구곡시를 짓는다. 셋째 교육과 학문을 통해 구국(救國)의 대열에 설 인재를 양성하기 위해 학교를 창건한다. 이들은 세 가지 유형 중 한 가지를 구현하는 경우도 있지만 대개 두 가지나 세 가지를 겸행하는 경우가 많다.

이제껏 도통계승의 상징으로써 구곡을 설정하고 구곡시를 창작했다는 사실

下風矣. 每於益交三, 希聯接之暇, 窃聞其章句之深奥, 翰墨之典雅. 尤切仰先生之輿德, 而欽歎不已. 想認 令聞廣譽施於身, 不願人之文繡也. 新安 閔致益."

8) 李熙明編, 『德山九曲詩』, 13장 뒷면~14장 앞면. "由是言之千載地靈, 若有待先生, 德山之德, 合符乎薰陶德性之德, 德山之山, 同契乎仁者, 藥山之山, 果是預期先生, 而錫名乎先生擇里處仁乎. 金孟浩."

을 글에 구체적으로 기술한 사례는 흔치 않다. 『덕산구곡시』에는 이진옥이 도통의식의 구현으로 구곡을 설정하고 구곡시를 지었다는 사실을 알 수 있는 기술이 여러 군데 보인다. 창수자 들의 글을 통해 구체적인 면모를 살펴보자. 다음은 이희목의 글이다.

> 가만히 살펴보니 전대의 선현과 옛날의 군자들은, 산수의 아름다움을 장수유식(藏修遊息)하는 장소로 여기지 않음이 없으니, 그 가장 잘 드러난 것을 말하면, 회암(晦菴)의 무이(武夷)·율곡(栗谷)의 고산(高山)·우재(尤齋)의 화양(華陽)같은 곳이 일찍이 있지 않았다. 그래서 그 사제 간 서로 경사로 여겨 각각 시가(詩歌)를 노래하여 화답했으니, 어찌 다만 당시의 아름다운 일이라고만 말할 수 있으랴? 이로 말미암아 천년의 시간이 흘렀어도 서로 숭상했다. 지금 우리 묵신(默信)선생이 목천(木川) 동쪽 덕산(德山)에 땅을 얻어 우연히 구곡의 아름다움을 갖추고 있는데, 또한 들으니 우암선생이 일찍이 이곳을 지나면서, 말하기를 "군자가 살 만하다"라고 했으니, 앞 시대에 아는 것과 같음이 있어, 그 땅의 아름다움은 모름지기 묻고 들어보지 않아도 아는 것이다. 우리 선생의 도학(道學)의 연원(淵源)은 이미 세 선생을 계승했으니, 산수명승도 또한 마침 서로 부합되니 어찌 우연이리오? 하늘이 사람을 모으고 땅이 신령함을 모으니 반드시 이유가 있는 것이다. 9)

이희목은 전시대의 선현들은 아름다운 산수를 장수유식처로 여긴다는 점을 주시하고, 그 사례로 주자와 율곡, 우암을 들어 설명했다. 이들이 사제지간에 시가를 화답하는 것은 당시 뿐 만아니라 천 년 후에도 숭상할 점으로 인식한다. 묵신재 이진옥의 도학의 연원이 세 분을 학통을 계승했듯이, 덕산구곡의 산수의 아름다움도, 세 사람이 거처했던 곳의 아름다움과 부합되는 것이 필연이라 간주한다. 이희목은 전통적으로 구곡과 구곡시가 학통계승의 자연적·문학적 표현이라는 점을 분명하게 인식하고 있다. 다음은 안호(安灝)의 글을 살펴보자.

---

9) 李熙明編, 『德山九曲詩』, 24장 뒷면~25장 앞면. "竊觀夫先正前修, 莫不山水之勝以爲藏修之所, 而語其最著者, 則未有若晦菴之武夷·栗谷之高山·尤齋之華陽而已. 故其師弟相慶, 各爲唱和詩歌, 豈徒謂當時勝事? 由是而千載相尙矣. 今我默信先生得地于木東德山, 而偶有九曲之美, 且聞尤齋先生, 嘗過此, 有言曰君子可居, 有若前知而其地之美, 不須問見而知者也. 我先生道學淵源, 旣承接三先生, 山水名勝, 又適相符, 豈遇然哉. 天之鍾人, 地之鍾靈, 必有所以然者矣. 李熙穆."

> 회암(晦菴)의 무이(武夷)·율곡(栗谷)의 고산(高山)·우재(尤齋)의 화양(華陽)은 모두 구곡산천(九曲山川)이 있으며, 또한 각각 시(詩)가 있으니, 도학연원(道學淵源)을 또한 볼 수 있는 것이다. 어희(於戱)! 우리 묵신선생(默信先生)이, 지금 정유(丁酉, 1897년) 봄, 목주(木州, 지금 충남 목천 –인용자 주) 동쪽 덕산(德山)가운데로 이사하여 집을 지으니, 덕산(德山)은 우재(尤齋)선생이 지나간 적이 있는 땅이다. 일찍이 남긴 말에 '군자가 살 만하며 귀감이 되고 명확하게 대응하는 사람이 있을 것이다.'라고 했는데. 또 구곡의 이름을 얻을 것이라 했으니, 어찌 우연이겠는가? 이에, 10수를 창술(唱述)하여, 무이도가(武夷櫂歌)의 운에 차운하여, 주(朱)·이(李)·송(宋) 삼선생의 도(道)를 우러러본다.[10]

안호는, 이진옥이 회암(晦菴)·율곡(栗谷)·우재(尤齋)처럼 구곡과 구곡시가 있는 것을 기준으로 도학연원(道學淵源)을 알아 볼 수 있다고 인식한다. 더욱이 이진옥이 우암이 말하기를 '군자가 살 만하며 귀감이 되고 명확하게 대응하는 사람이 있을 것이다.'라고 평한 목주(木州) 동쪽 덕산 땅으로 1897년 봄 이사하고 구곡을 설정한 사실을 주목한다. 이 역시 필연적 도학연원에 기인한 것으로 파악한다.

다음은 김인성의 평한 말이다. 이진옥이 덕산으로 이사한 사실을 두고, 앞 시대의 현인들이 이치를 좇아 멀리까지 살펴보는 것은, 반드시 도(道)의 연원(淵源)으로부터 묵계(墨契)하여 분명하게 징험하는 것이지 힘써서 되는 것이 아니라고 평했다. 또 이진옥이 덕산(德山)이라 마을의 이름을 지은 유래가 『논어(論語)』의 '덕(德)은 외롭지 않아 이웃에 있다'는 구절에 연유한다는 사실을 중시하고 있다. 또한 '인(仁)이 통행되는 마을에 거처 한다'는 말도 학문을 탐구하여 얻은 것으로 성인 즉 공자의 경지를 실천한 것으로 본다.[11] 처

---

10) 李熙明編, 『德山九曲詩』, 33장 앞면~33장 뒷면. "晦菴之於武夷 · 栗谷之於高山 · 尤齋之於華陽, 皆有九曲山川, 亦各有詩, 道學淵源亦可見矣. 於戱! 我默信先生, 今丁酉春, 移築于木州東, 德山之中, 德山乃尤齋先生所過之地也. 嘗有言曰君子可居爲明鑑而昭應者存, 又得九曲之名, 豈偶然哉? 於是乎, 唱述十首詩, 次以武夷櫂歌之韻, 景仰朱 · 李 · 宋三先生之道也. 安灝."

11) 李熙明編, 『德山九曲詩』, 26장 앞면. "昔, 尤菴先生過于德山, 美其山水曰, 君子可居, 而人到于今, 稱之矣. 是歲之春, 我默信先生, 攸宇于此, 前賢之循理遠覽, 必自道源而默契明驗, 何其密勿也. 里號以德不孤有隣, 是所自然而擇之處仁, 里有厚俗, 是誠爲美, 則伊今而後, 快睹積學深究, 自與聖賢同歸之理矣. 若使泛眼庸肚看之, 不過爲佳麗勝槪, 而水縈山回, 各極奇絶苑, 有合於武夷九曲. 故先生因以命之. 肇錫其嘉押得於武夷原韻, 而余亦以前日所聞, 敢竭鄙誠恭陳, 以詩, 雖未遭於入源得情, 抑可爲隋觀興感者乎. 金仁性."

인(處仁)은 『논어(論語)』「이인(里仁)」[12]에서 연유한다.

이운식은 이진옥이 덕산에 새로 집터를 잡고, 속인을 인(仁)하게 교화하고, 주자가 천 년 전 했던 것처럼 학문을 답습하여 천년 후에 밝히는 학문자세와 교육활동을 성현의 근접한 경지라 호평했다.[13] 이 역시 이진옥의 덕산으로 이사하여 덕산구곡을 설정한 사실이 주자의 도를 실천하는 도통의식의 표상화로 보고 있다.

위에서 보았듯이 당시 이진옥과 교유한 인사들은 도학연원을 인지하고 있는 사림들이라는 점을 알 수 있다. 또한 우암이 덕산을 지나가다가 덕산의 산수를 평하여 '군자가 살 만한 곳이라'했다는 말은, 후대까지 인근 사대부들 사이에 전수되어 회자되는 말이었다는 사실을 알 수 있다. 아울러 이진옥은 율곡과 우암으로 이어지는 도학연원(道學淵源)을 계승한 전형적인 기호 노론계 사림으로, 주민을 인(仁)하게 계도하고 사대부의 기풍을 진작하려했다는 사실을 알 수 있다. 그가 덕산으로 이사하여 덕산구곡을 설정한 것은 율곡·우암의 도통연원을 계승하려는 의지를 구현한 것이다.

이진옥은 도통연원을 중시하는 당시 사림들의 공감대를 형성하고 결속을 공고히 하기 위해서는, 우암이 군자가 살만한 곳이라 평하고, 덕(德)은 이웃에 있다는 『논어(論語)』의 도(道)를 응용하여 마을이름을 지은 덕산으로 이주하여 구곡을 설정하는 것이 최선의 방법이며 최대의 효과가 있을 것으로 생각했기 때문이라 여겨진다. 그리하여 지역 사림들도 그의 의도적 조처에 공감, 동조하여 창수에 응한 것이다. 이렇듯 덕산구곡과 덕산구곡시는 1800년대 말 즉 조선말 기호사림의 도통계승의식을 자연과 문학에 표상화한 대표적 사례이다.

4. 『덕산구곡시(德山九曲詩)』의 체제와 창수자

『덕산구곡시(德山九曲詩)』는 이진옥이 지인(知人)들에게 차운시를 지어주

---

12) 『論語』, 「里仁」. 擇不處仁焉得知?

13) 李熙明編, 『德山九曲詩』, 16장 뒷면. "余嘗聞德山之美矣. 未嘗見實有其驗, 而貯念於尤齋之遺訓者久矣. 今乃默信丈新卜攸廬于玆里, 化仁俗人, 襲學問千載之前, 明睹於千載之後, 非賢聖何以推循乎. 地待人而彰人, 得地而安固其理也? 平日見聞, 不圖爲美之至斯矣. 謹按九曲原韻, 則德山之名, 自是而幸不泯滅, 益得彰著前賢遺鑑, 若合符節. 故 余欽仰崇德, 謹次以詩云爾. 韓山 李雲植."

기를 부탁하여 완성됐다는 사실을 알 수 있다.14) 그 수록 내용과 창수자를 살펴보기로 한다.

1) 「덕산구곡시서(德山九曲詩序)」 2편.

(1) 홍승운(洪承運).

(2) 세정유(歲丁酉) 은춘지상순(殷春之上旬), 불초자(不肖子), 희명근기(熙明謹記). 정유(丁酉)는 1897년이다.

2) 창수시 작자 : 이진옥의 시는 수록되어 있지 않음

(1) 원운(原韻) 이희창(李熙昌) : 이진옥의 장남.

(2) 이희명(李熙明) : 이진옥의 차남.

제공차운(諸公次韻)

(3) 방촌(芳村) 이직(李稙). (4) 평창(平昌) 이장규(李章奎). (5) 노면국(盧冕國). (6) 주석렬(周錫烈). (7) 이병달(李炳達). (8) 신안(新安) 민치익(閔致益). (9) 장문섭(張文燮). (10) 김맹호(金孟浩). (11) 대방(帶方) 윤행면(尹行冕). (12) 김연식(金演植). (13) 한산(韓山) 이운식(李雲植). 14) 김납성(金猶性). (15) 종하생(宗下生) 규세(奎世). (16) 박노경(朴魯卿). (17) 종하생(宗下生) 석노(錫魯). (18) 청하(淸河) 이봉기(李鳳基). (19) 북은(北隱) 박재천(朴在天). (20) 문인(門人) 김긍연(金兢淵). (21) 문인(門人) 유동원(柳東元). (22) 문인(門人) 이희목(李熙穆). (23) 문인(門人) 김인성(金仁性). (24) 윤행의(尹行義). (25) 문인(門人) 이인섭(李寅燮). (26) 문인(門人) 조덕증(趙悳增). (27) 문인(門人) 이헌규(李憲珪). (28) 문인(門人) 민택노(閔宅魯).(29) 문인(門人) 근하(根廈). (30) 문인(門人) 안호(安灝). (31) 문인(門人) 이구하(李龜夏). (32) 문인(門人) 이원하(李瑗夏). (33) 문인(門人) 신양호(申養浩).

3) 만시(挽詩) 작자

문인(門人) 평산(平山) 신근수(申根秀) 5언 고시 1수. 문인(門人) 순천 박노정(朴魯定) 7언 율시 1수, 7언 절구 1수 합 2수. 종하생(宗下生) 규세(奎

14) 李熙明編, 『德山九曲詩』, 11장 앞면. "默信齋李處士, 買梧於郡治東餘由旬地, 其山曰德山, 山開水回, 占可百弓, 洞壑寬敞, 臺壁奇絶, 乃倣武夷制, 而爲九曲. 曲皆命名. 使人示余曰願用武夷韻, 以有詠焉. 遂各綴二十八字, 以歸之. 張文燮."

世) 7언 율시 1수, 7언 절시 1수 합 2수.

이상에서 제시했듯이 덕산구곡시의 내용은 서문: 2편, 구곡시 창수 33편, 만시 5수이다. 구곡시 창수자는 아들 2명, 종하생 2명, 교유인물 15명, 문인 14명이다. 만시는 종하생 1명, 문인 2명이 지었다. 『덕산구곡시(德山九曲詩)』의 총 분량은 74면이다.

5. 『덕산구곡시(德山九曲詩)』의 분석

『덕산구곡시(德山九曲詩)』에 이진옥의 시는 실려 있지 않다. 본고에서는 덕산구곡시 33편중에서 이희창과 장문섭의 시를 보기로 한다. 이희창의 시는 9개의 곡의 자연풍광을 비교적 잘 표현 것으로 보기 때문이며, 장문섭의 시는 도통의식을 잘 인식하고 있기 때문이다. 먼저 이희창(李熙昌)의 시를 살펴보기로 하자.

원운(原韻)[15]

산옹천회양지령(山翁川回釀地靈),	산(山)에 사는 노인이 시내를 감돌며 지령(地靈)을 키우니,
세륭단합성지청(勢隆端合聖之淸).	형세가 융대하여 성인(聖人)의 청아함과 단아하게 부합되네.
원빙파노유언중(願憑巴老遺言重),	원하노니 파노(巴老)가 남기신 말과 겹치게 됨을 믿어,
천세불휴강학성(千歲不休講學聲).	천년토록 강학하는 소리 그치지 않기를.

덕산구곡은 산옹이 하천을 돌아 지령을 양성하였기 때문에, 그 형세가 웅대하여 성인의 청아함과 합치된 곳이다. 곧 주자의 무이구곡과 풍광이 흡사한 경지라는 점을 표현한 것이다. 파노(巴老) 즉 우암이 군자가 살만한 곳이라고 한 말과 부합되어 강학하는 소리가 천년토록 이어지길 원한다. 서시에서 작자는 덕산구곡이 주자와 우암의 도통(道通)을 계승하여 설정했다는 점을 표명

15) 李熙明編, 『德山九曲詩』3장 앞면~4장 앞면.

했다.

제1곡 장인벽(丈人壁)이다.

일곡청류재주선(一曲淸流載酒船),	일곡이라 맑은 시내 술 실은 배에 오르니,
장인벽입부장천(丈人壁立俯長川).	장인벽이 솟아 긴 시내를 굽어보네.
은교횡단산광사(銀橋橫斷山光射),	은빛 다리 가로놓이고 산 빛이 빛나니,
화사금문류사연(花似錦紋柳似烟).	꽃은 비단무늬 같고 버드나무는 안개와 같네.

1곡은 술을 실은 배를 맑은 시내에 띄우고 올라가니 장인벽이 긴 개울을 굽어본다. 실제 배를 띄울 수 있는 곳은 아니다. 「무이도가」의 운에 맞추어 표현한 것이다. 은빛 다리가 가로 놓이고 산 빛이 눈에 띄게 빛난다. 1곡은 주변에 비단무늬 같은 꽃이 만발하고, 안개처럼 뿌옇게 버드나무 솜털이 날리는 곳이다.

제2곡 망운대(望雲臺)이다.

이곡부등상절봉(二曲扶藤上絶峯),	이곡이라 등나무 붙잡고 깎아지른 봉우리에 올라가니,
첨운치경약위용(瞻雲致敬若爲容).	구름을 경건히 바라보니 삼가 얼굴모양 같네.
송추울울망중근(松楸鬱鬱望中近),	소나무 가래나무 울창해 가까이 가서 바라보니,
녹수청산위기중(綠水靑山圍幾重).	푸른 물 푸른 나무 몇 겹이나 둘러쌌는고?

2곡은 등나무 붙잡고 올라가야 할 정도로 경사가 심한 절벽이다. 망운대에 올라 바라보는 구름은 사람의 얼굴같이 둥글다는 표현이다. 뭉게구름이 아름답게 떠가는 모습을 표현한 것이다. 소나무와 가래나무가 울창하고 녹수청산이 겹으로 둘러싸인 승경지이다.

제3곡 미륵감(彌勒龕)이다.

삼곡사미보제선(三曲沙彌[16]普濟船),	삼곡이라 사미보제(沙彌普濟)의 배,

사퇴승거이다년(寺頹僧去已多年). 절은 허물어지고 스님은 떠나간 지 이미 여러 해라네.
향반적적무인견(香槃寂寂無人見), 향반(香槃)은 적적하고 사람은 보이지 않는데,
시유촌무공걸련(時有村巫共乞憐). 때로 마을 무당이 찾아와 가련함을 없애주길 함께 비네.

3곡 미륵감은 절이 폐허가 되고 남은 유물이다. 스님도 오래 전에 떠나갔다. 향로를 놓는 대에 사람이 찾지 않고 적막한데, 마을의 무당이 굿을 하며 가련함을 제거해달라고 빈다. 폐사 터의 변화된 정경을 표현했다.

제4곡 진묵방(晋墨坊)이다.

사곡행심진묵암(四曲行尋晋墨巖), 사곡이라 진묵암을 찾아가니,
분분유서낙삼삼(紛紛柳絮落毿毿). 어지럽게 버드나무 솜털이 무성히 떨어지네.
경중물색청여허(鏡中物色淸如許), 거울 가운데 사물의 색깔이 청아하고,
운영천광공일담(雲影天光共一潭). 구름 그림자 하늘빛이 하나의 못에 함께 비치네.

진묵암의 주변경관은 버드나무가 자라고 있다. 거울 속의 사물이 청아하다는 비유적 표현과, 구름 그림자와 햇빛까지 비친다는 표현에서 물이 매우 맑다는 점을 잘 묘사했다. 제4구는 주자의 「관서유감(觀書有感)」의 시구를 그대로 옮겨 썼다.

제5곡 잠룡담(潛龍潭)이다.

오곡용담심부심(五曲龍潭深復深), 오곡이라 용담 깊고 또 깊어,
소소연우향소림(蕭蕭烟雨響踈林). 솨아! 솨아! 안개비가 듬성한 숲을 울리네.
수지칩복존신의(誰知蟄伏存身義), 누가 움츠리고 엎드려 몸을 보존하는 뜻을 알리오?
물용지시양정심(勿用之時養靜心). 쓰이지 않을 때는 청정(淸靜)한 마음을 수양해야지.

16) 사미승(沙彌僧) : 비구(比丘)가 될 만큼 아직 수행(修行)이 익지 않은 중.

깊은 용담이 숲으로 들어 싸였다. 용이 몸을 움츠려 몸을 보존하듯, 사람도 등용되지 않았을 때는 자신을 청정하게 수양해야한다는 점을 의탁했다.

제6곡 독성암(獨醒岩)이다.

육곡사양조벽만(六曲斜陽釣碧灣), 육곡이라 사양에 푸른 물굽이에서 낚시 드리우니,
사구송학근선관(沙鷗松鶴近仙關). 모래밭의 갈매기 소나무의 학 신선세계에 가깝네.
독성암역진오의(獨醒岩亦眞吾意), 독성암 또한 참으로 나의 뜻인데,
둔세유래심갱한(遁世由來心更閑). 세상에 은둔하게 된 유래이니 마음은 다시 한가하네.

독성암 주변은 물굽이가 감돌아가고 모래밭에 갈매기 날고 소나무가 우거져 있어 신선경을 방불케 한다. '독성(獨醒)'은 주지하다시피 굴원(屈原)의 「어부사(漁父辭)」의 "거세개취아독성(擧世皆醉我獨醒)" 즉 "세상 모두가 술에 취해 있는데 나 홀로 깨어있네"라는 내용을 차용했다. 이것이 은둔하게 해준 사상적 근원이라는 점을 표명했다.

제7곡 약천암(藥泉庵)이다.

칠곡암비침석탄(七曲巖扉枕石灘), 칠곡이라 바위사립문이 돌 여울을 베고 있는데,
영지훤초여수간(靈芝萱艸與誰看). 영지와 원추리 그 누구와 함께 살펴보리오?
고당배헌성무괴(高堂拜獻誠無愧), 높은 집에 절하고 바치니 진실로 부끄럼이 없으며,
우유급래약수한(又有汲來藥水寒). 또한 물 길러 오니 약숫물이 차갑네.

약천암 주위 바위가 개울가에 놓여있다. 영지와 원추리 등 영약도 자생하고 있다. 고당에 절하고 헌납하고 거기다 차가운 약수까지 길어온다. 약샘과 더불어 주변에 건강과 장수에 도움을 주는 천연약용식물이 자생하고 있다는 점을 자연스럽게 부각했다.

제8곡 첨성대(瞻星臺)이다.

팔곡첨성별서개(八曲瞻星別墅開), 팔곡이라 첨성대 별장(別莊)에 펼쳐지니,
정관수공갱연회(整冠垂拱更沿洄). 갓을 정돈하여 드리워 받들고 다시 거슬러 돌아가네.
군지서자여사부(君知逝者如斯否), 그대는 아는가? 흘러가는 것이 이와 같은지 아닌지,
일야유유만절래(日夜悠悠萬折來). 낮과 밤으로 유유히 만 번 꺾여 흘러오네.

첨성대의 유래는 『논어(論語)』, 「위정(爲政)」 북진장(北辰章)이다. 제3구는 "서자여사(逝者如斯)"는 『논어(論語)』의 구절을 차용했다.[17] 학문에 정진하여 그치지 말라는 뜻이 담겨있다. 제3~4구의 내용은 중국 황하강이 백번 꺾여 흘러도 종국에는 동쪽으로 흘러가듯이 중국의 문화가 우리나라로 전파해온다는 의미를 내포하고 있다. 조선의 선조가 '만절필동(萬折必東)'이라는 글씨를 썼다. 화양구곡 제6곡 첨성대 정상아래 수직 암벽에 새겨놓았다.

제9곡 봉황산(鳳凰山)이다.

구곡장궁안활연(九曲將窮眼豁然), 구곡이라 장차 다 다달아 가니 눈앞이 훤하고,
봉산제색도청천(鳳山霽色倒晴川). 봉황산 개인 빛이 맑은 시내에 거꾸로 비치네.
요간비폭여뢰향(遙看飛瀑如雷響), 멀리 나는 폭포 바라보니 우레가 울리는 듯하여,
의시은하낙구천(疑是銀河落九天). 은하수가 하늘에서 내려왔나 의심했네.

봉황대에 올라가보면 앞이 탁 트이고 시냇가에 자리 잡고 있어 시냇물에 그 모습이 비친다. 폭포수 떨어지는 소리가 우레와 같이 요란하며 그 정경이 하늘의 은하수가 내려온 것으로 착각할 정도로 장관이다. 이백(李白)의 「망여산폭포(望廬山瀑布)」의 비유법을 차용해 폭포의 장관을 표현했다.

이상에서 살펴보았듯이, 이희창은 서시에서 주자와 우암의 도통을 계승하여 구곡을 설정하고 구곡시를 짓는다는 점을 읊었다. 이희창은 각각의 9곡을 읊은 시에 적절한 비유와 고사를 인용하여 그 정경을 효과적으로 표현하였다.

---

17) 『論語』, 「子罕」. "子在川上曰 逝者如斯夫, 晝夜不舍."

대다수 조선시대 학자들은 주자의 「무이도가(武夷櫂歌)」의 서시부터 9곡시까지의 내용이 도(道)에 들어가는 과정을 순차적으로 읊은 진도시(造道詩)였다고 보고 있다. 장문섭도 덕산구곡 9개 곡(曲)의 명칭에 도(道)의 개념을 의탁했다고 보고, 그런 내용을 자신이 지은 시의 아래에 보충 설명해 놓았다.

장문섭의[18] 서시부터 보기로 하자.

덕산산상육영령(德山山上毓英靈), 덕산의 산 위에 영령(英靈)을 기르니,
산하계류철저청(山下溪流徹底淸). 아래 흐르는 시내 바닥이 보일 정도로 맑아라.
청사구곡명곡곡(淸駛九曲鳴曲曲), 맑게 내달리는 구곡이 구비 구비 울리는데,
고인체청침천성(高人替聽枕泉聲). 고고한 사람이 샘물을 베는 소리 번갈아 가며 듣네.

덕산구곡은 덕산의 산 위에 영령을 길러, 그 효험으로 산 아래 흐르는 물이 바닥이 보일 정도로 맑다. 장문섭의 서시에 붙인 주를 보자. 장문섭은 주자의 「무이도가」를 진도시(進道詩)로 보고 있으며 덕산구곡도 진도시(進道詩) 즉 도(道)에 나아가는 차례를 읊은 시로 보고 있다. 그래서 자신이 지은 "고인체청침천성(高人替聽枕泉聲)"이라는 싯구는 '현명한 사람 선(善)한 사람을 겸했다는 뜻을 비유했다'고 부기했다.[19] 장문섭은 제1곡~제8곡시까지 시를 짓고 주(註)를 붙여 진도(進道)의 뜻을 담았다고 설명해놓았다.

제1곡 장인벽(丈人壁)이다.

일곡연류진소선(一曲沿流進小船), 일곡이라 시내를 거슬러 작은 배를 타고 나아가니,
장강취벽양청천(丈强翠壁漾晴川). 한 길 장엄한 푸른 절벽이 맑은 시내에 일렁이네.
여인언건장당호(如人偃蹇長當戶), 사람처럼 의젓한 모습으로 오래도록 사립문 마주하고,
관득조람여모연(管得朝嵐與暮烟). 아침 아지랑이와 저녁 안개를 관장하네.

---

18) 李熙明編, 『德山九曲詩』11장 앞면~13장 앞면.

19) 序詩의 註. "松觀子曰 陳普曰朱文公九曲純是一條進道次序, 其立意固不苟, 不但爲武夷山水也. 余於默信子德山九曲, 亦云爾, 高人替聽枕泉聲, 以喩賢者兼善人之意也."

장문섭은 제1구에 담은 뜻이, 학문이 낮은 사람이 도(道)에 나아가는 뜻을 담은 것이라 부언 설명했다. 제3구에는 사람이 집안에서 벗어나지 않고 조석으로 도(道)를 닦아야한다는 점을, 장인벽(丈人壁)이 사람처럼 의젓하게 사립문을 향하고 있다는 표현을 써서 강조했다.[20)]

제2곡 망운대(望雲臺)이다.

이곡망운제일봉(二曲望雲第一峯),	이곡이라 망운대는 제일가는 봉우리로,
기거기하완성용(起居其下宛聲容).	그 아래 기거하니 완연 명성을 얻은 얼굴이라.
고비진처흥첨모(孤飛盡處興瞻慕),	외롭게 다 날아간 곳에 앙모심(仰慕心)이 일어나고,
송백전산취차중(松栢前山翠且重).	앞산의 소나무 잣나무 푸르고 또한 겹겹일세.

장문섭은 망운대라 명명한 내력을 설명한다. 적양공(狄梁公)이 태행산(太行山)[21)]에 올라가서 구름을 바라보며 어버이 생각했듯이, 이진옥이 망운대에 올라 선영을 바라보며, 이름을 망운대라 지었으며, 이진옥은 살아계신 어버이 섬기듯 했다고 했다.[22)] 이를 통해 효를 행하는 방법을 제시해주고 있는 것이다.

제3곡 미륵감(彌勒龕)이다.

삼곡연화우사선(三曲蓮花藕似船),	삼곡이라 연꽃 뿌리모양이 배와 같은데,
수감노석주하년(繡龕老釋住何年).	수놓은 감실 노승(老僧)은 어느 해부터 거주했나?
찰진세계진여허(刹塵世界[23)]儘如許),	찰진세계 모두 어떠한가?
찬지치봉환가련(鑽紙痴蜂還可憐).	종이를 뚫는 어리석은 벌 도리어 가련하도다.

---

20) 제1곡시의 주. "一曲沿流進小船, 卽下學立脚進道之義也. 蓋爲人之道不出于戶庭之內, 朝益暮習之功. 故曰, 如人偃蹇長當戶."

21) 태행산(太行山) : 하남성(河南省) 제원현(濟源縣)으로부터 북으로 산서성(山西省) 접경에 이르는 산.

22) 제2곡시의 주. "凡人之行孝爲源也. 昔狄梁公登太行望雲, 而思親, 今默信子 登臺望雲, 而瞻先塋, 以望雲名之, 可謂如事生者也."

23) 찰진세계(刹塵世界) : 불가어(佛家語). 진(塵)은 미진(微塵). 찰(刹)은 국토(國土). 따라서 무수한 국토. 온 세상.

제3곡시 주에 "군자가 올바른 길로 가고자하면 올바른 문으로 들어 가야한다."고 말한 내용은 『맹자(孟子)』, 「자포자기장(自暴自棄章)」의 "의는 사람이 가야할 올바른 길이다."[24]를 염두 한 말이다. 장문섭은 조선시대 대다수의 유학자들이 그랬듯이, 유학의 도를 숭상하지 않고 불교에 몰입하는 행위를 "종이를 뚫는 어리석은 벌"이라 비유하여 비판했다.[25]

제4곡 진묵방(晋墨坊)이다.

사곡층층요벽암(四曲層層繞碧岩),	사곡이라 층층이 푸른 바위를 둘러쌌는데,
암두태발녹람삼(岩頭苔髮綠毿毿).	바위 머리에 이끼풀이 푸르게 무성하네.
방명당습진현조(坊名倘習眞玄造),	마을 이름은 참 현묘한 조화를 익혔으니,
왕왕송연자석담(往往松烟紫石潭).	이따금 송연(松烟)먹이 자줏빛 돌못에 가득하네.

진묵방의 형세는 청색의 바위로 둘러쌌으며, 바위에 이끼가 창연한 곳이다. 장문섭은 먹이 문방사우의 하나로 학자의 필수품이라는 점을 강조하고, 진묵방이라 명명한 내력에 대해 부언 설명했다.[26]

제5곡 잠룡담(潛龍潭)이다.

오곡잠룡담수심(五曲潛龍潭水深),	오곡이라 용이 잠긴 못 물이 깊고,
음음굴택엄유림(陰陰屈宅罨幽林).	그늘진 굴 그윽한 숲으로 덮였네.
종소치우흥운술(縱踈致雨興雲術),	비록 비를 오게 하고 구름을 일으키는 재주가 드물더라도,
상운천전이견심(尙雲天田利見心).	구름이 하늘과 밭에 있어도 살펴보는 것이 이롭네.

장문섭은 잠룡담을 바라보면서, 용은 언제나 영험한 능력이 있기 때문에, 어디에 있든지 유념하여 살펴보는 것이 이롭다는 점을 지적했다.[27] 이는 주

24) 『孟子』, 「自暴自棄章」 "第十. 仁人之安宅也, 義人之正路也. 曠安宅而不居, 舍正路而不由, 哀哉."
25) 제3곡시의 주. "君子行正路, 入正門. 惟彼衆人蚩蚩貿貿, 便爲異端誣惑, 東騖西馳, 不知底泊. 故以鑽紙痴蜂引喩爾."
26) 제4곡시의 주. "墨氏之學, 絶已有久, 坊名墨氏似是 墨工之訛也. 墨是四友之一, 亦學問家, 不可一日無者也. 所以晦翁敬齋箴, 有墨卿司戒之訓爾."

역의 '비룡재천(飛龍在天)'[28]을 염두 한 표현이다. '비룡재천(飛龍在天)'은 성인(聖人)이 왕위(王位)에 있는 것을 비유한 것이다. 장문섭은 잠룡담을 바라보며 성인의 경지에 도달한 사람이 임금의 자리에 오르는 세상이 지속되기를 염원하는 마음을 의탁한 것 같다.

제6곡 독성암(獨醒岩)이다.

육곡성암부벽만(六曲醒岩俯碧灣), 육곡이라 독성암이 푸른 물굽이 굽어보는데,
무인박탁호상관(無人剝啄戶常關). 두드리는 사람 없어 사립문은 항상 잠가놓네.
회간뇨열주문리(回看鬧熱朱門裏), 붉은 대문 안에 시끄러운 모습 돌아보니,
압좌홍군취흥한(狎坐紅裙醉興閒). 붉은 치마와 친근히 앉아 취흥이 한가롭네.

장문섭은 도(道)를 배울 때는 주색(酒色)을 금하는 등 흉중에 끼어있는 세속의 잡기를 없애야 도를 터득할 수 있다고 강조한다. 그래서 그런 외부의 영향을 차단하기 위해 사립문을 닫아 놓는다는 표현을 했다. 반면 배우지 않는 사람은 "붉은 치마와 친근히 앉아 취흥이 한가롭네."라고 하여 주색을 경계할 것을 강조했다.[29]

제7곡 약천암(藥泉庵)이다.

칠곡약천암하탄(七曲藥泉菴下灘), 칠곡이라 약천암 아래 여울물,
영원오석교상간(靈源烏石較相看). 신령한 수원(水源)과 오석(烏石)을 비교하며 서로 바라보네.
언금산작인간음(焉今散作人間飮), 어찌 지금 인간에게 마실 물 만들어,
월패성관여공한(月珮星冠與狃寒). 달을 끼고 별을 쓰고 차가움을 내려주는고?

---

27) 제5곡시의 주. "潛龍雖不能興雲致雨, 彼旣靈異, 則豈無在天在田利見之時乎."

28) 『周易』, 「乾 · 九五」. "九五曰 飛龍在天, 利見大人, 何謂也? 子曰 同聲相應, 同氣相求, 水流濕, 火就燥, 雲從龍, 風從虎. 聖人作, 萬物覩. 本乎天者, 親上, 本乎地者, 親下, 則 各從其類也."

29) 제6곡시의 주. "學道, 由止酒遠色, 而入屛絶此心, 然後, 能奮勇入道. 又於世間, 榮辱得喪,一切洗滌, 不以介其胸中, 然後, 沛然, 入道矣. 故獨醒者, 無人剝啄戶常關, 不學者, 狎坐紅裙醉興閒."

장문섭은 제3~4구에서 군자가 도(道)에 들어가면 장수하고 많은 사람들과 함께 즐긴다는 뜻을 비유적으로 표현했다.[30]

제8곡 첨성대(瞻星臺)이다.

팔곡청계양안개(八曲淸溪兩岸開), 팔곡이라 맑은 시내가 양쪽 언덕사이로 펼쳐지고,
궁교원견수통회(穹橋圓筧水通回). 높은 다리는 둥글고 대홈통의 물이 관통해 돌아가네.
자용소대분성폭(自舂小碓噴成瀑), 작은 물방아에서 물을 뿜어내 폭포를 이루나,
진일무인야도래(盡日無人野渡來). 진종일 들 가운데 걸어오는 사람 없네.

장문섭은 안정된 곳에 거처하면 천지의 이치를 터득하고 어디서든지 통용되는 생각은 배운 사람만이 도달할 수 있다고 배움의 중요성을 강조했다.[31]

제9곡 봉황산(鳳凰山)이다.

구곡지평산척연(九曲地平山陟然), 구곡이라 땅은 평평하고 산은 높아,
오동제월만전천(梧桐霽月滿前川). 오동나무에 개인 달 앞 시내에 가득하네.
봉황우피시서지(鳳凰于彼時棲止), 봉황이 저기에 때로 깃들어 사는데,
물목풍래태고천(沕穆風來太古天). 온화한 바람 불어오니 태고의 하늘이라.

제9시에 말미에 장문섭이 부기한 내용을 보면 그가 당시 시국을 직시하고 있었다는 것을 알 수 있다. 그는 유학의 도가 세상에 통용되어 이상정치가 구현되어, 우리나라 전체에 태고적 같이 태평성대의 풍조가 도래하길 기대하는 심정을 표현했다.[32] 『논어(論語)』, 「옹야(雍也)」의 "어찌 이 도를 말미암지 않으리?"[33]라는 구절을 의식한 표현이다. 이렇듯 장문섭은 유도의 중요성을 시에 담아놓고 있다.

이상에서 살펴보았듯이 장문섭은 덕산구곡의 덕산이라는 명칭 뿐 아니라 9

30) 제7곡시의 주. "此曲末二句, 可見君子旣能入道延壽, 不欲獨享其樂. 聊與衆人共之之意."
31) 제8곡시의 주. "到能靜能安處, 見得自然天理, 隨處流行底意思, 實非未學者, 所能得至也."
32) 제9곡시의 주. "平地踏實仞山成功, 如使斯道得行于世, 文明元會, 宛有梧桐霽月之光, 安寧至治, 可致高岡鳴凰之瑞, 將以挽太古沕穆之風於大東八域矣. 張文燮."
33) 『論語』, 「雍也」. "誰能出不由戶, 何莫由斯道也."

개 곡(曲)에 대한 시(詩)에 유도(儒道)와 관련된 내용을 담고 있어 그가 도통연원을 중시했다는 점을 잘 알 수 있다. 장문섭은 시에 유학(儒學)의 도(道)의 중요성을 이입하여 표현함으로써 사대부들로 하여금 도학적 품성을 구비한 인물로 인도하고자 했던 것으로 보인다.

6. 맺음말

덕산구곡(德山九曲)은 이진옥(李鎭玉 1829~1899)이 지금 충북 청주시[2014년 7월 1일 청원군과 통합] 청원구 오창면 성산리 덕산으로 이사하여 1897년 오창면 성산리(星山里) 용두천(龍頭川)일대에 설정했다. 덕산구곡은 조선말 시대적 혼란기에 지역 사림들을 결속하고 교육하기 위해 위정척사(衛正斥邪)와 존화양이(尊華攘夷)의 도통계승(道通繼承)의 상징으로 설정했다.

『덕산구곡시(德山九曲詩)』는 현존 최초(最初)의 구곡시창수집(九曲詩唱酬集)이다. 장문섭은 덕산구곡시에 유학의 도를 담아 도통의식을 반영했다. 그는 시(詩)에 유도(儒道)의 중요성을 이입하여 표현함으로써 사대부들로 하여금 도학적(道學的) 품성(品性)을 구비한 인물로 인도(引導)하고자 했던 것으로 보인다. 이희창은 서시(序詩)에서 주자(朱子)와 우암(尤庵)의 도통(道通)을 계승하여 구곡을 설정하고 구곡시를 짓는다는 점을 읊었다. 또 9곡을 읊은 각 시마다 적절한 비유와 고사를 인용하여 그 정경(情景)을 효과적으로 표현하였다.

결론적으로 덕산구곡은 조선말 도통계승의식의 의도적 표상화의 대표적 사례이며, 『덕산구곡시』는 현존하는 최초(最初)의 구곡시 창수집이자 기호사림의 도통의식을 반영한 최초의 창수시집이다.

2008년부터 덕산구곡 구간에 저수지 축조공사를 하여 지금은 거의 수몰되었다.

군자구곡(君子九曲)과 군자구곡가(君子九曲歌)

1. 머리말

21세기는 문화의 세기라 한다. 필자는 한문학연구학자로서 이런 '문화사조'에 부응병진하며, 충북도민은 물론 전국민이 향유할 수 있는 전통문화자산을 발굴선정하기 위해 심사숙고해왔다. 그러다 그 최적최고의 대상이 구곡이라 판단했다. 구곡은 수려한 자연산수인 계곡에 9개의 곡(曲)을 설정한 것이다. 그래서 1998년부터 구곡과 구곡시를 발굴하고 연구하는데 몰두해왔다. 구곡에 대한 자료를 탐문조사하다보니 달천강유역에 구곡(九曲)이 밀집되어 있는 사실을 알았다. 즉 충북 괴산군 괴산읍 제월리 일원에서 지금 충북 보은군 내북면 봉황리까지 약 100리 구간에 9개의 구곡이 설정됐다는 사실을 확인했다. 그리하여 2001년 '구곡문화관광특구'를 정하고 「"구곡문화관광특구(九曲文化觀光特區)"와 구곡시(九曲詩) 연구(硏究)」라는 논문에 '구곡문화관광특구선포문'을 작성하여 논문에 실었다.

필자의 학문방법은 온고지신이며 학문목표는 홍익학문이다. 필자는 '온고지신'의 대상으로 '구곡(九曲)'이 최적격이라 판단했다. 그리하여 2005년 경 나는 필자의 고향 성황천에 구곡을 정하기로 작정했다. 내 고향 도촌 남쪽 '한들' 끝 시내를 따라 자동차도로가 나있다. 일제시대에 낸 도로인데 1980년대 2차선으로 확장 포장하였다. 1990년대 초 증평에서 괴산으로 통하는 4차선의 '괴산관문대로'가 신설되고 나서 이 도로는 자동차가 많이 다니지 않아 한적한 길이 되었다. 이 개울을 우리마을에서는 앞개울이라 불렀다. 지도를 살펴보니 언제부터인지 지도에 '성황천'으로 표기했다. 난 늘 이 도로와 개울을 '문화명소'로 만들고 싶었다. 이 계곡은 화양동이나 선유동이나 쌍곡 등 이름난 구곡에는 미치지 못한다. 그러나 계곡 양쪽에 있는 산과 산사이가 가까워 협곡을 이루고 그 사이로 여울물이 쉬지 않고 흐른다. 군자동문을 거쳐 제1곡 마천벽, 제3곡 장승배기, 제5곡 용유담, 제7곡 잠두봉, 제8곡 도화담까지 구비 돌며 흐른다. 그래서 이 개울가를 따라 닦아놓은 도로를 따라 달리면 자신이 계곡의 주인공이 된 기분을 느낄 수 있다.

필자는 『주역(周易)』「건(乾)·구오(九五)」 사상의 자연에의 표상화인 구곡의 전통을 오늘에 계승하여 군자구곡을 설정하고 「군자구곡가」를 짓는다. 군자구곡은 충북 괴산군 문광면 유평리 오방골 앞 절벽에서부터 사리면 이곡리 덕현까지 약 10리 사이에 설정했다. 이에 필자가 군자구곡을 정하게 된 이유와 군자구곡이라도 구곡의 명칭을 결정하게 된 동기를 밝히고 그 의의를 부여하고자 한다.

2. 군자구곡(君子九曲) 설정의 이유

필자는 소년시절에 우리 조상들이 남긴 것들을 잘 보존하여 후대에 전해주어야겠다고 마음먹었다. 그렇게 마음을 먹은 이유는 다음과 같다. 열일곱 되던 1969년부터 1972년까지 보고들은 것에 대한 대응의 결과였다. 필자가 기억하기로 그 무렵 박정희 대통령의 국정목표가 '남북통일' '경제개발' '미신타파' '한글전용'이었다. 그래서 당시 농촌에서는 새마을사업에 힘입어 초가지붕을 스레트로 바꾸었다. 또 잘못 집행했는지 산신당은 미신이라 하여, 산중에 있는 작은 절은 북한 무장공비의 은신처로 삼을 수 있다하여 거의 철거됐다. 그리고 사람들은 '한글전용정책'을 잘못 인식했는지, 많지도 않은 한지(韓紙)로 엮은 한문책이나 한자(漢字)로 쓴 문서들을 쓸모없는 것이라는 여겨 훼손하기도 하고 팔기도 하였다. 놋그릇 등 일상생활에 쓰던 물건들도 양은그릇과 스텐레스그릇 또는 프라스틱그릇 등 현대식 용기의 편리함 때문에, 팔기도하고 바꾸기도 하여 우리 주변에서 점점 없어져갔다. 이런 상황을 목격한 나는 우리가 일상생활에 사용하고 있는 모든 것들은, 우리 생활에 꼭 필요했기 때문에 만들어 써온 것인데, 없애지 말고 그대로 보존하고 그 가치를 평가하는 것이 순리라고 생각했다. 그래서 막연하나마 나만이라도 없어져 가는 것들을 보존하여, 후세들에게 우리의 것을 알고 이해할 수 있게 박물관을 세워야겠다는 생각을 했다.

그 기초를 다지는 한 방법으로 한문공부을 열심히 해야한다는 생각을 하여,

청주대학교 사범대학 한문교육과에서 한문공부를 한지 30여년의 세월이 흘렀다. '발명특허급' 논저를 저술해서 학문적으로 사회국가에 기여해야한다고 생각하고 학문연구에 몰입하여 진력하다 보니 어느덧 나이 57세(2009년 당시)가 됐다. 의욕과 열정만 가지고 독학하다시피 한문공부를 하여 번역하고 논문을 작성하다 보니 어려운 점이 많았다. 그 과정에서 나는 나름대로 올바른 학문 방법과 올바른 학문 자세를 터득했다. 이를 체득하는데 상당한 시간이 걸렸으며 무척 고생을 했다. 오만하다 할 수도 있겠지만 나는 완전하지는 않더라도, 이 깨달음을 사람들에게 알려주고 싶었다. 인생을 살다보면 좀 일찍 누군가 깨우쳐주었더라면, 지금보다 조금은 더 쉽고 빠르게 발전 성공할 수 있었을 것이라고 아쉬움을 느낄 때가 많다.

'낫 놓고 기역자도 모른다'고, 매우 쉬운 것도 제대로 빠르게 이해하지 못한다고 책망하지만, 낫인지 기역자인지 분별할 수 있는 것은, 가르쳐주고 배웠기 때문이다. 1966년 중학교 1학년 때, 지리 교과서에 '지리상의 발견'이라는 소제목 아래 아메리카대륙이 신대륙이라고 서술한 내용을 배웠다. 저자의 한 사람은 서울대 교수 윤태림(尹泰林 1908~1991)[34]이다. 그런데 고등학교 때 세계사 교과서에는 중미대륙에 마야·아즈테크문명이 상당한 수준이었다고 배웠다. 신대륙이라고 평가하는 기준이 서양사람을 중심으로 했다는 사실을 내 스스로 자각한 것은 대학생이 되어서였다. 누가 올바로 가르쳐주지 않았기 때문에 이런 단순한 사실 하나를 자각하는데도 상당한 세월이 걸렸다. 1990년대 초반까지도 어느 회사에서 '1492년 콜럼버스 아메리카대륙 발견'이라고 텔레비전에 광고했었다. 지금은 미대륙을 신대륙이라 하는 사람은 거의 없다. 그래서, 나는 올바른 학문자세와 올바른 학문방법의 중요성과 대상을 올바로 감식평가할 수 있는 고도의 식견을 확립하는 것이 긴요하다는 점을 거론하는 것이다.

필자는 『논어(論語)』에 언급된 학문자세와 학문방법만이라도 '온고지신'하고 '지행합일'해도 선구적 학자가 된다고 믿고 그렇게 실천했다. 「위정(爲政)」의 "온고이지신, 가이위사의(溫故而知新, 可以爲師矣)" 즉 "옛 것을 익히고 새 것을 알 수 있으면 스승이 될 수 있다." 외람된 말이지만 충정(衷情)으로 삼가 권하노니 『논어』에 수록된 학문하는 방법과 자세를 익히면 누구나 창의융

34) 윤태림의 생몰연대는 2019년 1월 17일 목요일 인터넷에서 검색하여 알았다.

합능력을 발휘할 수 있다.

중국과 우리나라의 유명한 문인과 학자들은 유교경전의 내용을 통해 창의융합학문교육을 했다. 필자도 『논어(論語)』와 유교경전에 언급한 학문자세와 학문방법을 온고지신 지행합일했다. 그 결과 학술적 가치가 높은 발명특허급 자료를 감식할 수 있는 고도의 식견을 확립하였다. 그리하여 학문적으로 선구적인 연구논저를 많이 집필하여 충북의 문화유산을 전국적으로 널리 알렸으며 학계에도 크게 기여하였다. 1990년부터 2009년까지 책 9권을 포함하여 110여 편의 논저를 집필했다. 그 논저의 제목은 이 책 말미에 수록한 참고문헌목록을 살펴보기 바란다.

3. 군자구곡(君子九曲)이라 이름을 짓게 된 경위

나는 중학교 3학년 때인 1968년 괴산군 칠성면 사은리 사오랑에 사는 중학교 동기 노은영(盧殷榮 1952~)과 처음 군자산(君子山 948미터)에 올라가 보았다. 그때까지 올라가본 산중에서 제일 높은 산이었다. 등산하며 살펴보니 각종 동식물이 자생하고 있어 자연학습에도 좋은 곳이었다. 또한 멀리서 바라보는 군자산의 모습이 의연해 보였으며, 군자산에서 내려다본 괴산호의 경치가 참으로 아름답게 느껴졌다. 그후 1971년 이전 어느 날엔가 다시 올라가 내려다 보았다. 순간 그 아름다움에 취해 나도 모르게 웅얼거렸다. "고산영봉에 올라 고매하고 원대한 이상을 꿈꾸고, 유유히 흐르는 강물을 바라보며 유한한 인생을 생각하노라." 어디서 본 글이 떠오른 것인지 지금도 그 출처가 생각이 나지 않는다. 이런 군자산이 좋아서 1972년까지 17회 올라갔다. 그 이후 올라간 회수 까지를 합쳐보니 총 30회는 넘는 듯하다. 내 고향 도촌 '뒷동산'이라 불리는 곳에 올라가도 군자산은 알아볼 수 있으며, 증평에서 모래재를 넘어서면서 하늘가에 멀리 여러 봉우리가 보여도 군자산은 금방 식별할 수 있다. 그 정도로 좋아했다. 산봉우리가 붓끝 모양이다. 어린 시절 할아버지(諱 範夏 1906~1980)와 원줄기할아버지(諱 鳳夏)께서 어느 산을 가리키며 저게 문필봉(文筆峯)이라 하셨다. 그 문필봉이 군자산인지 그 때는 여쭤볼 생각을 못했는데 지금 돌아보니 군자산을 지칭한 것 같기도 하다. 지금 생각해보니 이런 마음들이 군자산에 대한 무한한 사랑이었던 것이다. 이런 나의 애정을 아시고 군자산 산신령께서는 나에게 '구곡'을 선물로 주시고 구곡을 연구하게 하여 '구곡전문가'로 키워주셨다. 1999년 갈은구곡, 2001년 연하구곡과 고산구곡, 2004년 쌍계구곡 등 군자산 주변에 설정되어 있는 구곡을 확인하여 연구하게 되었다. 무언의 자연도 사랑을 외면하지 않는다. 짝사랑은 없다. 고도의 식견을 발휘하여 선구적인 학문적 업적을 쌓을 수 있었던 것은, 모두 천지신명과 조상님께서 영감과 계시를 내려주셨기 때문이다. 감사한다.

필자는 처음 이 구곡의 이름을 척진구곡(滌塵九曲)이라 지으려했다. 그런데 '군자구곡'이라고 구곡의 명칭을 바꾸게 된 계기는 우연히 찾아왔다. 2009년 9월 2일 수요일 중원대학교에서 첫 주 강의를 마치고 소설가 김이연(金異然 1942~)선생님과 점심식사를 하기 위해 구내식당에 갔다. 거기서 이홍찬(李鴻燦 1965~)교수를 만나게 되어 합석하여 함께 식사를 했다. 식사 후 휴게실에 들려 커피를 마시면서 담화했다. 두 분이 구곡을 화두로 올렸는데 내가 구곡에 대해 좀 더 알고 있어 부언설명을 했다. 그러다 얘기 가운데 내가 고향 도촌마을 앞에 흐르는 계곡에 '척진구곡(滌塵九曲)'을 정하고 '척진구곡가'를 지어 2009년 9월 9일 9시에 선포하려 한다고 말했다. '척진구곡'이라 하는 이유는, 이 '척진구곡'에 찾아와 속세의 번뇌를 씻어버리고, 이곳에 와서 척진 사람과 화해하고 동반자가 되어 공존공생을 모색하라는 뜻을 담았다고 설명했다. 또한 앞에서 말했듯이 군자산을 그렇게 사랑했더니 군자산 산신령께서 주변에 설정된 구곡을 선물로 주어 '구곡전문가'가 되었다는 말도 곁들였다. 군자산과 관련된 나의 사연에 공감을 표하던 김선생님께서, 군자산과 그런 사연도 있고 '군자'라는 말이 뜻도 좋으니 '군자구곡'으로 하는 것이 더 좋을 것 같다고 하신다. 역시 문학적 감성이 뛰어난 대소설가의 식견이다. 아마도 군자산 산신령께서 '척진구곡'이란 이름이 맘에 안 들어 이름을 바꾸게 하시려고, 오늘 그런 자리를 마련해주고 그런 대화를 주고받게 한 것으로 여겨진다. 이렇듯 인생사 반은 남의 도움과 은혜로 살아간다. 견문의 차이가 응용력의 차이로 나타난다. 반사적 영감이 기발한 생각을 하게 한다. '연하구곡'을 연구하도록 자료의 소장자를 소개해준 현 중원대학교 향토문화연구소 김근수(金根洙 1947~)소장님과 자료를 보여준 '연하구곡'을 설정한 노성도(盧性度 1819~1893)의 후손 노덕균(盧德均 1932~)님, 군자구곡'이란 이름이 더 좋겠다고 깨우쳐준 김이연(金異然)선생님, 나의 구곡얘기를 기꺼이 들어준 이홍찬교수께 깊이 감사한다.

지금 필자가 정한 군자구곡 안에는 바위절벽이 4군데 있다. 3곳은 하류로부터 제1곡 마천벽 제3곡 장승벽 제7곡 잠두봉이다. 일제시대 자동차도로를 내기 전에는 암벽이 개울과 맞닿아있었다 한다. 자동차도로를 개설하면서 이 암벽을 깎아내어 지금은 거의 수직의 암벽이 되었다. 그런 과정을 거쳐 현재의 모습이 된 것이다. 한 곳은 제9곡 도화담인데 높지 않는 수직의 자연 암벽이다. 따라서 2009년 현재의 자연지세에 따라 아홉 군데에 구곡의 명칭을 붙였다.

'군자동문(君子洞門)'을 거쳐 제1곡 마천벽부터 제3곡 '장승벽'까지 두 구비는 경관은 좋은 편이다. 장군봉은 가슴이 딱 벌어진 늠름한 장수가 버티고 있는 형상이다. '용유담'과 '군자담'까지는 물가 양편으로 갈대가 장관을 이룬다. '잠두봉'과 '도화담'도 맑은 물과 갈대가 볼 만하다. '이계곶'은 쇠편이 골짜기에서 내려오는 물과 웃강천에서 내려오는 물이 만나는 곳이다. 덕현 안동네 마을이 자리 잡고 있으며, 왼쪽 쇠편이골짜기가 아늑하다. 2018년 말 다시 주변 산수를 관찰해보니 장군봉을 넣어야한다는 생각이 들었다. 마을에서 수시락골이라 부른다. 산세가 풍채가 좋은 늠름한 장수가 가슴을 활짝 펴고 버티고 있는 형상이다. 필자가 그 산을 바라볼 때 늘 장군의 형상이라 생각했었다. 그래서 제6곡 층석대(層石臺)로 취소하고 제4곡 장군봉(將軍峯) 제5곡 용유암(龍遊巖) 제6곡 군자담(君子潭)으로 했다. 층석대는 바라보는 쪽에서 장군봉의 우측 하단부이다.

군자산 그림자는 괴산호를 넘는다. 한 사람의 생각이 시대사조와 역사를 바꿔놓을 수 있다. 유학의 이념은 '수신 제가 치국 평천하'의 도리를 실천하는 것이다. 자기 자신을 완성하고 난 후 사회에 봉사하고 국가발전에 기여하는 것이다. 그것이 사람의 도리이고 선비의 도리이다.

이제껏 밝혔듯이 내가 군자구곡을 정하고 「군자구곡가」를 짓는 이유는 이 계곡의 산수에 구곡이라는 문화적 요소를 가미하여 문화산수로 만들어 문화적 기풍을 진작하고자 하는 것이며, 이 군자구곡이 주변 문화역사유적과 더불어 군자구곡이 '문화명소'로 부상하기를 바라기 때문이다.

4. 군자구곡가(君子九曲歌)

나는 「군자구곡가」에 나름대로 나의 생각을 담아 사람들에게 보여주고 싶었다. '군자구곡'은 자연의 지세와 형상에 걸맞는 명칭을 붙이고 거기에 어울리는 뜻을 담아 암시의 효과와 최면의 효과와 자극의 효과를 극대화하고자했다. 따라서 '군자구곡'의 명칭과 「군자구곡가」에 담은 뜻을 음미해보면, 일면 자연을 통해서 학문과 인생의 의미를 관조할 수 있을 것이다. 이런 취지를 이해하고는 군자구곡 주변의 문화역사유적과 군자구곡을 탐방하기 바란다.

좌측 사진: 군자동문에서 장자봉을 바라보며.
우측 사진: 보(洑) 안의 물에 비친 산 그림자. 군자동문(君子洞門): 군자의 학문과 인품을 닦으러 군자구곡으로 들어가는 문.

사진은 거의 2009년 딸 혜라가 핸드폰으로 촬영했다. 사진이 마음에 안드는 곳은 일부 그후에 촬영했다. 2017년부터 제1곡 마천벽부터 성황천 확장 정비공사를 원형이 바뀌었다.

서가(序歌)
군자구곡 구릉 마다 굽이 마다 영험한 신령님이 머물고 계셔,
이 산천의 기세에 걸맞게 군자구곡이라 이름을 내려 주셨네.
산이 높아야만 이름이 있나? 물이 깊어야만 사람들이 아나?
세기의 군자들 만천하 태평성대 구가하니 절로 그 이름나네.

천지만물 사이에 사람이 알 수 없는 인간세상을 움직이는 비밀의 힘이 존재하고 작용한다고 한다. 군자구곡 골짜기 마다 물굽이 마다 영험한 신령이

머물고 있어, 군자의 풍격을 구비할 수 있는 정기를 받는 성지가 되라고 군자구곡이라 이름을 깨우쳐주셨다. 암시효과와 최면효과 그리고 심령과학적 감화의 중요성을 강조하고자 군자구곡이라 이름을 붙인 사연을 담았다. 산수는 높이와 깊이만으로 명성이 나는 것은 아니다. 그 산하에 사는 사람이 만천하 태평성대와 인류 평등을 이룩하고 고품격의 문화성세를 구가하면, 절로 그 명성을 떨치게 된다는 점도 아울러 노래했다.

제1곡 마천벽(摩天壁): 하늘을 어루만지는 바위절벽

하늘가에 아스라이 솟아있는 수직의 바위절벽,
그 누가 맨손으로 하늘 끝을 만질 수 있으랴?
도통(道通)한 대장부는 맨손으로 만질 수는 없어도,
호방(豪放)한 마음은 언제라도 하늘 끝을 넘나드네.

제1곡 마천벽

제2곡 용두봉

이 바위절벽이 하늘가에 아스라이 솟아있는 것은 아니다. 문학적으로 표현할 때 통상 높지 않아도 높이 솟아있다고 여기게 하려고 좀 과장법을 쓴다. 여기서도 그런 뜻이다. 인간의 욕망은 무한해서, 하늘 끝까지 올라가지도 못하면서도, 하늘 끝까지 올라가도 만족하지 못한다. 사람이 실제로 하늘 끝을 만질 수는 없다. 하지만 도통한 대장부는 호방한 마음이 이미 하늘 끝을 넘나들 수 있다. 마음을 넓혀 마음으로 생각하는 상상력을 계발하는 것이 중요하다. 이 바위절벽을 바라보며 호방한 심성수양의 중요성을 강조해본다

제2곡 용두봉(龍頭峯): 용 얼굴 모양의 봉우리

봉우리 모양 완연히 위엄 있는 용의 얼굴,
천지의 신물 어찌하여 아직 꼼짝도 하지 않는고?
전지전능한 용의 기 모아 모든 일 이루게 하고,
산기슭 아래 자손들 세세손손 번창 무궁하게하네.

문광면 유평리 사람들은 이 봉우리의 모습이 사자의 얼굴을 닮았다하여, 사자봉이라 불러왔다. 그 오른쪽 산은 개의 모습으로 보여 개산이라고 하며, 사자봉 맞은 편의 산은 호랑이 형상으로 보여 호랑이산이라 한다. 호랑이가 개를 잡아먹으려 하는데 사자가 버티고 있어 잡아먹지 못한다고 한다. 그래서 이 마을이 큰 어려움 없이 잘 산다는 설이, 언제부터인지는 모르지만 전해온다. 그래서 처음에 제2곡을 '사자봉'이라 했다. 그런데 매죽정에 게시한 시와 이홍순의 「매죽정후기」에 '용암(龍巖)'이라는 용어가 보였다. 의아하게 생각했는데 그 전에 용암이라 부른 것이다. 그래서 제2곡의 명칭을 용두봉이라 바꾸었다.

요즘 '얼짱', '몸짱'이라는 말이 유행하고 있다. 그래서 의술로 타고난 외모를 바꾼다. 외모가 바뀌면 마음도 바뀔 수 있다. 외모를 바꾸기 전에 마음부터 바꿀 필요가 있다. 타고난 외모보다 더 존경을 받고 추앙을 받을 수 있는 인격과 풍모를 갖추면 된다. 어느 정도의 인품과 학문이 축적되면 얼굴에 드러난다. 용두봉을 바라보며 『대학』의 "성어중형어외(誠於中形於外)"의 의미 즉 '마음으로부터 정성을 다하면 겉으로 드러난다'라는 뜻을 되뇌어 보고자 했다

제3곡 장승벽(長丞壁): 장승을 세웠었다는 절벽

그 언제 그 누가 이곳에 장승을 세웠나?
어느 시절 어떤 이가 그 장승을 없앴나?
천지신명께 자손만대 부귀영화 빌고 빌던 명당,
'진인사대천명'하면 대대손손 '부귀공명'누리리라.

제3곡 장승배기.

장승배기모퉁이 여울의 갈대꽃. 2016. 2. 26.

이곳의 지명이 장승배기이다. 어린 시절에 이곳에 장승이 서있었다고 들었다. 사람은 만물의 영장이라 하지만 죽음에 대한 공포심을 가지고 있다. 또한 대자연의 위대함 앞에 경외심을 가지고 있어, 막연하나마 절대자에게 보호받고 싶어 한다. 그래서 천지신명께 무병장수와 다산 풍요를 빌었으며, 빌면 도와주고 보살펴준다고 믿었다. 그렇게 천지신명이 보살펴주신다고 믿는 그 자체만으로 불안한 마음이 안정되며, 기분이 좋고 자신감이 생긴다. 이는 자기최면효과와 자기암시효과이지만은 불안감으로부터 자신을 지탱하는데 많은 도움이 된다. 이렇게 믿는 것도 진인사이다. '진인사'하고 '대천명'하면 '부귀공명'이 가까이 온다. 천지자연의 정기를 타고난 사람이 인간세상에서 훌륭한 인물이 된다고 한다. 자신을 키워준 조상과 조국의 은혜에 보답하기 위해, 최선을 다해 자신의 인생을 가꾸며 감사하는 마음을 닦는 성스러운 장소로 삼고자 그렇게 이름을 지었다.

제4곡: 장군봉(將軍峯): 장군의 기개가 서린 봉우리

넓고 딱 벌어진 가슴, 반듯한 머리, 지혜는 하늘을 덮고
양팔 휘 젖어 천둥번개 일으키면 적군은 추풍낙엽 되네.
백 번 앉으면 '백만장자'된다는 '장자바위'에 홀로 앉아,
대장산 과녁배기 향해 활 당기는 소리가 창공을 가르네.

제4곡 장군봉 원경 2011년 8월 촬영.

장군봉 근경

성황천가 한들 버스정류 건너편에 있는 봉우리다. 도촌마을 서낭당 앞 너마지기 논둑 중간에서 바라보이는 이 산을 마을에서는 '수시락골'이라 불렀다. 이 봉우리는 가슴의 근육이 불룩하고 풍채가 좋은 장수가 떡 버티고 있는 형상이다. 『대학』에 "성어중 형어외(誠於中 形於外)"라는 말이 있다. 즉 "마음으로 정성을 다하면 겉으로 드러 난다"는 뜻이다. 내 마음에 들어있는 영성이 자연물을 그렇게 보는 것이다. 미국의 소설가 나다니엘 호돈이 지은 「큰바위 얼굴」도 대상을 정하고 그를 닮으려고 노력하면 그와 같아진다는 주제를 담은 단편소설이다. 성황천에 언제인가 장수가 적과 싸우다가 힘이 부쳐서 개울에 빠져 죽었다고 전해온다. 장군봉 맞은편 대장산이 있다. 이 대장산 기슭에 과녁백이가 있다. 이 전설과 지명을 토대로 본다면 그 옛날 이 성황천을 사이에 두고 전투가 벌어졌을 가능성도 있으나 구체적이 증거는 아직 나오지 않고 있다. 남한과 북한이 대치하고 있으며 주변에 있는 중국 러시아 일본 등 항상 경계하고 조심해야하는 나라들이다. "소련놈에 속지 마라, 일본놈 일어난다, 미국놈 믿지마라, 조선사람 조심하라"는 참요(讖謠)도 나왔다. 1905년 을사늑약이후 유행되었다 한다. 자립경제 자유민주국가를 유지하기 위해서도 부국강병 자주국방이 최우선이다. 자주국방의 의지가 투철한 지략이 뛰어난 걸출한 장군이 출현하여 평화통일 부강국가의 선구자가 되길 바란다.

제5곡 용유암(龍遊巖): 용이 노니는 바위

물 가운데 자그만하고 야트막한 볼품없는 저 바위,
식견(識見) 없는 사람, 용이 노니는 곳인 줄 어찌 알랴?
여의주 입에 물고 하늘로 날아오르면 전지전능하거늘,
겉모양만 보고서 어떻게 그 진면목을 다 알 수 있으랴?

제5곡 용유암(龍遊巖) 원경 2009년.

근경 2014. 11. 1. 토.

겉모습만으로 사람을 평가하는 경우도 적지 않다. 그러나 준수한 용모를 타고난 사람도 내면의 정신세계가 그에 미치지 못하는 사람도 있다. 얼굴만 보고 그 사람의 전모를 파악하기는 쉽지 않다. 물 가운데 볼품없는 작은 바위를 보면서, 어떤 대상을 겉모습만 보고 판단하는 오류를 범하지 않기를 다짐해본다. 또한 겉으로 드러나지 않은 내면의 세계를 관조할 수 있는 감식력과, 그 대상의 진면목을 알아볼 수 있는 식견의 중요성을 음미해보고자 했다.

제6곡 군자담(君子譚): 군자의 풍모를 가다듬는 못

맑고 시원한 백옥수(白玉水) 반짝반짝 감돌다 흘러가는 곳,
바라보기만 해도 저절로 몸과 마음이 청아해지네.
인품을 완성하고 학문에 '박이정(博而精)'하여 '성인군자'되면,
천하 만인의 사표(師表)되고 온 세상 '요조숙녀' 찾아오리라.

제6곡 군자담.

제7곡 잠두봉: 상류쪽에서 하류쪽을 보고 촬영

태어날 때부터 성인과 소인이 결정되는 것이 아니다. 출생 후 부지런히 인격을 도야하고 학문을 정예하게 하여 최고의 학문과 최고의 인품을 겸비하고 식견과 경륜을 구비하면 성인군자가 된다. 그러면 천하의 수많은 사람들이 그를 사표로 받들고, 사방의 요조숙녀들이 좋은 짝이 되려고 찾아온다. 모든 사람이 심신을 수련하고 학문을 연마하여 고아한 인품과 정치(精緻)한 학문에 도달하면 군자가 될 수 있다는 점을 읊었다.

제7곡 잠두봉(蠶頭峯): 누에머리 모양의 봉우리

초록색 뽕잎 먹고 하얀 명주실 풀어내니,
미물의 재주 정녕 사람만 못하지 않구나.
재주 적다 한탄 말고 시간 없다 핑계 말고,
'절차탁마'하면 '고관대작' '백만장자'되리라

사람도 먹는 것에 따라 성격과 건강도 차이가 난다. 누에는 초록색 뽕잎은 먹고 하얀 명주실을 만든다. 작은 재주를 크게 쓰려면 지속적인 노력이 필요하다. 화강암도 '절차탁마'하면 반들반들 윤이 난다. 자기 재주를 자신과 국가 사회를 위해 활용하기 위해 부단히 계발해야한다. 노력이 재능계발의 필수요, 개인의 성공을 보장받는 길이다. 최대의 노력을 하면 타고난 천부의 재능을 극대화할 수 있으며, 뜻밖의 좋은 결과를 얻을 수 있다는 점을 되짚어보았다.

8곡 도화담(桃花潭): 복숭아꽃이 떠있는 못

무릉도원(武陵桃源) 찾다가 병든 사람 그 몇몇인고?
고아(高雅)한 문화의 향기 온 세상을 덮게 하면,
아! 이 풍진세상 모두다 무릉도원되리니,
무릉도원 정녕 사람의 마음속에 있다네.

인간은 죽지 않고 영생하기를 원한다. 그래서 산수 좋은 곳이 있으면, 신선세계로 여기고, 자신을 현실 속의 신선으로 자처하며 자위한다. 자신이 신선이라는 마음을 가지고 살면 신선이다. 그리고 스스로 신선처럼 고고하게 문화의 향기를 풍기고 살면, 거기가 무릉도원이다. 사람이 살아있는 동안, 고생을 낙으로 알고, 세상사를 긍정적으로 보며, 많은 사람들이 공유할 수 있는 문화를 창조하기 위해 노력하고, 보다 나은 미래를 위해 최선을 다해 살아야한다는 마음을 의탁했다. 이승에서 살다 저승으로 돌아가서 사는 것이다. 그러다 다시 이승으로 돌아와 사는 것이다. 이렇게 윤회하며 사는 것이지 죽는 것이 아니다.

제9곡 이계곶(離溪串): 두 여울이 만나는 곶

작은 도랑물과 시냇물이 만나 쉬지 않고 흐르니,
모름지기 화합과 상생은 천지자연의 대진리라네.
옹졸한 소인배들 단 두 사람하고도 화합하지 못하니,
오직 '성인(聖人)'만이 자연이 진정 위대한 스승인줄 아노라.

제8곡 도화담 상류쪽에서 촬영.

제9곡 이계곶

두 사람하고도 화합하지 못하며 양보하지 않는 경우도 많다. 맹목적으로 잘 동조하면서 합리적으로 조화를 이루지는 못하는 사례도 적지 않다. 때론 비논리적인 자기주장을 강력하게 내세우며 남의 의견을 묵살하는 경우도 많다. 자칭 천자(天子), 우물안의 개구리, 왕자병, 공주병이다. 합리적으로 판단하여 자기의 생각과 행동에 잘못이 있으면 인정하고 사과해야한다. 그런데 미안하다는 말은 하지 않고, 변명을 늘어놓거나 핑계대기 바쁜 사람도 흔하다. 물방울이 모여 강이 되고 바다가 된다. 작은 여울이 서로 만나 바다로 흘러간다. 흘러갈수록 수량이 많아지고 힘도 거세진다. 이런 대자연의 속성을 바라보며 화합과 포용심 그리고 자기 잘못을 인정하고 사과할 수 있는 도량을 가다듬어야한다는 점을 붙여보았다.

5. 맺음말

군자구곡 주변에는 몇몇 역사문화명소가 자리하고 있다. 충북 괴산군 문광면 유평리에는 현존 최고(最古)의 육아일기인 『양아록(養兒錄)』의 저자 이문건(李文楗(1494~1567)) 종손집이 있다. 괴산군 문광면 문법리 둑시에 『양아록(養兒錄)』의 주인공 이수봉(李守封 이원배李元培 1551~1594)의 묘소가 있다. 『양아록』의 저자 이문건의 묘소도 경북 고령군 운수면 흑수산에 있었는데 2012년 5월 30일 수요일 둑시로 이장했다. 용두봉에는 이문건의 후손 이해종(李海宗)이 세운 매죽정이 있다. 사리면 화산리 도촌에 1484년에 세워진 '홍의(洪義)의 묘비'에 '괴주군(槐州郡) 남면(南面) 화관리(禾館里)'라고 이곳의 옛 지명이 새겨져있다. 안동네 성황당 느티나무 옆에 남녀 쌍선동이 전해온다. 이 마을의 지형지세는 청룡포태형(青龍胞胎形)이며 용정(龍井)이 퐁퐁 솟고 있다. 이 마을에 필자의 생가인 '근현대 사대부종택'의 전형을 볼 수 있는 주택이 거의 원형대로 잘 보존돼있다. 도촌(陶村)은 인격도야와 학문도야가 완성된 도인(道人)이 출현한다는 전설의 고향이다. 오룡동에서 성황천으로 뻗은 '오룡쟁주혈(五龍爭珠穴)'이 있다. 사리면 월현리에 '앉으면 백만장자 된다는 장자바위'가 장자봉 정상부에 자리잡고 있다. 이곡리 덕현에 일제시대 금을 캐던 갱도가 남아있어 일제의 자원수탈의 현장을 찾아볼 수 있다. 사리면 사담리 보광산에 고려시대 건립한 5층 석탑이 남아있다. 괴산읍에 소설 『임꺽정』의 작자 벽초 홍명희(洪命熹 1888~1968)의 생가와 별서가 있다. 칠성면 성산리에 김기응의 99칸 집이 있다.

대개의 사람들은 자신의 천부의 능력을 극대화하면 모두 훌륭한 사람이 될 수 있다. 발휘하는 방법을 모르거나 여러 가지 원인에 의해 자신의 능력을 발휘하지 못한다. 최고의 인품과 최고의 학문을 겸비하여 자신을 완성하고, 자신과 가문의 명예를 위해, 고향과 지역사회의 영광을 위해, 모교와 동문의 발전을 위해, 조국과 민족의 번영을 위해, 인류와 세계의 안녕과 평화를 위해, 최후의 일각까지 최선을 다하는 일등 국민이 되는 길로 매진하기를 바란다.

이 군자구곡에 찾아오는 사람마다 군자의 품격을 갖추고 자신의 도리를 완수하여, 사회국가에 기여 봉사하는 인재로 성장하려는 의지를 가다듬는 의미 있는 장소가 되기 바란다. 아울러 우리의 문화유산의 가치를 올바로 인식하고 새로운 문화와 역사를 창조하기를 희망한다. 또한 주변에 남아있는 역사문화 유적이 역사의식을 제고하게 해주는 문화명소가 되기를 기대해본다. 끝으로 『주역(周易)』의 구오(九五)의 원리대로, 천하가 인위적으로 잘 하려하지 않아도 으뜸으로 잘 다스려지는 태평성대가 유지되지 되어, 절대 다수의 절대 행복이 보장되는 민주복지 국가가 이룩되길 바란다.

2009년 9월 9일 9시 수요일

충북 괴산군 사리면 화산리 243 번지(도촌) 출신
문학박사 구곡문화전문가 중원대학교 외래교수

이상주(李相周) 지음

2014년 5월 경 성황천 유역인 모래재부터 문광면 문법리 원터 낙원장모텔까지 구도로변 양쪽으로 산수유나무를 심었다. 필자는 이 길을 산수유거리로 만들고 싶었다. 그러다가 도촌리 이재춘이장과 대화중에 그런 뜻을 알렸더니, 고향발전을 위해 좋은 생각이라고 공감했다. 그리고 해당구역 이장단회의에서 합의하여 이재춘이장이 그 친구 변상희와 군청에 건의했다. 마침 프라타나스 원줄기가 속이 마르는 현상도 나타났다. 임각수괴산군수도 그 타당성을 인정하여 산수유나무를 심게 했다. 이재춘이장은 서울에서 사업을 하다가 어머니를 봉양하기 위해 귀향했다. 2018년 봄과 가을에 보았다. 봄이면 산수유나무의 노란 황금꽃이 눈부시게 반기고, 가을이면 가지마다 빨갛게 사랑의 열매가 얼굴을 붉히며 방끗 미소를 보내고 있다.

2017년부터 성황천은 수해를 입을 것에 대비해서 개울의 폭을 넓히고 제방 양쪽 또는 한쪽에 둑을 쌓아 산책로 내지는 자전거를 탈 수 있는 길을 만드는 공사를 시행하고 있다. 전엔 가을이면 개울가 둔치의 갈대가 길손을 향해 하얀 손을 흔들어 주었다.

제4장 충북 북부지역에 설정된 구곡

이정의(李正儀)의 삼선구곡가(三仙九曲歌)

1. 이정의(李正儀)와 삼선구곡(三仙九曲)

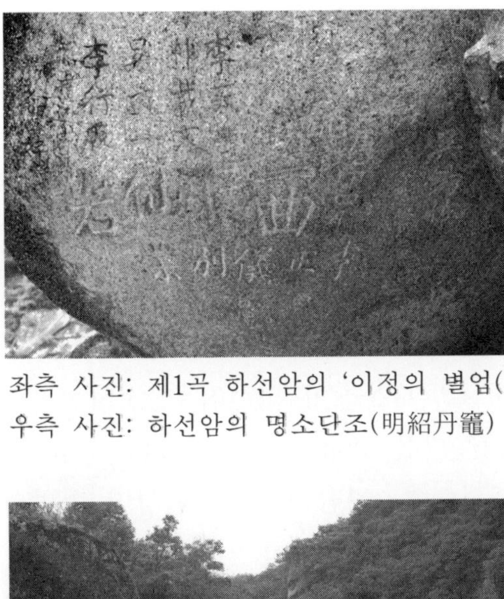

좌측 사진: 제1곡 하선암의 '이정의 별업(李正儀 別業)'.
우측 사진: 하선암의 명소단조(明紹丹竈)

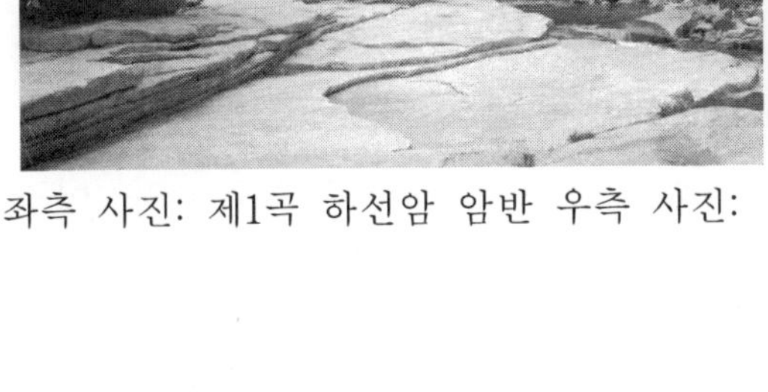
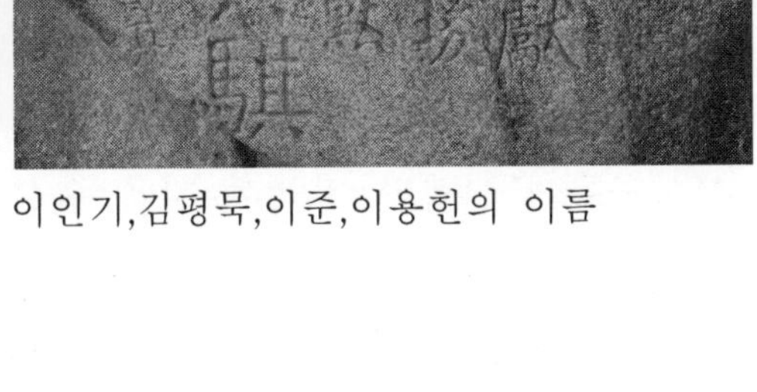

좌측 사진: 제1곡 하선암 암반 우측 사진: 이인기,김평묵,이준,이용헌의 이름

구곡이 도통계승의식을 자연에 발휘표현한 산물이라는 점은 누차 강조했다. 일제강점기인 1928년에 이정의(李正儀 1882~1957)가 삼선구곡(三仙九曲)을 설정했다.

삼선구곡이 설정된 사실을 알게 된 경위와 확인과정은 다음과 같다. 필자가 '삼선구곡'이라는 명칭을 처음 들은 것은 2005년이었다. 충북문화유산답사회 한도희 총무가 인터넷에 올라있는 '삼선구곡' 관련 자료를 인쇄해 건네주었다. 통상 선암계곡(仙巖溪谷)으로 알려졌다. 그래서 처음에 필자는 인터넷에 올린 사람이 잘못 알고 있는 것으로 여겼다. 그 당시 필자가 인터넷에 미숙하기도 하고 급한 일도 아니어서 미루고 바로 검색하지 못했다. 그러다 2006년 7월 22일 토요일 수필가 송부일님이 운영하는 소영식당에 식사하러 갔다가 삼선구곡이 설정됐을 가능성이 있다고 볼 수 있는 단서를 보았다. 바로 이창식이 지은 『단양팔경 가는 길』라는 책이다. 그 책에 세로로 '일곡(一曲)'라 새겼으며, 왼쪽에 가로로 '하선암(下仙岩)'이라 새긴 사진을 게재한 내용을 보게 됐다. [1]) 이를 통해 삼선구곡이 설정됐다는 확신을 갖게됐다. 그래서 2006년 8월 3일 목요일 인터넷을 검색해보았다. '한국여행정보은행'에 올라있었다. 정확한 사정을 알기 위해 2006년 8월 3일 목요일 오후 1시 40분경 단양군 문화관광과에 근무하는 김동식선생께 전화했다. 그가 전화로 전해준 내용이다. "삼선구곡을 설정한 사람은 이정의이다. 그의 호가 삼선이다. 그는 구단양에서 출생하여 한말에 의병활동을 했다. 친구들과 계곡을 돌아다니며 구곡을 정했다. 그리고 회갑 때 시를 주고 받았다. 그 시문집이 삼선집=삼선시선집이다." 2007년 6월 12일 김동식님이 전화로 다음 내용을 알려주었다. "이정의는 경북 예천군 용궁면 사천리에서 출생하였다. 지금 단양군 단성면 하방리 256번지에 살았다."

필자는 김동식님께 2006년 8월 27일 일요일 삼선구곡을 답사하고자 하니 안내해줄 것과 그 문집을 복사해달라고 요청했다. 8월 27일 일요일 김동식 선생은 바쁜 일정에도 불구하고 삼선구곡을 구석구석 자세히 안내해주었다. 그리고 『삼선시문(三仙詩文)』중에서 '삼선구곡시'[2])가 실려 있는 부분을 복사해서 보내 주어 2007년 5월 27일 토요일 받아보았다.

삼선구곡이 설정된 지역은 지금 충북 단양군 단성면 가산리 일원이다. 이정

1) 이창식, 『단양팔경 가는 길』, 단양문화원, 2002, 138면. 사진 참조.
2) 이정의(李正儀), 『삼선시문(三仙詩文)』권1 「삼선구곡가(三仙九曲歌)」

의의 「삼선구곡가(三仙九曲歌)」 두주에 "세재 무진 춘 삼월 하순(歲在 戊辰 春 三月 下旬), 각구곡이작차시(刻九曲而作此詩)." 즉 "무진(戊辰1928년) 3월 하순 구곡(九曲)을 새기고서 이 시를 짓다."라고 서술했다.

삼선구곡(三仙九曲)의 명칭은 다음과 같다. 제1곡 하선암(下仙岩): 삼선구곡 맨 아래쪽에 있는 신선바위, 제2곡 장대암(將坮岩): 장군이 지휘하는 형상의 바위, 제3곡 호낭암(好娘岩): 아리다운 아가씨를 연상케하는 바위, 제4곡 부담(釜潭): 솥처럼 생긴 연못, 제5곡 호항탄(壺項灘): 병모가지처럼 좁게 흐르는 여울, 제6곡 은선암(隱仙岩): 신선이 숨아있는 바위, 제7곡 중선암(中仙岩): 삼선구곡 중간지점에 있는 신선 바위, 제8곡 와룡암(臥龍巖): 용이 누워있는 모습의 바위, 제9곡 상선암(上仙岩): 삼선구곡 맨 위쪽에 있는 신선바위 등이다. 하선암에는 명소단조(明紹丹竈)라는 글씨를 새겨놓았다.[3)]

앞에서 밝혔듯이 김동식이 이정의(李正儀)의 『삼선시문(三仙詩文)』에 실린 「삼선구곡가(三仙九曲歌)」을 복사해서 보내주었다. 이 「삼선구곡가(三仙九曲歌)」에 화운한 사람은 다음 3명이다. 이진하(李晉夏)가 있다. 임몽수(林蒙洙)가 있다. 임몽수는 화운시 아래 "직동(直洞) 사제(査弟) 임몽수(林蒙洙) 단기(檀記) 四二八三年(1950년) 三月 日."라 썼다. 황현성(黃現性)이 있다. 황현성은 "강원도(江原道) 철원군(鐵原郡) 갈말리(葛末里) 문혜리(文惠里) 죽계(竹溪) 출신 황현성(黃現性). 우차 신형균 월담 신묘 우거 무료 만음(又次 申衡均 月潭 辛卯 寓居 無聊 謾吟)"이라 썼다. 즉 "신형균 월담이 신묘년(1951년) 우거(寓居)에서 무료하여 내키는 대로 읊은 시에 다시 차운(次韻)하다."라는 뜻이다. 모두 『삼선시문(三仙詩文)』에 실려있다. 여러 가지 여건상 이들의 생몰연대를 현재 밝히지 못했다.

2. 「삼선구곡가(三仙九曲歌)」의 분석

「삼선구곡가(三仙九曲歌)」 중에서 이정의와 차운한 사람들이 중시한 내용을 중심으로 살펴본다.

---

3) 명소(明紹): 사인암에 명소정(明紹亭)을 건립하고 청유한 이명(李明)·이소(李紹)형제로 추정한다. 금석문(김동식 지성룡집필), 『단양군지』, 2005, 562면.

1) 삼선구곡 설정의 당위성에 대한 자축과 예찬

이정의가 지은 「삼선구곡가(三仙九曲歌)」서가(序歌)를 보자.

칭명하일유선령(稱名何日有仙靈),	선령(仙靈)이 있다고 언제 이름이 났는가?
역수한담기곡청(歷數寒潭幾曲淸).	찬 연못 몇 구비가 맑은지 두루 헤아려보네.
만탄선현유몰적(晩歎先賢遺沒蹟),	선현의 유적 사라짐을 뒤늦게 한탄하여,
장수소객입기정(將修騷客入奇程).	장차 수양하려 시인(소객騷客)이 기이한 길로 들어가네.
삼선종고도전호(三仙從古徒傳號),	삼선은 예로부터 다만 이름만 전해질 뿐,
구곡무인시발명(九曲無人是發名).	구곡(九曲)이라 이름을 표출한 사람이 없네.
관식차중진취미(慣識此中眞趣味),	이 가운데 참된 취미 익히 알고 있으니,
세간영욕불수경(世間榮辱不須驚).	세간의 영욕(榮辱)에 모름지기 놀라지 않네.

1구에서 "선령(仙靈)이 있다고 언제 이름이 났는가?" 묻는다. 뒤에 나오는 내용을 참고하여 보면 몰라서 묻는 것이 아니라 오래 됐다는 사실을 전제로 해서 묻는 말이다. 3구에서 선현들의 유적이 사라지는 것을 한탄하여 이 골짜기에서 수양하겠다는 의지를 표명한다. 이 삼선계곡에 수암 권상하가 상선암 근처에 있는 절인 삼선암(三仙庵)에 머물었으며 수많은 시인묵객들이 유람하고 시문을 남겼다. 5~6구를 보자. 그러나 삼선이라는 이름은 전해지지만 구곡을 정하지 않았다는 사실에 아쉬워한 것이다. 그래서 자신이 구곡을 정했다고 그 이유를 밝힌 것이다. 7~8구에서 이정의는 참된 취미 즉 자연 속에서 학문을 하는 취미가 가장 고상하다는 사실을 자각하고 세상에 돌아가는 영욕에 대해 초연한 자세를 보였다.

다음은 이진하(李晉夏)의 「봉화삼선주인구곡운(奉和三仙主人九曲韻)」을 살펴보자.

종고단릉천지령(從古丹陵[4]擅地靈),	예로부터 단양은 지령(地靈)을 맘대

로 하여,
가산수색최기청(佳山秀色最其淸). 가산(佳山)의 빼어난 경치 최고로 청아하게 했네.
구곡가명금조석(九曲嘉名今肇錫). '구곡(九曲)'의 아름다운 이름 지금 비로소 주었으니,
도가자차유신성(櫂歌自此有新聲). 도가(櫂歌) 소리 이로부터 새로이 불러지네.

1~2구를 살펴보자. 가산(佳山) 즉 아름다운 산이다. 지금 단양군 단성면 가산리라는 지명이 됐다. 이처럼 아름다운 산수를 형성하게 한 것은 단양이 지령을 맘대로 하여 얻어진 산물이라는 점을 지적 찬양한 것이다. 3~4구를 보자. 이진하는 이정의가 비로서 구곡이라는 아름다운 이름을 지어주었다고, 이정의가 삼선구곡을 설정한 사실을 예찬했다. 그리고 「무이도가」 노래가 새로 불러져 도통을 이어가게 된 사실에 대해서도 찬양한 것이다.

다음은 임몽수(林蒙洙)의 시를 보자. 시 아래 다음의 내용을 기술했다. "직동(直洞) 사제(査弟) 임몽수(林蒙洙) 『삼선시문(三仙詩文)』삼(三) 단기(檀記) 四二八三年(1950년) 삼월(三月) 일(日)." 즉 1950년에 지었다. 앞에서 보았듯이 이정의가 삼선구곡을 정한 해는 1928년이다. 이를 통해 이정의는 지인들에게 기회가 될 때마다 화운시를 지어달라고 요청했다는 사실을 알 수 있다.

삼선암상강선령(三仙岩上降仙靈), 삼선암 위로 선령이 강림하셨는데,
구곡장류곡곡청(九曲長流曲曲淸). 구곡의 기다란 시내 구비 구비 맑아라.
혹작어옹수조뢰(或作漁翁垂釣瀨), 혹간 고기잡이노인 낚시 드리우는 여울도 되고,
간통소객상화정(間通騷客賞花程), 간간이 소객(騷客)이 꽃을 감상하는 길목으로 통하네.
선현의유천년증(先賢宜有千年證), 선현(先賢)은 마땅히 천년의 증거를 두는데,
유촉호무일자명(遺躅胡無一字名). 남긴 자취 어찌 한 자(字) 이름도 없는고?

4) 단릉(丹陵): 지금의 단양을 가리킴.

이씨초위관령주(李氏初爲管領主), 이씨가 처음 관장하는 주인이 되어,
주인시구사인경(主人詩句使人驚), 주인이 지은 시구(詩句)가 사람을 놀라게 하네.

5~6구를 보자. 선현은 마땅히 오랜 세월 가도록 그 증거를 남겼는데 한 글자 이름이 없다고 했다. 이 삼선계곡에 조선시대에 수많은 시인 묵객이 유상했다. 그런데 구곡을 정한 사람이 없다. 참 묘한 일이다. 권상하도 삼선암(三仙庵)에서 머물렀다. 권상하는 초기 화양구곡을 설정하기도 했다. 그런데 구곡을 정하지 않았다. 겸손한 탓일까. 임몽수는 이 계곡에 처음으로 이정의가 구곡을 정한 주인이 되고 구곡시를 지어 사람을 놀라게 했다고, 그 사실을 찬양했다. 우리나라의 유학자들은 그 산수에 인연을 맺은 훌륭한 인물에 의해 그 산수의 명성이 좌우된다고 여겼다. 한 예로 우암을 숭앙하는 사림들은 화양구곡이 송시열로 인해 그 명성이 알려졌다고 평했다. 이런 사상의 시발은 유종원(柳宗元 773-819)이 지은 「옹주마퇴산모정기(邕州馬退山茅亭記)」이다. "무릇 아름다움은 절로 아름다운 것이 아니라 사람으로 인하여 드러난다. 난정(蘭亭)이 왕희지(王羲之 307~365)를 만나지 못했다면 맑은 여울과 우쭉한 대나무가 빈 산에 묻혔을 것이다"[5]라는 내용이 있다.

2) 위엄이 있는 장군에 대한 동경의 형상화

이정의의 2곡시를 보자. 제2곡은 장대암(將坮岩): 장군이 지휘하는 형상의 바위이다.

장대암상삽고봉(將臺岩上揷高峰), 장대암 위에 높은 봉우리가 솟아,
영잠청천불수용(影蘸晴川不瘦容). 그림자 개인 시내에 잠기나 모습은 가냘프지 않네.
나립군산여정졸(羅立羣山如整卒), 뭇 산이 정돈해 있는 병졸처럼 늘어서 있는데,
초진태면우중중(超塵苔面又重重). 속세를 초월한 이끼 낀 얼굴 또 겹겹이네.

5) 柳宗元, 『柳河東集』 권27. 「邕州馬退山茅亭記」, "夫美不自美, 因人而彰, 蘭亭也不遭右軍, 則淸湍脩竹蕪沒於空山矣."

제2곡의 명칭이 장대암이다. 이정의는 바위의 모양이 장군이 병사를 지휘하는 형상을 닮았기 때문에 장대암이라 이름을 붙였다. 그 자신의 마음에 그런 인물의 형상을 늘 마음에 두고 있었기 때문에 더욱 그렇게 보였던 것이리라. 3~4구를 보자. 그 주변의 많은 산들이 병졸이 늘어선 것처럼 보이고 속세를 초월한 이끼 낀 얼굴 또 겹겹이다. 이는 장군의 역량을 구비했는데 아직 그 역량을 발휘하지 못하고 있다는 데 대한 아쉬움의 표현이리라.

임몽수의 제2곡 장대암(將坮岩)을 보자.

이곡장대암상봉(二曲將坮岩上峰), 이곡이라 장대봉은 바위의 봉우리,
봉봉입사정군용(峰峰立似整軍容). 봉우리 마다 정돈된 군인의 얼굴처럼 서있네.
약령구적구어차(若令寇敵驅於此), 만약 적들을 이곳에 몰아넣을 수 있다면,
사불능도위만중(使不能逃圍萬重). 만 겹으로 포위해 도망갈 수 없으리라.

임몽수는 2구에서 장대암이 잘 정돈된 군인의 얼굴처럼 서있다고, 장대암이 무인의 기상을 갖춘 봉우리로 보았다. 3~4구에서 적군을 이곳으로 몰아넣으면 겹겹이 포위해서 몰살시킬 수 있다고 장대암의 지형지세를 예찬했다. 이정의가 삼선구곡을 정한 시기는 일제강점기에 1928년이다. 그는 유학자로 그 시대 일제를 척결한 무력이 탁월한 인물이 출현하기를 열망하는 마음을 장대암에 의탁한 것으로 보아도 될 것이다.

황현성(黃現性)의 장대암(將坮岩)을 보자.

성라인극괘봉봉(星羅劒戟掛峯峯), 기라성 같은 칼과 창이 봉우리마다 걸려있는 듯하고,
기상엄연대장용(氣像儼然大將容). 바위의 기상 엄연히 대장군의 용모라.
휘동만군평난세(揮動萬軍平亂世), 만군을 지휘출동시켜 난세를 평정하니,
불방타일어화중(不妨他日御花重). 다른 날 어화(御花)가 겹겹이 쌓여도 해롭지 않으리.

황현성도 1~2구에서 봉우리마다 기라성 같은 칼과 창이 걸려있으며 바위의 기상이 대장군의 용모라 예찬했다. 3~4구에서 훈련된 많은 군사를 출동시켜

난세를 평정하니 그 훗날 임금이 하사하는 어화가 겹겹이 쌓일 것이라 했다. 이는 그렇게 되기를 갈망하는 심사를 시에 담은 것이리라.

3) 불노 불변(不老 不變)에 대한 희원(希願)의 표상화

이정의의 시를 제3곡 호낭암(好娘岩)을 보자.

호낭암상석대전(好娘岩上石臺前),	호낭암 위쪽 석대 앞쪽,
종고유정기소년(從古遊情幾少年).	예로부터 몇 명의 소년이 노닐었던가?
수석기기인불견(水石奇奇人不見),	수석이 기이하고 기이하나 사람은 보이지 않고,
도두적적갱감련(渡頭寂寂更堪憐).	나루터가 적적하여 다시 가련할 뿐이네.

『시경(詩經)』, 「국풍(國風) 주남(周南) 관저(關雎)」에 "요조숙녀(窈窕淑女)는 군자호구(君子好逑)" 즉 "요조숙녀는 군자의 좋은 짝이다"라 했다. 1~2구에서 호낭암 앞쪽에 몇 명의 소년이 노닐었는가 하고 묻는다. 선녀를 연상하고 정한 것으로 보인다. 3~4구에서 미녀의 형상을 한 바위를 실제 미인으로 보고 있는 것이다. 그런데 사람은 보이지 않아 나루가 적적하여 가련한 생각이 든다. 산수 좋은 곳에서 군자와 숙녀가 좋은 짝을 이루기를 바라는 마음이 간절했으리라.

다음은 임몽수의 제3곡 호낭암(好娘岩)을 보자.

삼곡연통수석전(三曲緣通水石前),	삼곡이라 수석 앞으로 통하는데,
호낭암독립천년(好娘岩獨立千年).	호낭암(好娘岩) 천년 동안 홀로 서있었네.
호낭응소인간사(好娘應笑人間事),	호낭(好娘)은 인간세상의 일을 응당 비웃으니,
이노홍안총가련(易老紅顔摠可憐).	쉽게 늙어가는 홍안(紅顔)이 모두 가련하도다.

임몽수는 1~2구에서 삼곡의 호낭암이 유구한 세월동안 존재해왔다는 사실을 예찬했다. 3~4구에서 호낭은 불로장생하여 인간세상을 비웃는다. 호낭암

은 늙지 않고 불변인데 살아있는 사람이 늙어가는 것을 애석했다. 임몽수는 호낭암을 불로의 화신으로 간주했다.

다음은 황현성의 제3곡 호낭암(好娘岩)을 보자.

삼곡호낭청간전(三曲好娘淸澗前), 삼곡이라 호낭암은 맑은 시냇물 앞에 서있는데,
송영가객기천년(送迎佳客幾千年). 아름다운 길손 맞이하고 보낸 지 몇 천 년인가?
고금초창령인별(古今怊悵令人別), 예나 지금이나 슬픈 건 사람과 이별하는 건데,
불변화용정가련(不變華容正可憐). 꽃다운 얼굴 변하지 않으니 정말 아름답도다.

1~2구를 보자. 맑은 물가에 서있는 호낭암이 누 세월 지나가는 길손을 맞는다. 영구불변의 자연물이니 당연한 것이다. 3~4구를 보자. 사람이 사람과 이별하는 것이 슬픈 일이다. 살아서 이별하든 죽어서 이별하든 그렇다. 무한한 세월 동안 무수한 사람들이 이 호낭암이 있는 곳을 찾아왔다가 떠나갔다. 이를 황현성은 마치 사람과 이별의 장면으로 묘사했다. 그러나 호낭암은 불변불로(不變 不老)했다. 황현성은 영원무궁한 자연물인 호낭암이 오랜 세월 사람들과 이별하여도 그 꽃다운 얼굴이 변하지 않고 의구하다는 점을 예찬했다.

4). 영웅과 현인을 기억하게 하는 상징

이정의의 제8곡 와룡암(臥龍巖): 용이 누워있는 모습의 바위이다.

용와암간일경개(龍臥岩間一鏡開), 와룡암 사이에 하나의 거울이 펼쳐져,
유인소객유시회(遊人騷客有時回). 노니는 사람 소객(騷客) 시간 내어 돌아보네.
매탄수옹유적멸(每歎遂翁遺跡滅), 매번 수암옹(遂菴翁)[6]의 유적이 없어진 것을 탄식하며,
호동패필차중래(呼童佩筆此中來). 아이 불러 붓을 들고 이곳으로 오라 하네.

---

6) 수암옹(遂菴翁): 수암(遂菴)은 권상하(權尙夏)의 호.

제1~2구를 보자. 와룡암 근처에 물이 명경지수이다. 그래서 소객(騷客)들이 시간 내어 돌아보는 곳이다. 3~4구를 보자. 이정의는 이곳에서 수암 권상하가 장수유식(藏修遊息)했는데 지금 유적이 남아있지 않기 때문에 이곳을 후학들에게 기억하게 하고자 싯구에 담은 것이다. 이정의는 "견현사제(見賢思齊)"를 강조하고자 한 것이다. 즉 "어진이를 보면 그와 같아져야한다는 생각을 하라"라는 뜻이다. 이로써 도통의식의 일면을 엿볼 수 있다. 이정의는 수암 권상하의 학덕을 추모하고 망각하지 않기 위해 와룡암을 정한 것으로 보아야한다. 이정의는 권상하가 평생 우암의 수제자로 우암을 잘 보필하고 화양구곡을 완성하는데 기여했기 때문에 유비와 제갈 량의 관계와 대등하게 평가한 것이다.

기호지방에 설정된 구곡에 와룡암이라 명명된 곳이 몇몇 있다. 괴산의 "화양구곡" "선유구곡" "쌍계구곡"과 유중교의 "옥계구곡" 등이다. 화양구곡이 원조이다.

다음은 이진하의 와룡암을 보자.

팔곡운하옹불개(八曲雲霞擁不開), 팔곡이라 구름안개 감싸서 걷히지 않고,
청산중첩수영회(青山重疊水縈廻). 청산은 중첩되고 물은 감도네.
차간상유복룡부(此間倘有伏龍否), 이곳에 혹 엎드려 있는 용이 있는가 없는가?
저간유황삼고래(佇看劉皇[7]三顧來). 유비(劉備)가 세 번 찾아오는 것을 서서 바라보네.

3~4구를 보자. 이진하는 와룡암이라는 바위를 바라보며 제갈 량을 연상한다. 그리고 유비(劉備 221~223)가 세 번 찾아오는 것을 바라본다. 이진하는 이정의가 와룡암이라 명명한 내력을 알고 있다. 즉 유비가 제갈 량을 등용하기 위해서 시골 초가집에 사는 제갈 량을 찾아갔다는 고사이다. 잘 알다시피 이로 인해 삼고초려(三顧草廬)는 임금이 인재를 발탁하기 위해 산야에 은둔한 인재를 찾아온다는 비유어가 됐다. 이정의는 제갈량과 같은 탁월한 역량을 구비한 인물이 출현하여 난세를 평정해주기를 열망하는 마음을 제8곡의 명칭에 담은 것이다.

---

7) 유황(劉皇): 중국 촉한(蜀漢)의 창업주 유비(劉備).

5) 수암에 대한 존모심과 태평성대에 대한 동경

이진하(李晉夏)가 지은 제9곡 상선암(上仙岩): 위쪽에 있는 신선바위이다.

좌측 사진: 중선암 윤헌주의 글씨 '사군강산 삼석수석(四郡江山 三仙水石)'.
우측 사진: 상선암 골짜기

구곡창병대흘연(九曲蒼屛對屹然), 구곡이라 푸른 병풍 높게 대하고,
린린추록회장천(粼粼皺綠滙長川). 찰랑찰랑 푸른 물결 긴 내에 모이네.
욕식수옹전수결(欲識遂翁[8]傳受訣), 수암옹(遂菴翁)이 전수한 비결을 알려고 하니,
한강윤월괘중천(寒江輪月掛中天). 차가운 강(寒江)에 둥근 달이 중천에 걸려있네.

이진하는 상선암이라는 명칭과 관련하여 먼저 수암 권상하를 연상한 것이다. 이진하는 권상하의 유적이 남아있지 않은 데 대해 안타까운 심정을 시를 지어 자신과 세인에게 각인하려고 한 것이다. 이도 일면 유학자들의 선현을 존숭하는 의식과 도통의식의 발현이라 할 수 있다.

상선암(上仙巖)은 충북 단양군 단성면 가산리에 있다. 수암 권상하(權尙夏 1641~1721)가 상선암이라 명명했다 한다. 그 문집에 그런 사실이 기술돼있지는 않다. 문집에 지은 모든 글을 다 수록하기는 제반 여건상 쉽지 않다.

상선암이라는 바위 근처에 삼선암(三仙庵)이라는 절이 지금도 있다. 이 절에 수암의 문집은 간행한 판각이 있었다한다. 절 삼선암(三仙庵)은 삼선암(三仙巖) 근처에 있다. 괴원(槐園) 이준(李埈1812~1853)은 1850년에 「단양십

8) 수암옹(遂菴翁): 수암(遂菴)은 권상하(權尙夏 1641~1721)의 호.

경차무이도가운(丹陽十景次武夷櫂歌韻)」을 지었다. 제6경 삼선암(三僊巖)이다. 위 시의 주에 "사장수암문집각도(寺藏遂庵文集刻夲)" 즉 "절에 수암문집 판각이 소장돼있다"[9]라는 내용이 있다. 본래 삼선암(三僊庵)인데 이준의 문집을 간행할 때 필사한 사람이 삼선암(三僊巖)이라 한 듯하다.

통상 수일암(守一菴)으로도 불려졌던 것으로 보인다.[10] 권상하(權尙夏)가 수일암(守一菴)에 머문 사실을 알 수 있는 시가 전해온다.[11] 한원진(韓元震 1682~1751)도 수일암에 머물었다. 한원진의 「기해사월(己亥四月), 여송신보상윤(與宋信甫 相允), 민향숙입단양선암(閔向叔入丹陽仙巖), 조우류수일암삼일(阻雨留守一菴三日),공차암승유인시축중수암선생운(次菴僧惟印詩軸中遂菴先生韻)」[12] 이다. 한원진은 권상하의 제자이다.

김조순(金祖淳 1765~1832)도 수일암의 정황을 시에 담아놓았다.[13] 김조순은 조선말 세도가인 안동김씨로 노론계 인물이다. 영의정 김창집(金昌集)의 4대손으로, 순조(純祖)의 장인이다. 김창협(金昌協)은 김창집의 아우이다. 이들의 시를 통해 이들이 사승관계와 도통을 중시했다는 사실을 알 수 있다.

이렇듯 이진하도 유학자로서 현인을 숭상하는 숭현정신을 견지했기 때문에 상선암이라는 시에 수암에 대한 존모심을 표출한 것이다.

다음은 임몽수가 지은 제9곡 상선암(上仙岩)을 보자.

---

9) 단양향교 지성룡사무국장이 다음과 같은 내용을 들려줬다. "퇴계 이황은 지금의 하선암을 선암이라 했다한다. 지금의 중선암과 상선암은 보지 못했을 것이라 한다. 상선암 근처에 상선암(上仙庵)이라는 암자가 있었다. 그 옆에 수암이 거쳐하던 건물이 있었다. 여기에 판각을 보존했는데 제천시 한수면으로 옮겼는데 6.25때 불에 탔다고 한다." 이준이 간략하게 붙인 註의 내용으로 보아 상선암(上仙巖)이라는 바위는 아니다. 『괴원집』을 낼 때, 필사하는 사람이 '상선암(上仙庵)'을 '상선암'(上仙巖)으로 잘못 기록한 것으로 여겨진다.

10) 金相顯, 『丹陽八景』, 忠淸北道丹陽郡丹陽面, 1956, 36면. 守一菴 上仙巖 上에 寒水翁께서 建菴하시고 명명하신 것인데 寒水齋集과 南塘記文錄同異放等板을 藏하였던 것을 五十年前에 黃江本宅으로 運搬하였다 한다. 上禪菴 上仙岩의 寺名은 上禪菴이니 庚戌 國恥時 廢寺가 되고 方今 權大師 正澈君에게 重修시키고 있으니 不遠 완성될 것이다. 이곳은 권수암선생이 수도하시던 장소이므로 名賢 儒人이 多數 佳賞하신 模樣으로 彫刻된 분들이 많이 있다.

11) 權尙夏, 『寒水齋先生文集』, 「守一菴, 與成達卿共宿夜吟」, (한국문집총간) 150, 한국고전번역원, 1995, 47면. 尹東洙, 『敬庵先生遺稿』, 「守一菴」, (한국문집총간) 188, 한국고전번역원, 1997, 277면. "蒼崖壁立水環流, 松檜陰中小寺幽. 仙巖歸路聊尋到, 剩得山頭半日留."

12) 韓元震, 『南塘先生文集』 卷1, 「己亥四月, 與宋信甫 相允, 閔向叔入丹陽仙巖, 阻雨留守一菴三日, 共次菴僧惟印詩軸中遂菴先生韻」, (한국문집총간) 202, 한국고전번역원, 1998, 21면.

13) 金祖淳, 『楓皐集』, 「守一菴」, (한국문집총간) 289, 한국고전번역원, 2002, 130면,

구곡주회안활연(九曲周回眼豁然), 구곡이라 둘러보니 눈이 확 트이는데,
상선암하부평천(上仙岩下俯平川). 상선암 아래 평천이 굽어보이네.
약령세계개여차(若令世界皆如此), 만약 세상이 모두 이와 같게된다면,
희고인간태시천(凞皡[14]人間太始天). 태초(太初)의 요순(堯舜)시대이리라.

임몽수는 상선암에 대해 태평성대에 대한 희구의 대상으로 여겼다. 상선암 아래 평천(平川)이 흐른다. 3~4구를 보자. 그는 이 시내가 평평히 흐르듯이 천하가 요순시대처럼 태평하게 다스려지기를 바랐다. 이런 관점은 전통적으로 유학자들이의 자연을 보는 시각이다. 자연을 보면서 인생사를 연상하고 의탁하여 자기 수양에 활용하는 것이다. 노자의 "상선약수(上善若水)"도 염두했을 것으로 짐작된다.

3. 그 의의

현재 학계에 보고된 바로는 최초의 구곡시 창수시집(唱酬時集)은 『덕산구곡시(德山九曲詩)』이다. 덕산구곡(德山九曲)은 이진옥(李鎭玉 1829~1899)이 1897년 지금 충북 청원군[청주시 청원구 2014년 7월 1일 통합] 오창면 성산리(星山里) 용두천(龍頭川)일대에 설정했다. 덕산구곡은 조선말 시대적 혼란기에 지역(地域)의 사림(士林)들을 결속하고 교육하기 위해 위정척사(衛正斥邪)와 존화양이(尊華攘夷)의 도통계승(道通繼承)의 상징으로 설정했다고 본다. 『덕산구곡시(德山九曲詩)』는 1897년 이진옥의 차남 이희명(李熙明 1874~1946)이 필사하여 완성했다. 『덕산구곡시』는 1책 74면의 필사본 1책으로 서문 2편, 구곡시, 창수시 33편, 만시 6수가 수록돼있다.[15]

그 다음으로 충북에 설정된 구곡을 읊은 창수시집은 이정의(李正儀 1882~1957)가 1951년에 완성한 『삼선시문(三仙詩文)』이 있다. 따라서 『삼선시문(三仙詩文)』은 학계이 알려진 바로는 충북의 두 번 째 구곡시 창수집

---

14) 희호(凞皡): 희희호호(凞凞皡皡)의 약칭으로 화락(和樂)하고 자득(自得)한 모양을 말하는데, 태평성대를 의미한다. 『맹자(孟子)』, 「진심(盡心)」. "王者之民, 皡皡如也." 『노자(老子)』, 제20장. "衆人熙熙, 如享太牢, 如登春臺."

15) 이상주, 「현존(現存) 최초(最初)의 구곡시(九曲詩) 창수집(唱酬集) 『덕산구곡시(德山九曲詩)』」, 『한문학보』제19집, 우리한문학회, 2008,1081~1104면.

이다. 이정의(李正儀)의 『삼선시문(三仙詩文)』 1권에 1928년에 구곡을 정하고 글씨를 새기고 「삼선구곡가(三仙九曲歌)」를 지었다는 사실을 기록했으며, 이진하(李晋夏)의 차운시가 실려 있다. 3권에 1950년 임몽수(林蒙洙)·황현성(黃現性), 1951년 황현성(黃現性)이 지은 시가 실려 있다. 이정의가 1928년 삼선구곡을 정한 후 기회가 될 때 교유하는 인사들에게 화운시를 요청하여 그것을 모아놓은 시집이다. 이정의(李正儀)의 삼선구곡은 주자의 무이구곡을 본뜨고 「삼선구곡가」는 주자의 「무이도가」의 운을 차운해서 지었다.

「삼선구곡가」에는 다음 내용을 담았다. 즉 "삼선구곡 설정의 당위성에 대한 자축과 예찬", "위엄이 있는 장군에 대한 동경의 형상화", "불노 불변(不老不變)에 대한 희원(希願)의 표상화", "영웅과 현인을 기억하게 하는 상징", "수암(遂菴)에 대한 존모심과 태평성대에 대한 동경" 등이다.

전반적으로 보아 삼선구곡과 「삼선구곡가」는 구곡과 구곡시가의 전통을 계승하고 도통의식(道通意識)을 계승한 구곡시가(九曲詩歌) 문학이라 평할 수 있다.

오대익의 운선구곡(雲仙九曲)과 운선구곡시(雲仙九曲詩)

1. 머리말

운선구곡은 지금 충북 단양군 대강면 황정리(黃庭里)·직치리(稷峙里)·사인암리(舍人巖里)·괴평리(槐坪里)에 걸쳐 펼쳐져있다. 제1곡에서부터 제9곡까지는 약 5km 정도 된다. 주지하다시피 구곡(九曲)과 구곡시(九曲詩)는 주자(朱子)의 무이구곡(武夷九曲)과 「무이도가(武夷棹歌)」를 온고지신한 것이다. 구곡은 산수가 수려한 특정지역에 제1곡에서 부터 제9곡까지 아홉 군데의 명승지에 각각의 명칭을 부여한 것이며, 구곡시(九曲詩)는 그 정경(情景)을 시로 읊은 것이다. 필자는 운선구곡 바위 표면에 구곡(九曲)의 순차(順次)를 새겨놓은 글씨들을 확인했다.[1] 전국적으로 존재하는 구곡 중에, 구곡의 명칭을 새겨놓은 사례는 종종 찾아볼 수 있다. 충북 괴산군 청천면 화양구곡과 선유구곡, 충북 괴산군 칠성면 갈은구곡에 구곡의 명칭을 새겨놓았다. 화양구곡(華陽九曲) 제1곡의 명칭은 '경천벽(擎天壁)', 선유구곡(仙遊九曲)의 제9곡은 '은선암(隱仙巖)', 갈은구곡(葛隱九曲)의 제3곡은 '강선대(降僊臺)' 등으로, 구

1) 2003년 5월 24일 토요일 충북문화유산답사회 한도희(韓桃熙 1962~)회원과 함께 운선구곡을 1차 답사하여, 운선구곡중(雲仙九曲中) 제7곡에 암각 해놓은 글씨의 일부를 탁본했다. 5월 25일 일요일 굵은 빗줄기는 아니지만 비가 하루 종일 내렸다. 아침 8시 20분경 청주대학교 한문교육과 4학년 박수언(朴壽彦)군이 차를 운전하여 함께 갔다. 단양군 대강면장으로 퇴임하고 단양군 대강면 사인암리에 사는 김영배(金永培 1937년~)씨의 안내로 운선구곡 전체를 돌아보았다. 제1곡부터 제9곡까지의 거리는 약 5km 정도 된다. 운선구곡시(雲仙九曲詩)와 관련된 지명에 대해서 김영배 전(前) 면장의 도움을 받았다. 5월 31일 토요일 충북문화유산답사회 한도희회원과 조선례회원이 동행하여, 운선구곡의 '곡(曲)'의 순차(順次)와 '곡(曲)'의 명칭을 암각한 글씨를 탁본했다. 7월 16일 수요일, 청주대학교 한문교육과 4학년인 김용욱(金容旭)군·가영섭군과 다시 운선구곡을 찾았다. 제3곡 '수운정(水雲亭)'에 '곡(曲)'의 순차(順次)나 '곡(曲)'의 명칭을 새겨놓았는지 여부를 확인하기 위해서다. 수운정 정상부근 바위에는 나무그늘로 인해 이끼가 많이 끼어있다. 바위표면이 평평하여 글씨를 새겨놓았을 가능성이 있어 보이는 곳을 삽으로 이끼를 벗겨보았다. 또한 수운정 하단부 절벽과 물가의 암반을 자세히 살펴보았으나, '곡(曲)'의 순차(順次)나 '곡(曲)'의 명칭을 새겨 놓은 글씨를 찾지 못했다. 본래 부터 새겨놓지 않은 것인지, 새겨놓았으나, 그간 지형과 수로의 변형으로 말미암아 매몰되거나 유실되어 드러나 있지 않은 것인지 정확한 사정을 알 수 없다.

곡의 명칭을 새겨놓았다. 그러나 구곡(九曲)의 순차(順次)를 바위에 새겨놓은 경우는 흔치 않은 것 같다. 이 점이 운선구곡의 한 특징이다. 구곡의 순차를 바위에 새겨놓은 사례로, 괴산군 칠성면 사은리 일대에 설정된 '연하구곡(烟霞九曲)'이 있다. 연하구곡은 1865년에 설정되었으며, 운선구곡은 1797년경에 설정되었다. 따라서 운선구곡은 구곡의 순차를 암각해놓은 구곡 중에 연도가 확실한 구곡(九曲)으로 평가할 수 있다. 본고에서는 운선구곡에 남아있는 구곡의 명칭과 구곡의 순차를 소개하고, 아직 연구 소개되지 않은 정범조(丁範祖 1723~1801)와 정종로(鄭宗魯 1738~1816)의 운선구곡시를 다루고자 한다. 본고는 구곡문화(九曲文化)에 대한 이해와 '구곡문화기행(九曲文化紀行)'에 일익을 줄 수 있으며 서예 연구에도 일정한 도움을 주고자한다.

2. 운선구곡(雲仙九曲)의 설정자와 설정시기

먼저 운선구곡이라 명명하게 된 유래에 대해서 알아보자. 『여지도서(輿地圖書)』에 다음과 같은 기록이 있다.

> 북(北)으로 제천현(堤川縣)의 경계를 사이에 두고 있으며, 구곡대로(九曲大路)가 오십리(五十里)이다. 동북(東北)으로 영춘현(永春縣)의 경계를 사이에 두고 있으며, 괴곡치대로(槐谷峙大路)가 삼십리(三十里)이다.[2)]

> 운암(雲巖)은 사인암(舍人巖) 상류(上流) 수리(數里) 쯤에 있다. 검은 돌이 층첩(層疊)으로 솟아있고, 그 높이는 수십 길이 되며 물가에 닿아있으며, 한 면이 쪼아내 새긴 것 같다. 물이 파자(巴字)모양으로 흘러가서 술잔을 띄울 만하다. 전에 서애(西崖) 유성룡(柳成龍) 공(公)이 영남(嶺南)으로 부터 한성(漢城)으로 왕래하다가 이 암벽의 승경을 사랑하여 담비가죽 하나로 매입하여 중간에 머무르고 쉬었다가는 장소로 삼았다 한다.[3)]

---

2) 『輿地圖書』, 국사편찬위원회, 1973. 274면, 道路. "北距堤川縣界, 九曲大路五十里. 東北距永春縣界, 槐谷峙大路三十里."

3) 『輿地圖書』. 275면. "雲巖在舍人巖上流數里許. 黑石層疊陟起, 其高可數十仞, 臨流, 一面若雕鏤鐫刻. 水流巴字, 可以汎觴. 昔西崖柳公成龍, 自嶺南往來漢師, 愛此巖壁之勝, 以一貂裘, 買取, 爲中半棲息之所云."

여기서 운암은 내용상으로 볼 때, 수운정이 있던 장소를 가리키다. 그런데 이곳의 산수가 너무 아름답다보니 이곳이 특히 부각되어, 이 일대를 관류하는 계곡을 운암계곡 또는 운암구곡으로 부르게 되었으며, 이 계곡을 상징하는 명칭으로 불러진 것으로 볼 수 있다.

정범조(丁範祖)는 '단구구곡(丹邱九曲)'이라하고, 정종노(鄭宗魯)는 운암(雲巖) 오대익(吳大益) 시랑(侍郎)이 보내준 시에 차운하고 아울러 그 구곡 10절에 보조를 맞추어 받들어 올렸다고 했다. 『단양군지(丹陽郡誌)』에 시랑(侍郎)을 지낸 운암(雲巖) 오대익(吳大益)의 운선구곡가(雲仙九曲歌)가 실려 있는데, 출전은 밝히지 않았다.

이렇듯 운선구곡(雲仙九曲)은 운암구곡(雲巖九曲) 또는 단구구곡(丹邱九曲)으로 불렸다. 운선구곡(雲仙九曲) 제9곡 운선동 근처의 암벽에 '운선구곡(雲仙九曲)'이라 음각해 놓았다. 필체로 보아 후대에 새겨놓은 듯하다.

운암구곡(雲巖九曲)이라 부르는 것은 오대익의 호를 따서 그렇게 불렀던 것으로 짐작할 수 있다. 단구(丹邱)는 단양의 옛 이름인데 한편 단구구곡(丹邱九曲)이라고도 불렸다. 지금 일반적으로 '운선구곡(雲仙九曲)'이라 부르고 있어, 필자는 이를 따르기로 한다.

『단양군지(丹陽郡誌)』[4]에 "수운정은 서애 유성룡이 세우고 퇴락하여 오대익(吳大益)이 중건했는데 지금은 없어지고 구지(舊址)만 남았다."고 기술하고 있다. 『여지도서(輿地圖書)』의 기록을 참고하여 기술한 것이다. 전반적인 정황으로 보아 오대익이 운선구곡을 설정하다고 보는 것은 무리가 아니다. 좀 더 구체적으로 살펴보기로 하자. 다음은 정범조(丁範祖)가 오대익의 시에 화운하여 시를 지으며 쓴 제사(題辭)를 보면 오대익 생존 당시에는 단구구곡[5]" 이라고도 불렀던 것을 알 수 있다.

다음은 정종로(鄭宗魯)가 오대익의 시에 화운하여 시를 지으며 쓴 제사(題辭)이다.

「운암(雲巖) 오대익(吳大益) 시랑(侍郎)이 보내준 시에 차운하고 아울러 그 구곡 10절에 보조를 맞추어 받들어 올리다. 정사년(1797년)」. 묻노니

4) 『丹陽郡誌』,1977, 751. 「題詠」雲巖(雲仙九曲).

5) 丁範祖,『海左集』 한국문집총간 239. 273면.「丹丘主人雲巖, 和武夷九曲詩韻, 作丹邱九曲詞, 用其韻賦呈」.

옹의 출처 과연 어떠한가? 만년에 고고한 정(情)은 젊은 시절보다 낫네. 한 번 신선의 구역에 누우니 세월이 한가하고, 외로운 배 벼슬의 바다(환해宦海)에 띄우니 풍파가 반이네. 청춘시절의 벼슬(주홀朱笏)이 높고, 백발의 나이에 적삼은 푸른 연꽃을 가위질했네. 무이도가시(武夷棹歌詩)에 화운시를 내가 어찌 감히 지으리오? 공의 청아한 운치를 위해 함부로 노래를 지었네.[6]

위에서 살펴본 두 기록에 의거할 때, 운선구곡을 설정한 사람은 오대익으로 보아도 무리가 아니다. 또한 운선구곡을 설정한 시기는 정종노(鄭宗魯)의 글을 통해 정사년(1797년 정조 20년)으로 볼 수 있다. 따라서 필자는 운선구곡의 설정자를 오대익으로 간주하고 그 가계와 생애에 대해 알아본다.

『동복오씨대동보(同福吳氏大同譜)』[7], 1980.의 내용이다.

그의 본관은 동복(同福)이다. 시조 1세 오녕(吳寧) → 2세 독자 중환(仲環) → 3세 장남 대승(大陞) → 4세 장남 광찰(光札) → 5세 장남 선(璿) → 6세 차남 천(蕆) → 7세 차남 윤후(允候) → 8세 차남 식(軾) → 9세 장남 천경(天經) → 10세 장남 정(侹) → 11세 장남 가인(可仁) → 12세 차남 원몽(元蒙) → 13세 장남 극권(克權) → 14세 장남 세현(世賢) → 15세 차남 백령(百齡) → 16세 장남 준(竣) → 17세 차남 정상(挺相) → 18세 장남 시건(始健) → 19세 장남 상하(尙夏) → 20세 필운[弼運, 생부(生父)는 상순(尙純)] → 21세 삼남 대익(大益) →

오대익은 사남(四男) 일녀(一女)중 삼남(三男)이다. 위로 형 대겸(大謙)과 대유(大有)가 있으며, 아우 대항(大恒)이 있고, 막내로 매제가 채제공(蔡濟恭)이다.

다음은 오대익의 부친 필운(弼運)의 생가(生家)쪽 세계(世系)이다.

17세 삼남 挺漢(挺漢) → 18세 독자 시봉(始鳳) → 19세 차남 상순(尙純) → 장남 광운(光運),차남 필운(弼運)

6) 鄭宗魯, 『立齋集』한국문집총간 253. 「次雲巖吳侍郎大益寄贈韻. 並步其九曲十絶奉呈 丁巳.」 "問翁出處果如何, 晩歲高情早歲過. 一枕仙區閒日月, 孤舟宦海半風波. 青春事業峨朱笏, 白首衣衫剪碧荷. 和得櫂詩吾豈敢, 爲公淸致漫成歌."

7) 고려족보문화원 오재일(吳在鎰)선생이 복사하여 송부했는데 2003년 6월 7일 도착했다.

오대익의 아버지 오필운(吳弼運)은 예조참판을 역임한 약산(藥山) 오광운(吳光運 1689~1754)의 아우이다.

오대익은 자(字)는 경삼(景三) 호는 운암(雲巖)이다. 계유(癸酉, 1753년) 사마(司馬). 갑오(甲午, 1774년) 증광문과(增廣文科). 병신(丙申, 1776년) 중시(重試) 호조참판(戶曹參判). 영조기유생(英祖己酉生, 1729년). 순조계해(純祖癸亥, 1803년) 칠월 이십일 졸했다.

정부인(貞夫人)은 동래(東萊) 정씨(鄭氏)로 경술생(庚戌生, 1730년)이며 칠월(七月) 십구일(十九日)에 졸(卒)했다. 묘소(墓所)는 죽산(竹山) 가안리(加案里) 정좌(丁坐) 쌍분(雙墳)이다. 부(父)는 참판(參判)을 지낸 언유(彦儒)요, 조(祖)는 참봉(參奉)을 지낸 운서(雲瑞)요, 증조(曾祖)는 익찬(翊贊)을 지낸 광주(匡周)이다. 외조(外祖)는 진사(進士)를 한 본관이 전주(全州)인 유갑창(柳甲昌)이다.

다음은 『국조문과방목(國朝文科榜目)』의 내용이다.

> 영종(英宗) 갑오(甲午, 1774년). 동년(同年) 증광별시(增廣別試) 문과(文科) 전시방(殿試榜) 십일월(十一月) 이십팔일(二十八日) 중봉(重逢) 금년(今年) 합경(合慶) 설행(設行). 전(前) 참봉(參奉) 오대익(吳大益) 경참(景參), 계유(癸酉) 사마(司馬).기유(己酉), 부 필운(父 弼運), 조 상하(祖 尙夏), 증 시건(曾 始健). 외 권응경(外 權應經). 처부 정언유(妻父 鄭彦儒). 동복인(同福人) 거경(居京)8)[8]

> 병신(丙申, 1776년) 십월(十月) 초(初) 이일(二日) 합경대거정시문과(合慶對擧庭試文科) 별시(別試) 친임전시방(親臨殿試榜).
> 교리(校理) 오대익(吳大益) 갑인 증광(甲寅 增廣)[9]

다음은 『사마방목(司馬榜目)』의 내용이다.[10]

> 본인생년 기유(己酉) 영조(英祖) 29 식년(式年) 생원(生員). 본인거주 경(京). 특기사항 병신(丙申) 중(重).

---

8) 『國朝文科榜目』, 태학사 1984, 1271면.
9) 『國朝文科榜目』, 태학사 1984, 1289면.
10) 『司馬榜目』CD롬. 제작: 동방미디어주식회사.

『사마방목(司馬榜目)』에는 자(字)가 경진(景晋)으로 되어있는데, 두 개의 자(字)를 쓴 듯하다. 오대익은 오석유(吳錫裕)의 아들 오현(吳玹)을 양아들로 들였다. 『사마방목(司馬榜目)』에 기록된 내용 중에 필요한 부분을 정리하면 다음과 같다.

> 오현(吳玹) 순조(純祖) 10 식년(式年) 진사(進士). 부친 품계 가선대부(嘉善大夫). 부친 관직 사간원(司諫院) 행대사간(行大司諫). 생부 성명 오석유(吳錫裕). 생부 관직 학생(學生). 생부구존 영감하(永感下). 안항(雁行) 형(兄). 오원(吳瑗). 안항(雁行) 제(弟)

『동복오씨대동보(同福吳氏大同譜)』에 오현(吳玹)의 묘가 지금 충북 단양군 대강면 괴평리(槐坪里) 축좌(丑坐)에 있다고 기술했다. 『사마방목(司馬榜目)』에 오현(吳玹)이 단양(丹陽)에 거주하는 것으로 돼있다. 오대익이 서울에서 단양으로 내려갔기 때문에, 자연 그 아들은 단양에서 살게 된 것 같다.

3. 운선구곡(雲仙九曲) 각각의 명칭과 그 경개(景槪)

운선구곡(雲仙九曲)의 곡(曲)의 순차와 곡(曲)의 명칭을 새긴 내역을 살펴보면 다음과 같다.

1) 곡(曲)의 순차와 곡(曲)의 명칭을 함께 새겨놓은 것 : '일곡(一曲) 대은담(大隱潭)'·'육곡(六曲) 사선대(四仙臺)'
2) 곡(曲)의 순차만 새겨놓은 것 : '이곡(二曲)'·'칠곡(七曲)'
3) 곡(曲)의 명칭만 새겨놓은 것 : 제5곡 '도광벽(道光壁)'·제9곡 '운선구곡(雲仙九曲)'
4) 곡(曲)의 순차와 곡(曲)의 명칭을 찾을 수 없는 것 : 제2곡 황정동(黃庭洞)·제3곡 수운정(水雲亭)·제4곡 연단굴(煉丹窟)·제8곡 도화담(桃花潭)

다음은 운선구곡(雲仙九曲)의 각각의 명칭과 현 행정구역 명칭이다. 운선구곡이 설정되어있는 계곡을 남조천(南造川) 일명 운암계곡(雲巖溪谷)이라 부른다. 김영배(金永培 1937~)씨가 말하기를, 수운정 자리에서 보면 운선구곡 전체가 보인다고 전해온다고 한다. 그러나 수운정에서 제8곡 도화담(桃花潭)과 제9곡 운선동(雲仙洞)은 보이지 않는다. 거의 다 보인다는 뜻으로 그렇게 말한 것이다. 아울러 구곡과 구곡간의 대강의 거리와 그 각 곡(曲)의 특징을 제시해본다.

제1곡 대은담(大隱潭) : 큰 인물이 은둔하는 연못. 충북 단양군 대강면 황정리. 제1곡 대은담(大隱潭)은 동쪽 개울가로는 암반이 깔려 있으며, 서쪽 편으로 개울가운데 평평한 암반이 꽤 넓게 자리 잡고 있다. 그 중간을 개울물이 흐른다. 마치 신라 '문무왕의 릉이라고 하는 대왕암'의 형상을 하고 있다. 서편 암반위에 거의 수직으로 서있는 바위에 한자(漢字)로 '일곡(一曲) 대은담(大隱潭)'이라 횡서로 새겨놓았다.

제2곡 황정동(黃庭洞) : 황정경(黃庭經)을 읽는 동네. 충북 단양군 대강면 황정리. 제1곡 대은담(大隱潭)에서 제2곡 황정동(黃庭洞)까지 약 1km.제2곡 황정동(黃庭洞)은 저수령에서 발원하여 대흥사(大興寺)계곡을 거쳐 흘러내리는 물과 도솔봉에서 발원하여 제1곡 대운담 쪽을 거쳐 흘러내려오는 물이 합해지는 합수머리이다. 이른 바 'Y'형의 지세이다. 대흥사 계곡 쪽에 청련암이 있었는데 6.25때 북한 공비가 은신처로 이용하여, 그 후 지금의 사인암 근처로 옮겼다. 합수머리에서 하류 쪽으로 개울가 서편에 암벽이 서있고 그 위에 나무가 뒤덮고 있어 경관이 좋은 편이다. 합수머리 서쪽 편에 있는 암벽에 '이곡(二曲)'이라 새겼다. 바위가 야트막하고 개울 중앙부에 가까이 있어 '이곡(二曲)'이라는 두 글자 중에 '곡(曲)'자는 평상시에도 간신히 물에 잠기지 않을 정도인데, 비가 많이 오면 물에 잠겨버릴 정도로 낮은 곳에 자리하고 있다.

김영배 전 면장의 말에 의하면, 바닥이 화강암으로 깔려있는데, 수해가 나서 돌과 자갈이 개울 바닥을 메웠으며, 수해복구 작업 때 석축을 쌓아 본래의 모습이 약간 훼손되었다한다. '황정동(黃庭洞)'이라는 글씨를 새겨놓았는지 여부는 알 수 없다. 만약 새겨놓았다면 '이곡(二曲)'이라 새겨놓은 근처에 새겨놓았을 가능성이 있다.

제3곡 수운정(水雲亭) : 물과 구름이 어울리는 정자. 충북 단양군 대강면 직치리(稷峙里). 제2곡 황정동(黃庭洞)에서 제3곡 수운정(水雲亭)까지 약

1.3km이다. 제3곡 수운정(水雲亭)은 운선구곡 중 최고 절경이다. 수은정은 통상 '산태극(山太極) 수태극(水太極)'의 지형을 갖춘 자리에 있다. 물이 태극문(太極紋[☯]) 중앙분할선(中央分割線) 영문자로 'S'자로 돌아 흐른다. 몇 길의 바위절벽으로 이루어졌는데, 중간지점부터 정상부근까지는 여러 개의 큰 바위가 얹혀있다. 정상부는 바위들이 주변보다 더 봉긋하게 솟아있어 돛대모양으로 보인다. 그래서 '날아갈 듯한 누선(樓船)'이란 표현이 적평이라 할 수 있는 것이다. 지금 수은정은 남아있지 않다. 글씨를 새겨놓았을 만한 평평한 바위표면을 살펴보았으나, 곡(曲)의 순차나 곡(曲)의 명칭을 새긴 글씨를 아직 찾지 못했다. 서쪽 암벽 중앙에 대구를 새겨놓았다. '운지의구달(雲至意俱達, ?)11)' 의 글이 새겨져있다.

제4곡 연단굴(煉丹窟) : 단약을 달이는 굴. 충북 단양군 대강면 직치리(稷峙里). 제3곡 수운정(水雲亭), 제4곡 연단굴(煉丹窟), 제5곡 도광벽(道光壁)은 약 500m 범위 내에 자리 잡고 있다. 제4곡 연단굴(煉丹窟)은 바위가 굴처럼 그 아래 공간이 형성되어 있었으나 장마에 떠내려갔다고 한다. 그 바위에 글씨를 새겨놓았는지 주변 암석에는 글씨가 없다.

제5곡 도광벽(道光壁) : 도의 빛을 볼 수 있는 절벽. 충북 단양군 대강면 사인암리(舍人巖里). 제5곡 도광벽(道光壁)은 연단굴 하류에 있다. 물가에 우뚝 솟아있는 절벽의 색깔이 누르스름하게 황색을 띄고 있는 부분이 있다. 곡(曲)의 순차를 표시한 글씨를 찾지 못했으나, '도광벽(道光壁)'이라 새긴 글씨를 확인했다.

제6곡 사선대(四仙臺) : 네 신선이 놀던 대. 충북 단양군 대강면 사인암리(舍人巖里). 제5곡 도광벽(道光壁)에서 제6곡 사선대(四仙臺)까지는 약 600m 거리이다. 제6곡 사선대(四仙臺)는 동쪽 개울가에 있는 하얀 바위이다. 바위의 색깔이 하얀 것과 '상산(商山)에 살던 사호(四皓)'의 머리 색깔이 하얀 것을 연관시켜 그렇게 명칭을 붙인 것으로 짐작된다.'육곡(六曲)'이라 종서로 새겨놓았다. 오른쪽에 '사선대(四仙臺)'라고 종서로 새겨놓았는데, 이 오른쪽에 "홍만선(洪萬選 1643~1715)·김성최(金盛最 1645~1683)·이희조(李喜朝 1655~1724)·이해조(李海朝 1660~1711)"의 이름을 새겨놓았다. 이들 넷이 여행 기념으로 새겨놓은 것이다. 네 사람의 이름을 새겨놓은 글씨와 '사

11) 雲至意俱達,?(운지의구달, ?) : 뒤의 대구(對句)는 거리가 멀고 글씨가 흐려 정확히 확인하지 못했다.

선대(四仙臺)'라 새겨놓는 글씨는 서체(書體)와 서풍(書風)이 동일하다. 이로 볼 때, '사선대(四仙臺)'란 글씨는 네 사람 중에 한 사람이 쓴 것으로 보인다. '육곡(六曲)'이라 쓴 글씨는 '일곡(一曲)'·'이곡(二曲)'·'칠곡(七曲)'이라 쓴 글씨와 서체(書體)가 동일한 것으로 보아, 동일한 인물의 글씨로 짐작된다. 또한 각자기법(刻字技法)도 동일한 것으로 보아 동일인이 각자한 것으로 보인다. 이는 오대익이 살던 당시의 작품으로 여겨진다.

제7곡 사인암(舍人巖) : 사인(舍人) 벼슬을 한 우탁(禹卓)이 유유자적했던 바위. 충북 단양군 대강면 사인암리(舍人巖里). 제6곡 사선대(四仙臺)와 제7곡 사인암(舍人巖)은 100m 이내이다. 제7곡 사인암(舍人巖)은 물가 서쪽에 거의 수직으로 솟아 있는 바위절벽이다. 바위절벽이 틈이 적고 너무 반질반질하여 바위틈에 자란 나무는 거의 없으며 정상부에 소나무가 무성하여 절경이다. 청련암 뒤 정상부에 용의 머리 모양을 한 바위가 내려다보고 있어 신기하다. 대다수 사람들은 이것을 모른 체 지나친다. 청련암 뒤 정상부에 용의 머리 모양을 한 바위가 내려다보고 있어 신기하다. 대다수 사람들은 이것을 모른 체 지나친다. 사인암 바위 표면에 전서(篆書)·해서(楷書)·행서(行書)·초서(草書) 등 많은 글씨를 새겨놓아, "야외(野外) 서체(書體) 전시장(展示場)"이라 할 만하다. 사인암 중간지점에 '칠곡(七曲)'이라 곡의 순차를 종서로 새겨놓았다. 글씨를 새긴 '각자기법(刻字技法)'을 연구할 수 있다. 사인암에서 확인할 수 있는 '각자기법(刻字技法)'은 네 가지로 대별할 수 있다.

> 첫째, 쐐기(∨)형 각자(刻字)= ∨: 대다수의 해서(楷書)각자.
> 둘째, ㄩ형 각자(刻字)= ㄩ:'성씨별업(成氏別業)'
> 셋째, ∪형 각자(刻字)= ∪: 대 다수의 전서(篆書) 각자.
> 넷째, W형 각자(刻字)= W: '황은(黃檃)'은 행서(行書)로 썼다. W형 각자(刻字)는 글자 획의 양쪽 가장자리를 v자 모양으로 파내고 글자 획의 중심부분은 파내지 않고 평평하게 그냥 두는 것이다.

이를 통해 선대인들이 서체(書體)에 따라, 거기에 적합한 암각기법(巖刻技法)을 취택하려고 했다는 단서를 인지할 수 있다. 차후 심도 있는 연구를 수행할 계획이다.

제7곡에서 주목되는 하나는 '성씨별업(成氏別業)'이란 암각서이다. 전에 사인암이 '성씨(成氏)'의 소유였다는 사실을 알 수 있는 증거이다. 다음은 김영배씨가 들려준 내용이다. 사인암은 성씨의 땅이었으나 지금은 조씨의 소유가 되었다. 성승경(成勝慶)이 중앙대를 나와 사보이호텔 지배인으로 근무하다가 몇 년 전 고향의 땅을 모두 팔아가지고 미국으로 이민 가서 살고 있다. 그의 삼촌인 성낙겸은 충북은행지점장을 했다. 성승경의 할아버지가 쓰시던 방에는 장서가 많았다. 김영배씨 자신도 그 방에 들어가 본 적이 있다. 6,25 사변 때 인민군이 불을 질러 집은 타버리고, 지금 터만 성씨의 소유로 돼있다.

제8곡 도화담(桃花潭) : 복숭아꽃이 떠가는 연못. 『단양군지(丹陽郡誌)』에 선화동(仙花洞)으로 되어있으나 도화담이 옳을 듯하다. 충북 단양군 대강면 괴평리(槐坪里). 제7곡 사인암(舍人巖)에서 제8곡 도화담(桃花潭)까지의 거리는 약 2km 정도이다. 제8곡 도화담(桃花潭)은 개울가 동북쪽으로 논이 이어지며 서남쪽으로 산이 이어진다. 도화담에 이르면 웅덩이처럼 되어 있어 못에 물이 고여 있는 듯하다가 흘러간다. 도로를 확장하면서 개울을 잠식하여 원형을 상실하였다한다. 개울 바닥이 화강암 암반으로 돼있는데 장마로 돌과 자갈이 많이 쌓였다. 지금 자동차도로의 높이가 개울 바닥에서 2m 이상 축대를 쌓아 만들었다. 그 전에는 암벽과 개울 사이로 좁은 오솔길이 있었을 것으로 추정된다. 개울가 암벽에 글씨를 새겨놓았다하더라도, 축대를 쌓아 자동차도로를 만들 때, 글씨가 묻혀버렸을 것으로 생각된다. 지금 도화담(桃花潭)이라 부르지 않고, 대개는 선화담(仙花潭)이라 부르고 있다.

제9곡 운선동(雲仙洞) : 운선이 사는 동네. 충북 단양군 대강면 괴평리(槐坪里). 제8곡 도화담(桃花潭)에서 제9곡 운선동(雲仙洞)까지는 약 100m내로 인접해있다. 제9곡 운선동(雲仙洞)은 지금 석축을 쌓아 자동차도로를 만들기 전에는 더욱 높은 절벽이었을 것이다. 개울가에 절벽이 서있고 평평하게 흐르는 개울이 길게 이어진다. 자동차도로 옆 암벽 한 길 높이 지점에 '운선구곡(雲仙九曲)'이라 횡서로 새겨 놓았다.

위에서 살펴보았듯이 운선구곡의 명칭은 단양의 산수와 관련이 있거나 도가적(道家的) 정취가 풍기는 명칭을 부여했다.

4. 운선구곡시(雲仙九曲詩)

여기서는 이제껏 찾아낸 오대익(吳大益)과 정범조 그리고 정종로가 운선구곡에 대해 읊은 시에 대해 살펴보고자 한다. 세 사람이 지은 시 중에서 서시(序詩)는 모두 살펴본다. 다음 운선구곡 9개 곡의 명칭을 잘 알 수 있게 표현한 것과 싯구에 비유를 잘 써서 문학적 아름다움이 좀 낫다고 판단되는 시를 골랐다. 세 사람의 시는 『충북의 구곡과 구곡시』에 번역하여 수록했다.

먼저 오대익의 「운선구곡가」의 서시(序詩)를 살펴보자.

운선동리유선령(雲仙洞裏有仙靈),	운선동안에 선령이 있으며,
단벽참치옥간청(丹碧參差玉澗淸).	붉은 절벽이 울룩불룩 옥간(玉澗)이 맑네.
욕식주인행근원(欲識主人行近遠),	주인을 알려고 하나 가까인가 멀리인가 가버리고,
어가시청구곡성(漁歌試聽九曲聲).	고기잡이 노래 구곡의 노랫소리 들리네.

오대익은 운선구곡가의 서시에서 운선동에 선령이 있다고 간주한다. 선령은 신선계가 구비해야할 기본 요건이다. 이렇듯 선령이 살 수 있는 것은 단벽(丹壁)이 울뭉줄뭉하고 옥간(玉澗)이 맑기 때문이다. 붉은 벽은 아름다움의 상징적인 표현이다. 옥간(玉澗)은 옥구슬 같은 물이 솟는 샘물이란 뜻으로 맑고 깨끗한 샘물을 비유적으로 표현한 것이다. 이곳에서 주인을 알려고 하나 주인은 가버려 보이지 않는다. 떠나간 주인 대신 또 새로운 주인이 선령처럼 이곳을 지키고 있는 것이다. 그는 다름 아닌 오대익 자신이라는 점을 은연중에 자부한 것이다. 이곳에 어가(漁歌)소리 들리고 구곡가(九曲歌)소리 울린다.

정범조(丁範祖 1723~1801)에 대해 약술한다.[12] 자는 법세(法世), 호는 해좌(海左)이다. 본관은 나주(羅州)이며 지령(志寧)의 아들이다. 1763년(영조 39년) 증광문과시(增廣文科試)에 갑과(甲科)로 급제, 홍문관에 등용되고 1768년 지평(持平)·정언(正言)을 지낸 뒤 사가독서(賜暇讀書)했다. 1785년 대사간(大司諫)이 되고 대사성(大司成)·이조참의(吏曹參議)를 역임, 한성부 우윤(漢城府右尹)·대사헌(大司憲)·개성부유수(開城府留守) 이조참판을 거쳐

12) 『韓國人名大事典』, 신구문화사, 1986. 의 내용을 참고했다.

1794년 형조참판이 되었다. 1799년 예문관제학이 되고 1800년 지실록사(知實錄事)로서 『정조실록(正祖實錄)』편찬에 참여했다. 저서에 『해좌집(海左集)』이 있다.

다음은 정범조(丁範祖)의 서시(序詩) 「단구주인운암, 화무이구곡시운, 작단구구곡사, 용기운부정(丹丘主人雲巖, 和武夷九曲詩韻, 作丹邱九曲詞, 用其韻賦呈)」13)이다.

단구분육무이영(丹邱分毓武夷靈), 단구(丹邱)에 무이(武夷)의 선령(仙靈)을 나누어 살게 하고,
산복소위구곡청(山腹疏爲九曲淸). 산 가운데에 구곡의 청아함을 드문드문 조성했네.
요상만봉상락후(遙想萬峰霜落後), 온갖 봉우리에 서리나린 뒤의 모습을 아득히 생각해보니,
용주수옥진추성(舂珠漱玉14)盡秋聲). 구슬을 찧고 옥을 쏟아놓은 듯한데 모두 가을소리라.

정범조는 서시에서 단양의 운선구곡이 무이구곡의 산수의 분신으로 간주했다. 이 선령한 산중에 구곡을 일정한 거리를 두고 조성했다. 서리가 나린 뒤에 바라보는 봉우리가, 마치 구슬을 찧으며 옥을 쏟아놓은 듯하다. 구슬과 옥은 모두 보석이다. 이 모두 운선구곡의 산수가 절경이란 말 대신 취한 시적(詩的) 표현이다. 이런 정경이 연출하는 정취는, 모두 가을 소리와 같다. 가을은 계절 중에 계절이다. 이 역시 운선구곡의 산수미를 극대적으로 표현한 것이다.

정종로(鄭宗魯)에 대해 간단히 알아본다.15) 자는 사앙(士仰) 호는 입재(立齋)이다. 본관은 진주(晋州)이며, 대제학 경세(經世)의 6대손이다. 유일(遺逸)로 천거되어 벼슬이 지평(持平)에 이르렀으며 성리학에 정통했다. 그의 학설은 주이론(主理論)과 주기선(主氣論)을 절충시킨 것이다. 저서에 『입재집

13) 鄭範祖, 『海左集』 한국문집총간 239. 273면.

14) 수옥(漱玉) : 샘물이 흘러 돌을 부딪히는데 소리가 옥을 치는 것 같다는 것을 말함. 『문선(文選)』, 육기시(陸機詩). 산류하령령(山溜何泠泠), 비천수명옥(飛泉漱鳴玉). 수옥정, 강서성(江西省) 성자현(星子縣) 서쪽 개선사(開先寺) 뒷 쪽. 송(宋)의 중 약묵(若墨)이 건립. 소식(蘇軾), 「개선수옥정(開先漱玉亭)」 시(詩). 고암하적일(高巖下赤日), 심곡래비풍(深谷來悲風).

15) 『韓國人名大事典』, 신구문화사, 1986. 의 내용을 참고했다.

(立齋集)』이 있다. 정종로(鄭宗魯)가 운선구곡 서시[16]를 보기로 한다.

옥입층만면면령(玉立層巒面面靈), 층층의 봉우리가 옥처럼 솟아 면면이 신령스럽고,
단구쟁사무이청(丹丘[17]爭似武夷淸). 단구(丹丘)가 무이구곡(武夷九曲)과 청아함을 다투는 것 같네.
도가일결갱천고(櫂歌一闋賡千古), 도가(棹歌) 한 곡조 천고에 이어져,
구곡요계갱유성(九曲瑤溪更有聲). 운선구곡의 아름다운 시내에 다시 도가(棹歌)소리 들리네.

정종로는 서시에서 운선구곡의 승경을 무이구곡에 대비하여 부각하고 있다. 그는 운선구곡의 층층의 봉우리가 옥처럼 아름다우며 각각의 면모가 신령스러워, 그 산수의 아름다움이 무이구곡의 청아함에 비견될 정도라고 평가한다. '면면(面面)'이라는 부사어를 사용하여 그 전체가 신령스럽다는 점을 강조했다. 이어 그는 운선구곡과 운선구곡시는 주자의 무이구곡과 「무이도가」의 전통을 계승한 것이라는 사실을 천명하고 있다.

정범조의 제1곡 대은담(大隱潭)이다.

수원회벽불통선(水源回僻不通船), 물의 근원이 궁벽한 곳을 돌아가니 배가 통행할 수 없고,
회작심담사작천(滙作深潭瀉作川). 물굽이가 깊은 연못을 이루어 쏟아내니 개울이 되네.
막만거심운노적(莫謾去尋雲老跡), 운암노인의 자취를 찾아가는 것을 헐뜯지 말라,
송라몽밀소인연(松蘿[18]蒙密少人烟). 송라가 빽빽하여 사람 사는 곳의 연기가 적네.

대은담은 흐르는 물의 근원이 궁벽한 곳을 감싸 돈다. 그래서 배가 통행할 수 없어 한적하고 고즈넉하다. 그 흐르는 물굽이가 깊은 연못을 이루고 개울

16) 원제목은 「次雲巖吳侍郞大益寄贈韻. 並步其九曲十絶奉呈 丁巳」이다. 鄭宗魯, 『立齋集』 한국문집총간 253.
17) 단구(丹丘) : 지금 충북 단양을 일컫는 말.
18) 송라(松蘿) : 여라(女蘿). 소나무 겨우살이과에 속하는 기생물.

이 된다. 산이 있으면 물이 있어야 산수미가 조화를 이룰 수 있다. 운암노인의 자취를 찾아가는 것을 헐뜯지 말라한다. 운암노인은 오대익이다. 이곳 대운담은 송라가 우거지고 사람 사는 연기가 적은 곳이다. 즉 인간이 사는 속세와는 별다른 세계라는 뜻이다. 제1곡에서는 오대익이 자연과 더불어 신선처럼 사는 삶을 예찬한 것이다.

정범조의 제2곡 황정동(黃庭洞)이다.

조의포척와중봉(朝衣[19]抛擲臥中峰),	조의(朝衣)를 던져버리고 봉우리 가운데 누워있으니,
반작구한산택용(半作癯寒山澤容).	반은 야위고 쓸쓸해 보이나 산이 얼굴을 윤택하게 해주네.
사능도경무일사(寫能道經無一事),	도경(道經)을 베끼느라 하나의 일도 하지 않는데,
백운경수영중중(白雲瓊樹影重重).	흰 구름과 아름다운 나무가 거듭거듭 비치네.

황정동 동남쪽에 도솔봉에 있다. 도솔봉은 소백산맥의 한 봉우리이다. 여기가 운선계곡의 발원지이다. 대운담에서 도솔봉 초입까지는 약 6km 정도 된다. 오대익은 관복을 버리고 황정동에 산다. 반은 야위고 반은 말라보이지만 산이 얼굴을 윤택하게 해준다. 황정동에 살게 되어 자연 그의 풍모가 윤기를 더해준 것이다. 결국 오대익이 도인의 경지에 도달했다는 표현이다. 오대익은 다른 일은 하지 않고 『황정경(黃庭經)』을 베낀다. 즉 신선이 되는 공부에 몰두하고 있다. 흰 구름과 경수(瓊樹)가 거듭거듭 비쳤다. 경수(瓊樹)는 아름다운 나무를 미화하여 일컫는 말이다. 이는 황정동에서 수도한 효험이 나타났다는 것을 보여주는 것이다.

정범조의 제3곡 수운정(水雲亭)을 보기로 하자.

부부정세흡여선(浮浮亭勢恰如船),	떠있는 듯한 정자의 형세가 흡사 배와 같으며,
유석반근태고년(有石盤根太古年).	반석은 그 뿌리가 태고적부터 있었네.

19) 조의(朝衣) : 조신(朝臣)이 조정에 나갈 때 입는 옷.

면억애옹관물취(緬憶厓翁觀物趣),	서애옹(西厓翁)이 사물을 관찰하는 정취를 생각하니,
운정수서병감련(雲停水逝倂堪憐).	구름이 멈추고 물이 흘러가니 아울러 사랑할만하네.

수운정은 물이 정자를 감싸 안고 돌아가는 곳에 위치하고 있다. 이곳의 물 흐름이 "태극문(太極紋) 중앙분활선 모양"즉 (☯)와 같은 형상이다.

수운정은 약간 높은 지대에 자리 잡고 있어, 그 형상이 누선(樓船)과 같다. 바닥의 바위는 매우 오래전부터 있었다. 이는 이 정자의 자리가 오래전부터 점지됐다는 점을 읊은 것이다. 이 정자를 보면 서애옹이 사물을 관찰하는 정취를 확인할 수 있다. 즉 좋은 자리에 정자 터를 잡은 서애옹의 식견이 돋보인다는 점을 찬미한 것이다. 실제로 수운정은 물과 구름이 조화를 이루는 장소에 자리 잡고 있다. 안개와 구름은 선계를 구성하는 요소로, 그 신선경의 분위기를 증대시켜준다.

좌측 사진: 제3곡 수운정.
우측 사진: 제5곡 도광벽에 페인트로 써놓은 구호

정종로의 제3곡 수운정(水雲亭)이다.

안상고정사의선(岸上孤亭似艤船),	언덕위에 외로운 정자는 떠날 채비한 배 같고,
애옹유흑완당년(厓翁遺黑宛當年).	서애옹(西厓翁)이 남긴 글씨 완연히 그 당년과 같네.
지금운수유의구(秖今雲水猶依舊),	다만 지금 구름과 물이 예전과 같은데,

기개유인최해련(幾箇遊人最解憐). 몇이나 유람하는 사람이 가장 알고 사랑할꼬?

수운정은 물과 구름이 어우어진 정자이다. 수운정의 형상이 떠날 채비를 끝낸 배와 같다. 언덕 위에 자리 잡은 수운정의 날렵한 모습을 비유한 것이다. 서애(西厓) 유성룡(柳成龍)이 남긴 글씨가 당시처럼 완연하다. 지금 서애가 남긴 글씨는 물론 정자도 남아있지 않다. 그러나 이곳의 경치는 불변의 상태를 유지하고 있다. 즉 구름과 물이 자아내는 오묘한 절경은 옛날과 변함이 없이 이어진다. 시인은 "몇이나 유람하는 사람이 가장 알고 사랑할꼬?"라고 반문한다. 거의 없다는 말이다. 그러나 그 이면에는 오대익 한 사람만이 진정 알고 있다는 말을 강조한 것이다.

정종로의 제4곡 연단굴(煉丹窟)이다.

천생영굴사위암(天生靈窟四圍巖), 하늘이 선령한 동굴을 생기게 하고 사방을 바위로 둘렀으니,
무수기화영복삼(無數琪花[20]影覆毿). 무수히 아름다운 꽃 그림자 거꾸로 길게 드리워져있네.
문설선로단이숙(聞設仙鑪丹已熟), 들으니 신선의 화로를 설치하고 단약을 이미 끓였는데,
우인하일하경담(羽人何日下瓊潭). 깃털 입은 사람이 어느 날 아름다운 못에 내려올까?

이 신령한 연단굴은 인위적으로 조성한 것이 아니라 천연적으로 형성된 것이다. 여기에 무수히 아름다운 꽃 그림자가 거꾸로 길게 비치고 있다. 비범한 산수경을 지칭하는 대목이다. 여기서 신선의 화로 즉 연단로를 설치하고 단약을 이미 끓이고 있다. 제4구에서 "깃털 입은 사람이 어느 날 아름다운 못에 내려올까?"라고 했다. 이런 물음은 이미 내려왔다는 것을 반어 우회적으로 표현하는 것이다. 깃털 입은 사람은 바로 신선을 가리킨다. 이는 오대익을 신선에 비유해서 표현한 말이다.

오대익의 제5곡 도광벽(道光壁)이다.

20) 기화(琪花) : 선경(仙境)에 피는 아름다운 꽃.

오곡영회원부심(五曲縈回源復深), 오곡이라 구비 돌아 물의 근원이 다시 깊어지고,
단벽족족은운림(丹壁簇簇隱雲林). 붉은 절벽이 총총히 운림에 숨겨져 있네.
흉중자유광명사(胸中自有光明舍), 가슴속에 스스로 광명(光明)의 집이 있으니,
휴향공산증도심(休向空山證道心). 텅빈 산을 향해 도심(道心)을 증명하려 하지 말라.

도광벽은 그 앞에 물이 구비 돌아 나가는 곳에 자리하고 있다. 도광벽은 약간 주황색 즉 황금빛에 가까운 색깔은 띄고 있다. 따라서 여기도 도인이 수도하기 좋은 곳이라는 암시를 하고 있는 것이다. 도인의 몸에서는 황금빛이 난다고 한다. 그래서 부처님을 일컫는 별칭으로 '금선(金仙)'이라고 하며, 부처에 금칠을 입히는 것이다.

이 붉은 절벽은 빽빽이 들어선 운림(雲林)에 가려져있다. 신비로운 곳임을 시사하는 시구이다. 가슴속에 스스로 광명의 집이 있으니, 빈산을 향해 도심(道心)을 증명하려 하지 말라한다. 일부러 증명하려하지 않아도 이곳이 사는 것 자체가 바로 도심을 증명하는 것이기 때문이다. 이미 그가 도인의 경지에 도달했다는 점을 천명한 것이다.

정종로의 제6곡 사선대(四仙臺)이다.

백석층대방벽만(白石層臺傍碧灣), 하얀 돌이 겹으로 이루어진 대가 푸른 물굽이 옆에 서있고,
흉운다의엄송관(霱雲多意掩松關). 상서로운 구름이 뜻이 많아 소나무 관문을 가렸네.
차중불감상산락(此中不減商山樂), 이 가운데 상산(商山) 노인들의 즐거움이 줄어들지 않으니,
일국요기진일간(一局瑤棊盡日間). 아름다운 바둑판으로 한 판 두니 하루가 다가네.

사선대는 '상산사호(商山四皓)'를 염두하여 명명한 것이다. 즉 진말(秦末)의 은사(隱士)인 동원공(東園公)·녹리선생(甪里先生)·기리계(綺里季)·하황공(夏

黃公) 등이다. 모두 전란을 피해서 상산(商山)에 은거했는데, 나이가 모두 80여세를 살았으며 수염과 눈썹이 모두 하얗게되어 당시에 '상산사호'라 일컬었다. 사선대는 신선 넷이 노니는 곳이다. 사선대는 푸른 물굽이 옆에 하얀 돌이 겹으로 이루어졌다. 하얀 바윗돌의 흰색은 상산사호(商山四皓)의 흰머리결을 유추암시하고 있다. 상서로운 구름이 소나무를 가리고 있는 운치 있는 곳이다. 이런 곳에 머물면 상산사호가 누리던 즐거움이 줄어들지 않는다. 이곳에서 바둑 한판 두면 하루가 간다. 바둑을 신선 세계에 필수적으로 등장하는 오락기구이다. 한가하게 바둑을 두다보니 세월 가는 줄 모르는 것이다. 이렇듯 이곳은 신선의 경지에 몰입할 수 있는 곳이다.

오대익의 제7곡 사인곡(舍人巖)이다.

칠곡전임칠성탄(七曲前臨七星灘)[21),	칠곡이라 앞서 칠성탄(七星灘)에 닿아있으며,
조종불염백회(看朝腫[22)不厭百回).	아침부터 다녀도 싫증나지 않아 백 번을 돌아보네.
세간시화나능차(世間詩畵那能此),	세상의 시와 그림 어찌 이를 능가하리요?
유견담심월색한(唯見潭心月色寒).	오직 못 가운데 달빛이 청아함을 볼 수 있네.

사인암은 '칠성탄(七星灘)'에 닿아있다. 아침부터 종일 이곳을 돌아다녀도 싫증나지 않는 곳이다. 이곳의 경치가 수려하다는 말이다. 뒤이어 그 점을 그림과 시에 비유하여 강조한다. 이곳은 세상의 시와 그림이 결코 미치지 못하는 절경이다. 오직 못 가운데 청아한 달빛을 볼 수 있을 뿐이다. 못 가운데 청아한 달빛이 비치니, 이 물은 거울 같이 맑은 물이 고여있는 못이다. 이름하여 명경지수(明鏡止水)이다. 이렇듯 이곳이 청정한 명승지라는 점을 재 강조한 것이다.

---

21) 칠성탄(七星灘) : 칠성암(七星巖) 근처에서 발원하는 개울을 가리키는 듯함. 칠성암(七星巖)은 충북 단양군 대강면 황정리에서 원통골 골짜기로 올라가면 원통암(圓通庵)이 있는데, 그 서쪽에 있는 바위. 높이가 70척이 되고 그 바위 위에 오래된 노송이 서있다. 이곳에서 칠성기도를 드리면 효험이 있다 한다.

22) 종(腫) : 종(踵)이 옳을 듯.

정종로의 제7곡 사인암(舍人巖)이다.

좌측 사진: 운선구곡 제7곡 사인암 근처 청련암 뒤의 용두암.
우측 사진: 운선구곡 제7곡 사인암의 성씨별업(成氏別業) 글씨

창애여삭입청탄(蒼厓如削立淸灘), 푸른 절벽 깎아지른 듯 맑은 여울에 서있으니,
증득고인일척간(曾得高人一陟看). 일찍이 고인(高人)이 한 번 올라가 보았네.
영락파심류불거(影落波心流不去). 그림자 물결 속에 드리워져 흘러도 떠내려가지 않고,
의연유촉경중한(依然遺躅鏡中寒). 의연히 남겨진 자취 거울 속에 산뜻하네.

사인암은 사인(舍人)의 일화가 깃든 곳이다. 고려조에 사인(舍人) 벼슬을 한 역동(易東) 우탁(禹卓 1262~1342)이 이곳에서 머물며 노닐었다는 곳이다. 그는 단양의 산수가 좋아 이곳에서 살았으며, 단양우씨(丹陽禹氏)의 시조가 되었다. 사인암은 푸른 절벽이 맑은 여울에 깎아지른 듯 서있다. 그리하여 고인이 일찍이 올라간 적이 있다. 고인은 바로 역동이다. 사인암은 변함이 없다. 의연히 거울 속에 산뜻하게 그 자취가 남아있다. 거울은 명경지수(明鏡止水)를 비유한 표현이다. 물속에 그림자가 비칠 뿐 떠나려가지는 않는다. 사인암의 불변의 모습을 잘 표현하였다.

정범조의 제8곡은 도화담(桃花潭)이다.

산도무수요담개(山桃無數繞潭開), 산 복숭아 무수히 연못을 둘러싸 피어있으며,
풍체표화거부회(風掣漂花去復廻). 바람이 휘도니 떠나려가는 꽃잎이 다시 돌아오네.
독허운옹관춘사(獨許雲翁管春事), 홀로 운암옹(雲巖翁)에게 봄의 일을 관장하게는 것을 허락했으니,
망혜시답난홍래(芒鞋時踏亂紅來). 짚신 신고 때맞춰 요란한 붉은 꽃을 밟고 오네.

산 복숭아꽃이 연못을 둘러싸고 있다. 그런데 바람이 휘돌아 불기 때문에, 떠나려가던 꽃잎이 떠나려가지 못하고 빙빙 도는 것이다. 이는 도화담이 이름의 유래 그대로 선취적(仙趣的) 분위기를 자아내는 선경이라는 점을 부각한 것이다. 이어 오대익은 유독 봄을 관장할 수 있는 특전을 부여받았다고 한다. 그래서 짚신 신고 화려하게 꽃을 밟고 온다. 이 표현은 도화담을 관장하는 주인이 오대익이라는 사실을 강조한 것이다.

오대익의 제9곡 운선동(雲仙洞)이다.

구곡산개경광연(九曲山開境曠然), 구곡이라 산이 펼쳐져 경개가 탁 트이고,
장림력력견청천(長林歷歷見晴川). 긴 숲은 역력히 개인 시내에 드러나 있네.
단구역시인간세(丹邱亦是人間世), 단양은 역시 인간 세상인데,
불신인간별유천(不信人間別有天). 인간 세상에 별천지가 있다는 것이 믿어지지 않네.

제9구곡 운선동은 산이 양쪽으로 펼쳐져있고 계곡이 탁 트였다. 맑은 시내가 긴 숲을 따라 흐른다. 이런 산수비경 단양은 분명 인간 세상에 있다. 그런데 인간 세상에 별천지가 있다는 것이 믿어지지 않는다.

별천지는 도연명(陶淵明)의 「도화원기(桃花源記)」의 내용을, 이백(李白)이 시화(詩化)한 데서 유래됐다. 즉 「산중답속인(山中答俗人)」에 나오는 "복숭아꽃이 아득히 물위에 흘러가니, 인간 세상이 아닌 별천지가 있다. 도화류수묘

연거(桃花流水杳然去), 별유천지비인간(別有天地非人間)"을 염두 한 표현이다. 「도화원기(桃花源記)」의 내용을 시화(詩化)한 사례는 주자에게서도 찾아볼 수 있다. 주자(朱子)의 「무이도가(武夷棹歌)」 제9곡시 3~4구를 보자. "어랑갱멱도원로(漁郎更覓桃源路), 제시인간별유천(除是人間別有天)" 즉 "어랑(漁郎)은 도원(桃源) 길을 다시 찾지만, 여기가 인간의 별유천인 것을." 이라는 뜻이다. 주자가 강조하는 뜻은, 학자가 추구하는 도(道)는 뽕나무와 삼나무 같은 평상일용의 사물들 사이에 있는 것이지 별다른 곳이 존재하는 것이 아니라는 것이다. 오대익은 이러한 전례를 원용하여 운선구곡의 선계적 정취를 표현하여 그 신뢰도와 선취적 운치를 제고하는데 성공했다. 오대익은 제9곡시에서 단양의 운선구곡이 인간 세상에 존재하는 별천지 즉 신선의 세계라는 점을 강조했다.

오대익은 주자의 구곡의 형식을 모방했으며, 구곡의 명칭은 단양의 산수와 관련되거나 도가적 정취가 담긴 명칭을 사용했다. 표현상에 있어서 운선구곡이 신선경이라는 점을 강조하기 위해 고사를 비유적으로 원용하여 시적 묘미를 잘 살려냈다.

5. 맺음말

운선구곡(雲仙九曲)은 오대익(吳大益)이 1797년경에 설정한 것이다. 본 논문에서 다룬 운선구곡은 주자(朱子)의 무이구곡(武夷九曲)을 모방한 것이며, 운선구곡시는 주자(朱子)의 「무이도가(武夷棹歌)」에 차운(次韻)하여 지었다. 운선구곡의 각각의 명칭은 신선세계(神仙世界)를 논할 때 등장하는 용어를 주로 사용했다. 운선구곡시의 내용은 신선사상(神仙思想)과 신선경(神仙景)을 시적(詩的)으로 표현한 것이다. 운선구곡이 신선경이라는 점을 고사를 인용하여 비유적으로 적절히 표현했다. 이렇듯 구곡이 신선사상의 자연에의 표현이며 신선사상의 시적 표현이라는 사실을 재확인했다. 이들은 영생하고 싶은 인간의 본원적 염원을 자연과 문학을 통해 현실 속에 가상현실(假想現實)을 설정하여 '가상영생(假想永生)'을 실현했다. 이렇게 하여 정신적으로나마 유한자(有限者)를 무한자(無限者)로 바꾸는데 성공할 수 있었다. 자연과 문학의 한

효용(效用)을 운선구곡과 운선구곡시에서도 확인할 수 있다.

운선구곡 바위에 구곡(九曲)의 순차(順次)를 이(二) 칠(七) 등 수자(數字)로 음각해놓았는데, 이것도 운선구곡의 한 특징이다. 운선구곡에는 다양한 서체의 글씨가 음각되어 있어 서체연구(書體硏究)에도 일익이 된다. 또한 글씨를 새긴 방법도 다양한 양상을 보여주고 있어 '각자기법(刻字技法)'연구에도 활용할 수 있다.

차후 운선구곡 일대에 음각해놓은 글씨들을 탁본하고 이를 체계적으로 정리하여 운선구곡의 문화관광에 보다 크게 기여를 할 수 있도록 할 계획이다.

박세화(朴世和)의 용하구곡(用夏九曲)과 관련 시(詩)

1. 머리말

기호지방에서 최초로 구곡(九曲)을 설정한 사람은 율곡(栗谷) 이이(李珥 1536~1584)다. 그는 지금의 황해도 해주군 고산면(高山面) 석담리(石潭里)에 고산구곡(高山九曲)을 설정했다. 그 후 그의 학통(學統)을 계승한 기호사림(畿湖士林)들 중에 구곡을 설정한 사람들이 상당 수 있다. 필자가 1998년부터 조사한 결과 기호사림들이 설정한 구곡은 58개이다. 이 가운데 화양구곡이 완성된 후 설정된 구곡은 37개, 화서(華西) 이항로(李恒老 1792~1868)와 그 제자 등 기호사림이 설정한 구곡은 29개이며, 충북지역에 설정된 구곡은 2018년 현재 28개로 확인했다. 화양구곡 이후 설정된 37개 구곡 중에서 상당수는 조선말 일제강점기에 지금의 경기도, 충남북, 전남북, 강원도 지방에 설정되었는데, 충북과 경기도에 많이 설정되었다. 왜 조선말 일제강점기라는 특정시기에 특정지역에 집중적으로 구곡을 설정하는 현상이 나타나는가? 필자는 기호사림들이 구곡을 설정하는 이유를 도통계승(道統繼承) 즉 학통계승의식의 자연에의 표상화, 구곡시는 그 시문학적 상징화임을 규명했다.[1] 나아가 '서양을 물리치고 일본을 물리쳐야한다'는 척양척왜의식(斥洋斥倭意識)을 고취앙양하기 위해서였다.

'도통(道統)'은 오늘날의 '학통(學統)'·'학맥(學脈)'이란 뜻과 같다. '도통의식'이란 도학(道學) 즉 주자(朱子 1130~1200)를 조종(朝宗)으로하는 유학(儒學)의 연원(淵源)을 계승·전수하려는 의식을 말한다. 이런 도통의식은 언제부터 심화되었는가? 우암(尤庵) 송시열(宋時烈 1607~1689)은 율곡(栗谷) 이이(李珥 1536~1584)의 도통을 계승하고 그 도통계승의 표상화로 「고산구

1) 이상주, 「畿湖士林의 '道統意識'이 九曲文化와 그 시대에 끼친 영향」, 『景雲 申哲雨先生 서거십주년추도기념논총』, 2013, 245~297면. 오재정이 정한 송천구곡(松泉九曲)을 새로 확인했다. 따라서 2018년 현재 28개이다.

곡가(高山九曲歌)」를 한역(漢譯)했으며 「고산구곡도」를 그리게 했다. 이렇듯 율곡 이이의 도통을 계승한 우암 송시열은 당시 기호사림의 영수로 도통의식을 계승·조성하는데 상당한 영향을 주었다.

우암의 제자 권상하(權尙夏 1641~1721)와 민진원(閔鎭遠 1664~1736)에 의해 1721년 이후 1727년 경 오늘날의 화양구곡이 완성되었다.[2] 이후 화양동은 기호사림은 물론 우암을 숭상하는 사림들이 순례하는 성지가 되었으며, 그 문하생들과 노론 세력들의 결집을 강화하는 본산이 되었다. 이후 그를 추앙하고 학통을 계승한 상당 수의 기호사림들은 구곡을 설정하고 구곡시를 짓는다.[3]

특히 화서학맥인물들은 조선말 일제강점기에 '존화양이의식(尊華攘夷意識)'·'도통계승의식(道統繼承意識)'을 공고히하여 항일의지(抗日意志)를 고취·심화하기 위해, 화양구곡을 순례했다. 박세화(朴世和 1834~1910)도 이런 시대사조에 부응·병진한 정통 도학사림(道學士林)이었다. 박세화는 1895년 일본인이 명성황후를 시해한 사건이 일어난 후 지금의 충북 제천시 덕산면 억수리 용하동으로 들어갔다. 그리고 그 일대에 1898년 용하구곡(用夏九曲)을 설정했다. 이제 박세화가 용하구곡을 설정한 시대적 의의와 용하구곡 관련시의 구곡시문학적 의의를 부여하고자한다.

2. 박세화(朴世和)의 가계(家系)와 생애(生涯)

박세화의 가계와 생애에 대해서는 이미 대략 정리된 논고가 있어 이를 참고하고 용하구곡에 관련된 내용을 추가하여 개략하고자 한다.[4] 박세화(朴世和 1834~1910)의 자는 연길(年吉)이요, 호는 의당(毅堂)이다, 본관 밀양이다. 함경남도 고원군(高原郡) 남흥리(南興里)에서 박기숙(朴紀淑)의 아들로 태어났다. 박세화는 1851년 18세 대부터 성인(聖人)을 배워야겠다고 뜻을 세웠으며 과거를 포기하고 백가서(百家書)를 두루 섭렵했으며 23세까지 아버지의 가르

2) 이상주, 「'仙遊八景의 '華陽九曲'·'仙遊九曲'에로의 분화변천과정과 기타 관련문제」,『중원문화논총』 제6집, 충북대학교 중원문화연구소, 2002, 141~161면.

3) 이상주, 「"구곡문화관광특구"와 그 구곡 설정자들의 학맥」, 『중원문화논총』 제9집, 충북대학교 중원문화연구소, 2005, 101~139면. 이상주, 『충북의 구곡과 구곡시 - 선인의 길을 따라 한시와 자연속으로-』, 충청북도 충북개발연구원 부설 忠北學硏究所, 2007, 1~310면.

4) 권오영, 『毅堂集』, 「의당집 해제」, 내제문화연구회, 2002, 7~18면. 박세화, 『毅堂集』, 「연보」, 앞의 책, 529~563면. 제천디지털문화대전.

침을 받았다. 그 뒤 1877년(44세) 안변의 용동으로 이거하여 도풍(道風)을 일으킬 때 안변부사 김직연이 의당이라는 호를 지어주었다.

다음 그의 「연보」를 통해 그의 행자(行資)를 살펴보자.

> 여름에 향음주례(鄕飮酒禮)를 행했다. 나무 숲이 아름다운 곳에 단을 설치했는데, 의식을 익히기 위해 모인 사람이 매우 많았다. 선생은 매우 가난하여 산에 들어가서 감자를 심어 생계에 보탰다. 우연히 밭 사이에서 산삼 2 뿌리를 채취했는데, 사람의 모양을 한 것이 매우 컸다. 값은 논하는 사람이 3~4천 냥 가치가 있다고 말하자, 집안사람과 문도들이 모두 기뻐했는데, 선생은 유독 두려운 얼굴빛으로 말하기를 '아무 연고 없이 큰 재물을 얻는 것은 가난한 자의 복이 아니다.'라고 하고는 드디어 가난한 친구들과 병든 친구들에게 나누어 주었다.5)

좌측 사진: 산중다연에서 100m 하류 쪽 산기슭에 박세화가 살던 집터. 석축 위 평지-김희운(1939,12,2~) 증언.

우측 사진 : 양재명의 집. 김희운님이 이어서 말했다. "서당에서 뒤로 돌아 앉아서 배웠다. 15~16세 때 양재명(梁在明)의 동생 양재학(梁在學)의 집에서 한문을 배웠다. 양재학의 아들 양창수는 6,25때 월북했다. 6,26이후 양재학이 억수리에서 강학했다. 용하에서 살다 억수리로 이사해서 강학했는데 그 집이 남았다. 몇 년 동안 몇 명이 배웠다. 돌담만 그 때 그 돌담이며 스레트집인데 양재학이 강학하던 건물은 아니고 그 후에 다시 지은 집이다. 제천시 덕산면 월악리 61번지이다. 양재명은 박세화의 제자이다. 양재명의 사진이 없어 그림을 그려서 용하리 병산영당에 봉안했다. 청풍면 장선리로 옮겼는데 다시 금성면 사곡리로 옮겼다."

---

5) 朴世和, 『毅堂集』, 「年譜」, 545면. "乙酉(1885년), 先生五十二歲, 夏行鄕飮酒禮, 木佳處設壇, 習儀會者, 甚盛. ○先生貧甚, 入山種藷資生, 偶於田間採得山蔘二根, 似人形者, 甚大. 論者以爲價直三四千云, 家人門徒, 皆喜之, 先生獨有懼色, 曰無故而得巨財, 非貧者之福, 遂散與窮交病友."

그는 청빈하게 살면서 애민시혜를 실천했다.

박세화의 처신을 살펴보자.

> 의복제도를 고수했는데 조정이 백의를 바꾸자 선생께서 들으시고 크게 통한하며 '오랑캐의 문물이 중화의 문물을 변화시켰으니 어찌 차마 그렇게 할 수 있는고? 화복(禍福)은 하늘로부터 오는 것이다. 옛 복식제도를 지키며 배우는 사람들에게 명하여 동요하여 고치지 말라'라고 했다.[6]

박세화는 일제가 조선조정에 압력을 가해 백의를 못 입게 하자 그는 옛 복식을 지키며 동요하지 말라고 권고했다.

1895년 62세에 을미사변이 일어난 후 4월, 지금 제천시 봉양면 장담(長潭)에서 유인석(柳麟錫 1842~ 1915)이 주선한 향음주례(鄕飮酒禮)에 빈장(賓長) 자격으로 참석하였다. 8월 영능참봉(英陵參奉)에 제수되었다. 이해 겨울 지금의 용하구곡(用夏九曲)의 상류인 불억산(茀億山)으로 들어갔다. 그리고 「서시서사동지(書示書社同志)」를 지었다.

1896년 63세 정월 문인(門人)인 류원필(柳遠必)·곽명근(郭命根)·윤응선(尹膺善) 등을 충주의진에 보내 위로하고, 3월 제천의진(堤川義陣)에 가서 유인석(柳麟錫)을 찾아가 위로했다.[7]

71세 때 「계산문대(溪山問對)」를 지어 성리학의 명확한 인식과 예학의 생활화를 주장하였다. 1898년 불억산 계곡을 용하구곡(用夏九曲)이라 명명하고 주자(朱子)의 「무이도가(武夷櫂歌)」의 시구(詩句)를 4자어로 압축하여 새겼다. 용하구곡 각각의 곡(曲)에 '섭운대(躡雲臺)' '세심대(洗心臺)' 등 도학적(道學的) 내용을 담은 명칭을 부여하고 그 명칭을 바위에 새겼다. 1899년 제자 윤응선이 화양동에 들어가 비례부동(非禮不動) 판각을 베껴오자 호지(糊紙)에 대축자(大軸子)로 썼다. 1904년 71세 9월 화양동에서 강회(講會)했다. 이때 200여인이 모였다.[8]

---

6) 朴世和, 『毅堂集』, 「年譜」, 544면. "甲申(1884년), 先生 五十一歲. 守衣服之制. 朝家有毁服, 令先生聞之, 大慟曰用夷變夏, 寧忍爲也. 禍福之來天而已, 仍守舊制, 命學者勿撓改."

7) 朴世和, 『毅堂集』, 「年譜」, 545면. "丙申(1896년) 先生, 六十三歲, 正月, 自茀億山, 還歸長善 義旅起而薙變寢, 乃還歸舊宅, 送門人柳遠必 · 郭命根 · 尹膺善等致勞問于忠州義陣. 三月, 往堤川義陣, 訪柳毅菴. 義陣久留堤川至是先生往勞之, 門人柳遠必 · 金文濟從行, 旣至患候作仍謝歸."

8) 이상주, 「박세화의 화양강회(華陽講會)와 「화양강회일기」에 대한 고찰」, 『한문학보』 39집, 2018, 99~139면.

1905년 을사늑약이 체결됐을 때 박세화의 처신을 살펴보자.

> 9월 문경에 주둔하는 오랑캐에게 잡혀가서 곧바로 서울에 다다라 구속되었다. 일본 오랑캐가 갑오년 이래로 국정을 침탈하여 위복(威福)9)을 전행(專行)하다가 여기에 이르러 주군(州郡)을 합병하고 성묘를 훼손하여 합방하려는 계획을 세웠다. 선생이 그 소식을 듣고 크게 통곡하며 말하기를 '합방을 하고 성묘(聖廟)를 훼손하는 것은 즉 나라와 도(道)가 망하는 것이니 우리 유학자들이 어찌 차마 앉아서 보고만 있으리'라고 했다. 드디어 문경산중으로 들어가 바야흐로 의거를 도모하느라 침식이 편안하지 못해 어지럼병이 크게 나서 그 일을 살펴보지 못했다. 그로 인해 파하고 돌아와 몸조리를 하는데 머지않아 왜적의 주변인이 정촉한 바 문경헌병대에서 와서 잡아갔다. 아들 형교(衡敎)와 손자 면기(冕基) 그리고 문인 윤응선(尹膺善)·이종하(李宗夏)·금도성(金道成)이 함께 잡혀갔다. 이날 문경에 크게 천둥과 지진이 일어났다. 곧 서울 남문 안에 이르니 즉 사령부이다. 문경에 있을 때 문인 신현국(申鉉國)·이수영(李守榮)이 삶을 버리고 어려움에 나아가는 義로 병참부에 투서를 했다. 이로 인해서 왜적의 수괴를 크게 꾸짖다가 또한 잡혀가서 곧 대구로 끌려가 3개월이 지나서 돌아왔다.10)

박세화는 일제가 합방하려는 조짐을 알고 거사를 하려다 건강이 나빠 중단했다. 이로 이해서 문경에서 체포되어 서울로 압송되었다. 그 아들과 손자, 그리고 문하생 윤응선(尹膺善)·이종하(李宗夏)·금도성(金道成) 등과 함께 체포되었다.

1910년 나라가 망하였다는 소식을 듣고 제자들과 자손들을 불러 유언하고 단식한 지 23일 만에 순국하였다.

---

9) 威福 : 군주만이 罰과 賞을 행할 수 있는데, 후대에는 집권자가 마음대로 권력을 휘둘러 내치기도 하고 벼슬을 주기도 하는 것을 이른다. 위복은 벌(罰)과 상(賞)을 뜻한다. 『書經』, 「洪範」에 "惟闢作福, 惟闢作威."라는 말이 있다. "오직 군주만이 복을 짓고 오직 군주만이 위엄을 지을 수 있다"는 뜻이다.

10) 朴世和,, 『毅堂集』, 「年譜」, 555면. "乙巳, 先生, 七十二歲. 九月, 被執於聞慶虜, 轉, 至漢城見拘. 虜自甲午以來, 攘奪國政, 專行威福, 至是, 乃欲合州郡毁聖廟, 而合邦之計. 先生聞之, 大慟曰, 合邦而毁聖廟, 則國與道俱亡, 爲吾儒者, 安忍坐視. 遂入聞慶山中, 方謀義擧, 寢食不寧而 眩病大作, 不可以省事. 因罷歸調理, 未幾, 爲賊邊人, 所偵囑, 聞慶憲兵站來而執之. 子衡敎, 孫冕基. 門人, 尹膺善, 李宗夏, 金道成, 并被執, 是日大雷地震拘於聞慶. 轉至漢城南門內, 卽被所謂司令部也. 在聞慶時, 門人, 申鉉國 李守榮以捐生, 赴難之義投書兵站. 仍大罵賊酋, 亦被執轉至大邱, 歷三月而得還."

박세화는 몸을 제대로 가누지 못하는 상태에서 '예의조선(禮義朝鮮)'이라는 네 글자를 썼으며, '중정인의(中正仁義)'를 써서 제자들에게 주려고 마음먹었으나 기력이 쇠진하여 써주지 못했다.[11] 절명시로 알려진 시 2수를 살펴보자.

「자정시 절필(自靖時 絶筆)」[12]
도망오내하(道亡吾奈何), 도가 망했는데 나는 어찌해야 하는고?
앙천일동곡(仰天一慟哭). 하늘을 우러러 한바탕 통곡하노라.
자정헌성현(自靖獻聖賢), 자정(自靖)하여 성현(聖賢)에게 이 몸 바치니,
오호군막혹(嗚呼君莫惑). 오호라 그대들은 미혹되지 말라.

「자정시 절필(自靖時 絶筆)」[13]
백두산색영창공(白頭山色映蒼空), 백두산색이 푸른 하늘에 비치니
화하일구기자동(華夏一區箕子東). 중화(中華)의 한 구역 기자(箕子)의 동쪽이구나
제월광풍하처재(霽月光風何處在), 밝은 달 맑은 바람 그 어디에 있는가
몰인분침태몽몽(沒人氛祲太濛濛). 사람을 죽이는 나쁜 기운이 너무 심하구나.

저술로 『의당집(毅堂集)』이 있다. 제천시 금성면 사곡리 404번지에 있는 병산영당[屛山影堂: 용하영당(用夏影堂)의 개칭(改稱)]과 음성군 충룡사(忠龍祠)에 제향되었다. 1962년 건국훈장 독립장이 추서되었다. 묘소는 충북 음성군 음성읍 동음리 창동(昌洞) 만생산(萬生山)에 있었는데, 1996년 대전국립현충원 애국지사묘역으로 이장했다.

11) 朴世和, 『毅堂集』, 「年譜」, 561면. "壬午, 先生命扶起, 坐整冠巾, 謂左右曰, 吾神氣浸微, 將不能自理衣冠, 賢輩必從傍周旋, 毋或欹傾也. 因命進筆碩展大幅紙, 書禮義朝鮮四大字, 失聲號慟曰以我堂堂正邦爲犬羊而亡. 嗚呼! 不忍言也. 又命進大軸紙, 旋止之曰吾欲書, 中正仁義, 以與賢輩, 而氣力已盡, 不可復强也."
12) 朴世和, 『毅堂集』, 34면.
13) 朴世和, 『毅堂集』, 49면.

3. 박세화(朴世和)의 도통의식(道統意識)

박세화와 용하구곡에 대해서 몇 편의 논저가 있다. 서길석(徐吉錫)은 박세화에 대한 개략을 소개하고 그의 제자 이원우(李元雨 1880~1962)가 지은 「용하구곡시(用夏九曲詩)」를 소개했다[14]. 유금렬(柳今烈)은 용하구곡에 대해 개략적으로 소개했다.[15] 또 유금렬(柳今렬)은 박세화에 대해 『의당집(毅堂集)』 해제를 참고하여 연보식(年譜式)으로 서술하고, 『의당집(毅堂集)』에서 용하구곡에 관한 한문(漢文) 원문을 발췌하여 번역했으며, 현장을 답사하여 용하동문(用夏洞門) 등 암각자 사진과 답사기를 수록했다.[16] 김종수가 박세화의 『창동일기(昌東日記)』를 역주했다.[17] 충북 제천문화원과 병산영당은 박세화와 병산서원에 대한 학술발표대회를 개최했다.[18] 정경훈이 「의당 박세화의 문집(文集)과 문학 일고(一考)」를 주제로 발표했다. 정경훈의 발표문에서 의당집의 판본 현황과 이본에 대해 고찰했다. 그리고 용하구곡에 대한 문학적인 고찰은 시(詩)로는 「용하동행(用夏洞行)」·「용하동행(用夏洞行)」·「용하구곡

14) 서길석, 「박의당(朴毅堂)과 용하구곡(用夏九曲)」, 『내제문화』 제12집, 내제문화연구회, 2000, 155~175면.

15) 유금렬, 「남송(南宋) 주자(朱子)의 무이구곡(武夷九曲)을 모의(模擬)한 조선조(朝鮮朝) 구곡(九曲)의 제고찰(諸考察)」, 『내제문화』 제19집, 내제문화연구회, 2007, 145~184면.

16) 유금렬, 「용하동(用夏洞) 용하구곡(用夏九曲)의 제고찰(諸考察)」, 『내제문화』 제20집, 내제문화연구회, 2011, 194~288면.

17) 김종수, 「의당(毅堂) 박세화(朴世和)의 『창동일기(昌東日記)』 해제(解題)」, 『동방학(東方學)』 제30집, 한서대학교 동양고전연구소, 2014, 511~539면. 이 논문의 내용은 다음과 같이 요약할 수 있다. 박세화가 1910년 7월 27일 일본이 우리나라를 합병한다는 소식을 듣고 8월 3일에 단식 자진을 결심한 후 충북 음성군 음성읍 동음리(冬音里) 창동(昌洞-창골)에 있는 창동정사(昌東精舍)에서 단식 자진하기까지의 정황을 기록한 일기이다. 그 사후에 윤응선·신현국 등 제자들이 정리한 것으로 보인다. 총 32면인데 4~26면은 단식기간인 1910년 8월 6일에서 자진한 8월 28일까지 23일 간의 일기이다. 박세화는 단식기간 동안 찾아온 손님 문인 등과 강론활동을 계속했다. 회고담 형식으로 기술한 일부 내용들도 기간된 『의당집』에 수록되지 않아 그 자료적 가치가 있다. 찾아온 사람의 명단과 장례를 수행한 사람들의 명단을 수록해놓아 박세화 교유인물들과 문인들의 실상을 파악하는데 유용하다. 박세화 저, 김종수 역주, 『의당 박세화의 단식 순도일기- 창동일기』, 혜안, 2014, 1~144면. 동음리(冬音里) 창동(昌洞-창골)에 대해서는 음성군청 정기범학예사에게 문의해보았다.

18) 충북 제천문화원(원장 이광진)과 병산영당(도유사 안광영)은 2014년 7월 11일 오후 2시 제천여성문화센터에서 '의당 박세화 선생의 학문세계와 병산영당'이라는 주제로 학술발표를 개최했다. 금장태 서울대학교 명예교수가 「의당 박세화의 학문세계와 제천 의당학파」 기조 발표를 하고, 구완회 세명대학교 교수가 「박세화의 강학활동과 병산영당」, 김종수 한국학중앙연구원 연구원이 「박세화의 생애 전개와 의당학·의당학파」, 정경훈 공주대학교 교수가 「의당 박세화의 문집과 문학일고」를 주제로 각각 발표했다. 이 학술발표대회자료집은 병산영당 유승운 수석장의가 보내주었다.

행(用夏九曲行)」 등 3수와 산문으로는 「활연대기(豁然臺記)」에 대해서만 다루었다. 따라서 용하구곡의 진면목을 조명하기에는 미흡했다. 위에서 살펴본 논저에서는 박세화가 용하구곡을 설정한 이유가 도통의식의 발로라는 사실에 대해서는 언급하지 않았다. 2013년 제천시에서 능강구곡(綾江九曲)과 용하구곡(用夏九曲)을 명승으로 지정하기 위해 학술 조사를 실시했다. 이 조사보고서에 능강구곡과 용하구곡에 대한 전반적인 내용이 조사되어 있다[19]. 여기에서 필자는 박세화가 용하구곡을 설정한 이유가 '존화양이'와 '도통의식'을 강학·확산하기 위해서였다는 사실을 심도있게 규명했다. 본고에서는 이를 공유하고자 첨삭·보완하고 문학적 측면을 더욱 첨가하여 논문체제로 서술하는 것이다.

이제 박세화가 용하구곡을 설정한 시대적 사상적 배경을 살펴보고자 한다. 박세화는 고종 32년 을미년인 1895년 62세 되던 4월 장담에서 유인석이 주선한 향음주례에 참석하였다. 8월 명성황후 시해 사건이 일어났으며, 그해 겨울 용하구곡의 상류인 불억산(茀億山)으로 들어갔다[20]. 그때 지은 「서시서사동지(書示書社同志)」를 읽어보자.

> 몸으로 도(道)를 따라 죽고 동요가 일어나도 동요하지 않는 것이 오늘에 취할 의(義)이다. 경서(經書)를 안고 산으로 들어가서 의관(衣冠)을 보존하여 지키고 하루도 오도(吾道)라하고 하루도 화하(華夏)라고 하는 것을 기다리다가, 돌아가신 부모님의 산소에서 수명을 마치면 만족할 것이다. 문(門)에 나가 고삐를 잡고 멀리멀리 들어가 볼 만한 것은 불억산(茀億山)이다. 지금 한 마디 말을 하지 않을 수 없다. 서로 고하고 원하노니 제현들은 그것을 지키고 현혹되지 말라. 을미년(乙未年 1895년) 겨울 11월 28일 아침 의당노인(毅堂老人)이 쓰다.[21]

박세화는 1895년 명성황후시해사건과 단발령 공포 이후, 서사(書社)의 동지들에게 몸으로 도(道)를 따라 죽고 동요가 일어나도 동요하지 않는 것이 의(義)라는 점을 강조하고 경서(經書)를 안고 산으로 들어가 의관을 지키라

---

19) 충청북도 제천시, 『능강(凌江)·용하구곡(用夏九曲) 학술조사 연구』, 2013, 1~317면.
20) 朴世和, 『毅堂集』, 「年譜」, 549면. "동입불억산(冬入茀億山)."
21) 朴世和, 『毅堂集』, 「書示書社同志」, 312면. "以身殉道動不動, 是今日義也. 抱經入山保守衣冠, 而待一日吾道 一日華夏, 而畢命於先父母墓下足矣. 出門攬轡, 迢迢入望者, 茀億山也. 今不可無一語, 相告願諸賢守之, 無惑焉. 乙未冬, 十一月, 二十八日朝 毅堂老人書."

고 권고했다. 그는 불억산을 우리의 도(吾道)와 중국(華夏)의 도(道)를 지키다 생을 마칠 장소로 생각하였기 때문에 불억산으로 들어간 것이다. 그리고 서사(書社)의 제현들에게 그것을 고수하고 현혹되지 말라고 권유했다. 이를 통해 박세화가 당시의 정국으로 보아 자신의 '존화양이의식(尊華攘夷意識)' '도통의식(道統意識)'을 고수하고 교육·계승시키기 위한 장소로 활용하기 위해 불억산으로 들어갔다는 것을 알 수 있다.

박세화가 구곡의 명칭을 용하구곡이라 명명했는데 '용하(用夏) 충북 제천시 덕산면 억수리 용하리 일원에 용하구곡(用夏九曲)을 설정했다. 그가 왜 구곡의 명칭을 '용하'라고 명명했는지 알아보자. 다음은 『맹자(孟子)』, 「등문공(滕文公)」 상(上)의 내용이다.

> 나는 하나라의 문물을 응용하여 오랑캐를 예의를 갖춘 문화인으로 변화시켰다는 말을 들었으나, 오랑캐에 의해서 변화됐다는 말은 듣지 못했다.[22]

그는 오랑캐로 여기는 일제의 만행에 저항해야 하는 당위성의 이론적 근거인 '존화양이의식'와 '도통의식'을 교육·강조하기 위해 구곡을 설정한 것이다. 박세화는 '용하구곡(用夏九曲)'이라는 구곡의 명칭에 '존화양이의식'와 '도통의식'의 투철함을 명확히 표명한 것이다. 따라서 '용하구곡(用夏九曲)'은 존화양이'와 '위정척사(衛正斥邪)' 즉 '도통의식'을 강화·확산하기 위해 유교경전에 나오는 용어를 구곡의 명칭으로 삼은 현존 최초의 구곡이다.

'용하(用夏)'라는 명칭의 유래만 보아도 그가 존화양이 도통계승의식을 견지하기 위해 용하구곡을 설정했다는 사실이 명증된다.

이번엔 「활연대기(豁然臺記)」를 살펴보자. 박세화는 「활연대기」에서 용하구곡 제9곡에 인근에서 강학을 하고 향음주례를 하기 위해 도장(道場)인 활연대를 만들었다. 용하구곡 제9곡에 설치한 강서대(講書臺)도 '존화양이의식' '도통의식'을 강조하고 강학했던 곳이다.[23] '활연(豁然)'이라는 용어는 주자의

22) 『孟子』, 「滕文公」 上. "吾聞用夏變夷者, 未聞變於夷者也."

23) 朴世和, 『毅堂集』, 「豁然臺記」, 370면. "用夏九曲水, 出于大美兩谷, 窈乎沕潏, 而會瀜瀜.焉. 洞府敍而暢, 綠芳蓊鬱, 巨岩魄跪而溪上一岡隆陂而回揖. 中得土展平可盤旋, 作道場最可, 人意所謂用夏第九曲是也. 海左贅生芒履篁笻被衾嘯傲怡怡然, 若有得焉敎二三書卝, 芟蕪疎荒, 累石而壇, 闢土而場, 俾圖講會飮禮之所, 就壇之石之顔, 鐫三大字豁然臺."

「무이도가」 제9곡의 시구(詩句)이다.

윤응선(尹膺善 1854~1924)[24]은 1897년 스승 박세화를 따라 용하동에 들어갔다. 그리고 1907년 강숙(講塾)을 운영했다.[25] 다음은 1907년 윤응선(尹膺善 1854~1924)이 쓴 「용하동가숙상량문(用夏洞家塾上樑文)」을 살펴보기로 하자.

> 기술하노니 무릇 명산인 대미산에 새로 만든 마을 용하신동(用夏新洞) 한 줄기 시내 위 아래로 주경야독(晝耕夜讀)하는 윤리가 아닌 것이 아니며, 큰 땅 동남쪽이 실로 안개와 노을이 끼어 있는 연하(烟霞)의 굴(窟)이니, 그 산천의 기가 모여 이에 풍속이 검소하고 순박하다. 아! 비괘(比卦)[26]가 운행하여 둔괘(屯卦)[27]를 펼치니 사도(師道)가 형통하다가 곤란[28]을 겪어 바위가 있는 산악지대에 서적을 옮기고, 출처(出處)의 명분을 이미 엄하게 동천(洞天)에 이름을 게시했으며, 하(夏)나라를 숭상하고 오랑캐를 물리쳐야한다는 존양(尊攘)의 의(義)를, 이곳 샘물에 손 씻고 암석을 평론하는 데 천명했다. … 대들보를 올린 후에, 집안에 유학의 경서

24) 윤응선(尹膺善 1854~1924)은 학행(學行)으로 이름이 높아 1889년(고종 26) 의금부도사에 임명되었으나 나아가지 않고 『주역』를 공부하던 40세에 의당(毅堂) 박세화(朴世和)를 만났다. 윤응선은 본래 지금 경기도양평군 강상면 병산리 출신인데, 병인양요 이후 조부를 따라 청풍리 장선으로 이주하였으며, 인근 병산(屛山)에 있던 박세화를 좇아 배웠다. 1895년(고종 32) 단발령 이후 제천을 중심으로 봉기한 류린석(柳麟錫)의 호좌의진(湖左義陣)이 충주성을 장악하고 기세를 올릴 때 동문들과 함께 나아가서 성원하였다. 1905년(고종 42)에는 청풍(淸風)에서 척사적(斥邪的) 성격이 가미된 청풍향약소의 도헌(都憲)으로 추천되어 명륜당에서 강학을 했다. 을사조약이 강제로 체결되자 같은 해 9월 박세화와 함께 문경의 산속으로 들어가 의병을 일으키고자 하다가 스승 박세화 및 몇몇 동문들과 구속되어 한성감옥에서 6개월 남짓 옥고를 치렀다. 스승이 1910년 단식, 자결할 때의 절필(絶筆)인 '예의조선(禮義朝鮮)' 넉 자를, 삭망 때 서재에 나아가 이를 게양했다. 스승 박세화가 단식(斷食) 순국한 뒤 진천, 음성 등지에서 후학을 가르쳤다. 그의 학문세계는 박세화의 영향을 크게 받아 도학의 의리론과 존화양이(尊華攘夷)를 강조했다. 신현국과 함께 병산영당(屛山影堂)의 모체인 용하영당(用夏影堂)에 박세화를 배향하였다. 저서로 『회당집(晦堂集)』이 있다. 제천시 금성면 사곡리 404번지 병산영당에 스승인 박세화와 함께 배향되었고, 충청북도 음성군 음성읍 용산리 산 14-3번지 충룡사에 배향되었다. 장승구 해제 「윤응선과 회당집」, 『회당집(晦堂集)』 건(乾), 내제문화연구회, 2005, 1~9면.

25) 尹膺善, 『晦堂集』, 「年譜」, 내제문화연구회, 648면. "丁酉, 先生四十三歲. 三月, 移書籍于用夏洞. 戊戌, 先生, 四十五歲. 刻用夏九曲." 尹膺善, 「연보」, 앞의 책, 653면. "丁未 五十四歲 二月. 營講塾于日谷[距 用夏洞十里而强]. 四月成遂移籍."

26) 『주역(周易)』 비괘(比卦)의 괘사(卦辭)에 '불녕(不寧)이 바야흐로 오고 있으니 시기가 늦으면 강부(强夫)라도 흉하리라.' 하였다.

27) 난세일수록 영웅호걸로서는 자기의 뜻을 펼치며 큰일을 할 수 있는 절호의 기회가 된다는 말이다. 『주역(周易)』 둔괘(屯卦) 단사(彖辭)에 "동호험중(動乎險中), 대형정(大亨貞)."이라 했다.

28) 『주역(周易)』 곤괘(困卦)는 곤고위난(困苦危難)의 상태를 상징하는 괘다. 곤괘 단사(彖辭)에 "무엇을 말해도 남이 믿지 않는다. 말이 많으면 궁지에 빠진다." 하였다.

> (經書)를 전하게 해주시고, 선비는 학업을 폐함이 없게 해주시고, 집에 들어오면 효도하고 집 밖에 나가면 웃어른을 공경하니, 어찌 노선생께서 규범을 밝혀 이루어진 것이 아닌 것이 아니랴? 올바른 것을 지키고 사악한 것을 물리쳐야하는데, 맹서하노니 소중화(小中華)의 여맥을 추락하지 않게 해야하니, 과연 실천하고 더욱 솔선해야할 것을 진실로 알아야하며, 일상생활에 말하고 침묵하는 사이에 공경스럽게 하고, 거의 활발하게 추진하여, 좋아하고 맘이 맞는 사람끼리 고명광대한 구역으로 함께 돌아가야한다. 29)

윤응선은, 박세화가 용하동천, 즉 용하구곡 암석에 출처(出處)의 명분을 엄숙하게 기록했다는 점을 지적했다. 또 "하(夏)나라의 문물 즉 중국의 문물을 숭상하고 오랑캐를 물리쳐야한다"는 '존양(尊攘)의 의(義)'를 담은 명칭을 바위에 새겼다는 사실을 상기시켰다. 또 윤응선은 박세화가 집안에 유학의 경서(經書)를 전하게 해주고, 선비는 학업을 폐함이 없게 해주며, 집에 들어오면 효도하고 집 밖에 나가면 웃어른을 공경하는 기풍을 진작시키려하는 등 정통 유학의 도통을 계승하려 했다는 사실을 언급했다. 아울러 윤응선은 위정척사(衛正斥邪)하고 소중화(小中華)의 여맥을 추락하지 않게, 더욱 솔선하여 실천할 것을 알아야 한다고 강조했다. 이렇듯 윤응선은 '존화양이(尊華攘夷)', '도통의식(道統意識)'을 강화하고 교육하기 위하여 용하구곡에 용하동가숙(用夏洞家塾)을 창건한 것이다.

4. 용하구곡(用夏九曲) 설정(設定)과 강학활동(講學活動)

1) 용하구곡(用夏九曲)의 설정과 구곡(九曲) 명칭(名稱)의 암각(巖刻)

박세화가 용하구곡을 설정하여 경영한 정황을 추적해보고자 한다. 박세화는 1894년 그의 부모의 묘소를 불억산으로 이장하고 불억산인(茀億山人)으로 자칭했다.30)

---

29) 尹膺善, 『晦堂集』, 「用夏洞家塾上樑文」, 289~290면. "逃夫大美名山, 用夏新洞, 一溪上下, 非不耕讀之倫, 大地東南, 實是烟霞之窟, 其山川之鍾聚, 迺風俗儉淳. 嗚呼! 比運羅屯, 師道亨困, 移籍巖穴, 出處之分, 旣嚴揭名洞天, 尊攘之義, 斯闡嗽泉評石. … 上樑之後, 家有傳經, 士無廢業, 入孝出悌, 何莫非老先生昭規? 衛正斥邪, 誓勿墜小中華餘脈, 果能眞知實踐勗率, 以敬於動靜語默之間, 庶幾闊步張趨, 惠好同歸於高明廣大之域."

1895년 일인이 명성황후를 시해한 을미왜변이 일어났을 때, 박세화의 처신을 살펴보자.

> 을미년(1895년) 62세, 명성황후가 승하하여 망곡례(望哭禮)를 행했다. 8월 내적(內賊) 외이(外夷)가 조약을 체결하고 난리를 일으켜 명성황후를 시해하는 변고가 일어난지 오래된 후에 비로소 반포했다, 선생은 문도를 이끌고 서울에 가서 의거했다. 겨울 불억산(茀億山)으로 들어갔다[31].

박세화는 8월 명성황후가 승하하자 망곡례를 행했다. 또한 그는 문도를 이끌고 서울에 가서 의거했다. 그해 겨울 박세화는 불억산으로 들어갔다.

박세화는 정유년(1897년) 2월 가족을 이끌고 다시 불억산으로 들어갔다. 시국의 변화가 날로 극박해 드디어 장수유식의 계획으로 삼고 어버이의 묘소 옆에 집을 짓고 매일 성묘하기를 그만두지 않았다. 서루(書樓)에 주자와 우암의 유상을 봉안하고 아울러 화상찬(畵像讚)을 지었다.[32]

박세화는 도통계승의식을 강화하기 위해 「주부자화상찬」을 지었다.[33] 한편 윤응선을 시켜 화양구곡 운한각에 있는 「숭정황제어필비례부동(崇禎皇帝御筆非禮不動)」을 모각해오게 했다.[34] 이 모두 도통의식을 강화하기 위한 조치였다. 또 송시열 초상화에 대한 화상찬도 지었다.[35]

---

30) 朴世和, 『毅堂集』, 「年譜」, 548면. "甲午, 先生, 六十一歲. 遷皇考皇妣墓合窆于淸風茀億山. 先生南遷, 每恨親墓遠在各處, 不能以時展省, 至是奉遷而合封之. 仍稱茀億山人."

31) 朴世和, 『毅堂集』, 「年譜」, 549면. "乙未, 先生, 六十二歲. 八月, 明成皇后昇遐, 行望哭禮. 內賊外夷, 締結作亂, 有虐弑之變久而後始頒, 麥先生率門徒擧哀. 冬入茀億山."

32) 朴世和, 『毅堂集』, 「年譜」, 550면. "丁酉, 光武元年先生六十四歲. 二月挈家復入茀億山. 時變日劇遂爲深入藏修之計, 築室於親墓之傍, 每日展省不廢. 奉朱子尤翁遺像于書樓, 并製畫像贊."

33) 朴世和, 『毅堂集』, 「朱夫子畫像贊」, 338면. "往聖倡之, 孰得而繼之, 來學在後, 孰得而開之, 道不可離, 使無是道, 而人可生乎. 中間生吾先生一人, 天其有意哉. 雖然熟視之, 而與人同之, 七分形貌, 無乃莫之狀者, 浩浩天之, 一片靈臺."

34) 朴世和, 『毅堂集』, 「敬題 崇禎皇帝御筆非禮不動後」, 371면. "此雲漢閣所藏, 親寫本, 而英宗大王手寫六字題目. 又爲之跋語者也. 友人尹膺善敬摹來時, 世和奉玩摧咽不忍釋手. 仍敬用糊紙作大軸子, 揭諸壁上, 而瞻仰而悲慕焉. 嗚呼! 先正 宋子嘗於此, 忍痛含寃, 迫不得已而爲之語曰, 其不流涕於斯者, 眞所謂無人心者也. 誠哉! 言乎. 崇禎, 二百七十二年, 己亥, 陽復之月, 上澣, 遺民朴世和, 拜手稽首謹識."
朴世和, 「年譜」, 위의 책, 552~553면. "己亥, 先生, 六十六歲. 摹奉, 尹膺善入華陽摹刻而來. 先生糊紙作大軸子爲寶章, 以寓慕之. 仍題跋語."
尹膺善, 『晦堂集』, 「年譜」, 649면. "己亥 先生 四十六歲 九月. 入淸州華陽洞. 奉審萬東廟 拜宋子遺像, 摹神宗皇帝非禮不動四大字."

35) 朴世和, 『毅堂集』, 「宋尤菴先生贊」, 338면. "靑天白日心, 事北海南溟, 腔膓巍巍乎, 百代之宗匠, 亹亹乎萬古之綱常, 寤而周寐而周春秋大義, 撑天撑地, 一則朱, 二則周, 高山景行于羹于墻. 嗚呼,

다음을 보자.

> 1898년 65세 때, 용하구곡에 새겼다. 선생은 용하동의 수석의 아름다움을 애호하여 일찍이 말하기를 '주자의 무이구곡시는 9개 각각의 곡(曲)에 시가 단지 도에 나아가는 순서일 뿐이다.' 라고 하고는 그 아홉 개의 시 하나하나에서 간략하게 4자를 취하여 의범(儀範)으로 삼아 용하구곡를 분별있게 하고 문인에게 그것을 새기게 했다.[36]

위의 글에서 살펴보았듯이 주자의 「무이도가」 1곡에서 9곡까지의 시의 내용을 4자로 줄여 용하구곡의 명칭으로 삼아 바위에 새겨놓고서 용하구곡을 분별있게 하고자 했다는 말은 주자의 도통을 계승한다는 강렬한 의지의 반영인 것이다

그의 「활연대기(豁然臺記)」의 내용을 살펴보자.

> 옛날 회옹부자(晦翁夫子)가 무이(武夷)를 사랑하여 구곡시(九曲詩)를 지었는데, 지금 또 모방하여 구곡의 이름을 삼고 큰 글자로 '제일곡홍단연쇄(第一曲虹斷烟鎖)' … 를 새겼다.[37]

위에서 보듯이, 그는 1898년 용하구곡 제1곡부터 제9곡까지 곡(曲)의 명칭을 '제1곡 홍단연쇄(虹斷烟鎖)[38]'와 같은 방식으로 「무이도가」9수의 내용을 축약하여 바위에 새길 정도로 주자·율곡·우암을 숭상하는 정통 도학파였다. 이로서 박세화는 용화구곡에서 '존화양이의식' 도통의식 나아가 척양척왜의식(斥洋斥倭意識)을 강학하기 위한 체제를 완성한 것이다.

이제 「용하구곡각자사실(用夏九曲刻字事實)」[39]을 통해 용하구곡 9개의 명

大志其未就兮, 遺像, 至今, 凜凜顚北風凉."

36) 朴世和, 『毅堂集』, 「年譜」, 551면. "戊戌, 先生, 六十五歲. 刻用夏九曲. 先生愛用夏洞水石之勝, 嘗曰朱子武夷九曲詩, 只是進道次序, 於其每曲詩, 略取四字, 爲儀以別用夏九曲, 命門人刻之, 以時遊賞焉." 朴世和, 『毅堂集』, 「用夏九曲刻字事實」, 314~315면.

37) 朴世和, 『毅堂集』, 「豁然臺記」. 내제문화연구회, 2002, 370면. "昔晦翁夫子愛武夷, 作九曲詩, 今亦倣以爲九曲號, 用大字刻第一曲虹斷烟鎖 … "

38) 朴世和, 『毅堂集』, 「用夏九曲刻字事實」, 내제문화연구회, 2002, 314면. 551면, "年譜 戊戌 先生六十五歲. 刻用夏九曲."

39) 朴世和, 『毅堂集』 「用夏九曲刻字事實」, 314~315면.[이하 용하구곡각자사실(用夏九曲刻字事實)에 대한 출처는 표기하지 않는다]. 박세화(朴世和), 「연보(年譜)」, 551면. "무술(戊戌) 선생(先生) 육십오세(六十五歲). 각용하구곡(刻用夏九曲)." 무술(戊戌)은 1898년.

칭과 암각자를 살펴보자.

용하구곡 암각자 일람표 26개

암각자 위치	구곡명칭을 새긴 암각자	도학적(道學的) 명칭 암각자
제1곡 가기 전	용하동문(用夏洞門-구곡의 명칭은 아님) 충효(忠孝-구곡의 명칭은 아님)	
제1곡	홍단연쇄(紅斷烟鎖)	청벽대(聽碧臺)
제2곡	전산기중(前山幾重)	선미대(仙味臺)
제3곡	가학정도(架壑停棹)	호호(好好)
제4곡	암화수로(巖花垂露)	섭운대(躡雲臺)
제5곡	산고운심(山高雲深)	수룡담(睡龍潭)
제6곡	원조춘한(猿鳥春閒)	우화굴(羽化窟)
제7곡	봉우비천(峰雨飛泉)	양병협영(兩屛夾映)
제8곡	풍연욕개(風烟欲開)	활래담(活來潭)
제9곡	제시인간별유천(除是人間別有天)	소립탁이(所立卓爾) 강서대(講書臺) 활연대(豁然臺)
제1곡 하류		조한대(照寒臺) 영운담(映雲潭) 제월광풍(霽月光風) 생생천심(生生天心)

좌측 사진: 용하동문(用夏洞門)이라는 암각자.
우측 사진: 세심폭(洗心瀑).

위의 일람표는 「용하구곡각자사실(用夏九曲刻字事實)」의 기록을 통해 작성한 것이며, 그간 수해와 침식으로 인해 현재 일부 암각자는 확인하지 못했다.

「용하구곡각자사실(用夏九曲刻字事實)」. 제1곡에 '홍단연쇄(虹斷烟鎖)' 네 글자를 새겼다. 그 아래 '용하구곡(用夏九曲)' 네 개의 큰 글자를 새겼다. 옆에, '주자의 무이구곡(武夷九曲) 시(詩) 대개 다만 도(道)에 나아가는 차례를 읊은 시(詩)이기에, 지금 그 매(每) 곡(曲)의 시에서 네 글자를 간략히 취하여 뜻을 삼아 '용하구곡(用夏九曲)'의 단계를 나눈다' 라는 서른 여섯 자를 작게 새겼다. 흐르는 시냇물을 거슬러 수 백무 쯤 올라가면, 하나의 돌이 흐르는 시내를 가로 누르고 있는데, 네모나게 깎이었으며, 평평하고 높아 몇 길이 된다. 위에 하나의 늘어진 소나무가 있는데 울창하게 서려 언개(偃蓋)를 이루어, 아래에 수십명이 앉을 수 있는데 '청벽대(聽碧臺)' 세 글자를 새겼다.[40]

제 2곡에 '전산기중(前山幾重)' 네 글자를 새겼다. 돌로 이루어진 대(臺)가 있어 흐르는 시내에 닿아있는데 '선미대(仙味臺)' 세 글자를 새겼다.(옛날에 '선미곡[仙味谷]'이라 불렀다한다.). 골짜기가 깊고 돌이 밝으며 물이 희어 가장 좋은 경치이다. [41]

제 3곡에 '가학정도(架壑停棹)' 4자를 새겼다. 시내 위쪽에 석벽(石壁)이 병풍처럼 깎아지른 듯 서있으며, 소나무와 단풍나무가 빽빽이 비치고, 돌 하나가 평평하고 넓어 거닐 만한데, '호호(好好)' 두 글자를 새겼다. [42]

제 4곡에 '암화수로(巖花垂露)' 네 글자를 새겼다. 가장 그윽하고 깊으며 좌우에 기이함이 펼쳐져 사람을 기쁘게 한다. 하나의 큰 돌이 흐르는 시내를 눌러 끊고, 위로 푸르고 늘어진 노송을 떠받들고 있는데, '섭운대(躡雲臺)' 세 글자를 새겼다. [43]

제 5곡에 '산고운심(山高雲深)' 네 글자를 새겼다. 기다란 돌이 평평하게 펼쳐져 있는데, 위에 층층의 돌이 벽(壁)을 이루었다. 물이 고여 있고 깊어 못을 이루었는데 사람들이 아래가 '용추(龍湫)'라 전해서, '수룡담(睡龍潭)' 세 글자를 새겼다. 일찍이 길을 가는 사람 중에 무심히 지나가는

40) 「用夏九曲刻字事實」. "第一曲刻虹斷烟鎖四字, 其下刻用夏曲四大字, 旁小刻曰朱子武夷九曲詩蓋只是進道次序而今於其每曲詩, 略取四字爲義, 以別用夏九曲之堦云, 三十六字. 泝流上數百武許, 一石橫壓溪流, 方削平高數仞, 上有一朶松. 盤[鬱]作偃蓋, 下可坐十數人刻聽碧臺三字."

41) "第二曲刻前山幾重四字. 有石臺臨流刻仙味臺三字[古稱仙味谷云]. 谷深石明水白最好境界."

42) "第三曲刻架壑停棹四字. 溪上石壁削立如屛, 松楓森映一石鋪廣可徜徉, 刻好好二字."

43) "第四曲巖花垂露四字, 最幽深左右羅奇, 悅人, 一大石壓截溪流, 上戴老松蒼髲, 刻躡雲臺三字."

사람은 없었다. 44)

제 6곡에 '원조춘한(猿鳥春閒)' 4자를 새겼다. 숲이 무성하게 가려, 석벽(石壁) 가운데 비어있는 공간이, 굴택(窟宅)을 이루었는데 그윽하고 어두우며, 왼쪽으로 들어가서 오른쪽으로 나올 수 있는데, 기이함을 외치고 괴상함을 즐길 수 있어, '우화굴('羽化窟)' 세 글자를 새겼다. 45)

제7곡에 '봉우비천(峰雨飛泉)' 4자를 새겼다. 석벽(石壁)이 우뚝 둘러싸고 있는데, 물이 위로부터 아래로 떨어져 큰 폭포가 이루어졌다. 사람들이 위에 '용추(龍湫)'가 있다고 하여, '세심폭(洗心瀑)' 세 글자를 새겼다. 남북으로 석벽이 얼굴을 대하여, '양병협영(兩屛夾映)' 네 개의 큰 글자를 새겼다. 경치가 가장 좋아 휘파람 불며 뽐낼 만한데, 다만 깊고 오목하며 그윽하고 밝아 단풍 때에, 깊고 차가움을 깨달을 수 있겠나? 도리어 차가워 오래 머무를 수 없다.46)

제 8곡에 '풍연욕개(風烟欲開)' 4자를 새겼다. 돌이 층계를 이루고, 아래에 물이 매달려 곧 '와폭(臥瀑)'을 이루었으며, 아래에 물이 돌고 깊어 못을 이루어, '활래담(活來潭)' 세 글자를 새겼다. 47)

제 9곡에 '제시인간별유천(除是人間別有天)' 일곱 글자를 새겼다. 아래에 돌이 있는데 넓게 대(臺)를 이루어 '강서대(講書臺)' 세 글자를 새겼다. 아래에 큰 돌이 물가에 우뚝 솟아있어 '소립탁이(所立卓爾)' 네 글자를 크게 새겼다. '강서대(講書臺)' 위는 땅이 평평하게 펼쳐져 '도량(道場)'을 이루어, 이에 돌을 쌓아 대를 만들었는데 수 십여 인이 앉을 수 있다. 동서 두 계단의 당도(堂塗)를 만들었으며, 정원을 열고 비석을 세우고 '활연대(豁然臺)' 세 글자를 새겼다. 또 제일곡 하류 백 무 쯤에 하나의 돌이 물가에 걸터앉았는데, '조한대(照寒臺)' 세 글자를 새겼다. 시내를 거슬러 올라가면 아래에 석벽이 있는데, 석벽 아래 하나의 돌이 물 가운데 거꾸로 처박혀있어, '영운담(映雲潭)' 세 글자를 새겼다. 아래 수백 무 쯤에, 물이 울고 맑고 맑으며, 돌이 흰데 크게 펼쳐져있어 사랑스러워, '제월광풍(霽月光風)' 네 글자를 새겼다. 아래 수백 무 쯤에 소리내는 폭포가 돌에 거꾸로 있는데, 돌이 층층이 대를 이루어 '생생천심(生

---

44) "第五曲刻山高雲深四字, 有長石平鋪, 上有疊石作壁, 水渟泓作潭, 人傳下龍湫. 刻睡龍潭三字. 曾行路之無無心過者."

45) "第六曲刻猿鳥春閒四字, 林翳葱蒨石壁中嵌空作窟宅, 窈冥左入右出叫奇耽怪. 刻羽化窟三字."

46) "第七曲刻峯雨飛泉四字, 石壁嶂圍, 水從上墜下作長瀑, 人傳上龍湫刻洗心瀑三字南北石壁對顔. 刻兩屛夾映四大字. 境界最好, 可嘯傲但深回, 幽冥楓時覺凜乎轉冷, 不可淹留."

47) "第八曲刻風烟欲開四字. 石層級而下水懸, 轉作臥瀑下匯泓作潭. 刻活來潭三字."

> 生天心)' 네 글자를 새겼다. 뒷면 산 북쪽에, 돌이 높은데 '용하동문(用夏洞門)' 네 개의 큰 글자를 새겼으며, 위에 '충효(忠孝)' 두 개의 큰 글자를 새겼다.[48)]

박세화는 용하구곡의 산수와 주변 경관에 대해 서술하여 그 경개(景槪)를 알 수 있다. 위에서 보았듯이 용하구곡에 새긴 사자어(四字語)는 모두 주자의 「무이도가」제1곡에서부터 9곡의 시를 축약하여 새긴 것이다. 그 외 바위에 새긴 '활래담(活來潭)' '조한대(照寒臺) '영운담(映雲潭)' '활연대(豁然臺)' 등도 주자의 시구에 나오는 용어들이다. '제월광풍(霽月光風)'은 황정견(黃庭堅 1045~1105)이 도학(道學)의 비조(鼻祖)인 주돈이(周敦頤)의 인품을 비유한 말이다. 그 외에 붙인 명칭과 새긴 용어들은 유교 경전에 나오는 문구이다. 이를 통해 볼 때 박세화가 용하구곡을 설정한 것은 토통의식을 강화·교육하기 위한 것이라는 것을 분명히 알 수 있다.

박세화가 위의 명칭과 용어들을 용하구곡 바위에 새겨놓은 이유는, 제자들로 하여금 그것을 암송하게 하여 거기에 담긴 도학적(道學的) 내용을 지속적으로 실천하게 하기 위해서였다.

용하구곡 바위에 새겨놓은 암각자의 서체는 거의 해서체이다. 일부 해행체(楷行體)의 기미가 가미된 글자가 있다. 각자기법은 '⊔'형과 '∪'형으로 새겼는데 서체에 따라 글씨의 아름다움을 잘 드러날 수 있는 각자방법을 택했다. 이를 통해 서체의 예술성을 극대화하는 각자법에 대해 참고할 수 있다.

2) 박세화(朴世和)의 강학활동(講學活動)

이제 박세화가 강조했던 교육이념을 살펴보기로 한다. 다음에 제시한 내용이 용하구곡에서만 시행했던 내용이라고 단정할 수는 없으나 용하서숙(用夏書塾)을 설립한 후에도 강조했을 것으로 사료되어 여기서 다룬다.

「서위학지요, 시학도 오조((書爲學之要, 示學徒 五條)」를 살펴보기로 하자.

---

48) "第九曲刻除是人間別有天七字. 下有石廣作臺, 刻講書臺三字. 下有巨石屹立水口. 刻所立卓爾四大字. 講書臺上, 地平鋪, 作道場, 乃築石爲臺, 可坐數十餘人, 作東西兩堦, 堂塗開庭, 入碑刻豁然臺三字. 又於第一曲下流百武許, 一石蹲在水岸, 刻照寒臺三字. 沿流下有石壁, 壁下一石倒衝水腹, 刻暎雲潭三字. 下數百武許, 水鳴淸澈, 石白宏張, 可愛. 刻霽月光風四大字. 下數百武許, 吼瀑倒石石層作臺. 刻生生天心四字. 後面山之陽, 石高, 刻用夏洞門四大字. 上刻忠孝二大字."

입지(立志). 뜻은 원대하게 세우는 것이 귀중하니 천하의 도리와 성현의 사업을 담당하는 것을 자기의 책임으로 삼아서 이일을 하는 것을 알아야 세상에 나가는데 번(番)이 될 수 있다.

거경(居敬). 경을 근본으로 삼아 모름지기 의관을 바르게하고 바라보는 곳을 높게하고 항상 마음이 깨어있게 해야하며 정제하여 엄숙하게 하고, 한 곳에 전일(專一)하여 다른 곳으로 가지 않아, 표리여일(表裏如一)하게 하여 두려워하는 마음으로 깨어있고 반성해야한다.

존심(存心). 마음을 둠은 형기(形氣)와 성명(性命)의 양변(兩邊)을 지각하는데 지나지 않으니, 마음을 가지고 있지 않으면 즉 몸의 껍질뿐이다. 모름지기 존심양성을 중요하게 여기고 형기의 위험을 성찰하여 그 성명의 기미를 편안히 하고자 하고 그 대소를 드러내고자 하는 것이니 큰 것은 경(敬)이다.

궁리(窮理). 내 마음의 성정(性情)·시청(視聽)·언동(言動)·오상(五常)·오륜(五倫)에서 부터 천지인물에 이르러가 까지 그 소이연과 당연한 바를 궁리하지 않을 수 없으니 요컨대 일시(一是) 일비(一非)를 분별하고 판단해야한다.

역행(力行). 일상의 동정(動靜)·어묵(語嘿)·침식(寢食)·가국(家國)·천하(天下)에 지극한 선(善)이 있지 않는 것이 아니니 모두 그에 대처할 때 모름지기 당연한 이치를 중시하고 사심(私心)을 없애야하며, 더욱 한 가지 생각을 발동하고 한 마디 말을 발설할 때 삼가 생각에 사악함이 없게하고 수사표현을 할 때 정성으로 하고 오로지 주장함도 없고 긍정하지 않는 것도 없이 의(義)를 따르는데 힘쓰면, 요컨대 한 가지 옳은 것을 성취할 것이다.49)

이렇듯 박세화는 학도들에게 도학을 강학했다. 다음은 그가 강조했던 항목

49) 朴世和, 『毅堂集』, 「書爲學之要, 示學徒(五條)」, 305~306면. "立志. 志貴遠大, 以天下道理聖賢事業擔當, 爲已責, 而知爲此事, 番出世. 居敬, 敬以立本, 須是正衣冠, 尊瞻視 常惺惺, 整齊嚴肅, 無適主一 而表裏如一, 畏兢醒省. 存心. 心不過形氣性命兩邊知覺而已, 心不存則軀殼而已. 須要存養, 便卽省察, 形氣之危而欲其安性命之微, 而欲其著大小大是敬. 窮理. 自吾之心性情視聽言動五常五倫, 以至天地人物, 莫不窮究其所以然與夫所當然, 要其分判得一是一非. 力行. 日用動靜語嘿寢食家國天下, 莫不有至善, 皆處之. 須要當理而無私心, 尤於一思之動一言之發, 愼思無邪, 修辭立誠, 無適無莫, 義之與比務, 要成就一箇."

에 대해 살펴보자.

> 계사년(1893년) 선생 60세, 장선(長善)의 병산(屛山)에서 강학을 개최했다. 학도들이 많이 나왔는데, 율곡과 한천이 전에 강학할 때 정한 학규에 의거했다. 또 항상 배우는 사람에게 말하기를 '배우는 순서를 몇 개 큰 항목 3개를 세워야하니, 경(敬)을 위주로 하고 사사로움을 버려야 하며, 인(仁)을 추구해야한다. 세 가지는 한결같이 인(仁)이다. 주경(主敬)은 그 근원을 활기차게 하고 사사로움을 버리는 것이 매몰된 군자의 도를 여는 것이니 인(仁)을 버리고 어찌 이름을 완성할꼬?[50]

이렇듯 박세화는 유학의 도를 학도들에게 교육했다.

이번엔 박세화가 교육한 실제 내용을 몇 몇 살펴본다. 교육 내용 전반에 대해서는 별도의 논고로 다루어야할 상항이므로, 본고에서는 「어록(語錄)」을 통해 학문에 관한 내용을 중심으로 개략해보고자 한다.

> 소위 학문이라는 것은 인(仁)을 배우는 것이다. 모름지기 요체(要諦)는 사사로움을 버리려야하니 사사로움은 즉 인(仁)이 아니니 사사로움을 아는 것이 어렵고, 사사로움을 버리는 것은 더욱 어렵다. 공자(孔子)의 제자 중에 오직 안연(顔淵)이 능히 행했다. [51]
>
> 배우는 사람은 마땅히 그 작은 시내와 큰 바다가 있다는 것을 인식하고 대붕(大鵬)과 작은 메추라기가 있다는 것을 인식해야한다.[52]
>
> 군자는 자신을 낮추기 때문에 사람들이 그를 높여주고, 소인은 자신을 높이기 때문에 사람들이 그를 낮춰본다.[53]
>
> 공부는 특별한 방법이 있는 것이 없으니 선(善)하지 못한 점이 있으면 즉 신속하게 고쳐서 선(善)한 것을 따라야한다.[54]
>
> 배우는 사람은 사람을 사랑하는 것은 마음으로 삼아야하니 이것이 소위 인(仁)을 구하는 것이다. 고인은 서로의 선행을 보고 선(善)하게 변화

---

50) 朴世和, 『毅堂集』, 「年譜」, 547면. "癸巳, 先生六十歲, 開講于長善屛山, 學徒大進依石潭寒泉舊例講定學規. 又常謂學者曰學順要立箇大規模有三焉, 主敬也, 去私也. 求仁也, 三還是一仁而己. 主敬以活其源 去私以闢其堙君子 去仁惡乎成名."

51) 朴世和, 『毅堂集』, 「語錄」, 491면. "柳遠必錄. 所謂學學仁而已. 須要去私, 私則不仁, 知私難, 去私尤難, 孔門弟子, 惟顔淵爲能."

52) 朴世和, 『毅堂集』, 「語錄」, 500면. "申泰學錄. 學者當識其有小溪有大海, 識其有大鵬有斥鷃."

53) 朴世和, 『毅堂集』, 「語錄」, 501면. "申泰學錄. 君子自卑, 故人尊之, 小人自尊, 故人卑之.."

54) 朴世和, 『毅堂集』, 「語錄」, 501면. "申泰學錄. 工夫無別方, 有不善則速改而從善而已."

했는데, 지금의 사람들은 서로의 악행을 보고 악(惡)하게 변화하니 제군들은 경계하여라.[55)]

물은 흐르지 않으면 썩고 사람은 크게 안일하면 병이 든다. [56)]

스승은 그 도(道)를 제시해주는 사람이며, 벗은 그 도달하지 못한 것을 힘쓰는 사람이니, 그 도를 알고 그 도를 행하는 것은 나이다. 나는 나의 도를 행하니, 어찌 사우(師友)들이 나의 도(道)를 대신 행해주는 사람이겠는가?[57)]

위에서 보듯이 박세화는 제자들에게 학문하는 자세를 강조했다.

5. 용하구곡(用夏九曲) 관련 시(詩)의 분석(分析)

현재 박세화의 문집 『의당집』에는 용하구곡의 바위에 새겨놓은 도학적(道學的) 명칭에 대해 읊은 시와 용하구곡에 대해 개괄적으로 읊은 시는 실려있는데, 용하구곡 9개 곡(曲)을 읊은 시 즉 '용하구곡(用夏九曲) 시(詩)'는 수록되어있지 않다. 지은 초고가 멸실되었는지 현재로서는 알 수 없다. 여기서는 지면의 제한 등 제반 여건상 박세화와 그 제자 이원우의 시를 살펴보기로 한다.

1) 박세화(朴世和)의 시(詩)

박세화는 용하구곡을 설정하고 제1곡부터 제9곡 중간 중간에 '섭운대(躡雲臺)' '세심대(洗心臺)' 등 도학적(道學的) 내용을 담은 명칭을 바위에 새겼다. 그리고 사우(士友)들이나 문하생들과 그 정경을 시로 읊었다. 몇몇을 살펴보기로 한다.

먼저 용하동 전체를 개괄한 시 「용하동행(用夏洞行)」[58)] 를 살펴보자.

---

55) 朴世和, 『毅堂集』, 「語錄」, 501면. "申泰學錄. 學者以愛人爲心, 是所謂求仁. 古人之相觀而善, 今之人相觀而惡, 諸君戒之."

56) 朴世和, 『毅堂集』, 「語錄」, 501면. "申泰學錄. 水不流則腐, 人太逸則病."

57) 朴世和, 『毅堂集』, 「語錄」, 505면. "朴學和錄. 師者措示其道者也, 友者勉其不至者也, 知其道而行其道者我也. 我行我道而已, 豈師友而替行我道者哉."

58) 朴世和, 『毅堂集』, 28면.

우후청산호(雨後靑山好), 비 개인 후 청산이 산뜻해보이고,
천광일감개(天光一鑑開). 하늘빛이 하나의 거울에 펼쳐지네.
화림다백석(花林多白石), 꽃 수풀이 하얀 돌에 무성한데,
인축수성래(人逐水聲來). 사람은 물소리를 쫒아 오네.

「용하동행(用夏洞行)」 제1~2구에서 비 개인 후 푸른 산이 산뜻하고, 하늘빛이 맑은 거울에 펼쳐졌다고 표현했다. 주자의 「관서유감(觀書有感)」에 나오는 싯구'[59]을 차용했다. 산수 자연을 감상하는 가운데도 천리(天理)가 드러나는 것을 터득하고, 학문의 근원을 찾는다는 의미이다. 제3~4구에서 용하구곡에 많은 하얀 돌 사이로 꽃수풀이 무성하고 그 가운데 사람은 물소리를 쫒아온다고 용하구곡의 물근원이 으뜸이라는 사실을 표현했다.

다음은 「활래담회유(活來潭會遊)」[60]를 살펴보자.

여사용면안작차도(如使龍眠[61]作此圖), 만약 용면에게 이 그림을 그리게 했다면,
견지량유화옹모(見之諒有化翁謨). 그걸 보고 조물주가 계획했다는 걸 헤아렸으리.
양양관물난용설(洋洋觀物難容說), 찰랑 찰랑 물을 관조하니 설명하는 것 받아드리기 어렵고,
율율생궁전각우(慄慄省躬轉覺愚). 두려운 맘으로 자신을 성찰하니 도리어 어리석음을 깨닫겠네.
태고청산환과사(太古靑山還夥事), 태고적 청산이 도리어 일이 많았는데,
지금백발가증오(祇今白髮可憎吾). 다만 지금 백발된 자신을 싫어하네.
호천유연수개족(昊天游衍[62]隨皆足), 넓은 하늘은 사람이 놀러다닐 때도

59) 주자의 시 「觀書有感」에 "半畝方塘一鑑開, 天光雲影共徘徊. 問渠那得淸如許, 爲有源頭活水來." 즉 "작고 네모난 연못에 한 거울이 펼쳐져, 하늘빛 구름 그림자가 함께 일렁이네. 묻노니 어찌 저처럼 맑을 수 있을까, 물근원에서 콸콸 쏟아져 흘러와서 그렇다네."라고 했다.

60) 朴世和, 『毅堂集』, 49면.

61) 용면(龍眠): 북송(北宋)의 문인화가 이공린(李公麟 1049?~1106)의 호(號)이다. 중국 박학다식하였으며 불교 이론에도 통하였다. 많은 기자(奇字)를 알고 있어 고증에 능했다. 서예는 진(眞)·행(行)·초(草)에 뛰어나 진송(晉宋)의 풍격을 갖추었다. 그림은 고개지(顧愷之)·육탐미(陸探微)·장승요(張僧繇) 및 전대의 대가들의 화법과 화풍을 연구하여 화가로서 일가를 이루었다.

62) 『시경』, 「대아(大雅)·판(板)」에 "호천왈단(昊天曰旦), 급이유연(及爾游衍)." 즉 "광대한 하늘이 워낙 밝기 때문에, 그대가 놀러 다닐 적에도 항상 함께한다."라는 말이 나오는데, 집주(集註)에서 "예의삼백(禮儀三百), 위의삼천(威儀三千), 무일사이비인야(無一事而非仁也)." 즉 "예의(禮儀) 삼백과 위의(威儀) 삼천 가운데, 하나의 일도 하늘의 인(仁) 아님이 없다."라는 송(宋)의 유학

함께하니 모두 만족하고,
삼백삼천무처무(三百三千[63]無處無). 예의삼백(禮儀三百) 위의삼천(威儀三千)이 없는 곳이 없네.

제1~2구에서 활래담 인근의 산수가 빼어나다는 점을 조물주가 계획한 작품이라고 극대적으로 표현했다. 제3~4구에서 자연을 통해 교훈을 받아드리기 쉽지 않지만 두려워하는 자세로 성찰하니 어리석음을 깨달았다고 자신의 득오(得悟)한 소감을 표명했다. 제5~6구에서 청산을 많은 깨달음을 주었는데 자신이 제대로 깨닫지 못했다고 겸허한 마음을 토로했다. 제7~8구를 보자. 활래담 계곡물에서 노닐 때도, 광활한 하늘을 보면서 예의(禮儀) 삼백과 위의(威儀) 삼천의 일이 하늘의 인(仁)이라는 사실을 깨달을 수 있다고 했다. 즉 박세화는 이 시에서 자연물을 통해서도 유학의 도를 터득해야한다는 점을 이입했다.

다음은 「잡저(雜著)」에 수록된 내용을 살펴보자. '수룡담(睡龍潭)'이라는 글씨를 제5곡에 새겨놓았다. 「제수룡담(題睡龍潭)」[64]을 감상해보자.

용호수언이기호(龍乎睡焉而己乎), 용이 졸고있도다,
오지기구만리장천구이세계야(吾知其九萬里長天衢爾世界也). 내가 그 구만리 장천 큰 너의 세계를 알겠도다.
능승능강흥운출우(能升能降興雲出雨), 능수능란하게 승천 하강할 수 있으며 구름을 일으키고 비를 나리는 것도,
이변화야(爾變化也). 너의 변화이다.
분일작수능도하곤해(噴一勺水能倒河滾海), 한 국자의 물을 뿜어 하천과 넘실거리는 바다에 쏟아부을 수 있는 것도

자 장재(張載)의 말을 인용해서 해설했다.

63) 삼백(三百), 예의(禮儀). 삼천(三千), 위의(威儀) : 『중용장구(中庸章句)』 제(第)27장(章) "우우대재(優優大哉), 예의삼백(禮儀三百), 위의삼천(威儀三千), 대기인이후행(待其人而後行)." 즉 "넉넉하게 크도다, 예의 삼백과 위의 삼천이여. 그러나 이것은 성인과 같은 분이 나오기를 기다려야 시행될 수 있다."라는 내용이다. 자사(子思)가 한 말인데, 주자는 주에서 "위의 위의(威儀)는 경례(經禮)이고, 예의(禮儀)는 곡례(曲禮)이다." 하였다. 삼백(三百), 예의(禮儀)는 예교(禮敎)의 요목(要目)으로, 일상생활에서 행하는 의례(儀禮), 관례(冠禮), 혼례(婚禮) 등의 종류가 300가지라는 뜻이고, 삼천(三千), 위의(威儀)는 300가지 종류의 례경(禮經)을 행하는 소소한 절차가 3000가지라는 뜻이다. 일상생활에서 행하는 모든 종류의 의식과 예의의 절차 등을 통틀어서 말한 것이다.

64) 朴世和, 『毅堂集』, 「雜著」, 312면.

이신공야(爾神功也). 너의 신통한 힘이다.
수호(睡乎), 잠자고 있어도
기유사호(其有思乎). 그 생각을 가지고 있을지어다.

용이 졸고 있는 연못이다. 졸고 있어도 가슴 속에 간직한 포부는 넓은 하늘처럼 장대하다. 제1~2구에서 그런 웅대한 뜻을 품으라는 뜻을 가탁했다. 제3~4구에서 승천과 하강, 또 운우를 일으키는 천변만화의 전지전능한 능력에 대해 읊었다. 박세화는 수룡담을 보면서 자신이 그런 능력을 견지하고 싶은 염원을 표출한 것이리라. 제5~8구에서 물이 넘치는 하천과 바다에 한 국자의 작은 물도 쏟아 부을 수 있는 능력도 용의 능력이며, 용은 잠을 자고 있다 하더라도 그런 마음을 가지고 있어야한다는 점을 강조했다. 박세화는 이런 용의 능력을 구비하기를 동경한 듯하다.

이상에서 살펴보았듯이, 박세화는 『맹자(孟子)』, 「등문공(滕文公)」상(上)에 나오는 "용하변이(用夏變夷)"라는 문구를 응용하여 용하구곡이라 구곡의 명칭을 명명하고, 용하구곡에서 직접 유도(儒道)를 강학하였으며, 시에도 유도(儒道)의 내용을 이입하여 표현했다. 따라서 박세화는 자신의 도학사상을 구곡문화로 승화하고 시 창작을 통해 유도(儒道)를 강조(强調)·현양(顯揚)했으니 도통(道統)의 실천에 충실한 문인학자였다.

2) 이원우(李元雨)의 용하구곡시(用下九曲詩)

박세화의 제자들은 용하구곡시를 창작하여 도통 계승의지를 문학적으로 승화하였다. 이들은 조선말 일제강점기 항일운동에 참여하고 도통계승을 충실하였으며, 광복이후에도 구곡시를 통해 도통을 계승했다. 이런 건전한 학통계승은 오늘날도 우리가 계승발전시켜야할 미풍양속이다.

다음은 이원우(李元雨 1880~1962)[65]의 「용하구곡실기병시(用下九曲實記

65) 이원우(李元雨 1880~1962): 자는 사선(士善). 호는 확재(確齋). 본관은 경주(慶州). 지금 충북 제천시 덕산면 성암리에서 태어났다. 제천의병이 충주성을 공격할 때 운량관(運糧官)을 맡았던 애국지사 이종국(李鍾國 1882~1886)의 아들이다. 의당 박세화와 회당 윤응선 두 선생에게 수학했다. 성리학을 통한 후진양성에 전념하였으며, 효성이 극진하여 부모상을 당하여 조석(朝夕)으로 성묘하니 세칭 대효(大孝)라 했다. 박세화가 1910년 8월 28일 지금 충북 음성군 음성읍 동음리(冬音里) 창동(昌洞-창골)에서 단식 끝에 자진하자 장례시 정준원(鄭濬源) 금대기(金大基)와 사서(司書)를 맡았다. 문집으로 『구곡산고(九曲散稿)』와 『문의잡저(問疑雜著)』가 있으며 '병산영당(屛山影堂)'이라 현액을 썼는데 지금 걸려있다. 묘소는 덕산면 성암리에 있으며 1990년 사림(士林)의 뜻으로 병산영당에 봉안하고 춘추로 제향하고 있다. 양승운, 「병산영당

竝詩)」를 살펴보자.

> 아! 강학소를 서쪽[옛 충주 외곽 서촌 백운산 운곡주자서원아래]으로 옮긴 후, 세상이 변하는 것이 날로 더해지고 더욱 극에 달해 백구(白狗)의 액을 당하자, 의당(毅堂) 박세화(朴世和 1834~1910)옹이 고통을 참고 원통함을 품고 그로 인해 쌀을 끊고 자결하셨다. 몇 년 안 되어 회당 윤응선(尹膺善 1854~1924)옹도 천수가 다 되어 이어서 돌아가셨다. 사방에 흩어져 있는 문인들이 새벽별이 떨어지듯하고 용하구곡의 성대함이 장차 인몰될 지경에 이르렀다. 해산(海山) 양재명(梁在明 1883~1951) 성헌(省軒) 이수영(李守榮 1881~?)이 산내에 버티고 있고 직당(直堂) 신현국(申鉉國 1880~1962)어른이 개탄하며 여러 원근에 있는 사우(士友)들에게 도모하여 주부자(朱夫子)와 두 선생의 영정을 초가집에 게시하여 봄 가을로 나물을 올린 지 이미 여러 해 되었다. 직당(直堂) 어른이 용하(用夏)의 의(義)를 천명하고 또 산내의 여러 친우들에게 글을 주어 각각 구곡시 1편을 지으라 하셨다. 그래서 나 또한 구의(摳衣)[66]의 끝이 첨가하여 공을 더하고 흠모함을 다시하고 외월[67]을 헤아리지 않고 감이 실기를 지어, 이어서 시를 짓는다. 용하구곡(用夏九曲) … 무자년(戊子年 1948년) 춘삼월 상한(春三月 上澣) 문인 이원우(門人 李元雨)가 삼가 쓰다.[68]

이원우는 박세화와 그 제자 윤응선에게 수학했다. 박세화는 유인석과 교유한 인물이니, 이원우는 화서학맥 사림이다. '용하구곡'에서 박세화에게 '위정척사', '존화양이', '소중화' 의식을 견지했던 문인동지들이 세월 따라 흩어져

배향인물」, 『의당 박세화 선생의 학문세계와 병산영당』, 사단법인 병산영당, 2014, 319면.

66) 구의(摳衣): 『예기(禮記)』, 「곡례(曲禮)」. "구의추우(摳衣趨隅), 필신유락(必愼唯諾)"라 했다. "옷자락을 추어올리고 구석을 향해 종종걸음으로 가서 앉고, 반드시 응대를 삼가서 해야 한다"라는 뜻이다. 곧 어른 앞에서 몸가짐을 공손히 하는 태도로서, 후에 스승 앞에 나아가 강론을 듣는 것을 구의라 하였다.

67) 외월(猥越) : 하는 행위가 분수에 지나침.

68) 李元雨, 「用下九曲實記竝詩」. "嗚呼! 臯比西遷之後[移居于舊忠州之外, 西村, 白雲山, 雲谷朱子書院下.], 世變日益轉極, 至於白狗之厄, 而毅翁忍痛含寃, 因絶粒自靖. 未幾年, 晦老亦以天年繼逝, 門人之散在四方者, 如晨星之落落, 用夏九曲之盛, 將至湮沒也. 海山 省軒撐亘山內, 而直堂文丈, 慨然謀諸遠近士友, 揭處朱夫子及 兩先生影本于一間茅屋, 春秋奠采者已數年矣. 直丈以闡明用夏之義, 又貽書于山內諸友, 使各賦九曲詩一編, 故余亦添在摳衣之末, 而益功羹慕, 不揆猥越, 敢構實記, 繼之以詩. 用夏九曲 … 戊子年, 春三月, 上澣門人, 李元雨謹書." 제천시에 거주하는 徐吉碩님이 복사해 보내주었다.

용하구곡의 성대함이 장차 인몰될 지경에 이르렀다. 그래서 신현국(申鉉國)이 용하(用夏)의 의(義)를 재천명하며, 여러 친우들에게 글을 주어 각각 구곡시 1편을 지으라고 했다. 즉 구곡시를 지어 용하(用夏)의 의(義)를 상기시키고 재결집을 강화하기 위한 조치다. 비록 광복이 된 다음인 1948년이지만 구곡시를 통해 동지적 유대감과 그 의리를 공고히 하고자 한 것이다. 박세화의 문인들이 창작한 용하구곡시(用夏九曲詩)도 그 문하생 중에 누군가 수습하였을 것으로 생각되어, 그 소장처와 소장자를 추적하고 있다.

「용하구곡실기병시(用下九曲實記竝詩)」라는 제목에서 용하구곡의 학통을 계승한다는 의지를 볼 수 있다.

이제 시를 읽어보자. 이원우는 9개 곡의 명칭을 기술해놓지는 않았다.

「서시(序詩)」를 읽어보자.

산심용하유선령(山深用夏有仙靈),	산이 깊은 용하구곡에 선령(仙靈)이 있으며,
제월광풍만안청(霽月光風滿眼淸).	비 갠 후 맑은 달빛과 바람이 눈 가득 청아하네.
의방진원기절처(擬訪眞源奇絶處),	진짜 물근원의 기이하고 빼어난 곳을 찾으려하니,
진원무취우무성(眞源無臭又無聲).	진짜 물근원은 냄새도 나지 않고 소리도 없네.

이원우는 주자(朱子)의 「무이도가(武夷棹歌)」의 운에 차운했다. 이 자체가 도통을 계승했다는 하나의 증좌이다. 서시 제1구에 용하구곡에 선령(仙靈)이 있다 표현했는데, 주자의 「무이도가」 서시(序詩) 제1구에도 '선령'을 썼다. 이도 역시 도통을 계승한 일례이다. 제1구 '광풍제월(光風霽月)'도 황정견(黃庭堅)이 주돈이(周敦頤)의 인품을 표현한 문구를 시어로 차용한 것이다. 그만큼 용하구곡은 신령하고 청정한 곳이다. 제3~4구에서 용하구곡의 물 근원 중에 기절처(奇絶處) 찾으려하니 냄새도 소리도 없다고 했다. 그만큼 용하구곡이 기이하고 빼어난 곳이라는 점을 은근히 강조한 것이다.

제1곡 시를 살펴보기로 하자.

제1곡 홍단연쇄(虹斷烟鎖): 무지개는 끊어지고 안개가 감싼 곳

일곡의여좌루선(一曲依如坐漏船69)), 일곡이라 물이 새들어오는 배에 앉아있는 듯한데,
영운담수시장천(映雲潭水是長川). 영운담의 물 기다란 개울이라네.
도도세계장안적(滔滔世界將安適), 도도한 세계 장차 어디로 가는고?
조무미망우모연(朝霧迷茫又暮煙). 아침 안개 자욱한데 또 저녁연기 자욱하네.

제1~2수에서 1곡은 주자의 싯구에 나오는 '누선(漏船)'이라는 용어를 사용했다. '영운(映雲)'도 주자의 「관서유감(觀書有感)」에 나오는 '운영(雲影)'70) 을 차용했다. 제3~4구에 도도한 물결이 어디로 가는가하고 반문한다. 가는 곳은 안개 자욱하고 연기도 자욱한 곳, 즉 비밀에 싸인 곳이다. 이렇듯 이곳은 오리무중처럼 그 진면목을 다 알 수 없는 곳이라는 면을 부각했다. 한편 진정 학문의 근원을 찾는다는 것이 어렵다는 의미도 내포시킨 듯하다.

제2곡 시를 읽어보자.

제2곡 전산기중(前山幾重): 앞산이 몇 겹으로 싸인 곳
이곡계변입입봉(二曲溪邊立立峰), 이곡이라 시냇가에 꼿꼿한 봉우리들,
춘풍화발자위용(春風花發自爲容). 봄바람에 꽃이 피니 제 모습 드러나네.
황대운우여선미(荒臺雲雨餘仙味), 황량한 누대에 비구름 신선의 맛 남아도니,
도차수성취몽중(到此誰醒醉夢中). 이곳에 오면 누가 꿈속에서 깨어날까?

제1~2구에서 시냇가에 우뚝 솟은 봉우리에 봄바람 불고 꽃이 피어 아름다운 제 모습을 갖춘 정경을 읊었다. 제3~4구를 읽어보자. 이곳 황량한 누대에 비구름이 나리니 신선의 정취가 남아돌아, 이곳에 오면 사람들은 꿈에서 깨어나지 않기를 바란다고 표현했다. 그 정도로 이곳의 자연승경이 수려하다는 점

69) 누선(漏船): 물이 새는 배라는 뜻이다. 주자(朱子)가 여백공(呂伯恭)에게 답한 편지에 "우리들과 백만 생령의 운명이 모두 이 물이 새는 배 위에 실려 있으니, 둘째가는 사공이라도 구하여 그가 술에 취하지 않는다면 위급한 일을 믿고 맡길 수 있을 것이다."라고 했다.

70) 주자의 시 「관서유감(觀書有感)」에 "반무방당일감개(半畝方塘一鑑開), 천광운영공배회(天光雲影共徘徊). 문거나득청여허(問渠那得淸如許), 위유원두활수내(爲有源頭活水來)." 즉 "작고 네모난 연못에 한 거울이 펼쳐져, 하늘빛 구름 그림자가 함께 일렁이네. 묻노니 어찌 저처럼 맑을 수 있을까, 물근원에서 콸콸 쏟아져 흘러와서 그렇다네."라고 했다. 산수 자연을 감상하는 가운데도 천리(天理)가 드러나는 것을 터득하고, 학문의 근원을 찾는다는 의미이다.

을 우회적으로 발현한 것이다. '황대(荒臺)'는 '양대(陽臺)', '운우(雲雨)'는 '운우지정(雲雨之情)'의 함축이니, 이원우는 제2곡 시에서 송옥(宋玉)의 「고당부(高唐賦)」에 나오는 고사[71], 즉 초(楚)나라 양왕(襄王)이 양대(陽臺)에서 즐겼던 운우지정과 주자의 「무이도가」제2곡 시에 나오는 옥녀(玉女)를 연상하고 지었다. 이원우는 송옥의 양대(陽臺)의 고사와 주자의 시상(詩想)을 원용하여 자신의 시상을 표출하였으니, 시적 표현미도 인정할 만하다.

제3곡 시를 감상해보자.

> 제3곡 가학정도(架壑停棹): 가학선이 노를 멈춘 곳
> 삼곡재등학해선(三曲纔登學海船), 삼곡이라 겨우 학해선에 오르니,
> 기우풍욕이다년(沂雩風浴已多年). 기우에 목욕하는 풍속 이미 여러 해일세.
> 인어물욕여천궤(人於物欲如川潰), 사람의 물욕은 개울이 넘치는 듯한데,
> 사슬방진감자년(捨瑟[72]傍趁堪自年). 비파 내려놓고 옆으로 나아가니 자꾸 세월만 가네.

제1구의 학해선(學海船)[73]은 '학해무변(學海無邊)'을 연상케하며, 제2구에서는 공자와 그 제자 증점(曾點)과의 고사를 원용했다. 관자(冠者) 5~ 6인과 동자(童子) 6~7인으로 더불어 기수(沂水)에서 목욕하고 무우(舞雩)에 노래하며 학문적 기풍을 진작하겠다는 의지의 표현이다. 제3~4구에서 사람의 물욕이 개울물처럼 끊이지 않는데 비파를 내려놓고 학문의 경지에 도달하려니 세월이 간다. 그래도 물이 부단히 흘러 바다로 가듯이 통속적 물욕을 버리고 학해(學海) 즉 학문의 바다로 가야한다고 학풍을 확산 계승해야한다는 점

---

71) 운우지정(雲雨之情): 초(楚) 양왕(襄王)이 고당(高塘)에서 잠을 자다가 꿈에 찾아온 여인과 하룻밤 동침을 하였다. 다음날 아침 그 여인이 떠나면서 "저는 무산(巫山)에 사는 선녀인데 매일 아침이면 구름이 되고 저녁이면 비가 됩니다. 아침마다 저녁마다 양대(陽臺)아래에 있습니다." 하였다. 이로 인해 '운우지정(雲雨之情)'이라는 말이 생겼으며 남녀간의 육체적(肉體的) 쾌락을 비유하는 뜻으로 쓰이게 됐다. 소통(蕭統),『문선(文選)』, [송옥(宋玉), 「고당부(高唐賦)」].

72) 사슬(捨瑟): 공자가 제자인 증점(曾點)에게 "혹시 알아주는 사람이 있다면 하고 싶은 일이 무엇인고?" 하고 물었다. 증점이 타던 비파를 무릎에서 내려놓고는, 대답하기를 "따뜻한 봄날 봄옷이 마련되면 관자(冠者) 5~6인과 동자 6~ 7인으로 더불어 기수(沂水)에서 목욕하고 무우(舞雩)에서 바람 쐰 다음 노래하며 돌아오겠다."라고 한 내용이 있다. 『논어(論語)』, 「선진(先進)」.

73) 학해선(學海船): 학해(學海)는 학문이 광대 무궁한 것을 비유한 말. 최각(崔珏), 「만이의산시(輓李義山詩)」, "사림지엽삼춘진(詞林枝葉三春盡), 학해파란일야건(學海波瀾一夜乾)." 또는 학문을 하는데 있어, 시내물이 바다로 가듯이 날마다 진척하여 그치지 않는 것을 말함. 양웅(揚雄), 『법언(法言)』, 「학행(學行)」.

을 의탁했다. 이렇듯 이 시에서도 이원우는 유학의 도를 점화(點化)했다.

제4곡 시를 읽어보자.

> 제4곡 암화수로(巖花垂露): 이슬 머금고 바위에 핀 꽃이 있는 곳
> 사곡섭운대상암(四曲躡雲臺上巖), 사곡이라 섭운대 위쪽의 바위,
> 고견유미정감람(高堅唯彌正[毛+監]毿). 높고 견고한데 오직 더욱 정말 무성하네.
> 개중쇄락무인식(箇中灑落無人識), 그 가운데 기분 상쾌하나 알아보는 이 없는데,
> 유월청천조벽담(有月靑天照碧潭). 푸른 하늘에 달빛 푸른 못에 비치네.

섭운대 위쪽에 있는 바위에 암화수로라 새겨놓았다. 제1~2구에서 높고 견고한 바위에 피어있는 꽃이 정말 무성하다는 풍취를 읊었다. 제3~4구에서 이런 암화수로에 오면 기분이 매우 상쾌해지는데 그 분위기를 알아보는 사람이 없다. 청천하늘에 뜬 밝은 달이 푸른 물결에 비친다. 알아주는 사람은 없지만 말없는 밝은 달이 알고 찾아왔다. 이원우는 사람들이 이런 깊은 곳에 천하 비경에 있는 것을 알지 못하는 것이 안타깝다는 심회를 토로한 것이다.

제5곡 시를 점검해보자.

> 제5곡 산고운심(山高雲深): 산은 높고 구름은 짙은 곳
> 오곡운심수우심(五曲雲深水又深), 오곡이라 구름 깊고 물이 또한 깊으니,
> 수룡진처벽천림(睡龍震處闢千林). 잠자는 용이 떨치는 곳 많은 숲이 펼쳐지네.
> 임간담수명여감(林間潭水明如鑑), 숲 사이 못 물 맑기 거울 같은데,
> 조아영대일편심(照我靈臺一片心). 영대에 있는 나의 일편단심이 비치네.

제1~2구에서 이원우는 이곳이 구름도 짙고 물도 또한 깊어 용이 잠자는 넓은 숲이 펼쳐졌다고, 이곳이 신령한 장소라는 점을 강조하였다. 제3~4구를 보자. 숲 사이에 못에 고여있는 물이 거울 같다. 즉 명경지수(明鏡止水)이다. 명경지수의 물가에 자리 잡고 있는 신령한 대(臺)에 자리하고 있는 자신의 일편단심이 비친다. 이는 이원우 자신이 오직 일편단심 도통을 지키겠다는 심사를 의탁한 것이다.

제6곡 시를 살펴보자.

제6곡 원조춘한(猿鳥春閒): 원숭이와 새도 봄을 한가로이 즐기는 곳
육곡위이요일만(六曲逶迤繞一灣), 육곡이라 구불구불 물굽이 감돌고,
표연우화좌선관(飄然羽化坐仙關). 표연히 신선이 선관에 앉아있네.
어랑휴멱도원로(漁郎休覓桃源路), 어부는 무릉도원길 찾지 말라,
녹죽창송흥불한(綠竹蒼松興不閒). 푸른 대나무 푸른 솔의 흥취 쉴 틈이 없네.

제1~2구에서 제6곡은 계곡물이 굽이굽이 감도는 곳으로 신선이 선관(仙關)에 앉아있는 선취적(仙趣的)인 장소라는 점을 표명했다. 3~4구를 보자. 무릉도원은 도연명의 「도화원기(桃花源記)」에 나오는 신선의 세계이다. 주자의 「무이도가」 제9곡에도 보인다. 어부에게 무릉도원을 찾지 말라 한다. 바로 속세의 사람들에게 전하는 말이다. 지금 눈앞에 펼쳐진 푸른 대나무와 푸른 솔잎이 우거진 이곳이 바로 무릉도원이기 때문이다. 이원우는 현실세계 용하구곡이 신선의 세계라는 인식을 시에 표출했다.

제7곡 시를 살펴보자.

제7곡 봉우비천(峰雨飛泉): 봉우리에 나린 비가 날으는 샘물이 된 곳
칠곡행심도기탄(七曲行尋渡幾灘), 칠곡이라 몇 개의 여울 건너서 찾아가니,
고산앙지복회간(高山仰止復回看). 높은 산을 우러러보다 다시 돌아보네.
원천불사여사서(源泉不捨如斯逝), 샘 근원이 이와 같이 그치지 않고 흘러,
수기침인석기한(水氣侵人石氣寒). 물 기운이 사람에게 스며들고 돌 기운이 차갑네.

제1~2구를 보자. 여러 개 여울을 지나니 높은 산이 우러러 보여 다시 돌아본다. 『시경(詩經)』, 「소아(小雅)· 차할(車舝)」에 "고산앙지(高山仰止), 경행행지(景行行止)."를 용해시켰다. 즉 "옛사람 중에 높은 덕이 있는 사람에 대해서는 사모하고, 밝은 행실이 있는 사람에 대해서는 그를 모범으로 삼아 실천해야한다"는 뜻이다. 이원우는 이처럼 유학에서 가르치는 학문자세를 시에 접목했다. 제3~4구에서는 흐르는 샘의 근원이 멈추지 않는 기상이 사람에게

스며든다고 했으니, 쉬지 않고 흐르는 물의 속성대로 학문과 인생도 중단없이 계속해야한다는 교훈을 응축했다. 공자가 강조한 『논어』, 「자한」에 나오는 '불사천(不舍川) 즉 "쉬지 않고 흐르는 시냇물"의 함의(含意)를 시에 발현한 것이다.

제8곡 시를 읽어보자.

제8곡 풍연욕개(風烟欲開): 바람과 안개가 걷히는 곳
팔곡요명경전개(八曲窈明境轉開), 팔곡이라 아늑하고 환한데 경치 다시 펼쳐지고,
세심비폭우형회(洗心飛瀑又瀠廻). 세심폭의 나는 물줄기 감도네.
임화곡조평이로(林花谷鳥平夷路), 숲속의 꽃 골짜기의 새 평탄한 길,
호위난행불상래(胡謂難行不上來). 누가 올라가기 어려워 올라가지 않다 했나?

아늑하고 밝은 경치가 다시 전개되며 세심폭의 물줄기가 감도는 곳이다. 제1~2구에서 맑은 물에 마음을 청정하게 씻으라는 요망사항을 담아놓았다. 제3~4구에 평탄한 길 숲속에 핀 꽃 그리고 자연의 아름다움을 노래하는 새, 생각만해도 찾아오고 싶은 곳이다. 누구든 올라가고 가고 싶은 곳이다. 이원우는 자신이 올라와 그 진경을 즐기는 주인공이 된 것이다.

제9곡 시를 읽어보자.

제9곡 제시인간별유천(除是人間別有天): 모름지기 인간세상의 별천지
구곡간래안활연(九曲看來眼豁然), 구곡을 바라보니 눈앞이 훤하고,
활연대하유청천(豁然臺下有淸川). 활연대 아래 시냇물 맑아라.
연비어약자연리(鳶飛魚躍自然理), 솔개 날고 물고기 뛰는 것 자연의 이치,
낭도진원비별천(郎到眞源非別天). 어부가 진짜 물근원에 이르니 별천지가 아니랴.
무자(1948년) 춘 삼월 상한 문인 이원우근서

용하구곡에 도착하니 앞이 탁 트이고 활연대 아래 물이 맑다. 여기에 솔개 날고 물고기 뛰는 자연의 생리(生理)를 볼 수 있다.[74] 천지자연의 이치를 깨

74) 『시경』, 「한록(旱麓)」에 "연비려천(鳶飛戾天), 어약우연(魚躍于淵)." 즉 "솔개는 하늘 높이 날아

달으며 살 수 있는 곳, 이런 물근원이 진짜 별천지이다. 이원우는 제9곡시에서 자연의 이치와 학문의 연원을 응용하여 살아야한다는 유학의 교훈을 담았다.

이상에서 살펴보았듯이 이원우는 스승 박세화의 도통 즉 학통을 계승하였으며, 「용하구곡실기병시(用下九曲實記竝詩)」에도 주자의 「무이도가」 운에 차운하고 공자(孔子)·주자(朱子) 등 유도(儒道)의 내용을 원용하여 시를 지었으니, 그는 도통의식을 잘 계승하고 용하구곡시에서도 도통의식을 절묘하게 잘 표현했다고 할 수 있다. 또한 자기가 표현하고자 하는 시상을 비유적으로 표현하여 문예미도 잘 살렸다.

6. 맺음말

조선조말 일제강점기 화서계열 사림들이 강원·경기·충남·충북·전북지방에 '존화양이의식(尊華攘夷意識)' '도통의식(道統意識)'을 공고히 하여 항일의식을 강화하기 위한 장소로도 활용하기 위해 구곡을 설정했다. 조선말 일제강점기 일제의 감시를 피해 '도통의식(道統意識)'을 강학하고 항일운동을 준비하는데 있어서는 산간오지가 적격이었기 때문이다. 유중교(柳重敎 1821~1893)의 제자 유인석(柳麟錫)이 은거하며 강학하고 의병활동을 논의했던 충북 제천시 봉양읍 공전리 장담은 교통이 불편했던 곳이다. 유중교의 '옥계구곡'은 경기도 가평군 가평읍 승안리이다. 유인석(1842~1915)의 '이산구곡(尼山九曲)'은 강원도 춘천시 남면 가정리 두니산 만세사 일원이다. 유인석(1842~1915)의 '석계구곡(石溪九曲)'은 평안남도 개천시(介川市) 석계(石溪)이다. 박세화의 '용하구곡(用夏九曲)'은 충북 제천시 덕산면 억수리로 지금은 상류에 마을이 없는 오지중의 오지이다. 이렇듯 화서학맥 사림들은 산간오지에 구곡을 설정했다.

이들은 '존화양이의식' '도통의식'을 교육하기 위해 구곡(九曲)에 학교를 창건했다. 유중교(1832~1893)는 1876년 가평군(加平郡) 하면(下面) 승안리(升安里)에 위치한 옥계동(玉溪洞) 자니대(紫泥臺)에 거처를 정하고 옥계정

오르고, 물고기는 못 속에서 뛰어논다."라고 했다. 『중용장구(中庸章句)』 제12장에서 이를 인용하면서 만물이 화육(化育)의 이치가 유행하여 자연에서 밝게 드러나는 것이라고 하였다. 산수자연을 즐기고 감상하는 중에도 천리(天理)가 드러나는 것을 깨닫는다는 의미이다.

사(玉溪精舍)라 했다. 그리고 1879년 옥계정사(玉溪精舍) 동쪽에 자양서사(紫陽書社)를 개설하였다.

박세화(1834~1910)가 62세 되던 1895년 8월 명성황후 시해사건이 일어났으며, 그는 그해 겨울 불억산(茀億山)으로 들어가 「서시서사동지(書示書社同志)」를 지었다. 그는 한 해 전인 1894년에 그 부모의 묘소를 불억산으로 이장하고, 이때 이미 스스로 불억산인으로 자칭했다. 박세화는 용하구곡에 용하동가숙(用夏洞家塾)을 건립하고 강서대(講書臺)를 설치했다. 그리고 그는 그곳에 1898년 '존화양이의식' '도통의식'을 강학・계승하여 항일의지를 견강히하고 항일운동의 근거지로 활용하기 위해 용하구곡(用夏九曲)을 설정했다. 이점에 대해서는 필자가 『능강·용하구곡((凌江·用夏九曲) 학술조사 연구』에서 규명했는데, 본고에서는 그 내용을 첨삭(添削)하여 논문체제로 서술했다. '용하(用夏)'라는 명칭은 『맹자』의 '용하변이(用夏變夷)'를 차용한 것으로, 그의 투철한 '도통의식'을 알 수 있다. 따라서 박세화의 용하구곡(用夏九曲)은 도통계승의식을 구곡의 명칭에 담은 현존 최초(最初)의 구곡이다.

박세화는 용하구곡의 명칭에도 유학의 도의 내용을 담아 명명하고, 용하구곡에서 유도(儒道)를 강학하였으며, 시에도 도학(道學)을 이입하여 표현했다. 따라서 박세화는 자신의 도학사상을 구곡문화로 승화하고, 시 창작을 통해 그를 발현 강조 현양했으니 도통에 충실한 문인학자였다.

이원우는 「용하구곡실기병시(用下九曲實記竝詩)」에서 주자의 운에 차운하고 공자(孔子)·주자(朱子) 등 유도(儒道)의 연원을 원용하여 시를 지었다. 이렇게 볼 때 이원우는 스승 박세화의 도통 즉 학통을 계승하였으며 구곡시에도 도통의 연원과 관련있는 고사와 내용을 응용하여 시를 지었으니 그는 도통을 잘 계승했다고 평가할 수 있다. 또한 그 표현기법에 있어서 자기가 표현하고자 하는 시상을 비유법으로 잘 구사하여 문예미도 잘 살렸다.

용하구곡은 자연경승이 수려한데다가 박세화가 조선말 일제강점기 '존화양이'와 '위정척사'의 도통의식을 강학실천한 의미있는 구곡으로 평가받는다. 그래서 제천시는 문화재청으로부터 국가 명승으로 지정받기 위한 학술조사를 완료했다.[75] 그는 조선말 일제강점기 사림(士林)의 도리를 다한 선지자(先知

75) 문화재청은 2014년 8월 28일 목요일 충북 괴산군 청천면에 있는 화양구곡을 국가명승 110호로 지정고시하였으며, 제천시 덕산면에 있는 용하구곡은 지정예고했다. 주민들이 동의하지 않아 국가명승에 지정되지 못했다한다.

者)라 평가할 수 있다. 또한 박세화와 이원우는 그들이 지은 시에도 도학정신을 잘 표현하였으니 문학적으로도 용하구곡이라는 명칭에 부합되게 그 진면목을 잘 승화했다고 논평할 수 있다. 이렇듯 박세화와 이원우가 지은 용하구곡 관련시에는 도학적 내용과 도통의식을 효과적으로 표현한 시로서, 도통계승의지의 실천으로 구곡을 설정한 취지에 잘 부합되므로, 구곡시로서 성공했다고 구곡시문학사적 의의를 부여할 수 있다.

정운오(鄭雲五)의 구곡리구곡(九曲里九曲)에 대한 고찰

1. 머리말

필자가 '구곡리구곡'을 처음 알게 된 것은 2005년경 정운오(鄭雲五)의 『직암집(直菴集)』을 통해서이다. 필자는 1998년부터 충북의 구곡과 구곡시를 조사·수집·번역·연구해왔다. 『직암집(直菴集)』은 우구원(禹九源 1957~)이 복사해 알려주었다.[1] 그는 필자의 구곡시 수집계획에 공감하고 적극적으로 협조해주었다. 『직암집(直菴集)』에 '구곡리구곡'과 관련된 기문(記文) 5편, 시(詩) 2편이 실려 있다. 기문(記文)은 「구곡기(九曲記)」, 「재기(再記)」, 「우기(又記)」, 「장담기(長潭記)」, 「대덕산기(大德山記)」 등이다. 시(詩)는 「신원야방구곡제우(新元夜訪九曲諸友)」, 「구곡즉경 육수(九曲卽景 六首)」 등이다. 그러나 9개의 '곡(曲)' 전체를 읊은 구곡 시(詩)는 수록되어있지 않다. 짓지 않은 것인지, 문집을 편찬할 때 제외한 것인지 현재 확인할 수가 없다. 필자도 추진해야할 일이 많아 현지에 답사를 갈 수 있는 시간을 내지 못했다.

필자가 제천시 봉양읍 구곡리에 있는 구곡에 대한 본격적인 고찰을 하게 된 경위는 다음과 같다. (재)충청북도문화재연구원은 『단양군 문화유적 분포지도』를 제작했다. 이때 이종배원장은 필자에게 참여할 기회를 주어, 명승과 금석문을 조사하게 되었다.[2] 문화에 관심과 식견이 있는 이종배원장은 (사)충북향토문화연구소에서 개최하는 학술대회에도 관심과 성의를 표했다. 필자

---

* (재)충청북도문화재연구원은 제천시로부터 '제천 웰빙타운 개발지구 지표조사'를 맡았다. 장호수 원장이 필자를 구곡 조사 연구위원으로 위촉하여 수행한 것이다.

1) 우구원(禹九源 1957~)은 향토문화에 각별한 관심을 가지고 있으며, 좋은 자료를 발견하면 필자에게 알려준다. 그의 문화적 열정과 학구자세에 경의를 표하며, 가문에 문운이 더욱 왕성하길 빈다. 충북 괴산군 사리면 사담리 출신이다.

2) 단양군·(재)충청북도문화재연구원, 2007, 「금석문 및 명승」, 『단양군 문화유적 분포지도』. 단양군·(재)충청북도문화재연구원, 2007, 「단양지역 문화자원의 보존과 활용 방안, 단양의 명승 그 문화 경 제적 가치 -雲仙九曲과 三仙九曲을 중심으로-」, 『단양군 비지정문화재 학술조사보고서』.

는 (사)충북향토문화연구소 사무국장직을 맡아, 연구소에서 간행한 『충북의 팔경과 팔경시』[3]를 드리러 갔다. 『충북의 구곡과 구곡시 - 선인의 길을 따라 한시와 자연 속으로-』[4]를 함께 가지고 갔다. 이때 단양지역 문화유적 조사에 함께한 장호수부원장에게 주려고 한 권을 더 가져갔다. 장호수부원장은 '제천웰빙타운 개발지구 지표조사(제천시·[재]충청북도문화재연구원, 2008.5.29~2008.8.15)'의 책임을 맡았다. 장부원장은 필자의 책에서 '구곡리구곡'을 눈 여겨 보아두었다가, 개발지구에 '구곡리'도 포함된 사실을 알고, 이에 대해 심도 있게 조사해주기를 요청했다. 맘먹고 있었던 차라 좋은 기회로 생각하고 요청에 응했다. 두 분의 학문적 식견에 경의를 표한다.

본고에서 소개하는 '구곡리구곡'은 충북 제천시 봉양읍 구곡리에 있다. 이 구곡은 전대의 문헌에서는 그 기록을 찾지 못했다. 정운오의 『직암집(直菴集)』에도 구곡의 명칭에 대해서는 기술해놓지 않았다. 부득이 필자가 편의상 '구곡리구곡'이라고 명명한 것이다. 『충북의 구곡과 구곡시』에 '구곡리구곡'도 그 존재 사실을 기술했다.

본고에서는 정운오의 가계, 구곡의 명칭과 그 지형지세의 실상에 대해 조사한 내용을 싣는다. 그리하여 '구곡리구곡' 중에 제1곡부터 제4곡이 개발지구에 포함되어 그 일부가 사라지더라도 그 면모를 알아볼 수 있게 하고자 한다.

2. 정운오(鄭雲五)의 가계와 생애

『영일정씨문청공파속수세보(迎日鄭氏文淸公派續修世譜)』 복사본을 구득하여, 정운오의 가계를 확인하기까지 본의 아니게 적잖은 시간이 걸렸다. 정운오의 가계를 밝히기까지의 과정을 개략해 본다. 생활이 현대화되고 고향을 떠나 사는 시대에, 잘 알려지지 않은 사람의 행적과 가계를 밝히기가 쉽지 않다는 점을 알리고, 조상에 관한 기록을 잘 보존하여 사적을 잃어버리는 사례가 없길 바라는 마음 간절해서이다. 중용에 말했다. "효도는 선조의 뜻을 잘 계

3) 이상주 편역, 『충북의 팔경과 팔경시』, 충북향토문화연구소, 2007.
4) 이상주, 『충북의 구곡과 구곡시 - 선인의 길을 따라 한시와 자연속으로-』, 충북학연구소, 2007. 필자가 1999년부터 2007년 6월까지 충북의 구곡과 구곡시에 대해서 확인 조사한 결과, 충북 도내에는 22개 구곡이 설정되었다.

승하고, 선조의 사적을 잘 기술하는 것이다." 가문에 대한 의식이 퇴색돼가는 이 시대에 재음미해야할 말이다. 진작부터 정운오의 가계에 대해 추적해야했으나, 이일저일 바빠서 실행하지 못했다. '구곡리구곡'에 대한 원고 청탁을 받은 것이 계기가 되어 본격적으로 추적했다.

2008년 6월 4일 수요일 봉양읍사무소에 전화를 걸으니 박종철이라는 분이 전화를 받았다. 구곡리 이장의 전화번호를 알려고 하는 사유를 정중히 말했다. 구곡1리 정상철, 구곡2리 엄기홍, 구곡3리 정윤복의 전화번호를 가르쳐주었다. 2008년 6월 4일 수요일 금성면사무소에 전화를 걸었다. 이름을 밝히기를 사양했다. 월림리에 거주하는 정씨의 전화번호를 알려달라고 부탁했다. 정종택의 전화번호를 알려주었다. 정종택이 월림리에서 제천으로 이주해 사는 정운경의 손자 정승국과 정운오의 작은 아들 정중택의 전화번호를 알려주었다. 정종택과 통화해 보니 필자가 찾는 정운오와 동명이인(同名異人)이었다. 2008년 6월 6일 금요일 구곡리 현지에 가서 몇몇 주민에게 물어보았으나 모른다고 했다. 2008년 7월 26일 토요일 '중앙매일' 신문사에서 단양지역에 문화탐방차 들렀다. 돌아오는 길에 청풍문화재단지에 들렸다. 문화재해설사 정복순이 영일정씨라 하여 기대를 걸고, 확인해줄 것을 부탁했다. 구곡리와 주변 마을을 찾아가 확인했으나 알 길이 없다고 한다. 문중에 알아보아도 알아내지 못했다고 한다. 2008년 7월 29일 화요일 우구원에게 『직암집』을 빌려서 다시 확인하나, 문집에 행장이 수록되어 있지 않아 확인하지 못했다. 2008년 7월 31일 목요일 정승국에게 확인해주기를 요청하니 알아봐주겠다고 한다. 종친회 등 알 만한 사람에게 물어본 결과 월림리 출신이 아니라 충주에 사는 문중 이른바 '충주파'같다고 하며, 충주쪽에 알아봐 준다고 한다. 그 후 알아내기가 어렵다고 전화를 해주었다. 구곡리에 살다가 동양면으로 이사 간 정우길에게 전화했으나, 본관이 다르다고 했다. 불현듯 서울 고려족보문화연구원 오재일선생이 생각났다. 그는 족보를 보는데 능통하다. 평소에도 늘 부탁했었는데, 왜 진작 그 생각이 나지 않았을까. 2008년 8월 1일 금요일 서울 고려족보문화연구원 오재일 원장께 E-메일로 『직암집』서문 발문에 나오는 내용 중 그의 가계를 밝히는데 참고 될 사항을 보냈다.

2008년 8월 6일 수요일 구곡리 '잿말'에 '구곡(九曲)'이라 새겨놓은 바위를 찾아가 보았다. 제천 배문인쇄소의 양승도사장과 통화했다. 그 아버지가 말하기를 할아버지가 쓰신 글씨라고 한다. 아버지의 글씨체와 다르다고 한다. 이로 보아 그의 증조부 양진환(梁震煥)의 글씨로 보아야 한다고 말했다. 2008년 8월 7일 목요일 우구원이 정씨 가문에 대해 알아볼 만한 사람들에 대해 전화번호를 알려주었다. 2008년 8월 7일 목요일 오재일선생에게 전화로 확인 여부를 물으니, 그 정운오 아들의 행적까지 복사해서 우송하겠다고 한다.

정운오가 장담에 거주한 적이 있어, 장담에 사는 사람들 중에 후손이나 정운오와 교유했던 분 서찰이라도 가지고 있는 분이 있을 가능성이 있어, 봉양읍사무소 박종철에게 전화했더니, 박승복계장이 잘 안다고 바꾸어주었다. 공전3리 이장 고창환의 전화번호를 가르쳐주었다. 그간 도와준 분들께 감사한다.

정운오(鄭雲五)의 가계에 대해 알아본다.[5] 송강 정철부터 따져본다.

시조(始祖) 극유(克儒)→ 2세 창우(昌佑)→ … → 12세 정철(鄭澈) → 13세 종명(宗溟) → 14세 직(溭) → 15세 경연(慶演) → 16세 필(泌) → 17세 구하(龜河) → 18세 계(棨) → 19세 일환(日煥) 자(字) 겸지(兼之), 호(號) 창주(滄洲). 영묘(英廟) 무신(戊申) 시월(十月) 육일생(六日生). 기묘(己卯) 생원(生員). 음(蔭) 황해도감사(黃海道監司). 을축(乙丑) 십이월 졸(十二月卒). 수 칠십(壽 七十). 묘(墓) 초장창주가후(初葬滄洲家後). 갑술천우신석면 산직촌 참의공묘 좌강 유천(甲戌遷于莘石面 山直村 參議公墓 左岡 酉泉). 윤응선찬행장(尹膺善撰行狀). 유유고 미간(有遺稿 未刊).

20세 재건(在建). 자(字) 가구(可久) 영묘(英廟) 신사생(辛巳生). 임인(壬寅) 십이월(十二月) 육일종(六日終). 묘(墓) 충주 원충리 술좌(忠州 元忠里 戌座).

21세 항(沆)[6] 자(字) 한서(漢瑞). 정묘(正廟) 기해생(己亥生). 계묘(癸卯)이월(二月) 십구일종(十九日終). 묘(墓) 제천 동면 응동후 동막곡 축좌

5) 『迎日鄭氏文淸公派續修世譜』 全, 2004, 回想社. 2008년 8월 8일 금요일 고려족보문화연구원 오재일(吳在鎰)원장이 우송한 족보의 복사본을 받아보았다. 족보학의 대가답게 단기간 내에 정운오의 가계도를 잘 찾아주어 감사한다.

6) 정운오(鄭雲五), 『직암집(直菴集)』, 권1, 「경차증조학포공팔경운(敬次曾祖鶴圃公八景韻)」. 이 기록에 의하면 정항이 팔경시를 지었다고 보아야 한다. 필자는 1년에 많으면 7~9편의 연구 논고를 집필한다. 기록하나 더 해놓는 것도 번거로워, 아는 것은 적어놓지 않는 경우가 있다. 그러다 시간이 지나면 생각이 나지 않는 경우가 있다. 이 경우가 그렇다. 본의 아니게 이 시를 『직암집(直菴集)』 소재라고만 표시해놓고 정운오의 문집이라는 사실은 기록해놓지 않았다. 나중에 저자가 생각이 나지 않아서, 『직암집(直菴集)』의 한자(漢字)가 신경(申暻)의 문집 『직암집(直菴集)』과 같아서 신경(申暻)의 문집이라 출전을 표시해놓았다. 좀 더 치밀하게 살펴보지 못하고 본의 아니게 착오를 일으킨 점 부끄럽다.

(堤川 東面 鷹洞後 東幕谷 丑坐)

22세 해교(海喬) 순조(純祖) 정묘생(丁卯生). 임오(壬午) 정월(正月) 이십삼일종(二十三日終). 수칠십육(壽七十六). 제천 상구곡(堤川 上九曲).

23세 경원(瓊源) 자(字) 경직(景直). 철종(哲宗) 갑인생(甲寅生). 병진(丙辰) 구월 십일일종(九月 十一日終) 제천 요곡 간좌(堤川 堯谷 艮坐)

24세 운오(雲五) 자(字) 치서(致瑞) 호(號) 직암(直菴) 고종(高宗) 임오생(壬午生). 십이월 이일종(十二月二日終). 충주 엄정면 강현리 건좌(忠州 嚴政面 江峴里 乾坐).

배(配) 평산신씨(平山申氏) 을묘생(乙卯生). 부(父) 태구(泰龜). 외조(外祖) 경주이(慶州李). 기임술육월구일(忌壬戌六月九日). 묘(墓) 제천 봉양면 상구곡 미좌(堤川 鳳陽面 上九曲 未坐). 육이남일녀(育二男一女)

25세 용택(龍澤) 자(字) 집중(執中). 호(號) 갈은(葛隱) 경술 육월십팔일생(庚戌 六月 十八日生). 경신 오월 이십일종(庚申 五月 二十日終). 묘(墓) 중원 가금면 용전리 건좌(中原 可金面 龍田里 乾坐).

위의 족보를 통해 볼 때, 정운오는 1882년에 태어났다는 사실을 알 수 있다. 그러나 족보에 서거한 해는 기술해 놓지 않았다. 그러나 뒤에 인용한 「육십일세생조수서(六十一歲生朝壽序)」를 통해, 최소한 그가 만 60세인 1942년까지는 생존했다는 것을 알 수 있다.

정운오의 『직암집(直菴集)』의 기록을 통해 대강이나마, 정운오가 거주했던 곳과 그 가문, 그의 생애에 대해 살펴본다.

정운오는 지금의 제천시 봉양읍 구곡리에 살았다. 명지동(明芝洞)으로 이사했다가, 장담(長潭)으로 이사해서 살았다. 여기서 경암(敬庵) 서상렬(徐相烈 ? ~1896)문하에서 공부했다. 경암이 창의해서 순절하자 더 이상 배우지 못했다.[7] 정운오는 구곡리에 함께 살던 그의 족조(族祖)인 소당(小堂) 정해문(鄭海文)과 서당에 함께 다녔으며 낚시도 하러 다니며 시도 읊조렸다.[8]

---

7) 정운오(鄭雲五), 『직암집(直菴集)』, 권5, 26면. 「백모유인이씨행록(伯母孺人李氏行錄)」. 庚子 正月 十七日 考終于九曲居第. 壽纔五十六.
정운오(鄭雲五), 『직암집(直菴集)』, 권5, 27~29면. 「선비행록(先妣行錄)」. “先妣, 以哲宗丁巳十二月 初 二日 生. … 定居九曲時, 宗族鄕黨莫不悅服, 遂以女中君子 稱之. … 及舍于明芝洞也. 舊居鄰家夫人皆嘆曰 今失仁人矣. 纔過期年而舍於長潭, 隣里 失仁人之嘆 一如九曲時. … 不肖嘗摳衣於敬菴先生門下, … 不幸先生遭罔極世變, 倡 義殉節. 小子不得久受業焉. … 甲午三月二十四日卒于長潭居第. 壽三十八. … 遂以是年某月某日, 葬于堤川堯谷. 當是時也. 九曲人民爭來趨事曰 前日蒙慈愛之澤, 豈可忘乎.

오완근(吳浣根)이 쓴 「직암집발(直菴集跋)」을 통해 정운오의 인품과 학문에 대해 알아보자.

> 돈후(敦厚)한 자질(資質)과 온화(溫和)한 기상(氣像)으로, 화서(華西)와 성재(省齋)의 연원(淵源)과 종유하며, 평생 근본을 돈독히 하고, 실질을 힘쓰는데 치력했다. 그래서 스스로 견지한 것은 겸허(謙虛)요, 사람을 대할 때는 충신(忠信)으로 하고, 바르지 않은 말은 하지 않았으며. 곧지 않은 일은 하지 않았으며, 암송하고 독서함에 하던 것을 놓지 아니하였으며, 이는 참되게 알고 실천한 사람이라 이를 만하며, 때로 익히고 화내지 않는 미덕이 또한 거의 가깝다. 그래서 의암(毅菴)[9] 문하의 소당(小堂)·직와(直窩)·극와(克窩)·확암(確庵) 같은 제현(諸賢)들이 모두 독실한 군자(君子)라, 칭찬했으니, 헛된 예찬이 아니다. 가세는 일찍이 청빈하여, 사람이 가난함을 감당하지 못했으나 살아가는데, 태연했다. 한낮에는 땔나무하고 밤에는 ???하여 옷과 식량을 이어갔다. … 내가 갑술년(1934년) 겨울, 2~3의 동지와 세탄정사(細灘精舍)에서 독서하는데, 선생과 이웃이, 매일 새벽 문을 두드리고, 들어가 앉아 더불어 『논어』·『맹자』·『중용』·『대학』에 대해 토론하는데 경서를 풀이하고 이치를 설명하는데 패연(沛然)하기가 강하(江河)를 터놓는 것처럼 조금도 막힘이 없으니, 진실로 근세에 나오기 힘든 대유(大儒)라고 했다. 그 저술은 시문 수백 편인데, 성도(聖道)를 밝히지 않은 것이 없으며, 후학(後學)을 계도하지 않은 것이 없는데 아직도 책 상자 속에 있어 세상에 유행되지 않는다.[10]

---

8) 정운오(鄭雲五), 『직암집(直菴集)』, 권6, 부록 28면. 「육십일세생조수서(六十一歲生朝壽序)」. "族祖 小堂 海文. 直菴先生鄭雲五致瑞, 同我七世祖 贈 領議政府君之孫, 行低我二世, 而年高我六歲, 學亦足爲我之師也. 第念直菴與余同住九曲. 自十歲 內外挾 小學於塾舍 設俎豆於樹林時, 復偸閒, 馳逐釣遊 吟詠如昨日事 而頽波光陰. 直庵作六十一歲老人 則 余亦甚不遠矣. … 歲壬午季夏之二十七日 其生朝 則 感今日之已然,"

9) 의암(毅庵): 유인석(柳麟錫 1842~1915)의 호. 본관은 고흥(高興). 자는 여성(汝聖), 호는 의암(毅庵). 춘천(春川) 출생. 의병장. 조선 말기 위정척사론를 강조했다. 이항로(李恒老)의 문하에 들어가 수학하고 김평묵(金平默)·유중교(柳重敎) 등과 교유하여 춘추대의정신(春秋大義精神)에 입각한 존화양이사상(尊華攘夷思想)을 배웠다. 제천(堤川)·충주(忠州)·단양(丹陽)을 무대로 활약하다 관군에 패하여 만주(滿洲)로 망명하였다. 1900년 의화단운동을 피하여 귀국, 서북지역을 돌며 존화양이론에 입각한 항일의식을 고취하는 데 주력하였다. 『의암집(毅庵集)』 등이 있다.

10) 정운오(鄭雲五), 『직암집(直菴集)』, 「직암집발(直菴集跋)_. "以敦厚資質 兼溫和氣像, 從遊華省淵源. 平生致力在於敦本務實. 故其自持也謙虛, 其接人也忠信, 不道其不正之言, 不行其直之事, 而誦讀不明不措, 此 可謂眞知實踐者, 而時習不慍之美德, 亦庶幾焉. 故毅門諸賢, 如小堂直窩克窩確庵, 皆以篤實君子,稱之非虛譽也. 家勢嘗淸貧, 人不堪其屢空而居之, 泰然. 晝柴夜??繼衣糧 … 余於甲戌冬, 二三同志, 讀書于細灘精舍, 與先生比隣, 每晨叩門, 入坐相與討論於論孟庸學, 其釋經說理

정운오의 인품과 학문의 수준을 인지할 수 있다. 그 아들 정용택이 문집을 간행하기 위해 오완근에게 발문을 요청한 것이다.

정운오의 문집은 『직암집(直菴集)』은 『충청북도의 고서 8-제천시 편』에 소개되었다.[11] 「직암집서(直菴集序)」 영력 육기미 모지망 광산 김용숙서(永曆六己未[1979년]暮之望 光山 金容肅序). 의암(毅菴)·금계(錦溪)·항와(恒窩)·습재(習齋) 4선생의 문하에서 공부했다는 내용을 서술했으며, 아들 정용택(鄭龍澤)이 요청하여 서문을 썼다는 내용이다. 권1은 시(詩), 권2~4는 잡저(雜著), 권5는 잡저(雜著)·서(序)·기(記)·제발(題跋)·명(銘)·행록(行錄)·제문(祭文), 권6은 강의문대(講義問對)·부록(附錄)으로 구성되어 있다. 책의 끝에 1979년 오완근(吳浣根)이 쓴 「직암집발(直菴集跋)」이 있다.

의암은 유인석(柳麟錫 1842~1915), 금계는 이근원(李根源 1840~1918), 항와는 유중악(柳重岳 1843~1909), 습재는 이직신(李直愼[昭應] 1852~1930)이다.

3. 구곡리구곡의 명칭과 그 경관

이제 '구곡리구곡' 9개의 각각의 명칭과 그 지형지세는 물론 그 명칭에 내포된 의미를 알아보자. 정운오(鄭雲五)의 『직암집(直菴集)』, 권5, 「우기(又記)」를 참고하여 정리한다.

'구곡리구곡(九曲里九曲)'은 지금 충북 제천시 봉양읍 구곡리와 장담리에 걸쳐있다. '구곡리구곡'의 현재 행정주소에 대해 알아보자.[12]

제1곡 국사봉(國師峯): 나라의 스승이 배출된다는 봉우리 - 구곡2리(상구곡)

沛然, 若決江河, 少無凝滯, 誠近世罕出之大儒也. 其所著詩文數百篇, 無非明聖道啓後學者, 而尙在布衍, 不行於世."

11) (사)충북향토문화연구소, 2003, 『충청북도의 고서 8 - 제천시편』, 68면. 제천시 금성면 사곡리 유명걸 소장고서 목록에 들어있다.

12) 구곡리구곡의 현재 행정주소에 대해서는, 2008년 6월 4일 수요일 구곡2리(상구곡) 엄기홍이장님에게 전화로 여쭈어 보았다.

제2곡 천마봉(天馬峯): 천마가 날아가는 봉우리 - 구곡2리(상구곡)
제3곡 고양(高陽): 양(陽)이 높은 곳[보양골이라 함] - 구곡2리(상구곡)
제4곡 설우현(雪雨峴): 눈비 나리는 고개 - 구곡1리
제5곡 요곡(堯谷): 요(堯)임금의 유풍(遺風)이 어린 골짜기 - 구곡1리 요골
제6곡 귀암(龜巖): 거북 모양의 바위 - 구곡1리 요골
제7곡 옥녀봉(玉女峰): 옥녀가 사는 봉우리 - 구곡1리 요골
제8곡 용암(龍岩): 용모양의 바위 - 연박리 습내
제9곡 장담(長潭): 긴 못 - 공전리 장담

구곡리구곡의 9개의 명칭이 남아있는 사실로 보아, 앞 시대에 누군가 구곡을 설정한 것으로 짐작된다. 근거 자료를 찾고 있으나, 아직 찾아내지 못했다. 정운오의 「구곡기」에 성재(省齋) 유중교(柳重教)가 장담에 거주했으며, 습재(習齋) 이직신(李直愼)이 자양영당을 창건했다고 기록해놓았다. 이에 근거해 유중교의 『성재집』과 이직신의 『습재집』에 구곡리구곡에 대한 기록에 있나 찾아보았으나 기록이 없다. 기록을 남겼는데 문집 편찬과정에서 제외했는지 알 수 없다. 지금 정운오의 문집에 남아있는 구곡리구곡에 대한 시문(詩文)을 통해 볼 때, 정운오와 유중교, 그리고 이직신은 '구곡리구곡'의 설정에 관련이 없는 것으로 보인다. 정운오는 이곳 지명이 '구곡'이며 9개의 명칭이 전해오기 때문에, 관련된 사실을 기록으로 남긴 것으로 보인다. 아울러자신이 구곡리구곡으로 삼은 것으로 보인다. 그래서 이를 감안하여 필자는 정운오를 '구곡리구곡'을 정한 사람으로 본 것이다.
이번엔 '구곡리구곡'의 경관을 살펴보기로 하자.

제1곡 국사봉(國師峯) : 2008년 6월 6일 수요일 조사단원들과 함께 현지답사를 떠났다. 먼저 국사봉 정상을 답사하기로 하여 국사봉 낚시터 마당에 주차했다. 등산로가 잘 정비되어 있다. 수 십 년생 소나무 낙엽송들이 울창하다. 햇볕이 비치는 등산로 주변에 취나물 두릅나무가 자라고 있다. 정상에 '국사봉'이라는 표지석을 세워놓았다. "이 표지석은 2001년 9월 1일 산림청 헬기의 도움으로 이곳에 옮겨왔음"이란 글씨를 새겨 놓았다. 북어포 소주 요구르트 사탕을 사가지고 올라갔다. 일행이 모두 경건한 마음으로 고사를 지냈다. 장호수부원장이 '조사를 잘 마치게 해주시기를 빕니다'라고 축원했다. 정상에

서 바라보니 사방이 탁 트여 인근 산들이 잘 보인다. 나라를 이끌어 갈 만한 훌륭한 인물이 탄생한다는 이름의 봉우리이다. 산자락에 낚시터를 조성해 놓았다. 주인 김진두는 1985년 이주했다 한다. 밤나무 등 과일나무를 많이 심어놓았으며, 염소를 기르고 있다. 산수 좋은 곳에서 평생 살려고 서울에서 이사했는데 또 이사를 가야하니 이만한 터를 장만하기 쉽지 않다고, 주인은 불만어린 말을 털어놓는다.

제2곡 천마봉(天馬峯) : 2008년 8월 6일 수요일, 구곡2리 엄기홍이장이 천마봉 고양골 귀암 등의 위치를 알려주었다. 주민들은 '철매봉'이라 부른다. 천마봉의 와전으로 보아야 한다. 국사봉이 국가를 위해 훌륭한 일을 할 인물이 태어난다는 의미를 내포하고 있다. 이 인물이 타고 다닐 말이 출현한다고 본 것이다. 이 말은 하늘을 날을 수 있는 뛰어난 능력을 지닌 말인 것이다. 따라서 천마봉이 옳다고 보아야 한다. 이 천마봉은 '상구곡'에서 하류쪽 왼쪽에 자리 잡고 있다. 언듯 보기에 말 모양을 하고 있는 듯하다. 산 능선 따라 소나무 낙엽송 참나무들이 무성하다. 산기슭 완경사 지대에는 고추와 담배를 재배하는 밭이 있다. 이 농경지 아래쪽엔 '구곡천'이 흘러 하류쪽 요곡을 거쳐 장담쪽으로 흘러간다. 이 도랑가 느티나무 아래에 '할머니 서낭당' 건물이 자리 잡고 있다. 나무판자로 벽을 만들고 지붕에 슬레이트를 이었다. 서낭당 안에 '성황신위(城隍神位)'라는 위패가 있다.

제3곡 고양(高陽) : 이곳 사람들은 '보양골'이라 부른다. '고양골'을 '보양골'로 잘못 전해진 듯하다. '로데오거리' '고대오거리', '오뎅' '로뎅'을 헛갈리게 듣는 경우가 있다. 이미 알고 있는 말은 상대가 잘못 발음하더라도, 착오 없이 알아듣지만, 잘 알지 못하는 말은 처음 들으면 잘못 알아들을 수 있다. 아니면 '보양골(補陽골)'이라 불렀을 가능성도 있다. 천마봉 줄기인데 하류쪽 왼쪽에 자리하고 있다. '큰 보양골'과 '작은 보양골'로 나누어져 있다. 큰 보양골은 양쪽 봉우리가 우뚝 솟아 거의 삼각형봉우리를 이루고 있다. 그 사이에 작은 봉우리가 끼어 있어 마치 나비가 날아가는 듯 날렵한 형상이다. 고양골 들어가는 입구에 표지석이 있는데 건립한 사연을 보자. 앞면 '상구곡 어서오십시오', 측면 '西紀一九九一年四月七日 결혼기념 장근홍기증', 후면 '안녕히 가십시오'.

제4곡 설우현(雪雨峴) : '민비재'라 부르는 곳이 이곳에 해당되는 듯하다. 지금 양쪽에 높은 봉우리 사이에 포장된 고갯길을 개설해 놓았는데, 예전에도 높은 고개는 아니었다. '설우현'의 한글 표현은 '눈비재'이다. 정운오의 기록을 기준으로 한다면, 이것도 와전되어 '민비재'로 불리는 것 같다. 이 길로 가면 구곡3리를 거쳐 공전리 자양영당과 제9곡 '장담'에 갈 수 있다.

'설우현' 초입 '잿말'에 '구곡'을 새겨놓은 바위가 하나 있다. '잿말', '재' 즉 '고개'가 있는 마을이 줄어서 '잿말'로 발음하는 것이다. '잿말에' 인가 밭 안에 '눌편'처럼 납작한 직육면체의 바위가 서 있다. 이 바위에 13개의 '굼'(성혈 性穴)을 파놓았다. '고인돌'의 덮개돌 즉 상판석으로 사용했던 것으로 보인다. 후대에 이를 세우 놓아 '선돌'처럼 보게 된 것이다. 서쪽 수직면에 한자 해서체 글씨로 '구곡(九曲)'이라 가로로 새겨 놓았다. 동쪽 수직면 우측부터 한자 해서체로 '사월(四月)', '십일(十日)', '양창석(梁昌錫)'이라 세 줄로 새겨 놓았다. 해서체 글씨로 새겨놓았다. '사월(四月)' 윗부분에도 글씨가 새겨져 있는데, 풍화로 마모가 심해, 판독하지 못했다.[13] 양창석은 바로 그 근처에 살았던 사람인데, 그 아들 양승달이 제천에서 인쇄소를 한다고, 이장하(李長夏 1920~)님이 들려주었다. 이 분은 6.25 참전용사이다. 그 아들 이은형에게 확인해보니 양승도이며 배문인쇄소 사장이라 한다. 2008년 8월 6일 수요일 양승도사장과 통화를 한 결과, 자신의 아버지가 말하기를 '구곡(九曲)'이라는 글씨는 할아버지가 썼다고 했다한다. 아버지의 글씨와 글씨체가 다르다고 한다. 그 증조부는 양진환(梁震煥)이다.

제5곡 요곡(堯谷) : 지금 '요골'이라 부른다. 개울 양쪽으로 마을이 자리 잡고 있다. 이장댁은 한옥으로 비교적 원형을 잘 유지하고 있다. 도로 좌측에 기와로 지붕을 이은 정자가 있다. 그 옆에 구곡리 농산물 간이 집하장이 있다. 유한상(劉漢相 1958~)이장이 옥녀봉과 거북바위의 위치를 알려주어 쉽게 확인했다. 용암의 위치도 설명해주었다. 그에게 구곡에 대한 책이 있느냐 물으니, 작년에 나온 책이 있다하며 옆집에서 빌려다준다. 『봉양 파대놀이』[14]라는 책이다. 읽어보고 나중에 돌려드리겠다고 하고 빌려왔다. 파대에 대해

13) 『제천시지 상』, 2004, 202면. "칼 바위: 민비재 초입에 서있는 선돌. 구곡(九曲)과 양창석(梁昌錫) 각자가 새겨져있음."라 기술했다. '칼바위'라 설명한 것은 부적절한 듯함.

14) 제천시, 2007, 『봉양 파대놀이』.

자세히 정리한 조사보고서이다. 이장님 바깥마당에서도 옥녀봉 전체를 볼 수 있다.

제6곡 귀암(龜巖) : 상류에서 요골마을에 도착하기 전 오른쪽에 있다. 통상 거북바위라 부른다. 개울가 높은 위치에 있는 논이 있다. 도로에서 바라볼 수 있는 거리에 있다. 논 가운데 거북이가 엎드려 있는 모양의 돌이다. 인가가 한집 자리 잡고 있다. 개울로 머리를 하고 있는 듯하다. 규모가 크지는 않다.

제7곡 옥녀봉(玉女峯) : 하류로 내려가다 좌측에 있는 봉우리이다. 정상은 팽이를 엎어 놓은 모양처럼 우뚝하다. 옥녀봉 중턱에서 정상부까지 소나무·참나무 등이 잘 자라고 있다. 중턱 아래엔 농경지가 조성돼있다. 고추·인삼·담배 등을 경작하고 있다. 마을사람들의 살림에 큰 도움을 줄 것 같다. 무이구곡에 옥녀봉이 있다.

제8곡 용암(龍巖) : 하류로 내려가다가 오른쪽에 있다. 산기슭에서 개울 중앙까지 가로지른 바위이다. 용이 꿈틀거리는 모양을 하고 있다. 왼쪽 물가 언덕에 슈퍼가 하나 있으며, 개울가에 낙락장송이 늘어져 운치가 있다. 물이 맑게 굽이돌아 '구곡리구곡'중에서 제일 경관이 뛰어나다. 수영하는 유람객도 있다. 낙락장송 아래서 녹수청산을 벗 삼아 그 정경을 감상하노라면 자신이 산수인지, 산수가 자연인지 모를 것 같다.

제9곡 장담(長潭) : '장담' 마을 옆에 있는 긴 시내이다. 장담마을 뒷산이 굽이돌아 흘러내려오는 '장담'을 끼고 있다. 물이 잔잔하게 흘러, 고여 있는 것처럼 보인다. 그 길이가 수 백 미터는 되겠다. '긴 못'이란 이름을 적절하게 잘 붙였다. 물새가 짝 지어 날고, 물고기가 떼를 지어 노닌다. '구곡리구곡'중 두 번째로 산수가 아름답다. '눈비재'를 넘어서 구곡3리를 거쳐 공전리 장담으로 갔다. 승용차로는 물길대로 따라가기가 힘들었기 때문이다.

구곡리구곡의 9개 구곡은 '제8곡 용암'과 '제9곡 장담'을 제외하면 풍치가 뛰어나지는 않다. 정운오의 「우기(又記)」에 기술해 놓은 '구곡리구곡' 9개 '곡'의 명칭에 담긴 의미를 살펴보면, 심성수양에 큰 도움이 될 것이다.

4. 맺음말

이번 '제천웰빙타운'이 조성될 경우 '구곡리구곡'중 제1곡부터 제4곡이 포함되어 일부가 사라질 수 있다. 현재의 실상을 사진으로 촬영하여 후세들에게 남겨주어야 할 것이다.

또한 정운오의 후손을 찾아 혹 필사본 자료가 남아 있으면, '구곡시'의 존재 여부를 확인해야 할 것이다. 기타 다른 사람의 문집에 '구곡리구곡'에 대해 읊은 시문이 있으면 찾아내야 할 것이다. 그러면 구곡리 구곡의 시적(詩的) 형상미를 알 수 있을 뿐 아니라, 충북의 구곡시를 추가하는 쾌거가 된다. 본고에서는 원고 마감 시한 관계상, 후손과 관련 인물을 만나지 못한 채 마무리한다. 차후 지속적으로 관련 인물과 후손을 찾아보고자 한다.

이범식(李範植)의 명도구곡(明道九曲)과 明道九曲歌(명도구곡가)

1. 머리말

명도구곡은 이범식(李範植 1898~1962)이 지금 충북 충주시 동량면 지동리부터 충북 충주시 산척면 명서리 정암 일원 10리에 걸쳐 설정했다.

필자가 명도구곡과 「명도구곡가(明道九曲歌)」를 처음으로 알게 된 경위는 다음과 같다. 2008년 8월 24일 일요일 '구곡답사회'회원들[1]과 충북 제천시 봉양읍 구곡리에 위치한 '구곡리구곡[2]'을 답사했다. 제1곡부터 답사하여 제8곡 용암(龍巖)을 찾아갔다. 용암은 제천시 봉양읍 연박리 습내에 자리하고 있다. 여기서 용암슈퍼를 운영하고 있는 이규봉(李奎奉 1925~)[3]님께, 혹 집안에 전해오는 한문책이나 문중 어른께서 남기신 문집이 있으시냐고 여쭈었다. 처음에 별로 볼 만 한 것이 없다고 하셨다. "볼 만한 것이 없다고 하지마시고 가지고 있는 것이 있으면 보여주시기 바랍니다." 하고 정중히 요청했다. 그리고 구곡문화에 대해 연구하고 있는 이상주라고 소개하고 명함을 올렸다. 그랬더니 조부님 문집이 있기는 있는데 한 번 보라고 하신다. 목차를 넘겨보니 「명도구곡가(明道九曲歌)」가 보이는 것이 아닌가. 다시 한 번 '책을 펴기만 해도 이익이 있다'는 '개권유익(開卷有益)'과 '지성감천'을 실감하는 순간이다.

학문을 잘 하는 방법 중의 하나가 '심문(審問)이다. 상대방이 겸손하게 하는 말을 액면 그대로 받아드리지 말고, 자신이 생각하고 있는 것을 상대가 그대로 느낄 수 있게 충분히 설명하여 공감하게 하는 것도 도리며 올바른 학문

---

1) 김태영 · 김욱조 · 조재명 · 송기호회원이 동행했다.

2) 이상주(李相周), 「제천시(堤川市) 봉양읍(鳳陽邑) '구곡리구곡(九曲里九曲)'에 대한 고찰」, 『충북문화재연구』 창간호, (재)충청북도문화재연구원, 2008. 71~102면.

3) 그의 고향은 충주시 동량면 용교리(龍橋里) 용대(龍臺)이다. 삼촌인 이찬종(李贊鍾 1922~, 043-847-4643)이 충주에서 삼선한약방을 하고 있다. 이규봉이 전해준 용바위에 서린 전설을 적어놓는다. "용바위를 이루고 있는 아래 부분과 윗부분 사이의 공간을 남자가 발가벗은 채로 몸이 닿지 않게 통과한 후 그날 밤 합방을 하면 아들을 낳는다. 그런 공간이 있어야 용바위라는 이름을 붙일 수 있다."

자세이다. 이렇게 하여 명도구곡과 「명도구곡가(明道九曲歌)」의 존재를 확인하게 됐다.

본고에서는 이범식의 가계와 명도구곡의 위치를 알아본다. 그리고 명도구곡(明道九曲)을 설정한 사상적 배경을 알아보고 「명도구곡가(明道九曲歌)」의 구곡시사적(九曲詩史的)의미를 규명해보고자 한다.

2. 이범식(李範植)과 도통의식

『전주이씨 광평대군파세보(全州李氏 廣平大君派世譜)』와 이범식의 『입재집속편(立齋集續編)』, 「입재선생묘갈명병서(立齋先生墓碣銘並序)」[4]를 통해 그의 가계를 개괄해본다. 이범식(李範植)은 세종대왕의 아들 광평대군의 17대손이다. 초명(初名)은 범서(範敘)이며 범정(範楨)이라고도 했다. 자(字)는 사홍(士洪)이다. 1898년 12월 25일에 태어나 1962년 11월 22일 서거했다. 묘소는 충주시 동량면 용교리 선영 아래이다. 문집 『입재집(立齋集)』[5] 3책과 『입재집속편(立齋集續編)』1책이 간행되었다. 초간본은 1972년에 간행했으며 문인(門人) 정춘택(鄭春澤)이 발문(跋文)을 썼다. 재간본은 1999년에 간행했으며 김용숙(金容肅)이 서문을 썼다.

다음은 2008년 8월 24일 일요일 '구곡리구곡' 제8곡 용암에서 용암슈퍼를 운영하고 있는 이범식의 증손 이규봉(李奎奉 1925~)에게 들은 내용이다. "명도리는 충주시 산척면 명도리이다. 고향은 충주시 동량면 용교리(龍橋里) 용대(龍臺)이다. 길옆에 자리하고 있는데 일제시대 의병들이 지나다니는 통로였다. 의병들이 자고 가고 밥도 먹고 갔다. 일본군의 감시가 심해서 의병을 말에 태워 보내기도 했다. 할아버지(이범식)가 왜정 때 일본군을 피해 명도리에 가 있었다. 사위 김종성(金鍾聲)이 살았기 때문이다." 다음은 2009년 2월 22일 일요일 이규봉에게 전화로 들은 내용이다. "치암(恥庵) 김호경(金鎬慶)[6]이라는 분이 말하기를, '할아버지가 당나귀 안장에 총을 감추어 엄정면

---

4)『全州李氏 廣平大君派世譜』 권3, 회상사, 1997. 李範植, 『立齋集續編』,「立齋先生墓碣銘並序」, 永曆六丙辰(1976년) 仲秋下澣 光山 金容肅 謹撰. 1999.

5) 2008년 9월 28일 일요일 충주에서 한약방을 하고 있는 이찬종(李燦鍾)옹을 뵈었다. 그 아들 이규홍과 통화하여 『입재집(立齋集)』을 복사하여 보내주기로 약속하였는데 그 후 복사해 보내주어 받아보았다.

목계까지 운반하게 한 적도 있다'고 했다고 한다."

김호경은 충남 공주 궁원리[7] 출신으로 제천과 충주, 청주시 낭성면 이목리 등지를 다니며 항일활동을 했다. 김성환(金成煥 1875~1958)의 『설교일기(雪窖日記)』에 김호경에 대해 다음과 같은 기록이 있다. 1913년 3월 17일 갑술일(甲戌日)은 할머니 신씨의 기제사날이다. 김치암(金恥庵) 호경(皓經)이 찾아왔다. 치암이 일찍이 의병(義兵)을 일으켰으나 여러 번 패배하여 수년간 구속되었다가 경술년에 석방되었다."[8]

금계(錦溪) 이근원(李根元 1840~1918)은 지금의 경기도 양평군 지평면(砥平面)에서 태어나 고향을 지키며 살은 도학자이다. 그의 1916년 「화양일기(華陽日記)」 3월 6일의 일기에도 김호경에 관한 기록이 있다.

> 6일 맑음. 아침에 출발하여 칠보치(七寶峙)[9]를 넘어, 분계동(分溪洞)에 도착하니 날이 정오이다. 남사과(南司果)를 찾아갔는데 여주(驪州)로부터 이사와 사는 사람이다. 술과 밥을 내오는데 매우 성대하게 준비했다. 일행(一行)이 합해서 26인이다. 길을 가다가 김호경(金皓經)과 김성환(金成煥) 일행 10여인을 만났다. 날이 저물어서야 화양동에 도착했다. 화양동 입구에 물이 불어 대개 골짜기의 얼음과 고개의 눈이 녹고 풀려 출렁출렁 활기차게 흐르는 물이 있는 것 같았다. 근일 소위 중석(重石) 광산을

---

6) 치암(恥庵) 김호경(金鎬慶: 이찬종이 어릴 때라 김호경 이름의 한자를 잘 알 수 없어 짐작되는 한자를 말한 것이다) : 다음은 2009년 2월 22일 일요일 이범식의 아들 이찬종(李燦鍾 1922~) 옹께 전화로 들은 내용이다. "치암장(恥庵丈)은 고향이 충남 공주로 의암선생과 의병운동을 하다가 감옥살이를 한 것으로 기억한다. 머리를 깎인 채로 출감하여 살아있는 것이 부끄럽다하여 호를 치암(恥庵)이라 했다. 나라가 망해서 검은 갓을 쓰지 않고 늘 백립(白笠)을 쓰고 다녔다. 치암공이 나를 업어주기도 하고 개울로 물고기를 잡으러 가기도 했다. 해방 후 떠돌이 생활을 했다. 손님들과 의병활동 하던 분들이 건너 방에서 대화하곤 했다." 2014년 충청북도 청원군 낭성면지 편찬을 위해 자료를 수집하다가 다음의 책을 보게 되었다. 김성환(金成煥)저, 김준회·이태구 번역, 김중호(金重鎬) 발행, 『설교일기(雪窖日記)』, 서영인쇄사, 1998. 이 책에 김호경(金皓經)이라 기재돼있다.

7) 대동여지도 공주군 정안면 일대에 정안(正安) 궁원(弓院) 등의 지명이 수록되어있다. 1914년 정안면 고궁원리(古弓院里) 서궁원리(西弓院里) 등의 일부가 통합되어 장원리로 개편되었다. 1995년 공주군이 공주시와 통합되면서 장척리(長尺里)와 궁원리(弓院里)에서 장(長)과 원(院)을 따서 공주시 정안면(正安面) 장원리(長院里)가 되었다. 2015년 그의 고향 궁원리로 그의 생몰연대를 알아보려고 이장에게 연락해보았으나 김씨가 살지 않는다고 한다. 김성환의 『雪窖日記』에 김호경에 대한 내용이 나오는데 다음 책에 수록했다. 이상주(李相周) 역주, 『낭성한문학』, 이에스, 2015, 1~256면.

8) 金成煥저, 김준회·이태구 번역, 金重鎬 발행, 『雪窖日記』, 서영인쇄사, 1998.

9) 지금 충북 청안면 효근리에서 황암리 사이에 있는 고개이다.

> 개발하여 광부들이 산판(山坂)을 오가고 산봉우리를 끊고 돌을 잘라서 또한 보기 좋지 않았다. 풍천재(風泉齋) 아래에 도착하여 숙소를 정하고 머물러 쉬었다. 최면암(崔勉菴[익현益鉉]의 문인(門人) 지헌하(池憲夏), 윤희당(尹希堂[석봉錫鳳]의 문인(門人) 백관정(白觀亭)과 각처의 사우(士友)들이 분지(坌至)에 도착했는데 이름을 물어본 사람을 모두 기록할 수 없었다. 도유사(都有司[이순교李順敎] 및 각 재임(齋任)이 또한 와서 보았다. 소강정(小康亭)으로부터 합쳐 70리이다. 이날 신익균(申益均 1879~1939)과 손석윤(孫錫胤)이 또한 왔다.[10]

항일활동을 하다가 돌아가신 김호경이라는 분의 자세한 사적을 정리하고자 하니 혹 김호경에 대한 기록을 보신 분은 알려주기 바란다. 이근원은 화양구곡으로 만동묘와 화양서원을 찾아가는 길이다. 많은 사람들이 참배하러 간다. 이런 정황으로 보아 일제강점기인 1916년 당시 존주대의의식 존화양이의식 위정척사의식을 가진 사림들이 화양구곡을 많이 참배하러 갔다는 사실을 알 수 있다. 면암 최익현의 제자 등 위정척사의식이 강한 사람들이다. 김성환(金成煥)도 청주시 낭성면 사람으로 그 형 김제환(金濟煥 1867~1917)과 함께 항일독립운동을 했다. 김호경은 1916년 3월 6일 김성환과 화양동에 가서 참배를 하러 간 것으로 보인다. 이렇듯 김호경은 김성환의 『설교일기(雪窖日記)』와 이근원(李根元) 의 「화양일기(華陽日記)」에도 기록돼있다. 이로 보아 김호경이 항일의병활동에 가담한 것은 분명하다고 보아야한다.

『입재선생묘갈명병서(立齋先生墓碣銘並序)』를 통해 그의 학통과 행자(行資)를 알아보자.

> 약관시(弱冠時)에, 의암(毅庵) 유인석선생을 배알하니 매우 애중(愛重)하여 입재(立齋)라 호를 명했다.'수지여철주(竪志如鐵柱), 과행약려뢰(果行若厲雷) : 뜻을 굳게 하기를 쇠기둥같이 하고, 과단성 있게 행하기를 우뢰같이 맹렬하게 하라.'라는 10자(字)를 써주었다. 다시 복양재(復陽齋) :

10) 이근원, 『錦溪集』 利, 권17, 「華陽日記」, 29장 후면~30장 전면. "六日 乙亥 晴. 早發踰七寶峙, 至分溪洞, 日午, 訪南司果 自驪州僑居者也. 進酒食甚盛備, 一行合二十六人, 啓程逢金皓經 金成煥一行十數人, 乘暮抵華陽洞, 洞口水漲, 盖谷氷嶺雪始融釋, 有似源源活水也. 近日所謂重石開鑛, 鑛夫往來山坂, 劚巒裂石, 亦不好看也. 至風泉齋下, 定館留歇. 崔勉菴[益鉉]門人池憲夏, 尹希堂[錫鳳]門人白觀亭及各處士友坌至通問者, 不能盡記矣. 都有司[李順敎] 及各齋任, 亦來見焉. 自小康亭計程七十里, 是日申益均孫錫胤亦來." 각주7) 8) 9)의 내용은 2018년에 추가하는 것이다.

양을 회복하는 집'이라는 큰 글씨 세 글자를 써주어 권면했다. 또 금계(錦溪) 이근원(李根源)선생과 경재(敬齋) 양두환(梁斗煥)선생 두 선생(先生)의 문하에 올라 공경(恭敬)을 위주로 하고 이치(理致)를 연구하는 요체에 대해 듣고 진실(眞實) 용공(用工)의 경지로 삼았다. 덕(德)에 나아가고 업(業)을 닦는 것이 날로 더욱 높고 넓어, 찬연히 일대(一代)의 '양류지소(陽類之所)'가 되었으니, 높이 우러러 본 즉 그 수양하기를 심오하게 하고 쌓기를 두터이 하지 않았다면 어찌 이와 같이 되었겠는가? 대개 여러 경전과 제가(諸家)의 책에서 배운 것이 천인성명(天人性命)의 설(說)을 두루 관철하여 막힘이 없으며, 체용(體用)을 함께 온전히 하고, 강목(綱目)을 해박하게 갖추어 사서(四書)에 뛰어나 두루 강독하여, 이해하는데 안주하지 않고 도리어 몸소 체험하여 일을 따라 살펴보고 한 마디 말을 할 때 충(忠)과 신(信)을 말하지 않음이 없고, 한 가지 일을 하더라도, 경(敬)과 근(謹)을 하지 않음이 없으며, 집안을 바르게 하는 데는 엄하게, 사람을 대할 때 어질게 하여, 사람을 감동하게 하는 것이 많다. 대개 한둘을 예로 들어보면 어버이를 섬길 때 지극히 효성스럽게 하여 살아계실 때 봉양하고 돌아가셔서 잘 장례를 내는 일을 지극하게 하지 않음이 없었다. 정명(正名)을 분명하고 돈독하게 했으며, 은의(恩義)를 가정에서 실천하여 정숙(靜肅)하게 하고 노인과 어린이를 기쁘게 해주었으며, 자식을 가르치는데 효도와 공경을 강조했다. 계씨(季氏)가 일찍 죽고, 누이가 또한 과부(寡婦)가 되어 사는데, 그 고아들을 어루만져 기르기를 자신이 낳은 것처럼 미루어 보살폈으며, 족친(族親)의 궁핍을 구(救)하고 급함을 구제하여 은혜를 베풀기를 주위를 둘러보지 않음이 없었다. 스승의 일에 정성을 드러내기를 항상 만만(萬萬)하게 하니 예를 들면, 의옹(毅翁) 유인석선생을 요동(遼東)으로부터 반장(返葬)할 때 예를 갖추고 금계(錦溪) 이근원(李根源)선생과 송서(宋書)를 대략 가려 뽑았다. 경재선생의 문집을 편찬할 때 혹 사우(師友)들을 통솔하여 합심협력하고 혹 홀로 스스로 감당하여 정신(精神)을 다하여 피곤했다. 성취(成就)를 기약한 이후에도, 크고 작은 것을 가리지 않고 일을 마쳤다. 오직 의로써 그것을 살피고 지켰으며, 확실하게 행했다. 그 결과 치흑(薙黑)의 변(變)[11]이 있을 때도, 자신이 엄격하게 물리쳤을 뿐 아니라, 죽음을 맹서하여 변하지 않았다.[12]

11) 치흑(薙黑)의 변(變) : 일제(日帝)의 지배를 받게 된 상황을 말하는 듯. 『정자통(正字通)』. 속위(俗謂) 체발왈치(剃髮曰薙).

12) 李範植, 『立齋集續編』,「立齋先生墓碣銘並序」, "永曆 六丙辰(1976년) 仲秋下澣 光山 金容肅 謹撰. 弱冠時, 拜毅庵柳先生甚愛重, 命號立齋. 仍書贈以豎志如鐵柱果行若厲雷十字, 及復陽齋三大

이상에서 보듯이 이범식은 의암 유인석(柳麟錫 1842~1915)의 문하생이다. 그 후 금계(錦溪) 이근원(李根源 1840~1918)선생과 경재(敬齋) 양두환(梁斗煥)선생 문하에서 학문을 하였다. 그는 유가의 경전과 제가의 책을 두루 섭렵했다. 천인성명(天人性命)의 설(說)과 체용(體用)을 함께 온전히 하였으며, 강목(綱目)을 해박하게 갖추고 사서(四書)를 이해하고 몸소 실천했으며 경(敬)과 근(謹)을 일상생활화 했다. 효성도 지극했으며 형제자매와 이웃에게도 은혜를 두루 베풀었다. 스승에 대한 도리를 다하였으며, 일제(日帝)의 지배를 받게 된 후에도 의연히 자신을 지키고 변치 않았다.

이제 이범식이 도학의 연원을 중시했다는 사실을 알아보자.

> 아! 선생의 도덕의 높음과 낮음, 학문의 얕음과 깊음은 결코 용렬하고 비루하고 식견이 없는 사람이 엿보고 헤아려 형용할 수 없으나, 옛날 등문(登門)에 있을 때 진실로 본 사람이 있다. 대개 그 천품이 높고 밝으며 본디 성품이 강개하여 용맹의 뜻을 크게 떨치고 큰물 같은 기세를 우뚝 세웠다. 율곡(栗谷) 이이(李珥)와 우암(尤庵) 송시열(宋時烈)의 연원을 숭상하고 화서(華西) 이항로(李恒老)와 성재(省齋) 유중교(柳重敎 1821~1893)선생의 길을 쫓아 숭상하여 한 결 같이 천리(天理)를 밝히고 인심을 바르게 하여 화맥(華脈)을 보전하고 이 도를 살피는 것을 필생의 준적(準的)으로 삼아 나아가 수양하는데 차례를 잘 지키고 그 바름을 밟아 나가 처신하고 집안을 잘 다스리고 대인관계를 잘 했다.13)

위에서 살펴보았듯이 이범식은 율곡(栗谷) 이이(李珥)와 우암(尤庵) 송시열(宋時烈)의 연원을 숭상하고 화서(華西) 이항로(李恒老)의 학맥을 계승한

字, 而勉之. 又登錦溪敬齋兩先生之門, 得聞居敬窮理之要, 以爲眞實用工之地, 進德修業, 日益崇廣, 赫然, 爲一代陽類之所, 宗仰則其非養深積厚, 而烏能如此? 盖其爲學於群經諸家之書, 天人性命之說, 周流貫徹, 無所隔碍, 體用俱全, 綱目該備尤於四書, 循環看讀, 不住理會, 反躬體驗, 隨事省察, 一言之發, 無不忠信, 一事之作, 無不敬謹, 正家之嚴, 及物之仁 有足感人者多. 槩擧一二, 則事親至孝, 養生送死, 靡極不至. 正名分篤, 恩義閨門斬斬, 老幼怡怡, 訓子以義, 申申孝悌. 季氏早世, 妹亦寡居, 撫育其孤一如己出, 推之. 族親救窮濟急, 惠無不周衛. 師血誠出常萬萬, 如毅翁自遼返葬之禮, 錦門宋書, 略選之. 事敬老, 遺集編摩之役, 或率士友, 而合心幷力, 或獨自擔當, 而竭精疲神. 期於成就, 而后, 乃已事無鉅細. 惟義是視守之, 以確行之, 以果其在薙黑之變, 不惟身所嚴斥, 誓死不渝而已."

13) 李範植, 『立齋集續編』,「立齋先生墓碣銘並序」, "永暦 六丙辰(1976년) 仲秋下澣 光山 金容肅 謹撰. 嗚呼. 先生道德之高下, 學問之淺深, 決非庸陋蔑識所敢窺測, 而形容然, 昔在登門, 固有所得見者矣. 盖其天稟高明, 素性慷慨, 大奮勇猛之志, 特立洪流之勢. 慕仰潭巴之淵源, 推尙蘗柯之門路, 一以明天理 正人心, 保華脈 存此道, 爲畢生準的, 而進修有序操履甚正, 律身治家也.待人接物也."

정통 기호사림(畿湖士林) 노론계(老論系) 도학자였다.

명도구곡(明道九曲) 제9곡 명도천(明道川)의 제1구 "구곡청심명도천(九曲淸深明道川)"와 제4구 "유유장담활수연(惟有長潭活水連)."를 보자. "구곡이라 맑고 깊은 명도천, 오직 장담(長潭)의 활기한 물결과 이어지네."라는 뜻이다. 장담(長潭)은 지금 충북 제천시 봉양읍 장담리로 시내이름이자 마을이름이다. 유중교(柳重教 1832~1893)가 1889년 이곳에 자양서사(紫陽書祠)를 건립한 곳으로, 유중교는 제천에 화서학맥을 전수, 계승하게 한 주인공이다. 이범식은 제9곡에서 명도구곡의 상류에 있는 장담이, 즉 유중교가 강학했던 장담과 이어진다는 점을 밝히고 있다. 이는 자신이 유중교의 도통연원의 계승자라는 점을 명확히 천명한 것이며, 도학 연원을 중시하고 있다는 점을 공고히 한 것이다. 이렇듯 이범식이 명도구곡을 설정한 '명도리(明道里)'라는 지명도 바로 도를 밝히는 마을이라는 뜻으로 붙인 것이다.

3. 명도구곡(明道九曲)의 위치

명도구곡(明道九曲)의 위치를 알아보자. 이범식의 『입재집(立齋集)』에는 구곡의 명칭을 기록해놓지 않아 구곡의 명칭을 알 수가 없다. 문집의 편찬과정에서 본의 아니게 누락되었을 가능성이 있긴 하나 알 수가 없다.

「명도구곡가」라는 제목 아래에 '명도리(明道里)'라 주를 달았다. 제1곡가에서부터 제9곡가 아래에 보충 설명이 필요한 경우 지명(地名)·리명(里名)·암벽의 이름(壁名)·바위의 이름(巖名)을 기록해놓았다. 따라서 구곡의 위치와 범위 그 정경을 확인하는데 도움이 된다. 서시(序詩) 아래에 '통칭개천안(統稱開天顔)'이라 주를 달았다. '통털어 개천안이라 부른다'는 뜻이다. 이 내용으로 보면 명도구곡의 위치는 통칭 '개천안이라 부르는 범위 안에 설정한 것으로 보아야한다. 위와 같은 내용과 충주시 동량면 하천리에서 출생하여 지금껏 고향을 지키며 살고 있는 이천재님의 지명에 대한 설명을 참고하여 명도구곡의 위치를 추정해본다.

① 제1곡 용추(龍湫) : 충북 충주시 동량면 지동리에 있었다. 시의 내용으로 보아 용추라고 했을 가능성이 높다.

② 제2곡 미라곡(美羅谷, 미라실): 충북 충주시 동량면 도마리 미라실이다.'촌명(村名) 미라곡(渼蘿谷)'이라 주를 달았다.'마을 이름이 미라곡이다.'이라는 뜻이다.

③ 제3곡 조오동(釣鰲洞, 조골) : 인근 6개 마을의 중심지이다. 6개 마을은 금잠·미라실·만지·양아·사방(식결)·조골을 가리킨다. '리명 조오동(里名 釣鰲洞)'이라 주를 달았다. '리의 이름이 조오동이다.'이라는 뜻이다.

④ 제4곡 무동(武洞) : 충북 충주시 동량면 지동리 무동. 지금 섬 뒤쪽 산 아래로 강물이 흘렀다. 섬 앞으로 지동국민학교가 있었다. '무동(武洞) 지명(地名)'이라 주를 달았다. '무동은 지명이다.'라는 뜻이다.

⑤ 제5곡 송평(宋坪) : 충북 충주시 동량면 하천리. 하천국민학교가 자리하고 있었다. 마을 앞 개울가로 500여 평의 백사장과 4만평 정도 밤나무 그늘이 있어서 사람들이 많이 놀러왔다고 한다. 앞에 바위봉우리가 우뚝 솟아있다. 바위틈에 갖가지 나무가 자라고 있어 형상이 기이하다. 이름이 풍류산이며 그래 있는 소를 풍류소라 한다. 명도구곡 제5곡에 이라는 주를 달았다.
'송평 지명(宋坪 地名).'월굴 암명(月窟 巖名)''풍류 벽명(風流 壁名)' '송평(宋坪)은 지명(地名)이다. 월굴(月窟)은 바위의 이름이다. 풍류(風流)는 절벽의 이름이다.'이라는 뜻이다.

⑥ 제6곡 만천(萬川) : 충북 충주시 동량면 하천리. 지금 하천대교 위쪽 시내를 만천이다. 만천 끝나는 곳이 산척면과 경계지역이다.'만천 지명(萬川 地名)'이라는 주를 달았다. '만천(萬川)은 지명(地名)이다.'라는 뜻이다.

⑦ 제7곡 빙담(氷潭) : 시의 내용으로 보아 빙담(氷潭)이라 했을 가능성이 높다.

⑧ 제8곡 정암(鼎巖, 솥바위) : 충북 충주시 산척면 명서리(옛날 명도리)[14] 정암이다. '정암(鼎巖) 지명(地名)'이라는 주를 달았다. '정암(鼎巖)은 지명(地名)이다.'

⑨ 제9곡 명도천(明道川) : 정암 일대 하천을 명도천이라 한 것으로 보인다. 성리학적(性理學的) 사유(思惟)를 나타내는 용어를 제9곡의 명칭으로 삼은 것이다.

---

14) 명서리(옛날 명도리): 2009년 2월 22일 일요일 이범식의 아들 이찬종(李燦鍾 1922~)옹에게 전화로 여쭈어 보니, 지금 명서리를 전에 명도리라 했다 한다.

> 서시의 제1구와 제2구에 "개천안내유영구, 십리청천구곡류(開天顔內有靈區,十里淸川九曲流)."라는 내용이 있다. "개천안(開天顔) 안에 신령한 구역 있어 십리 맑은 시내 아홉 구비 흘러가네."라는 뜻이다.

이를 종합해보면 명도구곡은 전체 십리 내 '개천안'을 중심으로 설정한 것이다. 제천시 봉양읍 '명도리'가 있으나 십리를 벗어난다. 전반적인 상황으로 보아, 명도구곡의 범위는 지금 충주시 동량면 지동리 용추에서부터 충주시 산척면 명서리 정암 상류 명도천(明道川)에 걸쳐 설정했다고 보면 무리가 없다.

개천원(開天院)을 중심으로 읊은 「개천원팔경가(開天院八景歌)」[15]가 이기진(李起振 1869~1908)의 『명와집(明窩集)』[16]에 실려 있다. 동일한 지역에 팔경과 구곡을 설정하였지만, 서로 문집이나 초고를 견람하지 못하여 야기된 것으로 보인다. 한편 산수가 수려한 곳이기 때문에 다른 사람이 팔경이나 구곡을 정했다 하더라도 각자 자기 취향대로 팔경이나 구곡을 정하게 된 것으로 볼 수 있다.

이범식(1898~1962)의 『입재집(立齋集)』초간본은 1972년 간행했으며, 재간본은 1999년 간행했다. 이기진의 『명와집(明窩集)』은 1988년 간행되었다. 이기진이 먼저 출생하였으나 문집이 늦게 간행되었다. 여러 가지 정황으로 보

15) 이기진은 지금 충북 충주시 동량면 하곡리 구석(龜石)마을에서 출생했다. 제목에 팔경가(八景歌)라 했지만, 서문의 내용을 읽어보면 개천원팔경(開天院八景)에 대해 읊은 시이다. 따라서 「개천원팔경가(開天院八景歌)」라 부르는 것이 마땅하여 그렇게 명명했다. 위치는 충북 충주시 동량면 손동 지동 하천리에 걸쳐있다. 「개천원팔경가(開天院八景歌)」 머리말에 이지함(李之菡)과 민정중(閔鼎重)이 은거하며 독서한 곳이라 했다. 그리고 그때 설정했다는 팔경의 명칭에 따라 8수의 시를 지었다. 두 분의 시가 남아있었을 것이나 볼 수 없음을 안타까워 추모의 뜻으로 시를 짓는다고 밝혀놓았다. 개천원팔경(開天院八景)은 옥녀만하(玉女晩霞)·덕봉조일(德峯朝日)·두엄단화(斗嚴丹花)·풍벽창송(風壁蒼松)·동계관어(東溪觀魚)·오지탄금(五指彈琴)·지등석월(地登夕月)·월굴단풍(月窟丹楓)이다. 필자는 2008년 8월 24일 일요일 미라실 현장에 도착하여 이상은(李相殷 1943~ 010-2292-8436)님을 뵙고 대강의 얘기를 들었다. 35년 정도 타향살이한 후 귀향해서 살고 있다. 열두 개천안이 있다고 한다. 충북 충주시 동량면 지동리 미라곡 건너 산 아래 '만지'라는 마을이 있다. 피난지로 이지함선생이 살았다한다. 지금 5호가 거주하고 있다.

16) 필자가 『명와집(明窩集)』을 보게 된 동기는 다음과 같다. 2007년 7월 16일 월요일 충북대학교 국어국문학과 박연호 교수 연구실에 들렸다. 그와는 필자가 쓴 『춘면곡과 그 작자』라는 본문으로 인해 친밀해졌다. 필자가 역주한 『충북의 구곡과 구곡시』라는 책을 기증하려고 간 것이다. 필자는 그가 소장한 책에 대해 관심을 갖자 그는 "진정 충북을 사랑하는 분 연구하는 분이 갖고 계셔야하지요. 저는 도서관에서 빌려다 보아도 되니 가져가십시오. 연구해놓으시면 저는 보면 되니까요." 이 때 박연호교수가 준 책은 총 15권이다. 학문적 식견과 도량에 경의를 표한다.

아, 이범식이 생전에 이기진의 초고를 보았을 가능성은 낮다.

4. 「명도구곡가(明道九曲歌)」의 분석

이범식이 「명도구곡가(明道九曲歌)」를 지은 연대는 대략 1935년쯤이라 한다.[17)]

> 명도구곡가(明道九曲歌) 명도리(明道里)
> 개천안내유영구(開天顔內有靈區), 개천안(開天顔) 안에 신령한 구역이 있어,
> 십리청천구곡류(十里淸川九曲流). 십리 맑은 시내 아홉 구비 흘러가네.
> 일엽요요탄뢰상(一葉搖搖灘瀨上), 일엽편주 흔들흔들 여울물 위로 떠가니,
> 도가삼첩척진수(棹歌三疊滌塵愁). 노 젓는 노래 소리 삼첩에 세속의 근심을 씻어버리네.
> 통칭개천안(統稱開天顔). 통털어 개천안이라 부른다.

이 시는 서시(序詩)이다. 첫머리에 '「명도구곡가(明道九曲歌)」','명도리(明道里)'라고 했다. 시가 끝나고 주에 '통칭개천안(統稱開天顔)' 즉 '통털어 개천안이라 부른다.'라고 했다. 이범식은 서두에 구곡의 명칭과 구곡의 위치를 기술했다. 그리고 그 구곡의 범위를 일반적으로 부르는 명칭도 기록했다. 구곡 9개의 시가 끝나는 곳에 마을이름·지명·바위이름·절벽이름을 기록해놓았다.

「명도구곡가(明道九曲歌)」는 10수 모두 주자의 「무이도가」의 운에 차운해서 지었다. 이곳 개천안에는 신령한 구역이 있다. 맑은 시냇물이 10리 이어지는 청정한 곳이다. 이곳 여울물 따라가며 뱃노래 삼창에 세속의 근심을 씻어버리게 한다. 구곡을 설정한 사람들은 자신이 설정한 구곡의 절경을 예찬한다. 이 서시에서도 명도구곡이 청정지역으로 속세를 떠난 신령한 지역이라 찬양한다. 대개 구곡을 설정한 곳은 산수가 수려하다. 필자가 답사한 결과 이 표현이 상투적 표현이 아니라 실제 그렇다는 것을 확인했다. 지금은 충주댐 건설로 인해 수몰이 되어 옛 모습이 많이 물에 잠겨 변화되었지만 수몰되기

---

17) 2009년 2월 22일 일요일 이범식의 아들 이찬종(李燦鍾 1922~)옹에게 전화로 창작연대를 여쭤보니 열 둬 살 때 쯤으로 기억된다고 하신다.

전에는 그리 깊지 않은 시냇물이 구비 구비 감돌며 흐르고, 한적한 산촌이 자리하고 있어 속세를 떠난 선경으로 느낄 만 했을 것으로 상상된다.

제1곡 용추(龍湫)이다.

일곡영회백장추(一曲縈廻百丈湫), 일곡이라 감도는 백 길 되는 못
신룡잠처수심유(神龍潛處水深幽). 신령한 용이 잠긴 곳 물이 깊고 아늑하네.
제시운우장하일(霽時雲雨將何日), 비 개일 때 비구름 장차 어느 날에,
은은청뢰후불수(隱隱晴雷吼不收). 은은히 맑은 우뢰의 시끄러움 거둬들일꼬?

제1곡은 시의 내용으로 보아 '용추'라 했을 것이다. 용추는 매우 깊은 소(沼)이다. 백 길이라 한 것은 과장법을 쓴 것이다. 신령한 용이 잠겨있는 깊고 아늑한 곳이다. 용은 비구름의 운행을 자유자재로 조절하는 능력을 구비한 영물이다. 따라서 우레 소리를 거둬들이는 능력을 발휘하기를 기대해본다.

제2곡 미라곡(渼蘿谷)이다.

이곡고현상미탄(二曲叩絃上渼灘), 이곡이라 악기 줄 퉁기며 잔잔한 여울 올라가니,
암화라월화중간(巖花蘿月[18]畵中看). 바위틈에 핀 꽃과 라월(蘿月)이 그림가운데 보이네.
완수계등수안의(緩隨溪磴須安意), 느리게 물가 서덜 따라가면 모름지기 맘이 편안해지니,

18) '라월(蘿月)'은 '송라(松蘿)와 등(藤)나무 덩굴사이로 보이는 달'이라는 뜻이다. 라등만간지월(蘿藤蔓間之月). 이백(李白), 「증숭산초련사(贈嵩山焦鍊師)」 시(詩). 라월괘조경(蘿月挂朝鏡), 송풍명야현(松風鳴夜絃). 맹호연(孟浩然), 「등망초산최고정시(登望楚山最高頂詩)」. 명환귀기하(暝還歸騎下), 라월재심계(蘿月在深溪).
지금 충북 괴산군 청천면 산 12번지 암벽에 '라월경(蘿月逕)'이라는 글씨가 새겨져있다. 2006년 9월 16일 토요일 오전 11시 5분, 학계 최초로 찾아냈으며, 학계 최초로 탁본했다. 글씨를 쓴 사람은 윤순(尹淳)이며, 새긴 연도는 1717년 이후, 1722년 이하곤이 서거하기 그 이전이다. 글씨를 새긴 사람은 스님인 관상인(觀上人)이다. 정확한 법명은 확인하지 못했다. 다음은 서예가 신상철(申尙澈)선생의 평이다. "'라월경'이라는 글씨는 행서(行書)이다. '행서(行書)'이면서 '해서(楷書)'의 기미가 있다. '라(蘿)'는 초서에 가까운 '행서(行書)'이다. '월(月)'은 '행서(行書)'지만 '해서(楷書)'의 기운이 있다. '경(逕)'은 '행서'인데 이를 '약자(略字)' 비슷하게 썼다. 행서를 쓰면서 3글자를 변화 있게 썼다. 다양한 글씨를 섭렵하여 노련미가 응축되어있다." 이상주, 「괴산군 청천면 사담리(沙潭里)의 이하곤(李夏坤)의 유적(遺跡) 및 윤순(尹淳)의 서예유적(書藝遺蹟)」, 『괴향문화(槐鄕文化)』 제14집, 괴산향토사연구회, 2006. 9~53면.

휴도인간행로난(休道人間行路難). 인간의 살아가는 길 어렵다 말하지 말라.

촌명(村名) 미라곡(渼蘿谷). 마을 이름이 미라곡이다.

2곡이라 거문고 튕기며 미라곡 따라 올라가니, 바위틈 사이에 꽃이 피었다. 송라 사이로 비치는 달이 그림과 같다. 미라곡은 시내가 비단 같이 아름다운 곳이라는 뜻이다. 누군가 이름을 정말 운치 있게 붙였다. 위와 같은 돌서덜 따라 천천히 가다보면 모름지기 맘이 편안해진다. 미라곡에 오면 세상살이 힘들다는 말이 나오지 않을 만큼 심신을 편안하게 해준다.

제3곡 조오동(釣鰲洞)이다.

삼곡참암상조오(三曲巉嵒上釣鰲), 삼곡이라 높은 바위 올라가 자라를 낚는데,
산용침벽정풍도(山容沈碧定風濤). 산 모습은 푸름에 잠기고 바람파도는 안정되네.
저문산외병진사(佇聞山外兵塵事), 서서 산 밖의 티끌세상에서 싸우는 일 들으니,
고해경파세막도(苦海鯨波世莫逃). 고난한 바다의 고래 같은 파도를 세상엔 피할 데가 없네.
리명 조오동(里名 釣鰲洞). 리의 이름이 조오동이다.

3곡은 조오동이다. 높은 바위에 자라를 낚으러 올라가니 산이 푸른 물을 베고 있으며, 바람이 불던 물결이 고요히 안정된다. 본래 이곳은 자라가 많았던 모양이다. 조오동 산밖에는 싸우는 소리 들리고 고래 같은 높은 파도를 피할 곳이 없다고 했다. 그런데 이곳 조오동에는 세상의 싸우는 소리도 험난한 일도 염두 하지 않아도 되는 안락한 곳이다.

조오동(釣鰲洞)은 자라를 낚는 동네이니 자라가 살고 있는 못 즉 오담(鰲潭)이다. 전설에 자라의 등에 신선산(神仙山)을 지고 다닌다고 한다. 이런 전설을 관련지어 풀어보면, 이곳이 신선경이라는 점을 은연중에 강조하고 있다는 점을 감지할 수 있다.

제4곡 무동(武洞)이다.

사곡정정옥녀봉(四曲亭亭玉女峰), 사곡이라 우뚝 솟은 옥녀봉,
봉전무동출수용(峰前武洞出修容). 봉우리 앞에 무동이 다듬어진 모습을 드러내네.
무이상상천추하(武夷想像千秋下), 천년 후에 무이(武夷)를 상상하니,
홍무의관숙여종(洪武衣冠孰與從). 홍무 때의 의관 누가 더불어 따라줄꼬?
무동(武洞) 지명(地名). 무동은 지명이다.

4곡은 옥녀봉이다. 주자의 「무이도가」제2곡이 옥녀봉이다. 옥녀봉 앞에 무동이라는 마을이 잘 다듬어진 모습으로 나타난다. 「무이도가」를 지은 지 천년 후를 생각하니 홍무(洪武) 때 의관을 따라 줄 사람이 없음이 한탄스럽다. 홍무(洪武 1368~1398)는 명(明)나라 태조의 연호이다. 지금 작자가 살고 있는 시대는 조선이 망하고 일제가 강점하고 있다. 중국도 오랑캐라고 여겼던 만주족이 세운 청나라가 지배하고 있고, 우리나라도 오랑캐라고 여긴 일본의 지배를 받고 있었다. 3구와 4구에서 그런 상황을 읊은 것이다. 중국의 유학을 숭상하는 정통 도맥(道脈)에 단절되고 일본의 지배를 받는 시국을 개탄한 것이다.

지명인 무동은 어느 때인지 알 수는 없지만, 주자의 무이구곡을 모방하여 명명한 것으로 보인다. 즉 도통의식(道通意識)을 지명에 표명한 것으로 보인다.

第5곡 송평(宋坪)이다.

오곡송평로전심(五曲宋坪路轉深), 오곡이라 송평길이 곧바로 깊숙해지는데,
무변광경희상심(無邊光景喜相尋). 끝없이 펼쳐지는 광경 기분 좋아 서로 찾아가네.
천근월굴진기저(天根月窟眞機著), 하늘 아래 월굴에 진기(眞機)가 들어나고,
벽상풍류만고심(壁上風流萬古心). 절벽 풍류벽에 만고심이 드러나네.
송평 지명(宋坪 地名). 월굴 암명(月窟 巖名). 풍류 벽명(風流 壁名). 송평(宋坪)은 지명(地名)이다. 월굴(月窟)은 바위의 이름이다. 풍류(風流)는 절벽의 이름이다.

송평은 지명으로 송씨가 많이 살고 있다. 주자가 송나라 사람인데 우연히 이 근처에 송씨가 많이 살고 있다. 가느다란 길이 곧 바로 깊숙한 곳으로 끝

없이 이어지는 곳이다. 하늘이 월굴에 뿌리 내려 진기(眞機)가 드러나고, 바위 절벽인 풍류벽이 오랜 세월 변함없이 서있다. 풍류벽이라고, 절벽의 이름을 매우 운치있게 붙였다. 수직의 층암 절벽이다. 바위 틈새로 각종 수목들이 총총히 자라고 있어 진기한 볼거리이다.

제6곡 만천(萬川)이다.

육곡만천가탁영(六曲萬川可濯纓), 육곡이라 만천 갓끈을 씻을 만하고,
창랑일파독전청(滄浪一派獨全淸). 차가운 물결 한 줄기 유독 전체가 맑아라.
문거나득정형기(問渠那得晶瀅氣), 저 시내에 묻노니 어떻게 맑디맑은 기운 얻어,
천재도도원유성(千載滔滔遠有聲). 천년토록 도도히 오래도록 물소리 내는고?
만천 지명(萬川 地名). 만천(萬川)은 지명(地名)이다.

6곡은 만천이다. 갓끈을 씻을 만하다. 즉 맑다는 바유다. 차가운 물결이 전체가 맑다. 작자는 제1구에 「어부사(漁父辭)」[19]에 내포된 의미를 시에 의탁했다. 3구와 4구에 만천의 맑은 물결의 역사가 천 년 이상 유구하다는 점을 강조하기 위해 반어법을 썼다.

제7곡 빙담(氷潭)이다.

칠곡영담파자회(七曲永[20]潭巴字廻), 칠곡이라 얼음 못 파자(巴字) 모양으로 감도는데,
징연명경입심개(澄淵明鏡入心開). 밝은 거울 같은 맑은 못 마음에 들어와 열리네.
세란부동미풍정(細瀾不動微風靜), 잔물결 일지 않고 미풍도 고요한데,

19) 굴원(屈原)이 지은 「어부사(漁父辭)」의 다음 내용을 가리 킨다. 「어부사(漁父辭)」. 창랑지수청혜(滄浪之水淸兮), 가이탁오영(可以濯吾纓), 창랑지수탁혜滄(浪之水濁兮), 가이탁오족(可以濯吾足). "창랑의 물이 맑거든 내 갓끈을 씻고, 창랑의 물이 흐리거든 내 발을 씻겠노라."라는 뜻이다. 굴원(屈原)은 전국시대 초(楚)나라 사람. 이름은 평(平). 자(字)는 원(原). 치란(治亂)의 방도에 밝아 삼려대부(三閭大夫)가 되었으나, 간신들의 참소(讒訴)로 왕으로 부터 멀어지게 되었다. 그러자 「이소(離騷)」를 지어 울분을 풀었다. 그 후 양왕(襄王)때 유배되어 「어부사(漁父辭)」를 짓고 멱라수(汨羅水)에 몸을 던졌다.

20) 문집에 '영(永)'로 썼는데 '빙(氷)'자가 옳을 듯.

공피사구축수래(恐被沙[丘+鳥]蹴水來). 모래밭 갈매기가 물을 차고 올까 두렵도다.

오래된 못이 '파(巴)'자 모양 감돌고, 맑은 못이 밝은 거울 같아 사람의 마음이 활짝 열리는 곳이다. 화양구곡 제9곡이 파곶(巴串)이다. 물굽이가 파자 모양으로 감돌아 파곶이라 했다. 파자 모양의 물굽이를 바라보면서 화양구곡과 우암을 염두 했으리라. 도통연원을 견지하고 있는 이범식의 의식으로 보아 무리한 추리는 아니다. 빙담은 물결이 일지 않고 미풍도 불지 않는다. 그것이 깨지는 것이 아쉬워 갈매기가 물을 차고 올까 두렵다고 했다. 잔잔하고 고즈넉한 빙담의 정경을 적절히 잘 표현했다.

제8곡 정암(鼎巖 솥바위)이다.

팔곡정암출소오(八曲鼎巖出沼汚), 팔곡이라 정암은 못으로부터 솟아났는데,
영란첨활구주도(影瀾添活九州圖). 물결에 비치는 그림자에 구주도(九州圖)를 살아나네.
동서근일도천수(東西近日滔天水), 근래 동서간(東西間)에 하늘의 물결이 넘치는데,
신부착룡시불수(神斧鑿龍時不殊). 신령한 도끼로 용을 깎아낼 때도 달라지지 않네.
정암(鼎巖) 지명(地名). 정암(鼎巖)은 지명(地名)이다.

하천리 송뜰가든 인근 산 중턱으로 개설한 임도를 따라 넘어가면 정암마을이 있다. 팔곡은 정암이다. 정암은 못 가운데 솟아있으며, 물결에 비치는 그림자에 구주도(九州圖)가 살아난다고 보고 있다. 그런 상상을 해본 것이다.

한치윤(韓致奫 1765~1814)의 『해동역사』에 다음과 같은 주가 있다.

『성경통지(盛京通志)』에는 다음과 같이 되어 있다. 요양주(遼陽州)는, 주(周)나라 때에는 청주(青州) 지역이었다가 무왕이 기자를 조선에 봉하여 조선의 서계(西界)가 되었으며, 전국(戰國) 시대에는 연(燕)나라에 속하였다. … ○봉황성(鳳凰城)은, 주나라 때에는 조선의 경계였으며, 진나라 때에도 같다. 진서(鎭書: 한치윤의 조카 한진서. 『해동역사』를 함께 저술하였다.-인용자 주)가 삼가 살펴보건대, 『이아(爾雅)』의 구주도(九州圖)

를 보면, 우이(嵎夷)는 바로 조선으로 기자가 봉해진 지역이고, 『요동지(遼東志)』를 보면, 요동은 본래 기자국(箕子國)이며, 『대명일통지』를 보면, 요동의 명환(名宦) 가운데에 역시 기자가 들어 있고, 『성경통지』를 보면, 요수(遼水) 동쪽과 서쪽 지역이 모두 기씨(箕氏)의 옛 강역에 속해 있다. 그런즉 기씨의 서쪽 경계는 멀리 요하(遼河)를 건너간 것임이 분명하다.[21)]

신라가 통합한 이후의 구주도(九州圖)도 있다. 대개 조선시대 유학자들도 기자조선을 우리나라 고대국가로 보는 것이 통념이다. 기자가 중국에서 우리나라로 건너와서 중국의 문화문명을 우리나라에 전해주었다고 본다. 이런 역사관과 존화양이의식으로 볼 때 이 시에서 구주도는 기자와 관련이 있는 중국의 구주도를 가리키는 것으로 보인다. 이범식이 이시에서 구주도를 거론하는 이유는, 융성했던 중국문화에 대한 동경과 중국의 국력이 회복되고 우리나라도 일제의 지배에서 탈피하기를 소망하는 의식이 강렬했기 때문으로 보인다.

3~4구를 보자. 근래 동서간(東西間)에 하늘의 물결이 넘친다는 말은 우리나라와 서양, 일본 등의 정세가 크게 변화하고 있다는 점을 표현한 것으로 볼 수 있겠다. 이런 시대 상황은 전지전능하다고 하는 용을 깎아내는 정도의 위협과 불안으로 느낀 것 같다. 그러나 정암은 불변이다. 그 정도로 정암은 주변의 어려운 상황에도 영향을 받지 않고 견고하다는 사실을 강조한 것이다. 이범식은 명도구곡 주변은 오지라서 일제들 외세의 영향을 받지 않는다는 의미을 붙인 것일 수 있다. 또한 '존화양이''위정척사'의 도(道)를 깎아낼 수 없다는 의미를 의탁했을 수 있다.

제8곡 정암에서 이범식은 당시 서세동점의 불안한 시국을 시에 이입한 것으로 보인다. 시국이 위태로운 지경에 처했지만, 정암이 도도한 물결 가운데도 의연한 자태를 유지하는 것을 보며, 우리 민족도 이 바위처럼 견강한 자세를 유지해야한다는 점을 강조하기 위한 것이리라.

제9곡 명도천(明道川)이다.

구곡청심명도천(九曲淸深明道川), 구곡이라 맑고 깊은 명도천,

---

21) 한치윤(韓致奫),『해동역사 속집 제1권 지리고(地理考) 1』,「고금강역도(古今疆域圖)」, 한국고전번역원, 정선용 번역, 2003.

묘연정도기하년(渺然停棹幾何年). 아득히 노 멈춘 지 몇 년인고?
요지혼혼원두처(遙知混混源頭處), 출렁출렁 멀리 물의 발원지 알 수 있으니,
유유장담활수연(惟有長潭活水連). 오직 장담(長潭)의 활기한 물결과 이어지네.

제9곡은 명도천(明道川)이다. 도(道)를 밝히는 시내다. 도는 유학(儒學)의 도(道) 즉 주자학으로 이어진다. 주자·율곡·우암·화서로 이러지는 학통을 정맥으로 삼고 있다. 도를 밝히고 도를 계승한다는 의지를 구곡의 명칭으로 삼아 자연에 표상화한 것이다. 용하구곡(用夏九曲)과 더불어 도통의식(道通意識)을 구곡의 명칭에 직설적으로 사용했다.

제9곡은 맑고 깊은 명도천인데 그 물결 위에 뱃노래 소리 끊긴지 오래되었다. 바로 도통이 전승되지 않았다는 표현이다. 그러나 힘차게 출렁이는 물 근원이 바로 장담에서 이어진다.

장담은 시내이름이자 마을이름이다. 화서의 문인인 유중교(柳重教 1832~1893)가 1889년 자양서사(紫陽書祠)를 건립한 곳으로, 유중교는 제천에 화서학맥을 전수 계승하게 한 주인공이다. 이범식은 제9곡에서 명도구곡의 상류에 있는 장담이, 즉 유중교가 강학했던 장담과 이어진다는 점을 밝히고 있다. 이는 자신이 유중교의 도통연원의 계승자라는 점을 명확히 천명한 것이며, 도학 연원을 중시하고 있다는 점을 공고히 한 것이다.

이렇듯 이범식은 도통의식(道通意識)을 구곡에 적용하여 구곡의 명칭을 정했다. 이를 통해 화서학맥의 도통의식이 얼마나 강렬했는지 알 수 있다.

5. 맺음말

이범식은 조선말 일제강점기에 유학자의 시대적 역할을 자각하고 기호사림(畿湖士林) 화서학파(華西學派)들과 사우(師友)관계를 맺는다. 이들은 척사위정론(斥邪衛正論)과 존화양이론(尊華攘夷論)으로 항일운동에 적극 참여했다. 이범식도 이들과 유대를 강화하며 동지들의 항일운동에 일면 협조하였다.

화서학맥은 주자·율곡·우암·화서로 이어지는 도학의 연원을 정맥으로 삼

고 있다. 이범식도 이를 존중하여 도통계승의 자연에의 표출로 명도구곡을 설정하고 문학적 표출로 「명도구곡가」을 창작한 것이다. 이렇게 그는 유학자로서 자기가 생존했던 시대에 시대적 사명과 도리를 완수했다. 그 구체적 증거물이 명도구곡과 「명도구곡가」이다. 명도구곡과 「명도구곡가」는 일제강점시대 화서학맥의 도통의식을 표출한 구곡이며 구곡가라 할 수 있다.

제4부

충북의 구곡도와 구곡문화의 회화사적 문화사적 의의와 활용방안

지금 전해지는 우리나라의 구곡을 그린 구곡도는 다음과 같다. 『고산구곡시화십곡병(高山九曲詩畫十曲屛)』, 곡운구곡도첩(谷雲九曲圖帖)』, 『무흘구곡도첩(武屹九曲圖帖)』, 『포천도지(布川圖誌)』, 『백련서사산수도(白蓮書社山水圖)』, 『화양구곡도첩(華陽九曲圖帖)』 등이 있다. 기록상으로 전해지는 화양구곡도는 총 9종인데, 현재 실물이 드러난 것은 3종이다. 따라서 현재 우리나라에 전해지는 구곡도는 화양구곡을 그린 화양구곡도(華陽九曲圖)가 가장 많다.

이 책에서는 충북에 설정된 구곡을 그린 구곡도(九曲圖)에 대해 다루었다. 아울러 『구곡문화관광특구와 구곡한시연구』에 수록하지 못한 충북의 구곡과 구곡시가(九曲詩歌)에 대한 연구 결과를 수록했다. 한 권의 책에 수록하기가 분량이 많았기 때문이다.

구곡도는 학통계승의 회화적(繪畫的) 상징이다. 율곡(栗谷) 이이(李珥 1536~1584)는 고산구곡(高山九曲)을 정하고 「고산구곡가(高山九曲歌)」를 지었다. 우암(尤庵) 송시열(宋時烈 1607~1689)은 율곡(栗谷) 이이(李珥 1536~1584)의 서현손(庶玄孫)인 이석(李禾+奭)이 그린 「고산구곡도」를 보고, 문인 그리고 지인들에게 율곡 이이가 지은 한글 시가(연시조) 「고산구곡가(高山九曲歌)」를 한시로 번역하게 했다. 송시열 자신도 한역(漢譯)했으며 손자 송주석(宋疇錫 1650~1692)도 참여하게 했다. 총 9명이다. 이렇듯 율곡 이이의 도통을 계승한 우암 송시열은 당시 기호사림의 영수로 도통계승의식(道統繼承意識)을 주도 조장했다. 그후 율곡과 우암을 흠모하는 기호사림들은 그 도통을 계승했으며, 자기의 고향이나 거주지에 구곡을 정하고 구곡시를 지었다.

1547년 47세에 퇴계 이황(李滉 1501~1570)은 「한거독무이지구곡도가운십수(閒居讀武夷志九曲櫂歌韻十首)」를 지었다. 그러나 그는 구곡을 정하지는 않았다. 이래서 구곡으로는 율곡이 선구불멸의 조종(祖宗)이 됐다. 율곡은 상현정신으로 지피지기하고 자강불식하여 청어람했다. 우암등 율곡을 숭상하는 후예들은 선현에 대한 예우로 퇴계의 출생강학지인 안동을 포함한 경상남북도를 제외한, 우리나라 전역에 구곡으로 도통을 전수계승시켜, 퇴계가 생각하지 못한 문화산수인 구곡을 앞서 창의했다. 율곡이라는 특정인물을 조종으로 하여 문화산수인 구곡을 통해 400년 이상 학통을 계승한 사례는 우주내에서 초유의 일대거사이며 문화혁명적 경사다. 창의융합시대, 문화가 만능인 시대, 문화산수인 구곡을 제대로 아는 것도 문화인으로 긍지를 고양하는 도(道)이다.

이제껏 논한 바를 개략한다. 첫째, 현재 충북도내에 설정된 구곡을 그린 구곡도는 화양구곡도(華陽九曲圖)가 있다. 실존하는 것과 기록상 전하는 화양구곡도는 다음과 같다. ① 김진옥(金鎭玉 1659~1736)의 『화양구곡도(華陽九曲圖)』, ② 충북대박물관 소장 『화양구곡도』첩, ③ 이형부(李馨溥 1791~1851)의 『화양구곡도』, ④ 김녹휴(金祿休)가 소장했던 화양산수병(華陽山水屛), ⑤ 안씨(安氏) 소장 『화양구곡도(華陽九曲圖)』, ⑥ 기동관(奇東觀) 소장 화양산수병(華陽山水屛), ⑦ 소장자 성명 미상의 화양산수병(華陽山水屛): 안씨(安氏)가 소장한 『화양구곡도(華陽九曲圖)』를 곽씨가 모사한 작품, ⑧ 조선민화박물관 소장 화양팔곡도』병풍 ⑨ 유미숙(兪美叔) 소장 『화양도첩(華陽圖帖)』 등이다. 위에 제시한 화양구곡도와 화양구곡병풍 중에서 ②③⑧번의 작품만 발굴 소개되었으며 나머지 ①④⑤⑥⑦⑨번의 작품은 발굴되지 않았다.

권섭의 손자 권신응(權信應 1728~1787)이 「황강구곡도(黃江九曲圖)는 그렸으나 지금 드러나지 않았다. 이 황강구곡도(黃江九曲圖)와 나머지 화양구곡도를 찾아내기 위한 적극적인 노력도 해야 한다. 그러면 한국 구곡도 연구에 매우 귀중한 자료가 될 것이다.

둘째, 계서(溪墅) 이형부(李馨溥 1791~1851)는 1809년 그린 『화양구곡도(華陽九曲圖)』가 현존하는 최초의 화양구곡도이다. 우암 송시열(1607~1689)

은 이덕사(李德泗 1581~1636)의 딸과 혼인했다. 이덕사의 9대손 1924년 우암 송시열의 10대손 송낙헌(宋洛憲 1891~1944)은 1924년 이 「화양구곡도」에 자기의 할아버지 송달수(宋達洙 1808~1858)가 지은 「화양구곡차무이도가운(華陽九曲次武夷棹歌韻)」10수를 써넣었다. 이렇게 송시열가문과 이규상가문은 누대에 걸쳐 도통의식(道統意識)을 구곡시(九曲詩)와 서예(書藝) 그리고 구곡도(九曲圖)로 구현하여 구곡문학예술을 융성하게 했다. 또한 세대를 넘어 화양구곡시가는 존화의식과 도통의식의 매개(媒介)의 역할을 톡톡히 했다. 이렇듯 구곡은 시가(詩歌)라는 운문(韻文)과 기(記) 등 산문(散文)으로 회화(繪畫)라는 예술(藝術)로 창의융합예술작품을 완성하는 매개가 되었다. 최근 대한민국에는 창의융합교육(創意融合教育)이라는 말이 이 시대의 대세(大勢)이다. 따라서 송낙헌은 할아버지 송달수의 「화양구곡차무이도가운」10수를 이형부의 「화양구곡도」 옮겨 적어 창의융합적으로 재창작했으니, 현존하는 이형부의 「화양구곡도」는 3인의 시서화(詩書畵)를 창의융합적으로 발휘한 현존 최초의 화양구곡도(華陽九曲圖)라고 평가할 수 있다.

이렇듯 화양구곡도는 이이를 조종으로 하여 우암으로 이어지는 도통의식을 그림으로 표현한 것이다. 황강구곡도도 우암의 제자인 권상하의 조카 권섭이 손자 권신응을 시켜 그리게 했다. 이 역시 도통의식의 회화적 표현이다. 이렇듯 우리 선인들은 사제간의 학문적 친분과 의리를 그림으로 상징화하여 지속적으로 계승하고자 했다.

셋째, 구곡을 설정하고 구곡시가를 지은 것은 도통의식(道統意識)의 자연산수에의 표상화요 시문학적 발현이다. 1998년부터 필자가 조사한바 우리나라에 구곡은 120여개가 설정돼있다. 이렇듯 한국은 구곡문화(九曲文化)가 융성했다. 구곡의 종주국(宗主國)인 중국보다 그 수용국인 한국이 구곡이 더 많은 걸로 알고 있다. 구곡이라는 문화산수(文化山水)와 구곡시가(九曲詩歌)라는 단일(單一) 문학양식(文學樣式)으로 학통계승의식(學統繼承意識)을 표출한 사례도 흔치 않다. 따라서 구곡과 구곡시가는 그 시대적 문학적 의미가 있다고 평가할 수 있다.

충북의 구곡문화에서는 충북에 설정된 구곡 중에서 '구곡문화관광특구'에 포함하지 않은 구곡을 다루었다. 충북 남부지역 3개 군을 보자. 보은에 민우식(閔禹植1885~1973)의 속리구곡시(俗離九曲詩)가 있다. 영동군에 이규회

(李奎會1800~1867)의 신안구곡(新安九曲), 안흠(安欽 1863~1940)의 청간정구곡(聽澗亭九曲), 송우용(宋友用 1884~1968)의 촌상구곡(村上九曲)이 있다. 옥천군에 조헌(趙憲 1544~1592)의 율원구곡(栗原九曲)이 있다. 조헌(趙憲 1544~1592)은 율곡 이이의 제자이다. 조헌이 설정한 율원구곡(栗原九曲)도 율곡의 뒤를 잇는다는 뜻을 담았다.

중부지역 3개 시군을 보자. 청주시에 이진옥(李鎭玉1829~1899)의 덕산구곡(德山九曲), 박노중(朴魯重1863~1945)의 성남구곡(城南九曲)이 있다. 필자가 2009년 괴산군 문광면과 사리면에 걸쳐있는 성황천(城隍川)에 설정한 군자구곡(君子九曲)을 다루었다.

북부지역 3개 시군을 보자. 단양에 오대익(吳大益1729~1803)의 운선구곡(雲仙九曲), 이정의(李正儀1882~1957)의 삼선구곡(三仙九曲)이 있다. 제천시에 박세화(朴世和1834~1910)의 용하구곡(用夏九曲), 정운오(鄭雲五1882~1946)의 구곡리구곡(九曲里九曲)이 있다. 권섭(權燮 1671~1759)의 황강구곡(黃江九曲)과 「황강구곡가(黃江九曲歌)」가 있다. 한글시가 즉 시조를 먼저 짓고 한역했으며 이창식이 논고했기 때문에 다루지 않았다. 충주시에 이범식(李範植1898~1962)의 명도구곡(明道九曲)이 있다.

이렇듯 구곡시가는 도통의식의 시문학적 표현이다. '존화양이의식'은 '중국 명나라의 문물을 높이고 오랑캐를 물리치자는 의식'이다. '도통계승의식(道統繼承意識)'은 '학통을 계승하자는 의식'이다. 기호지방에 구곡을 정한 사람들은 율곡과 우암을 숭상하는 기호사람들이다. 그들은 도통의식과 존화양이의식(尊華攘夷意識) 그리고 위정척사의식(衛正斥邪意識)을 계승한 사람들이다. 그 상징으로 자기가 거주하는 지역에 구곡을 설정하고 구곡시가를 지었다.

다섯째, 화양구곡은 우암 송시열이후 존화양이의식을 고취 앙양하는 성지(聖地)가 됐다. 조선말 일제강점기에는 위정척사(衛正斥邪) 척양척왜의식(斥洋斥倭意識)을 공고히 하여 항일투쟁의식으로 강화하는 성지의 역할을 했다. 항일투쟁에 강렬했던 유인석(柳麟錫), 최익현(崔益鉉), 이강년(李康秊) 등은 기호사림 화서 이항로(李恒老)학맥 인물들이다. 또한 구곡과 구곡시 그리고 구곡도는 학맥 간에 도통 즉 학통을 전수 계승시킬 수 있는 매개체가 되었다. 이 점은 율곡을 조종으로 하는 기호학맥이 앞섰다. 이렇듯 구곡은 기호사림에게 있어서는 학맥간의 도통(道統)으로 결속을 다지는 매개로서 조선후기 학문적 회화적 문화적으로 지대한 의의가 있다고 평가할 수 있다. 이런 점을 현재에도 학파의 발전과 학문의 발전을 위해 긍정적으로 수용할 필요가 있다고 본다. 이렇게 해서 각자 자신과 가문의 명예를 빛내고 조상의 은덕과 국가의 혜택에 보답해야할 것이다. 위에서 살펴보았듯이 충북의 구곡도와 구곡문화의 회화사적 문화사적 의의는 심대하다.

여섯 째, 2016년부터 4차산업혁명시대에 부응하기 위해 창의융합교육학문을 해야 한다고 이구동성 강조한다. 구곡은 실존하는 자연산수에 9개의 곡을 정하고 구곡시를 지었으며 구곡도를 그리기기도 했다. 또 바위에 새겨놓은 글씨는 서예사연구의 자료로도 의의가 크다. 그야말로 구곡은 창의융합교육적 문화유산이다. 이를 4차산업혁명시대 창의융합적 교육사례로 적극 활용해야 한다. 이를 국민적 문화교양으로 홍보하고 활용할 수 있는 문화홍보 기반을 마련하여야한다.

구곡문화에 대해 관심을 가지고 선구적으로 활용한 사례를 보자. 다음 구곡 달력을 살펴보자

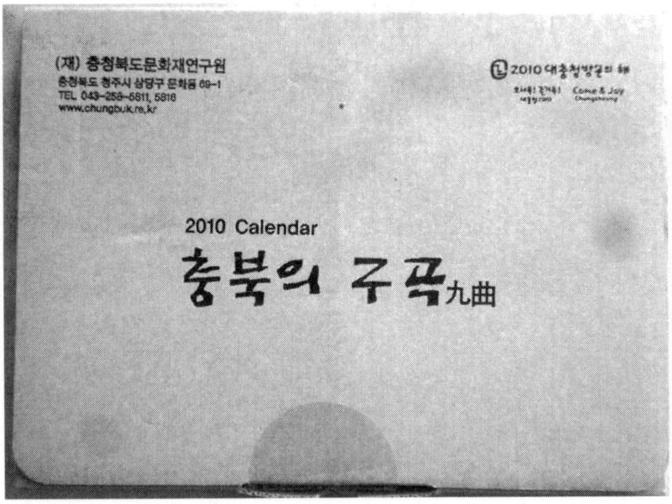

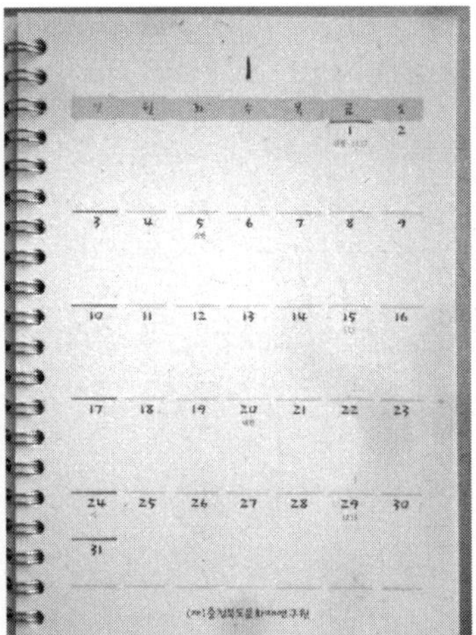

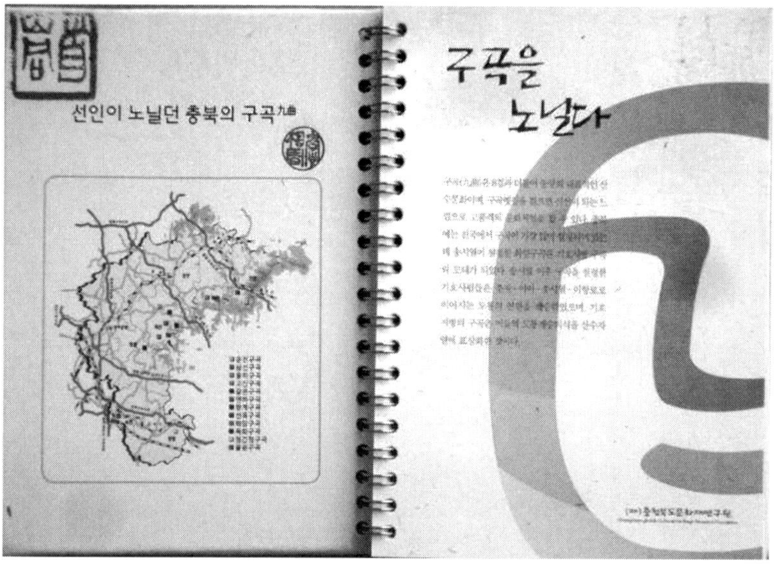

수동(首崗)이라는 인장과 이상주(李相周)라는 인장은 필자 소장용에 필자가 찍은 것이다.

성인의 눈에 성인이 보인다는 말이 있다. 충북의 구곡에 대해 그 문화적 관광적 가치를 인식한 사람이 있다. 바로 장호수다. 그는 충청북도문화재연구원 원장시절인 2010년 대충청방문의해 기념으로 구곡달력을 제작하여 전국 유관기관에 배포했다. 그의 고도의 탁월한 문화적 식견에 삼가 경의를 표한다.

문화산수인 구곡을 탐방하는 정기 순회버스 운행, 구곡의 산수 그리기 대회, 서예대회, 구곡시 낭송대회, 구곡 사진촬영대회, 구곡시 시화전, 구곡연극 등 다양하게 창의융합적으로 문화관광사업에 활용할 수 있다. 이것이 창의융합적인 문화인식이며, 온고지신의 실천이라 할 것이다.

구곡은 구곡의 종주국인 중국보다 우리나라에 설정된 구곡이 더 많다. 지자체도 문화의 세기에 구곡문화에 대한 올바른 이해를 위해 적극 활용방안을 강구해야한다. 그러면 문화의 세기에 부응하는 문화선진선 지자체라는 평가를 받게 될 것이다. 또 창의융합적 문화정책을 시행했다는 호평을 받을 수 있다.

○ 문화산수(文化山水)의 정의와 그 활용에 대한 전망

이 기회에 '문화산수(文化山水)'라는 용어를 최초로 사용한 시기와 그 활용 전망에 대해 서술한 글을 보기로 하자. 필자가 2007년 7월 20일 충청일보에 다음과 같이 「'문화산수(文化山水)'를 찾아서」라는 글을 썼다.

"문화란 말은 현재 다방면에 두루 쓰이는 상투어이자, 제분야에 통용되는 일상어가 됐다. 문화란 인간이 만들어낸 인위적 현상의 총체이다. 문화관광부에서는 매달 '이달의 문화인물'을 선정해서, 그 문화적 업적을 찬양하고 계승하는 행사를 하고 있다. 지금 한류문화가 세계로 뻗어나가고 있다. 21세기를 문화의 세기라 했다. 금세기를 상징하는 세기적 특징을 함축한 말이다. 우리는 우리 선조들의 산수에 대한 관점을, '관념산수'와 '진경산수'로 양별하여 비평했다. 전자의 대표적 작품은 안견(安堅)의 '몽유도원도'이다. 후자의 대표적 작가는 정선(鄭敾)이다. 그런데 문화산수란 무엇인가. 문화산수란 자연산수에 사람이 문화적 요소를 가미한 산수를 말한다. 즉 자연산수에 철학적 사유를 표상화하거나, 서예미를 감상할 수 있는 격조 높은 글씨를 새겨놓은 산수를 말한다.

동양의 2대 산수문화는 팔경(八景)과 구곡(九曲)이다. 이중 문화산수의 정수는 단연 구곡이다. 한국 제일의 문화산수는 충북 괴산군 청천면에 자리잡고 있는 '화양구곡'이다. 문화산수의 수준을 평가하는 요목으로 ① 산수의 조화미. ② 석질과 석색의 우수성. ③ 문화유산의 다양성. ④ 인물의 역사적 영향성. ⑤ 원활한 교통여건을 들 수 있다. 화양구곡은 5대 요건을 잘 갖추고 있다. 화양구곡은 산세가 험하지 않고 계곡의 물은 포르란 옥물을 풀어놓은 듯하다. 또한 수려한 산수가 절묘하게 조화를 이루어 사람의 심신을 편안히 해준다. 한국의 구곡중 최다의 구곡시가 남아있다. 바위에 새긴 글씨들은 문화인들의 풍류이자 자연산수와 문화예술혼의 조화미의 극치다. 우암과 그 문하생들은 조선 정국의 주도적 역할하고 상당기간 화양서원 원장을 맡았다. 그를 숭상하고 학통을 계승한 기호사림들은 존화양이(尊華攘夷)·배청숭명(排淸崇明)의 사상을 견지하고 만동묘와 화양서원을 참배했다. 조선말 일제강점기에는 일제의 무력침탈을 극복하기 위해 구국의지를 견강히 하는 교육의 장이었다. 이렇듯 화양구곡은 기호사림들에게는 성지였다. 화양동은 남한의 중심에 자리잡고 있으며 2004년 3월 30일 화요일 경부고속전철의 개통으로 말미암아 더욱 시간이 단축되었다.

우리는 생활이 윤택해지고 시간적 여유가 생기면서 다양한 여가문화를 즐긴다. 산수유람과 등산은 그중의 하나이다. 이는 우선 건강에 더할 나위없이 좋다. 심신을 단련하면서 문화산수에 가서 문화산수의 존재를 알고 그 진미를 음미하면 금상첨화다. 문화의 세기에 문화와 문화산수미에도 관심을 갖고 그것을 향유한다면 일거다득이다. 개개인의 문화적 수준이 향상될 때 국민 전체의 문화수준이 향상되는 것이다.

화양구곡에 가면 문화적으로 아주 특별한 것이 많다. 그곳에 가면 문화산수의 정수를 만끽할 수 있으며, 문화산수의 정채를 실감할 수 있다. 또한 문화의 세기에 문화적 식견(識見)을 향상할 수 있다. 시대조류는 경제중산층시대에서 문화중류층시대로 이행하고 있다. 경제적 여유만큼 문화적 즐거움을 향유하면 문화특별도와 문화강국에 도달하는 시기가 앞당겨진다. 미래의 산수관광의 양상은 '문화산수' 관광시대로 진화할 것이다. 이미 우리 앞에 가까이 와 있다. '구곡문화관광특구(九曲文化觀光特區)'와 함께."

위에서 보다시피 필자는 '문화산수'라는 용어를 새로 만들고 그 정의에 대해 서술했으며, 향후 '문화산수' 관광시대로 진화할 것이라 예상했다. 이런 예상은 현실로 나타났다. 몇몇 사례를 들어본다. 구곡을 연구하는 학자가 증가했으며, 경상북도는 2012년부터 속리산권구곡문화유산에 대해 유네스코 세계문화유산에 등재하려고 준비하고 있다. 그 외 몇 몇 지방자치단체에서도 구곡을 관광자원으로 연구개발하고 있다.

한편 '문화산수'라는 용어를 사용하고 있다. 충북에서는 '문화산수'라는 용어의 의미를 공감하고 민첩하게 적용한 사람이 있다. 그는 충청북도 충북개발연구원 부설 충북학연구소 정연정 연구원이다. 2007년 12월에 간행한 충북 테마기행 7 『국립공원 월악산』이라는 책 136면과 195면에 '문화산수'라는 용어를 사용했다. 152면에 덕산지구 "문화산수(文化山水)를 가슴에 품고"라는 소제목을 붙였다. 그리고 "문화산수(文化山水)란 구곡연구가인 이상주 박사가 제안한 말로서 아름다운 자연 산수와 문화적 요소가 조화를 이루는 말이다"라고, 필자가 그 말을 처음 사용한 사실에 공감하고 긍정하는 평설을 했다. 이로 보아 정연정 연구원은 문화적 식견이 탁월하며 학문적 자세가 정직한 학자이다. 남의 학문적 성과와 시대사조에 적합한 수사표현의 어휘에 공감하고 긍정하여 활용하니 말이다. 그의 학문적 대성을 삼가 기원한다. 대개 “재주는 곰이 부리고 돈은 되놈이 번다”고, 남의 학문적 공적이나 적절한 수사용어를 묵살하거나 도용하는 경우가 많다. 필자는 “사랑한다고 말하지 말고 사랑하라 말하라” 등 사람들이 공감할 수 있는 명구 즉 공감명구(共感名句)를 생각하며 공부하고 연구했다.

‘문화산수’라는 용어를 사용한 신문기사와 기고문 중에 필자가 본 것을 모아봤다. 그 다음으로 뉴시스 강신욱기자가 2010년 5월 10일 「여름을 기다리는 괴산 화양구곡」이라는 기사에서 다음과 같이 언급했다. “구곡 연구가인 이상주 박사는 "화양구곡은 한국 제일의 문화산수요, 한국 최고의 구곡"이라고 정의하는데 주저하지 않는다.”

다음은 김근수 중원대향토문화연구소장이 한국국학진흥원 기관지 『예던 길』 2016년 봄·여름 VOL 33,28~31면에 기고한 「한국 최고의 문화산수 화양구곡」이라는 글에 다음과 같이 서술했다. “우암 송시열이 1666년부터 23년간 거처한 화양구곡에는 명나라 신종과 의종을 제사 지내던 만동묘와 화양서원이 있으며 우암이 시냇가 바위 위에 지은 암서재가 있어 산수가 수려한 곳에 새긴 암각자와 더불어 한국 최고의 문화산수에 철학적 사유를 표상화하고 우암학맥의 본산으로 당시의 선비 유학사상 계승과 문화예술적 풍류를 즐겼음을 알 수 있다.”

다음은 2016년 5월 18일 월드코리언 오피니언 김정남(고문, 전 청와대 사회교육문화수석)이 「아! 대한민국-109 구곡(九曲) 산수문화」라는 기사에서 다음과 같이 서술했다. “구곡은 1곡부터 9곡까지 아홉 곳의 구비로 되어 있다. 그런데 하필이면 아홉 곳의 구비일까. ‘문화산수(文化山水)’를 연구하는 한문학자 이상주 교수에 의하면, 주역의 구오(九五)원리를 적용한 것이라 한다.”

2017년 7월 24일 충북일보에 청주시 관광과 김연화주무관이 「문화산수 옥화구곡 길을 선비와 걷다」라는 글에 다음과 같이 썼다. “청주시에서는 이러한 옥화구곡 400년 스토리를 이어받아 청렴문화를 꽃피우고 청렴도시 청주로 거듭나는 의미 있는 사업을 계획 중이다. 바로 2018년부터 2019년에 걸쳐 문화체육관광부가 수립한 충청유교문화권 광역관광개발계획의 일환으로 추진하고 있는 '문화산수 옥화구곡길' 조성 사업이다. '문화산수 옥화구곡길'은 옥화구경을 중심으로 물길, 들길, 마을길로 이어지는 걷기 길을 조성하는 사업이다."

2018년도에 이르러 '문화산수'라는 용어를 사용하는 빈도수가 증가했다. 2018년에 이르러 청주시와 충청북도는 옥화구곡길을 개발하면서 문화산수라는 말을 사용했다. 관광지로 개발하기 위해 중앙부처에 개발계획서를 제출했을 때, 문화산수라는 용어를 사용하여 참신성도 일정부분 인정되어 선정된 것으로 여겨진다. 이렇듯 문화산수라는 신선하고 매력적인 어휘를 인지한 기자나 문화담당 공무원들 그리고 신문에 글을 쓰는 사람들도 문화산수라는 용어를 사용하는 사람이 증가했다. 몇몇의 예를 들어본다.

충북일보 2018.12.11. 「청주시 내년도 국비 1조1천268억 확보」. "문화산수 옥화구곡관광길 조성 5억 원과 오송 다목적 체육관 건립 20억 원, 가경 다목적 체육관 건립 10억 원, 시청자 미디어센터 구축 50억 원도 확보했다." 충청투데이 2018.12.11. 「"청주시 내년도 국비 1조 1268억원 확보」 "지난해 정부예산 확보에 어려움을 겪었던 문화산수 옥화구곡관광길 조성 5억 2500만원(총사업비 21억원)," 충청일보 2018.12.11. 「청주시 내년 국비 1조 1268억 확보」 "또 지난 해 정부예산 확보에 난항을 겪었던 △문화산수 옥화구곡관광길 조성 5억 2500만원," 다음 신문들에서도 위와 같은 내용을 보도했다. (중부매일), (동양일보) (뉴데일리), (충청타임즈), (뉴스1), (네이버뉴스 프레시안), (네이버뉴스 아시아뉴스통신), (충청매일), (뉴시스) 위의 보도 사실을 통해 볼 때 청주시청에서 각 언론사에 배포한 보도자료를 참고해서 기사를 작성한 것으로 짐작된다.

다음을 살펴보자. (청주=뉴스1) 송근섭 기자, 2019. 01.01. 이시종 충북도지사 신년사 "강호대륙 꿈 그려 나가자" 파이낸셜뉴스: 2019.01.01. 조석장 기자. "올해부터 시작하는 옥화구곡 문화산수관광길 조성사업을 필두로 총 13개의 충청유교문화 관광사업이 본격 추진됩니다."

충북일보 2019.01.20. 이도한 충북도 문화정책팀장이 「충청유교문화권 광역관광개발사업 본격 착수」라는 글에서 다음과 같이 썼다. "충북에서는 청주의 사주당 태교랜드, 괴산의 화양동 선비문화체험단지, 단양의 명승문화마을 조성 등 3개 사업이 거점관광사업으로, 충주의 탄금대 명승지 조성 등 8개 사업이 연계관광자원 개발사업으로, 문화산수 구곡관광길, 입신양명과거길 조성 등 2개 사업이 광역관광루트 개발사업으로 반영돼 총 13개 사업(세부 19

개 사업)에 3천21억 원의 사업비가 투입될 예정이다."

'21세기를 문화의 세기'라 하니 충북이 문화산수(文化山水)인 구곡(九曲)을 통해 문화성세를 누리는 구곡문화특별도가 되기 바란다. 아울러 구곡의 종주국 중국인들이 구곡문화의 융창대국(隆創大國)인 한국, 그 중에서도 '구곡문화관광특구(九曲文化觀光特區)'가 설정된 충북을 왕래하여 문화교류와 함께 경제교류가 더욱 활성화되기를 바란다.

ㅁ 참고문헌

『주자대전(朱子大全)』, 국립중앙도서관.

『맹자(孟子)』

『화양구곡도(華陽九曲圖)』, 충북대박물관 소장, 권신응(權信應) 작으로 추정.

이형부(李馨溥), 『화양구곡도(華陽九曲圖)』, 송준호 소장.

송우용(宋友用) 필(筆), 「촌상구곡시(村上九曲詩)」 병풍(屛風), 남기서(南基瑞) 소장,

안병찬(安秉讚) 찬, 『담당(澹堂) 송우용선생(宋友用先生) 유묵집(遺墨集)』, 담당 송우용선생 기념사업회, 시시울, 2010. 165~167면.

송주상(宋周相), 『화양지(華陽誌)』, 1747.

송달수(宋達洙), 『화양지(華陽誌)』, 1861.

강석규(姜錫圭), 『오아재집(聱齖齋集)』.

권상하(權尙夏), 『한수재집(寒水齋集)』, 한국문집총간 150, 민족문화추진회, 1995.

권섭(權燮), 『옥소고(玉所稿)』 3·11 제천본, 다운샘, 2007.

권섭(權燮), 『옥소고(玉所稿)』 13 문경본, 다운샘, 2007.

권진응(權震應), 『산수헌선생유고(山水軒先生遺稿)』화(火), 회상사, 1994.

기우만(奇宇萬), 『송사집(松沙集)』,국립중앙도서관.

김녹휴(金祿休), 『신호집(莘湖集)』, 국립중앙도서관.

김도수(金道洙), 『춘주유고(春洲遺稿)』, 한국문집총간 219, 민족문화추진회, 1998.

김사우(金思禹), 『용암유고(勇菴遺稿)』, 1984,

김인섭(金麟燮), 『단계선생문집(端磎先生文集)』.

김정연(金鼎淵), 『소화집(少華集)』.

김진옥(金鎭玉), 『온재유고(韞齋遺槁)』, 국립중앙도서관.

김평묵(金平默), 『중암집(重庵集)』1, 한국문집총간 319, 한국고전번역원, 2003.

노성도(盧性度), 「연하구곡가(煙霞九曲歌)」.

민우식, 화운유고(華雲遺稿).

민진원(閔鎭遠), 『단암만록(丹巖謾錄)』. 상·하, 국립중앙도서관 古 3652-2.

박노중(朴魯重), 『창암집(滄菴集)』권1·2, 대전 서진인쇄출판사, 1997.

박문호(朴文鎬), 『호산전서(壺山全書)』, 아세아문화사, 1987.

박세화(朴世和), 『의당집(毅堂集)』, 내제문화연구회, 2002, 1~588면.

박윤원(朴胤源), 『근재집(近齋集)』, 한국문집총간 250, 민족문화추진회, 2000.

박정일(朴貞一), 『솔성재유고(率性齋遺稿)』, 국립중앙도서관.
성해응(成海應), 『연경재집(硏經齋集)』, 한국문집총간 276, 민족문화추진회, 2001.
송달수(宋達洙), 『수종재집(守宗齋集)』, 한국문집총간 313, 민족문화추진회, 2003, 1~555면.
송명흠(宋明欽), 『역천집(櫟泉集)』, 한국문집총간 221, 민족문화추진회, 1999.
송문흠(宋文欽), 『한정당집(閒靜堂集)』, 한국문집총간 225, 민족문화추진회, 1999.
송시열(宋時烈), 『송자대전(宋子大全)』, 한국문집총간 113. 민족문화추진회, 1995.
송은헌(宋殷憲), 『강와선생문집(剛窩先生文集)』, 경인문화사, 1999.
신익균(申益均), 『과암집(果庵集)』.
신해철(申海哲), 「中立和塾記」. 「塾訓」.
안병찬(安秉讚), 『모현대 청간정(慕賢臺 聽澗亭)』, 1994. 22~26면.
안상섭(安商燮), 『금운연지(錦雲年誌)』 상하 합편, 청운사(靑雲社), 1981.
안 흠(安 欽), 『청간정구곡가(聽澗亭九曲歌)』.
안 흠(安 欽)저, 안병찬 편, 『청간유고(聽澗遺稿)』권1, 시시울, 2005.
오재정(吳再挺, 『한천당유고 (寒泉堂遺稿)』,1906, 오성수(吳聖秀) 오정수(吳正秀) 오한수(吳漢秀) 간행.
우인규(禹仁圭), 『장보(藏寶)-정사과(丁巳課)-』
우현정(禹顯鼎), 『역운집(易雲集)』.
유인석(柳麟錫), 『의암집(毅菴集)』 2, 한국문집총간 338, 2004,.
유중교(柳重敎), 『성재집(省齋集)』 2, 한국문집총간 324, 2004, 1~606면.
유희영(柳曦永), 유재경 편, 『서파집(西坡集)』.
유홍문(柳興文), 「금계선생연보(錦溪先生年譜)」, 『금계집(錦溪집)』.
윤봉구(尹鳳九), 『병계집(屛溪集)』2, 한국문집총간 203, 민족문화추진회, 1998.
윤응선(尹膺善), 『회당집(晦堂集)』 곤(坤), 내제문화연구회, 2005, 1~691면.
이규회(李奎會), 『무간집(無干集)』.
이근원(李根源), 『금계집(錦溪集)』.
이기진(李起振), 『명와집(明窩集)』, 내제문화연구회, 2006.
이범식(李範植), 『입재집(立齋集)』.
이 이(李 珥), 『율곡전서(栗谷全書)』, 한국문집총간 45, 민족문화추진회, 1990.
이세찬(李世燦) 편, 『한산세고(韓山世稿)』, 1935,국립중앙도서관.
이세찬(李世燦), 『한산세고(韓山世稿)』 24책, 권45, 계서고(溪墅稿).
이규상(李奎象), 『일몽고(一夢稿)』, 『한국역대문집총서』 568~570면, 경인문화사, 1993.
이태연(李泰淵), 『눌재고(訥齋稿)』, 『한산세고(韓山世稿)』, 국립중앙도서관.
이장재(李長載), 『나석관고(蘿石館稿)』, 『한국역대문집총서』, 경인문화사, 1993.
이원순(李源順), 『수헌고(壽軒稿)』, 『한국역대문집총서』 571, 경인문화사, 1993.
이형부(李馨溥), 『계서고(溪墅稿)』, 『한국역대문집총서』572, 경인문화사, 1993.
이정의(李正儀), 『삼선시문(三仙詩文)』.

이홍유(李弘有), 『둔헌집(遯軒集)』.
이항로(李恒老), 『화서집(華西集)』 2, 한국문집총간 305, 민족문화추진회, 2003.
이형상(李衡祥), 『병와전서(甁窩全書)』, 한국정신문화연구원, 1982.
이희명(李熙明)편, 『덕산구곡시(德山九曲詩)』, 이화여자대학교도서관 소장.
정범조(鄭範祖), 『해좌집(海左集)』 한국문집총간 239
정운오(鄭雲五), 『직암집(直菴集)』.
정윤영(鄭胤永), 『후산집(后山集)』, 보고사, 1994.
정종로(鄭宗魯), 『입재집(立齋集)』 한국문집총간 253
정재응(鄭在應), 『잠재집(潛齋集)』.
정범조(鄭範祖), 『해좌집(海左集)』, 한국문집총간 239. 민족문화추진회, 1999.
정운경(鄭雲慶), 『송운집(松雲集)』, 내제문화연구회, 2005.
정종로(鄭宗魯), 『입재집(立齋集)』, 한국문집총간 253. 민족문화추진회, 2000.
조헌(趙憲), 『중봉집(中峰集)』, 한국문집총간 54, 민족문화추진회, 1992.
주정매(周鼎梅), 『첨지공시집(僉知公詩集) [초(鈔)]』, 1938. 주영근소장.
채지홍(蔡之洪), 『봉암집(鳳巖集)』, 한국문집총간, 205, 민족문화추진회, 2003.
하시찬(夏時贊), 『열암문집(悅菴文集)』.
홍치유(洪致裕), 『겸산집(謙山集)』, 회상사(回想社), 1986.
하익범(河益範), 『사농와문집(士農窩文集)』, 경인문화사, 1997.
홍경모(洪敬謨), 『관암산방신편운석외사(冠巖山房新編耘石外史)』.

『국역 신증 동국여지승람(國譯 新增 東國輿地勝覽)』, 민족문화추진회, 1971.
『호서읍지(湖西邑誌)』, 규장각, 아세아문화사, 1984.
『충청도읍지(忠淸道邑誌)』, 국립중앙도서관, 아세아문화사, 1984.
이병연(李秉延), 『조선환여승람(朝鮮寰輿勝覽)』, 1935.
『여지도서(輿地圖書)』. 국사편찬위원회, 1973.
『읍지(邑誌)』, 아세아문화사.
김종륜, 『괴산군지(槐山郡誌)』.1969.
『단양군지(丹陽郡誌)』, 1977.
『제천시지』 상, 2004.

예술의전당 서울서예박물관, 예술의전당 한국서예사특별전 26 『2006·2007 동춘당(同春堂)·우암(尤庵) 선생 탄신400주년 기념 - 송준길(宋浚吉) 송시열(宋時烈)』(2007), 1~333면.
『충청북도의 고서 8 - 제천시 편』, 2003, (사) 충북향토문화연구소.
『충북학문헌목록』, 충북개발연구원 부설 충북학연구소, 1999, 1~494면.
『국립공원 월악산』 충북 테마기행 7(책임편집 정연정), 충북학연구소, 2007
『한국인명대사전(韓國人名大事典)』, 신구문화사, 1986.

이필영(李苾榮), 『경주이씨세적보유(慶州李氏世蹟補遺)』 지(地).
『동복오씨대동보(同福吳氏大同譜)』, 고려족보문화원, 1980, 오재일(吳在鎰)선생 제공.
『연안이씨세보』 권지하, 「청양공오세손 방초공파」, 이준영(李畯永) 소장.
『영일정씨문청공파속수세보(迎日鄭氏文淸公派續修世譜)』 전(全), 회상사(回想社), 2004.
『전주이씨 광평대군파세보(全州李氏 廣平大君派世譜)』 권3, 회상사, 1997.
『국조방목(國朝榜目)』, 태학사, 1984.
사마방목 CD롬, 제작: 동방미디어주식회사
이방(李昉) 외, 김장환 외 옮김, 『태평광기(太平廣記)』, 학고방, 2000.
황사동(黃嗣東) 편집, 『도학연원록(道學淵源錄)』, 상(上)·하(下), 중국 봉산학사(鳳山學舍), 1908.
제천디지털문화대전, http://jecheon.grandculture.net/.
괴산군· 중원문화재연구원, 『문화유적분포지도 - 괴산군-』, 2005.
이상주, 『단양군 문화유적 분포지도』, 「금석문 및 명승」, 단양군 · (재)충청북도문화재연구원, 2007.
이상주, 2007, 『단양군 비지정문화재 학술조사보고서』, 「단양지역 문화자원의 보존과 할용방안, 단양의 명승 그 문화경제적 가치 -운선구곡(雲仙九曲)과 삼선구곡(三仙九曲)을 중심으로-」, 단양군·(재)충청북도문화재연구원.
충청북도 제천시, 『능강(凌江)·용하구곡(用夏九曲) 학술조사 연구』, 2013, 1~317면.
『봉양 파대놀이』, 2007, 제천시.

『국역승정원일기』, 한국고전번역원.
한석수(韓石洙) 외, 『역주 화양지(譯註 華陽誌)』, 충북대학교 우암연구소, 2007, 1~333면.
박세화, 김종수 역주, 『의당 박세화의 단식 순도일기- 창동일기』, 혜안, 2014, 1~144면.
신종묵(愼宗黙) 저, 이충구(李忠求) 역, 『우산시고(愚山詩稿)』원(元), 과천문화원, 1999,
이규상지음, 민족문학사연구소 한문문과 옮김, 『18세기 조선인물지(병세재언록)』, 창작과비평사, 1997, 1~412면.
조헌(趙憲) 저, 변형석(卞亨錫) 역주, 『완역 중봉시 역주(完譯 重峰詩 譯註)』, 중봉 조선생 기념사업회, 2004
한치윤(韓致奫), 『해동역사 속집 제1권 지리고(地理考) 1』, 「고금강역도(古今疆域圖)」, 한국고전번역원, 정선용 번역, 2003.
이상주, 『충북의 구곡과 구곡시-선인의 길을 따라 한시와 자연속으로-』, 충북학연구소, 2007, 1~310면.
이상주, 『충북의 팔경과 팔경시』, 충북향토문화연구소,2007..
이상주, 『충북의 팔경과 팔경시』, 동일, 2008.
이상주, 서동형, 『청안지역 영조 무신란 토역일기(淸安地域 英祖 戊申亂 討逆日記)』, 인동장씨 청안종중(仁同張氏 淸安宗中), 2001.1~255.

권석환 주편, 「한중 팔경구곡과 산수문화」, 상명대학교 한중문화정보연구소,2004, 1~622면.
김학동(金澤東), 『정지용 연구』, 민음사, 1987.

이상주, 『담헌 이하곤 문학의 연구』, 이화문화출판사, 2003.
최기수, 『서울의 경(景)과 곡(曲)』, 서울시립대 부설 서울학연구소, 1994.
심경호, 『다산(茶山)과 춘천』, 강원대학교출판부, 1996.
정지용(鄭芝溶), 『정지용시집』, 기민사, 1987.
권오영, 「의당집 해제」, 『의당집』, 내제문화연구회, 2002, 7~18면.
금기(琴基), 「중봉(重峯) 조헌(趙憲)선생이 후율정사(後栗精舍)에서 읊은 율원구곡시(栗原九曲詩)의 새로운 음미」, 『문화관광부 선정 2004년 9월의 문화인물 중봉 조헌선생의 생애와 정신문화의 재조명』, 중봉 조헌선생 정신문화 선양추진회, 2004년.
김광수, 「속리구곡시」, 『보은사람들』 17호, 2009.10.08.~34호, 2010.02.04. 인터넷.
김선기, 「우암 송시열과 고산구곡가에 보인 向意」, 『송자학논총』 3, 1996, 94~143면.
김용덕(金龍德), 「중봉 조헌 연구(重峰 趙憲 硏究)」, 『조선후기사상사연구』, 을유문화사, 1977.
김종수, 「의당(毅堂) 박세화(朴世和)의 『창동일기(昌東日記)』 해제」, 『동방학(東方學)』 제30집, 한서대학교 동양고전연구소, 2014, 511~539면.
박병헌(朴炳憲), 「중봉 조헌(重峰 趙憲)의 시세계」, 동국대 석사논문, 1991.
박용만, 「20세기 아집(雅集)의 풍경- 『춘경대아집첩(春耕臺雅集帖)』에 대하여」, 『한문학보』제27집, 우리한문학회, 2012,335~363면.
박이정, 「18세기 예술사 및 사상사의 흐름과 권섭(權燮)의 「황강구곡가(黃江九曲歌)」」, 『관악어문연구』 제27집, 2002, 283~304면.
서길석, 「박의당과 용하구곡」, 『내제문화』 제12집, 내제문화연구회, 2000, 155~175면.
송재소(宋載卲), 「응와(凝窩) 이원조(李元祚)의 포천구곡차무이도가(布川九曲次武夷棹歌)에 대하여」, 『한국의 경학과 한문학(죽부(竹夫) 이지형교수(李篪衡敎授) 정년퇴직 논총)』, 태학사, 1996.
양승운, 「의당 박세화 선생의 학문세계와 병산영당 - 배향인물」, 『의당 박세화 선생의 학문세계와 병산영당 학술세미나 발표자료집』, 사단법인 병산영당, 2014, 307~323면.
유금렬, 「남송 주자(南宋 朱子)의 무이구곡(武夷九曲)을 모의(模擬)한 조선조(朝鮮朝) 구곡(九曲)의 제고찰(諸考察)」, 『내제문화』 제16집, 내제문화연구회, 2007, 145~184면.
유금렬, 「용하동 용하구곡(用夏洞 用夏九曲)의 제고찰(諸考察)」, 『내제문화』 제20집, 내제문화연구회, 2011, 194~288면.
유홍준, 「이규상 일몽고(李奎象 一夢稿)의 화론사적 의의」, 『미술사학』 제4권,미술사학연구회, 1992, 31~76면.
윤여헌(尹汝憲), 「용산구곡(龍山九曲)」, 『공주소식지(公州消息誌)』, 제87호, 1989.
류재영(柳在永), 「이산구곡가(駬山九曲歌)에 대하여」, 『한실 이상보박사 회갑기념논총』, 1989.
유준영(兪俊英), 「구곡도(九曲圖)의 발생(發生)과 기능(機能)에 대하여」, 『고고미술(考古美術)』

151,1981, 1~20면.

윤진영(尹軫暎), 「조선시대(朝鮮時代) 구곡도(九曲圖) 연구(硏究)」, 한국정신문화연구원 석사논문,(1997) 1~191면.

윤진영(尹軫暎), 「조선시대(朝鮮時代) 구곡도(九曲圖)의 수용(受容)과 전개(展開)」, 『미술사학연구』 217 · 218, 한국미술사학회, 1998, 61 ~ 91면.

이동준(李東俊), 「중봉 조헌(重峰 趙憲)의 역사의식과 국방대책」, 『동대논총』 제6집, 동덕여자대학, 1976.

이석린(李錫麟), 「중봉 조헌 연구(重峰 趙憲 硏究)」, 경희대 박사논문, 1984.

이석린(李錫麟), 『임란 의병장 조헌 연구(壬亂 義兵將 趙憲 硏究)』, 신구문화사, 1994.

이상원, 「<도통가(道統歌)>와 <황강구곡가(黃江九曲歌)> 창작의 정치적 배경」, 『한민족어문학』 제43호, 2003, 147 ~ 167면.

이상원, 「조선후기 「고산구곡가(高山九曲歌)」 수용양상과 그 의미」, 『한민족어문학』 제43호, 2003 147 ~ 167면.

이종호, 「한국 구곡문화 연구의 현황과 과제 : 구곡경영과 구곡시의 전개를 중심으로」, 『안동학연구』 제10집, 2011, 9~67면.

이창식, 「권섭(權燮)의 가사(歌辭)<영삼별곡(寧三別曲)>과 <도통가(道統歌)> 연구」,『인문사회과학연구』 4, 세명대학교 인문사회과학연구소, 1996, 43-82면.

이효숙, 「화양구곡 시문에 나타난 구곡(九曲)의 장소성(場所性) 고찰(考察)」, 『동아시아고대학』 제32집, 151 ~ 187면.

임동철, 「1950년대 이후 청주지역 시사활동(詩社活動)」, 『경운(景雲) 신철우선생(申哲雨先生) 서거십주년추도기념논총』, 2013, 499~510면.

임형택(林熒澤), 「신채호의 계몽주의와 문학개혁론」, 『방은(放隱) 성낙훈(成樂熏) 선생 30주기 추모문집-한국학의 인문학-』, 경인문화사, 2008. 277~300면.

장승구, 「해제(解題) 윤응선과 회당집」, 『회당집(晦堂集)』건(乾), 내제문화연구회, 2005, 1 ~ 9면.

정은주, 「화양구곡도를 통해본 우암 학통의 계승 양상」, 『조선시대사학보』 87, 조선시대사학사학회,2018, 115~161면.

조규희, 「조선유학의 '道統'의식과 九曲圖」, 『역사와 경계』 61, 경남사학회, 2006, 1 ~ 24면.

조동길(趙東吉), 「금란구곡(金蘭九曲)에 관하여」, 『웅진문화(熊津文化)』 4호, 공주향토문화연구회, 1991.

정민(鄭珉), 「<화암구곡>의 작가 유박(1730~1787)과 「화암수록」」, 『한국시가연구』14권, 2003.

전영권, 한승희, 김용훈, 「속리산국립공원 내 화양구곡(華陽九曲)의 보존과 활용방안」, 『한국지역지리학회지』, 제19권 제4호 통권78호, 한국지역지리학회, 2013, 683~696면.

이상주(李相周), 「구곡시(九曲詩)의 전통(傳統)과 화양구곡시(華陽九曲詩)」, 『교육과학연구(敎育科學硏究)』제13집, 청주대학교 교육문제연구소, 1999.

이상주, 「갈은구곡(葛隱九曲)과 갈은구곡시(葛隱九曲詩)」, 『한문학보(漢文學報)』2집, 우리한문학회, 2000.
이상주, 「갈은구곡(葛隱九曲)과 갈은구곡시 연구(葛隱九曲詩硏究)」, 『괴향문화(槐鄕文化)』 제7집, 1999.
이상주, 「노성도(盧性度)와 연하구곡가(烟霞九曲歌)」, 『한문학보』4집, 우리한문학회, 2001.
이상주, 「노성도(盧性度)와 연하구곡가(烟霞九曲歌)」, 『괴향문화』9집, 괴산향토사연구회, 2001.
이상주, 「낙우당구곡(樂愚堂九曲)과 낙우당구곡시(樂愚堂九曲詩)」, 『교육과학연구』제15집 제2호, 청주대학교 교육문제연구소, 2001.
이상주, 「괴산군(槐山郡) 선유동(仙遊洞)의 전설적(傳說的)·선취적(仙趣的) 인물 이녕(李寧)의 가계와 생애」, 『중원문화논총(中原文化論叢)』제5집, 충북대학교 중원문화연구소, 2001.
이상주, 「'선유팔경(仙遊八景)'의'화양구곡(華陽九曲)'·'선유구곡(仙遊九曲)'에로의 분화변천과정과 기타 관련문제」, 『중원문화논총(中原文化論叢)』제6집, 충북대학교 중원문화연구소, 2002.
이상주, 「선유구곡(仙遊九曲)과 선유구곡시(仙遊九曲詩)」, 『개신어문연구(開新語文硏究)』제18집, 충북대학교 개신어문학회, 2001.
이상주, 「옥화구곡(玉華九曲)과 옥화구곡시(玉華九曲詩)」, 『충북학(忠北學)』제3집, 충북학연구소, 2001.
이상주, 「"구곡문화관광특구(九曲文化觀光特區)"와 구곡시(九曲詩) 연구(硏究)」, 『동서어문연구(東西語文硏究)』제17집, 청주대학교 동서어문학회, 2001.
이상주, 「홍치유(洪致裕)의 선유구곡시(仙遊九曲詩)」, 『충북작가(忠北作家)』2002년 여름호, 2002.
이상주, 「'서계구곡(西溪九曲)'과 「서계팔영(西溪八詠)」시(詩)」, 『교육과학연구』제15집 제2호, 청주대학교 교육문제연구소, 2002.
이상주, 「'선유팔경(仙遊八景)'의 '화양구곡(華陽九曲)'·'선유구곡(仙遊九曲)'에로의 분화변천과정과 기타 관련문제」, 『중원문화논총』제6집, 충북대학교 중원문화연구소, 2002.
이상주, 「선유팔경(仙遊八景)과 선유구곡(仙遊九曲)에 대한 고찰」, 『한문학보』 제7집, 우리한문학회,2002.
이상주, 「갈은구곡(葛隱九曲)의 설정자와 설정연대 및 갈은구곡시(葛隱九曲詩)의 작자」, 『동서어문연구』제18집, 청주대학교 동서어문학회, 2003.
이상주, 「쌍곡구곡(雙谷九曲)과 관련(關聯) 시(詩)·문(文)에 대한 고찰」, 『동방한문학(東方漢文學)』제26집, 동방한문학회, 2004.
이상주, 「정재응(鄭在應)의 쌍계구곡(雙溪九曲)과 쌍계구곡시(雙溪九曲詩)」, 『청대학술논집(淸大學術論集)』제3집, 청주대학교 학술연구소, 2004.
이상주, 「"구곡문화관광특구(九曲文化觀光特區)"와 그 구곡(九曲) 설정자들의 학맥(學脈)」, 『중원문화논총』제9집, 충북대학교 중원문화연구소, 2005.

이상주, 「산수평론(山水評論)에 대한 고찰-화양구곡(華陽九曲)을 중심으로」, 『한문학보』 제14집, 우리한문학회, 2006.

이상주, 「조헌(趙憲)의 율원구곡(栗原九曲)과 율원구곡시(栗原九曲詩) 해설」, 『중봉(重峯) (趙憲) 율원구곡지지(栗原九曲地誌)』, 옥천문화원, 2006.

이상주, 「조헌(趙憲)의 율원구곡(栗原九曲)과 율원구곡시(栗原九曲詩)」, 『중원문화논총』제 10집, 충북대학교 중원문화연구소, 2006.

이상주, 「현존 최고(最古) 의 화양구곡도(華陽九曲圖)」, 『연보(年報)』제17집, 충북대학교 박물관, 2008,106 ~ 130면.

이상주, 「현존(現存) 최초(最初)의 구곡시(九曲詩) 창수집(唱酬集) 『덕산구곡시(德山九曲詩)』」, 『한문학보』제19집, 우리한문학회, 2008,1081 ~ 1104면.

이상주,「제천시(堤川市) 봉양읍(鳳陽邑)'구곡리구곡(九曲里九曲)'」에 대한 고찰」, 『충북문화재연구』 창간호, (재)충청북도문화재연구원, 2008.

이상주, 「화양구곡(華陽九曲)·선유구곡·(仙遊九曲)의 완성과정(完成過程)과 화양구곡도(華陽九曲圖)[송재소 선생 정년퇴직 기념호(宋載卲 先生) 定年退職 記念號]」, 『한문학보』제18집, 우리한문학회, 2008, 525~554면.

이상주, 「이범식(李範植)의 명도구곡(明道九曲)과 명도구곡가(明道九曲歌)」, 『어문논총(語文論叢)』제23집, 동서어문학회(東西語文學會), 2009.

이상주, 「군자구곡(君子九曲)과 군자구곡가(君子九曲歌)」, 『괴산문화』 제36호, 괴산문화원, 2009, 12, 162~185면.

이상주, 「송우용(宋友用)의 촌상구곡(村上九曲)과 촌상구곡시(村上九曲詩)」, 『어문논총(語文論叢)』제24집, 동서어문학회, 2010.

이상주(李相周), 「기호사림(畿湖士林)의 '도통의식(道統意識)'이 구곡문화와 그 시대에 끼친 영향」, 『청풍명월의 역사와 인물[경운(景雲) 신철우선생(申哲雨先生) 서거십주년추도기념논총], 경운선생추모논총간행위원회, 황금알, 2013.

이상주, 「지담(芷潭) 신득홍(申得洪)의 봉황정구곡시(鳳凰亭九曲詩)」, 『충북향토문화연구』제26집,(사)충북향토문화연구소, 2014.

이상주(李相周), 「기호사림(畿湖士林)의 '도통의식(道統意識)'이 구곡문화(九曲文化)와 그 시대에 끼친 영향」, 『충향문화』 제27집, 충북향토문화연구소, 2016, 104~149면.

이상주, 「화양구곡도(華陽九曲圖)와 하시찬(夏時贊)의 화양구곡병풍시(華陽九曲屛風詩)에 대한 고찰」, 『고전과 해석』 제21집, 고전문학한문학연구학회, 2016, 205~239면.

이상주, 「경남지역(慶南地域) 사림(士林)들의 화양구곡시(華陽九曲詩)에 대한 고찰」, 『동양한문학연구』 제45집, 2016, 103~137면

이상주, 「호남지역(湖南地域) 사림(士林)들의 화양구곡(華陽九曲) 탐방(探訪)과 화양구곡시(華陽九曲詩)」, 『열상고전연구』 제54집, 2016, 69~111면.

이상주, 「『湖西紀征』에 실린 화양구곡시에 대한 고찰」, 『한문학논집』제48집, 2017, 193~231면.

이상주, 「이형부(李馨溥)의 「화양구곡도(華陽九曲圖)」에 대한 고찰」, 『온지논총』제56집, 온지학회, 2018, 41~76면.

이상주, 「토역일기(討逆日記)에 대한 고찰」, 『서지학보(書誌學報)』제 24호,한국서지학회, 2000, 83~102면.

이상주, 「괴산군 청천면 사담리(沙潭里)의 이하곤(李夏坤)의 유적(遺跡) 및 윤순(尹淳)의 서예유적(書藝遺蹟)」,『괴향문화(槐鄕文化)』제14집, 괴산향토사연구회, 2006, 9~53면.

이상주, 「일제 강점기 옥조빙호(玉藻氷壺)· 만동묘비(萬東廟碑) 탁본에 관한 고찰」, 『괴향문화(槐鄕文化)』제 20집, 괴산향토사연구회, 2012.

이상주, 「괴산(槐山) 연고(緣故) 시사(詩社)와 용문시사(龍門詩社)의 문예활동(文藝活動)」, 『괴향문화(槐鄕文化)』 제20집, 괴산향토사연구회, 2012, 289~305면.

▫ 부록

김욱조(金頊祚)의 풍천구곡(豐川九曲)과 「풍천구곡가(豐川九曲歌)」

김욱조(金頊祚 1961~)사인(士人)은 괴산군 장풍으로 이사와 사는데 자기가 사는 지역의 주민으로 도리를 다하고자했다. '수신 제가 치국 평천하'다. 자기가 사는 곳의 역사문화부터 먼저 아는 것이 기본이다. 그래서 그는 괴산의 역사문화에 지대한 관심을 가졌다. 가장 쉬운 방법은 괴산에서 간행되는 책을 보는 방법이다. 그래서 그는 괴산에서 발행되는 각종 서적을 탐독했다. 필자 역시 고향 괴산을 사랑하여 고향의 역사문화유적 중에 세상에 알려지지 않은 문화유산을 발굴하여 『괴향문화』에 게재하곤 했다. 김욱조사인은 그 가운데 구곡(九曲)에 대해서도 많은 관심을 가졌다. 김욱조사인은 필자가 『괴향문화』에 실은 구곡에 대한 쓴 글을 보고 공감하여 서로 학문의 동지가 되었다. 글을 알아볼 수 있는 식견(識見)은 선대의 학문적 전통으로부터 물려받은 것이다. 이런 인연으로 하여 함께 대한민국에 설정된 유명한 구곡은 거의 답사했다.

그는 성실하게 직장생활을 하면서 퇴근 이후 시간을 잘 활용하여 글 짓는 일을 즐겼다. 그 결실로 장풍의 산하를 노래한 「장풍팔경(長豊八景)」을 지었다. 그 외도 글감이 떠오르면 영감이 사라지기 전에 글을 짓곤했다. 그후 구곡을 설정해보자는 필자의 제의에 동감하여 풍천구곡(豊川九曲)을 정하고 「풍천구곡가(豊川九曲歌)」를 지었다. 율조(律調)를 잘 살려서 지었기 때문에 암송하거나 노래하기가 좋다. 망중한을 활용하여도 문예활동이 가능하다는 사실을 보여준 한 사례로 여겨져, 애향심을 발휘하고 문학예술작품을 창작하는 기풍을 조성하는 본보기로 삼도록 하기 위해 이 책에 수록한다. 지금의 역사는 과거의 현실이요 지금의 현실은 미래의 역사이다.

2019년 2월 11일 수동(首峒) 이상주 삼가 씀.

풍천구곡(豊川九曲)과 「풍천구곡가(豊川九曲歌)」

설정자: 노산(潞山) 김욱조(金頊祚)

위치: 충북 괴산군 칠성면 쌍계마을(쌍곡구곡 입구)로 부터 장연면 남부 장풍(長豊)을 거쳐 연풍면 금대리에 이르는 약 8km 구간.

설정연도: 2010년.

「풍천구곡가(豊川九曲歌)」

o 서곡(序曲)

선령(仙靈)의 맑은 근원 얼마나 섭렵했나
비로소 알리로다 고인(古人)의 그 자취를
풍천(豊川)에 구곡(九曲)을 열고 나의 뜻을 밝히리

o 제1곡 쌍계동(雙溪洞): 쌍곡구곡 입구 연풍천 합류지점 윗쪽 약 200m

일곡(一曲)은 어디인고 쌍곗내 비상(非常)하다
무협(巫峽)을 곁에 두고 기수(淇水)를 바라보며
동문(洞門)의 갈림길에서 군자향(君子鄕)을 묻노라

【주】: 무협(巫峽): 중국 삼협(三峽)의 하나. 여기서는 협곡으로 이루어진 '쌍곡구곡(雙谷九曲)'을 뜻함. 기수(淇水): 『시경(詩經)』「위풍」. 덕(德)이 있는 군자(君子)를 칭송한 노래로서 학문에 힘쓰는 '절차탁마(切磋琢磨)'의 내용이 실려 있다.

o 제2곡 갈천벽(葛天壁): 갈산마을 앞 연풍천 상류 오른쪽 거대한 절벽

이곡(二曲)은 어디인고 벽안(壁岸)이 우뚝 섰다
풍진세상(風塵世上)이 비로소 멀어졌나
잔운(棧雲)을 헤치고 올라 갈천인(葛天人)을 보리라

【주】 : 갈천인(葛天人): 갈천(葛天)은 상고시대 제왕으로 무위(無爲)로서 세상을 다스렸다 함. 곧 그 시대의 백성을 말함.

o 제3곡 범단소(范丹沼): 갈천벽 윗쪽 범듬(범동)이라 불리는 그윽한 물굽이

삼곡(三曲)은 어디인고 범듬이 유심(幽深)하다
곡류(曲流)로 밥을 짓고 백석(白石)에 잠이 들 때
사운(史雲)의 청빈(淸貧)한 삶이 이것인가 하노라

【주】 : 사운(史雲): 후한(後漢) 시대의 고사(高士)인 범염(范冉)의 字. 청빈하기로 이름나서 당시 세상에서 "증중생진범사운(甑中生塵范史雲)"이라 함. 3곡의 지명인 '범듬', 또는 '범동'과 같은 음이며, 사운(史雲)의 청빈락도를 따르고자 하는 뜻으로 인용함.

o 제4곡 관풍제(觀豊堤): 장풍 대평 들판을 적시는 무당소와 샘보 사이의 제방

사곡(四曲)은 어디인고 대평(大坪)이 푸르렀다
농부는 둘러앉아 무엇을 꿈꾸는가
빈풍(豳風)의 노랫소리가 긴 제방을 넘는다

【주】 : 빈풍(豳風): 『시경(詩經)』「빈풍」편으로 빈(豳)나라 농민의 농가월령가이다. 여기서는 장풍 대평 들판의 풍년을 노래함.

o 제5곡 연어탄(鳶魚灘): 당소(송동천 합류) 윗쪽의 남산 절벽 앞 삐링이 여울(회탄洄灘)

오곡(五曲)은 어디인고 삐링이 여울진다
고기는 물을 차고 솔개는 높이 날 때
연어(鳶魚)의 묘한 이치를 이로하여 알리라

【주】 : 연어(鳶魚): 연비어약(鳶飛魚躍)을 말함. 솔개가 하늘을 날고 물고기가 물

위에 뛰어오른 것은 곧 천지조화의 작용으로 그 작용은 천지자연의 어디에나 있다는 말.

ㅇ 제6곡 대평보(大坪洑): 장풍 교동 복거리 대평보

육곡(六曲)은 어디인고 넘실대는 복거리여
창랑(滄浪)이 맑다 커늘 갓끈 어찌 씻을소냐
발길은 인지(仁智)를 따라 늙어가려 하느니

【주】: 창랑(滄浪): 굴원(屈原)의 「어부사(漁夫辭)」에 "창랑의 물이 맑으면 나의 갓끈을 씻고, 창랑의 물이 흐리면 나의 발을 씻으리라" 하니, 출처진퇴의 인생을 자연이 돌아가는 대로 맡겨야 한다는 뜻. 인지(仁智): 인자요산(仁者樂山) 지자요수(智者樂水)

ㅇ 제7곡 류광대(流光臺): 대평보 수면 윗쪽 단지소 앞의 적벽

칠곡(七曲)은 어디인고 심연(深淵)에 달이 찬다
석대(石臺)에 홀로 앉아 류광(流光)을 보노라니
지금의 어느 유인(幽人)이 물과 달을 아는가

【주】: 류광(流光): 수면에 비춰 잠겨 흐르는 달 그림자. 소동파(蘇東坡)의 「적벽부(赤壁賦)」에 "격공명이소류광(擊空明而泝流光)" 즉 "공명(空明)을 치고 류광(流光)을 거슬러 올라간다."

ㅇ 제8곡 금운담(琴韻潭): 연풍 갈금리와 금대리 사이의 태극으로 굽이치는 지점

팔곡(八曲)은 어디인고 금담(琴潭)이 맑았도다
일흥(逸興)을 겨워하여 무이(武夷)를 노래할 때
청운(淸韻)이 이 산 저 물로 굽이 돌아 울린다

【주】: 일흥(逸興): 속세를 떠난 고상한 흥취

o 제9곡 고송단(古松壇): 금대 마을 앞의 고송 군락

구곡(九曲)은 어디인고 고송(古松)이 창연한데
무지개 다리 건너 몇 집이 사시는가
갈건(葛巾)에 거문고 안고 후조절(後凋節)을 지킨다

【주】: 갈건(葛巾): 칡뿌리로 짜서 만든 두건(頭巾). 은사(隱士) 들이 머리에 쓰는 건(巾). 고송단(古松壇)이 있는 금대리(琴垈里)는 칡넝쿨이 거문고의 줄처럼 얽혀 있어 그 지명이 유래함. 후조절(後凋節): 세한연후(歲寒然後), 지송백지후조(知松柏之後凋). 송백(松柏)의 푸르름은 세한(歲寒)의 추위에도 시들지 않음으로, 그 빛이 변함없이 굳은 절개를 지킨다.

▫ 저자 약력

🕮 저자 이상주(李相周)

- 중원대학교 한국학과 교수(향토문화연구소 선임연구원)
- 22sangju@hanmail.net 010-4424-3390
- 22sang@jwu.ac.kr 043-830-8693. 043-830-8311.

- '구곡(九曲)연구전문가' / 동양일보컬럼위원 / 중앙매일논설위원 /
(사)충북향토문화연구소 전문위원
- 청주대 학사석사. 성균관대 한문학과(문학박사)
- 학교 : 충북 괴산군 괴산읍 문무로 85 중원대학교
- 본가 거주: 충북 괴산군 사리면 화산리 243 도촌(陶村)[모래재로 화산2길 55-12]
- (사)괴산향토사연구회, 동서어문학회, 열상고전연구회, 우리한문학회, 충북문화예술포럼, 충북문화유산답사회, (사)충북향토문화연구소, 한국고전문학회, 한국서지학회, 고전문학한문학연구학회, 한국한문학회.

주요 연구실적

〈文〉

- 현존 최고(最古)의 육아일기『양아록(養兒錄)』발견 역주(發見 譯註), 태학사(서울 KBS 1TV 1997년 '역사추리' 2009년 '역사추적'에 극화방영)
- 『담헌 이하곤 문학의 연구(澹軒 李夏坤 文學의 硏究)』
- 『18세기초 호남기행(湖南紀行)』
- 『낭성한문학』
- 『충북의 구곡(九曲)과 구곡시(九曲詩)』
- 『충북의 팔경(八景)과 팔경시(八景詩)』
- 『묵재(默齋) 이문건(李文楗)의 문학과 예술세계』
- 『화양구곡에 새긴 조선 명나라 임금 암각글씨 탁본 특별전』
- 『조선후기 산수평론과 화양구곡한시 연구』
- 『충북의 구곡도와 구곡문화』
- 시조(時調)와 별곡(別曲)의 의미 · 12대 가사(歌詞)「춘면곡(春眠曲)」의 작자 고증
- 1722년 호남연구의 필독서 이하곤(李夏坤)의「남유록(南遊錄)」 연구
- 영정조 최고의 시인「사천(槎川) 이병연론(李秉淵論)」
- 이득윤(李得胤)과 서계육가(西溪六歌) · 옥화육가(玉華六歌)의 창작연대
- 「18세기 초 문인(文人)들의 우도론(友道論)과 문예취향(文藝趣向)」
- 청주읍지 · 청주 상당산성 · 충주 탄금대 · 보은 삼년산성 기록 번역
- 이인좌(李麟佐) 일당을 토벌한『토역일기(討逆日記)』 연구 역주
- 청주 보살사 부도군(浮屠群)에 대한 고찰

- 현존 최초의 구곡시창수집 덕산구곡시(德山九曲詩)
- 현존 최고의 화양구곡도
- 화양구곡 · 선유구곡 완성과정과 화양구곡도
- 원지상(元持常)의 『계매서(戒妹書)』 연구
- 가산박물관소장 『지리가』 연구
- 남편이 쓴 조선초 최초의 부인묘지명 「이문건(李文楗)의 숙부인김씨묘지명(淑夫人金氏墓誌銘)에 대하여」
- 1547년 이문건이 그린 현존 최초의 초상화첩 「농서공족보(隴西公族譜)에 실린 성주이씨가(星州李氏家) 초상화(肖像畵)에 대한 고찰」
- 1601년 그린 현존 최초의 경수도. 「경수도첩에 실린 신중엄의 경수연도에 대한 고찰」
- 「박세화(朴世和)와 용하구곡시(用夏九曲詩)에 대하여」
- 「풍서 유응두(柳應斗)의 「농구십사장(農謳十四章)에 대한 고찰」
- 「송암 김재식의 「향거사시즉사(鄕居四時卽事)」에 대한 고찰」
- 「유인석의 관서지방에서의 숭화활동(崇華活動)과 「석계구곡가」
- 「이규상(李奎象)의 「태성장구곡가(台星庄九曲歌)」에 대한 고찰」
- 「화양구곡도와 하시찬(夏時贊)의 화양구곡병풍시에 대한 고찰」
- 유응두(柳應斗)와 유희영(柳曦永) 「주산구곡(蛛山九曲) 제재 한시에 대한 일고찰」
- 「16세기 성주지역에서의 이문건과 예인들의 회화창작문화콘텐츠 양상」
- 이문건의 회화에 대한 관심과 「화죽십영(畵竹十詠)」
- 우인규(禹仁圭)의 「애감록(哀感錄)」에 대한 고찰
- 「김상욱 소장 손와만록에 대한 고찰」
- 「이형부의 화양구곡도에 대한 고찰」
- 「화서학맥인물들의 음악의 암송가창성에 대한 인식과 구곡시가」
- 「괴원 이준의 단양십경차무이도가운에 대한 고찰」
- 「강용하의 존화의식과 화산십이곡」
- 「박세화의 화양강회와 화양강회일기에 대한 고찰」

〈史〉

- 『청주 용두사 철당간에 대한 오해와 진실』
- 1987년 청주 중앙(兵營)공원 소재 "청녕각(淸寧閣)" 가짜 규명(청주 KBS 1TV, MBC TV 출연 설명)
- 조선말 축조된 "괴산 갈읍 의병산성(葛邑義兵山城)" 발견 고증
- 청천 사담리 이하곤 · 윤순(尹淳)의 암각서예유적 "라월경(蘿月逕)" 발견
- 괴산 칠성면 쌍곡리 청화백자도요지(靑華白磁陶窯址) 발견 연구
- 비문상(碑文上) 최고의 불경번역본 『해장내서경론(海藏內書經論)』 고증
- 화양구곡 '옥조빙호(玉藻氷壺)' 탁본 발굴

★ 남권희 교수의 '증도가자(證道歌字)'에 대해 최초 반론-증도가자에 대한 서법적(書法的) 부정 (2010년) (서울 KBS 1TV, KBS 2TV, 서울 MBC TV, 청주 CJB TV 출연 설명)

• 일제강점기 괴산지역에 박은 쇠말뚝 조사 연구

•『청안지역 영조 무신란 토역일기』[공역]

〈哲〉

• 공자 교학사상(教學思想)의 현대교육학적 연구

• 조선후기 박학다식적(博學多識的) 학문경향(學問傾向)의 동인(動因) 등 190여 편 논저.

충북의 구곡도와 구곡문화

2019년 2월 20일 초판1쇄 인쇄
2019년 2월 28일 초판1쇄 발행

지은이 | 이 상 주
중원대향토문화연구소

펴낸이 | 김 영 환
펴낸곳 | 도서출판 다운샘

05661 서울특별시 송파구 중대로27길 1
전화 02 - 449 - 9172 팩스 02 - 431 - 4151
E-mail : dusbook@naver.com
등록 제1993 - 000028호

ISBN 978-89-5817-446-2 93810

값 35,000원

이 도서의 국립중앙도서관 출판예정도서목록(CIP)은 서지정보유통지원시스템 홈페이지(http://seoji.nl.go.kr)와 국가자료종합목록시스템(http://www.nl.go.kr/kolisnet)에서 이용하실 수 있습니다. (CIP제어번호 : CIP2019007682)

※ 이 저서는 중원대학교 교내학술연구비 지원에 의한 것임.
(과제관리번호: 2017-015)